E-Book inside.

Mit folgendem persönlichen Code können Sie die
E-Book-Ausgabe dieses Buches downloaden:

3 r 6 5 p – 6 x 2 r 0 – 1 8 8 0 1 – k n 2 e 3

Registrieren Sie sich unter

www.hanser-fachbuch.de/ebookinside

und nutzen Sie das E-Book auf Ihrem Rechner*,
Tablet-PC und E-Book-Reader.

Der Download dieses Buches als E-Book unterliegt gesetzlichen
Bestimmungen bzw. steuerrechtlichen Regelungen, die Sie unter
www.hanser-fachbuch.de/ebookinside nachlesen können.

* Systemvoraussetzungen: Internet-Verbindung und Adobe® Reader®

D1726976

Belik

WordPress 5

Jolantha Belik

WordPress 5

Block-Editor, (Child-)Themes
und Plugins
auf dem eigenen Server

HANSER

Die Autorin:
Jolantha Belik, Wien

Bibliografische Information der Deutschen Nationalbibliothek:

Die Deutsche Nationalbibliothek verzeichnet diese Publikation in der Deutschen Nationalbibliografie; detaillierte bibliografische Daten sind im Internet über http://dnb.d-nb.de abrufbar.

© 2020 Carl Hanser Verlag München, www.hanser-fachbuch.de
Lektorat: Brigitte Bauer-Schiewek
Copy editing: Petra Kienle, Fürstenfeldbruck
Umschlagdesign: Marc Müller-Bremer, München, www.rebranding.de
Umschlagrealisation: Max Kostopoulos
Titelmotiv: © shutterstock.com/Bloomicon
Layout: Kösel Media GmbH, Krugzell
Druck und Bindung: Kösel, Krugzell.
Ausstattung patentrechtlich geschützt. Kösel FD 351, Patent-Nr. 0748702
Printed in Germany

Print-ISBN: 978-3-446-43944-3
E-Book-ISBN: 978-3-446-44083-8
E-Pub-ISBN: 978-3-446-46704-0

Inhalt

Vorwort XVII

1   WordPress auf dem eigenen Server installieren   1
1.1   WordPress und seine zahlreichen Versionen   1
    1.1.1   WP MU, WP MS, .com oder .org?   3
    1.1.2   Welche Version ist die richtige für mich?   3
1.2   WordPress auf Server installieren   6
    1.2.1   WordPress über Provider installieren lassen   7
    1.2.2   WordPress per FTP hochladen und installieren   7
1.3   Mehrere WordPress-Installationen in einer Datenbank   13
1.4   Multi-Site: Mehrere Websites mit einer WordPress-Installation   13
    1.4.1   Eine Multi-Site in WordPress aktivieren   13
    1.4.2   Multi-Site deaktivieren und alle Websites löschen   17

2   WordPress lokal installieren   21
2.1   Testserver mit XAMPP Portable   21
    2.1.1   Download von XAMPP Portable   22
    2.1.2   XAMPP Portable installieren oder nur entpacken?   23
        2.1.2.1   Einrichten von XAMPP Portable auf einem USB-Stick . . .   24
    2.1.3   Control Panel, Apache und MySQL starten   25
        2.1.3.1   Port-Probleme auf Windows 10 lösen   27
    2.1.4   Datenbank und Benutzer erstellen   28
2.2   WordPress im htdocs-Ordner   32
    2.2.1   Fatal error: maximum execution time exceeded   38
        2.2.1.1   Maximum execution time erhöhen   38
        2.2.1.2   Maximum execution time exceeded
                  während der Installation   39
    2.2.2   Passwort vergessen?   40
    2.2.3   Datenbank mit zwei WordPress-Installationen   41

3 Migration einer WordPress-Website/-Installation **43**

3.1 Migration von WordPress.com zum eigenen Server 43

    3.1.1 Daten von WordPress.com exportieren 44

    3.1.2 Daten auf eigenem Server importieren 46

        3.1.2.1 Fehlerbehebung: Leere Seite nach Import 49

    3.1.3 Problembereiche nach dem Import 50

        3.1.3.1 Formular fehlt 51

        3.1.3.2 Videos werden nicht angezeigt 51

    3.1.4 Probleme beheben 51

        3.1.4.1 Formular und Videos 52

3.2 Migration von Server zu Server 53

    3.2.1 Vorbereitungsarbeiten 53

    3.2.2 Vom lokalen Test-Server zum eigenen Server 53

        3.2.2.1 Nur eigenes Theme und eigenes Plugin übertragen 54

        3.2.2.2 Gesamte Installation auf Server übertragen 58

    3.2.3 Migration vom alten Server zum neuen Server 63

3.3 WordPress über Hauptdomain aufrufen 64

3.4 Von HTTP auf HTTPS umstellen 66

    3.4.1 Von HTTP zu HTTPS 67

    3.4.2 Das Mixed-Content-Problem 72

3.5 Mehr Sicherheit für Ihre Website 75

4 WordPress aktualisieren **77**

4.1 Updates, Updates, Updates 77

    4.1.1 Welche Aktualisierungen gibt es? 77

    4.1.2 Wo werden Aktualisierungen angezeigt? 78

    4.1.3 Wie werden Aktualisierungen durchgeführt? 82

        4.1.3.1 Automatisch durchgeführte Aktualisierungen 82

        4.1.3.2 One-Click-Updates via Dashboard 83

        4.1.3.3 Manuelle Aktualisierungen via FTP 90

    4.1.4 Fehlgeschlagene Aktualisierung – was nun? 91

5 Grundlegende Einstellungen **93**

5.1 WordPress Dashboard 94

    5.1.1 Ihr Profil anpassen 95

        5.1.1.1 Bereich Persönliche Optionen 96

        5.1.1.2 Bereich Name 97

        5.1.1.3 Bereiche Kontaktinfo und Über Dich 98

        5.1.1.4 Bereich Benutzerkonten-Verwaltung 99

    5.1.2 Ihr Dashboard im Detail 100

        5.1.2.1 Die Werkzeugleiste (A) 100

        5.1.2.2 Die Menüleiste (B) 102

        5.1.2.3 Die Dashboard-Boxen (C) 104

        5.1.2.4 Dashboard-Box entfernen 108

5.2		Allgemeine Einstellungen	111
	5.2.1	Einstellungen – Allgemein	111
	5.2.2	Einstellungen – Schreiben	114
	5.2.3	Einstellungen – Lesen	116
	5.2.4	Einstellungen – Diskussion	117
	5.2.5	Einstellungen – Medien	120
	5.2.6	Einstellungen – Permalinks	121
5.3		Datenschutz gemäß DSGVO	123
	5.3.1	Einstellungen – Datenschutz	123
	5.3.2	Personenbezogene Daten	124
		5.3.2.1 Personenbezogene Daten exportieren	124
		5.3.2.2 Personenbezogene Daten löschen	129
5.4		Website-Zustand	131

6 Design anpassen ... 133

6.1		Theme mit dem Customizer anpassen	133
	6.1.1	Arbeiten mit dem Customizer	134
		6.1.1.1 Customizer öffnen, ausblenden und schließen	134
		6.1.1.2 Änderungen veröffentlichen, speichern und planen	135
		6.1.1.3 Untermenüs und Customizer schließen	136
		6.1.1.4 Ausgabegerät für Vorschau auswählen	136
6.2		Twenty Nineteen im Customizer anpassen	137
	6.2.1	Im Customizer Theme wechseln	137
	6.2.2	Website-Informationen im Customizer	138
		6.2.2.1 Site-Logo	138
		6.2.2.2 Titel und Untertitel	141
		6.2.2.3 Website-Icon	141
	6.2.3	Farben im Customizer	142
	6.2.4	Menüs im Customizer	142
		6.2.4.1 Neues Menü im Customizer erstellen	143
	6.2.5	Widgets im Customer	149
	6.2.6	Startseiten-Einstellungen im Customizer	151
	6.2.7	Zusätzliches CSS im Customizer	151
6.3		Customizer anpassen	153
	6.3.1	Einzelne Sections aus Customizer entfernen	153
	6.3.2	Pinsel & Customizer entfernen	155
	6.3.3	Customizer aus Menü Design entfernen	156

7 Sidebars & Widgets ... 159

7.1		Widgets-Bereiche (Sidebars)	159
	7.1.1	Einen Widgets-Bereich definieren	160
	7.1.2	Neuer Widgets-Bereich in Template-Datei	162
7.2		Widgets	164
	7.2.1	Standard-Widgets in WordPress-Core	164

7.2.2   Widgets im Customizer 165
7.2.3   Widgets in der Widgets-Verwaltung 165
      7.2.3.1   Die Widgets-Verwaltung im Standardmodus 165
      7.2.3.2   Die Widgets-Verwaltung im Zugänglichkeitsmodus 167
7.2.4   WordPress Core – Standard-Widgets 169
      7.2.4.1   Standard-Widget Archiv 169
      7.2.4.2   Standard-Widget Audio 170
      7.2.4.3   Standard-Widget Bild 170
      7.2.4.4   Standard-Widget Galerie 170
      7.2.4.5   Standard-Widget HTML 171
      7.2.4.6   Standard-Widget Kalender 172
      7.2.4.7   Standard-Widget Kategorien 172
      7.2.4.8   Standard-Widget Meta 172
      7.2.4.9   Standard-Widget Navigationsmenü 173
      7.2.4.10   Standard-Widget Neueste Beiträge 173
      7.2.4.11   Standard-Widget Neueste Kommentare 174
      7.2.4.12   Standard-Widget RSS 174
      7.2.4.13   Standard-Widget Schlagwörter-Wolke 174
      7.2.4.14   Standard-Widget Seiten 175
      7.2.4.15   Standard-Widget Suche 175
      7.2.4.16   Standard-Widget Text 176
      7.2.4.17   Standard-Widget Video 176
7.2.5   Altes Standard-Widget Links 177

8   Der Gutenberg Block-Editor **179**
8.1   Die Block-Editor-Oberfläche 180
  8.1.1   Block-Editor: Werkzeugleiste (A) 181
      8.1.1.1   Block-Editor: Tastaturkürzel 184
      8.1.1.2   Block-Editor: kompletten Inhalt kopieren 185
      8.1.1.3   Block-Editor: Ansicht anpassen 186
      8.1.1.4   Block-Editor: Block-Manager 187
  8.1.2   Block-Editor: Einstellungen-Sidebar (B) 188
      8.1.2.1   Block-Editor: Dokument – Status und Sichtbarkeit 189
      8.1.2.2   Block-Editor: Permalinks 189
      8.1.2.3   Block-Editor: Dokument – Beitragsbild 191
      8.1.2.4   Block-Editor: Dokument – Diskussion 193
      8.1.2.5   Block-Editor: Dokument – Seitenattribute 193
      8.1.2.6   Block-Editor: Dokument – Revisionen 193
      8.1.2.7   Block-Editor: Dokument – Kategorien 196
      8.1.2.8   Block-Editor: Dokument – Schlagwörter 196
      8.1.2.9   Block-Editor: Dokument – Textauszug 197
  8.1.3   Block-Editor: Inhaltsteil (D) 197
      8.1.3.1   Block-Editor: Titel (C) 197

8.2   Block-Editor: Arbeiten mit Blöcken 198
       8.2.1   Block-Editor: Neuen Block hinzufügen 198
       8.2.2   Block-Editor: Blöcke verschieben 198
       8.2.3   Block-Editor: Block-Typ ändern 199
                8.2.3.1   Block-Editor: Block-Typ Überschrift umwandeln 199
                8.2.3.2   Block-Editor: weitere Block-Typen umwandeln 200
       8.2.4   Block-Editor: Block löschen 201
       8.2.5   Block-Editor: Wiederverwendbare Blöcke 201
                8.2.5.1   Block-Editor: Wiederverwendbaren Block erstellen 202
                8.2.5.2   Block-Editor: wiederverwendbaren Block bearbeiten 203
                8.2.5.3   Block-Editor: wiederverwendbaren Block
                           in „normalen" Block umwandeln 203
                8.2.5.4   Block-Editor: wiederverwendbare Blöcke verwalten 204
8.3   Arbeiten im Visuellen Editor 207
       8.3.1   Block-Editor: Text einfügen und formatieren 207
                8.3.1.1   Block-Editor: Text einfügen 207
                8.3.1.2   Block-Editor: Sonderzeichen einfügen 208
                8.3.1.3   Block-Editor: Einfache Text-Formatierungen 208
                8.3.1.4   Block-Editor: Schriftgrößen 209
                8.3.1.5   Block-Editor: Schriftfarbe und Hintergrund ändern 211
                8.3.1.6   Block-Editor: Initialbuchstabe 212
       8.3.2   Block-Editor: Absatzausrichtung ändern 213
                8.3.2.1   Block-Editor: Blocksatz definieren 213
       8.3.3   Block-Editor: Hyperlink einfügen 214
                8.3.3.1   Block-Editor: internen Link einfügen 214
                8.3.3.2   Block-Editor: Externen Link einfügen 214
                8.3.3.3   Block-Editor: Hyperlink bearbeiten oder entfernen 215
       8.3.4   Block-Editor: Anker-Links einfügen 215
                8.3.4.1   Anker im Block-Editor setzen 215
                8.3.4.2   Anker-Text im Block-Editor verlinken 216
                8.3.4.3   Link „Nach oben" im Block-Editor setzen 216
8.4   Blöcke: Bereich Allgemeine Blöcke 217
       8.4.1   Allgemeine Blöcke: Absatz-Block 217
       8.4.2   Allgemeine Blöcke: Audio-Block 218
                8.4.2.1   Audio-Datei mit Audio-Block einfügen 218
                8.4.2.2   Audio-Datei mit Classic-Block einfügen 220
                8.4.2.3   Audio-Playlist mit Classic-Block einfügen 222
       8.4.3   Allgemeine Blöcke: Bild-Block 226
                8.4.3.1   Bild-Datei in Bild-Block einfügen 227
                8.4.3.2   Bild im Bild-Block bearbeiten 232
                8.4.3.3   Exkurs: Bilder online bearbeiten 235
       8.4.4   Allgemeine Blöcke: Cover-Block 242
       8.4.5   Allgemeine Blöcke: Datei-Block 244
       8.4.6   Allgemeine Blöcke: Galerie-Block 246

8.4.7	Allgemeine Blöcke: Liste-Block	249
8.4.8	Allgemeine Blöcke: Überschrift-Block	251
8.4.9	Allgemeine Blöcke: Video-Block	251
	8.4.9.1 Video mit Video-Block einfügen	252
	8.4.9.2 Video mit Classic Block einfügen	254
	8.4.9.3 Exkurs: Videountertitel erstellen (VTT-Datei)	256
8.4.10	Allgemeine Blöcke: Zitat-Block	257
8.5	Blöcke: Bereich Formatierung	258
8.5.1	Bereich Formatierung: Classic Block	258
8.5.2	Bereich Formatierung: Code-Block	259
8.5.3	Bereich Formatierung: HTML-Block	259
8.5.4	Bereich Formatierung: Pullquote-Block	260
8.5.5	Bereich Formatierung: Tabelle-Block	261
8.5.6	Bereich Formatierung: Vers-Block	264
8.5.7	Bereich Formatierung: Vorformatiert-Block	265
8.6	Blöcke: Bereich Layout-Elemente	266
8.6.1	Bereich Layout-Elemente: Abstandshalter-Block	266
8.6.2	Bereich Layout-Elemente: Button-Block	267
8.6.3	Bereich Layout-Elemente: Medien-und-Text-Block	267
8.6.4	Bereich Layout-Elemente: Mehr-Block	268
8.6.5	Bereich Layout-Elemente: Seitenumbruch-Block	269
8.6.6	Bereich Layout-Elemente: Spalten-Block	270
8.6.7	Bereich Layout-Elemente: Trennzeichen-Block	271
8.7	Blöcke: Bereich Widgets	271
8.7.1	Bereich Widgets: Archive-Block	272
8.7.2	Bereich Widgets: Kalender-Block	272
8.7.3	Bereich Widgets: Kategorien-Block	273
8.7.4	Bereich Widgets: Neue Beiträge-Block	273
8.7.5	Bereich Widgets: Neue Kommentare Block	274
8.7.6	Bereich Widgets: RSS-Block	274
8.7.7	Bereich Widgets: Schlagwörter-Wolke-Block	275
8.7.8	Bereich Widgets: Shortcodes-Block	275
8.7.9	Bereich Widgets: Suchen-Block	276
8.8	Blöcke: Bereich Einbettungen	276
8.8.1	Bereich Einbettungen: Facebook-Block	277
	8.8.1.1 Facebook-Video einbetten	277
	8.8.1.2 Facebook-Beitrag einbetten	278
8.8.2	Bereich Einbettungen: YouTube-Block	279
	8.8.2.1 YouTube-Video mit YouTube-Block einbetten	279
	8.8.2.2 YouTube-Video im erweiterten Datenschutzmodus im HTML-Block einbetten	280
8.8.3	Bereich Einbettungen: Twitter-Block	282
8.8.4	Bereich Einbettungen: Crowdsignal-Block	284
8.8.5	Bereich Einbettungen: Amazon-Kindle-Block	285

8.9 Blöcke im Block-Editor erweitern 286
    8.9.1 Theme-spezifische Bildgröße definieren 286
    8.9.2 Mit Editor-Styles Rahmen um Bild anzeigen 289
        8.9.2.1 CSS-Datei für Editor Styles 289
        8.9.2.2 Theme-Support aktivieren und CSS-Datei einbinden 290
    8.9.3 Site-spezifische Block-Stile 291
        8.9.3.1 Plugin für Block-Stile erstellen 292
        Weitere Beispiele für eigene Block-Stile im Block-Editor 296

9 Weiterarbeiten mit dem Classic Editor TinyMCE 301
9.1 Arbeiten mit Classic Editor ohne Plugin 301
    9.1.1 Der Classic Block in Gutenberg 302
    9.1.2 Classic Block in Blöcke umwandeln 303
        9.1.2.1 Überschriften und Absätze in Blöcke umwandeln 303
        9.1.2.2 iFrame in Block umwandeln 304
        9.1.2.3 Tabelle in Block umwandeln 304
        9.1.2.4 Bild mit Bildunterschrift in Block umwandeln 304
        9.1.2.5 Fehlermeldung: Unerwarteter oder ungültiger Inhalt ... 305
9.2 Das Classic Editor Plugin 306
    9.2.1 Classic Editor Plugin installieren und aktivieren 306
    9.2.2 Standard-Editor festlegen 306
        9.2.2.1 Standard-Editor für alle Benutzer festlegen 307
        9.2.2.2 Standard-Editor individuell festlegen 307
    9.2.3 Zwischen Classic Editor und Gutenberg wechseln 308
        9.2.3.1 Editor-Wechsel bei bestehenden Seiten/Beiträgen 308
        9.2.3.2 Editorauswahl bei neuen Seiten/Beiträgen 308
        9.2.3.3 In Blöcke umgewandelte Classic-Block-Inhalte
                mit Classic Editor bearbeiten 309

10 Seiten erstellen und verwalten 311
10.1 Die Seiten-Verwaltung 311
    10.1.1 Bestehende Seiten bearbeiten 312
        10.1.1.1 Bestehende Seiten in Seiten-Verwaltung bearbeiten 312
        10.1.1.2 Bestehende Seiten vom Frontend aus bearbeiten 313
10.2 Seite erstellen und bearbeiten 314
    10.2.1 Seiten Home, Aktuelles und Kontakt 316
        10.2.1.1 Leere Seite Home (Variante B1) 317
        10.2.1.2 Seite Home mit Inhalt (Variante B2 und B3) 318
        10.2.1.3 Seite Aktuelles (ohne Inhalt) 318
        10.2.1.4 Seite Kontakt 318
10.3 Inhalte auf mehrere Seiten aufteilen 318
    10.3.1 Automatisch erstellte Paginierung (im Frontend) 319
    10.3.2 Benutzerdefinierte Paginierung 320
        10.3.2.1 Benutzerdefinierte Paginierung („Kurzversion") 320
        10.3.2.2 Benutzerdefinierte Paginierung („Langversion") 321

10.4 Meta Description als Eigenes Feld 321
    10.4.1 Benutzerdefiniertes Feld erstellen 321
        10.4.1.1 Neues Benutzerdefiniertes Feld 321
        10.4.1.2 Bestehendes Benutzerdefiniertes Feld 322
        10.4.1.3 Weiteres neues Benutzerdefiniertes Feld 323
    10.4.2 Custom Field als HTML-Meta-Tag definieren 324
    10.4.3 Benutzerdefinierte Felder innerhalb des Loops 325

11   **Menüs** **327**
11.1 Die Menü-Verwaltung 327
    11.1.1 Neues Menü erstellen 328
    11.1.2 Bestehendes Menü bearbeiten 332
    11.1.3 Menüs und Menüpositionen 332
    11.1.4 Menüpunkt entfernen und Menü löschen 333
11.2 Menüs in Widgets 333
11.3 Menüposition im Theme definieren 334

12   **Medienverwaltung** **337**
12.1 Mediathek 337
    12.1.1 Die Mediathek in der Kachel-Ansicht 338
        12.1.1 Medien in der Kachel-Ansicht bearbeiten 339
    12.1.2 Die Mediathek in der Listen-Ansicht 340
12.2 Dateien verwalten 342
    12.2.1 Dateien hochladen 342
    12.2.2 Dateien löschen 343

13   **Kategorien und Schlagwörter** **345**
13.1 Kategorien vs. Tags 345
13.2 Kategorien 346
    13.2.1 Neue Standardkategorie erstellen 346
    13.2.2 Bestehende Kategorie bearbeiten 348
    13.2.3 Kategorie löschen 349
    13.2.4 Neue Kategorie in der Box Kategorie erstellen 350
    13.2.5 Neue Unterkategorie in der Box erstellen 351
    13.2.6 Kategorien in Widget anzeigen 352
    13.2.7 Kategorie-Wolke anzeigen 353
    13.2.8 Kategorie-Wolke in Widget 353
    13.2.9 Beiträge aus bestimmter Kategorie anzeigen 354
13.3 Tags oder Schlagwörter? 356
    13.3.1 Schlagwörter hinzufügen bzw. entfernen 356
    13.3.2 Schlagwörter verwalten 357
    13.3.3 Schlagwörter-Wolke Widget 358
13.4 Kategorie- und Schlagwort-Konverter 359
    13.4.1 Schlagwörter in Kategorien umwandeln 359
    13.4.2 Kategorien in Schlagwörter umwandeln 360

14   Beiträge und Kommentare **361**

14.1 Beiträge erstellen und verwalten 361

    14.1.1 Neuen Beitrag erstellen 361

        14.1.1.1 Bedienfeld Status und Sichtbarkeit 362

        14.1.1.2 Bedienfeld Permalink 367

        14.1.1.3 Bedienfeld Revisionen 367

        14.1.1.4 Bedienfeld Kategorien und Schlagwörter 367

        14.1.1.5 Bedienfeld Beitragsbild (Featured Image) 367

        14.1.1.6 Bedienfeld Textauszug 368

        14.1.1.7 Bedienfeld Diskussion 369

        14.1.1.8 Bedienfeld Beitrags-Attribute 370

14.2 Beiträge verwalten 370

    14.2.1 Beiträge bearbeiten 372

        14.2.1.1 Beitrag im Editor bearbeiten 373

        14.2.1.2 Beitrag im QuickEdit-Fenster bearbeiten 373

    14.2.2 Weiterlesen-Link 374

        14.2.2.1 Weiterlesen-Link einfügen 374

        14.2.2.2 Individuellen Weiterlesen-Link erstellen 374

14.3 Kommentare verwalten 375

15   Benutzerverwaltung **377**

15.1 Rollen und Rechte 377

    15.1.1 Abonnent (Subscriber) 381

    15.1.2 Mitarbeiter (Contributor) 382

        15.1.2.1 Mitarbeiter erstellt neuen Beitrag 383

        15.1.2.2 Revision und Veröffentlichung 384

    15.1.3 Autor (Author) 385

    15.1.4 Redakteur (Editor) 386

    15.1.5 Administrator 387

15.2 Benutzer verwalten 388

    15.2.1 Neuen Benutzer hinzufügen 389

    15.2.2 Benutzerdaten und Rolle ändern 390

    15.2.3 Benutzer löschen 391

15.3 Rollen einschränken 392

    15.3.1 Menüeintrag ausblenden 392

        15.3.1.1 Menüeintrag Jetpack ausblenden 392

        15.3.1.2 Menüeintrag Formular (Contact Form 7) ausblenden ... 393

15.4 Rollen erweitern 394

    15.4.1 Das Hochladen von Bildern gestatten 394

15.5 Eigene Info-Box auf dem Dashboard 395

16   Plugins **397**

16.1 Die Plugins-Verwaltung 397

    16.1.1 Plugins installieren und aktivieren 399

16.1.2   Plugins deaktivieren und löschen 400
16.1.3   Der Plugin-Editor 401
16.2   Ausgewählte Plugins 402
16.2.1   Plugin Akismet 402
16.2.1.1   Akismet DSGVO-Hinweis für Kommentarformulare 403
16.2.1.2   Akismet-Widget 404
16.2.2   Plugin Captcha Code 404
16.2.3   Plugin Disable REST API 405
16.2.4   Plugin Disable XML-RPC Pingback 405
16.2.5   Plugins für Google Maps 406
16.2.6   Plugin Google XML Sitemaps 406
16.2.7   Jetpack 406
16.2.7.1   Jetpack-Module 407
16.2.7.2   Jetpack-Blöcke für den Block-Editor 411
16.2.7.3   Jetpack-Einstellungen im Block-Editor 423
16.2.7.4   Jetpack-Widgets und zusätzliche Funktionen 424
16.2.8   Plugin miniOrange 2 Factor Authentication 433
16.2.9   Plugin WP Updates Notifier 434
16.2.10 Mehrsprachige Internetauftritte 434
16.2.10.1 Fallbeispiel: Kunjana.net 434
16.2.10.2 Anforderungen an ein Multilingual-Plugin 437
16.2.10.3 Ausgewählte Plugins 437

17   Site-spezifisches Plugin 445
17.1   Erste Schritte zum Custom Plugin 445
17.1.1   Ordnerstruktur des Custom Plugins 446
17.1.2   Der Header der Plugin-Datei 446
17.1.2.1   Plugin-Datei erstellen 447
17.1.2.2   Custom Plugin in WordPress installieren und aktivieren   448
17.1.2.3   Fataler Fehler im Code, was nun? 449
17.2   Funktionen für Ihr Custom Plugin 450
17.2.1   Dashboard Widgets entfernen 450
17.2.2   Eigenes Logo für die Login-Seite 453
17.2.2.1   Verlinkung auf dem Logo ändern 453
17.2.2.2   Tooltip bei Logo-Link vs. headertext 453
17.2.2.3   Eigenes Logo anzeigen 455

18   Bestehendes Theme in responsives Theme umwandeln 457
18.1   Voraussetzungen & Vorbereitungen 457
18.1.1   Voraussetzungen für ein responsives Layout 458
18.1.2   Erforderliche Änderungen 458
18.1.2.1   Problem mit Menü-Positionen in alten Themes 459
18.1.2.2   Mögliche Probleme mit der Datei header.php 459
18.1.3   Vorbereitung und Anpassungen 461
18.1.3.1   Vorbereitungsarbeiten 461
18.1.3.2   Das „alte" Theme wird responsive 461

19   Arbeiten mit Child-Themes **479**

19.1   Child-Theme einrichten 479

19.1.1   Die style.css im Child-Theme 480

19.1.2   Die functions.php im Child-Theme 481

19.1.3   Das Child-Theme aktivieren 482

19.2   Änderungen im Child-Theme 484

19.2.1   Neue Footer-Zeile 484

19.2.1.1   Neue ©-Zeile im Footer 484

19.2.1.2   Anmelde-Link im Footer 487

19.2.1.3   RSS-Link im Footer 488

19.2.2   Site-Logo größer anzeigen 489

19.2.3   Textformatierungen anpassen 491

19.2.3.1   Größe Widget-Titel anpassen 491

19.2.3.2   Textgröße Widgets 491

19.2.3.3   Titelgröße verändern 492

20   Eigenes Theme erstellen **493**

20.1   Das Beispiel-Theme 493

20.1.1   Aufbau des Layouts 494

20.1.2   Projekt-Ordner, layout.html und style.css 495

20.1.2.1   Beispiel-Layout: layout.html 495

20.1.2.2   Beispiel-Layout: style.css 500

20.1.3   Responsives Layout 528

20.1.3.1   Viewport 528

20.1.3.2   Media Queries 528

20.1.4   WordPress-spezifische CSS-Regeln 532

20.2   Aufbau von WordPress-Themes 539

20.2.1   Template-Dateien erstellen 540

20.2.2   Die Template-Dateien bearbeiten 542

20.2.2.1   Die Datei style.css 543

20.2.2.2   Die Datei functions.php 545

20.2.2.3   Die Datei header.php 560

20.2.2.4   Die Datei footer.php 564

20.2.2.5   Die Datei index.php 566

20.2.2.6   Die Template-Parts-Dateien 568

20.2.2.7   Die Datei page.php 572

20.2.2.8   Die Datei single.php 573

20.2.2.9   Die Datei 404.php 573

20.2.2.10 Die Template-Datei für das One-Page-Layout 574

20.2.2.11 Beispiel-Theme installieren und aktivieren 576

Index **579**

Vorwort

WordPress hat mit Version 5.0 nicht nur einen neuen Editor bekommen, auch das Gesamt-paket wurde weiterentwickelt. In diesem Buch wird WordPress ab der Version 5.2 vorge-stellt, von der Installation und Migration auf dem eigenen Server bis hin zum Anpassen eines Themes im Customizer und Arbeiten mit Child-Themes, Erstellen eines eigenen The-mes from scratch auf XAMPP als Testserver bis hin zum Erstellen eines Site-spezifischen Plugins sowie Arbeiten mit WordPress als Anwenderin und Anwender. Es werden auch zahlreiche Anpassungsmöglichkeiten aus der Praxis gezeigt, die ohne tiefere PHP- und JavaScript-Kenntnisse durchführbar sind. Damit ist das Buch nicht nur für WordPress-Neu-linge und Umsteiger von WordPress.com auf den eigenen Server geeignet, sondern auch für Hobby-Programmiererinnen und Programmierer, die sich in die Welt der Template-Tags, Loops und Widgets wagen. Das Buch richtet sich aber auch an Profis, die dem Block-Editor bisher eher ablehnend gegenübergestanden sind. Ich war anfangs vom Block-Editor auch nicht begeistert, inzwischen sind mir die aktuellen Grenzen bewusst, dennoch bin ich vom Block-Editor sehr angetan. Wer weiterhin lieber den Classic Editor (TinyMCE) weiterver-wenden möchte, findet eine detaillierte Beschreibung im Buch, wie dies möglich gemacht sowie ein Wechsel bei Bedarf zwischen den beiden Editoren erlaubt und durchgeführt wer-den kann.

Für alle anderen widmet sich ein ausführliches Kapitel dem neuen Block-Editor – vom Ken-nenlernen der Blöcke bis zum Erweitern bzw. Einschränken von Anpassungsoptionen für Userinnen und User, Definieren von Theme-spezifischen Farben und Schriftgrößen sowie eigenen Block-Stilen. Als ich mit dem Gutenberg-Kapitel begann, war ursprünglich geplant, die einzelnen Schritte parallel zum Kapitel mit dem Classic Editor (TinyMCE) durchzuarbei-ten. Bereits nach kurzer Zeit wurde aber klar, dass dies nicht sinnvoll war. Der Block-Editor funktioniert nicht nur anders, es entsteht ein vollkommen anderer Workflow. Sobald man sich mit der Oberfläche auskennt und weiß, wie man neue Blöcke hinzufügen kann, ist – meiner Erfahrung mit zahlreichen WordPress-Grundkurs-Teilnehmerinnen und -Teilneh-mern nach – das Arbeiten mit dem Block-Editor intuitiver, einfacher und schneller.

Soweit möglich, werden bei den Beispielen im Buch keine Plugins, sondern On-Board-Mittel verwendet, um den Funktionsumfang von WordPress Core zu erweitern. Ich vertrete die Ansicht, je weniger Plugins, umso sicherer und schneller ist WordPress (die Anfang 2020 entdeckten Sicherheitslücken in einigen großen beliebten Plugins bestärken mich in dieser Meinung). Mit anderen Worten, auf gut Wienerisch gesagt, man braucht nicht für jeden i-Punkt ein extra Plugin. Für manche Bereiche allerdings, wie beispielsweise Mehrsprachigkeit, ist der Einsatz eines Plugins wohl unumgänglich, wobei gerade das Problem einer mehrsprachigen Website nach wie vor nicht zur vollen Zufriedenheit gelöst ist. Mein Praxisbeispiel *Kunjana* zeigt die Problematik auf, wenn ein Plugin nicht mehr weiterentwickelt und ein Umstieg auf ein anderes kaum möglich bis unmöglich wird. Wer einen mehrsprachigen Internetauftritt realisieren möchte, sollte sich genauestens überlegen, welches Plugin dafür verwendet werden soll. Die Übersicht und Beschreibung der aktuellen Free-, Freemium- und Premium-Multi-Language-Plugins in diesem Buch sind dabei sicherlich eine hilfreiche Entscheidungsgrundlage.

Eine häufig unbeachtete Funktion betrifft die Benutzerverwaltung. WordPress Core verfügt über fünf Benutzerrollen, die registrierten Benutzern unterschiedliche Rechte zuweisen. In diesem Buch werden nicht nur die einzelnen Rollen und deren Rechte detailliert beleuchtet. Sie erfahren auch, wie Sie im Bedarfsfall den Rollen neue Rechte hinzufügen und auch einschränken können.

Abschließend möchte ich mich bei allen bedanken, die mit Ideen und Fragen aus der Praxis zur inhaltlichen Gestaltung beigetragen und mich immer wieder motiviert haben. Danke an die Firma *Techsmith* für das Zurverfügungstellen von *SnagIt* und *Camtasia* zum Erstellen und Bearbeiten der Screenshots und an *Automattic* für *Jetpack* Premium. Schlussendlich geht ein spezieller herzlicher Dank an meine Betreuerin beim Hanser Verlag für ihre schier unendliche Geduld.

Die Website zum Buch unter

  https://www.wp5buch.net

verwendet das nach dem Mobile-First-Ansatz entwickelte Beispiel-Theme aus dem letzten Kapitel. Die im Buch erstellten JSON-Dateien (wiederverwendbare Blöcke) sowie das Site-spezifische Plugin und die Dateien des Beispiel-Themes können Sie kostenlos herunterladen (Passwort: jwp5buch).

In zahlreichen Kapiteln finden Sie detaillierte Schritt-für-Schritt-Beschreibungen mit Screenshots passend zu den einzelnen Schritten. Ich wünsche viel Spaß beim Nacharbeiten dieser Beispiele sowie viel Erfolg für Ihr WordPress-Projekt.

Wien, im Juli 2020

Jolantha „Jola" Belik

1 WordPress auf dem eigenen Server installieren

 In diesem Kapitel erfahren Sie ...

- ... welche WordPress-Version Sie verwenden sollten,
- ... welche Mindestvoraussetzungen erfüllt werden müssen,
- ... wie Sie WordPress auf dem eigenen entfernten Server installieren.

1.1 WordPress und seine zahlreichen Versionen

WordPress hat sich in den siebzehn Jahren seines Bestehens nicht nur von einem einfachen Blog-System zur weltweit beliebtesten Blog-Software entwickelt. WordPress gehört heute zu einem der führenden Content Management Systeme (CMS). Weltweit sind über 35 Prozent aller Internetauftritte auf WordPress aufgebaut, im Bereich der CMS-Website ist WordPress mit 62 Prozent marktführend (Stand März 2020). Dies ist sicherlich nicht nur auf den kostenlosen Download, sondern auch auf den frei zugänglichen und veränderbaren Quelltext, die einfache Installation sowie eine einfache Anpassungs- und Erweiterungsmöglichkeit durch Plugins zurückzuführen. Ein hoher Anteil an diesem Erfolg ist wohl auch der Firma *Automattic* zu verdanken, die mit *WordPress.com*, *Jetpack* und *Akismet* sowie *WooCommerce* den kostenlosen Zugang von Blogs bis Shop-Systeme für alle ermöglicht. Zudem bietet WordPress mit der Möglichkeit der Erstellung von *statischen Seiten* die ideale Grundlage für einen Internetauftritt auf CMS-Basis.

Was ist eine Seite in WordPress?

WordPress bietet neben *Beiträgen* auch die Möglichkeit, *Seiten* einzusetzen. Die einzelnen Beiträge werden normalerweise in chronologischer Reihenfolge angezeigt. Die Seiten sind statisch, sie können gleichbleibende Inhalte enthalten, wie etwa die Seite mit Impressum und Kontaktformular, oder aber mit (Blog-) Beiträgen gefüllt werden wie beispielsweise die Seite News/Aktuelles. Seiten können neben statischen Inhalten auch zusätzlich Beiträge enthalten, z. B. eine Startseite mit statischem Text plus Auflistung der letzten fünf News.

 Was gehört alles zu Automattic Inc.?

Die Firma Automattic Inc., ein privates Unternehmen mit Sitz in San Francisco, Kalifornien, wurde im Mai 2005 von *Matt Mullenweg* gegründet. Heute beschäftigt das Unternehmen weltweit 940 Mitarbeiterinnen und Mitarbeiter (Stand März 2020). Zu Automattic Inc. gehören derzeit neben der freien Blog-Plattform *WordPress.com* und WordPress für den eigenen Server auf *WordPress.org* u. a. auch der Rechtschreib-Prüfdienst *After the Deadline*, der Anti-Spam-Kommentarschutz *Akismet*, die Forum-Software *bbPress*, der RSS Feed Aggregator *blo.gs*, die Social Networking Plugin Suite *BuddyPress*, die Filesharing App *Cloudup*, das Umfrage-Tool *Crowdsignal* (früher *PollDaddy* genannt), der Avatar-Dienst *Gravatar*, der Ping-Service *Ping-O-Matic*, das Microblogging-System *Tumblr* (seit August 2019), der Back-up- und Sicherheits-Service für WordPress-Websites *VaultPress*, die Plattform zum Hosten von HD-Videos für WordPress-Websites *VideoPress* bis hin zu *WooThemes* (Premium WordPress Themes, Plugins & eCommerce) und *WooCommerce* (WordPress eCommerce). Nicht zu vergessen auch *Jetpack*, das umfangreiche Plugin von WordPress.com, das zahlreiche beliebte Funktionen auch für WordPress.org-Websites bereitstellt.

Auch im deutschsprachigen Raum wird WordPress immer beliebter. Hier standen früher sogar zwei übersetzte Versionen zur Verfügung. Allerdings wird seit Version 3.8 nur mehr die offizielle deutsche Version angeboten. Downloaden kann man WordPress unter *http://www.wordpress.org* in der englischen Version sowie unter *http://de.wordpress.org* in der deutschen Version. Die deutschsprachige Version ist eine übersetzte Version mit allen Sprachdateien für WordPress, auch die Theme-Dateien samt Beispielbeiträgen etc. sind übersetzt.

WordPress Deutschland (*http://wpde.org/*), früher *die* Anlaufstelle für Downloads, FAQs, Infos etc. zu deutschsprachigen WordPress-Versionen, hat mit Ende 2015 den Download-Bereich, FAQs und Info-Seiten an das offizielle deutschsprachige WordPress-Team auf *http://de.wordpress.org* übergeben und konzentriert sich vorerst auf die Weiterführung des deutschsprachigen WordPress-Forums.

1.1.1 WP MU, WP MS, .com oder .org?

Mat Mullenweg entwickelte WordPress, ein auf PHP und MySQL basierendes Content Management System, im Jahr 2003 als offizieller Nachfolger des Systems **b2**. Über viele Jahre hinweg wurden parallel zwei WordPress-Versionen weiterentwickelt, eine „Single"-Version und eine „Multi-User"-Version. Bei der „Single"-Version von WordPress kann pro Installation jeweils nur ein einzelner Blog bzw. eine einzelne Website betrieben werden.

Die „Multi-User"-Version (WP MU) ermöglichte es, mit einer einzigen Installation zahlreiche Blogs bzw. Websites zu verwalten, wobei die einzelnen Blogs jeweils über eine Subdomain erreichbar sind. Die bekannteste und wohl größte Multi-User-Installation ist *Word-Press.com*, betrieben von der Firma *Automattic*. Mit WordPress 3.0 wurden die beiden Versionen quasi miteinander „verschmolzen". WP MU wird nicht mehr extra weiterentwickelt.

Aus *Multi-User* wurde eine *Multi-Site* (WP MS), diese ist nun im WordPress Core der Single-Version integriert. Allerdings ist die Multi-Site-Funktion in WordPress von vornherein deaktiviert und muss erst extra mit einem Eintrag in der `wp-config.php` aktiviert werden. Erst danach erscheint ein eigener Menüeintrag zum Verwalten der einzelnen Sites auf dem Dashboard (siehe Kap. 1.4).

Wo sind Site-Admin und die Blogs?

Bei der Integration vom WP MU in die Single-Version von WordPress hat sich auch bei den Bezeichnungen einiges geändert: Aus *Multi-User* (WP MU) wurde *Multi-Sites* (WP MS), die einzelnen *Blogs* heißen nun *Sites*. Die frühere **Site** nennt man jetzt **Network**, aus dem *Site-Admin* wurde *Super-Admin*, dessen Verwaltung sich nun auf dem *Network Admin Dashboard* befindet. Den Link zum Network Admin sehen nur jene Personen, die Rechte als Superadmin erhalten haben. Allen anderen User sehen nur ihr eigenes Dashboard von ihrem Blog bzw. ihrer Site.

1.1.2 Welche Version ist die richtige für mich?

Wenn Sie eine Erstinstallation auf Ihrem Server durchführen möchten, so sollten Sie nach Möglichkeit immer die aktuellste WordPress-Version verwenden. Soll hingegen eine ältere WordPress-Installation auf die neueste Version aktualisiert werden, dann empfiehlt es sich unter Umständen, Aktualisierungen bis zur aktuellsten Version *schrittweise* durchzuführen (siehe Kap. 5). In Tabelle 1.1 finden Sie einen Überblick über die einzelnen WordPress-Versionen. Neben den angeführten Versionen gibt es noch zahlreiche Sicherheitsupdates mit vielen Bugfixes. Sie erscheinen oft sehr zeitnah nach dem letzten Release. Diese „kleineren" Aktualisierungen können ab der Version 3.7 automatisch quasi „über Nacht" durchgeführt werden. Das Release der WordPress Version 5.0 wurde mehrmals verschoben.

Schlussendlich stand 5.0 mit 6. Dezember 2018 zum Download zur Verfügung; das Sicherheits- und Wartungs-Update 5.0.1 am 13. Dezember 2018 und 5.0.2 am 19. Dezember 2018. Mitte März 2020 war WordPress 5.3.2 die aktuelle Version, 5.4 sollte Ende März 2020 veröffentlicht werden.

Mit Version 5.0 wurde der neue Block-Editor *Gutenberg* als Standard-Editor statt dem TinyMCE eingeführt. Wer lieber weiterhin mit dem TinyMCE Editor arbeiten möchte, kann mit dem *Classic Editor* Plugin den TinyMCE wieder „zurückholen" (siehe Kap. 9). Der TinyMCE soll noch bis 2021 unterstützt werden.

Tabelle 1.1 Übersicht WordPress-Versionen, Namen und ausgewählte Neuerungen, Version .70 bis 5.4

Datum	Version	Benannt nach …	Ausgewählte Neuerungen
27.05.2003	.70	(namenlos)	
03.01.2004	1.0	Jazz-Trompeter und Komponist Miles Davis	
22.05.2004	1.2	Bassist Charles Mingus	
17.02.2005	1.5	Komponist Billy Strayhorn	Theme „Kubrick" nun voreingestelltes Theme in WordPress
31.12.2005	2.0	Komponist Duke Ellington	
22.01.2007	2.1	Sängerin Ella Fitzgerald	
16.05.2007	2.2	Saxophonist Stan Getz	Integration der Widgets ins System, verbesserte Kommentarbearbeitung
24.09.2007	2.3	Tenorsaxophonist Dexter Gordon	Tagging-Funktion, in der deutschsprachigen Version heißt „Tellerrand" nun „Übersicht", verbesserte Beitragsverwaltung
29.03.2008	2.5	Tenorsaxophonist Michael Brecker	
15.07.2008	2.6	Jazz-Pianist McCoy Tyner	
10.12.2008	2.7	Saxophonist John Coltrane	Neues Layout und neue Funktionen fürs Dashboard
10.06.2009	2.8	Jazz-Trompeter und -Sänger Chet Baker	
18.12.2009	2.9	Jazz-Sängerin Carmen McRae	PHP 5 erforderlich, integrierte Bildbearbeitung, vereinfachte Einbindung von Videos
17.06.2010	3.0	Jazz-Pianist und Komponist Thelonious Monk	Neues Default Theme Twenty Ten, Einführung von Menüs und Post-Typen
23.02.2011	3.1	Jazz-Gitarrist Django Reinhardt	Verbesserte interne Verlinkung mit bestehenden Seiten und Beiträgen, neue Post-Formate
04.07.2011	3.2	Pianist und Komponist George Gershwin	Neues Dashboard-Design, neues Twenty Eleven Theme

Datum	Version	Benannt nach ...	Ausgewählte Neuerungen
12.12.2011	3.3	Jazz- Saxophonist Sonny Stitt	Neuer Drag & Drop Uploader
13.06.2012	3.4	Gitarrist Grant Green	Theme Customizer, HTML in Bildunterschriften möglich (z. B. Hyperlink)
11.12.2012	3.5	Drummer Elvin Jones	Neues Twenty Twelve Theme, verbessertes Bilder-Upload, erweiterte Galerie-Funktion
01.08.2013	3.6	Jazz-Pianist Oscar Peterson	Neues Twenty Thirteen Theme, verbessertes Autosave, integrierter HTML5 Media Player
07.11.2013	3.7	Jazz-Pianist Count Basie	Automatische Updates, verbesserte Suchroutinen, verbesserter Passwort Meter
12.12.2013	3.8	Jazz- Saxophonist Charlie Parker	Einige Plugins als Funktionen in Core integriert, responsives Flat Design für neues Dashboard, neues Twenty Fourteen Theme
16.04.2014	3.9	Jazz-Musiker Jimmy Smith	Update auf TinyMCE 4.0
04.09.2014	4.0	Jazz-Musiker David „Benny" Goodman	TinyMCE 4.1.3, kein Scrollbalken im Editor, Grid-Ansicht in Medienverwaltung, Sprachauswahl bei Installation, Twenty Fourteen als Standardtheme
18.12.2014	4.1	Jazz-Sängerin Dinah Washington	Neues Theme Twenty Fifteen als Standardtheme, ablenkungsfreies Schreiben, Inline-Formatierung von Grafiken
23.04.2015	4.2	Jazz-Pianist Bud Powell	Theme-Wechsel im Customizer, Emoji verfügbar, Tumblr.com und Kickstarter einbetten, Plugin-Updates auf Plugin-Seite
18.06.2015	4.3	Jazz-Sängerin Billie Holiday	Menüs im Customizer, Site-Icon, verbesserter Passwortschutz
08.12.2015	4.4	Jazz-Trompeter Clifford Brown	Neues Theme Twenty Sixteen als Standard-Theme, responsive Grafiken
12.04.2016	4.5	Jazz-Saxophonist Coleman Hawkins	Live responsive Vorschau (PC, Smartphone und Tablet), Inline-Bearbeitung von Links
16.08.2016	4.6	Baritonsaxophonist Park Frederick „Pepper" Adams III	Streamlined Updates, Inline Link Checker, TinyMCE 4.4.1
06.12.2016	4.7	Jazz-Sängerin und Pianistin Sarah „Sassy" Vaughan	Neues Theme Twenty Seventeen als Standard-Theme, neue Funktionen im Customizer (Video-Header, Custom CSS), PDF Thumbnail Vorschau, Dashboard in der eigenen Sprache
08.06.2017	4.8	Jazz-Pianist und Komponist William John „Bill" Evans	Rich-Text-Widget (Textformatierung in Widget), neue Medien-Widgets (Bild, Video, Audio), verbesserte Inline-Linkbearbeitung, Entfernung der WMV- und WMA-Einbettung, Events- und News-Dashboard-Module

(Fortsetzung nächste Seite)

Tabelle 1.1 Übersicht WordPress-Versionen, Namen und ausgewählte Neuerungen, Version .70 bis 5.4 *(Fortsetzung)*

Datum	Version	Benannt nach …	Ausgewählte Neuerungen
09.11.2017	4.9	Jazzpianist und -saxophonist Billy Tipton	Verbesserungen im Customizer, Syntax-Highlighting und Prüflogik im CSS-Editor, Medien in Text-Widgets, Galerie-Widget, Unterstützung von weiteren Video-Plattformen neben YouTube und Vimeo
24.05.2018	4.9.6		Erforderliches Update wegen EU-Datenschutz-Grundverordnung ab 25. Mai 2018, Beispielseite Datenschutzerklärung, Umgang mit personenbezogenen Daten
06.12.2018	5.0	Pianist und Komponist Bebo Valdés	Neuer Block-Editor Gutenberg, neues Standard-Theme Twenty Nineteen
21.02.2019	5.1	Jazz-Sängerin Betty Carter	Website-Zustand (Site-Health-Feature), Warnung über veraltete PHP-Version
07.05.2019	5.2	Bassist Jaco Pastorius	PHP-Fehlerschutz, neue Emojis und Dashicons
12.11.2019	5.3	Saxophonist Rahsaan Roland Kirk	10 Releases vom Gutenberg-Plugin in Core aufgenommen, bessere PHP-7.4-Unterstützung, neues Standard-Theme Twenty Twenty
Geplant Ende März 2020	5.4		
Geplant August 2020	5.5		

■ 1.2 WordPress auf Server installieren

Um WordPress auf Ihrem eigenen Server, d. h. auf dem entfernten Server bei Ihrem Provider zu installieren, stehen Ihnen meist zwei Möglichkeiten zur Verfügung: über den Provider installieren lassen oder per FTP händisch installieren. Bevor Sie WordPress installieren, empfiehlt es sich, das Vorliegen der Mindestvoraussetzungen auf Ihrem Webspace zu überprüfen. Eventuell könnte es erforderlich sein, die PHP-Version auf eine neuere Version updaten zu lassen.

Für WordPress 5.3.2 und höher müssen folgende Mindesterfordernisse erfüllt sein:

- PHP-Version 7.3. und höher
- MySQL-Version 5.6 oder höher *oder* MariaDB 10.1 oder höher
- Apache `mod_rewrite` Modul (erforderlich für „schöne" URLs)
- HTTPS-Unterstützung

Grundsätzlich sollte WordPress auf jedem Server, der PHP und MySQL unterstützt, laufen. Es wird jedoch empfohlen, WordPress auf Apache oder Nginx zu installieren. Außerdem ist ein 32-MB-PHP-Memory-Limit empfehlenswert.

1.2.1 WordPress über Provider installieren lassen

Sollte Ihr Provider eine One-Click-Installation wie beispielsweise *Easy Install* oder Ähnliches anbieten, so ist der einfachste und schnellste Weg für die Installation von WordPress, diese Funktion zu nutzen. Der große Vorteil dabei liegt darin, dass Sie sich quasi um nichts kümmern müssen. Die Erstellung der Datenbank sowie die Installation inklusive der korrekten Daten in der `wp-config.php` werden automatisch durchgeführt. Achten Sie darauf, dass WordPress in einen Ordner und nicht ins Root-Verzeichnis installiert wird (siehe Kap. 3). Sollte Ihr Provider eine ältere Version von WordPress installieren, so ist es ratsam, anschließend unverzüglich WordPress auf die neueste Version aktualisieren, bevor Sie irgendwelche Einstellungen vornehmen, Inhalte einfügen und eigene Themes auf den Server laden.

1.2.2 WordPress per FTP hochladen und installieren

Eine andere Möglichkeit der Installation von WordPress ist das Hochladen der Dateien auf den Server per FTP. Hierzu benötigen Sie folgende Software, Daten und Dateien:

- Ein FTP-Programm (z. B. FileZilla)
- Die FTP-Zugangsdaten zu Ihrem Server (Servername, Benutzer, Passwort)
- Den Namen Ihrer MySQL-Datenbank
- Ihren Benutzernamen und Ihr Passwort für die MySQL Datenbank
- Die Adresse der Datenbank (d. h. des Datenbank-Servers)
- Die entpackten WordPress-Dateien
- Die mit Ihren Daten ergänzte Datei `wp-config.php`
- Eine gute Internetverbindung, die nicht dauernd abbricht

Für das Runterladen, Entpacken, Dateien vorbereiten, auf den Server laden und WordPress installieren sollten Sie rund eine Stunde einplanen – falls die Datenbankverbindung nicht gleich funktioniert, etwas länger. Die Installation selbst, ist – wenn alles auf Anhieb klappt – in wenigen Minuten erledigt. Danach erst beginnt der aufwendigere Teil, nämlich das Einrichten und individuelle Anpassen von WordPress (siehe Kap. 5 und Kap. 6). Doch beginnen wir der Reihe nach:

1. Laden Sie sich die aktuelle deutsche WordPress-Version von *https://de.wordpress.org/download/* auf Ihren Rechner. Die ZIP-Datei der deutschen Version von WordPress 5.3.2 beispielsweise hat eine Größe von 12,8 MB, entpackt 44,2 MB (1.918 Dateien, 204 Ordner).

2. Entpacken Sie die Dateien lokal auf Ihren Rechner. Die Dateien werden in einen Ordner namens `wordpress` entpackt.

3. Öffnen Sie die Datei `wp-config-sample.php` in einem Texteditor (siehe Bild 1.1. **Hinweis:** Die in diesem Screenshot gezeigten Dateigrößen können je nach WordPress-Version geringfügig variieren!).

⊟ 📁 Site - test2 (C:\Users\jolab\D...	Ordner	
⊞ 📁 wp-admin	Ordner	
⊞ 📁 wp-content	Ordner	
⊞ 📁 wp-includes	Ordner	
🗎 index.php	1KB	PHP Script
🗎 license.txt	20KB	Textdokument
🗎 liesmich.html	9KB	Firefox HTML Document
🗎 readme.html	8KB	Firefox HTML Document
🗎 wp-activate.php	7KB	PHP Script
🗎 wp-blog-header.php	1KB	PHP Script
🗎 wp-comments-post.php	3KB	PHP Script
🗎 wp-config-sample.php	4KB	PHP Script
🗎 wp-cron.php	4KB	PHP Script
🗎 wp-links-opml.php	3KB	PHP Script
🗎 wp-load.php	4KB	PHP Script
🗎 wp-login.php	47KB	PHP Script
🗎 wp-mail.php	9KB	PHP Script
🗎 wp-settings.php	19KB	PHP Script
🗎 wp-signup.php	31KB	PHP Script
🗎 wp-trackback.php	5KB	PHP Script
🗎 xmlrpc.php	4KB	PHP Script

Bild 1.1
Öffnen Sie die Datei wp-config-sample.php in einem Texteditor!

 Verwenden Sie für das Öffnen und Bearbeiten der `*.php`-Dateien einen Texteditor (Microsoft Word ist *kein* Texteditor!). Ich arbeite mit *Adobe Dreamweaver*, so sehen Sie auf zahlreichen Screenshots mit Code-Snippets in diesem Buch auch einen Teil der Dreamweaver-Oberfläche.

4. Speichern Sie die Datei unter `wp-config.php`.

5. Suchen Sie die Zeilen unterhalb von `MySQL Einstellungen`. Ersetzen Sie `datenbankname_hier_einfuegen` mit dem *Namen Ihrer MySQL Datenbank* (siehe Bild 1.2, Zeile 32).

```
28  /**
29   * Ersetze datenbankname_hier_einfuegen
30   * mit dem Namen der Datenbank, die du verwenden möchtest.
31   */
32  define( 'DB_NAME', 'datenbankname_hier_einfuegen' );
33
34  /**
35   * Ersetze benutzername_hier_einfuegen
36   * mit deinem MySQL-Datenbank-Benutzernamen.
37   */
38  define( 'DB_USER', 'benutzername_hier_einfuegen' );
39
40  /**
41   * Ersetze passwort_hier_einfuegen mit deinem MySQL-Passwort.
42   */
43  define( 'DB_PASSWORD', 'passwort_hier_einfuegen' );
44
45  /**
46   * Ersetze localhost mit der MySQL-Serveradresse.
47   */
48  define( 'DB_HOST', 'localhost' );
49
50  /**
```

Bild 1.2 Fügen Sie Ihre Daten in die wp-config.php ein

6. Ersetzen Sie `benutzername_hier_einfuegen` mit dem *Benutzernamen für Ihre MySQL Datenbank* (siehe Bild 1.2, Zeile 38).

7. Ersetzen Sie `passwort_hier_einfuegen` mit dem *Passwort für Ihre MySQL Datenbank* (siehe Bild 1.2, Zeile 43).

8. Wenn Ihr Provider nicht *localhost* als Hostname verwendet, so gehört an die Stelle `localhost` der *Name bzw. die Adresse Ihres MySQL-Servers* (siehe Bild 1.2, Zeile 48).

9. Es werden nun acht Sicherheitsschlüssel benötigt. Diese kommen jeweils statt `Füge hier deine Zeichenkette ein` in die entsprechenden Zeilen (siehe Bild 1.3).

```
73  define('AUTH_KEY',          'Füge hier deine Zeichenkette ein');
74  define('SECURE_AUTH_KEY',    'Füge hier deine Zeichenkette ein');
75  define('LOGGED_IN_KEY',      'Füge hier deine Zeichenkette ein');
76  define('NONCE_KEY',          'Füge hier deine Zeichenkette ein');
77  define('AUTH_SALT',          'Füge hier deine Zeichenkette ein');
78  define('SECURE_AUTH_SALT',   'Füge hier deine Zeichenkette ein');
79  define('LOGGED_IN_SALT',     'Füge hier deine Zeichenkette ein');
80  define('NONCE_SALT',         'Füge hier deine Zeichenkette ein');
```

Bild 1.3 Hier müssen die Sicherheitsschlüssel eingefügt werden

10. Sie könnten sich diese selber einfallen lassen. Schneller und einfacher geht es sicherlich, wenn Sie im Browser die Adresse *https://api.wordpress.org/secret-key/1.1/salt/* aufrufen. Bei jedem Aufruf dieser Adresse werden neue Sicherheitsschlüssel erstellt (siehe Bild 1.4). Markieren und kopieren Sie alle Zeilen und ersetzen Sie damit die Zeilen mit den Sicherheitsschlüsseln. Achten Sie dabei darauf, dass am Ende jeder Zeile ein Strichpunkt steht!

```
define('AUTH_KEY',          'dkT!WnE@g[]FY@/DLLq[x<*#[RDM|YRWSBv%?+e-+tX03?xo@n4Ef9d:|&e.6D1_');
define('SECURE_AUTH_KEY',   'rSSpkYND#r(4+lTJ:hW|NK$:HezUzf&?2+NZvnud+|Uc#]tMW>+L4-0,K d`-`mN');
define('LOGGED_IN_KEY',     '&-kn.(/mG)G02=%FE*Xe,g)O#(NpzWvv9-?H6)Va|odb<?H)Y!<35wotb_n+Rsmj');
define('NONCE_KEY',         '-D4Ee|P}HtZ`D%`C]aGCj+rn;0 ]5Z8]>):y=*GJ4cOm8Rnw@r7{i)xB[bYBa&:N');
define('AUTH_SALT',         '(kxZ$H!/+yb-|d,7ridgOj-8$s J:9E:CyF_M?ZW-%~qxu[g6_)leT$!l~:|p-Ib');
define('SECURE_AUTH_SALT',  '[%%x#m %|pVv_>saw-x=-!k5xE3,g|KWeG_u?M+O#R&r@}R{(!.etTOk@uQfDe;f');
define('LOGGED_IN_SALT',    'j-Ci{Zo>XbEmOWh-0X3+?y-5~r=n)!U9mIB<`Ahqs-R0){`9bN4U{Zr,M&m;-DX<');
define('NONCE_SALT',        '+o(O2$WjS}Zw (d(e+1*Z&#/Ts5A(@LM:Le[N7Ed{F:>tIEQ+[|]-2{I4!sFtS2m');
```

Bild 1.4 Kopieren Sie alle Zeilen und fügen Sie diese in die wp-config.php ein!

11. Standardmäßig wird `wp_` als Datenbanktabellenpräfix für WordPress verwendet. Wenn Sie mehrere WordPress-Installationen in einer Datenbank haben möchten, so müssen Sie hier für jede Installation ein eigenes Präfix angeben (siehe Bild 1.5, Zeile 91). Wenn Sie nur eine einzige WordPress-Installation in Ihrer Datenbank haben, belassen Sie `wp_` als Tabellenpräfix!

```
90  */
91  $table_prefix  = 'wp_';
92
```

Bild 1.5 Belassen Sie `wp_` als Tabellenpräfix!

12. Damit ist Ihre `wp-config.php`-Datei fertig. Speichern Sie die Datei.

13. Nun können Sie den gesamten WordPress-Ordner via FTP auf Ihren Server laden. Ich verwende dafür *FileZilla*. (Unter *https://filezilla-project.org/download.php?type=client* stehen kostenlose Versionen für Windows, Mac und Linux zur Verfügung. Die Basis-Version ist ausreichend. Einige Virenschutzprogramme melden einen Virus etc. in der

Installationsdatei, dies ist jedoch eine Falschmeldung. Achten Sie bei der Installation darauf, dass lediglich FileZilla installiert wird!). Wenn Sie das Programm installiert haben, können Sie in FileZilla die Zugangsdaten zu Ihrem FTP-Server direkt unterhalb der Menüleiste eingeben. Neben *Server* schreiben Sie den Namen Ihres *FTP-Servers* hinein. Geben Sie auch Ihren *Benutzernamen* und Ihr *FTP-Passwort* an. Das Feld neben Port können Sie frei lassen. Klicken Sie anschließend auf **Verbinden** (siehe Bild 1.6).

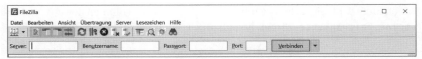

Bild 1.6 Geben Sie die Zugangsdaten zu Ihrem FTP-Server ein

14. Auf der linken Seite werden die Dateien auf Ihrem Rechner angezeigt, auf der rechten Seite die Dateien auf dem entfernten Server. Navigieren Sie links zum Ordner, in dem sich der Ordner mit den WordPress-Dateien befindet. Achten Sie darauf, dass auf dem entfernten Server jenes Verzeichnis angezeigt wird, in welchem die Dateien für Ihren Internetauftritt liegen (bei vielen Providern müssen sich die Dateien in einem bestimmten Ordner, z. B. *www* oder *html* etc., befinden).

15. Ziehen Sie nun den gesamten (nicht geöffneten!) Ordner wordpress oder wp auf die rechte Seite zum Hochladen. Bei mehr als 1900 Dateien kann dies je nach Server und Internetverbindung eine Zeitlang dauern.

16. Wenn alle Dateien auf den Server geladen wurden, rufen Sie die Adresse www.IhreDomain.xyz/ORDNER/wp-admin/install.php in Ihrem Browser auf. ORDNER steht für den Ordnernamen, in dem sich Ihre WordPress-Dateien befinden (z. B. wordpress oder wp). Sollte wider Erwarten eine leere weiße Seite angezeigt werden, so ist höchstwahrscheinlich beim Hochladen der Dateien etwas schiefgelaufen. Löschen Sie sämtliche WordPress-Dateien auf dem Server und laden Sie alle Dateien nochmals hoch.

17. Nun beginnt die eigentliche Installation. Geben Sie die erforderlichen Daten ein, Sie können diese Angaben jederzeit ändern. Als Erstes erscheint die Sprachenauswahl (siehe Bild 1.7). Wählen Sie Deutsch aus und klicken Sie anschließend auf **Fortfahren**.

    Anmerkung: Bei der deutschsprachigen WordPress-Version kann dieser Schritt manchmal entfallen.

Bild 1.7
Wählen Sie die gewünschte Sprache aus

18. Geben Sie nun den *Namen der Website* und Ihren gewünschten *Benutzernamen* an (siehe Bild 1.8). *Beachten Sie bitte die Hinweise bezüglich Benutzernamen im Info-Kasten*!

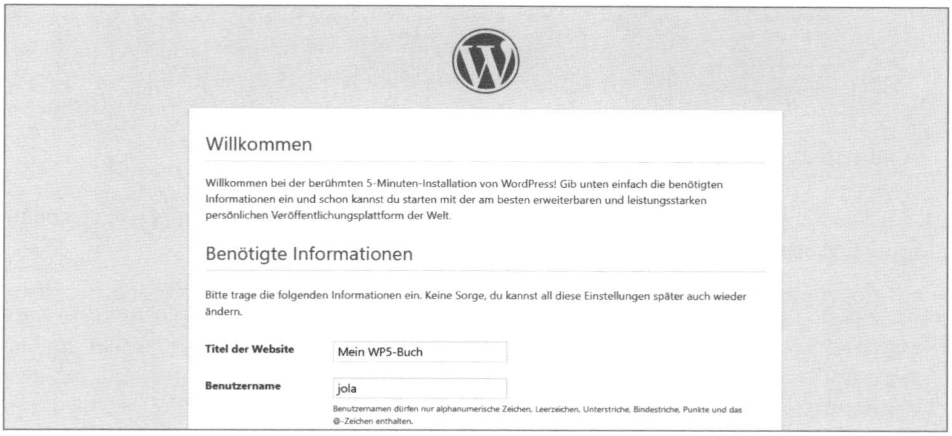
Willkommen
Willkommen bei der berühmten 5-Minuten-Installation von WordPress! Gib unten einfach die benötigten Informationen ein und schon kannst du starten mit der am besten erweiterbaren und leistungsstarken persönlichen Veröffentlichungsplattform der Welt.
Benötigte Informationen
Bitte trage die folgenden Informationen ein. Keine Sorge, du kannst all diese Einstellungen später auch wieder ändern.
Titel der Website
Mein WP5-Buch
Benutzername
jola
Benutzernamen dürfen nur alphanumerische Zeichen, Leerzeichen, Unterstriche, Bindestriche, Punkte und das @-Zeichen enthalten.

Bild 1.8 Geben Sie den Namen der Website und Ihren Benutzernamen an

19. Geben Sie ein *Passwort* ein. Achten Sie dabei darauf, dass unter dem Passwort die Stärke *Stark* angezeigt wird (siehe Bild 1.9, unten). Wenn Sie kein selbstgewähltes Passwort angeben, so wird das Passwort automatisch erstellt. Notieren Sie sich das automatisch erstellte Passwort, wenn Sie dieses verwenden möchten. Möchten Sie ein schwaches Passwort verwenden, so muss dies ausdrücklich bestätigt werden (siehe Bild 1.9, unten).

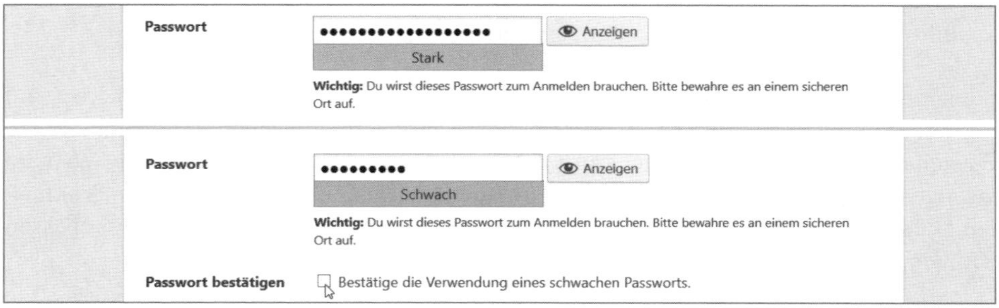
Passwort
Anzeigen
Stark
Wichtig: Du wirst dieses Passwort zum Anmelden brauchen. Bitte bewahre es an einem sicheren Ort auf.
Passwort
Anzeigen
Schwach
Wichtig: Du wirst dieses Passwort zum Anmelden brauchen. Bitte bewahre es an einem sicheren Ort auf.
Passwort bestätigen
Bestätige die Verwendung eines schwachen Passworts.

Bild 1.9 Geben Sie ein starkes Passwort ein (oben), ein schwaches Passwort muss ausdrücklich bestätigt werden (unten)

20. Geben Sie eine gültige d. h. funktionierende *E-Mail-Adresse* an. Sie wird von WordPress verwendet, um Ihnen Informationen zu Ihrer WordPress-Installation zu senden. Solange Ihr Internetauftritt noch nicht ganz fertig ist, sollten Suchmaschinen Ihre Website noch nicht in die Datenbanken aufnehmen. Aktivieren Sie deshalb diese Option neben *Sichtbarkeit für Suchmaschinen* (siehe Bild 1.10). Sie können diese Einstellung jederzeit ändern und Suchmaschinen zulassen!

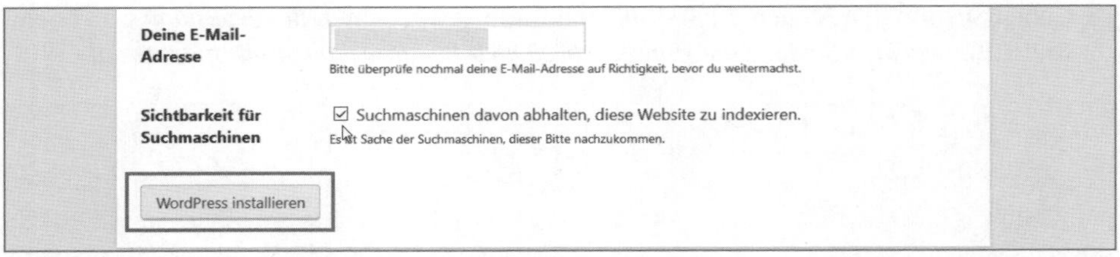

Bild 1.10 Geben Sie eine funktionierende E-Mail-Adresse an

21. Klicken Sie anschließend auf **WordPress installieren**. Wenn alles geklappt hat, erscheint eine Erfolgsmeldung (siehe Bild 1.11).

Installation erfolgreich!

WordPress wurde installiert. Vielen Dank, und nun viel Spaß!

Benutzername	jola
Passwort	*Das von dir gewählte Passwort.*

Anmelden

Bild 1.11 Gratulation, Sie haben WordPress erfolgreich installiert!

Sie können sich nun gleich mit Ihrem Benutzernamen und Ihrem Passwort mit Klick auf **Anmelden** in das *Backend* von WordPress, dem *Dashboard*, einloggen und grundlegende Einstellungen vornehmen (siehe Kap. 5). Mit Klick auf **Zurück zu Name-Ihrer-Website** gelangen Sie zum *Frontend* mit der Startseite Ihres Internetauftritts mit dem jeweils aktuellen Standard-Theme. Wie Sie ein Theme mittels *Customizer* Ihren Bedürfnissen anpassen können, finden Sie in Kapitel 6 beschrieben.

[!] **Ist ein Benutzername mit nur vier Buchstaben sicher genug?**

Natürlich nicht! Es dient hier lediglich als Negativbeispiel. Verwenden Sie aus Sicherheitsgründen keinesfalls Ihren eigenen Namen als Benutzernamen. Auch Benutzernamen, die automatisch bei der Installation erstellt wurden, wie beispielsweise *admin* oder *wordpressadmin,* sind äußerst unsichere Benutzernamen. Damit nehmen Sie Hackern die halbe Arbeit ab, weil man diese Namen als Erstes probiert.

Wenn Sie Ihren Benutzernamen ändern möchten, so ist dies nur über Umwege möglich, denn Benutzernamen können nicht nachträglich geändert werden. Sie können jedoch jederzeit einen weiteren Benutzer mit der Rolle *Administrator* erstellen (siehe Kap. 15) und danach den „alten", nicht sicheren Benutzer löschen. ∎

◼ 1.3 Mehrere WordPress-Installationen in einer Datenbank

Es sind auch mehrere WordPress-Installationen in einer einzigen Datenbank möglich und manchmal erforderlich, wenn etwa die Anzahl der Datenbanken begrenzt ist. Allerdings muss die zweite (und jede weitere) WordPress-Installation in einer bestehenden Datenbank zumeist händisch durchgeführt werden (siehe Kap. 2.2.3), da die meisten One-Click-Installationsprogramme keine Präfix-Auswahl ermöglichen. Achten Sie darauf, dass jede WordPress-Installation in einem eigenen Unterverzeichnis auf dem Server liegt. Der Aufruf der einzelnen Installationen kann über Subdomains oder Unterverzeichnisse erfolgen.

Beachten Sie, dass hier Updates für jede Installation getrennt durchgeführt werden müssen, da es sich ja um eigenständige, voneinander vollkommen unabhängige Installationen handelt. Auch die Installation von Plugins und die Aktivierung von neuen Themes müssen für jede Installation getrennt erfolgen. Die einzige Gemeinsamkeit ist die Datenbank, in der sich die Installationen befinden.

◼ 1.4 Multi-Site: Mehrere Websites mit einer WordPress-Installation

Sollen mehrere Blogs bzw. Websites mit einer einzigen WordPress-Installation betrieben werden, so spricht man von einer *Multi-Site*-Installation (*WP MS*). Beispiele für Multi-Site-Installationen sind kleine Netzwerke für Schulklassen oder etwa eine Installation für eine mehrsprachige Website. Die wohl bekannteste Multi-Site-Installation ist WordPress.com mit weltweit über 37 Millionen Websites und Blogs.

Der Aufruf der einzelnen Installationen erfolgt über eine Subdomain oder über einen Unterordner. Themes und Plugins können zentral einheitlich für alle Blogs bzw. Websites oder für jede einzelne installiert bzw. aktiviert werden. Im uploads-Ordner wird für jede Website ein eigener Unterordner mit der ID der Website im Netzwerk als Ordnername erstellt.

Beachten Sie bitte, dass in diesem Buch – außer in diesem Kapitel – ausschließlich die Single-Installation von WordPress vorgestellt wird.

1.4.1 Eine Multi-Site in WordPress aktivieren

Eine *Multi-Site* ist in WordPress Core bereits inkludiert, sie muss allerdings in der Datei wp-config.php aktiviert werden. Danach können Sie über einen neuen Menüeintrag auf dem Dashboard Ihr Netzwerk einrichten und neue Websites in Ihrem Netzwerk erstellen. Gehen Sie Schritt für Schritt vor und lassen Sie keinen der im Folgenden angegebenen Schritte aus.

1. Deaktivieren Sie sämtliche Plugins, bevor Sie mit der Aktivierung Ihrer Multi-Site beginnen. Die Plugins können Sie nach erfolgter Aktivierung und Einrichtung der Multi-Site wieder aktivieren.

2. Öffnen Sie die Datei `wp-config.php` und fügen Sie die Zeile `define('WP_ALLOW_MULTISITE', true);` oberhalb von `/* Das war's, Schluss mit dem Bearbeiten! Viel Spaß beim Bloggen. */` ein (siehe Zeile 108 in Bild 1.12).

```
105  define('WP_DEBUG', false);
106
107  /* Multi Site aktivieren */
108  define('WP_ALLOW_MULTISITE', true);
109
110  /* Das war's, Schluss mit dem Bearbeiten! Viel Spaß beim Bloggen. */
111  /* That's all, stop editing! Happy blogging. */
```

Bild 1.12 Aktivieren der Multi-Site-Funktion in der wp-config.php

3. Speichern Sie die Datei und laden Sie diese auf den Server. Nach dem Hochladen der geänderten `wp-config.php` erscheint auf dem Dashboard im rechten Menü unter *Werkzeuge* der Eintrag *Netzwerk-Einrichtung*.

Bild 1.13
Wählen Sie Netzwerk-Einrichtung im Menü Werkzeuge

4. Nun können Sie die erforderlichen Daten für Ihre Multi-Site und zwar den Namen Ihres Netzwerks und die E-Mail-Adresse des Netzwerkadministrators angeben. Klicken Sie anschließend auf **Installieren** (siehe Bild 1.14).

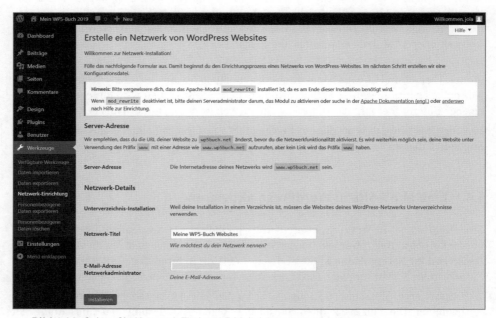

Bild 1.14 Geben Sie Netzwerk-Titel und E-Mail-Adresse des Admins an

5. Im folgenden Fenster werden zwei Code-Blöcke angezeigt, die Sie einerseits in die Datei wp-config.php, andererseits in die Datei .htaccess einfügen müssen (siehe Bild 1.15).

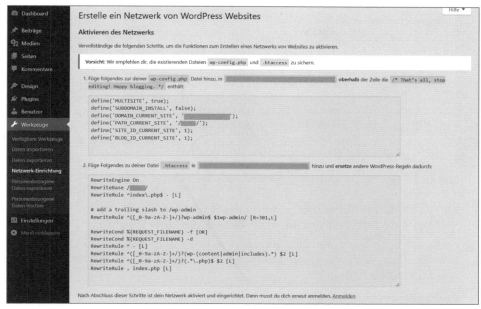

Bild 1.15 Fügen Sie die Code-Blöcke in die wp-config.php und .htaccess ein

6. Sichern Sie zuerst beide Dateien, d. h. speichern Sie eine Kopie beider Dateien in einen eigenen Ordner auf Ihrem Rechner.

7. Markieren Sie anschließend den oberen Code-Block und fügen Sie diesen in die wp-config.php oberhalb der Zeile /* Das war's, Schluss mit dem Bearbeiten! Viel Spaß beim Bloggen. */ ein (siehe Bild 1.16, Zeilen 111 – 116). Speichern Sie die Datei und laden Sie diese wieder auf den Server.

```
107  /* Multi Site aktivieren */
108
109  define('WP_ALLOW_MULTISITE', true);
110
111  define('MULTISITE', true);
112  define('SUBDOMAIN_INSTALL', false);
113  define('DOMAIN_CURRENT_SITE', '             ');
114  define('PATH_CURRENT_SITE', '/     /');
115  define('SITE_ID_CURRENT_SITE', 1);
116  define('BLOG_ID_CURRENT_SITE', 1);
117
118  /* Das war's, Schluss mit dem Bearbeiten! Viel Spaß beim Bloggen. */
```

Bild 1.16 Fügen Sie den oberen Code-Block in die wp-config.php ein

8. Kopieren Sie nun den unteren Code-Block. Ersetzen Sie in der Datei .htaccess die bestehenden WordPress-Regeln mit dem kopierten Code-Block (siehe Bild 1.17). Speichern Sie die Datei und laden Sie die Datei auf den Server.

```
1
2    # BEGIN WordPress
3    <IfModule mod_rewrite.c>
4    RewriteEngine On
5    RewriteBase /        /
6    RewriteRule ^index\.php$ - [L]
7
8    # add a trailing slash to /wp-admin
9    RewriteRule ^([_0-9a-zA-Z-]+/)?wp-admin$ $1wp-admin/ [R=301,L]
10
11   RewriteCond %{REQUEST_FILENAME} -f [OR]
12   RewriteCond %{REQUEST_FILENAME} -d
13   RewriteRule ^ - [L]
14   RewriteRule ^([_0-9a-zA-Z-]+/)?(wp-(content|admin|includes).*) $2 [L]
15   RewriteRule ^([_0-9a-zA-Z-]+/)?(.*\.php)$ $2 [L]
16   RewriteRule . index.php [L]
17   </IfModule>
18
19   # END WordPress
20
```

Bild 1.17 Fügen Sie den unteren Code-Block in die .htaccess ein

9. Klicken Sie danach auf **Anmelden**, um in das Netzwerk-Admin-Dashboard zu gelangen. Sie können die Seite auch neu laden, es erscheint das Login-Formular.

10. Nach dem Login sehen Sie links oben in der oberen Admin-Leiste den Eintrag *Meine Websites*. Über *Netzwerkverwaltung/Dashboard* gelangen Sie auf Ihr Netzwerk-Dashboard (siehe Bild 1.18).

Bild 1.18
So gelangen Sie auf Ihr Netzwerk-Admin-Dashboard

Das Dashboard der Netzwerkverwaltung unterscheidet sich etwas vom gewohnten Dashboard einer Singe-Installation. Bild 1.19 zeigt das Netzwerk-Dashboard nach der Aktivierung der Multi-Site.

Bild 1.19 Das Netzwerk-Dashboard nach der Aktivierung der Multi-Site

Durch die Aktivierung der Multi-Site-Funktion wurden zusätzliche sechs Tabellen in die Datenbank geschrieben (siehe Bild 1.20, Mitte). Sobald eine Website im Netzwerk erstellt wird, werden weitere Tabellen speziell für diese Website erstellt. Die ID dieser Website ist ein Bestandteil des Präfixes der Tabellen dieser Website in der Datenbank (siehe Bild 1.20, rechts).

Links in Bild 1.20 sehen Sie jene zwölf Tabellen, die bei der Installation von WordPress 5.3.2 in die Datenbank geschrieben wurden – mit wp_ als Standard-Präfix. Im Beispiel wurde in die Datenbank noch eine weitere WordPress-5.3.2-Installation durchgeführt, dieses Mal mit dem Präfix wpGB_ (GB steht für Gutenberg, da ich diese Installation für die Screenshots mit Gutenberg verwenden möchte). Dann wurde in dieser zweiten Installation die Multi-Site aktiviert und eine neue Website im Netzwerk registriert. Auf dieser Website wurde ein Beispielbeitrag veröffentlicht. Diese Website hat die interne Blog-ID 2 erhalten, so wurde diese ID dem Präfix der (neuen) Tabellen für diese Website hinzugefügt und lautet nun wpGB_2_ (siehe Bild 1.20, rechts).

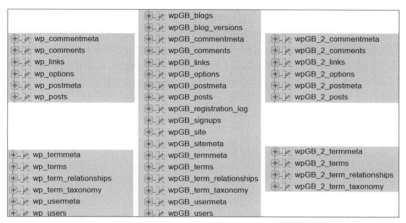

Bild 1.20 WordPress-5.3.2-Tabellen einer Stand-Alone-Installation (links), einer Multi-Site (Mitte) und zusätzliche Tabellen für eine Website mit der ID 2 im Netzwerk

Zudem wird für jede Website im Netzwerk ein eigenes Unterverzeichnis mit dem Namen sites im uploads-Ordner erstellt. In diesem sites-Ordner gibt es für jede Website im Netzwerk ein eigenes Unterverzeichnis mit der Blog-ID als Namen.

1.4.2 Multi-Site deaktivieren und alle Websites löschen

Das Aktivieren einer *Multi-Site* ist einfach und schnell zu bewerkstelligen. Wenn Sie die Multi-Site nicht mehr wollen und zurück zu einer Single-Installation von WordPress wechseln möchten, so ist dies mit einem größeren Arbeitsaufwand verbunden.

- Sichern Sie zuerst die gesamte WordPress-Installation. Falls Sie ein Plugin für die Sicherung verwenden, achten Sie darauf, dass dieses Plugin tatsächlich auch bei Multi-Sites eingesetzt werden kann.

- Wenn Sie eine oder mehrere Websites aus dem Multi-Site-Netzwerk in eigenständige Stand-alone-Websites verwandeln möchten, so können Sie die Inhalte über *Werkzeuge/Exportieren* und auf dem neuen Server mittels *Werkzeuge/Importieren* bewerkstelligen (siehe Kap. 3). Führen Sie für jede Website, die migriert werden soll, einen Export auf dem jeweiligen Dashboard durch.

Für das Deaktivieren der Multi-Site gibt es im Grunde genommen zwei Methoden, eine schlampige und eine saubere. Bei der schlampigen Methode, ich nenne sie die Quick&Dirty-Variante, werden nur auf dem Dashboard die Netzwerkfunktionen entfernt. Sämtliche Dateien, Plugins, Themes sowie sämtliche zusätzlichen Tabellen in der Datenbank bleiben bestehen. Die Website-Admins und die Besucher können die Seiten und Beiträge jedoch nicht mehr aufrufen, sie erhalten eine 404-Fehlermeldung.

1. Laden Sie die Datei `wp-config.php` auf Ihren Rechner und entfernen Sie die Zeile `define('WP_ALLOW_MULTISITE', true);`.

2. Löschen Sie auch die Zeilen des Code-Blocks, die Sie im Zuge der Aktivierung der Multi-Site eingefügt haben (vgl. Bild 1.16).

3. Speichern Sie die Datei und laden Sie diese wieder auf den Server.

4. Loggen Sie sich auf dem Dashboard ein und wechseln Sie zu *Einstellungen/Permalinks*.

5. Durch das Aktualisieren der Permalinks-Struktur wird die Datei `.htaccess` automatisch mit den ursprünglichen Inhalten erstellt. Wählen Sie statt *Benutzerdefiniert* beispielsweise *Tag und Name*. Klicken Sie am Ende der Seite auf **Änderungen speichern**. Es wird automatisch eine Standard-`.htaccess` Datei generiert und die alte Multi-Site `.htaccess` überschrieben.

6. Gehen Sie nun zu *Plugins/Installierte Plugins* und aktivieren Sie alle Plugins wieder, die Sie auf der Standalone Site benötigen.

Damit wäre die Quick&Dirty-Variante abgeschlossen. Die Websites des Netzwerks sind nicht mehr verfügbar, aus der Multi-Site ist wieder eine Standalone-WordPress-Website geworden. Der gesamte, nicht mehr benötigte Datenmüll hingegen ist nach wie vor vorhanden, sowohl in der Datenbank als auch auf dem Server.

Die saubere Methode, ich nenne sie die Clean&Proper-Variante, arbeitet hier weiter und bereinigt sowohl die Datenbank als auch die überflüssigen Dateien.

7. Laden Sie den Ordner `sites` im Verzeichnis `wp-content/uploads/` als Sicherung auf Ihren Rechner. Sie beinhaltet alle Dateien, Bilder etc., die für die jeweilige Website des Netzwerks hochgeladen wurden.

8. Danach können Sie den Ordner `sites` auf dem Server löschen.

9. Dies wäre nun auch ein guter Zeitpunkt, Ihre installierten Plugins durchzuschauen und alles, was nicht mehr benötigt wird, zu löschen. Damit meine ich alle deaktivierten Plugins, die Sie nicht mehr verwenden möchten.

10. Loggen Sie sich danach mit phpMyAdmin in Ihre Datenbank ein und löschen Sie folgende, nicht mehr benötigten Tabellen. Falls Ihr Tabellen-Präfix von `wp_` auf ein anderes Präfix geändert wurde (im Beispiel in Bild 1.20 `wpGB_`), die jeweils entsprechenden Tabellen, und zwar:

- wp_blog_versions
- wp_blogs
- wp_registration_log
- wp_signups
- wp_site
- wp_sitemeta

11. Löschen Sie auch alle Tabellen, die eine ID im Präfix beinhalten, im Beispiel die ID 2 (vgl. Bild 1.20, rechts). Dies sind folgende Tabellen:

- wp_ID_commentmeta
- wp_ID_comments
- wp_ID_links
- wp_ID_options
- wp_ID_postmeta
- wp_ID_posts
- wp_ID_termmeta
- wp_ID_term-relationships
- wp_ID_terms
- wp_ID_term_taxonomy

Es sollen nur jene Tabellen übrig bleiben, die eine Stand-Alone-Installation von WordPress benötigen (siehe Bild 1.20, links) sowie jene Tabellen, die durch diverse Plugins erzeugt wurden.

12. Zum Abschluss wird die Datei .htaccess bereinigt. Löschen Sie jene Regeln, die beim Aktivieren der Multi-Site eingefügt wurden.

13. Fügen Sie stattdessen die Standardregeln ein (siehe Listing 1.1). Achten Sie dabei darauf, dass keine Regeln, die Plugins erstellt haben, überschrieben werden.

Listing 1.1 Standardregeln für die WordPress-.htaccess-Datei

```
# BEGIN WordPress
<IfModule mod_rewrite.c>
RewriteEngine On
RewriteBase /
RewriteRule ^index.php$ - [L]
RewriteCond %{REQUEST_FILENAME} !-f
RewriteCond %{REQUEST_FILENAME} !-d
RewriteRule . /index.php [L]

# END WordPress
```

14. Speichern Sie die Datei und laden Sie diese auf den Server.

15. Wechseln Sie auf dem Dashboard Ihrer nunmehr wieder Stand-alone-Installation zur Seite *Einstellungen/Permalinks*.

16. Wählen Sie die gewünschten Einstellungen bezüglich Permalinks und speichern Sie die Änderungen. Damit wird die .htaccess mit den aktuellen Einstellungen überschrieben.

17. Last but not least, lassen Sie die *Sitemap* neu erstellen. Damit haben Sie wieder eine saubere WordPress-Installation ohne Datenmüll.

2 WordPress lokal installieren

 In diesem Kapitel erfahren Sie ...

- ... wie Sie XAMPP Portable als Testserver auf einem USB-Stick einrichten können,

- ... wie Sie mittels phpMyAdmin eine neue Datenbank und einen neuen Benutzer für Ihre WordPress-Installation anlegen,

- ... wie Sie WordPress zum Testen lokal auf Ihrem Testserver auf dem USB-Stick installieren.

■ 2.1 Testserver mit XAMPP Portable

XAMPP ist eine Apache-Distribution, die sowohl in der Installation als auch in der Anwendung sehr einfach zu handhaben ist. *X* steht für ein beliebiges Betriebssystem, *A* für Apache, *M* für MariaDB (vorher für MySQL), *P* für Perl und das zweite *P* für PHP. Folgende Module und Programmkomponenten sind in der ApacheFriends XAMPP Version 7.3.6 für Windows enthalten (in alphabetischer Reihenfolge):

- Apache 2.4.39
- FileZilla FTP Server 0.9.41 – *fehlt in der Portable Version!*
- MariaDB 10.3.15
- mcrypt 2.5.8
- Mercury Mail Transport System 4.63 – *fehlt in der Portable Version!*
- OpenSSL 1.1.1c
- PHP 7.3.6
- phpMyAdmin 4.9.0.1
- Strawberry Perl 5.16.3.1 Portable

- Tomcat 7.0.92 (mit mod_proxy_ajp)
- Webalizer 2.23-04 – *fehlt in der Portable Version!*
- XAMPP Control Panel 3.2.4

Da XAMPP lediglich als Entwicklerumgebung für WordPress Themes verwendet werden soll, wird hier mit *XAMPP Portable* gearbeitet. In der Portable Version ist die Installation als Dienste deaktiviert, Mercury Mail, FileZilla FTP und Webalizer fehlen. Für das Buch wurde *XAMPP Portable* auf Windows 10 eingerichtet. Es stehen jedoch auch Downloads für OS X und Linux zur Verfügung.

 MariaDB statt MySQL?

MariaDB ist ein freies, relationales Open-Source-Datenbankverwaltungssystem. Es wurde im Jahr 2009 durch eine Abspaltung aus MySQL entwickelt. Seit den Versionen XAMPP 5.5.30 und 5.6.14 beinhaltet das XAMPP-Paket MariaDB statt MySQL. Befehle und Werkzeuge bei beiden Systemen sind kompatibel und quasi ident. So steht weiterhin auch *phpMyAdmin* zur Datenbankverwaltung zur Verfügung.

2.1.1 Download von XAMPP Portable

Das Installationspaket mit *PHP 7.3* finden Sie unter der Adresse *https://sourceforge.net/ projects/xampp/files/*. Klicken Sie auf die Registerkarte *Files* und wählen Sie XAMPP Windows aus der Liste unterhalb der Werbung und des großen Download-Buttons (siehe Bild 2.1).

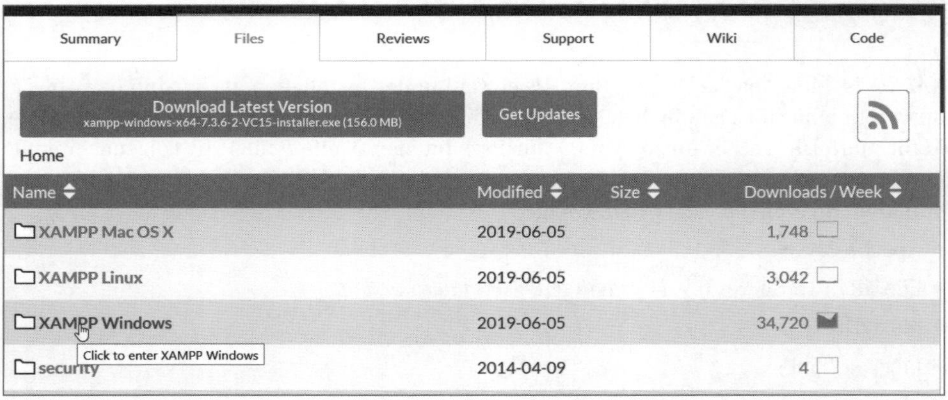

Summary	Files	Reviews	Support	Wiki	Code

Download Latest Version xampp-windows-x64-7.3.6-2-VC15-installer.exe (156.0 MB)	**Get Updates**		🔊

Home

Name ⬍	Modified ⬍	Size ⬍	Downloads / Week ⬍
📁 XAMPP Mac OS X	2019-06-05		1,748 ☐
📁 XAMPP Linux	2019-06-05		3,042 ☐
📁 XAMPP Windows	2019-06-05		34,720 🔖
📁 security	2014-04-09		4 ☐

Click to enter XAMPP Windows

Bild 2.1 Wählen Sie XAMPP für Windows aus der Liste

1. Nun wählen Sie die Version 7.3.6 (siehe Bild 2.2).

Home / XAMPP Windows			
Name ⬍	Modified ⬍	Size ⬍	Downloads / Week ⬍
⤴ Parent folder			
📁 7.3.6	2019-06-20		15,020 ✉
Click to enter 7.3.6			
📁 7.2.19	2019-06-20		497 ☐

Bild 2.2 Suchen Sie in der Liste nach der aktuellsten Version!

2. Auf der folgenden Seite sind alle Dateipakete der gewählten Version aufgelistet. Hier wählen Sie die gezippte *XAMPP-portable-Version* mit dem Dateinamen `xampp-portable-windows-x64-7.3.6-2-VC15.zip` (siehe Bild 2.3).

Home / XAMPP Windows / 7.3.6				
Name ⬍	Modified ⬍	Size ⬍	Downloads / Week ⬍	
⤴ Parent folder				
xampp-portable-windows-x64-7.3.6-2-VC15.7z	2019-06-20	79.2 MB	527 ☐	ⓘ
xampp-portable-windows-x64-7.3.6-2-VC15.zip	2019-06-20	185.9 MB	698 ☐	ⓘ
xampp-portable-w... Click to download xampp-portable-windows-x64-7.3.6-2-VC15.zip ...6-20		135.0 MB	614 ☐	ⓘ

Bild 2.3 Klicken Sie zum Runterladen auf die aktuellste gezippte XAMPP-Portable-Version

3. Speichern Sie die Datei auf Ihrer Festplatte.

EXE, ZIP oder 7z?

Es stehen eine .EXE-, eine .ZIP- und eine .7z-Version zur Verfügung. Für dieses Buch wurden die ZIP-Datei `xampp-portable-win32-7.3.0-0-VC15.zip` vom 13.12.2018 sowie auf einem weiteren USB-Stick die ZIP-Datei `xampp-portable-windows-x64-7.3.6-2-VC15.zip` vom 20.06.2019 verwendet. Die ZIP-Datei wird lediglich auf einen USB-Stick entpackt und *nicht* mittels EXE-Datei samt Eintragungen in die Registry installiert.

2.1.2 XAMPP Portable installieren oder nur entpacken?

Für die Verwendung auf einem USB-Stick muss XAMPP *nicht* mittels Setup-Datei installiert werden, das Entzippen des XAMPP-Pakets auf den USB-Stick ist ausreichend! Sie könnten XAMPP natürlich auch auf Ihrem Rechner installieren. Laden Sie sich dafür die .EXE-Version auf den Rechner. XAMPP verwendet für die Installation der EXE-Datei den Open Source Installer von *BitNami*. Hier sollte man sehr genau mitverfolgen und auswählen, was alles installiert wird. So ist es beispielsweise empfehlenswert, im Zuge des Setups das Häkchen neben *Learn more about Bitnami for XAMPP* zu entfernen, wenn Sie bevorzugen, auf Werbung etc. von *BitNami* zu verzichten.

Der Platzbedarf für XAMPP Portable ist relativ gering. Alle Programmkomponenten belegen knapp 500 MB. Hinzu kommt WordPress mit den mitgelieferten Themes mit rund 30 MB. Für das Buch wurde XAMPP auf einem 4-GB-USB-Stick eingerichtet.

 XAMPP gehört ins Root-Verzeichnis!

Damit später im Browser Webseiten zum Testen über die Adresse `http://` `localhost/` aufgerufen werden können, muss sich XAMPP im Root-Verzeichnis des USB-Sticks (z. B. `E:\`) oder Ihrer Festplatte (`C:\`) im Ordner XAMPP befinden.

2.1.2.1 Einrichten von XAMPP Portable auf einem USB-Stick

1. Stecken Sie einen leeren USB-Stick, auf dem Sie XAMPP installieren möchten, an Ihren Rechner und sehen Sie nach, welchen Laufwerkbuchstaben der USB-Stick zugewiesen bekommen hat.
2. Wechseln Sie zur gezippten XAMPP-Datei. Öffnen Sie diese mit Doppelklick. Klicken Sie im Menüband *Extrahieren* auf **Alle Extrahieren** (siehe Bild 2.4).

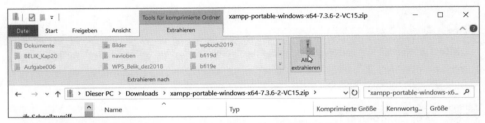

Bild 2.4 Klicken Sie auf Alle extrahieren im Menüband Extrahieren

3. Navigieren Sie nun mit **Durchsuchen** zu Ihrem USB-Stick oder schreiben Sie den Laufwerksbuchstaben von Ihrem USB-Stick in die Zeile unter *Dateien werden in diesen Ordner extrahiert* (siehe Bild 2.5). Im Beispiel ist es `E:\`. Klicken Sie anschließend auf **Extrahieren**.

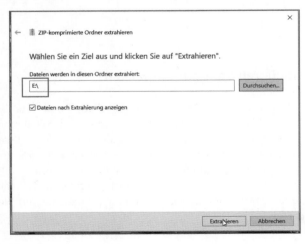

Bild 2.5
Wohin sollen die Dateien extrahiert werden?

4. Das Extrahieren der Dateien auf den USB-Stick kann eine längere Zeit in Anspruch nehmen, es sind immerhin mehr als 15 600 Elemente zu bearbeiten (siehe Bild 2.6).

   Anmerkung: Da ich den USB-Stick auf *BELIK-XAMPP* umbenannt habe, erscheint in diesem Fenster der Name des USB-Sticks und nicht der Laufwerksbuchstabe alleine.

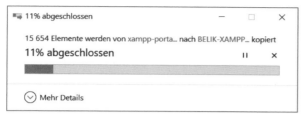

Bild 2.6 Das Extrahieren der Dateien kann etwas dauern ...

5. Die Dateien werden auf dem USB-Stick in einen neuen Ordner mit dem Namen xampp (im Beispiel E:\xampp\) extrahiert. Sind alle Dateien entpackt, können Sie sogleich Ihren Testserver starten, mit *phpMyAdmin* eine neue Datenbank sowie einen Benutzer für diese Datenbank anlegen und anschließend gleich WordPress installieren.

2.1.3 Control Panel, Apache und MySQL starten

Um in einem Browser die Adresse http://localhost/ aufrufen zu können, müssen zuerst der *Apache Server* sowie *MySQL* über das *Control Panel* gestartet werden:

1. Zum Starten des Control Panels navigieren Sie zum Ordner xampp auf dem USB-Stick. Öffnen Sie die Datei xampp-control.exe. Beim ersten Start erscheint ein kleines Fenster für die Auswahl der Sprache (siehe Bild 2.7). Wählen Sie *Deutsch* aus und klicken Sie auf **Speichern**. Danach erst wird das Control Panel gestartet.

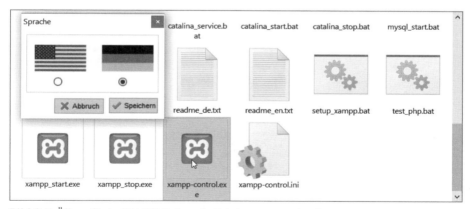

Bild 2.7 Öffnen Sie im XAMPP-Ordner die Datei xampp-control.exe.

2. Starten Sie zuerst Apache mit Klick auf **Starten** in der obersten Reihe (siehe Bild 2.8).

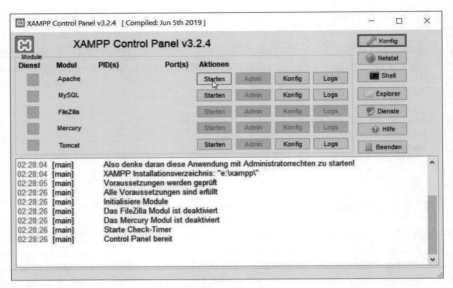

Bild 2.8 Starten Sie zuerst Apache im Control Panel!

3. Warten Sie, bis im unteren Fenster des Control Panels [Apache] Statusänderung erkannt: gestartet angezeigt wird. Nun können Sie MySQL mit Klick auf **Starten** in der zweiten Zeile starten.

4. Warten Sie, bis im unteren Fenster [mysql] Statusänderung erkannt: gestartet angezeigt wird.

Gratulation, Apache und Datenbank laufen, der Testserver steht bereit (siehe Bild 2.9). Sie können nun http://localhost in einem Browser aufrufen und eine Datenbank und einen Benutzer für WordPress über die phpMyAdmin-Oberfläche anlegen.

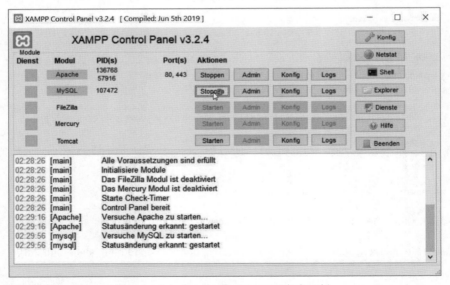

Bild 2.9 Apache und Datenbank laufen, der Testserver steht bereit!

2.1.3.1 Port-Probleme auf Windows 10 lösen

Auf Windows 10 (und auch auf einigen Windows-7- und -8./8.1-Rechnern) könnten Sie eine Fehlermeldung erhalten, wenn Sie versuchen, Apache zu starten. Statt [Apache] Status-änderung erkannt: gestartet erscheint im Control Panel in Rot die Meldung [Apache] Problem festgestellt! Port 80 in Benutzung von "Unable to open process" (PID 4)! Apache wird NICHT starten, wenn die konfigurierten Ports nicht frei sind! (siehe Bild 2.10). Dies bedeutet, dass der Port 80 (sowie 443 für SSL), der von Apache defaultmäßig verwendet wird, bereits vom System oder einem Programm blockiert ist.

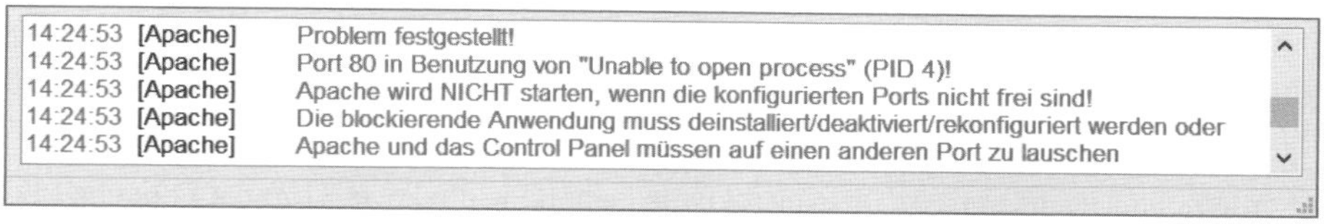

14:24:53 [Apache]	Problem festgestellt!
14:24:53 [Apache]	Port 80 in Benutzung von "Unable to open process" (PID 4)!
14:24:53 [Apache]	Apache wird NICHT starten, wenn die konfigurierten Ports nicht frei sind!
14:24:53 [Apache]	Die blockierende Anwendung muss deinstalliert/deaktiviert/rekonfiguriert werden oder
14:24:53 [Apache]	Apache und das Control Panel müssen auf einen anderen Port zu lauschen

Bild 2.10 Port 80 ist blockiert, Apache kann nicht gestartet werden!

Um herauszufinden, wer den Port 80 blockiert, klicken Sie im Control Panel in der rechten Spalte auf **Netstat**. Sollte diese Spalte nicht sichtbar sein, brauchen Sie lediglich die Fensterbreite des Control Panels zu vergrößern, um Zugriff auf weitere Schaltflächen zu erhalten. Auf meinem Rechner blockiert das System den Port 80. Hinter der PID (Prozess-ID) Nummer 4 steht der Dienst WWW-Publishingdienst (siehe Bild 2.11). Auch Skype kann die Ports 80 und 443 blockieren, ebenso der IIS.

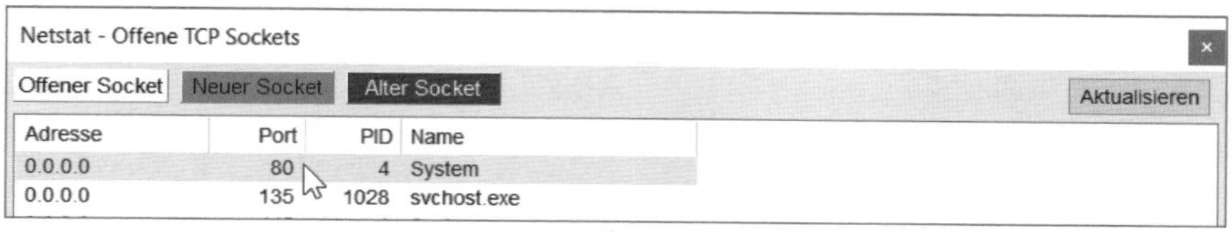

Bild 2.11 Port 80 wird vom System belegt!

Eine Möglichkeit wäre, diese Dienste zu deaktivieren bzw. die Programme zu beenden. Eine andere Möglichkeit, die ich bevorzuge, da man dies nur ein einziges Mal erledigen muss, besteht in der Änderung der Ports in der Apache httpd.conf bzw. httpd-ssl.conf von 80 bzw. 443 auf freie Ports wie beispielsweise 81 und 444. Überprüfen Sie aber vorher, ob die neu gesetzten Ports nicht schon in Verwendung sind.

1. Öffnen Sie mit Klick auf **Konfig** in der Zeile Apache die Datei httpd.conf (siehe Bild 2.12).

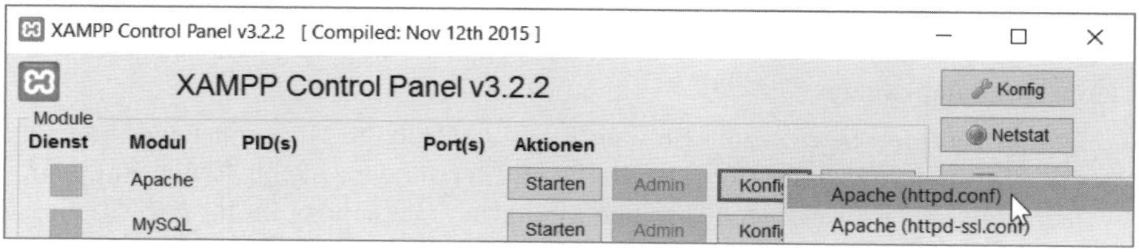

Bild 2.12 Öffnen Sie die Apache-httpd.conf-Datei

2. Suchen Sie nach Listen 80 und ändern Sie den Wert auf 81 (siehe Bild 2.13). Speichern Sie die Datei und schließen Sie den Editor.

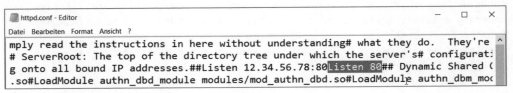

Bild 2.13 Ändern Sie den Wert von Listen 80 auf 81

3. Öffnen Sie nun die Datei httpd-ssl.conf und suchen Sie nach Listen 443.

4. Ändern Sie diesen Wert auf 444. Speichern Sie die Datei und schließen Sie den Editor.

Nun können Sie Apache starten, im Control Panel sehen Sie die Ports 81 und 444 (siehe Bild 2.14). Beachten Sie, dass der geänderte Port beim Aufruf von localhost im Browser angegeben werden muss!

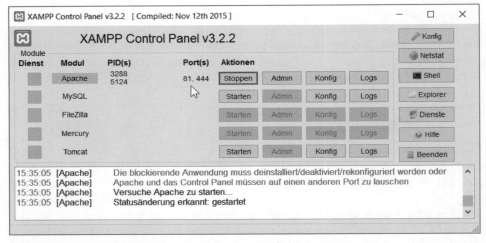

Bild 2.14 Mit den geänderten Ports lässt sich Apache wieder starten

2.1.4 Datenbank und Benutzer erstellen

Für die WordPress-Installation werden eine Datenbank und ein Benutzer mit Passwort und allen Rechten benötigt. XAMPP beinhaltet auch *phpMyAdmin* zum komfortablen Administrieren von Datenbanken.

1. Öffnen Sie Ihren bevorzugten Browser (es ist egal, ob Sie Microsoft Edge/Intern Explorer, Mozilla Firefox oder Google Chrome etc. verwenden, *phpMyAdmin* funktioniert in jedem aktuellen Browser!). Schreiben Sie http://localhost in die Adresszeile, wenn Sie den Port 80 nicht geändert haben. Ansonsten fügen Sie den geänderten Port hinzu. Dann lautet die Adresse http://localhost:81. Lassen Sie die Seite laden. Damit wird das XAMPP Dashboard geöffnet (siehe Bild 2.15).

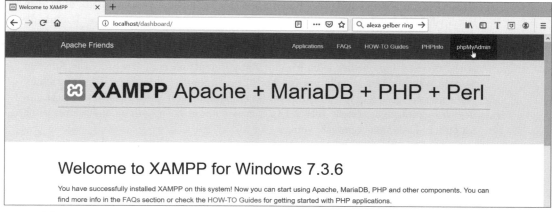

Bild 2.15 Die Schaltfläche *phpMyAdmin* befindet sich rechts oben

2. Klicken Sie auf **phpMyAdmin** rechts in der oberen Navigationsleiste. Sollte statt phpMy-Admin eine weiße Seite mit der Fehlermeldung Fatal error: Maximum execution time of 30 seconds exceeded ... erscheinen, so müssen Sie die Laufzeit der Skripte erhöhen, siehe Kapitel 2.2.1. Danach können Sie phpMyAdmin aufrufen.

3. Das Verwaltungstool zeigt in der linken Spalte die vorinstallierten Datenbanken. Im rechten Bereich finden Sie in der oberen Navigationsleiste die Links Datenbanken und unter Mehr versteckt den Link Rechte, der früher Benutzer hieß. Im Modul Anzeige-Einstellungen können Sie bei Bedarf die angezeigte Sprache ändern und die Schriftgröße und das Layout anpassen. Als Erstes benötigen wir eine neue Datenbank. Wählen Sie dazu den Link Datenbanken (siehe Bild 2.16).

Bild 2.16 Klicken Sie im phpMyAdmin zuerst auf **Datenbanken**

4. Geben Sie einen Namen für die neue Datenbank ein. Wählen Sie bei Kollation den Eintrag utf8_general_ci aus. Klicken Sie anschließend auf **Anlegen**. Für das Buch wurde die Datenbank db_wp5buch erstellt (siehe Bild 2.17).

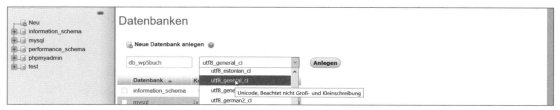

Bild 2.17 Geben Sie einen Namen für die neue Datenbank an und wählen Sie utf8_general_ci aus!

5. Nach wenigen Sekunden erscheint der Name der neu angelegten Datenbank in der linken Spalte. Klicken Sie nun auf die neue Datenbank. Nun wird der Name der Datenbank auch oberhalb der Navigationsleiste in der Titelleiste des Dashboards angezeigt. Im rechten Bereich steht `Es wurden keine Tabellen in der Datenbank gefunden` – was auch korrekt ist, da bisher lediglich eine neue Datenbank erstellt wurde. Die Tabellen werden während der Installation von WordPress automatisch erstellt. Zum Einrichten eines neuen Benutzers für unsere neue Datenbank klicken Sie auf den Link **Rechte** in der Navigationsleiste (siehe Bild 2.18). Dieser kann je nach vorhandenem Platz auch unter dem Link *Mehr* versteckt sein.

Bild 2.18 Klicken Sie auf **Rechte** in der oberen Navigationsleiste

6. Sie sehen nun eine Liste mit bestehenden Benutzern für die gewählte Datenbank. Den Link *Benutzerkonto hinzufügen* finden Sie unterhalb der Liste im Bereich *Neu*. Klicken Sie auf **Benutzerkonto hinzufügen** (siehe Bild 2.19)!

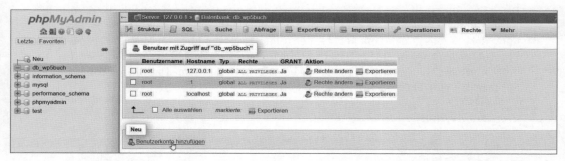

Bild 2.19 Klicken Sie unterhalb der Benutzerübersicht auf **Benutzerkonto hinzufügen**!

7. Geben Sie im Bereich Anmeldeinformationen einen *Benutzernamen* an, im Beispiel wp5buch2019. Wählen Sie neben *Host* den Eintrag lokal aus. Damit wird automatisch localhost in die rechte Spalte eingetragen. Geben Sie ein Passwort an und wiederholen Sie das Passwort in der Zeile darunter (siehe Bild 2.20). Die Stärke des Passworts wird bei der Eingabe angezeigt. Sie könnten ein Passwort auch generieren lassen.

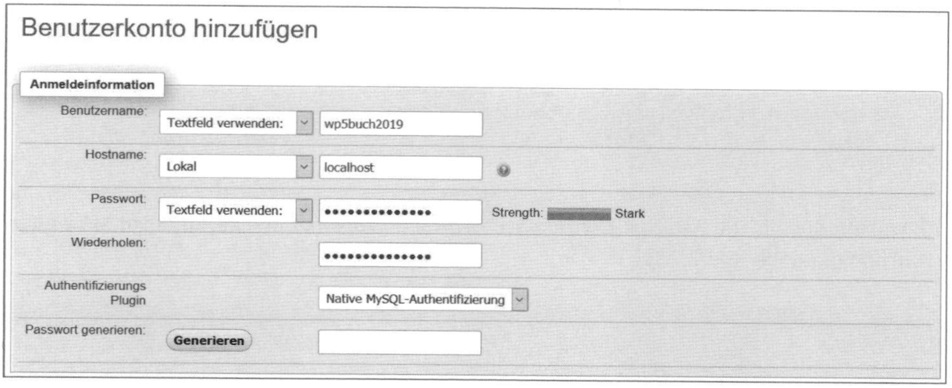

Bild 2.20 Geben Sie die Anmeldeinformationen für den neuen Benutzer an!

8. Achten Sie darauf, dass im Bereich *Datenbank für Benutzerkonto* die Option *Gewähre alle Rechte auf die Datenbank Name-Ihrer-Datenbank*, im Beispiel db_wp5buch, die markiert ist (siehe Bild 2.21).

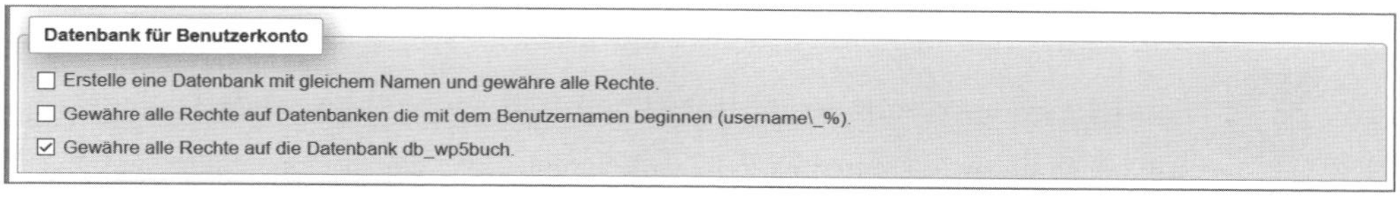

Bild 2.21 Wählen Sie hier die dritte Option aus

9. Der neue Benutzer benötigt globale Rechte d. h., er soll alles, was in der Liste angeführt ist, machen dürfen. Klicken Sie dazu auf **Alle auswählen** neben Globale Rechte (siehe Bild 2.22). Zum Hinzufügen des neuen Benutzers klicken Sie rechts unten auf der Seite auf **OK**. Eventuell müssen Sie etwas horizontal scrollen, damit diese Schaltfläche sichtbar wird!

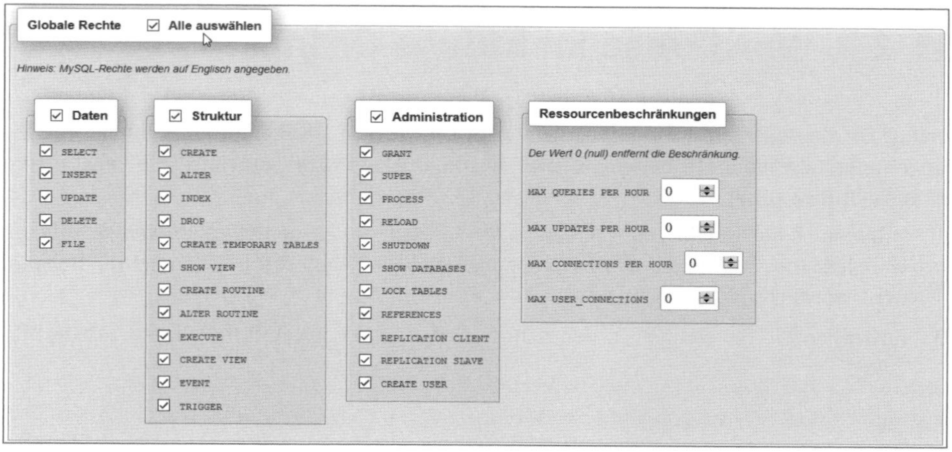

Bild 2.22 Weisen Sie dem neuen Benutzer Globale Rechte zu!

Zugangsdaten notieren!

Notieren Sie sich den Namen der neu angelegten Datenbank, den Benutzernamen und das Passwort. Sie benötigen diese Angaben für die Installation von WordPress!

10. Warten Sie, bis die Anzeige *Der Benutzer wurde hinzugefügt* erscheint, bevor sie weiterarbeiten (siehe Bild 2.23)!

Bild 2.23 Sie haben einen neuen Benutzer erfolgreich hinzugefügt!

Gratulation, Sie haben nicht nur XAMPP auf dem USB-Stick eingerichtet, sondern auch eine Datenbank samt Benutzer mit globalen Rechten erstellt. Somit ist Ihr lokaler Testserver bereit für die Installation von WordPress.

Fatal error: maximum execution time of 30 seconds exceeded

Auf langsameren Systemen kann es vorkommen, dass die voreingestellte Laufzeit von 30 Sekunden für PHP-Skripte überschritten und bei Updates, Aktivieren eines Plugins oder womöglich bereits bei der Installation von WordPress ein Fatal Error ausgegeben wird. Um dies zu vermeiden, ist es ratsam, den Wert von max_execution_time in der php.ini deutlich zu erhöhen (siehe Abschnitt 2.2.1).

■ 2.2 WordPress im htdocs-Ordner

Damit Dateien auf dem lokalen Testserver im Browser angezeigt werden können, *müssen* die Dateien im htdocs-Ordner von XAMPP liegen. Deshalb wird das WordPress-Paket in den htdocs-Ordner entzippt.

1. Falls Sie es noch nicht getan haben, laden Sie sich die aktuelle Version von WordPress von der Adresse *https://de.wordpress.org/download/* auf Ihren Rechner. Im Beispiel wird WordPress 5.2.2 verwendet.

2. Entzippen Sie die Dateien in den htdocs-Ordner Ihrer XAMPP-Installation (siehe Bild 2.24).

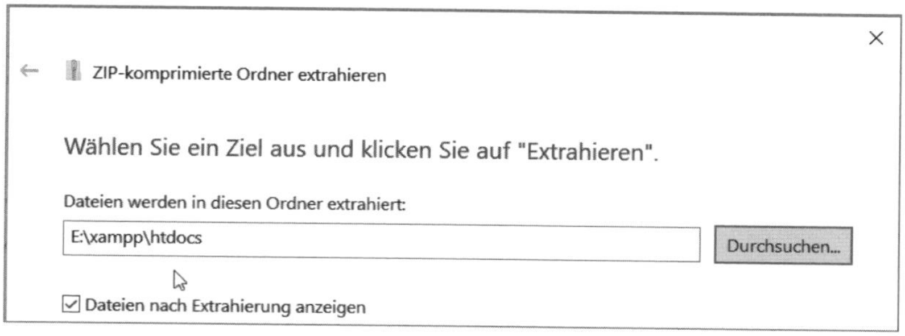

Bild 2.24 Entzippen Sie WordPress in den `htdocs`-Ordner!

3. Die rund 2000 Ordner und Dateien der deutschsprachigen Version 5.2.2 werden automatisch in den Unterordner `wordpress` entpackt (siehe Bild 2.25). Die deutsche Version 5.2.2 mit den Themes *Twenty Sixteen*, *Twenty Seventeen*, und *Twenty Nineteen* sowie den Plugins *Akismet* und *Hello Dolly* benötigt 38,9 MB Platz.

   Anmerkung: Es gab im Jahr 2018 kein neues Standard-Theme, so gibt es kein Theme mit dem Namen *Twenty Eighteen*. Die Version WordPress 5.3 von November 2019 enthielt die Themes *Twenty Seventeen*, *Twenty Nineteen* und *Twenty Twenty*.

Bild 2.25 WordPress 5.2.2 DE umfasst mehr als 2000 Elemente

4. Starten Sie Apache und MySQL bzw. überprüfen Sie, ob Apache und MySQL laufen, bevor Sie mit der Installation von WordPress beginnen.

5. Für den lokalen Testserver ist es nicht erforderlich, händisch eine `wp-config.php` zu erstellen, diese kann man während der Installation von WordPress automatisch generieren lassen. Rufen Sie die Adresse `http://localhost/wordpress/` bzw. `http://localhost:81/wordpress/` (falls der Port geändert wurde) im Browser auf. Es sollte – da die `wp-config.php` ja noch nicht vorhanden ist – eine Hinweismeldung von WordPress erscheinen (siehe Bild 2.26). Eventuell erscheint vor diesem Schritt noch ein Fenster mit der Sprachauswahl.

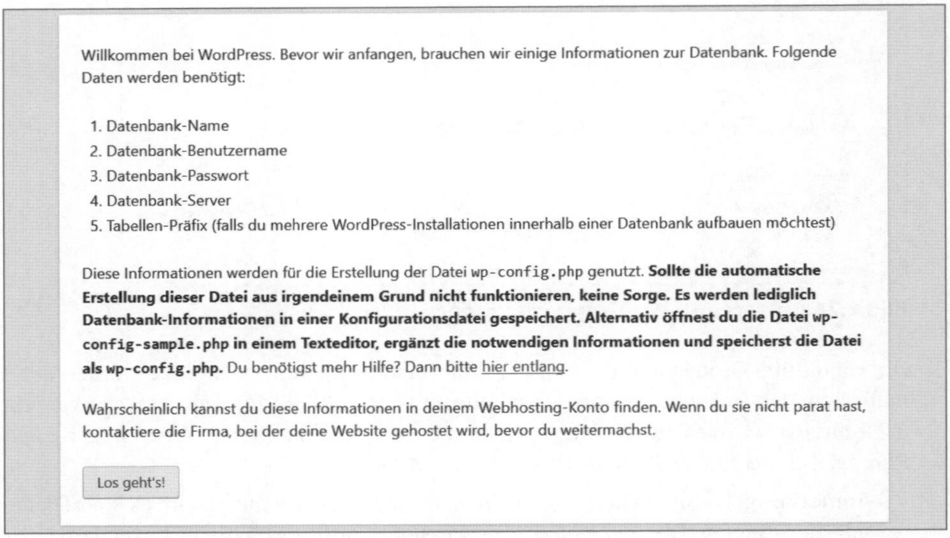

Willkommen bei WordPress. Bevor wir anfangen, brauchen wir einige Informationen zur Datenbank. Folgende Daten werden benötigt:

1. Datenbank-Name
2. Datenbank-Benutzername
3. Datenbank-Passwort
4. Datenbank-Server
5. Tabellen-Präfix (falls du mehrere WordPress-Installationen innerhalb einer Datenbank aufbauen möchtest)

Diese Informationen werden für die Erstellung der Datei wp-config.php genutzt. **Sollte die automatische Erstellung dieser Datei aus irgendeinem Grund nicht funktionieren, keine Sorge. Es werden lediglich Datenbank-Informationen in einer Konfigurationsdatei gespeichert. Alternativ öffnest du die Datei wp-config-sample.php in einem Texteditor, ergänzt die notwendigen Informationen und speicherst die Datei als wp-config.php.** Du benötigst mehr Hilfe? Dann bitte hier entlang.

Wahrscheinlich kannst du diese Informationen in deinem Webhosting-Konto finden. Wenn du sie nicht parat hast, kontaktiere die Firma, bei der deine Website gehostet wird, bevor du weitermachst.

Los geht's!

Bild 2.26 Ohne `wp-config.php` geht bei WordPress gar nichts!

6. Klicken Sie auf **Los geht's**, um die Seite für die Eingabe der Zugangsdaten für die – vorhin mit phpMyAdmin erstellte – Datenbank aufzurufen. Geben Sie den Datenbanknamen, den Benutzernamen und das dazugehörige Passwort an (es wird angezeigt und nicht verborgen!). Neben *Datenbank-Host* tragen Sie localhost ein. Als Tabellenpräfix wird bei WordPress standardmäßig wp_ verwendet. Möchten Sie mehrere WordPress-Installationen in einer Datenbank laufen lassen, so müssen Sie für jede Installation ein eigenes Präfix verwenden (vgl. Bild 2.42). Klicken Sie anschließend auf **senden** (siehe Bild 2.27).

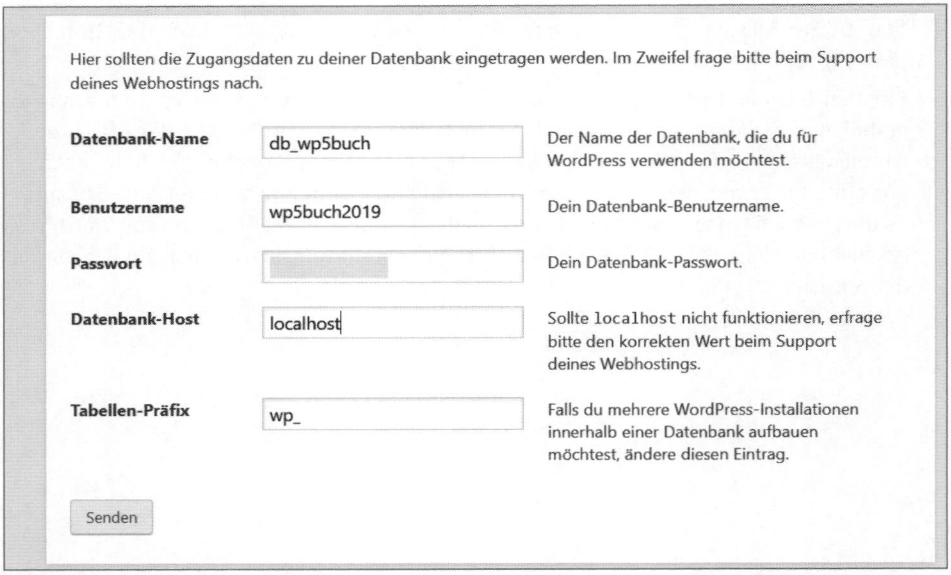

Hier sollten die Zugangsdaten zu deiner Datenbank eingetragen werden. Im Zweifel frage bitte beim Support deines Webhostings nach.

Datenbank-Name	db_wp5buch	Der Name der Datenbank, die du für WordPress verwenden möchtest.
Benutzername	wp5buch2019	Dein Datenbank-Benutzername.
Passwort		Dein Datenbank-Passwort.
Datenbank-Host	localhost	Sollte localhost nicht funktionieren, erfrage bitte den korrekten Wert beim Support deines Webhostings.
Tabellen-Präfix	wp_	Falls du mehrere WordPress-Installationen innerhalb einer Datenbank aufbauen möchtest, ändere diesen Eintrag.

Senden

Bild 2.27 Geben Sie die Zugangsdaten zur Datenbank ein!

7. Sollten Sie sich vertippt haben, sodass WordPress keine Verbindung zur Datenbank aufbauen kann, so erscheint eine Fehlermeldung. Falls das passiert, überprüfen und korrigieren Sie die Daten. Überprüfen Sie auch, ob MySQL noch läuft. Klicken Sie dann auf **Versuche es nochmal** (siehe Bild 2.28).

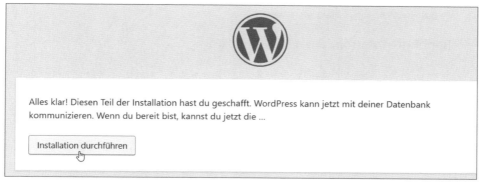

Bild 2.28 Ups, da stimmt etwas nicht! Überprüfen Sie die Zugangsdaten und ob der MySQL-Server läuft

8. Wenn eine Datenbankverbindung zur Datenbank aufgebaut werden kann, sehen Sie eine Erfolgsmeldung. Dies bedeutet auch, dass WordPress die Datei `wp-config.php` erfolgreich erstellt hat. Klicken Sie auf **Installation durchführen**, um mit der eigentlichen Installation zu beginnen (siehe Bild 2.29).

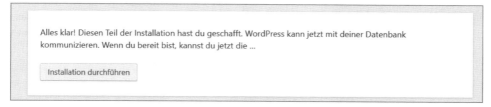

Bild 2.29 Jetzt kann es endlich losgehen!

9. Nun werden die Daten für die Website angegeben. Diese Daten können später jederzeit geändert werden! Geben Sie den *Titel der Website* an sowie einen *Benutzernamen*. Ein starkes Passwort für diesen Benutzer wurde bereits generiert (siehe Bild 2.30). Hier können Sie auch ein eigenes Passwort eintragen. Achten Sie dabei aus Sicherheitsgründen darauf, dass Sie ein starkes Passwort wählen. Sollte dieses Passwort *sehr schwach* oder *schwach* sein, so müssen Sie die Verwendung des schwachen Passworts ausdrücklich bestätigen (siehe Bild 2.31). Dieser Benutzername und das Passwort sind die Zugangsdaten fürs Backend für die Administration der Website. Notieren Sie sich diese Daten!

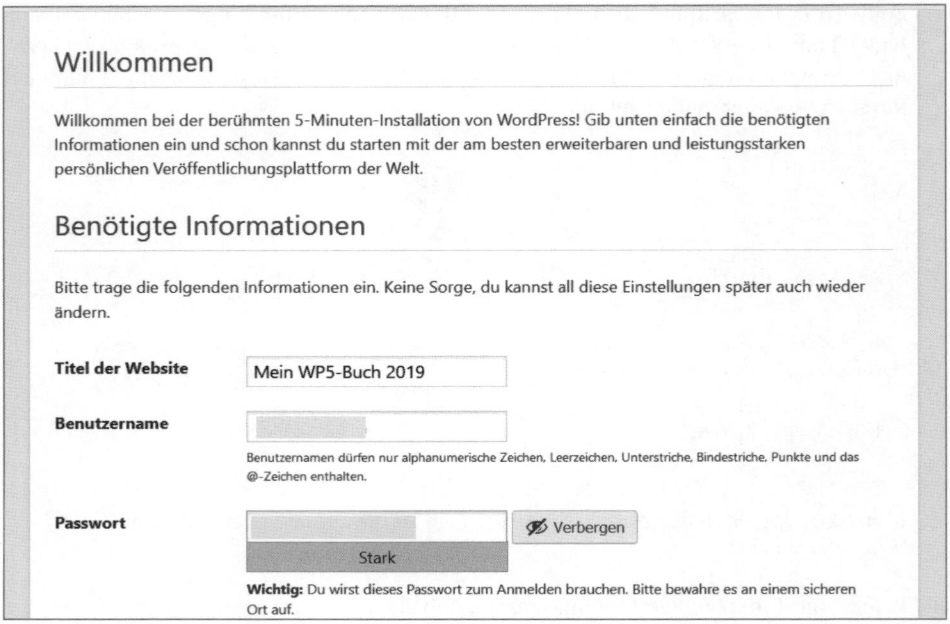

Willkommen

Willkommen bei der berühmten 5-Minuten-Installation von WordPress! Gib unten einfach die benötigten Informationen ein und schon kannst du starten mit der am besten erweiterbaren und leistungsstarken persönlichen Veröffentlichungsplattform der Welt.

Benötigte Informationen

Bitte trage die folgenden Informationen ein. Keine Sorge, du kannst all diese Einstellungen später auch wieder ändern.

Titel der Website   Mein WP5-Buch 2019

Benutzername

Benutzernamen dürfen nur alphanumerische Zeichen, Leerzeichen, Unterstriche, Bindestriche, Punkte und das @-Zeichen enthalten.

Passwort   Verbergen

Stark

Wichtig: Du wirst dieses Passwort zum Anmelden brauchen. Bitte bewahre es an einem sicheren Ort auf.

Bild 2.30 Geben Sie Seitentitel, Benutzer und Passwort an!

10. Geben Sie eine *E-Mail-Adresse* an, diese ist auch bei der lokalen Installation erforderlich. Da die Website auf dem Testserver laufen soll und Suchmaschinen ohnehin keinen Zugang haben, ist die Einstellung bezüglich der *Sichtbarkeit für Suchmaschinen* unerheblich (siehe Bild 2.31). Klicken Sie zum Abschließen der Installation auf **WordPress installieren**. WordPress erstellt nun die erforderlichen Tabellen in der Datenbank.

Passwort   123456789   Verbergen

Ganz schwach

Wichtig: Du wirst dieses Passwort zum Anmelden brauchen. Bitte bewahre es an einem sicheren Ort auf.

Passwort bestätigen   ☑ Bestätige die Verwendung eines schwachen Passworts.

Deine E-Mail-Adresse   jola@wp5buch.net

Bitte überprüfe nochmal deine E-Mail-Adresse auf Richtigkeit, bevor du weitermachst.

Sichtbarkeit für Suchmaschinen   ☑ Suchmaschinen davon abhalten, diese Website zu indexieren.

Es ist Sache der Suchmaschinen, dieser Bitte nachzukommen.

WordPress installieren

Bild 2.31 Die Installation kann nun tatsächlich beginnen!

11. Eventuell kann es passieren, dass die Erstellung der Tabellen nicht vollständig durchgeführt wurde, beispielsweise aufgrund einer langsamen Verbindung zum Test-Server.

Dann erhalten Sie eine fast leere Seite (siehe Bild 2.32). In diesem Fall lesen Sie bitte in Kapitel 2.2.1.2 weiter.

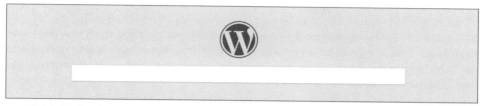

Bild 2.32 Das ist nicht gut! Hier müssen Sie die unvollständigen Tabellen löschen und die Installation nochmals durchführen!

12. Wenn alles geklappt hat, d. h. wenn die erforderlichen Tabellen in der Datenbank erstellt werden konnten, wird im Browser eine Erfolgsmeldung angezeigt (siehe Bild 2.33).

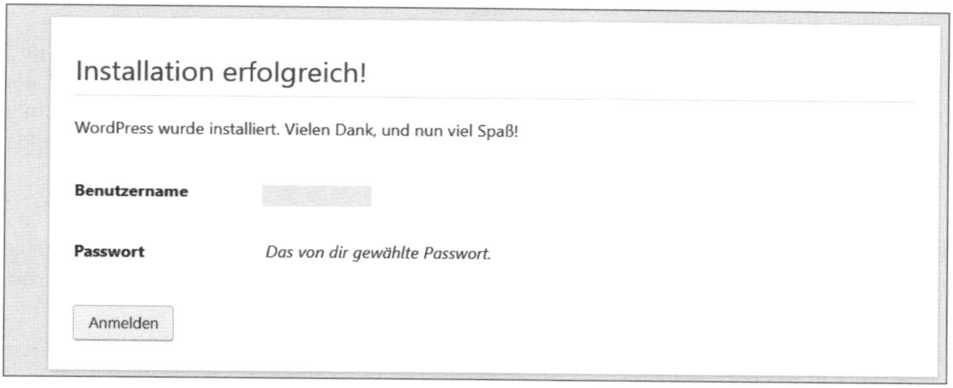

Installation erfolgreich!

WordPress wurde installiert. Vielen Dank, und nun viel Spaß!

Benutzername

Passwort   *Das von dir gewählte Passwort.*

Anmelden

Bild 2.33 Gratulation! WordPress wurde erfolgreich installiert!

Klicken Sie auf **Anmelden**, um auf die Login-Seite zu gelangen. Nun können Sie sich mit Benutzername oder der bei der Installation angegebenen E-Mail-Adresse und Passwort einloggen, um ins Backend Ihrer WordPress-Installation zu gelangen (siehe Bild 2.34).

Benutzername oder E-Mail-Adresse

Passwort

☐ Angemeldet bleiben   Anmelden

Passwort vergessen?

← Zurück zu Mein WP5-Buch 2019

Bild 2.34 Melden Sie sich an, um ins Backend zu gelangen

Im *Backend*, dem *Dashboard*, können Sie die gewünschten Einstellungen vornehmen, neue Themes und Ihr sitespezifisches Plugin aktivieren und vieles mehr. In Kapitel 17.2 erfahren Sie, wie Sie ein eigenes Logo anstelle des WordPress-Logos auf der Anmeldeseite anzeigen lassen können.

Sollten Sie Ihr Passwort vergessen haben, so wäre dies weniger gut, denn der Testserver kann keine E-Mails mit einem neuen Passwort versenden. Die einzige Möglichkeit, das in der Datenbank verschlüsselte Passwort zu ändern, besteht darin, ein neues Passwort direkt in die Datenbank einzugeben (siehe Kapitel 2.2.2).

Um ins *Frontend* zu gelangen, klicken Sie unterhalb des Formulars auf **Zurück zu Name Ihrer Website**. Es wird die Startseite Ihrer Website mit dem aktuellen Standard-Theme angezeigt.

2.2.1 Fatal error: maximum execution time exceeded

Die Laufzeit eines PHP-Skripts ist standardmäßig aus Sicherheitsgründen begrenzt und liegt je nach Provider meist zwischen 30 Sekunden und 180 Sekunden. Bei XAMPP ist die Zeit auf 30 Sekunden eingestellt. Wird diese Zeit überschritten, so gibt der Server einen Fatal error: maximum execution time of 30 seconds exceeded aus. Das laufende Skript wird abgebrochen, die Aufgabe wird nicht bis zu Ende ausgeführt.

2.2.1.1 Maximum execution time erhöhen

Der Wert für die maximale Laufzeit, die max_execution_time, wird in der Datei php.ini definiert. Zum Ändern gehen Sie folgendermaßen vor:

1. Öffnen Sie die Datei php.ini im XAMPP Control Panel. Klicken Sie auf *Konfig* in der Zeile *Apache* und wählen Sie php.ini aus der Liste (siehe Bild 2.35).

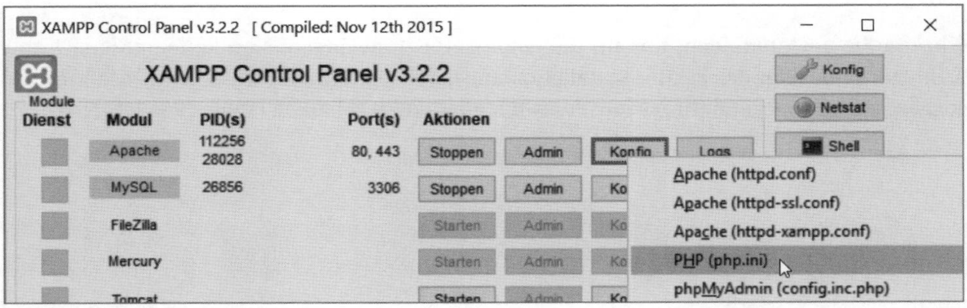

Bild 2.35 Öffnen Sie die Datei php.ini im XAMPP Control Panel

2. Suchen Sie in der Datei nach max_execution_time und ändern Sie den Wert von 30 auf 300. Speichern Sie die Datei und starten Sie Apache neu.

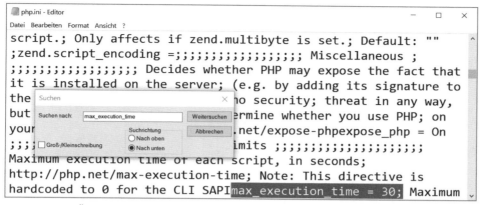

Bild 2.36 Ändern Sie den Wert von max_execution_time auf 300!

2.2.1.2 Maximum execution time exceeded während der Installation

Unter Umständen kann es passieren, dass die Installation von WordPress während des Anlegens der Tabellen in der Datenbank wegen Zeitüberschreitung abgebrochen wird. Statt der erwarteten Erfolgsmeldung bekommen Sie einen *Fatal error* angezeigt (siehe Bild 2.37) oder eine halbleere Seite (siehe Bild 2.32).

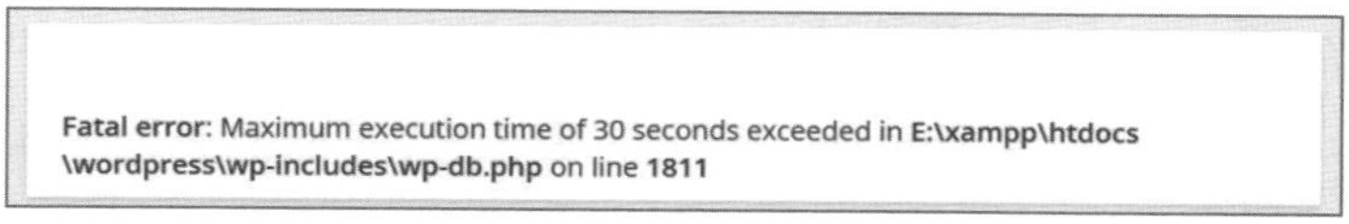

Fatal error: Maximum execution time of 30 seconds exceeded in E:\xampp\htdocs
\wordpress\wp-includes\wp-db.php on line 1811

Bild 2.37 Die maximale Zeit wurde überschritten

Um diesen Fehler zu beheben, gibt es leider nur eine Möglichkeit, Sie müssen die bestehenden, unvollständigen Tabellen in der Datenbank löschen. Danach ist eine Installation wieder möglich. WordPress bietet zwar an, Tabellen zu reparieren. Mit der Reparaturfunktion können allerdings lediglich bestehende Tabellen repariert werden, es werden keine fehlenden Tabellen angelegt!

1. Gehen Sie im Browser zu `http://localhost/phpmyadmin/` bzw. `http://localhost:81/phpmyadmin/`.

2. Wählen Sie in der linken Spalte jene Datenbank aus, in der die unvollständigen WordPress-Tabellen liegen.

3. In der rechten Spalte werden die Tabellen geladen. Markieren Sie alle Tabellen. Wählen Sie Löschen aus der Liste im Feld `markierte:` unterhalb der Tabellen aus (siehe Bild 2.38).

Bild 2.38 Löschen Sie alle Tabellen aus der Datenbank

Es erscheint *Möchten Sie die folgende Abfrage wirklich ausführen?* Klicken Sie auf **Ja**.

Sobald die unvollständigen Tabellen entfernt wurden und `Es wurden keine Tabellen in der Datenbank` gefunden angezeigt wird, steht einer neuerlichen Installation von Word-Press nichts mehr im Weg. Bleibt WordPress bei der Installation weiterhin hängen, so kann das Einfügen der Zeile `set_time_limit(300);` in die Datei `wp_config.php` im Word-Press-Ordner im `htdocs`-Ordner Abhilfe schaffen.

2.2.2 Passwort vergessen?

Da Sie sich auf dem Testserver kein neues Passwort schicken lassen können, muss ein vergessenes Passwort händisch in der Datenbank geändert werden. Das Problem dabei ist, dass das Passwort nicht einfach ausgelesen werden kann, da es in der Datenbank in einer MD5-Verschlüsselung vorliegt.

1. Öffnen Sie *phpMyAdmin*.
2. Wählen Sie in der linken Spalte die Datenbank, in der die Tabellen Ihrer WordPress-Installation liegen.
3. Klicken Sie in der linken Spalte auf die Tabelle `wp_users`. Markieren Sie in der rechten Spalte die angezeigte Tabelle und klicken Sie anschließend auf **Bearbeiten** (siehe Bild 2.39).

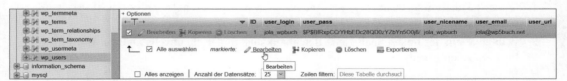

Bild 2.39 Markieren Sie wp_users und klicken Sie auf Bearbeiten

4. In der Zeile *user_pass* finden Sie in der Spalte *Wert* das aktuelle MD5-verschlüsselte Passwort (siehe Bild 2.40).

Bild 2.40 Markieren Sie den Wert bei user_pass (Pfeil), schreiben Sie das neue Passwort hinein und wählen Sie MD5 in der Spalte Funktion (Markierung)

5. Löschen Sie diesen Wert und schreiben Sie stattdessen das neue Passwort in das Textfeld.

6. Wählen Sie links daneben in der Spalte *Funktion* die Option *MD5*, damit beim Speichern das Passwort in einen *MD5 Hash* (MD5-Zeichenkette) umgewandelt wird.

7. Klicken Sie anschließend unten auf der Seite zum Übernehmen der Änderung auf OK. Achten Sie dabei darauf, dass *Speichern* ausgewählt ist (siehe Bild 2.41).

Bild 2.41 Speichern Sie die Änderung!

Jetzt können Sie sich mit dem neu gesetzten Passwort bei WordPress wieder anmelden, um auf Ihr Dashboard zu gelangen.

2.2.3 Datenbank mit zwei WordPress-Installationen

Man kann mit einer Datenbank mehrere WordPress-Installationen parallel betreiben. Als Beispiel wurde auf XAMPP neben der gezeigten WordPress-5.2.2-Installation parallel eine weitere Installation mit WordPress 5.2.2 (für eine Version mit dem Classic Editor) durchgeführt. Dazu muss WordPress jeweils vollständig in einem eigenen Ordner vorhanden sein, im Beispiel in den Ordnern htdocs/wordpressGB/ für die erste Installation (WordPress 5.2.2 mit Gutenberg) sowie htdocs/wordpress/ für die zweite Installation (WordPress 5.2.2 mit dem Classic-Editor-Plugin als Standardeditor). Der erste, bereits bestehende Installationsordner wordpress wurde in wordpressGB umbenannt. So konnte ein weiteres Entzippen von WordPress 5.2.2 in einen neuen Ordner wordpress im htdocs-Ordner problemlos durchgeführt werden.

Auch in der Datenbank müssen sämtliche WordPress-Tabellen für jede Installation vorhanden sein, die Unterscheidung erfolgt durch das jeweilige Tabellenpräfix. Dieser lautet für die erste Installation wp_, für die zweite Installation wpTMCE_. Dieses Präfix wird im Zuge der Installation festgelegt und zwar entweder in der Datei wp-config.php oder bei Installation auf dem Testserver im Fenster mit den Angaben zur Datenbank (siehe Bild 2.42).

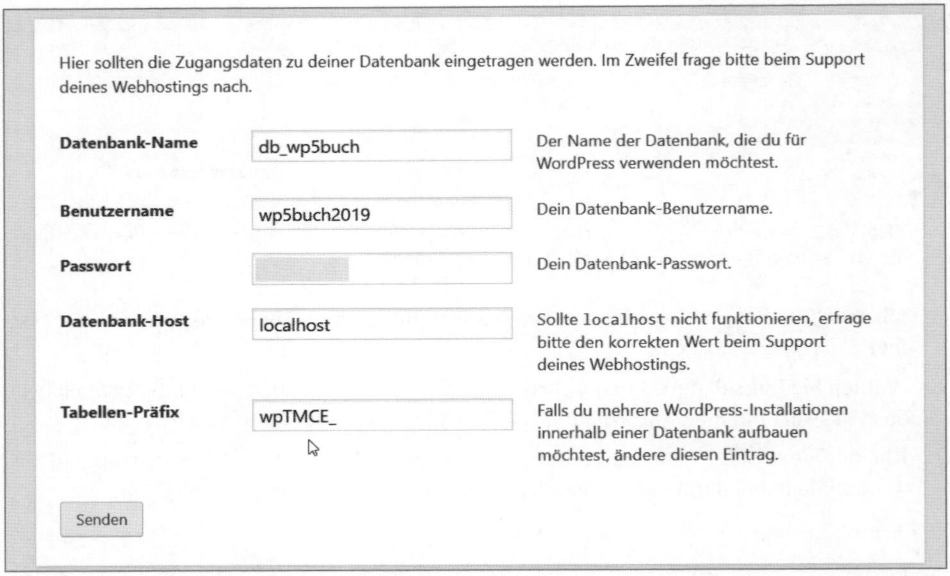

Hier sollten die Zugangsdaten zu deiner Datenbank eingetragen werden. Im Zweifel frage bitte beim Support deines Webhostings nach.

Datenbank-Name	db_wp5buch	Der Name der Datenbank, die du für WordPress verwenden möchtest.
Benutzername	wp5buch2019	Dein Datenbank-Benutzername.
Passwort		Dein Datenbank-Passwort.
Datenbank-Host	localhost	Sollte localhost nicht funktionieren, erfrage bitte den korrekten Wert beim Support deines Webhostings.
Tabellen-Präfix	wpTMCE_	Falls du mehrere WordPress-Installationen innerhalb einer Datenbank aufbauen möchtest, ändere diesen Eintrag.

Senden

Bild 2.42 Geändertes Tabellenpräfix für die zweite WordPress-Installation

Verglichen mit Bild 2.27 liegt der Unterschied bei den Angaben lediglich beim Präfix. Datenbankname und Benutzer (Datenbank) sowie Passwort für die Datenbank bleiben gleich. Die weiteren Schritte der Installation sind ebenfalls identisch zu den Schritten der ersten WordPress-Installation. Beim Aufruf der zweiten Installation brauchen Sie lediglich den Ordnernamen, in dem sich die WordPress-Dateien befinden, im Browser anzupassen.

3 Migration einer WordPress-Website/ -Installation

 In diesem Kapitel erfahren Sie ...

- ... wie Sie mit Ihrer Website bzw. Ihrem Blog bei WordPress.com auf Ihren eigenen Server übersiedeln,

- ... wie Sie auch Ihre Fotos von WordPress.com auf Ihren eigenen Server transferieren,

- ... wie Sie mit WordPress von einem eigenen Server zu einem anderen eigenen Server übersiedeln,

- ... wie Sie WordPress-Einstellungen und Ihr lokal entwickeltes Theme und Ihr Site-spezifisches Plugin vom lokalen Testserver auf Ihren eigenen Server übertragen,

- ... wie Sie WordPress außerhalb des Installationsordners über die Haupt-Domain aufrufen können,

- ... wie Sie Ihre WordPress-Installation von HTTP auf HTTPS umstellen,

- ... Tipps für eine möglichst sichere WordPress-Installation ohne spezielle Plugins.

■ 3.1 Migration von WordPress.com zum eigenen Server

Ein kostenloser Blog bzw. ein kostenloser Internetauftritt bei WordPress.com ist eine tolle Sache, keine Frage. Doch nach einer gewissen Zeit möchte man meist manches ändern und Kleinigkeiten anpassen, die man in der kostenlosen Version nicht ändern darf. Dann ist ein Umstieg auf eine WordPress-Installation auf dem eigenen Server sicherlich sinnvoller. Man kann den Umstieg von WordPress.com auf den eigenen Server selbst durchführen oder die Migration gegen eine Gebühr von WordPress-Partnern durchführen lassen.

3.1.1 Daten von WordPress.com exportieren

Das Problem beim Exportieren von Daten von WordPress.com besteht darin, dass man weder Zugang zur Datenbank, noch zum FTP-Server hat. So können Sie keine Sicherung der Datenbank durchführen. Und es ist auch nicht möglich, per FTP beispielsweise alle Fotos und veränderten WordPress-Dateien etc. auf den lokalen Rechner herunterzuladen. Man kann sich lediglich der *Export*-Funktion, die in WordPress zur Verfügung steht, bedienen.

Als Beispiel wird die Migration meines kleinen Blogs *Rote Pandas in Österreich* durchgeführt (siehe Bild 3.1). Dieser Blog beinhaltet nur dreizehn Beiträge, neun Seiten, drei Kommentare und 76 Fotos mit insgesamt 27,27 MB. Die XML-Datei ist 236 KB groß. Inzwischen wurde diese Website auf *SSL/TLS* (`https://`) umgestellt (*https://www.rotepandas.at*). Wie Sie Ihre Website von `http://` auf `https://` umstellen, wird in Abschnitt 3.4 detailliert beschrieben.

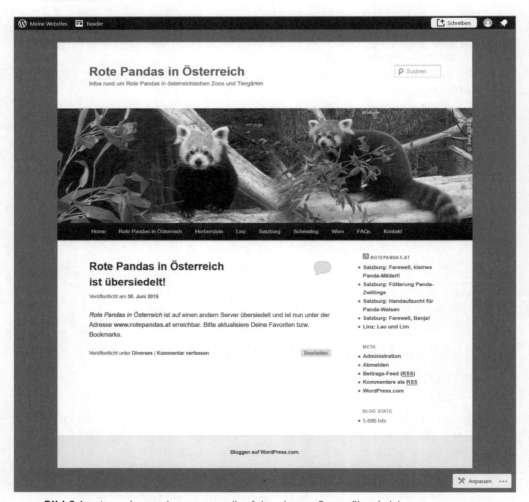

Bild 3.1 rotepandas.wordpress.com soll auf den eigenen Server übersiedeln

Zum Exportieren der Daten gehen Sie folgendermaßen vor. Beachten Sie, dass lediglich Beiträge, Seiten, Kommentare, benutzerdefinierte Felder, Kategorien, Tags, Navigationsmenüs und benutzerdefinierte Inhaltstypen exportiert werden. Die Fotos und andere Mediendateien müssen im Zuge des Imports auf den eigenen Server „geholt" werden.

1. Loggen Sie sich auf Ihrem WordPress.com auf Ihrem Blog bzw. auf Ihrer Website ein.

2. Wählen Sie auf dem Dashboard *Werkzeuge/Daten exportieren* (siehe Bild 3.2).

Bild 3.2
Wählen Sie Werkzeuge/Daten exportieren

3. Nun wird eine XML-Datei erstellt, eine sogenannte *WordPress eXtended RSS* (WXR), die Sie auf Ihrem lokalen Rechner speichern können. Legen Sie fest, welche Daten diese XML-Datei beinhalten soll (siehe Bild 3.3). Wählen Sie *Alle Inhalte* und klicken Sie anschließend auf **Export-Datei herunterladen**.

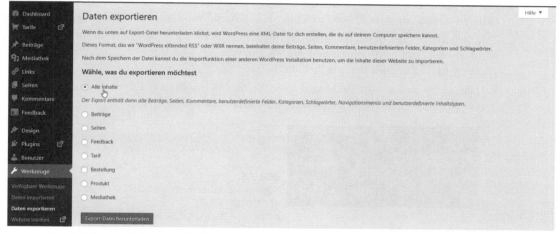

Bild 3.3 Legen Sie fest, welche Daten Sie exportieren möchten

Speichern Sie die XML-Datei auf Ihren lokalen Rechner. Diese Datei wird für den Export auf Ihrem eigenen Server benötigt. Sie wird unter dem Namen der Website plus Datum des Downloads gespeichert (siehe Bild 3.4).

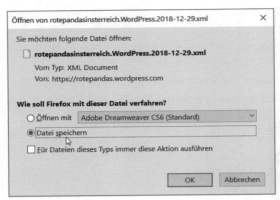

Bild 3.4
Speichern Sie die XML-Datei auf Ihren
lokalen Rechner

3.1.2 Daten auf eigenem Server importieren

Wechseln Sie nun in Ihre WordPress-Installation auf Ihrem eigenen Server. Bevor Sie die Daten importieren, sollten Sie Ihre WordPress-Installation auf den aktuellsten Stand bringen – sofern diese nicht schon auf die neueste Version aktualisiert wurde. Installieren und aktivieren Sie auch jenes Theme, welches Sie auf WordPress.com verwendet haben.

Zum Importieren der Daten benötigen Sie nicht nur die vorhin gespeicherte WordPress-Exportdatei, sondern auch ein besonderes Plugin, nämlich den *WordPress Importer*. Dieses Plugin wird im Zuge des Imports installiert:

1. Loggen Sie sich auf Ihr Dashboard Ihrer WordPress-Installation auf Ihrem eigenen Server ein. Wählen Sie *Werkzeuge/Daten importieren* (siehe Bild 3.1).

Bild 3.5
Wählen Sie auf dem eigenen Server Daten
importieren

2. Klicken Sie auf der Seite *Daten importieren* ganz unten in der Liste bei *WordPress* auf **Jetzt installieren** (siehe Bild 3.6).

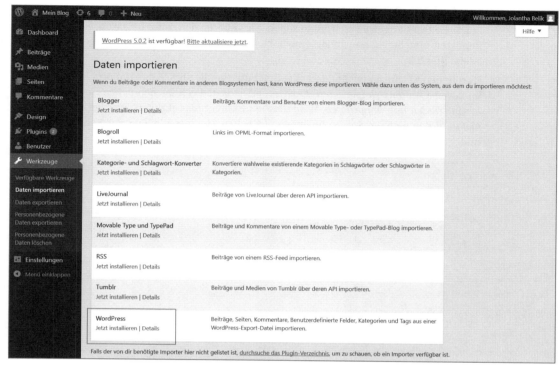

Bild 3.6 Installieren Sie den WordPress Importer

3. Warten Sie, bis die Installation abgeschlossen ist. Während der Installation drehen sich die Pfeile im Uhrzeigersinn und *Installiere ...* wird angezeigt.

4. Ist die Installation des Plugins abgeschlossen, klicken Sie auf **Importer ausführen**.

5. Es erscheint eine Seite, auf der Sie die XML-Export-Datei, die Ihre Daten enthält, auswählen können. Klicken Sie dazu auf *Durchsuchen* (siehe Bild 3.7). Navigieren Sie zur gewünschten XML-Datei, wählen Sie diese aus und klicken Sie auf *Öffnen*. Der Name der Datei erscheint nun neben *Durchsuchen*.

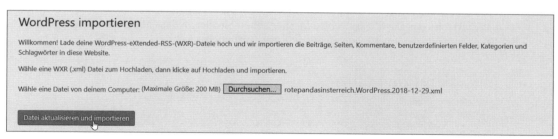

Bild 3.7 Klicken Sie auf Datei aktualisieren und importieren

6. Kontrollieren Sie, ob Sie die richtige Datei ausgewählt haben. Klicken Sie nun auf **Datei aktualisieren und importieren** (siehe Bild 3.7).

7. Im nächsten Schritt legen Sie im Bereich *Autoren zuweisen* fest, welchem Autor bestehende Beiträge zugewiesen werden sollen. Sie könnten den Autor belassen, einen neuen Benutzer erstellen lassen oder einem bestehenden Benutzer die Beiträge zuweisen (siehe Bild 3.8).

8. Hier finden Sie auch eine äußerst wichtige Funktion bezüglich des Imports Ihrer Bilder im Bereich *Anhänge importieren*. Aktivieren Sie dazu das Kästchen neben *Dateianhänge herunterladen und importieren*. Wird diese Funktion nicht aktiviert, werden Ihre Bilder *nicht* auf den eigenen Server übertragen! Klicken Sie anschließend auf **Senden** (siehe Bild 3.8).

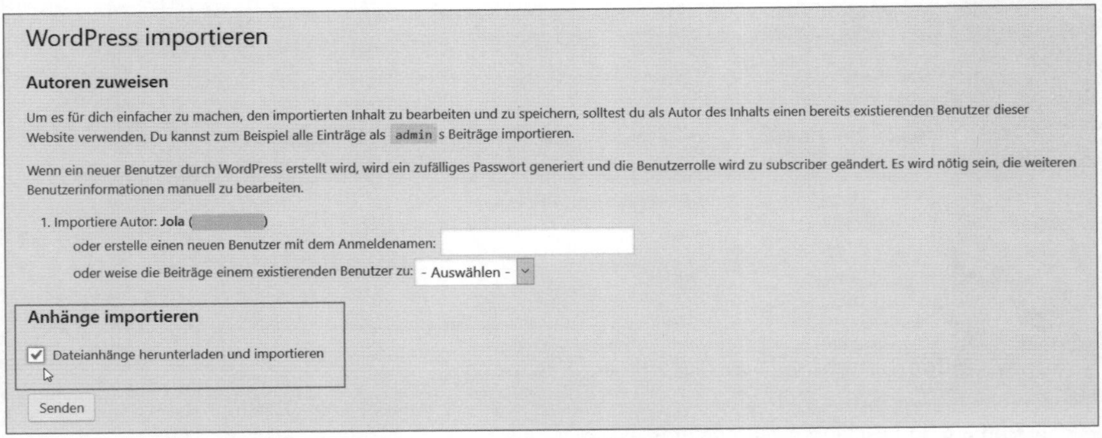

WordPress importieren

Autoren zuweisen

Um es für dich einfacher zu machen, den importierten Inhalt zu bearbeiten und zu speichern, solltest du als Autor des Inhalts einen bereits existierenden Benutzer dieser Website verwenden. Du kannst zum Beispiel alle Einträge als `admin` s Beiträge importieren.

Wenn ein neuer Benutzer durch WordPress erstellt wird, wird ein zufälliges Passwort generiert und die Benutzerrolle wird zu subscriber geändert. Es wird nötig sein, die weiteren Benutzerinformationen manuell zu bearbeiten.

1. Importiere Autor: **Jola** (⬛⬛⬛⬛⬛⬛)
   oder erstelle einen neuen Benutzer mit dem Anmeldenamen: [   ]
   oder weise die Beiträge einem existierenden Benutzer zu: - Auswählen - ⌄

Anhänge importieren

☑ Dateianhänge herunterladen und importieren

[Senden]

Bild 3.8 Aktivieren Sie die Option bei Anhänge importieren!

9. Es werden nun die Daten importiert sowie die Bilder etc. vom WordPress.com-Server von Ihrem Account auf Ihren Server geladen. Bei meinem Beispiel hat dies knappe zweieinhalb Minuten gedauert. Bei größeren Dateimengen kann es entsprechend mehr Zeit in Anspruch nehmen. Während dieser Zeit bleibt die Seite leer! Ist der Import abgeschlossen, erscheint eine eventuelle Fehlermeldung bzw. die Erfolgsmeldung, dass der Import fertig ist. Bei meinem Beispiel konnte der Beitragstyp *Feedback* nicht importiert werden, weil Jetpack (noch) nicht installiert war (siehe Bild 3.9). Sollte kein Abschlussbericht angezeigt werden, siehe Abschnitt 3.1.2.1. Mit Klick auf **Viel Spaß!** wird die Startseite des Dashboards geladen. Hier sehen Sie gleich, dass alle Seiten, Beiträge und Kommentare nun auf dem eigenen Server vorhanden sind.

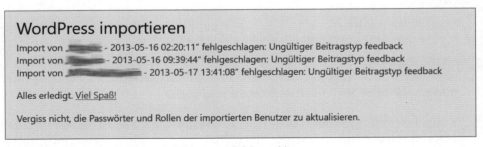

WordPress importieren

Import von „⬛⬛⬛⬛ - 2013-05-16 02:20:11" fehlgeschlagen: Ungültiger Beitragstyp feedback
Import von⬛⬛⬛⬛ - 2013-05-16 09:39:44" fehlgeschlagen: Ungültiger Beitragstyp feedback
Import von ⬛⬛⬛⬛⬛⬛ - 2013-05-17 13:41:08" fehlgeschlagen: Ungültiger Beitragstyp feedback

Alles erledigt. Viel Spaß!

Vergiss nicht, die Passwörter und Rollen der importierten Benutzer zu aktualisieren.

Bild 3.9 Abschlussbericht mit Fehlern und Erfolgsmeldung

10. Kontrollieren Sie in der Mediathek, ob alle Bilder importiert wurden. Ein Blick in meine Mediathek zeigt, dass alle 76 Bilder vorhanden sind (siehe Bild 3.10).

Bild 3.10 Es wurden alle meine Medien vom WordPress.com-Blog importiert

11. Kontrollieren Sie die Namen der Benutzer in der Benutzerverwaltung und passen Sie die Rollen und die Passwörter der neuen Benutzer an.

3.1.2.1 Fehlerbehebung: Leere Seite nach Import

Manchmal kann es beim Import passieren, dass nach dem Import kein Abschlussbericht angezeigt wird, d. h., die Seite bleibt leer und wird nur teilweise geladen (siehe Bild 3.11).

Bild 3.11 Nach dem Import wird die Dashboard-Seite nur teilweise geladen

Es wurden im Hintergrund dennoch Beiträge, Seiten, Medien etc. übertragen. Um sicher zu gehen, dass tatsächlich alles importiert wurde, kann es hilfreich sein, eine Zeitbeschränkung in der Datei deprecated.php aufzuheben und den Import neuerlich durchzuführen.

1. Laden Sie die Datei deprecated.php im Verzeichnis wp-includes auf Ihren Rechner.

2. Suchen Sie nach der Funktion wp_get_http (siehe Bild 3.12). Ändern Sie den Wert in der Klammer von 60 auf 0 (Null). Damit wird das Zeitlimit auf unendlich gesetzt. Speichern Sie die Datei und laden Sie diese wieder auf den Server.

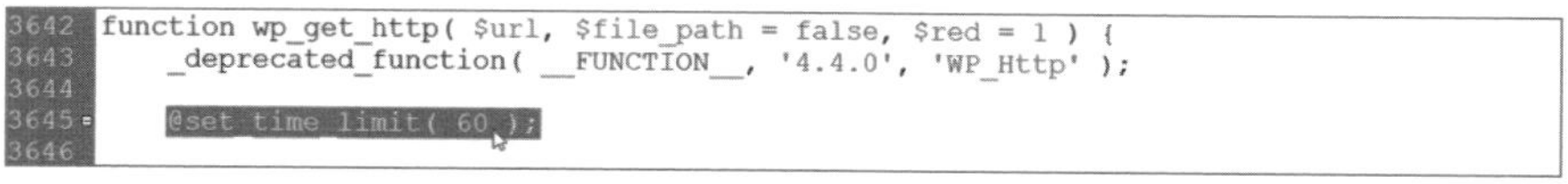

```
3642  function wp_get_http( $url, $file_path = false, $red = 1 ) {
3643      _deprecated_function( __FUNCTION__, '4.4.0', 'WP_Http' );
3644
3645      @set_time_limit( 60 );
3646
```

Bild 3.12 Ändern Sie diesen Wert in der Klammer auf Null!

3. Führen Sie den Import nochmals durch. Bereits importierte Beiträge, Medien etc. werden als solche markiert und nicht nochmals importiert (siehe Bild 3.13).

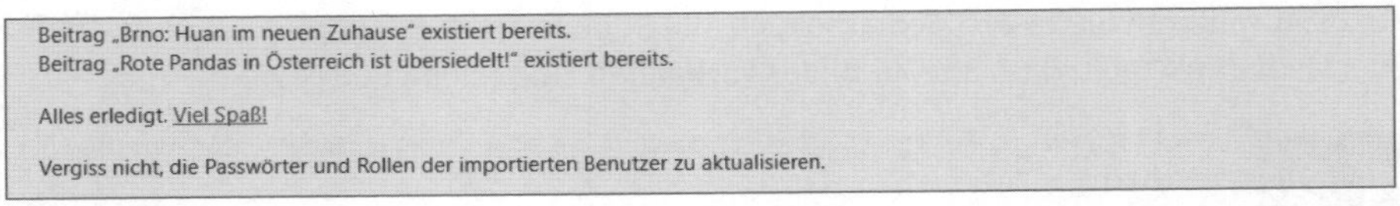

Beitrag „Brno: Huan im neuen Zuhause" existiert bereits.
Beitrag „Rote Pandas in Österreich ist übersiedelt!" existiert bereits.

Alles erledigt. Viel Spaß!

Vergiss nicht, die Passwörter und Rollen der importierten Benutzer zu aktualisieren.

Bild 3.13 Beim neuerlichen Import werden keine Duplikate erzeugt!

3.1.3 Problembereiche nach dem Import

Der Blick ins Frontend sorgt hingegen meist für Schnappatmung und Herzrasen. Es sind zwar alle Seiten, Beiträge und Bilder etc. vorhanden, die importierten Inhalte wurden den bestehenden Inhalten hinzugefügt. Doch weder die Headergrafik noch der Seitentitel oder Widgets und auch nicht das Theme bzw. die Theme-Einstellungen wurden direkt übernommen. Auch die Menüpunkte müssen bearbeitet werden (siehe Bild 3.14).

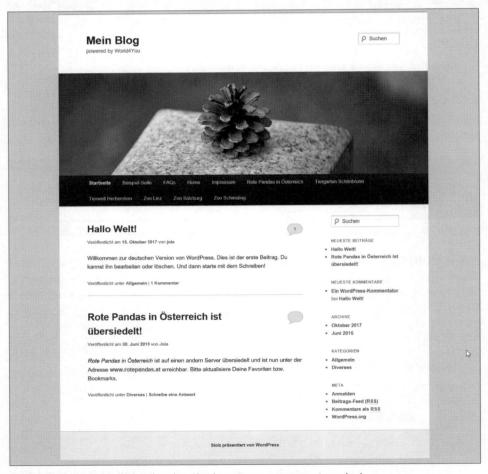

Bild 3.14 Die Inhalte sind vorhanden, das Layout muss angepasst werden!

3.1.3.1 Formular fehlt

Auch mit dem Kontaktformular gibt es Probleme, statt des Formulars erscheint der Code (siehe Bild 3.15). Damit dieses Formular wieder sichtbar wird, muss im Beispiel *Jetpack* installiert werden.

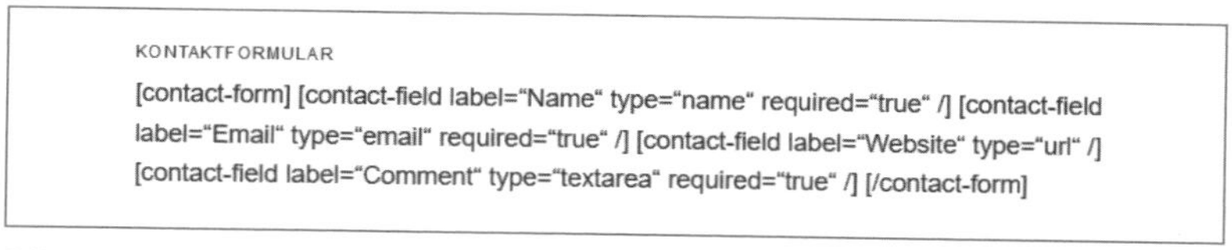

```
KONTAKTFORMULAR

[contact-form] [contact-field label="Name" type="name" required="true" /] [contact-field
label="Email" type="email" required="true" /] [contact-field label="Website" type="url" /]
[contact-field label="Comment" type="textarea" required="true" /] [/contact-form]
```

Bild 3.15 Mit diesem „Formular" werden Besucher keine Freude haben!

3.1.3.2 Videos werden nicht angezeigt

Auch Videos, die in Beiträgen oder Seiten eingebettet waren, werden nicht angezeigt, sondern nur der verwendete Shortcode, der eine Zeitlang zum Einbetten von Videos verwendet werden musste (siehe Bild 3.16). Damit man die Videos zu sehen bekommt und diese Shortcodes wieder funktionieren, muss entweder *Jetpack* installiert sein oder Sie passen die Videozeile händisch an.

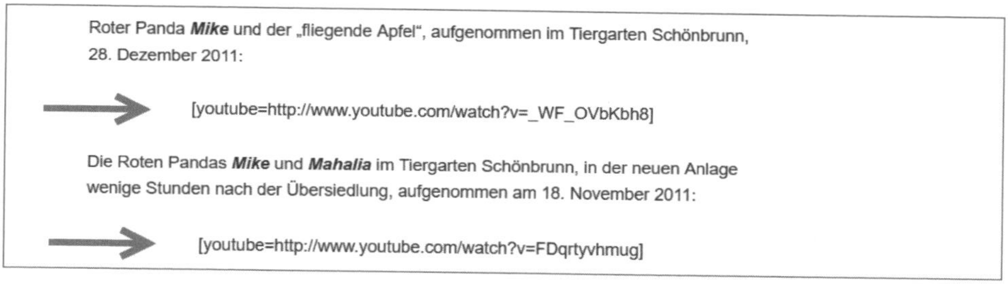

Roter Panda *Mike* und der „fliegende Apfel", aufgenommen im Tiergarten Schönbrunn, 28. Dezember 2011:

→ [youtube=http://www.youtube.com/watch?v=_WF_OVbKbh8]

Die Roten Pandas *Mike* und *Mahalia* im Tiergarten Schönbrunn, in der neuen Anlage wenige Stunden nach der Übersiedlung, aufgenommen am 18. November 2011:

→ [youtube=http://www.youtube.com/watch?v=FDqrtyvhmug]

Bild 3.16 Auch mit solchen Video-Shortcodes haben Besucher keine Freude!

3.1.4 Probleme beheben

Gehen Sie beim Beheben der Problembereiche nach dem Import schrittweise vor. Ändern bzw. korrigieren Sie zuerst die sichtbaren Elemente wie Name und Untertitel der Website. Fügen Sie die „alte" Header-Grafik ein. Passen Sie die Menüpunkte der Hauptnavigation an und definieren Sie die Widgets, die in der Sidebar bzw. im unteren Bereich der Seite – falls im Theme vorgesehen – erscheinen sollen. Widmen Sie sich danach den Inhalten, falls Sie ein WordPress.com-Kontaktformular verwendet und YouTube-Videos eingebettet haben. Last but not least, überprüfen Sie die Rollen der Benutzer und passen Sie die Rolle und gegebenenfalls auch das jeweilige Passwort an.

Am einfachsten nehmen Sie einige Änderungen im *Customizer* vor. Diesen öffnen Sie auf dem Dashboard über *Design/Customizer*. Wie Sie Änderungen mit dem *Customizer* vornehmen können, finden Sie in Kapitel 6 detailliert beschrieben.

3.1.4.1 Formular und Videos

Damit anstelle der verwendeten Shortcodes auch auf Ihrem eigenen Server das Kontakt-formular und die Videos angezeigt werden, ist *Jetpack* erforderlich. Dieses Plugin ermöglicht das Verwenden von zahlreichen Funktionen, die Sie von WordPress.com her gewöhnt, die jedoch nicht im WordPress-Paket von WordPress.org enthalten sind. Eine Beschreibung von Jetpack und Modulen finden Sie in Kapitel 16. Alternativ zum Jetpack-Kontaktformular könnten Sie beispielsweise das Plugin *Contact Form 7 (CF7)* verwenden und damit ein neues Formular erstellen.

Für die Fehlerbehebung bei den eingebetteten Videos bleibt ohne Jetpack wohl nur eine manuelle Bearbeitung der Seiten bzw. Beiträge mit Videos. Sie müssten jeweils [youtube= vor dem Link und die schließende eckige Klammer] nach dem Link entfernen. In aktuellen WordPress-Versionen reicht für das Einbetten von Videos von anderen Plattformen das Ein-fügen der Videoadresse in eine eigene Zeile.

Wenn Sie *Jetpack* installieren und die Verbindung mit Ihrem WordPress.com-Account her-gestellt ist, funktionieren nicht nur Ihre Formulare wieder, auch die YouTube-Videos sind wieder sichtbar.

Damit ist die Migration von WordPress.com auf den eigenen Server erfolgreich abgeschlos-sen. Eine Kleinigkeit möchte ich bei meinem Beispiel noch anpassen, etwas, das mich beim Layout immer schon gestört hat. Und zwar soll die schwarze Navigationsleiste endlich eine andere Farbe bekommen. Die einfachste Variante hier für die Anpassung der Farbe der Navigationsleiste wäre mittels Custom CSS. Der CSS-Editor befindet sich im Customizer unter *Zusätzliches CSS*. Hier kann mit `#access {background: #a24a25;}` die Farbe der Navigationsleiste im Twenty Eleven Theme geändert werden.

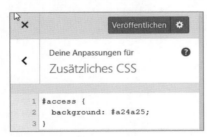

Bild 3.17
Neue CSS-Regel im Zusätzliches-CSS-Editor

Grundsätzlich empfehle ich jedoch das Arbeiten mit einem *Child-Theme*, um auch weitere Änderungen wie etwa einen anderen Text im Footer etc. durchführen zu können, bzw. die Verwendung eines eigenen Themes. Meist möchte man auch größere Änderungen am bis-her verwendeten Theme vornehmen. Diese Änderungen sollten Sie auf keinen Fall in den Originaldateien durchführen. Beim nächsten Update wären Ihre Änderungen wieder weg. Wie ein Child-Theme erstellt wird, finden Sie in Kapitel 6 detailliert beschrieben.

■ 3.2 Migration von Server zu Server

Im Gegensatz zur Migration von WordPress.com, wo Sie keinen FTP-Zugang zu Ihren hochgeladenen Bildern und zur WordPress-Installation selber und schon gar nicht zur Datenbank haben, stehen Ihnen sowohl bei Ihrem lokalen Test-Server als auch auf Ihrem eigenen „alten" Server sowie beim „neuen" Server normalerweise sämtliche Zugangsmöglichkeiten zur Verfügung. Für die Übersiedlung gibt es etliche Plugins, diese sind jedoch nicht zwingend erforderlich. Sämtliche Schritte der Migration können Sie manuell durchführen.

3.2.1 Vorbereitungsarbeiten

Für die Migration benötigen Sie ein FTP-Programm z. B. FileZilla (*https://filezilla-project. org/download.php*). Sie können natürlich jedes FTP-Programm Ihrer Wahl verwenden.

> **Anmerkung für Adobe-Dreamweaver-Anwender:** Eine Übertragung der Dateien einer gesamten WordPress-Installation via Dreamweaver ist zwar möglich, jedoch in der Praxis viel zu zeitaufwendig.

Legen Sie sich auch folgende Zugangsdaten bereit, bevor Sie mit der Migration beginnen:

- die FTP-Zugangsdaten vom entfernten Server (FTP-Servername, Benutzername, Passwort) bzw. von beiden entfernten Servern,
- die Zugangsdaten zur „alten" Datenbank bei Ihrem Provider (Datenbankname, Benutzername und Passwort sowie Adresse des Datenbank-Servers),
- falls schon vorhanden, die Zugangsdaten zur „neuen" Datenbank bei Ihrem Provider (Datenbankname, Benutzername und Passwort sowie Datenbank-Server; diese sollte aus Sicherheitsgründen keinesfalls `localhost` lauten!),
- die Zugangsdaten zum Admin-Bereich bei Ihrem Provider (Benutzername, Passwort), falls Sie eine neue Datenbank selber anlegen dürfen,
- die Adresse der Administratoroberfläche für die Datenbank (z. B. von *phpMyAdmin*, dies wird von den meisten Providern verwendet),
- die Zugangsdaten zur WordPress-Installation auf dem „alten" entfernten Server (Benutzername, Passwort); wird benötigt zum Einloggen nach der Übertragung auf den „neuen" Server,
- bei Migration vom lokalen Test-Server: die Zugangsdaten zur WordPress-Installation auf dem Test-Server (Benutzername, Passwort); dies wird benötigt zum Einloggen nach der Übertragung auf den entfernten Server.

3.2.2 Vom lokalen Test-Server zum eigenen Server

Wie Sie vorgehen müssen, damit Dateien und Daten von Ihrem lokalen Test-Server auf einen entfernten (eigenen) Server gelangen, hängt von mehreren Faktoren ab. Haben Sie „nur" ein neues Theme oder ein neues (Site-spezifisches) Plugin lokal entwickelt? Oder haben Sie auch Einstellungen an der lokalen WordPress-Installation vorgenommen und auch Seiten und Beiträge lokal erstellt? Existiert bereits eine WordPress-Installation auf dem entfernten Server? Gibt es bereits Seiten und Beiträge in der WordPress-Installation auf dem entfernten Server?

3.2.2.1 Nur eigenes Theme und eigenes Plugin übertragen

Die allereinfachste und schnellste Variante der Migration haben Sie vor sich, wenn nur ein neues Theme und/oder ein Site-spezifisches Plugin vom lokalen Test-Server auf den entfernten Server übertragen werden soll. Dazu benötigen Sie lediglich den Ordner des Themes bzw. des Plugins im htdocs-Ordner von XAMPP (auf dem USB-Stick) sowie die WordPress-Zugangsdaten auf dem entfernten Server.

3.2.2.1.1 Eigenes Theme auf dem entfernten Server installieren

Gehen Sie bei einem neuen Theme, welches Sie lokal auf dem Test-Server entwickelt und auch ausgiebig getestet haben, folgendermaßen vor:

1. Rufen Sie die Startseite der lokalen Version Ihrer WordPress-Installation im Browser auf.
2. Erstellen Sie einen Screenshot von der Startseite.
3. Speichern Sie den Screenshot unter dem Namen screenshot.png in den Ordner Ihres Themes (in das Top-Level-Verzeichnis, nicht in den images-Ordner!). Im WordPress-Codex wird eine Breite von 1200 Pixel und eine Höhe von 900 Pixel (für hochauflösende Displays) empfohlen. Eine Größe von 800 × 600 Pixel reicht aber auch, wenn Sie Ihr Theme nur für eigene Projekte verwenden möchten. Jedenfalls sollte die Datei ein Seitenverhältnis von 4:3 haben, damit sie in der Themes-Verwaltung korrekt dargestellt werden kann.
4. Öffnen Sie den Ordner Ihrer lokalen WordPress-Installation im htdocs-Ordner.
5. Öffnen Sie den Ordner wp-content.
6. Öffnen Sie den Ordner themes. Hier sehen Sie den Ordner mit dem Namen Ihres neu erstellten Themes.
7. Erstellen Sie eine ZIP-Datei von diesem Ordner. Klicken Sie (auf einem Windows-Rechner ab Windows 7) mit der rechten Maustaste auf den Ordnernamen und wählen Sie **Senden an/Zip-komprimierter Ordner** (siehe Bild 3.18). Auf einem Mac wählen Sie im Rechtsklick-Menü den Eintrag **Komprimieren**.

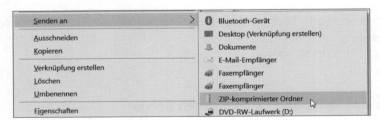

Bild 3.18   Ordner komprimieren – ZIP-Datei des Theme-Ordners erstellen

8. Wechseln Sie zu Ihrer WordPress-Installation auf dem entfernten Server. Loggen Sie sich ein und wechseln Sie auf dem Dashboard auf die Seite der *Themes-Verwaltung* (*Design/Themes*).

9. In der Themes-Verwaltung kann Ihr neues Theme genauso installiert werden, wie jedes beliebige Theme aus dem Themes-Repository. Klicken Sie dazu auf **Hinzufügen** (siehe Bild 3.19, oben) und auf der nächsten Seite, die geladen wird, auf **Theme hochladen** (siehe Bild 3.19, unten).

Bild 3.19 Klicken Sie zuerst auf Hinzufügen (oben) und dann auf Theme hochladen (unten)

10. Klicken Sie anschließend auf **Durchsuchen** und navigieren Sie auf Ihrem Rechner zur ZIP-Datei von Ihrem Theme. Erscheint der korrekte Name Ihres komprimierten Theme-Ordners, im Beispiel `twentynineteen-child.zip`, neben *Durchsuchen*, klicken Sie auf **Jetzt Installieren** (siehe Bild 3.20).

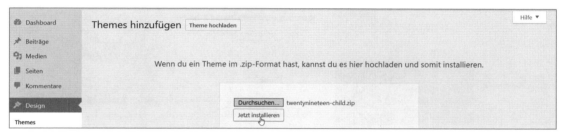

Bild 3.20 Suchen Sie die ZIP-Datei Ihres Themes zum Installieren

11. Vorsicht! Sie können Ihr Theme nicht mehrfach installieren, weil Sie beispielsweise nachträglich noch eine Kleinigkeit geändert haben. Wenn Sie versuchen, Ihre ZIP-Datei mehrmals hochzuladen, d. h. zu installieren, so erhalten Sie eine Fehlermeldung (siehe Bild 3.21).

Bild 3.21 Ups, diesen Theme-Ordner gibt es bereits!

12. Hat die Installation geklappt, erhalten Sie eine Erfolgsmeldung (siehe Bild 3.22). Klicken Sie hier auf **Zurück zur Theme-Seite**. Im Beispiel wurde ein Child-Theme installiert. Hierbei wurde überprüft, ob das erforderliche Parent-Theme bereits vorhanden ist.

Bild 3.22 Gratulation, die Installation des neuen Themes hat geklappt!

13. Ihr neues Theme, im Beispiel mit dem Namen *Mein neues Twenty Nineteen Child-Theme*, wird in der Themes-Verwaltung gelistet (siehe Bild 3.23) und kann nun aktiviert werden.

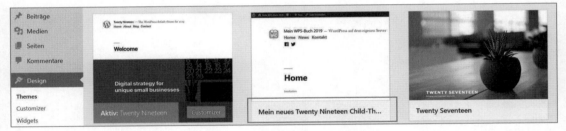

Bild 3.23 Nun ist auch Ihr Theme in der Themes-Verwaltung gelistet

Bitte beachten Sie, dass bei Verwendung eines Child-Themes auch das Parent-Theme installiert sein muss! Sollte das Parent-Theme nicht (mehr) installiert sein, so müssen Sie dies nachholen, bevor Sie Ihr Child-Theme aktivieren.

Eine andere Möglichkeit wäre, den gesamten – nicht komprimierten! – Ordner Ihres Themes inklusive der `screenshot.png`-Datei via FTP vom lokalen Rechner in den `wp-content/themes/`-Ordner Ihrer WordPress-Installation auf dem entfernten Server zu kopieren.

3.2.2.1.2 Eigenes Plugin auf dem entfernten Server installieren

Um Ihr neues, auf dem lokalen Test-Server erstelltes Plugin auf dem entfernten Server zu installieren, gehen Sie ähnlich vor wie beim Theme in Abschnitt 3.2.2.1.1:

1. Öffnen Sie den Ordner `wp-content` Ihrer lokalen WordPress-Installation im Ordner `htdocs`.

2. Öffnen Sie den Ordner `plugins`.

3. Erstellen Sie eine ZIP-Datei vom Ordner mit Ihrem Plugin (vgl. Bild 3.18). Diese komprimierte Datei benötigen Sie zur Installation Ihres Plugins auf dem entfernten Server.

4. Rufen Sie im Browser Ihre WordPress-Installation auf dem entfernten Server auf und loggen Sie sich ins Backend ein.

5. Gehen Sie auf dem Dashboard auf die Seite der Plugin-Verwaltung.

6. Klicken Sie neben *Plugins* auf **Installieren** (siehe Bild 3.24, oben) und anschließend auf der nächsten Seite neben *Plugins hinzufügen* auf **Plugin hochladen** (siehe Bild 3.24, unten).

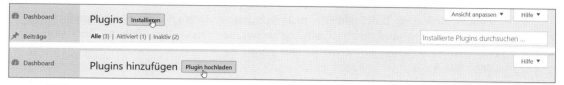

Bild 3.24 Klicken Sie auf Installieren und dann auf Plugin hochladen

7. Klicken Sie als Nächstes auf **Durchsuchen** und navigieren Sie auf Ihrem Rechner zur ZIP-Datei von Ihrem Plugin. Wählen Sie die ZIP-Datei aus und klicken Sie auf **Jetzt Installieren** (siehe Bild 3.25). Achten Sie dabei darauf, dass Sie nicht unbeabsichtigt die ZIP-Datei Ihres Themes erwischen. Im Beispiel heißt die Datei `mein-wp5buch2019.zip`.

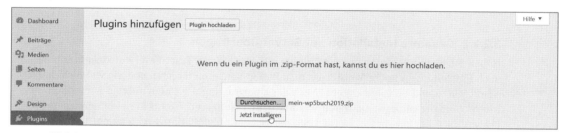

Bild 3.25 Suchen Sie die ZIP-Datei auf Ihrem lokalen Rechner

8. Die Plugin-Datei wird entpackt und installiert (siehe Bild 3.26), jedoch nicht automatisch aktiviert.

Bild 3.26 Sehr gut! Das Plugin wurde erfolgreich installiert!

9. Sie könnten gleich hier Ihr gerade installiertes Plugin aktivieren oder Sie wechseln auf die Plugin-Verwaltung. Dort wird das neue Plugin, im Beispiel *Mein WP5-Buch 2019*, gelistet und kann aktiviert werden (siehe Bild 3.27).

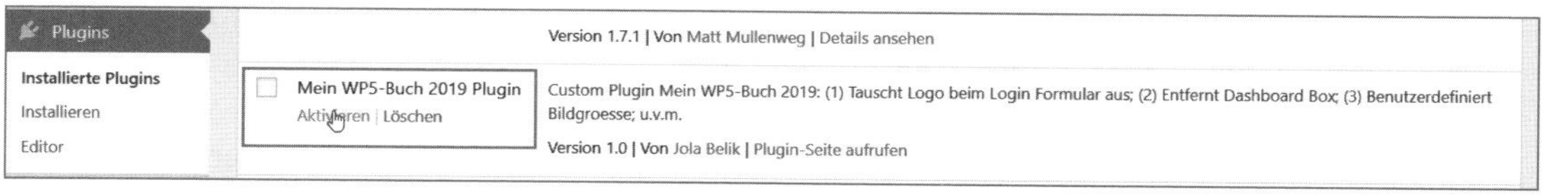

Bild 3.27 Das neue Plugin ist nun in der Plugin-Verwaltung gelistet

Alternativ zu den Schritten 1 bis 9 könnten Sie wie beim Theme auch den gesamten – nicht komprimierten! – Ordner Ihres Plugins via FTP vom lokalen Rechner in das `wp-content/plugins/`-Verzeichnis Ihrer WordPress-Installation auf dem entfernten Server kopieren. Danach können Sie die Plugins-Verwaltung im Backend aufrufen und Ihr Plugin aktivieren.

Vorsicht, Sie können Ihr Plugin zwar mehrfach unter anderem Namen installieren (bzw. auf den Server laden), aber aktivieren können Sie nur eine Version Ihres Plugins. Beim Aktivieren erhalten Sie sonst eine Fehlermeldung, dass das Plugin einen fatalen Fehler erzeugt (siehe Bild 3.28).

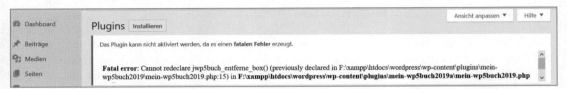

Bild 3.28 Das zweite Plugin mit identischem Inhalt erzeugt einen Fatal Error!

3.2.2.2 Gesamte Installation auf Server übertragen

Haben Sie nicht nur ein Theme oder Plugin auf dem lokalen Test-Server entwickelt, sondern auch Einstellungen in der WordPress-Installation vorgenommen? Haben Sie vielleicht auch schon Seiten und Beiträge erstellt? Nach der Übertragung der Daten auf den Server soll Ihr Internetauftritt genauso aussehen wie auf dem Test-Server? Wenn Sie eine oder mehrere Fragen mit Ja beantworten, werden Sie die gesamte Installation vom lokalen Rechner auf den entfernten Server transferieren müssen. Dies ist mit einigen Arbeitsschritten, die sich in die Bereiche

- Daten übertragen,
- Datenbank übertragen sowie
- Einstellungen anpassen

zusammenfassen lassen, und mit einem gewissen Zeitaufwand problemlos möglich.

Legen Sie sich alle am Anfang dieses Kapitels aufgezählten Zugangsdaten zurecht und verbinden Sie FileZilla (oder Ihr bevorzugtes FTP-Programm) mit dem entfernten Server. Arbeiten Sie die folgenden Schritte der Reihe nach bis zum letzten Schritt ab. Planen Sie dafür genügend Zeit ein, erfahrungsgemäß mindestens zwei bis drei Stunden. Unterdrücken Sie dabei Ihre Neugierde und hüten Sie sich davor, zwischendurch das Frontend der WordPress-Installation auf dem entfernten Server im Browser aufzurufen. Sie würden nur leere Seiten und 404-Fehlermeldungen etc. erhalten und womöglich in Panik verfallen.

3.2.2.2.1 Daten übertragen
Als Erstes werden alle Daten Ihrer lokalen WordPress-Installation-Server mit Hilfe eines FTP-Programms, im Beispiel *FileZilla*, kopiert.

3.2.2.2.1.1 Schritt 1: lokale WordPress-Dateien auf entfernten Server kopieren
1. Öffnen Sie FileZilla und verbinden Sie sich mit dem entfernten Server. Achten Sie darauf, dass im rechten Fenster (serverseitig) jenes Verzeichnis geöffnet ist, in welches die Dateien Ihres Internetauftritts abgelegt werden müssen.

2. Sie sollten WordPress keinesfalls direkt ins Root-Verzeichnis von Ihrem Webspace ablegen, sondern immer in ein Unterverzeichnis. Erstellen Sie deshalb zuerst ein neues Verzeichnis auf dem entfernten Server (auf der rechten Seite in FileZilla, siehe Bild 3.29), im Beispiel heißt der Ordner wp2.

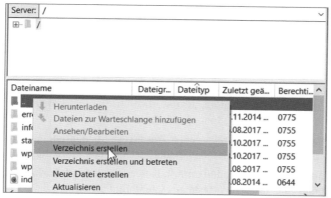

Bild 3.29
Erstellen Sie ein neues Verzeichnis auf dem entfernten Server

3. Öffnen Sie dieses Verzeichnis mit einem Doppelklick.

4. Navigieren Sie im linken Fenster zum Ordner mit Ihrer WordPress-Installation im Ordner htdocs. Im Beispiel ist es der Ordner mit dem Namen wordpress.

5. Öffnen Sie diesen Ordner und markieren Sie alle Ordner und Dateien, die sich in diesem Ordner befinden (siehe Bild 3.30).

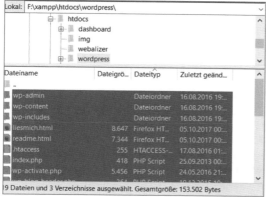

Bild 3.30
Markieren Sie den Inhalt des Ordners wordpress

6. Ziehen Sie nun den markierten Bereich auf die rechte Seite in das leere Verzeichnis. Die Dateien werden damit auf den entfernten Server kopiert. Bei mehr als 1600 Dateien kann dies eine Weile in Anspruch nehmen.

3.2.2.2.2 Datenbank übertragen

Während die WordPress-Dateien auf den entfernten Server kopiert werden, können Sie sich der Datenbank widmen und die lokale Datenbank exportieren und auf dem entfernten Server importieren.

3.2.2.2.2.1 Schritt 2: lokale WordPress-Tabellen aus Datenbank exportieren

1. Öffnen Sie das *XAMPP Control Panel* und starten Sie *Apache* sowie *MySQL*.

2. Rufen Sie Ihre Website auf dem lokalen Test-Server im Browser auf, loggen Sie sich ein und deaktivieren Sie alle Plugins.

3. Wechseln Sie zum *XAMPP Control Panel*. Klicken Sie in der Zeile *MySQL* auf **Admin**, um *phpMyAdmin* zu öffnen. Alternativ könnten Sie stattdessen auch die Adresse `http://localhost/phpmyadmin/` bzw. `http://localhost:81/phpmyadmin/` bei geändertem Port im Browser aufrufen. Apache und MySQL müssen jedenfalls vorher gestartet werden!

4. Klicken Sie in der linken Spalte von phpMyAdmin auf den *Namen der Datenbank* mit den Tabellen für die WordPress-Installation. In der rechten Spalte werden nun alle Tabellen, die sich in dieser Datenbank befinden, aufgelistet.

5. Markieren Sie alle Tabellen mit dem Präfix jener WordPress-Installation, welche Sie exportieren möchten. In den meisten Fällen haben alle Tabellen das Präfix `wp_`.

6. Klicken Sie nach dem Markieren der Tabellen unterhalb der Tabellen auf **markierte:** und wählen Sie **Exportieren** aus der Dropdown-Liste aus (siehe Bild 3.31).

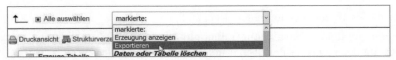

Bild 3.31 Wählen Sie Exportieren aus der Liste aus

7. Wählen Sie als *Exportmethode* die Option *Schnell – nur notwendige Optionen anzeigen* und als *Format SQL* aus (siehe Bild 3.32) und klicken Sie anschließend auf **OK**.

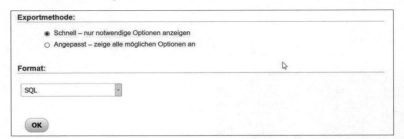

Bild 3.32 Legen Sie die Exportmethode und das Format fest

8. Speichern Sie die Datei auf Ihren Rechner. Diese wird für den Import in die Datenbank auf dem entfernten Server benötigt.

3.2.2.2.2.2 Schritt 3: WordPress-Tabellen in entfernte Datenbank importieren

In diesem und allen weiteren Schritten wird auf dem entfernten Server gearbeitet. Auch wenn das Kopieren der WordPress-Dateien in FileZilla noch nicht abgeschlossen sein sollte, können Sie schon in der Datenbank auf dem entfernten Server arbeiten.

1. Geben Sie die Adresse der Administratoroberfläche für die Datenbank bei Ihrem Provider in den Browser ein. Bei manchen Providern kann man *phpMyAdmin* nur über die Admin-Oberfläche Ihres Accounts beim Provider aufrufen.

2. Klicken Sie in der linken Spalte auf den *Namen der Datenbank*. Bei einer neuen Datenbank ist die rechte Spalte leer.

3. Klicken Sie nun in der oberen Navigationsleiste auf *Importieren* (siehe Bild 3.33).

Bild 3.33 Wählen Sie den Navigationspunkt Importieren

4. Klicken Sie im Bereich *Zu importierende Datei:* auf **Durchsuchen** und navigieren Sie zur SQL-Datei, die Sie in Schritt 2 exportiert haben. Klicken Sie anschließend auf **OK** unten auf der Seite. Es dauert kurz, dann werden alle Tabellen Ihrer WordPress-Installation in der entfernten Datenbank angezeigt.

Schritt 4: Anpassen von siteurl und home

Damit WordPress korrekt geladen wird, müssen die Angaben, d. h. die Adressen der Site-URL (`siteurl`) und der Startseite (`home`), die im Backend unter *Einstellungen/Allgemein* zu finden sind, angepasst werden.

1. Klicken Sie in der rechten Spalte auf `wp_options` (siehe Bild 3.34).

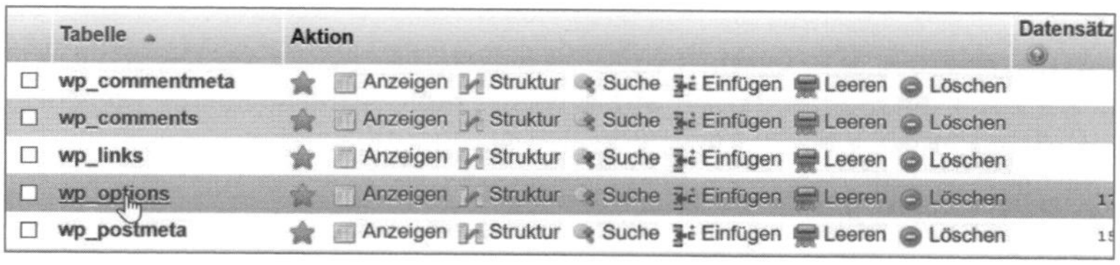

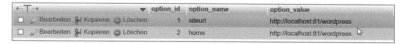

Bild 3.34 Öffnen Sie die Tabelle wp_options mit einem Doppelklick

2. Klicken Sie in der Zeile mit `siteurl` in der Spalte *option_name* mit Doppelklick auf den Eintrag in der Spalte *option_value*, im Beispiel `http://localhost:81/wordpress` (siehe Bild 3.35, oben).

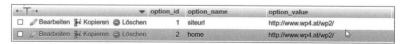

Bild 3.35 Mit Doppelklick kann der Eintrag bearbeitet werden

3. Ändern Sie den Eintrag auf die Adresse Ihrer WordPress-Installation auf dem entfernten Server nach dem Schema `http://www.IhreDomain.xyc/Ordnername/`. Im Beispiel wurden die WordPress-Dateien in den Ordner wp2 auf wp4.at kopiert. So lautet die neue Adresse von *siteurl* in der Spalte *option_value* nun `http://www.wp4.at/wp2/` (siehe Bild 3.36, oben). Mit der Enter-Taste wird die Änderung übernommen.

Bild 3.36 Passen Sie die Adresse von siteurl und von home an

4. Ändern Sie auch den Eintrag neben home auf die neue Adresse. Gehen Sie dabei genauso vor, wie bei der Änderung des Eintrags neben siteurl. Bild 3.36 zeigt die geänderten ersten beiden Zeilen der Tabelle *wp_option* der Beispielinstallation.

> **Anmerkung:** Diese Migration wurde nur als Beispiel für das Manuskript durchgeführt. Die gezeigte Adresse ist nach Erscheinen des Buchs nicht mehr erreichbar.

3.2.2.2.2.3 Schritt 5: Korrektur der Adresse von Verlinkungen

Dieser Schritt sorgt dafür, dass durch die Änderung der Domain entstandene broken Links beseitigt werden. Um dies zu erreichen, werden Verlinkungen auf Beiträgen und Seiten mit einem SQL-Befehl in der Form

```
UPDATE wp_posts SET post_content = REPLACE(post_content, 'localhost/wordpress/',
'www.ihredomain.xyz/verzeichnisname/');
```

korrigiert. Im Beispiel lautet dieser SQL-Befehl folgendermaßen:

```
UPDATE wp_posts SET post_content = REPLACE(post_content, 'localhost:81/wordpress/',
'www.wp4.at/wp2/');
```

1. Um diese Korrektur durchzuführen, klicken Sie zuerst auf **SQL** in der oberen Navigationsleiste.
2. Fügen Sie den gezeigten SQL-Befehl in das SQL-Fenster ein und klicken Sie auf **OK** (siehe Bild 3.37). Achten Sie penibel darauf, dass die neue Adresse korrekt geschrieben wurde. Sollte dabei etwas schieflaufen, müssten Sie die importierten Tabellen aus der Datenbank löschen und den Import neu durchführen.

Bild 3.37 Fügen Sie hier den SQL-Befehl ein

3.2.2.2.3 Anpassen der Einstellungen

Bevor Sie mit Schritt 6 fortfahren, müssen neben den Datenbanktabellen samt Korrekturen auch alle WordPress-Dateien auf dem entfernten Server vorhanden sein. Sollten Sie in dieser Phase vor lauter Neugierde Ihre WordPress-Installation auf dem entfernten Server aufrufen wollen, so erhalten Sie lediglich eine Fehlermeldung „fehlgeschlagene Datenbankverbindung". Denn in der Datei wp-config.php befinden sich ja noch die Zugangsdaten zur „alten" Datenbank auf dem lokalen Test-Server.

3.2.2.2.3.1 Schritt 6: Ändern der Datei wp-config.php

1. Kopieren Sie die Datei wp-config.php (im Ordner Ihres Themes auf dem Test-Server) in einen anderen Ordner außerhalb des Test-Servers, d.h. außerhalb des XAMPP-Ordners. So ist gewährleistet, dass Sie jederzeit an Ihrer WordPress-Installation auf dem Test-Server weiterarbeiten können.
2. Öffnen Sie die kopierte Datei wp-config.php. In diese Datei werden die Angaben zur „neuen" Datenbank auf dem entfernten Server eingetragen. Danach wird die Datei auf den Server geladen.

3. Geben Sie den *Namen* der neuen Datenbank in die Zeile `define('DB_NAME', 'alter_datenbankname');` an der Stelle `alter_datenbankname` ein.

4. Geben Sie den *Benutzernamen* für die neue Datenbank in die Zeile `define('DB_USER', 'alter_benutzername');` an der Stelle `alter_benutzername` ein.

5. Geben Sie das Passwort für die neue Datenbank in die Zeile `define('DB_PASSWORD', 'altes_passwort');` an der Stelle `altes_passwort` ein.

6. Geben Sie an der Stelle von `localhost` die Adresse der neuen Datenbank in die Zeile `define('DB_HOST', 'localhost');` ein.

7. Falls das Tabellenpräfix nicht `wp_` lautet, muss das Tabellenpräfix in der Zeile `$table_prefix  = 'wp_';` angepasst werden.

8. Speichern Sie die Datei und laden Sie diese auf den entfernten Server.

9. Rufen Sie nun im Browser die Adresse Ihrer WordPress-Installation auf und loggen Sie sich aufs Dashboard ein. Bei Eingabe von `www.ihredomain.xyz/verzeichnisname/wp-admin/` wird das Login-Formular angezeigt.

3.2.2.2.3.2 Schritt 7: Speichern der Einstellungen Allgemein

1. Wechseln Sie unmittelbar nach dem Einloggen zur Seite *Einstellungen/Allgemein*.

2. Scrollen Sie an das Ende der Seite und klicken Sie auf **Änderungen übernehmen** – ohne dass irgendwelche Änderungen vorgenommen wurden.

3.2.2.2.3.3 Schritt 8: Speichern der Permalinks

1. Wechseln Sie nun zur Seite *Einstellungen/Permalinks*.

2. Speichern Sie die Seite, ohne dass Änderungen vorgenommen wurden. Dies sorgt dafür, dass WordPress in der Datenbank alle Seiten und Beiträge durchläuft und danach die Links korrekt angezeigt werden. Zudem wird eine neue `.htaccess`-Datei erzeugt bzw. die alte Datei mit den Standardwerten überschrieben.

3.2.2.2.3.4 Schritt 9: Plugins aktivieren

1. Aktivieren Sie die Plugins.

2. Kontrollieren Sie gegebenenfalls die Einstellungen der aktivierten Plugins. Lassen Sie von Plugins erstellte Dateien wie beispielsweise eine Sitemap neu erstellen.

3. Aktualisieren Sie WordPress, die Themes und die Plugins, falls erforderlich.

Kontrollieren Sie im Frontend, ob alles korrekt angezeigt wird. Wenn alles passt, haben Sie Ihre Website erfolgreich vom Test-Server auf den eigenen Server übertragen. Gratulation!

3.2.3 Migration vom alten Server zum neuen Server

Möchten Sie mit Ihrem Internetauftritt von einem eigenen Server zu einem anderen eigenen Server umziehen, beispielsweise aufgrund eines Providerwechsels, so gehen Sie ähnlich vor wie bei der Migration vom lokalen Test-Server auf den eigenen Server. Befolgen Sie dabei folgende Schritte:

1. Kopieren Sie via FTP alle Dateien, d. h. den gesamten Ordner Ihrer WordPress-Installation, vom entfernten alten Server in einen Ordner auf Ihrem lokalen Rechner. Achten Sie darauf, dass auch sämtliche Dateien aus dem Verzeichnis uploads kopiert werden. Dieser Ordner beinhaltet die Bilder, die sich in der Mediathek befinden.

2. Exportieren Sie die WordPress-Tabellen aus der Datenbank auf dem alten Server. Speichern Sie die Datei auf Ihrem lokalen Rechner.

3. Laden Sie die gesamte „alte" WordPress-Installation via FTP auf den neuen eigenen Server.

4. Importieren Sie die Datenbanktabellen in die neue Datenbank auf dem neuen Server.

5. Führen Sie sämtliche Punkte ab Schritt 3 wie beim Umzug vom Test-Server auf den entfernten Server der Reihe nach durch.

Als Abschluss sollten Sie auch hier WordPress auf die aktuellste Version aktualisieren, falls erforderlich, und die Anzeige im Frontend entsprechend kontrollieren.

■ 3.3 WordPress über Hauptdomain aufrufen

Ich empfehle immer, WordPress nicht ins Root-Verzeichnis, sondern in ein Unterverzeichnis zu installieren. Wenn WordPress in einem eigenen Unterverzeichnis und nicht im Root-Verzeichnis installiert wird, können Sie

- die Website online live testen und mit Inhalten füllen. Besucher und Besucherinnen sehen diese jedoch noch nicht;

- parallel neben der „alten" Website auf dem Server an einer neuen Website online arbeiten;

- im Notfall bei Problemen, beispielsweise nach einem Update oder nach der Installation eines neuen Plugins, Besuchern statt einer Seite mit einer ominösen zeilenlangen Fehlermeldung á la „Fataler Fehler" etc. eine Info-Seite mit Hinweis auf Wartung oder Ähnliches präsentieren.

Erst wenn die Website fertig ist bzw. wieder fehlerfrei läuft, soll die Website bei Aufruf der Domain (ohne Unterverzeichnis) geladen werden. Zudem wird bei dieser Vorgangsweise der Name des Ordners, in dem WordPress installiert wurde, in der Adresszeile des Browsers nicht angezeigt. Gehen Sie dazu folgendermaßen vor:

1. Loggen Sie sich auf Ihr Dashboard ein und gehen Sie zu *Einstellungen/Allgemein*.

2. Löschen Sie neben *Website-Adresse (URL)* den Namen des WordPress-Installationsverzeichnisses. Im Beispiel wurde zu Testzwecken WordPress in das Verzeichnis wp5buch installiert (siehe Bild 3.38, oben). Dieses Verzeichnis muss bei *Website-Adresse (URL)* gelöscht werden (siehe Bild 3.38, unten).

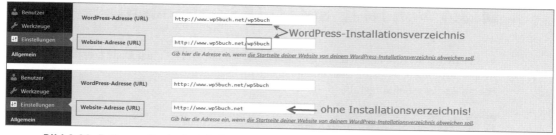

Bild 3.38 Entfernen Sie das Installationsverzeichnis neben Website-Adresse

3. Speichern Sie die Änderung mit Klick auf **Änderungen speichern** am Ende der Seite.

4. Halten Sie Ihre Neugierde zurück und rufen Sie keinesfalls Ihre Website jetzt auf. Sie würden nur eine leere weiße Seite oder Fehlermeldungen erhalten (und sich nicht mehr einloggen können!). Sie müssen zuerst noch weitere Schritte abarbeiten!

5. Falls sich in Ihrem Root-Verzeichnis eine `index.php`-Datei befindet, benennen Sie diese Datei um in beispielsweise `index_alt.php`.

6. Kopieren Sie nun die Dateien `index.php` und `.htaccess` aus Ihrem WordPress-Installationsverzeichnis in das Root-Verzeichnis auf Ihrem Server. Achten Sie darauf, dass die beiden Dateien nicht verschoben, sondern lediglich kopiert werden!

7. Öffnen Sie die ins Root-Verzeichnis kopierte `index.php` in einem Texteditor.

8. In der letzten Zeile in dieser Datei befindet sich die Zeile `require( dirname( __FILE__ ) . '/wp-blog-header.php' );` (siehe Bild 3.39, oben).

9. Fügen Sie den Namen des WordPress-Installationsverzeichnisses dem Pfad hinzu. Im Beispiel ist es `wp5buch`, so lautet die geänderte Zeile im Beispiel `require( dirname( __FILE__ ) . '/wp5buch/wp-blog-header.php' );` (siehe Bild 3.39, unten). Achten Sie auf die korrekte Schreibweise des Verzeichnisses, der Name muss exakt genauso geschrieben werden, wie Ihr WordPress-Installationsverzeichnis heißt!

```
16   /** Loads the WordPress Environment and Template */
17   require( dirname( __FILE__ ) . '/wp-blog-header.php' );
18
```

```
16   /** Loads the WordPress Environment and Template */
17   require( dirname( __FILE__ ) . '/wp5buch/wp-blog-header.php' );
18
```

Bild 3.39 Passen Sie die ins Root-Verzeichnis kopierte index.php an!

10. Speichern Sie die Datei und laden Sie diese wieder auf den Server.

11. Als letzter Schritt müssen die Permalinks angepasst werden. Gehen Sie auf dem Dashboard zu *Einstellungen/Permalinks*.

12. Klicken Sie auf **Änderungen übernehmen** am Ende der Seite, ohne dass Sie etwas an den Einstellungen geändert haben. Warten Sie, bis die Seite neu geladen wird.

Nun können Sie Ihre Website durch Eingabe der Domain ohne das Installationsverzeichnis aufrufen.

■ 3.4 Von HTTP auf HTTPS umstellen

Vielleicht werden Sie sich jetzt fragen, wozu soll ich auf *HTTPS* umstellen? Das ist mit viel Arbeit verbunden, es kostet Geld und mich betrifft es ohnehin nicht – oder doch? Hier einige Fakten als Entscheidungshilfe:

 Was ist ein TLS-Handshake?

Die Kommunikation zwischen Client und Server bzw. zwischen zwei Servern folgt einem festgelegten Prozedere. Vereinfacht skizziert läuft es folgendermaßen ab:

- Der Client (z. B. ein Browser) schickt eine Anforderung an den Server und initiiert damit ein sogenanntes *TLS-Handshake*. Manchmal ist in dieser Phase in der Statusleiste des Browsers *Warten auf TLS-Handshake mit . . .* kurz zu sehen.
- Der Server schickt sein TLS-Zertifikat samt SSL/TLS-Version, Verschlüsselungsmethoden, Secret Key etc. an den Client, im Beispiel an den Browser.
- Der Browser (bzw. ein Add-On des Virenschutzprogramms im Browser) überprüft das Zertifikat und entscheidet, welche für beide Seiten höchste mögliche Verschlüsselungsmethode eingesetzt wird, und schickt die Vorgaben an den Server. Auch dies läuft standardisiert ab, die Kombinationsmöglichkeiten aus SSL/TLS-Level, Verschlüsselungsmethode, Port etc. sind in *Cipher Suites* aufgelistet.
- Damit ist der *TLS-Handshake* abgeschlossen. In der Statusleiste des Browsers ist kurz *TLS-Handshake mit xzy ist abgeschlossen* zu sehen. Der Server setzt die angeforderte Seite zusammen und schickt sie verschlüsselt an den Browser.

- Ja, das Umstellen von HTTP auf HTTPS ist mit einem gewissen Zeitaufwand verbunden.
- Nein, es kostet nicht in jedem Fall zusätzlich Geld. Zahlreiche Provider bieten ein kostenloses Basis-SSL/TLS-Zertifikat zu Ihrem Web-Paket an (siehe Info-Kasten).
- Seit Inkrafttreten der Datenschutz-Grundverordnung im Mai 2018 dürfen Daten, die man auf Webseiten einträgt, wie etwa in ein Anmeldeformular oder ein Kontaktformular, nur über verschlüsselte Leitungen weitergeleitet werden. Diese Regelung betrifft nicht nur Web-Shops und große Firmen, sondern alle Internetauftritte, auch jene von kleinen Firmen sowie private Websites und Blogs.
- Websites mit *HTTPS* werden von Google etwas besser gereiht – ein SSL/TLS-Zertifikat verbessert Ihr Ranking. Allerdings nicht erst seit kurzem, sondern bereits seit Sommer 2014 (siehe *https://webmasters.googleblog.com/2014/08/https-as-ranking-signal.html*)!
- Seit Sommer 2018 kennzeichnen *Google Chrome* und *Mozilla Firefox* in ihren neuen Browser-Versionen alle Seiten mit `http://` als unsicher (siehe Bild 3.40, links). Dies kann Ihre Website-Besucherinnen und -Besucher verunsichern, es kann dazu beitragen, dass sie sich nicht mehr trauen, Ihren Internetauftritt nochmals zu besuchen. Eine „Sichere Verbindung“-Meldung trägt zur subjektiven Sicherheit im Internet bei (siehe Bild 3.40, Mitte und rechts). Im Beispiel in Bild 3.40 sehen Sie meine *China-Reise-Website* ohne und mit

HTTPS, links mit Markierung als *„Nicht sicher"* in Google Chrome, Mitte mit Markierung *„Verbindung ist sicher"* in Google Chrome und rechts mit Markierung *„Sichere Verbindung"* in Mozilla Firefox.

Bild 3.40 Unsichere Verbindung mit HTTP (links) und sichere Verbindung mit HTTPS (Mitte und rechts)

 SSL oder TLS?

SSL, Kurzform von *Secure Sockets Layer*, ist ein Protokoll zur Verschlüsselung von Datenübertragungen im Internet. Nach der Version SSL 3.0 wurde das Protokoll seit Ende der 90er-Jahre unter dem Namen *TLS*, Abkürzung für *Transport Layer Security*, weiterentwickelt. Dennoch ist dieses Protokoll in der Praxis auch heutzutage vor allem unter dem Begriff *SSL* bekannt.

Mit einem digitalen Zertifikat wird die Authentizität der Website bestätigt, d. h. dass beispielsweise Domain-Inhaber und Betreiber einer Website übereinstimmen. Je nach Zertifikat gibt es unterschiedliche Überprüfungen, die auch mit entsprechenden Kosten verbunden sein können. Wenn Sie etwa Ihren Firmennamen neben dem Protokoll in der Adresszeile im Browser angezeigt haben möchten, benötigen Sie ein *Extended-Validation-TLS-Zertifikat* (*EV-TLS-Zertifikat*). Die Übertragung der Daten und die Verschlüsselung werden dabei nicht sicherer als bei einem kostenlosen Domain-Validation-Zertifikat von *Let's Encrypt*, lediglich die Überprüfungen sind umfangreicher und dadurch kostenintensiver.

Let's Encrypt, eine Non-Profit-Initiative der gemeinnützigen Internet Security Research Group (ISRG), ist eine 2015 in Betrieb gegangene Zertifizierungsstelle, die kostenlose X.509-Zertifikate für TLS ausstellt, allerdings nur *Domain-Validation-Zertifikate* für die Gültigkeitsdauer von jeweils drei Monaten. *Organization-Validation-* und *Extended-Validation-Zertifikate* werden nicht angeboten. Wenn Sie keinen Shop betreiben, ist ein *Domain-Validation-Zertifikat* zumeist ausreichend. Diese erhalten Sie bei vielen großen Hosting-Anbietern kostenlos samt automatischer Verlängerung der Gültigkeitsdauer im Rahmen Ihres Webserver-Pakets. Beachten Sie, dass Sie ein *Wildcard SSL/TLS-Zertifikat* benötigen, wenn Sie auch Ihre Subdomains über HTTPS betreiben möchten.

3.4.1 Von HTTP zu HTTPS

Im folgenden Beispiel zeige ich die Umstellung von HTTP auf HTTPS auf meinem Reise-Blog *meinepandareise.at*. Nach der Anforderung bzw. Registrierung des *Let's Encrypt*-Zertifikats im Kunden-Login-Bereich meines Hosting-Anbieters *World4You* (*https://www.world4you. com/*) wurde das Zertifikat automatisch auf dem Server installiert und war kurz darauf im Bereich *SSL/TLS* zu finden (siehe Bild 3.41). Wenn Ihr Hosting-Anbieter *CPanel* verwendet, dann finden Sie die *SSL/TLS-Verwaltung* im Bereich *Sicherheit*.

> **Tipp:** Achten Sie darauf, dass sich Ihr Hosting-Anbieter um die jeweilige Installation sowie Verlängerung des Zertifikats kümmert. Wenn Sie eine Verlängerung der Gültigkeitsdauer nämlich vergessen bzw. übersehen, dann erhalten die Besucher und Besucherinnen Ihres Internetauftritts die Meldung, dass das Zertifikat abgelaufen ist und die Verbindung unsicher sei.

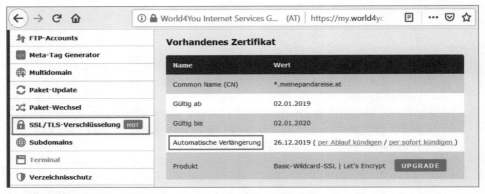

Bild 3.41 Das Basis-Wildcard-SSL-Zertifikat für meinepandareise.at

Nach der Installation des Zertifikats kann es einige Stunden dauern, bis Ihre Website über HTTPS erreichbar ist, meist geht es jedoch schneller. Als erster Schritt zum Testen, ob die sichere Verbindung zum Server aufgebaut werden kann und auch funktioniert, ist es ratsam, zuerst Ihren Admin-Bereich Ihrer WordPress-Installation über *https://* aufzurufen. Bis Ihr gesamter Internet-Auftritt über eine sichere Leitung erreichbar wird, ist es noch ein längerer Weg.

1. Laden Sie die Datei wp-config.php auf Ihren Rechner.

2. Fügen Sie die Zeile define('FORCE_SSL_ADMIN', true); ein (siehe Bild 3.42). Wundern Sie sich nicht, falls Ihre Datei keine 100+ Zeilen hat. Die Länge Ihrer wp-config.php hängt zum einen davon ab, aus welcher WordPress-Version die Datei stammt. Zum anderen kann die Datei durch Hinzufügen von diversen Anweisungen (z. B. Zahl der Revisionen einschränken etc.) länger sein. Im Beispiel in Bild 3.42 oben sehen Sie die wp-config.php aus einer WordPress-4.9.8-Installation. Unten ist die wp-config.php von *zoobesuche.at* zu sehen. Diese Datei ist schon etwas in die Jahre gekommen und stammt aus einer WordPress-2.7-Installation aus dem Jahr 2008. Die Datei war damals noch deutlich kürzer.

```
107  /*  SSL im Admin-Bereich */
108  define('FORCE_SSL_ADMIN', true);
109
110  /* Das war's, Schluss mit dem Bearbeiten! Viel Spaß beim Bloggen. */
```
WordPress 4.9.8

```
39  /*  SSL im Admin-Bereich */
40  define('FORCE_SSL_ADMIN', true);
41
42  /* Ab hier sind keine weiteren Änderungen notwendig. Viel Spaß beim Bloggen! */
```
WordPress 2.7

Bild 3.42 Erzwingen Sie SSL-Zugriff für Ihr Dashboard, oben in einer neueren wp-config.php, unten in einer schon etwas älteren Version

3. Speichern Sie die Datei und laden Sie diese wieder auf Ihren Server.

4. Loggen Sie sich auf Ihr Dashboard ein. Sowohl das Login-Formular als auch Ihr Dashboard sind nun über `https://` und nicht mehr über `http://` erreichbar. Wechseln Sie auf dem Dashboard zum Testen zu verschiedenen Seiten. Wenn alles problemlos funktioniert, haben Sie eine funktionierende sichere Leitung. Erst dann können Sie mit dem nächsten Schritt fortfahren.

5. Als Nächstes wird die gesamte Website mit allen Seiten und Beiträgen etc. auf HTTPS umgestellt. Wechseln Sie auf dem Dashboard auf die Seite *Einstellungen/Allgemein*. Ändern Sie neben *WordPress-Adresse (URL)* und *Website-Adresse (URL)* die Adressen von *http://* auf *https://* (siehe Bild 3.43). Speichern Sie die Änderungen mit Klick auf *Änderungen speichern* am Ende der Seite.

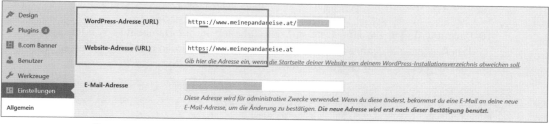

Bild 3.43 Ändern Sie die Adressen von HTTP auf HTTPS

Die gesamte Website ist nun über HTTPS erreichbar, die internen Verlinkungen, Adressen von eingefügten Grafiken etc. müssen jedoch erst angepasst werden. D. h., im nächsten Schritt werden die URLs in der Datenbank von `http://` auf `https://` geändert. Doch Vorsicht, externe Links oder wenn Sie beispielsweise von anderen Servern Bilder etc. eingebunden haben, dürfen natürlich nicht geändert werden. Bevor Sie irgendetwas an Ihrer Datenbank verändern, sollten Sie unbedingt eine Sicherung Ihrer Datenbank durchführen!

Soweit möglich, verzichte ich auf das Einsetzen von zusätzlichen Plugins. Hier empfehle ich allerdings, nicht händisch Manipulationen in der Datenbank durchzuführen, sondern ein Plugin zu verwenden. Besonders bewährt hat sich in diesem Fall das Plugin *Better Search Replace*. Nach der Durchführung der erforderlichen Änderungen in der Datenbank sollte dieses Plugin aus Sicherheitsgründen wieder entfernt werden.

6. Gehen Sie auf dem Dashboard zur Plugin-Verwaltung und installieren Sie das Plugin *Better Search Replace*.

7. Aktivieren Sie das Plugin *Better Search Replace*.

8. Unter *Werkzeuge* in der linken Menüleiste wurde nun ein eigener Menüpunkt *Better Search Replace* eingefügt. Wechseln Sie auf die Seite *Werkzeuge/Better Search Replace*.

9. Im oberen Teil der Seite im Bereich *Suchen/ersetzen* schreiben Sie neben *Suchen nach:* die „alte" Adresse mit `http://`, im Beispiel `http://www.meinepandareise.at`. Darunter neben *Ersetzen durch:* schreiben Sie die „neue" Adresse" mit `https://`, im Beispiel `https://www.meinepandareise.at`. Achten Sie penibel auf die korrekte Schreibweise, ein Tippfehler könnte verheerende Folgen haben!

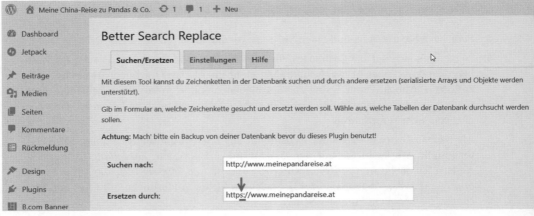

Bild 3.44 Achten Sie penibel auf die korrekte Schreibweise!

10. Darunter finden Sie eine Liste mit den Tabellen in der Datenbank. Wählen Sie jene Tabellen aus, die geändert werden sollen. Im Beispiel wurden nur die Tabellen `wp_options`, `wp_postmeta` und `wp_posts` markiert (siehe Bild 3.45).

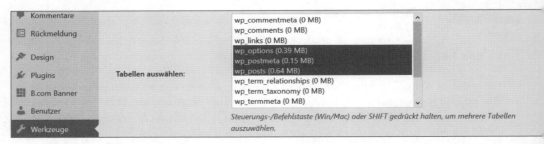

Bild 3.45 Wählen Sie jene Tabellen aus, die geändert werden sollen!

11. Lassen Sie die beiden Optionen unten den Tabellen frei. Insbesondere die Option *Auch GUIDs ersetzen?* sollte nicht aktiviert sein (siehe Info-Kasten).

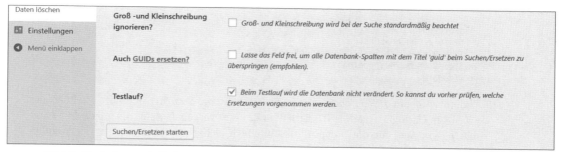

Bild 3.46 Sollen auch GUIDs ersetzt werden? Nein!

12. Es ist empfehlenswert, zuerst einen Testlauf durchzuführen, damit Sie sehen, welche bzw. wie viele Datensätze geändert werden. Aktivieren Sie dazu das Kästchen neben *Testlauf* und klicken Sie auf **Suchen/Ersetzen starten**.

13. Hat der Testlauf geklappt, entfernen Sie das Häkchen neben *Testlauf?* und klicken Sie danach nochmals auf **Suchen/Ersetzen starten**.

Was sind GUIDs? Weshalb sollte man diese nicht ändern?

Ein *GUID* (*Globally Unique Identifier*) ist ein eindeutiger und einzigartiger Identifier (Stempel, Kennung, Kennziffer) für einen Beitrag, der „über Raum und Zeit" immer gleich bleibt und sich nie ändert. Das GUID-Feld wird für die Erstellung von WordPress-Feeds für Newsreader herangezogen.

Auch wenn sich beispielsweise die Domain ändert, so bleiben die bereits vorhandenen Beiträge ja unverändert, es sind nach wie vor die alten Beiträge. Wenn Sie auch die GUIDs ändern, dann bedeuten die neuen GUIDs für viele Newsreader allesamt neue Beiträge. So würden auch alte, bereits angezeigte bzw. gelesene Beiträge den Feed-Leserinnen und -Lesern als neu angezeigt werden.

14. Als letzter Schritt der Umstellung von `http` auf `https` wird eine Weiterleitung eingerichtet, im Beispiel für Apache in der `.htaccess`-Datei. Dazu wird einerseits ein Re-Direct von `http` auf `https` definiert (siehe Zeilen 1 – 4 in Listing 3.1), andererseits auch ein Redirect von Aufrufen non-www auf www (siehe Zeilen 6 – 8 in Listing 3.1). Ich platziere den Code (ohne Zeilennummern!) in die wegen der Rewrite-Regeln für die Permalinks bereits bestehende `.htaccess`-Datei im Root-Verzeichnis und zwar an den Anfang der Datei.

Listing 3.1 Re-Direct-Regeln in der Datei .htaccess

```
01 # Redirect http to https
02 RewriteEngine On
03 RewriteCond %{HTTPS} off
04 RewriteRule ^(.*)$ https://%{HTTP_HOST}%{REQUEST_URI} [L,R=301]
05
06 #Redirect non-www to www
07 RewriteCond %{HTTP_HOST} !^www\. [NC]
08 RewriteRule ^ https://www.%{HTTP_HOST}%{REQUEST_URI} [L,R=301]
```

```
09
10 #Enable HSTS
11 <ifModule mod_headers.c>
12 Header always set Strict-Transport-Security "max-age=31536000;
   includeSubDomains; preload"
13 </ifModule>
```

15. Zudem wird ein *HSTS-Header* (*HTTP Strict Transport Security*) definiert (siehe Zeilen 10 – 13 in Listing 3.1). Mit HSTS wird dem Browser vorgegeben, für die angegebene Zeitdauer (`max-age`) für die Domain ausschließlich sichere Verbindungen zu verwenden. Dieser Sicherheitsmechanismus für HTTPS-Verbindungen soll beispielsweise vor Session Hijacking schützen und Man-in-the-Middle-Angriffe leichter erkennbar machen und so zumindest erschweren. Allerdings gibt es auch Kritik, manche sprechen sogar von einem „Supercookie", da die gespeicherten HSTS-Informationen im Browser für Tracking verwendet werden könnten.

Abschließend ist es ratsam, die Implementierung des Zertifikats etc. zu überprüfen. Ich verwende dazu die Website *https://www.ssllabs.com/ssltest/*. Nach Eingabe der URL werden diverse Tests durchgeführt. Das Gesamtergebnis sollte zumindest ein *A* sein. Ist der Gesamt-Score ein *B* oder schlechter, dann sollten Sie die Testberichte durchschauen und Fehler beseitigen.

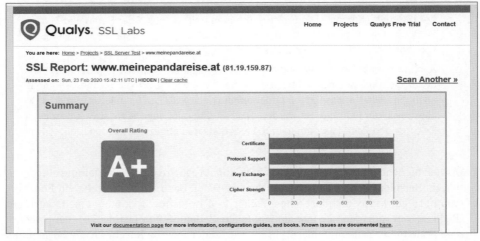

Bild 3.47 Mit einem Gesamt-Score von A+ kann man zufrieden sein!

3.4.2 Das Mixed-Content-Problem

Nach der Änderung der Adressen in der Datenbank von `http` auf `https` sind nun auch alle internen Verlinkungen korrekt gesetzt. Wirklich alle? Überprüfen Sie Ihren Internetauftritt auf *Mixed Content*. Häufig müssen hard-coded Adressen z. B. im Footer, in der Sidebar oder im Header händisch korrigiert und angepasst werden.

Ein praktisches Online-Tool zum Finden von Mixed Content ist *JitBit SSL Check* unter *https:// www.jitbit.com/sslcheck/*. Es sucht nach nicht sicher eingebundenen Bildern, CSS-Dateien und Skripte. Die Anzahl der durchsuchten Seiten ist pro Website auf 400 limitiert. Bild 3.48 zeigt das Ergebnis des SSLChecks für `meinepandareise.at`.

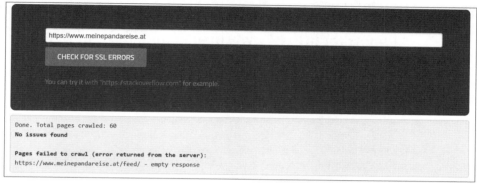

Bild 3.48 Ergebnis der Online-Überprüfung mit SSLCheck

Zum Suchen von Mixed Content nach einer Umstellung von `http` auf `https` verwende ich die Desktop-Version vom *HTTPS Checker*. Der HTTPS Checker sucht nach aktiven und passiven Mixed-Content-Problemen, Verlinkungsproblemen, unsicheren Re-Directs und mehr. Unter der Adresse *https://httpschecker.net/* stehen Desktop-Versionen für Windows, Mac sowie Ubuntu Linux zur Verfügung. Bei der kostenlosen Variante können beliebig viele Scans pro Domain durchgeführt werden, pro Scan maximal 500 Seiten.

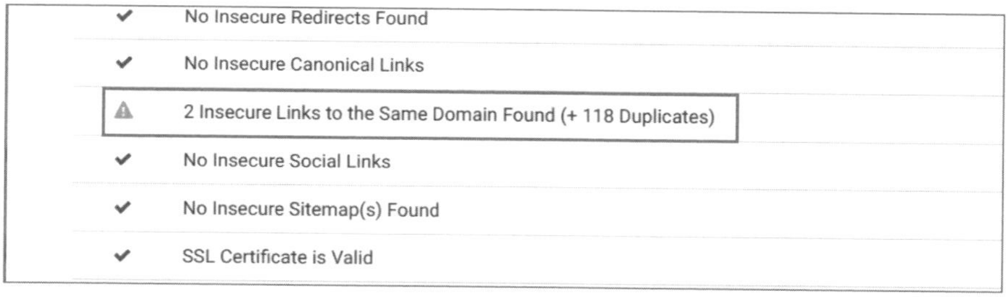

✔	No Insecure Redirects Found
✔	No Insecure Canonical Links
⚠	2 Insecure Links to the Same Domain Found (+ 118 Duplicates)
✔	No Insecure Social Links
✔	No Insecure Sitemap(s) Found
✔	SSL Certificate is Valid

Bild 3.49 Beispiel für gefundene Fehler mit dem HTTPS Checker

Bild 3.49 zeigt zwei gefundene unsichere Verlinkungen. Diese befinden sich nicht nur auf einer einzelnen Seite, es gibt 118 Duplikate, da es sich dabei um hard-coded Links im Footer handelt. Das Ergebnis der Überprüfung nach Korrektur der unsicheren Verbindungen ist in Bild 3.50 zu sehen.

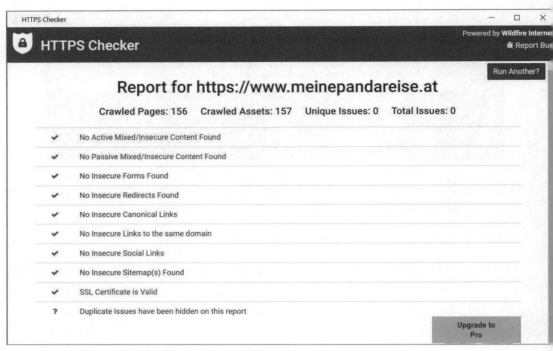

Bild 3.50 Ergebnis der Überprüfung auf Mixed Content

 Was ist ein Mixed Content?

Unter *Mixed Content* („gemischte Inhalte") versteht man Inhalte, die auf einer Website mit einer verschlüsselten Verbindung (https) nur mit http, d. h. unverschlüsselt, eingebunden sind. Dies können eingebundene Bilder, Videos, Audios, iFrames, eingebundene Fonts etc. als sogenannter *Mixed Display* sein. Eine andere Art von Mixed Content wird durch *Mixed Scripting* verursacht, wie beispielsweise Stylesheets (.css) oder Scripting-Dateien (.js) etc., die über http statt https geladen werden.

Browser zeigen einen Warnhinweis an, in Zukunft soll ein Mixed Content in Google Chrome beispielsweise ab Dezember 2020 blockiert und überhaupt nicht mehr dargestellt werden. Damit eine Website von Browsern nicht als unsicher eingestuft wird, was Besucher und Besucherinnen stark verunsichern kann, sollte man ausnahmslos auf Mixed Content verzichten und jeglichen vorhandenen Mixed Content „reparieren".

■ 3.5 Mehr Sicherheit für Ihre Website

Die Frage der Sicherheit Ihrer Website liegt in Ihrer Hand. Eine hundertprozentige Sicherheit gibt es nicht. Und nein, ein SSL/TLS-Zertifikat und HTTPS machen Ihren Internetauftritt nicht sicherer, HTTPS sorgt lediglich für eine verschlüsselte Datenübertragung. Sie können jedoch auch ohne zusätzliche Installation von diversen Security-Plugins mit wenigen Handgriffen eine gewisse Sicherheit für Ihre WordPress-Installation erreichen.

1. Verwenden Sie immer die aktuellste Version von WordPress. Manchmal kann man aus diversen Gründen wie beispielsweise Kompatibilitätsproblemen mit Plugins oder Themes nicht die neueste WordPress-Version installieren. Lassen Sie in solchen Fällen immer die Sicherheits-Updates für Ihre installierte Version durchführen. Die aktuellen Versionen finden Sie auf der Seite *https://wordpress.org/download/releases/*. Mit Stand 23. Februar 2020 sind dies folgende Versionen:

   - WordPress 5.3.2
   - WordPress 5.2.5
   - WordPress 5.1.4
   - WordPress 5.0.8
   - WordPress 4.9.13
   - WordPress 4.8.12
   - WordPress 4.7.16
   - WordPress 4.6.17
   - WordPress 4.5.20
   - WordPress 4.4.21
   - WordPress 4.3.22
   - WordPress 4.2.26
   - WordPress 4.1.29
   - WordPress 4.0.29
   - WordPress 3.9.30
   - WordPress 3.8.32
   - WordPress 3.7.32

2. Verwenden Sie nicht die automatisch erstellten Benutzernamen `admin` oder `wordpress-admin`, auch nicht Ihren eigenen Namen oder den Namen Ihrer Website als Benutzername. Erstellen Sie einen neuen Benutzer (mit der Rolle Administrator!) und löschen Sie den alten Benutzernamen. Dies erschwert eine *Brute-Force-Attacke*.

3. Verwenden Sie keine leicht zu erratenden Passwörter.

4. Aktualisieren Sie regelmäßig auch das aktive Theme.

5. Aktivieren Sie immer auch das Eltern-Theme, wenn Sie ein Child-Theme verwenden! Zahlreiche Themes bauen auf Standard-Themes auf. Die jeweils letzte Version der Standard-Themes, die inzwischen auch alle mit Gutenberg kompatibel sind, ist mit Stand 23. Februar 2020 jeweils folgende:

- *Twenty Twenty:* Version 1.1
- *Twenty Nineteen:* Version 1.4
- *Twenty Seventeen:* Version 2.2
- *Twenty Sixteen:* Version 2.0
- *Twenty Fifteen:* Version 2.5
- *Twenty Fourteen:* Version 2.7
- *Twenty Thirteen:* Version 2.9
- *Twenty Twelve:* Version 3.0
- *Twenty Eleven:* Version 3.3
- *Twenty Ten:* Version 2.9

> **Anmerkung:** Die Themes *Classic* und *Kubrick* aus Anfangszeiten von WordPress wurden mit WordPress 3.0 im Jahr 2010 aus WordPress entfernt!

6. Aktualisieren Sie regelmäßig auch alle Plugins.

7. Löschen Sie alle nicht verwendeten Plugins.

8. Installieren Sie Themes und Plugins nur von vertrauenswürdigen Quellen wie beispielsweise vom WordPress-Verzeichnis.

9. Verwenden Sie keine *„nulled"* Premium-Themes oder Premium-Plugins.

 Was sind „nulled" Themes und Plugins?

Das sind geklaute Premium-Themes bzw. Premium-Plugins, die auf diversen Websites und Plattformen „kostenlos" verfügbar sind. Die Chance, dass diese „unerwünschten" Code beinhalten, ist viel zu hoch. Der Ärger und der Aufwand an Zeit und zumeist auch zusätzlichen Kosten und Verlust an Reputation, wenn Ihre Besucher unerwünschte Werbung erhalten oder auf Fake-Seiten umgeleitet werden etc., steht in keinem Vergleich zu dem, was Sie sich durch das „kostenlose" Theme/Plugin erspart haben.

 Was sind Brute-Force-Attacken?

Eine *Brute-Force-Attacke* (engl. „brutale Gewalt", im Sinne von „hartnäckiges Ausprobieren") ist vereinfacht gesagt der Versuch, Zugangsdaten, insbesondere Passwörter zu „knacken", um in Ihren Account einzudringen. Dabei werden automatisiert, d. h. mittels spezieller Software, systematisch alle möglichen Kombinationen eines Passworts durchprobiert. Innerhalb einer Sekunde können mehrere Millionen Anmeldeversuche stattfinden; bei einer *verteilten Brute-Force-Attacke*, bei der Ihr Server gleichzeitig von zahlreichen anderen Servern angegriffen wird, entsprechend das Vielfache.

4 WordPress aktualisieren

4.1 Updates, Updates, Updates ...

Das WordPress-Entwickler-Team und das WordPress-Sicherheits-Team sowie Theme- und Plugin-Entwickler und -Entwicklerinnen können Updates zur Verfügung stellen. So gibt es zahlreiche Updates, die automatisch oder manuell durchgeführt werden bzw. werden müssen. Man hört bzw. liest immer wieder die Frage: „Weshalb soll ich aktualisieren, es läuft doch eh alles problemlos?" und „Nach dem Motto ‚Never change a running system' will ich mir mein funktionierendes WordPress nicht mit einem Update ruinieren. Man hört dauernd, dass so viel dabei schiefläuft!"

4.1.1 Welche Aktualisierungen gibt es?

Die Aktualisierungen können folgende Bereiche von WordPress betreffen:

- **WordPress Core**
  - **Minor Releases** *(WordPress Unterversionen)*
    Dies sind zumeist Bug Fixes, Sicherheits- und Wartungs-Releases. Man erkennt sie an der dreiteiligen Versionsnummer wie beispielsweise 4.9.9 oder 5.3.2. Minor-Releases werden standardmäßig automatisch durchgeführt.
  - **Major Releases** *(WordPress Hauptversionen)*
    Hierbei handelt es sich um größere Updates mit neuen Funktionen etc., erkennbar an

der zweiteiligen Nummerierung wie etwa 4.9 oder 5.3. Mit Änderung der ersten Stelle geht zumeist eine größere Veränderung im WordPress Core einher. So wurde beispielsweise mit der Version 5.0 ein neuer Editor als Standard-Editor in WordPress implementiert. Major Updates können mit einer One-Click-Aktualisierung oder manuell durchgeführt werden.

- **„Bleeding edges"** *(WordPress Entwicklerversionen)*
Dies sind *Core development updates* für Entwickler, die eine Developer-Version von WordPress installiert haben. Diese Aktualisierungen werden zumeist automatisch als Hintergrund-Updates durchgeführt.

- **Themes**
Updates von Themes werden in unregelmäßigen Abständen von Theme-Autoren und -Autorinnen zur Verfügung gestellt, um beispielsweise die Kompatibilität eines Themes mit einer neuen WordPress-Version zu gewährleiten. Ein Theme Update kann mit einer One-Click-Aktualisierung oder manuell durchgeführt werden.

- **Plugins**
Plugin-Updates werden normalerweise mit einer One-Click-Aktualisierung oder manuell durchgeführt. Nur in sehr seltenen Fällen wird vom WordPress-Sicherheits-Team ein Sicherheits-Update quasi als Minor Update automatisch veranlasst.

- **Sprachdateien**
Neue Sprachdateien, d. h. Übersetzungen von Themes, Plugins und WordPress-Core-Dateien, werden zumeist automatisch installiert.

4.1.2 Wo werden Aktualisierungen angezeigt?

Stehen Updates zur Verfügung, so werden Sie in der oberen Admin-Leiste, insbesondere aber an mehreren Stellen auf dem Dashboard unübersehbar darauf aufmerksam gemacht. In der oberen Admin-Leiste im Frontend finden Sie die Anzahl der Aktualisierungen für Plugins und Themes, im Beispiel sind es sieben Aktualisierungen (siehe Bild 4.1, oben). In der Admin-Leiste im Backend wird zusätzlich auch eine verfügbare WordPress-Aktualisierung angezeigt, im Beispiel sind es somit acht Aktualisierungen (siehe Bild 4.1, unten). Diese acht Aktualisierungen findet man zudem auch in der linken Menüleiste im Backend beim Menüpunkt Aktualisierungen (siehe Bild 4.2):

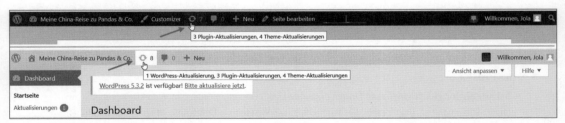

Bild 4.1 Obere Admin-Leiste mit Anzahl der Aktualisierungen im Frontend (oben) und im Backend (unten)

Auf dem Dashboard wird eine verfügbare WordPress-Aktualisierung sowohl im Modul *Auf einen Blick* als auch auf allen Dashboard-Seiten in einer mit einem orangenen Balken markierten Zeile ganz oben auf der Seite angezeigt. Außerdem wird die Anzahl der Aktualisierungen auch im linken Menü neben *Aktualisierungen* eingeblendet. Zudem wird auch in der Box *Auf einen Blick* auf der Startseite des Dashboards neben der Angabe des aktuell verwendeten Themes ein Hinweis zur Aktualisierung auf die neue WordPress-Version angezeigt (siehe Bild 4.2).

Bild 4.2 Eine WordPress-Aktualisierung ist verfügbar!

Auf der Seite *Aktualisierungen* sind sämtliche zur Verfügung stehenden Updates in die Bereiche *WordPress, Plugins, Themes* und *Übersetzungen (Sprachdateien)* zusammengefasst aufgelistet (siehe Bild 4.3 bis Bild 4.6). Rechts unten wird auch auf die neue WordPress-Version hingewiesen (siehe Bild 4.6). Zur Verfügung stehende Aktualisierungen von Themes finden Sie auch beim jeweiligen Theme in der Themes-Verwaltung, jedoch nicht in der linken Navigationsleiste (siehe Bild 4.7). Aktualisierungen für Plugins werden auch in der Plugin-Verwaltung beim jeweiligen Plugin angezeigt und auch in der linken Navigationsleiste (siehe Bild 4.9).

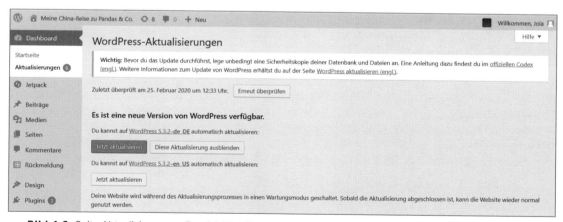

Bild 4.3 Seite Aktualisierungen, Bereich WordPress-Updates

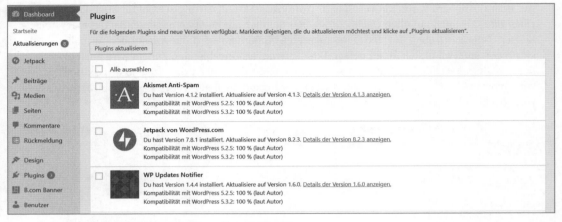

Bild 4.4 Seite Aktualisierungen, Bereich Plugins

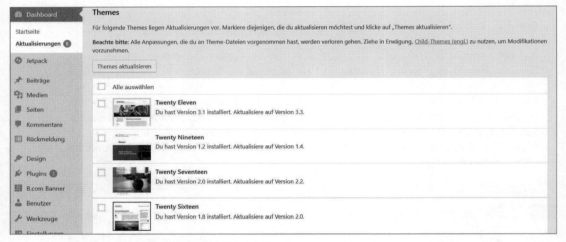

Bild 4.5 Seite Aktualisierungen, Bereich Themes

Bild 4.6 Seite Aktualisierungen, Bereich Übersetzungen

In der *Theme-Verwaltung* befindet sich der Hinweis für eine Aktualisierung beim jeweiligen Theme. Es wird jedoch kein Hinweis mit der Zahl der Aktualisierungen im linken Menü angezeigt, da es sich ja um nicht aktive Themes handelt.

Bild 4.7 Eine Aktualisierung ist bei diesem Theme verfügbar

Sie können ein Theme auch hier direkt aktualisieren, eines nach dem anderen. Oder aber, Sie markieren auf der Seite *Aktualisierungen* alle angezeigten bzw. nur die gewünschten Themes und aktualisieren sie dort. Sie können nicht aktive Themes auch löschen, das erspart zusätzliche unnötige Aktualisierungsmeldungen. Zum Löschen eines nicht aktiven Themes klicken Sie in der Themes-Verwaltung beim gewünschten Theme auf **Theme-Details**. Die Schaltfläche **Löschen** befindet sich rechts unten (siehe Bild 4.8).

Bild 4.8 Hier können Sie ein nicht aktives Theme löschen

Nach Klick auf **Löschen** werden Sie gefragt, ob Sie dieses Theme wirklich entfernen möchten. Mit Klick auf **OK** wird das Theme sofort vom Server entfernt. Wenn Sie ein Child-Theme aktiviert haben, dürfen Sie das Parent Theme auf keinen Fall löschen! Damit das Löschen des Parent Theme nicht unbeabsichtigt durchgeführt wird, bleibt die Schaltfläche *Löschen* im Theme-Details-Fenster aus Sicherheitsgründen ausgeblendet.

Auch in der *Plugin-Verwaltung* wird beim jeweiligen Plugin eine Zeile mit dem Hinweis zur Aktualisierungsmöglichkeit mit einem One-Click-Update eingeblendet (siehe Bild 4.9).

Bild 4.9 Plugin-Verwaltung: Hinweis für Aktualisierungsmöglichkeit

Soll ich aktualisieren?

Dass man nach Möglichkeit die aktuellste WordPress-Version verwenden sollte, steht außer Diskussion. Dennoch kann diese Frage nur mit „ja, aber" beantwortet werden. Sind beispielsweise ein oder mehrere Plugins oder etwa das kostenpflichtige Premium-Theme mit der neuen WordPress-Version (noch) nicht kompatibel, so ist von einer Aktualisierung der WordPress-Installation abzuraten.

> Mit anderen Worten, bevor Sie eine Aktualisierung auf ein Major Release ins Auge fassen, sollten Sie vorher unbedingt überprüfen, ob das aktive Theme sowie alle aktivierten Plugins mit der neuen WordPress-Version kompatibel sind. Wenn Sie ein eigenes Theme verwenden, werden auch die im Theme verwendeten Template-Tags (noch) von der neuen WordPress-Version unterstützt? Wenn ja, dann steht einem Update nichts im Wege. Vorher sollten Sie jedenfalls immer eine Sicherung Ihrer funktionierenden WordPress-Installation durchführen!
>
> Wenn alle Ihre Plugins und Themes mit WordPress 5.x.x kompatibel sind, Sie jedoch nicht mit dem neuen Block-Editor Gutenberg arbeiten möchten, so ist die Antwort auf die Frage ein deutliches „Ja!". Denn Sie können jederzeit den „alten" Editor TinyMCE mit dem Classic Editor Plugin „zurückholen" (siehe Kapitel 9).

4.1.3 Wie werden Aktualisierungen durchgeführt?

Es gibt drei Arten von Aktualisierungen und zwar die automatisch durchgeführten Aktualisierungen im Hintergrund, die *One-Click-Updates* (das sind manuell ausgelöste automatische Aktualisierungen) via Dashboard sowie die manuell durchgeführten Aktualisierungen via FTP.

4.1.3.1 Automatisch durchgeführte Aktualisierungen

Seit WordPress Version 3.7 werden Minor Releases (sowie meistens auch Bleeding Edges, falls eine Entwickler-Version installiert ist) automatisch als Hintergrundaktualisierungen durchgeführt und zwar nachts, um möglichst wenig zu stören. Sie werden via E-Mail von einem durchgeführten automatischen Update verständigt.

4.1.3.1.1 Automatisch durchgeführte Aktualisierungen deaktivieren

Standardmäßig sind automatische *Minor* Updates aktiviert (define('WP_AUTO_UPDATE_ CORE', minor);). Möchten Sie sämtliche automatischen Aktualisierungen (Minor, Major und Developer) unterbinden und dann sämtliche Aktualisierungen selber manuell durchführen, so fügen Sie die Zeile

```
define( 'AUTOMATIC_UPDATER_DISABLED', true );
```

in die Datei wp-config.php ein. Davon rate ich dringend ab, da mit Minor Updates die wichtigen Sicherheits- und Wartungs-Updates durchgeführt werden.

4.1.3.1.2 Alle Automatischen Aktualisierungen aktivieren

Es bestünde auch die Möglichkeit, sämtliche Aktualisierungen, auch jene für Major Releases automatisch, d. h. ohne Ihr Zutun, im Hintergrund ablaufen zu lassen (mit define('WP_AUTO_UPDATE_CORE', true); in der Datei wp-config.php). Auch das Aktualisieren von Plugins (sowie Themes) könnte man automatisiert durchführen lassen (detaillierte Informationen diesbezüglich siehe *https://codex.wordpress.org/de:Automatische_Hintergrund_Updates_einstellen*). Auch von dieser Möglichkeit rate ich dringend ab! Auch wenn Aktualisierungen bei zahlreichen Installationen problemlos ablaufen, die Chance, dass Sie morgens mit „Die Website geht nicht" begrüßt werden, liegt leider nicht bei null.

Auch Provider führen Updates durch!

Bei all den Updates rund um WordPress sollte man keinesfalls mögliche Datenbank- und PHP-Updates seitens des Providers vergessen. Diese werden normalerweise vom Provider angekündigt, d. h. E-Mails vom Provider sollten immer gelesen werden und nicht ungelesen in die Endablage, sprich den Papierkorb, wandern. Trifft man vor dem Update auf eine höhere PHP-Version keine Vorkehrungen wie beispielsweise WordPress und alle Plugins auf die neueste Version zu aktualisieren, so kann es passieren, dass die WordPress-Seite im Frontend nur teilweise angezeigt und ein Einloggen ins Backend überhaupt unmöglich wird, da lediglich eine leere Seite zu sehen ist!

Dies ist keine Urban Legend, ich habe es im Frühjahr 2017 bei einem für einen Verein erstellten Internetauftritt erlebt, als auf dem Server von PHP 5.3 auf PHP 5.6 umgestellt worden ist. Die einzig mögliche Lösung war, den Provider zu bitten, die PHP-Version für kurze Zeit wieder downzugraden, d. h. wieder auf PHP 5.3 zurückzustellen. Danach erst war das Einloggen ins Backend wieder möglich. Nach der Aktualisierung von WordPress von der Version 4.1 auf WordPress 4.7 lief alles wieder problemlos.

4.1.3.2 One-Click-Updates via Dashboard

Diese quasi halbautomatischen Aktualisierungen stehen seit der Version WordPress 2.7 zur Verfügung. Sobald Sie auf dem Dashboard, auf der Seite *Aktualisierungen*, in der Themes- oder Plugin-Verwaltung auf **Jetzt aktualisieren** klicken, läuft die Aktualisierung für den gewählten Bereich automatisch ab. *Automatisch* bedeutet hierbei, dass der Aktualisierungsprozess automatisch abläuft, sobald Sie diesen starten. D. h. dass das System die neue Version auf Ihren Server lädt und entpackt, den Wartungsmodus aktiviert, die neue Version installiert und den Wartungsmodus wieder ausschaltet, damit die Website wieder zugänglich ist (siehe Bild 4.10).

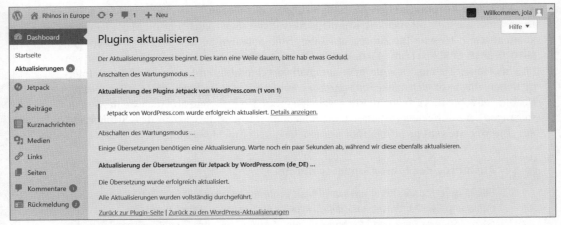

Bild 4.10 Beispiel für automatische Aktualisierung auf Seite Aktualisierungen

Die einzelnen Schritte werden allerdings nur auf der Seite *Aktualisierungen* angezeigt, auf der Seite *Plugins* beispielsweise sieht man nur, dass aktualisiert wird, und die Erfolgsmeldung (siehe Bild 4.11).

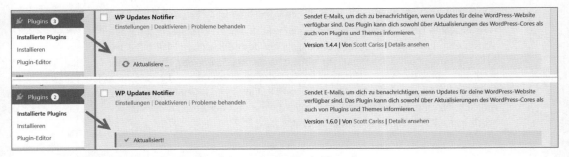

Bild 4.11 Beispiel für die Aktualisierung in der Plugin-Verwaltung

Manchmal erscheint statt der Erfolgsmeldung *Aktualisiert!* die Fehlermeldung *Aktualisierung fehlgeschlagen: Die Website hat technische Schwierigkeiten. Bitte prüfe das E-Mail-Postfach des Website-Administrators, um dort weitere Anweisungen zu finden.* beim jeweiligen Plugin und am Anfang der Plugin-Verwaltungsseite. Wie Sie in einem solchen Fall vorgehen können, finden Sie in Abschnitt 4.1.4 beschrieben.

4.1.3.1.3 Reihenfolge der Aktualisierungen

In diesem Punkt scheiden sich die Geister. Die eine Seite schwört darauf, dass zuerst Themes und Plugins aktualisiert werden müssen. Die andere Seite sagt, dass man zuerst WordPress Core auf den neuesten Stand bringen soll und danach erst die Plugins und Themes. Für mich persönlich hängt die Reihenfolge der Aktualisierungen einzig und alleine davon ab, wie viel Zeit (und Nerven bei etwaigen Problemen) ich für ein Major Update zum jeweiligen Zeitpunkt aufbringen kann. Manchmal führe ich nur Plugin-Aktualisierungen durch, manchmal nur ein Major Realease Update, manchmal auch alles, was zur Aktualisierung angezeigt wird.

Ich versuche zwar, Plugins immer möglichst aktuell zu halten. Aber ich führe Plugin-Updates nicht immer sofort bei Anzeige eines neuen Updates durch, sondern grundsätzlich dann erst, wenn genügend Zeit vorhanden ist, um auf eventuelle Probleme reagieren zu können. Und, wenn möglich, warte ich bei Plugins darauf, bis eine positive Kompatibilitätsmeldung erscheint wie beispielsweise *Kompatibilität mit WordPress 4.9.9: 100 % (laut Autor)*. Diese Meldung wird nicht in der Plugin-Verwaltung (siehe Bild 4.12, unten), sondern nur auf der Seite *Aktualisierungen* angezeigt (siehe Bild 4.12, oben).

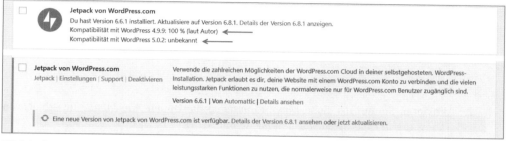

Bild 4.12 Ist das Plugin mit der aktuellen WordPress-Version kompatibel?

Es kann beispielsweise auch die Meldung *Kompatibilität mit WordPress 5.0.2: unbekannt* angezeigt werden. Dies bedeutet lediglich, dass der Autor bzw. die Autorin des Plugins den entsprechenden Vermerk in der *ReadMe*-Datei bei `Tested up to` bis zum aktuellen Zeitpunkt (noch) nicht angepasst hat und/oder das Plugin (noch) nicht mit der neuen WordPress-Version ausreichend von Usern getestet und bewertet wurde. Im Beispiel (Screenshots aus meinem *zoobesuche.at*-Blog) in Bild 4.12, oben, ist sowohl die Kompatibilität mit WordPress 4.9.9 als auch mit WordPress 5.0.2 angeführt. Damals (Januar 2019) waren 4.9.9 und 5.0.2 die beiden aktuellsten WordPress-Versionen, 4.9.9 ohne Gutenberg und 5.0.2 mit Gutenberg.

Da ich immer meine eigenen Themes verwende, werden von mir bei der Installation mitinstallierte Themes, falls noch nicht gelöscht, nur unregelmäßig quasi nebenbei nach einem Major Update aktualisiert, wobei alte, nicht verwendete Themes ohnehin nur als Beispiele installiert bleiben. Wenn ich hingegen ein Child-Theme verwende, so wird eine angezeigte Aktualisierung des Parent-Themes ausnahmslos immer sofort durchgeführt.

4.1.3.1.4 Vorbereitungsarbeiten für One-Click-Updates
Bevor Sie One-Click-Aktualisierungen durchführen, sollten Sie immer eine Sicherung der bestehenden Installation durchführen. Aus langjähriger Erfahrung weiß ich jedoch, dass viele WordPress-Benutzer darauf verzichten. Weder die Dateien noch die Datenbank wurden jemals gesichert. Auch wenn Sie nicht die Zeit und Nerven für eine vollständige Sicherung aufbringen möchten, so sollten Sie zumindest die Minimalvariante der Sicherung der Inhalte Ihrer Website bzw. Ihres Blogs hin und wieder durchführen.

4.1.3.1.4.1 Minimalvariante der Sicherung
Diese Variante der Sicherung betrifft ausschließlich die Inhalte Ihres Internetauftritts und kann mit Board-Mitteln durchgeführt werden. Sie benötigen dazu lediglich die Zugangsdaten zum Dashboard. Führen Sie folgende Schritte durch:

1. Wählen Sie in der linken Menüleiste auf dem Dashboard **Werkzeuge/Daten Exportieren** (siehe Bild 4.13).

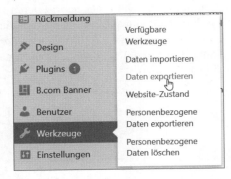

Bild 4.13
Gehen Sie auf die Seite Daten exportieren

2. Aktivieren Sie auf der Seite *Daten exportieren* die Option *Alle Inhalte* unterhalb von *Wähle, was du exportieren möchtest* (siehe Bild 4.14).

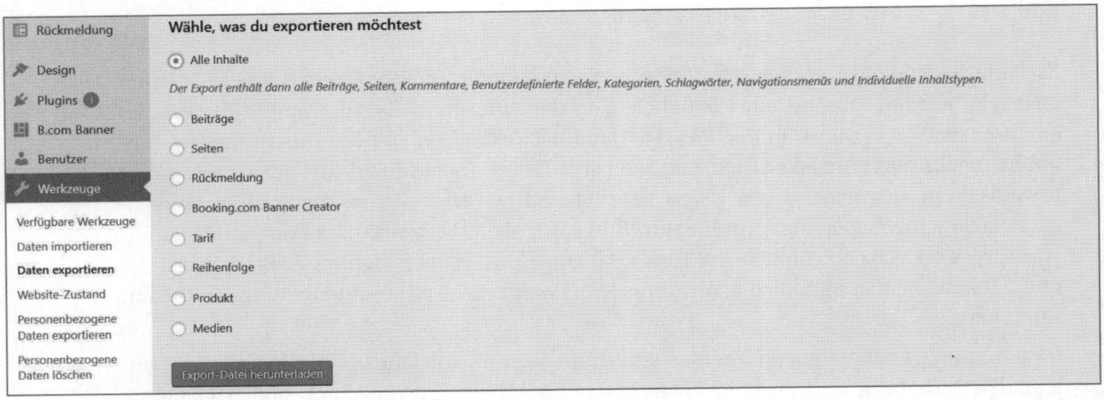

Bild 4.14 Wählen Sie für den Export *Alle Inhalte* aus!

3. Klicken Sie anschließend auf die Schaltfläche **Export-Datei herunterladen** (siehe Bild 4.14).

4. Speichern Sie die Datei auf Ihren lokalen Computer. Diese Datei ist eine XML-Datei, konkreter gesagt, es handelt sich um eine Datei im *WXR*-Format *(WordPress eXtended RSS)*, die Beiträge, Seiten, Kommentare, benutzerdefinierte Felder, Kategorien und Schlagwörter sowie Menüeinträge beinhaltet.

   Anmerkung: Mit dieser Datei können beispielsweise auch Inhalte von WordPress.com auf den eigenen Server übertragen werden.

5. Zusätzlich ist es empfehlenswert, dass Sie Screenshots oder Smartphone-Fotos von der Plugin-Verwaltung erstellen und zwar von allen aktivierten Plugins. Und, falls vorhanden, auch von den jeweiligen Einstellungen der aktivierten Plugins.

6. Erstellen Sie einen Ordner für diese Dateien und kopieren Sie die heruntergeladene XML-Datei sowie die Screenshots bzw. Fotos in diesen Ordner. Sie sollten diesen Ordner auch auf eine externe Festplatte kopieren oder auf eine CD-ROM oder DVD brennen.

Wiederholen Sie die Punkte 1 bis 6 alle paar Wochen. So haben Sie im Fall des Falles zumindest eine Sicherung der Inhalte Ihres Internetauftritts sowie die Namen und Einstellungen der verwendeten Plugins.

4.1.3.1.4.2 Vollständige Sicherung

Für eine vollständige Sicherung Ihrer WordPress-Installation samt Datenbank benötigen Sie:

- die FTP-Zugangsdaten zu Ihrem Webspace sowie
- die Zugangsdaten zu Ihrer Datenbank und die Adresse plus Zugangsdaten für die Administration der Datenbank bzw.
- die Zugangsdaten für die Admin-Oberfläche bei Ihrem Provider, falls Sie nur über diese auf Ihre Datenbankadministration (beispielsweise auf phpMyAdmin) zugreifen können.
- ein FTP-Programm zum Herunterladen der Dateien vom Server (z. B. FileZilla).

Für die vollständige Sicherung werden einerseits wichtige Dateien der Installation via FTP auf den lokalen Computer bzw. auf eine externe Festplatte kopiert. Andererseits wird der Inhalt der Datenbank, d.h. alle WordPress-Tabellen, exportiert. So hat man in einem Worst-Case-Szenario die Möglichkeit, die WordPress-Installation wiederherzustellen. Dies kann nicht nur nach einer fehlgeschlagenen Aktualisierung der Fall sein, sondern auch beispielsweise, wenn die Website bzw. der Blog gehackt wurde.

Sichern der Dateien via FTP

Öffnen Sie Ihr bevorzugtes FTP-Programm, geben Sie die FTP-Zugangsdaten ein und verbinden Sie sich mit dem entfernten Server. Ich verwende dafür entweder FileZilla oder Dreamweaver. Kopieren Sie folgende Ordner und Dateien auf den lokalen Rechner. Es ist nicht erforderlich (und auch nicht wirklich zielführend), dass Sie sämtliche Ordner und Dateien kopieren, Sie benötigen lediglich Folgendes:

- die Datei `wp-config.php` (im WordPress-Verzeichnis), diese beinhaltet wichtige Informationen und Zugangsdaten;
- die Datei `.htaccess` (im Root-Verzeichnis);
- aus dem Ordner `wp-content` den gesamten Ordner `plugins;`
- aus dem Ordner `wp-content/themes/` den Ordner des Themes, der verwendet wird bzw. bei Verwendung eines *Child-Themes* den Ordner mit dem *Child-Theme* plus den Ordner mit dem *Parent-Theme*;
- oder Sie kopieren gleich den gesamten Ordner `wp-content` auf Ihren Rechner.

Zur Sicherung sollten Sie die heruntergeladenen Dateien und Ordner auf eine externe Festplatte kopieren und/oder auf CD-ROM oder DVD brennen.

> **Anmerkung:** Ein USB-Stick ist ein Datenträger im wahrsten Sinne des Worts und nicht als permanentes Speichermedium gedacht/geeignet!

Sichern der Datenbank

Das Sichern der Datenbank erfolgt über eine spezielle Oberfläche zur Verwaltung von Datenbanken. Sehr häufig wird dafür *phpMyAdmin* herangezogen. Bei zahlreichen Providern können Sie nach dem Einloggen in den Kundenbereich auf die Datenbank zugreifen und sich mit Benutzername für die Datenbank und Passwort bei Ihrer Datenbank einloggen.

1. In *phpMyAdmin* wählen Sie zuerst die Datenbank aus, in der sich Ihre WordPress-Installation befindet. Im Beispiel wird die Datenbank mit dem Namen db_wp5buch ausgewählt. Diese wurde auf XAMPP erstellt.

2. Klicken Sie anschließend auf **Exportieren** in der oberen Navigationsleiste (siehe Bild 4.15).

Bild 4.15 Die ausgewählte Datenbank soll exportiert werden

3. Wählen Sie im Bereich *Exportmethode* die Option *Angepasst – zeige alle möglichen Optionen an*.

Bild 4.16 Wählen Sie die Option angepasst aus

4. Wenn Sie nur bestimmte Tabellen sichern möchten, dann wählen Sie die gewünschten Tabellen im Bereich *Tabellen*. Ansonsten lassen Sie alle ausgewählt markiert.

5. Wichtig ist, dass im Bereich *Objekterstellungsoptionen* die Option *DROP TABLE / VIEW / PROCEDURE / FUNCTION / EVENT / TRIGGER-Befehl hinzufügen* aktiviert ist (siehe Bild 4.17). Lassen Sie alle anderen Einstellungen, wie sie sind.

Bild 4.17 Aktivieren Sie diese Option!

6. Klicken Sie anschließend auf **OK** ganz unten auf der Seite.

7. Speichern Sie die SQL-Datei auf Ihren Server.

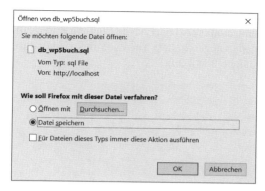

Bild 4.18
Speichern Sie die Datei auf Ihren Rechner

Heben Sie diese Datei gut auf. Sie kann im Notfall oder beispielsweise auch beim Wechsel zu einem anderen Server über die *Import*-Funktion in phpMyAdmin wieder in die Datenbank eingespielt werden.

4.1.3.1.5 One-Click-Update: WordPress Core Major Update

Vielen scheuen sich vor einem Major Update. Wenn Sie genügend Zeit einplanen, die Datenbank vorher sichern und sich vorher (nicht erst nachher bei Problemen!) im Internet umhören, ob Ihre aktivierten Plugins und Ihr Theme mit der neuen Version kompatibel sind, braucht man keine Angst davor zu haben. Im Folgenden wird ein Update auf WordPress 5.3.2 gezeigt.

4.1.3.1.5.1 Update auf WordPress 5.3.2

Ein Update auf die Version 5.3.2 (oder höher) führen Sie folgendermaßen durch:

1. Klicken auf dem Dashboard bei einem der Hinweise, dass 5.3.2 jetzt verfügbar ist, auf **Bitte aktualisiere jetzt** bzw. auf **Auf 5.3.2 aktualisieren**.

2. Es öffnet sich die Seite *WordPress-Aktualisierungen*. Hier klicken Sie im Bereich *Es ist eine neue Version von WordPress verfügbar* auf **Jetzt aktualisieren** (siehe Bild 4.19). Hier könnten Sie auch statt der deutschsprachigen Version die englischsprachige Version auswählen.

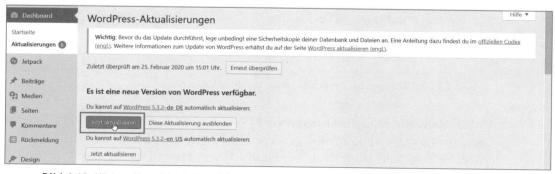

Bild 4.19 Klicken Sie auf Jetzt aktualisieren!

3. Das WordPress-Paket wird automatisch auf Ihren Server geladen, entpackt, installiert. Während der Installation wird der Wartungsmodus aktiviert (siehe Pfeile in Bild 4.20), nach der durchgeführten Installation wieder abgeschaltet. Am Ende des Update-Prozesses erhalten Sie eine Erfolgsmeldung (siehe Bild 4.20).

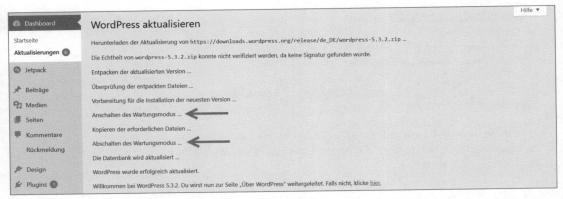

Bild 4.20 Gratulation, das Update hat geklappt!

4. Sie werden nun auf die Begrüßungsseite der neuen Version, im Beispiel 5.3.2, weitergeleitet. Hier werden die wichtigsten Neuerungen in der neuen Version vorgestellt (siehe Bild 4.21).

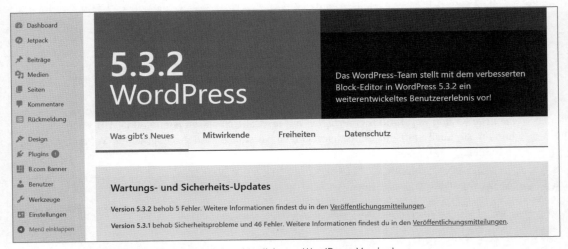

Bild 4.21 Willkommen bei der aktualisierten WordPress-Version!

4.1.3.3 Manuelle Aktualisierungen via FTP

Sollten die One-Click-Aktualisierungen – aus welchen Gründen auch immer – nicht klappen, so bleibt noch die Möglichkeit, die Aktualisierungen manuell via FTP durchzuführen. Grundsätzlich gilt als Faustregel für ein manuelles Update für WordPress Core:

1. Die Datenbank sichern. Sie können dazu die Export-Funktion von WordPress verwenden oder ein SQL-Dump der Datenbank mit phpMyAdmin durchführen (vgl. Abschnitt 4.1.3.2.2.2).

2. Den gesamten WordPress-Ordner, zumindest den Ordner `wp-content` sichern, d. h. lokal speichern. Sie können dazu die Dateien per FTP auf Ihren Rechner laden und dann auf CD-ROM bzw. DVD brennen und auf einem USB-Stick speichern.

3. Sollten Sie auch Dateien außerhalb des `wp-content`-Ordners geändert haben, so müssen diese Dateien jedenfalls auch gesondert gesichert werden. Sie sollten damit rechnen, dass Sie nach dem Update die Änderungen nochmals durchführen müssen.

4. Speichern Sie jedenfalls auch die Datei `wp-config.php`! Sie enthält wichtige Daten, die Sie für Ihr WordPress-Blog benötigen.

5. Deaktivieren Sie auf dem Dashboard alle Plugins.

Wurden Datenbank und Dateien gesichert sowie die Plugins deaktiviert, müssen die Dateien (außer jene im Ordner `wp-content` sowie die `wp-config.php`) gelöscht und gegen die neuen Dateien ausgetauscht werden:

6. Laden Sie die neueste (gezippte) WordPress-Version auf Ihren Rechner.

7. Extrahieren Sie das WordPress-Paket auf Ihren Rechner.

8. Sollten Sie Dateien außerhalb des `wp-content`-Ordners geändert haben, so müssen Sie diese Änderungen in den neuen Dateien ebenfalls vornehmen.

9. Löschen Sie alle WordPress-Dateien außer den Dateien `wp-config.php` und `.htaccess` und dem Verzeichnis `wp-content` auf dem Server.

10. Laden Sie via FTP alle neuen WordPress-Dateien außer dem Ordner `wp-content` auf den Server.

11. Öffnen Sie in einem Browser die Adresse `www.IhreDomain.xyz/WordPress-installationsverzeichnis/wp-admin/upgrade.php` (passen Sie die Adresse an Ihre Gegebenheiten an).

12. Folgen Sie den Anweisungen auf dem Screen. Zumeist wird nur eine Aktualisierung der Datenbank automatisch durchgeführt.

13. Aktivieren Sie anschließend Ihre Plugins wieder.

14. Aktualisieren Sie die Plugins und Themes, falls erforderlich.

Damit wäre ein manuelles Aktualisieren von WordPress abgeschlossen. Erfahrungsgemäß sollte dies nur im äußersten Notfall durchgeführt werden.

4.1.4 Fehlgeschlagene Aktualisierung – was nun?

Mit WordPress 5.2 wurde ein *Fatal Error Recovery Mode* eingeführt. Wenn ein Plugin oder ein Theme – allgemein nun als *Extensions* bezeichnet – einen Fatal Error verursacht, wird diese Extension angehalten bzw. pausiert oder deaktiviert, eine Fehlermeldung wird ausgegeben (siehe Bild 4.22). Dies verhindert den gefürchteten *White Screen of Death*, eine leere weiße Seite. Gleichzeitig erhält der Admin eine E-Mail mit Details und einen Link zum Laden vom Dashboard im Recovery Mode, dem *Wiederherstellungsmodus*. Dieser Link ist für einen Tag gültig. Falls der Fehler danach noch immer besteht, wird ein neuer Link gesendet.

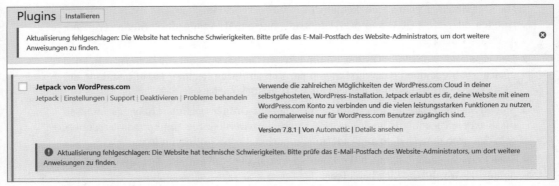

Bild 4.22 Diese Fehlermeldung ist zwar ärgerlich, aber kein Grund zur Panik!

Klicken Sie auf den Link in der E-Mail, um den Wiederherstellungsmodus zu starten. Sie müssen sich neu anmelden, auf der Seite des Anmeldeformulars wird ein Hinweis bezüglich Initialisierung des Recovery Mode angezeigt (siehe Bild 4.23).

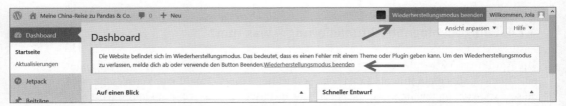

Bild 4.23
Sie müssen sich neu einloggen!

Auf dem Dashboard wird oben der Hinweis eingeblendet, dass Sie sich im Wiederherstellungsmodus befinden. Zum Beenden des Recovery Mode klicken Sie auf *Wiederherstellungsmodus beenden*, siehe Pfeile in Bild 4.24.

Bild 4.24 Hier können Sie den Wiederherstellungsmodus wieder verlassen

5 Grundlegende Einstellungen

In diesem Kapitel erfahren Sie ...

- ... welche Einstellungen Sie nach der Installation von WordPress vornehmen sollten,
- ... wie Sie Ihr Dashboard anpassen,
- ... welche allgemeinen Einstellungsmöglichkeiten zur Verfügung stehen,
- ... wie Sie eine Seite für die Datenschutzerklärung erstellen und anpassen,
- ... wie Sie personenbezogene Daten exportieren,
- ... wie Sie personenbezogene Daten löschen,
- ... wie Sie den technischen Zustand Ihrer Website überprüfen können.

Loggen Sie sich ins Backend, dem sogenannten *Dashboard* Ihrer WordPress-Installation ein. Nach der Installation wird die Anmeldemaske direkt angezeigt. Wenn in Ihrem Theme das Widget *Meta* in der Sidebar angezeigt wird, so klicken Sie in diesem Widget auf **Anmelden** (siehe Bild 5.1, links). Sobald Sie angemeldet sind, erscheint statt **Anmelden** eine **Abmelden** Schaltfläche und ein Link **Administration**. Über Administration gelangen Sie direkt auf Ihr Dashboard.

Meta	**Meta**
Anmelden	Website-Administration
Feed der Einträge	Abmelden
Kommentare-Feed	Feed der Einträge
WordPress.org	Kommentare-Feed
	WordPress.org

Bild 5.1
Das Widget Meta wenn nicht angemeldet (links) und angemeldet (rechts) im Standard-Theme Twenty Twenty in WordPress 5.3.2

Alternativ dazu können Sie jederzeit das Dashboard bzw. das Login-Formular, falls noch nicht eingeloggt, über die Adresse `http://www.ihredomain.xyz/wordpressordner/wp-admin/` bzw. auf dem Testserver über `http://localhost/wordpress/wp-admin/` bzw. `http://localhost:81/wordpress/wp-admin/` aufrufen. Ändern Sie den Ordnernamen in der genannten URL, falls Sie WordPress nicht in den Ordner `wordpress`, sondern in einen anderen Ordner installiert haben. Wurde WordPress auf Ihrem Server ins Root-Verzeichnis installiert, so lassen Sie den Ordnernamen weg.

Ich verwende normalerweise kein *Meta-Widget,* so fällt auch die Schaltfläche *Anmelden* weg. Um nicht immer die Adresse für die Login-Seite eingeben zu müssen, gebe ich den Anmelden-Link lieber in den *Footer* der Seiten (siehe Bild 5.2).

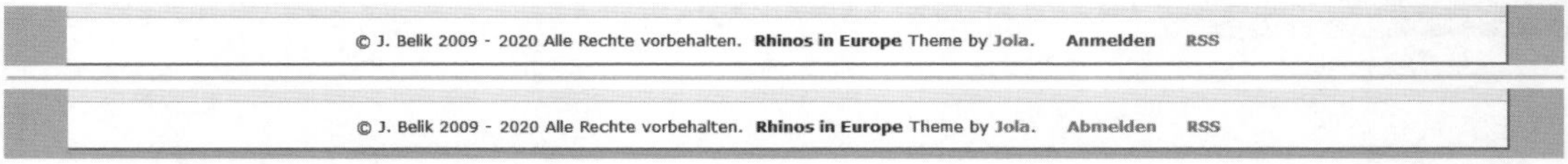

© J. Belik 2009 - 2020 Alle Rechte vorbehalten. **Rhinos in Europe** Theme by Jola.   **Anmelden**   **RSS**

© J. Belik 2009 - 2020 Alle Rechte vorbehalten. **Rhinos in Europe** Theme by Jola.   **Abmelden**   **RSS**

Bild 5.2 Beispiel für Anmelden- bzw. Abmelden-Link im Footer

■ 5.1 WordPress Dashboard

Melden Sie sich mit Ihrem Benutzernamen und dem Passwort an. Es öffnet sich das *Dashboard,* d. h. das Backend bzw. die Administrationsoberfläche Ihrer Installation mit der Startseite (siehe Bild 5.3). Die *Werkzeugleiste* (A) und das linke *Menü* (B) sind fixiert und scrollen nicht mit.

Wann wird die Werkzeugleiste angezeigt?

Die obere Leiste (A), die *Wordpress Admin Bar* oder *Admin-Leiste*, wird in der deutschen Version *Werkzeugleiste* genannt. Sie ist eine Art Schnellzugriffsleiste. Im Backend ist diese Werkzeugleiste immer sichtbar, im Frontend nur, wenn man angemeldet ist. Man kann sie aber auch in den Profil-Einstellungen im Frontend immer ausblenden lassen. Ich finde diese Leiste sehr praktisch, weil sie etwa mit einem Klick das Bearbeiten und Erstellen von Seiten und Beiträgen etc. aus dem Frontend heraus ermöglicht.

Auf dem Dashboard (C) befinden sich rechts oben die *Optionen* (1) und der Link zur *Hilfe* (2) sowie die Boxen *Willkommen* (3), *Auf einen Blick* (4), *Schneller Entwurf* (5), *Aktivität* (6) und *WordPress-Veranstaltungen und Neuigkeiten* (7). Die Boxen können Sie in den *Optionen* (1) auf Wunsch auch ausblenden.

Anmerkung: Bild 5.3 zeigt die Boxen aus Platzgründen eingeklappt. Standardmäßig werden alle Boxen geöffnet angezeigt.

Übersicht, Tellerrand oder Dashboard?

Erst seit einigen Versionen heißt das Backend einheitlich *Dashboard.* Besonders bei der deutschsprachigen Version war man bei der Namensgebung ziemlich kreativ. So wurde etwa bei älteren Versionen die Bezeichnung *Tellerrand* statt Dashboard verwendet. Ab der Version 2.8 wurde der Tellerrand in *Übersicht* umbenannt, später in *Mein Dashboard* bzw. nur *Dashboard.* In Tutorials im Internet findet man nach wie vor sämtliche dieser Bezeichnungen fürs Backend von WordPress.

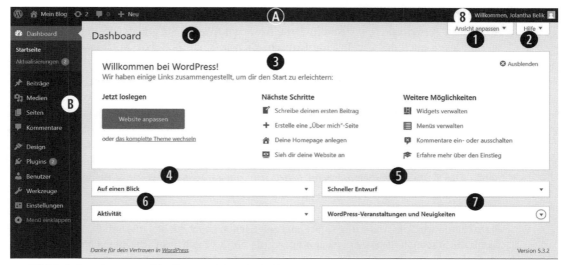

Bild 5.3 Dashboard von WordPress 5.3.2 nach der Installation

Es ist empfehlenswert, das Aussehen des Dashboards und allgemeine Einstellungen zu Ihrem *Profil* als Erstes festzulegen und anschließend diverse Grundeinstellungen vorzunehmen. Und zwar unabhängig davon, ob Sie eines der mitinstallierten Themes oder ein eigenes Theme verwenden oder WordPress für einen Blog oder als CMS als Basis für Ihren Internetauftritt einsetzen. Auch für das Buch wurde zuerst das Design des Dashboards angepasst und auf das Layout *Hell* umgestellt, damit die Screenshots besser lesbar sind. Danach erst werden in diesem Kapitel die einzelnen Bereiche auf dem Dashboard im Detail betrachtet.

5.1.1 Ihr Profil anpassen

Um Ihr Profil bearbeiten zu können, wählen Sie entweder in der linken Menüleiste bei *Benutzer* den Eintrag *Dein Profil* (siehe Bild 5.4, links). Oder Sie klicken rechts oben in der Werkzeugleiste auf **Willkommen** (siehe (8) in Bild 5.3) bzw. das kleine Bild neben Willkommen *(Mein Benutzerprofil)* und wählen dann **Profil bearbeiten** (siehe Bild 5.4, rechts).

Bild 5.4 Wählen Sie im Menü *Benutzer* den Eintrag *Dein Profil* (links) oder *Profil bearbeiten* (rechts)

5.1.1.1 Bereich Persönliche Optionen

Im Bereich *Persönliche Optionen* aktivieren bzw. deaktivieren Sie einige wichtige Hilfsmittel und legen auch das gewünschte Farbschema fest (siehe Bild 5.5). Mit *Visueller Editor* (WYSIWYG-Editor) ist die Visuelle Arbeitsoberfläche des Editors gemeint.

Setzen Sie bei *Beim Schreiben den WYSIWYG-Editor nicht benutzen* ein Häkchen, so können beim Verfassen von Texten im Editor keine Formatierungen mehr, wie man sie von Textverarbeitungsprogrammen her gewohnt ist, vorgenommen werden. Dies wäre beispielsweise dann sinnvoll, wenn Benutzer lediglich reinen Text eingeben dürfen.

Die Syntaxhervorhebung erleichtert das Arbeiten und insbesondere die Fehlersuche bzw. Fehlervermeidung beim Bearbeiten von Template- und Plugin-Dateien. Wird das Kästchen neben *Die Syntaxhervorhebung beim Bearbeiten von Code deaktivieren* aktiviert, so steht diese recht sinnvolle und hilfreiche Funktion nicht zur Verfügung.

Bei *Farbschema verwalten* legen Sie das Aussehen Ihres Dashboards fest. Mit Klick auf ein Farbschema wird die Änderung sofort angezeigt, jedoch noch nicht dauerhaft übernommen! Damit die Screenshots besser lesbar sind, wurde für das Buch das Farbschema *hell* gewählt.

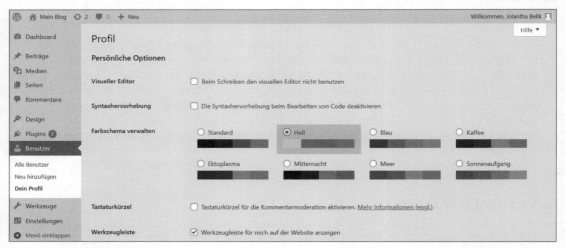

Bild 5.5 Persönliche Optionen von Ihrem Profil; hier wurde das Farbschema von *Standard* auf *Hell* geändert und als Sprache Deutsch ausgewählt

Bei *Tastaturkürzel* können Sie die Tastaturkürzel für die Kommentarmoderation aktivieren. Die *Werkzeugleiste* wird standardmäßig im Frontend, d. h. auf der Website, angezeigt. Beachten Sie, dass sich die Änderung des Farbschemas ausschließlich auf das Backend bezieht. Die Farbe der Werkzeugleiste im Frontend ist weiterhin standardmäßig schwarz. Um diese Farbe zu ändern, benötigen Sie ein Plugin.

Neben *Sprache* kann die Sprache der Admin-Oberfläche festgelegt werden. Zur Auswahl stehen *Amerikanisches Englisch*, *Deutsch* und *Website-Einstellungen*. Bei der Auswahl *Website-Einstellungen* wird jene Sprache angezeigt, die unter *Einstellungen/Allgemein* gewählt wurde (siehe Bild 5.6).

Bild 5.6 Hier legen Sie die Sprache der Admin-Oberfläche fest

5.1.1.2 Bereich Name

Im Bereich *Name* können Sie Ihren *Vornamen* und den *Familiennamen* angeben, wenn Sie möchten, müssen jedoch nicht (siehe Bild 5.7). Beachten Sie, der *Benutzername*, der bei der (automatischen) Installation von WordPress gewählt wurde, kann nicht geändert werden!

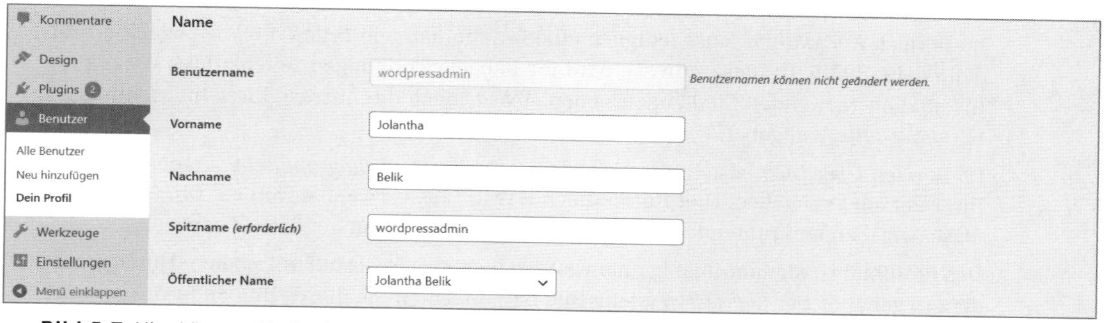

Bild 5.7 Hier können Sie festlegen, welcher Name angezeigt wird!

Es besteht auch die Möglichkeit, einen *Spitznamen* statt des Benutzernamens anzugeben. Standardmäßig wird der Benutzername quasi als Spitzname bei Beiträgen und Kommentaren auf der Website als *Öffentlicher Name* angezeigt. Aus Sicherheitsgründen sollten Sie immer einen Spitznamen statt des Benutzernamens anzeigen lassen. Sobald Sie neben *Spitzname* einen neuen Namen eingetragen haben, können Sie diesen in der Drop-down-Liste neben *Öffentlicher Name* auswählen. Im Beispiel wurde *wordpressadmin* auf *Jola* geändert. Wenn Sie auch Vorname und Familienname angegeben haben, so gibt es verschiedene Möglichkeiten, was öffentlich angezeigt wird. Hier können Sie wählen zwischen Ihrem *Benutzernamen*, dem *Nickname*, nur *Vorname*, nur *Familienname*, *Vorname Familienname* oder *Familienname Vorname* (siehe Bild 5.8).

Bild 5.8 Erst nach der Änderung des Spitznamens können Sie diesen als Öffentlichen Namen festlegen!

Welcher Name soll öffentlich angezeigt werden?

Aus Sicherheitsgründen sollten Sie auf keinen Fall Ihren Benutzernamen anzeigen lassen. Ebenso ist es nicht empfehlenswert, wenn die Kombination Vorname-Familienname bzw. Familienname-Vorname Ihrem Benutzernamen entspricht. Auch jene bei automatisch durchgeführten WordPress-Installationen generierten Benutzernamen wie beispielsweise *admin* oder *wordpressadmin* sind äußerst unsicher, In solchen Fällen ist es sicherer, einen Nickname zu verwenden.

5.1.1.3 Bereiche Kontaktinfo und Über Dich

Im Bereich *Kontaktinfo* muss lediglich eine funktionierende *E-Mail-Adresse* angeführt werden (siehe Bild 5.9). Diese Adresse wird für Benachrichtigungen seitens Ihrer WordPress-Installation verwendet. Sie können neben *Website* auch die Adresse Ihrer Internetpräsenz inklusive *http://* angeben.

Im Bereich *Über Dich* besteht die Möglichkeit, im Textfeld *Biographische Angaben* Infos zu Ihrer Person anzugeben. Hier dürfen auch HTML-Tags verwendet werden. Ob, wo und wie diese Angaben im Frontend angezeigt werden, hängt vom verwendeten Theme ab.

Das Profilbild ist standardmäßig eine weiße schematische Gestalt auf grauem Hintergrund, derzeit genannt *Der blasse Typ* (siehe Bild 5.9). Möchten Sie dieses Bild ändern, so benötigen Sie einen Account bei *Gravatar (http://de.gravatar.com/)*. Dort hinterlegen Sie ein Profilbild. Dieses wird mit Ihrer E-Mail-Adresse verknüpft. Immer, wenn Sie mit dieser E-Mail-Adresse auf Blogs, Foren oder Webseiten kommentieren oder Beiträge verfassen, wird Ihr bei Gravatar hinterlegtes Profilbild, Ihr weltweit wiedererkennbarer Avatar, angezeigt. Dies soll zur leichteren Wiedererkennbarkeit von Internetusern beitragen.

🕐 Dashboard	**Kontaktinfo**
📌 Beiträge	**E-Mail** *(erforderlich)* jolantha.belik@gmail.com
🎵 Medien	*Wenn du das änderst, senden wir dir eine E-Mail an deine neue Adresse, um die Änderung zu bestätigen.* **Die neue Adresse wird erst nach Bestätigung aktiv.**
📄 Seiten	
💬 Kommentare	**Website**
🎨 Design	**Über Dich**
🔌 Plugins ②	
👤 Benutzer	**Biografische Angaben**
Alle Benutzer	
Neu hinzufügen	
Dein Profil	*Teile ein paar biografische Informationen, um dein Profil zu ergänzen. Die Informationen könnten öffentlich sichtbar sein.*
🔧 Werkzeuge	
⚙ Einstellungen	**Profilbild**
◀ Menü einklappen	
	Du kannst dein Profilbild auf Gravatar ändern (engl.)

Bild 5.9 Eine funktionierende E-Mail-Adresse ist jedenfalls erforderlich!

5.1.1.4 Bereich Benutzerkonten-Verwaltung

Unterhalb der Biographischen Angaben können Sie im Bereich *Benutzerkonten-Verwaltung* ein *neues Passwort* generieren lassen und sich von allen *Sessions* auf anderen Rechnern abmelden (siehe Bild 5.10).

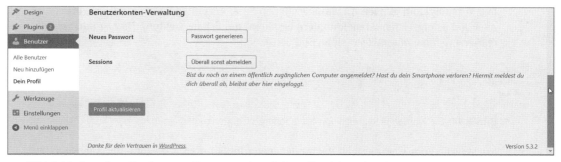

Bild 5.10 Brauchen Sie ein neues Passwort oder möchten Sie sich auch auf anderen Rechnern ausloggen?

Für ein neues *Passwort* klicken Sie auf **Passwort generieren**, es wird ein starkes Passwort in Klartext angezeigt. Sie können das neue Passwort verbergen oder den Vorgang abbrechen (siehe Bild 5.11).

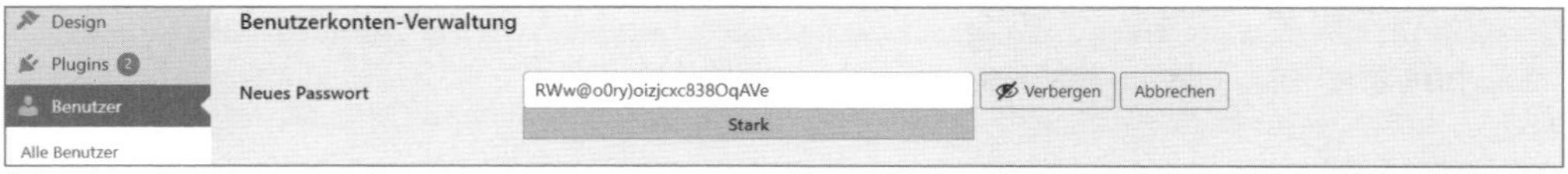

Bild 5.11 Sie können auch ein eigenes Passwort statt des generierten Passworts eingeben!

Möchten Sie ein eigenes (neues) Passwort verwenden, so löschen Sie das automatisch generierte Passwort und schreiben Sie Ihr eigenes Passwort in das Textfeld. Achten Sie dabei darauf, dass das Passwort als stark eingestuft wird. Bei einem schwachen Passwort müssen Sie neben *Passwort bestätigen* ausdrücklich bestätigen, dass dieses schwache Passwort verwendet werden soll (siehe Bild 5.12). Auch hier könnten Sie den Vorgang wieder abbrechen.

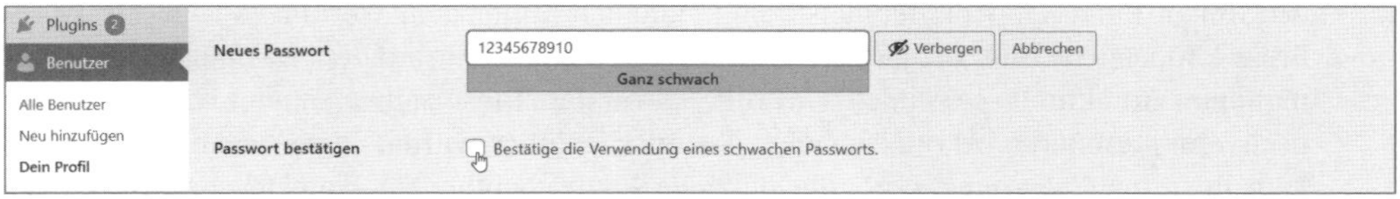

Bild 5.12 Soll wirklich dieses schwache Passwort verwendet werden?

Sollten Sie auf mehreren Rechnern, z. B. einem öffentlichen Rechner, Ihrem Smartphone, das Sie verloren/verlegt haben etc. eingeloggt sein, so ist neben *Sessions* die Schaltfläche **Überall sonst abmelden** aktiv. Damit können Sie sich von sämtlichen Rechnern bis auf den aktuellen Browser abmelden (siehe Bild 5.13).

Bild 5.13 Möchten Sie sich auf allen anderen Geräten abmelden?

Der Vorgang kann je nach Anzahl der offenen Sessions einige Sekunden in Anspruch nehmen. Bei erfolgreicher Abmeldung(en) erscheint die Erfolgsmeldung *Du bist nun von allen anderen Geräten abgemeldet* (siehe Bild 5.14).

Bild 5.14 Sie wurden erfolgreich von allen anderen Geräten abgemeldet!

Klicken Sie zum Übernehmen der Änderungen links unten auf **Profil aktualisieren**. Jetzt erst werden alle Änderungen dauerhaft übernommen. Warten Sie, bis das Speichern der Änderungen in der Datenbank durchgeführt wird. Erst wenn oben auf der Seite die Erfolgsmeldung *Profil aktualisiert* erscheint, können Sie weiterarbeiten (siehe Bild 5.15).

Bild 5.15 Die Änderungen wurden übernommen!

5.1.2 Ihr Dashboard im Detail

Nun schauen wir uns das Dashboard im Detail an. Die Angaben (A), (B) und (C) sowie (1) bis (7) beziehen sich jeweils auf die Beschriftung in Bild 5.3.

5.1.2.1 Die Werkzeugleiste (A)

Am linken Rand der Werkzeugleiste befinden sich hinter dem WordPress-Logo die Word-Press-Links (siehe Bild 5.16). *Über WordPress* öffnet eine Seite auf dem Dashboard mit Informationen zur aktuell verwendeten WordPress-Version. Diese Seite erscheint standardmäßig nach einer größeren Aktualisierung, die durchgeführt wurde. *WordPress.org* öffnet die Website *https://wordpress.org/*, die offizielle englischsprachige Website von WordPress. *Dokumentation* führt Sie zur Startseite des Online-Handbuchs zu WordPress in englischer Sprache, genannt *WordPress Codex (http://codex.wordpress.org/)*. Der Eintrag *Support-Foren* bringt Sie auf eine deutschsprachige Übersichtsseite mit Links zu diversen Support-Foren von WordPress.org *(https://de.wordpress.org/hilfe/)*. Der letzte Link *Feedback* öffnet die englischsprachige Seite des *Requests and Feedback*-Forums *(https://wordpress.org/support/forum/requests-and-feedback)*. Beachten Sie, dass sämtliche externen Links nicht automatisch in einem neuen Fenster bzw. Tab geöffnet werden!

Bild 5.16
Die WordPress-Links finden Sie hinter dem WordPress-Logo

Die Startseite Ihres Internetauftritts, das Frontend, rufen Sie mit Klick auf den Titel Ihrer Website neben dem Häuschen bzw. mit Klick auf **Zur WEbsite** auf. Beachten Sie, dass die Startseite Ihrer Website im selben Fenster bzw. Tab geöffnet wird. Um leichter zwischen Backend und Frontend wechseln zu können, ist es empfehlenswert, *Zur Website* in einem neuen Fenster bzw. Tab öffnen zu lassen (z. B. mit rechte Maustaste und *Link in neuem Tab öffnen*).

Bild 5.17
Hier können Sie die Startseite Ihrer Website aufrufen!

Neben dem Link zum Frontend finden Sie manchmal das *Aktualisieren*-Symbol mit einer Zahl daneben. Dieses Symbol wird nur dann angezeigt, wenn Updates zur Verfügung stehen. Im Beispiel aus einer meiner Websites sind es Plugin-Updates und zwei Theme-Aktualisierungen (siehe Bild 5.18). Mit Klick auf das Symbol kommen Sie auf die Seite *Aktualisierungen* (siehe Kapitel 4).

Bild 5.18 Einige Updates sind verfügbar!

Hingegen immer zu sehen ist eine kleine *Sprechblase*. Sollte neben der Sprechblase eine Zahl angezeigt werden, dann befinden sich Kommentare in der Moderationsschleife. Mit Klick auf die Sprechblase kommen Sie auf die Seite mit der *Kommentarverwaltung*. Im Beispiel aus einem meiner Blogs wartet ein Kommentar auf Moderation, d. h. auf Freischaltung (siehe Bild 5.19).

Bild 5.19 Hier wartet ein Kommentar auf die Freischaltung!

Meiner Meinung nach befindet sich einer der besten und sinnvollsten Shortlinks beim *Plus*-Symbol und dem Begriff *Neu*. Hier können Sie mit einem Klick die jeweilige Seite zum Erstellen eines neuen *Beitrags* oder einer neuen *Seite* öffnen oder zum Hochladen einer neuen *Datei* oder zum Hinzufügen eines neuen *Benutzers* (siehe Bild 5.20).

Bild 5.20
Dies wird wohl auch einer Ihrer meist benutzten Shortlinks werden

Am rechten Rand der Werkzeugleiste befindet sich *Mein Benutzerprofil* (8 in Bild 5.3), allerdings etwas verändert, da ja im Profil der Name geändert wurde. Nun erscheint statt des Benutzernamens der neue Spitzname, darunter in einer kleineren Schrift der ursprüngliche Benutzername. Mit Klick auf **Abmelden** können Sie sich hier vom Backend ausloggen (siehe Bild 5.21).

Bild 5.21
Mein Benutzerprofil mit dem neuen Namen

5.1.2.2 Die Menüleiste (B)

Auch die Menüleiste am linken Rand ist fixiert. Um Platz zu sparen, können Sie das Menü mit Klick auf **Menü einklappen** quasi ausblenden. Dann erscheint statt den Textlinks eine schmale Leiste mit Symbolen. Ausgeklappt werden kann das Menü wieder mit Klick auf das unterste Symbol (siehe Bild 5.22).

Bild 5.22
Menü offen (links) und eingeklappt (rechts)

Diese Menüleiste kann durch zahlreiche Plugins automatisch erweitert werden. Insbesondere dann, wenn das jeweilige Plugin eine eigene Seite für benutzerdefinierte Einstellungen bietet. Die Standard-Menüleiste nach der Installation (ohne zusätzliche) Plugins beinhaltet folgende Elemente:

- **Dashboard:** Startseite des Dashboards und Seite *Aktualisierungen* (siehe Kapitel 4)
- **Beiträge:** *Beiträge* verwalten, neue Beiträge erstellen, *Kategorien* und *Schlagworte* verwalten (siehe Bild 5.23, Kapitel 13 und 14)

Bild 5.23
Das Menü *Beiträge*

■ **Medien:** *Medienverwaltung,* neue Bilder, Dateien etc. hinzufügen (siehe Bild 5.24 und Kapitel 12)

Bild 5.24
Das Menü *Medien*

■ **Seiten:** Bestehende *Seiten* verwalten und neue Seite erstellen (siehe Bild 5.25 und Kapitel 10)

Bild 5.25
Das Menü *Seiten*

■ **Kommentare:** Kommentare verwalten, freischalten und bearbeiten (dieses Menü hat kein Untermenü, Sie kommen direkt auf die Seite mit der *Kommentare-Übersicht,* siehe Kapitel 14)

■ **Design:** *Theme* auswählen, *Customizer* (siehe Kapitel 6), *Widgets* verwalten (siehe Kapitel 7), *Menüs* verwalten (siehe Kapitel 11), *Hintergrund* anpassen sowie *Editor* bzw. *Theme-Editor* für das online Editieren der Theme-Dateien öffnen (siehe Bild 5.26). Welche Punkte hier verfügbar sind, hängt vom Theme und vom Entwickler bzw. von der Entwicklerin ab, was an Anpassungen beim jeweiligen Theme gestattet wird.

Bild 5.26
Das Menü *Design* in WordPress 5.3.2 mit dem Theme Twenty Twenty Standard-Theme

■ **Plugins:** Verwaltung der installierten *Plugins,* Installation von neuen Plugins und *Editor* öffnen, um Plugin-Dateien online zu bearbeiten (siehe Bild 5.27 und Kapitel 16)

Bild 5.27
Das Menü *Plugins*

■ **Benutzer:** *Bestehende Benutzer* verwalten, *neue Benutzer* anlegen und *eigenes Profil* bearbeiten (siehe Bild 5.4, Abschnitt 5.1.1 und Kapitel 15).

- **Werkzeuge:** Zugriff auf *verfügbare Werkzeuge (Kategorie und Schlagwort-Konverter)* sowie Tools für das *Importieren* und *Exportieren* von Daten, wenn man mit der Website auf einen anderen Server umziehen möchte (siehe Bild 5.28, Kapitel 3). Seit WordPress 4.9.6 können über dieses Menü *Personenbezogene Daten* exportiert und gelöscht werden (siehe Abschnitt 5.3.2). Mit WordPress 5.1 wurde ein Tool zum Überprüfen des Website-Zustands eingeführt.

Bild 5.28
Das Menü *Werkzeuge*

- **Einstellungen:** Dieser Menüpunkt kann durch Plugins erweitert werden. Nach der Installation finden Sie hier die Bereiche *Allgemein, Schreiben, Lesen, Diskussion, Medien* und *Permalinks* (siehe Bild 5.29) sowie seit WordPress 4.9.6 auch den Bereich *Datenschutz* (siehe Abschnitt 5.3.1).

Bild 5.29
Das Menü *Einstellungen*

 Wo ist der Menüeintrag Links?

Wenn Sie mit früheren Versionen von WordPress gearbeitet haben, werden Sie sicherlich die *Links* mit dem Linkmanager vermissen. Diesen gibt es seit der Version 3.5 nicht mehr! Links werden nicht mehr im Bloggroll – gibt es auch nicht mehr – und Link-Kategorien zusammengefasst, sondern in benutzerdefinierten Menüs. Dies ist nicht nur äußerst flexibel, in benutzerdefinierten Menüs können sowohl externe Links als auch interne Links zu Seiten und Beiträgen zusammengefasst werden.

5.1.2.3 Die Dashboard-Boxen (C)

Welche Boxen – *Meta-Boxen, Dashboard-Widgets,* früher auch *Module* genannt – auf dem Dashboard angezeigt werden, können Sie unter *Ansicht anpassen* in der rechten oberen Ecke (1 in Bild 5.3) festlegen. *Ansicht anpassen* hieß in früheren Versionen *Optionen*. Je nachdem, auf welcher Seite Sie sich befinden, stehen andere Boxen zur Verfügung. Bild 5.30 zeigt die *Boxen* auf der Dashboard-Startseite nach der Installation, also ohne besondere Plugins. Zum Ausblenden des Bereichs klicken Sie nochmals auf **Ansicht anpassen**.

Bild 5.30 Was soll auf dem Dashboard angezeigt werden?

Sie können die einzelnen Boxen mit Klick auf das kleine Dreieck in der rechten oberen Ecke der jeweiligen Titelleiste zuklappen und wieder aufklappen. Wenn Sie mit dem Cursor über die Titelleiste fahren und ein Vierfach-Pfeil erscheint, können Sie die Boxen auch mit gedrückter linker Maustaste beliebig anordnen (siehe Bild 5.31).

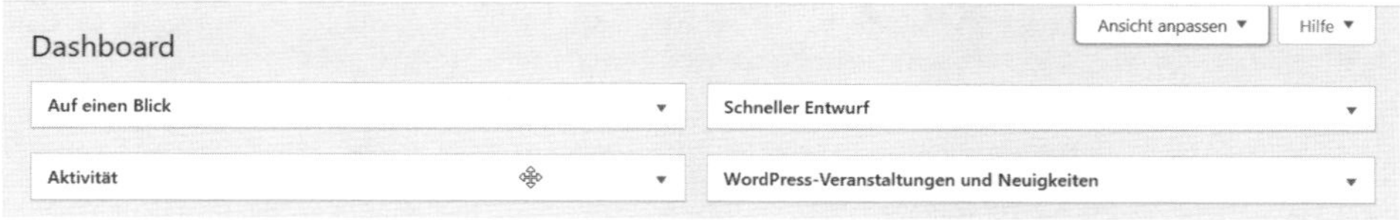

Bild 5.31 Sie können die Widgets zuklappen und nach Belieben anordnen!

5.1.2.3.1 Dashboard-Box Willkommen (3)

Diese Box beinhaltet Links zu einigen Funktionen, die man als „WordPress-Neuling" häufig verwendet. Die Box nimmt aber eine Menge Platz weg und wird nicht unbedingt benötigt. Sie können *Willkommen* unter *Ansicht anpassen* oder mit Klick auf **Ausblenden** am rechten oberen Rand der Box (siehe Bild 5.32) ausblenden.

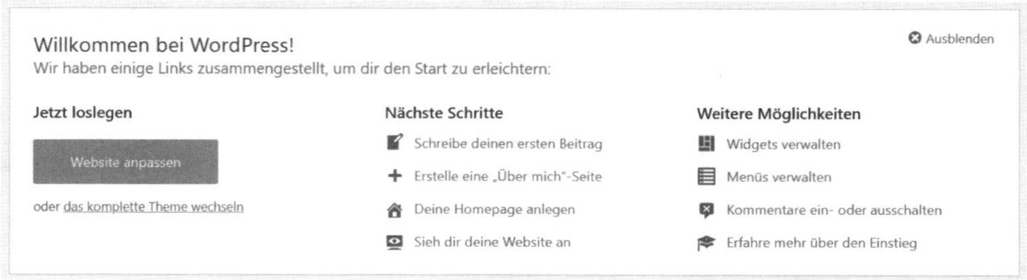

Bild 5.32 Willkommen können Sie rechts oben ausblenden!!

5.1.2.3.2 Dashboard-Box Auf einen Blick (4)

Auf einen Blick (At a Glance bzw. *Right now)* bietet eine Übersicht über die Anzahl der *Beiträge*, *Seiten*, *Kommentare* und *Kommentare in der Moderationsschleife*. Zudem wird hier auch angezeigt, welches *Theme* aktuell verwendet wird. Bild 5.33 zeigt *Auf einen Blick* nach der Installation mit einem Beispielbeitrag, einer Beispielseite und einem Beispielkommentar. Im Beispiel wird WordPress 5.3.2 mit dem Standard-Theme *Twenty Twenty* verwendet. Der Hinweis *Suchmaschinen ausgeschlossen* fehlt hier, da weder bei der Installation noch unter *Einstellungen/Lesen* die Sichtbarkeit für Suchmaschinen deaktiviert wurde.

Bild 5.33
Die Box *Auf einen Blick* nach der
Installation

Das Beispiel aus meiner Website *Rhinos in Europe* in Bild 5.34 zeigt Beiträge, Seiten, Kommentare (bereits genehmigt und online) und auch die Anzahl der Kommentare in Moderation, d. h. Kommentare, die noch nicht freigeschaltet worden sind. Ich verwende auf allen meiner Websites *Akismet* als Spamschutz. So sind auch der Hinweis zu Akismet und die aktuelle Anzahl der Kommentare im Spam-Ordner hier zu sehen.

Bild 5.34
Die Box *Auf einen Blick* mit Akismet
auf Rhinos in Europe

Im Beispiel in Bild 5.34 wird als Theme *rhinos* verwendet. Ich habe dieses Theme im Jahr 2009 für WordPress 2.9 entwickelt. Es ist klar strukturiert, mit unterschiedlichen Layouts, Headern und Menüs für die jeweilige Kategorie. In den vergangenen Jahren wurde *rhinos* immer wieder durch neue Funktionen im Backend und im Frontend erweitert, zuletzt beispielsweise mit einem Slider auf der Startseite, das ausgewählte Beiträge, die sogenannten Featured Posts, anzeigt. Da vorwiegend Basis-Template-Tags verwendet wurden, hat dieses Theme sämtliche Updates seit WordPress 2.9 problemlos und *ohne* jegliche Anpassung an die neue WordPress-Version überstanden. Zu sehen ist die aktuelle Version unter *https://www.rhinos-in-europe.net*.

5.1.2.3.3 Dashboard-Box Schneller Entwurf (5)

Die Box *Schneller Entwurf (Quick Press)* ermöglicht das Erstellen eines Entwurfs für einen Beitrag direkt auf der Dashboard-Startseite. Geben Sie einen *Titel* für den neuen Beitrag sowie einen Text ein. Klicken Sie anschließend auf **Speichern** (siehe Bild 5.35). Den gespeicherten Entwurf finden Sie unter **Beiträge/Alle Beiträge** (linke Menüleiste) in der Übersicht aufgelistet. Sollten bereits Entwürfe vorhanden sein, so werden die fünf zuletzt erstellten Entwürfe unterhalb der Eingabefelder angezeigt.

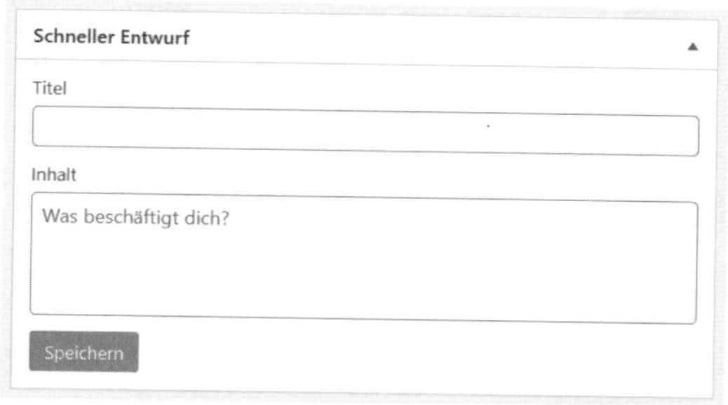

Schneller Entwurf ▲

Titel

Inhalt

Was beschäftigt dich?

Speichern

Bild 5.35
Hier können Sie einen Entwurf erstellen
und speichern

5.1.2.3.4 Dashboard-Box Aktivität (5)

In der Box *Aktivität (Activity* bzw. *Recent comments)* werden die fünf zuletzt veröffentlichten Beiträge bzw. Seiten und die fünf zuletzt abgegebenen Kommentare aufgelistet – nach der Installation ist diese Box noch etwas spärlich gefüllt (siehe Bild 5.36).

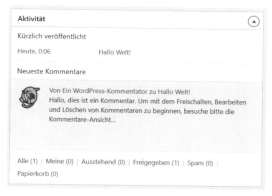

Bild 5.36
Die Box Aktivität nach der Installation

Die Kommentare können direkt in diesem Modul moderiert werden. Unterhalb eines Kommentars befindet sich eine leere Zeile. Sobald Sie mit dem Cursor über diese Zeile fahren, wird die *Bearbeitungsleiste* eingeblendet. Nun stehen die Funktionen *Annehmen* (bei Kommentar in der Warteliste) bzw. *Zurückweisen* (bei bereits genehmigtem Kommentar), *Antworten*, *Bearbeiten*, *Spam* und *Papierkorb* zur Verfügung.

5.1.2.3.5 Dashboard-Box Veranstaltungen und Neuigkeiten (7)

Die Box *Veranstaltungen und Neuigkeiten (Events and News)* hieß früher *WordPress Nachrichten*. Hier werden Veranstaltungen in Ihrer Nähe angekündigt. Suchen Sie zuerst nach Veranstaltungen in Ihrer Umgebung, geben Sie dazu zuerst beispielsweise Ihren Wohnort ein und klicken Sie auf **Senden**. Werden Veranstaltungen in der Nähe gefunden, so werden diese aufgelistet (siehe Bild 5.37). Zudem werden im unteren Teil dieser Box Links zu ausgewählten Nachrichten aus der WordPress Community angezeigt. Diese Informationen sind für Entwickler etc. sicherlich interessant, für den Großteil der Benutzer liefert diese Box eher wenig Nützliches. Es erscheint auch öfter eine Fehlermeldung, wenn die jeweilige Seite gerade nicht erreichbar ist. Vorsicht, die Links öffnen nicht in einem neuen Tab/Fenster!

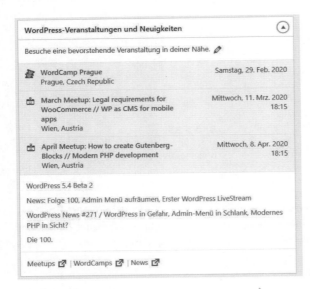

Bild 5.37
Oberer Teil der Box WordPress-
Veranstaltungen und Neuigkeiten

 Ich brauche Hilfe!

Welche Inhalte in der Hilfe (2), rechts oben unterhalb der Werkzeugleiste neben
Optionen, angezeigt werden, hängt davon ab, auf welcher Seite Sie sich gerade
befinden.

5.1.2.4 Dashboard-Box entfernen

Man kann eine Box auf dem Dashboard, egal auf welcher Seite, nicht nur unter *Ansicht Anpassen* ausblenden. Mit einigen Zeilen Code lässt sie sich vom Dashboard vollständig entfernen, d. h., es wird überhaupt nicht mehr geladen.

5.1.2.4.1 Welche Dashboard-Meta-Boxen sind im Core registriert?

In WordPress Core sind derzeit standardmäßig folgende Meta-Boxen auf der Startseite des Dashboards registriert (Stand Februar 2020, WordPress 5.3.2). Hinzu kommen einige *Nag-Boxen*, die im Bedarfsfall angezeigt werden (*nag*, engl., bedeutet u. a. „Nörgler", eine absolut zutreffende Bezeichnung, da diese Meldungen meist ziemlich nerven):

In der linken Spalte:

- `'dashboard_browser_nag'` – Nag-Box *Alter Browser*. Diese Box wird dann angezeigt, wenn Sie eine „alte" Browser-Version verwenden.
- `'dashboard_right_now'` – Meta-Box *Auf einen Blick* (siehe Abschnitt 5.1.2.3.2)
- `'dashboard_activity'` – Meta-Box *Aktivität* (siehe Abschnitt 5.1.2.3.4)

In der rechten Spalte:

- `'dashboard_quick_press'` – Meta-Box *Schneller Entwurf* (siehe Abschnitt 5.1.2.3.3)
- `'dashboard_primary'` – Box *Veranstaltungen und Neuigkeiten* (siehe Abschnitt 5.1.2.3.5)

Über die gesamte Breite:

- `'welcome_panel'` – *Willkommen-Box* (siehe Abschnitt 5.1.2.3.1)

Update Nag-Boxen:

- `'update_nag'` – Nag-Box *Update-Hinweis, z.B. WordPress 5.0.2 ist verfügbar! Bitte aktualisiere jetzt.* (siehe Kapitel 4)

- `'maintenance_nag'` – Nag-Box *Update-Fehlermeldung,* erscheint wenn ein Update aus welchen Gründen auch immer fehlgeschlagen hat

5.1.2.4.2 Standard-Meta-Box auf Dashboard entfernen

Als Beispiel sollen die Boxen *Schneller Entwurf (Quick Press)* sowie *Veranstaltungen und Neuigkeiten (Events and News)* entfernt werden. Der Code aus Listing 5.1 kommt im Theme-Ordner des verwendeten Themes entweder in die Datei `functions.php` Ihres Custom Themes oder in die Datei `functions.php` des Child-Themes, wenn Sie ein bestehendes Theme anpassen möchten. Noch besser wäre es jedoch, ein *Site-spezifisches Plugin (Custom Plugin)* mit allen Ihren Änderungen und Ergänzungen zu erstellen. Dieses Plugin, das genauso behandelt wird, wie jedes andere Plugin, welches Sie vom WordPress Plugin Repository herunterladen und installieren, könnten Sie nicht nur bei einer einzigen, sondern bei verschiedenen WordPress-Installationen sowie beim Wechseln des Themes verwenden. Wie Sie ein Site-spezifisches Plugin erstellen, wird in Kapitel 17 detailliert behandelt.

In der Funktion `jwp5buch_entferne_box()` wird mit `remove_meta_box( $id, $screen, $context );` definiert, welche Box entfernt werden soll. Mit dem Parameter `$id` geben Sie den Namen der zu entfernenden Box an, im Beispiel `'dashboard_quick_press'` bzw. `'dashboard_primary'`.

Im Parameter `$screen` – hieß in früheren Versionen `$page` – wird angegeben, auf welcher Seite sich die Box befindet. Unsere Boxen im Beispiel sind auf der Startseite des Dashboards zu finden, ergo wird hier `'dashboard'` angegeben. Der dritte Parameter `$context` definiert die Position der Box. Für die linke Spalte wird der Wert `'normal'` verwendet, für die rechte Spalte `'side'`.

Die Funktion `jwp5buch_entferne_box()` wird mit dem *Action-Hook* `wp_dashboard_setup` in `add_action` in WordPress eingebunden (Zeile 9 in Listing 5.1). Möchten Sie eine Box entfernen, die nicht von WordPress Core, sondern durch ein Plugin erzeugt wird, so muss als Hook `admin_menu` statt `wp_dashboard_setup` verwendet werden!

Listing 5.1 Dashboard-Meta-Boxen Quick Press und News entfernen

```
1 // entfernt Boxen WP-Events and News und Quick Press von Dashboard
2 function jwp5buch_entferne_box() {
3    // Quick Press
4    remove_meta_box('dashboard_quick_press', 'dashboard', 'side');
5    // Events and News
6    remove_meta_box('dashboard_primary', 'dashboard', 'side');
7 }
8
9 add_action('wp_dashboard_setup', 'jwp5buch_entferne_box');
```

Laden Sie die mit dem Code ergänzte `functions.php` bzw. die Plugin-Datei auf den Server (wenn Sie lokal mit XAMPP arbeiten, reicht das Speichern der Datei). Falls noch nicht erfolgt, aktivieren Sie Ihr Site-spezifisches Plugin. Die Startseite Ihres Dashboards sollte

nun ohne *Schneller Entwurf* und ohne *Veranstaltungen und Neuigkeiten* erscheinen. Lediglich die Boxen *Auf einen Blick* sowie *Aktivität* werden angezeigt. Auch unter *Ansicht Anpassen* werden die beiden Boxen nicht mehr geladen (siehe Bild 5.38). Sie könnten nun *Aktivität*
auf die frei gewordene Fläche rüberziehen.

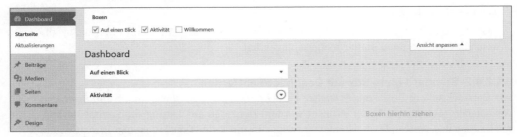

Bild 5.38 Dashboard nach dem Entfernen der beiden Boxen

Möchten Sie auch *Auf einen Blick* und/oder *Aktivitäten* entfernen, so ergänzen Sie den Code
in Listing 5.1 mit den entsprechenden Zeilen aus Listing 5.2.

Listing 5.2 Weitere Dashboard-Boxen entfernen

```
1 // Right now entfernen
2 remove_meta_box( 'dashboard_right_now', 'dashboard', 'normal' );
3 // Activity entfernen
4 remove_meta_box( 'dashboard_activity', 'dashboard', 'normal' );
```

Zum Entfernen der *Willkommen-Box* muss eine andere Code-Zeile verwendet werden und
zwar (siehe Listing 5.3):

Listing 5.3 Willkommen-Box auf Dashboard entfernen

```
1 // Welcome Panel entfernen
2 remove_action( 'welcome_panel', 'wp_welcome_panel' );
```

5.1.2.4.3 Update-Hinweis nur für Admin anzeigen

Der Hinweis, dass eine neue Version von WordPress verfügbar sei, z. B. *WordPress 5.3.2 ist
verfügbar! Bitte aktualisiere jetzt.*, ist zwar für Admins wichtig. Für andere registrierte Benutzer mit Nicht-Admin-Rollen ist dieser Hinweis hingegen häufig eher verwirrend und besorg-
niserregend. Es wird nämlich *WordPress 5.3.2 ist verfügbar! Bitte benachrichtige den Administrator.* angezeigt. So ist es oft sinnvoll, Update-Nags nur für Admins anzeigen zu lassen.
Listing 5.4 zeigt den erforderlichen Code. In Zeile 2 wird abgefragt, ob der eingeloggte User
Admin-Rechte hat, im Beispiel `manage_options`, d. h. Einstellungen ändern – dies ist nur
Admins gestattet. Auch diese Code-Zeilen kommen in die `functions.php` des Child-Themes
oder in Ihr Site-spezifisches Plugin.

Listing 5.4 Update-Hinweis und Fehlermeldung nur für Admin sichtbar

```
1 // Nags nur fuer Admin sichtbar
2 function jwp5buch_entferne_dashboard_nag() {
3     if(!current_user_can('manage_options')) {
4         remove_action( 'admin_notices', 'update_nag', 3 );
```

```
5        remove_action( 'admin_notices', 'maintenance_nag', 10 );
6    }
7 }
8
9 add_action('admin_head', 'jwp5buch_entferne_dashboard_nag' );
```

 Finger weg von Originaldateien!

Was Sie auf keinen Fall tun sollten, ist eine Änderung der WordPress-Core-Dateien. Mal abgesehen davon, dass fehlerhafter Code dazu führen kann, dass WordPress womöglich überhaupt nicht mehr funktioniert. Sobald das nächste WordPress-Update durchgeführt wird, sind Ihre mühsam erstellten Änderungen weg!

Möchten Sie an der Funktionalität von WordPress Änderungen vornehmen, so empfiehlt sich die Verwendung eines Site-spezifischen Plugins (siehe Kapitel 17). Möchten Sie Änderungen an einem bestehenden Theme vornehmen, so sollten Sie immer mit einem *Child-Theme* arbeiten (siehe Kapitel 6).

◼ 5.2 Allgemeine Einstellungen

Um grundlegende Einstellungen vorzunehmen, wählen Sie in der linken Menüleiste bei *Einstellungen* den Eintrag *Allgemein, Schreiben, Lesen, Diskussion, Medien, Permalinks,* oder *Datenschutz.*

5.2.1 Einstellungen – Allgemein

Die Allgemeinen Einstellungen betreffen *Titel* und *Untertitel* Ihrer Website sowie die verwendete *Sprache,* das *Zeit-* und *Datumsformat.* Wenn Sie WordPress in einem Unterordner installiert haben, so können Sie hier die Adressen anpassen. Zudem legen Sie auf dieser Seite auch die *Rolle* von neuen Benutzern fest und wer sich registrieren darf.

Im oberen Bereich können Sie den *Titel* der Website sowie den *Untertitel* ändern. Inwieweit und wo diese Daten auf der Website angezeigt werden, hängt vom verwendeten Theme ab. Diese Angaben können Sie auch im *Theme-Customizer* jederzeit anpassen (siehe Kapitel 6). Beim Untertitel wird häufig *Ein weiterer WordPress Blog* oder eine Zeile vom Provider eingefügt, wenn Sie WordPress mit einer One-Klick-Installation – wie im Beispiel – installieren lassen. Denken Sie daran, diese Zeile anzupassen!

Die *WordPress-Adresse* wird normalerweise bei der Installation automatisch eingetragen, es ist die URL des Installationsordners. Wenn die Startseite Ihrer Website außerhalb dieses Ordners liegen soll, so tragen Sie diese URL neben *Website-Adresse* ein. (Vorsicht, beachten Sie vor Änderung der Adresse die Hinweise in Kapitel 3!) Die *E-Mail-Adresse* wird für die

Zusendung von Benachrichtigungen benötigt (siehe Bild 5.39). Wenn Sie die bei der Installation angegebene Adresse ändern, wird eine E-Mail an die neue E-Mail-Adresse gesendet, um die Änderung zu bestätigen. Die neue Adresse wird erst nach der Bestätigung übernommen.

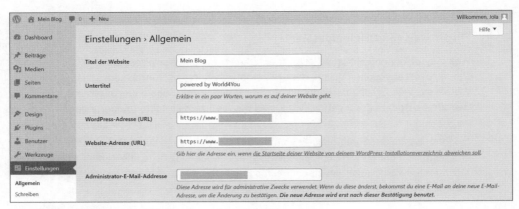

Bild 5.39 Der obere Teil der allgemeinen Einstellungen

Bei *Mitgliedschaft* legen Sie fest, ob man sich auf Ihrer Website registrieren darf. Welche *Rolle* ein neuer User automatisch zugewiesen bekommt, legen Sie neben *Standardrolle eines neuen Benutzers* fest. Zur Auswahl stehen *Abonnent, Mitarbeiter, Autor, Redakteur* und *Administrator*). In Kapitel 15 erfahren Sie Näheres zur *Benutzerverwaltung* und zu den Rechten der einzelnen Benutzerrollen. Die Angaben bei *Sprache der Website* wirken sich auf die Sprache der Benutzeroberfläche aus (siehe Bild 5.40; vgl. Bild 5.5).

Bild 5.40 Legen Sie Mitgliedschaft und Rolle neuer Benutzer und die Sprache der Website fest

---

 Wie kann ich die Oberfläche auf formales Deutsch (Sie) umstellen?

Installiert sind standardmäßig Englisch (Amerikanisch) sowie Deutsch in der Du-Form. Zur Verfügung stehen Sprachdateien mit zahlreichen weiteren Übersetzungen, für Englisch beispielsweise die Versionen Canada, Australien, UK, Neuseeland und Südafrika.

Für Deutsch gibt es noch die Versionen Deutsch (Sie), Deutsch (Schweiz), Deutsch (Schweiz/Du) sowie Deutsch (Österreich). Insbesondere im Businessbereich ist das informelle Du häufig nicht passend, hier wäre ein formelles Sie angebracht. Sie können bei *Sprache für Website* auf *Deutsch (Sie)* umstellen. Sobald Sie die Änderungen gespeichert haben, erscheint die Oberfläche in der höflichen, formalen Sie-Variante. Statt der Sprach-Datei de_DE.mo wird nun

> die Sprach-Datei de_DE_formal.mo im Ordner `wp-content/languages/` geladen.
>
> Grundsätzlich klappt dies für die WordPress-Core-Oberfläche gut, problematisch kann es bei Übersetzungen von Plugins werden. Viele Plugins greifen standardmäßig auf die Sprach-Datei de_DE.mo zu. Wird diese nicht gefunden, weil sich die Übersetzungen ja in der Datei de_DE_formal.mo befinden, dann werden derzeit viele Plugins nicht ins Deutsche übersetzt, sondern in der Originalsprache, zumeist in Englisch, angezeigt.

Neben *Zeitzone* wird in der deutschen Version meist Berlin angezeigt. In der Drop-down-Liste können Sie einen anderen Ort wählen – bei mir ist es *Wien*. Neben *Datumsformat* kann festgelegt werden, wie das Datum von Beiträgen etc. angezeigt werden soll (siehe Bild 5.41). Hier wurde die Sprache der Website bereits auf *Deutsch (Sie)* umgestellt und gespeichert, die Anweisungen sind nun in formeller Sprache.

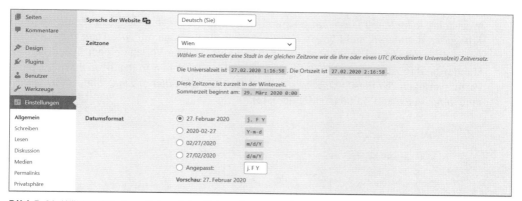

Bild 5.41 Wählen Sie einen Ort und das Datumsformat aus!

Im unteren Teil der Seite können Sie das gewünschte *Zeitformat* auswählen. Wenn Ihre Woche nicht mit Montag beginnt, sondern beispielsweise mit Sonntag, so ändern Sie den Wert neben *Woche beginnt mit*. Dieser Wert ist wichtig, wenn Sie das Kalender-Widget verwenden (siehe Bild 5.42).

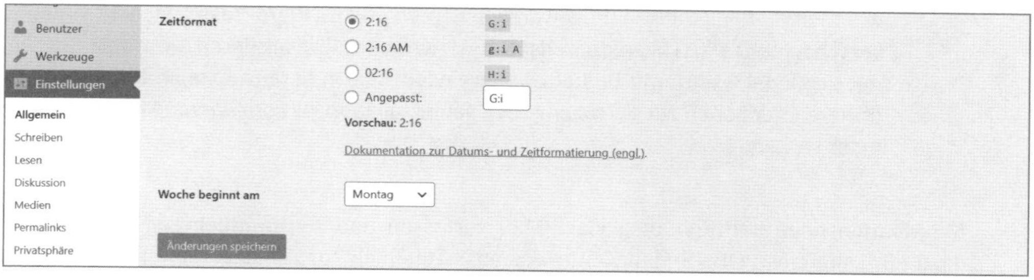

Bild 5.42 Legen Sie das Zeitformat fest und speichern Sie die Änderungen!

Zum Speichern der Änderungen klicken Sie auf **Änderungen speichern**. Warten Sie, bis im oberen Teil der Seite die Meldung *Einstellungen gespeichert* angezeigt wird. Erst danach können Sie weiterarbeiten.

Wo ist mein Avatar?

In früheren Versionen konnte man auf der Seite *Einstellungen / Allgemein* ein eigenes Profilbild, genannt *Avatar*, hochladen. Dieses Bild wurde u. a. bei Kommentaren neben dem Kommentar angezeigt. So einfach geht es leider nicht mehr. Sie müssen sich entweder einen Account bei Gravatar.com zulegen oder ein spezielles Plugin für einen Custom Avatar installieren.

5.2.2 Einstellungen – Schreiben

Wechseln Sie im Menü *Einstellungen* zum Untermenü *Schreiben*. Solange Sie keine weiteren *Kategorien* definieren, steht bei *Standardkategorie* für Beiträge nur *Allgemein* zur Auswahl. Bei *Standard-Beitrags-Format* können Sie auswählen, welche Vorlage einem neuen Beitrag standardmäßig zugewiesen werden soll. Zur Verfügung stehen in der Drop-down-Liste die Formatvorlagen *Standard, Kurzmitteilung, Chatprotokoll, Galerie, Link, Bild, Zitat, Statusmitteilung, Video* und *Audio* (siehe Bild 5.43).

Bild 5.43 Hier legen Sie die Standardkategorie und das Beitragsformat fest

Wo ist der Bereich Formatierung?

In älteren WordPress-Versionen begann die Seite *Einstellungen – Schreiben* mit dem Bereich *Formatierung*. Hier konnte man festlegen, dass Emoticons wie :-) und :-P in Grafiken umgewandelt werden und ob WordPress falsch verschachteltes XHTML automatisch korrigieren soll. Dieser Bereich wurde mit Version 4.3 entfernt. Er steht weiterhin lediglich in bereits installierten früheren Versionen zur Verfügung. Bei Neuinstallation ist *Formatierung* nicht mehr vorhanden!

Sie könnten neue Beiträge auch via E-Mail verfassen und veröffentlichen. Sie benötigen dazu ein geheimes POP3-E-Mail-Konto, das ausschließlich zum Posten verwendet wird. Im Bereich *Beitrag per E-Mail veröffentlichen* können Sie die Daten zu diesem geheimen E-Mail-Konto angeben. Geben Sie auch an, welche Standardkategorie für Beiträge per E-Mail zugewiesen werden soll (siehe Bild 5.44). Es ist sicherlich eine bequeme Möglichkeit, einen

Beitrag zu schreiben. Doch bedenken Sie, dass der Beitrag quasi sogleich publiziert wird, sobald Sie eine E-Mail an die angegebene (geheime und hoffentlich nur für Sie bekannte Adresse) abschicken!

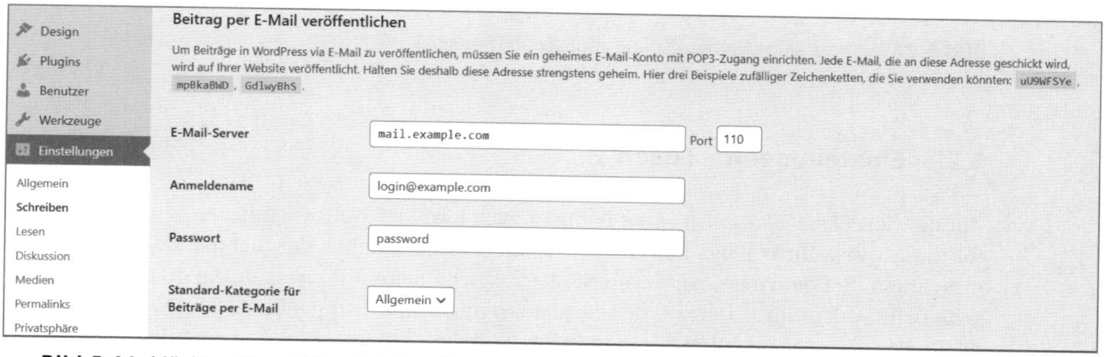

Bild 5.44 Möchten Sie wirklich Beiträge via E-Mail publizieren?

Sobald Sie einen Beitrag veröffentlicht oder aktualisiert haben, kann WordPress einen oder mehrere Ping-Dienste darüber informieren. Diese verteilen die Nachricht an verschiedene Suchmaschinen, was dazu führt, dass Blog-Beiträge schneller im Index von Suchmaschinen zu finden sind als Aktualisierungen von Webseiten. WordPress verständigt standardmäßig *Ping-O-Matic* (siehe Bild 5.45). Es gibt daneben noch zahlreiche kostenfreie und kostenpflichtige Ping-Dienste. Man könnte meinen, je mehr Dienste in der Liste eingetragen sind, umso schneller wird Ihr Beitrag, der gerade veröffentlicht wurde, bekannt. Das ist jedoch ein Trugschluss. Je mehr Dienste angepingt werden, umso länger dauert der Vorgang der Veröffentlichung eines Beitrags. Zudem verständigen viele Ping-Dienste wiederum andere Ping-Dienste, die Sie womöglich auch in Ihrer Liste führen. Dieser Mehrfach-Ping könnte allzu leicht als Ping-Spam klassifiziert werden, was dazu führen kann, dass Ihr Blog bzw. Ihre Website blockiert wird. Die Änderungen übernehmen Sie – wie immer – mit Klick auf **Änderungen speichern**.

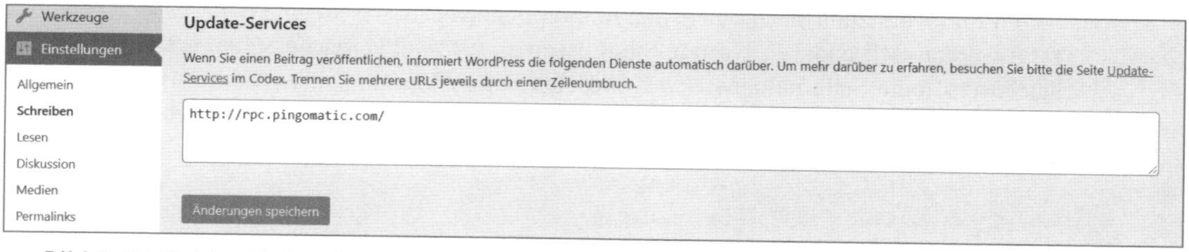

Bild 5.45 Welcher Update-Service soll verständigt werden?

Sollten Sie bei der Installation Suchmaschinen ausgeschlossen haben, so erscheint bei Update-Services die Meldung *WordPress verständigt derzeit keine Update-Services wegen deiner aktuellen Einstellungen zur Sichtbarkeit für Suchmaschinen* (siehe Bild 5.46).

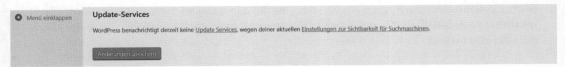

Bild 5.46 Hier ist keine Verständigung von Update-Services möglich!

5.2.3 Einstellungen – Lesen

Auf der Seite *Einstellungen – Lesen* befinden sich zwei der wohl wichtigsten Einstellungen für die Anzeige Ihres Blogs bzw. Ihrer Website sowie bezüglich der Sichtbarkeit für Suchmaschinen. Bei *Startseite zeigt* legen Sie fest, welche Seite mit welchen Inhalten als Startseite beim Aufruf Ihrer Domain den Besuchern angezeigt wird (siehe Bild 5.47). Standardmäßig wird bei der Installation *Deine letzten Beiträge* aktiviert. Dies bedeutet, dass auf der Startseite die Beiträge in chronologischer Reihenfolge mit dem neuesten Beitrag an oberster Stelle angezeigt werden. Dies ist ideal, wenn Sie WordPress als *Blog* betreiben möchten.

Bild 5.47 Was soll als Startseite angezeigt werden?

Ist WordPress die Basis als CMS für Ihren Internetauftritt, so ist die Option *Eine statische Website* die richtige Wahl. Hier legen Sie fest, welche Seite als *Startseite* dient und auf welcher *Beitragsseite* Ihre Beiträge (z. B. News, Termine, Blog etc.) angezeigt werden sollen. WordPress wird nur mit einer Beispiel-Seite ausgeliefert, so müssen Sie die notwendigen Seiten zuerst erstellen, bevor Sie in den Auswahllisten bei Startseite und Beitragsseite angezeigt werden. Mit anderen Worten, Sie müssen *zuerst* zwei statische Seiten erstellen, beispielsweise eine Seite namens *Home* und eine Seite *Aktuelles* (siehe Kapitel 10). Danach kehren Sie auf die Seite *Einstellungen – Lesen* zurück und wählen die entsprechenden Seiten aus (siehe Bild 5.48).

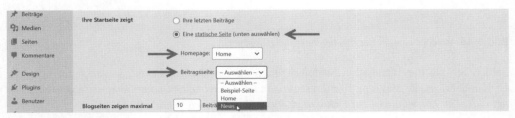

Bild 5.48 Home wird die Startseite und Aktuelles die Beitragsseite

Bei den folgenden drei Angaben sind Standardwerte voreingestellt. So werden üblicherweise je zehn Beiträge auf Blogseiten und in Newsfeeds angezeigt – Sie können diese Werte
bei Bedarf jederzeit ändern. WordPress generiert automatisch ein *(RSS-)Feed* mit den aktuellsten Beiträgen im XML-Format. Diese Feeds können abonniert, in andere Blogs eingelesen und mit einem Feedreader angezeigt werden. So können Sie beispielsweise fremde
Feeds mit Hilfe von *RSS-Widgets* in Ihren eigenen Blog bzw. auf Ihrer Website einlesen lassen (siehe Kapitel 8). Bei *Zeige in Newsfeed* sollten Sie nur dann *Kurzfassung* auswählen,
wenn Sie für jeden Beitrag auch eine Kurzfassung schreiben (siehe Bild 5.49).

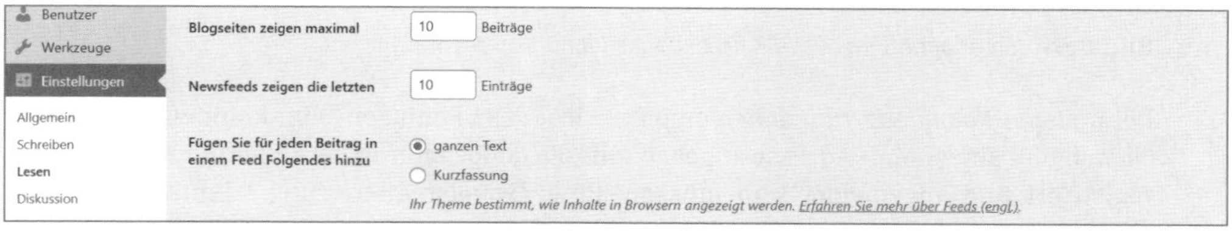

Bild 5.49 Diese Standardwerte können Sie unverändert lassen!

Bei *Sichtbarkeit für Suchmaschinen* legen Sie fest, ob Suchmaschinen Ihre Website bzw.
Ihren Blog scannen und indexieren d. h. in ihre Datenbank aufnehmen dürfen. Solange Ihr
Internetauftritt noch quasi „under construction" ist, sollte hier ein Häkchen gesetzt sein. Ob
sich Suchmaschinen tatsächlich daran halten, wissen allerdings nur die Suchmaschinen.
Wenn Ihre Website offiziell online geht, sollten Sie das Häkchen wieder entfernen, damit Sie
auch in den Ergebnislisten von Suchmaschinen erscheinen und interessierte Besucher und
Besucherinnen Ihren Internetauftritt finden (siehe Bild 5.50). Übernehmen Sie die Änderungen mit Klick auf **Änderungen speichern**.

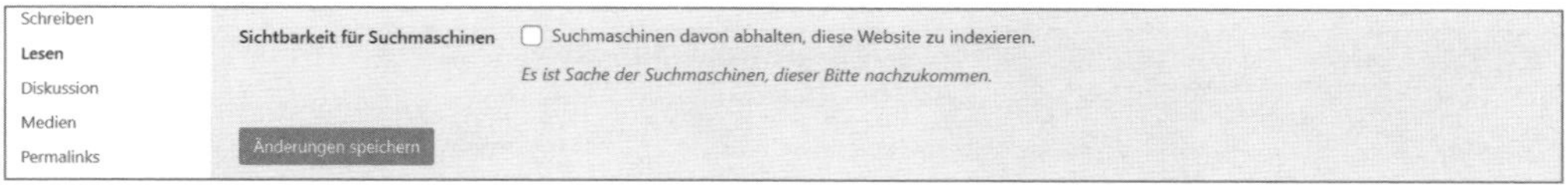

Bild 5.50 Dürfen Suchmaschinen Ihre Website indexieren?

5.2.4 Einstellungen – Diskussion

Im oberen Teil der Seite *Diskussion* finden Sie die *Standardeinstellungen für Beiträge* (siehe
Bild 5.51). Die ersten beiden Optionen betreffen die Kommunikation mit anderen Blogs.
Diese sogenannten *Pingbacks* und *Trackbacks* gelten in der Blogger-Szene als wesentliche
Elemente der Vernetzung. Wenn Sie andere Blogs in Kommentaren verlinken, kann Word-
Press diese *automatisch* benachrichtigen. Dadurch verlangsamt sich das Veröffentlichen
jedoch. Ist diese Funktion deaktiviert, so versendet Ihr Blog keine *Pingbacks*. Mit *Track-
backs* können Sie händisch andere Blogs benachrichtigen (siehe Kapitel 14). Sie können
auch erlauben, dass Sie bei neuen Beiträgen auf anderen Blogs, die einen Hyperlink auf
Ihren Beitrag enthalten, benachrichtigt werden.

Besonders wichtig in meinen Augen ist die Entscheidung, ob grundsätzlich Beiträge kommentiert werden dürfen. Wenn Sie Kommentare generell erlauben, so können Sie die *Kommentarfunktion* bei jedem einzelnen Beitrag deaktivieren.

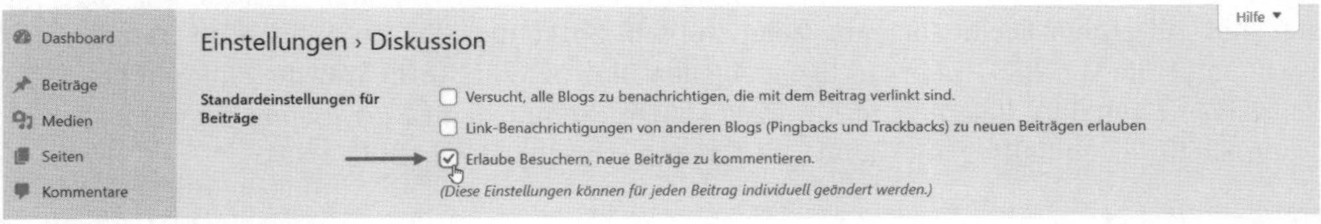

Bild 5.51 Ich erlaube Pingbacks & Trackbacks nicht, Kommentare schon!

Bei *weiteren Kommentarfunktionen* empfehle ich, dass Benutzer beim Kommentieren ihren Namen und eine E-Mail-Adresse angeben müssen, jedoch nur in besonderen Fällen, dass sie registriert und angemeldet sein müssen. Eine Zwangsregistrierung könnte viele davon abhalten, einen Kommentar zu schreiben. Nur falls Sie einen Blog betreiben, der täglich mehrere hundert Kommentare bekommt, dann ist es zweckmäßig, wenn ältere Kommentare z. B. nach 14 Tagen deaktiviert werden. Ansonsten können Sie diese Funktion deaktiviert lassen. Das Zulassen von verschachtelten Diskussionen hingegen kann aktiviert bleiben – wirklich sinnvoll ist es aber nur, wenn Ihr verwendetes Theme auch verschachtelte Kommentare entsprechend anzeigt. Üblicherweise werden 50 Top-Level-Kommentare auf einer Seite angezeigt, wobei die letzte Seite automatisch gezeigt wird. Hier könnten Sie auf die erste Seite umstellen bzw. statt älteste auf neueste Kommentare umstellen (siehe Bild 5.52). Wichtig ist jedenfalls aus Datenschutzgründen, die Option *Das Opt-in-Kontrollkästchen für Kommentar-Cookies anzeigen, damit die Cookies des Kommentar-Autors gesetzt werden können* zu aktivieren.

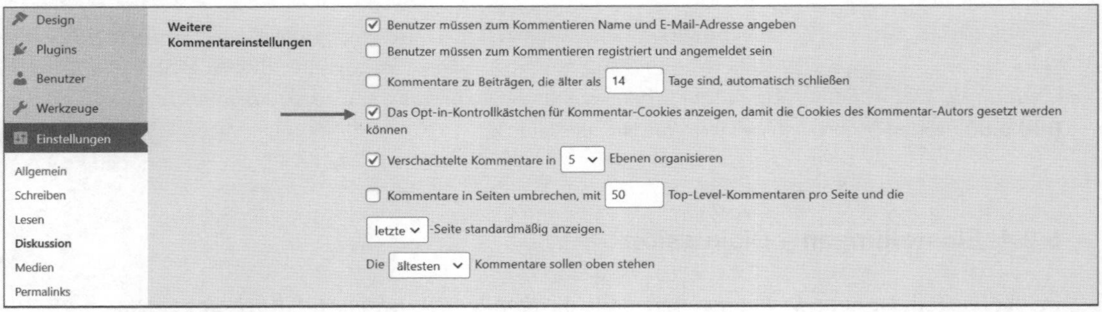

Bild 5.52 Wie sollen Kommentare angezeigt werden?

Rechtlich gesehen sind Sie als Website- bzw. Blogbetreiber für sämtliche Inhalte auf Ihrem Internetauftritt verantwortlich. Dies betrifft auch Kommentare, die auf Ihrer Webpräsenz veröffentlicht werden. Um gar nicht erst in die Bredouille zu kommen, empfehle ich mit Nachdruck, sich via E-Mail über neue Kommentare benachrichtigen zu lassen und die Kommentare ausnahmslos manuell freizuschalten. Wenn alle Kommentare händisch freigeschaltet werden müssen, dann reicht es, dass Sie nur dann via E-Mail verständigt werden, wenn ein Kommentar auf Freischaltung wartet (siehe Bild 5.53).

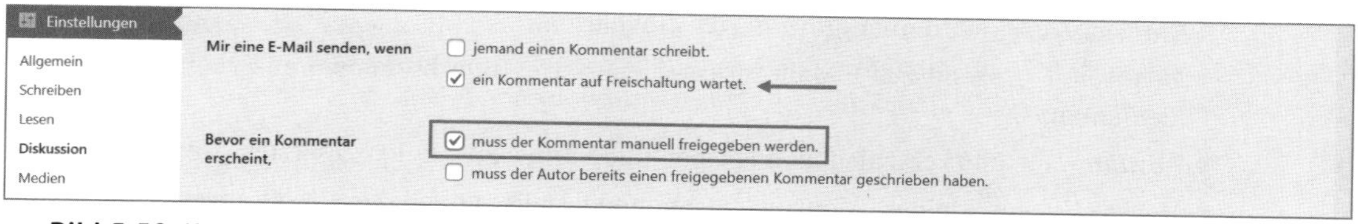

Bild 5.53 Kommentare nicht automatisch veröffentlichen lassen!

Bei *Kommentarmoderation* wird die Anzahl der Links in einem Kommentar definiert, ab welcher der Kommentar in die Moderationswarteschleife verschoben wird, falls Sie *Kommentare manuell freischalten* deaktiviert haben. Man hat hier auch die Möglichkeit, Inhalte, Namen, IPs, Wörter etc. anzugeben, damit ein Kommentar in die Warteschleife kommt.

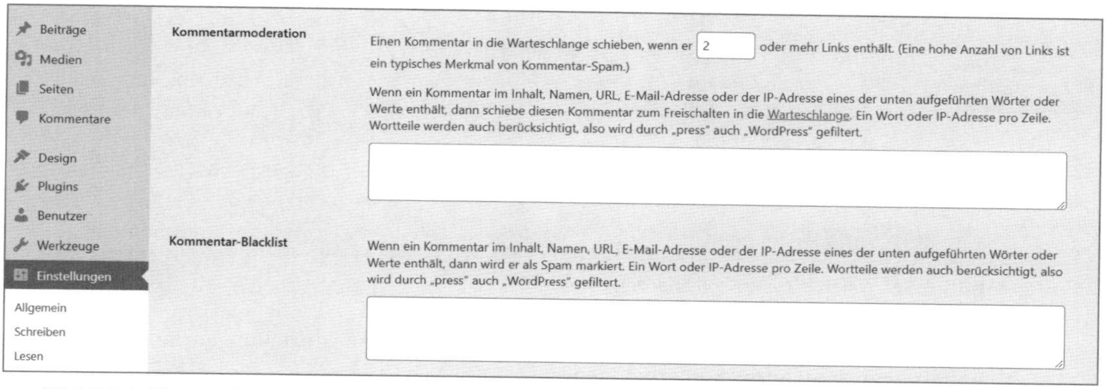

Bild 5.54 Wann sollen Kommentare in die Warteschleife kommen?

Im Bereich *Avatare* werden die kleinen Bildchen neben den Kommentaren mit *Zeige Avatare* aktiviert bzw. deaktiviert. Zudem legen Sie für Kinderschutzprogramme fest, bis zu welcher Einstufung Avatare angezeigt werden dürfen. Standardmäßig ist *G – ohne Altersbeschränkung* aktiviert (siehe Bild 5.55).

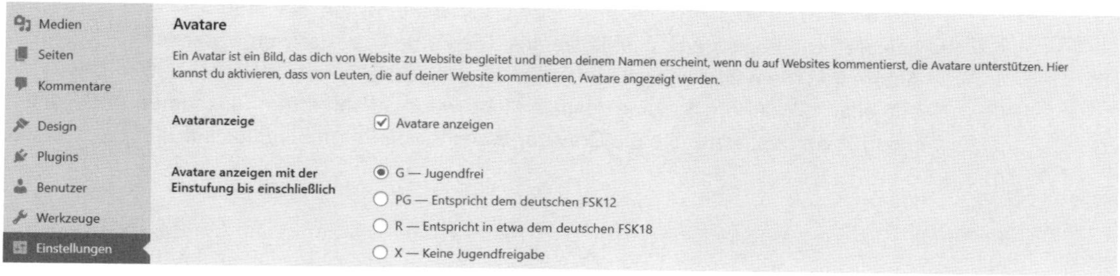

Bild 5.55 Sollen Avatare neben Kommentaren angezeigt werden?

Wenn Sie Avatare zulassen, können Sie im Bereich Standard-Avatar bestimmen, in welcher Form die Avatare angezeigt werden sollen (siehe Bild 5.56). Zur Auswahl stehen

- *Geheimnisvolle Person* (hieß früher *Blasser Typ vor grauer Wand*),
- *Kein Avatar*,

- *Gravatar-Logo* – wird über *gravatar.com* eingelesen,
- *Identicon* – passend zur E-Mail-Adresse generiertes Bild bestehend aus geometrischen Elementen,
- *Wavatar* – ein aus verschiedenen Formen und Farben zusammengesetztes „Gesicht",
- *MonsterID* – ein kleines „Monster" zusammengestellt anhand der E-Mail-Adresse und
- *Retro* – automatisch erstellte Retro-Form.

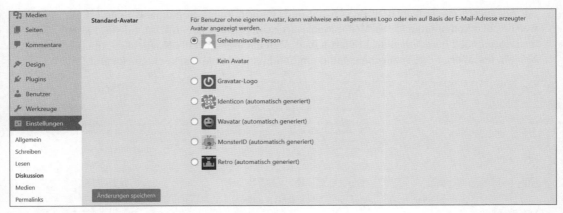

Bild 5.56 Welcher Avatar soll angezeigt werden?

Vergessen Sie nicht, vor Verlassen der Seite die geänderten Einstellungen mit Klick auf **Änderungen speichern** zu übernehmen!

 Der Begriff *Gravatar* ist eine Wortkomposition aus **g**lobally **r**ecognized **avatar** und bedeutet in etwa „global erkennbarer Avatar". Um diesen Dienst nutzen zu können, muss man sich beim Avatar-Dienst Gravatar *(http://de.gravatar. com)* registrieren und dort ein Bild hinterlegen. Dieses Bildchen ist mit Ihrer E-Mail-Adresse verknüpft und wird immer neben dem Namen angezeigt, wenn ein Blog- oder Forumsbetreiber die Verwendung von Gravataren anbietet. Die Registrierung ist kostenlos. Die Firma Gravatar wurde von Automattic, dem Betreiber von WordPress.com und Akismet im Herbst 2007 aufgekauft. Wundern Sie sich deshalb nicht, wenn Sie mit Ihrem Blognamen begrüßt werden, wenn Sie die Gravatar-Website von Ihrem Blog aus aufrufen.

5.2.5 Einstellungen – Medien

Auf der Seite *Medien* sind die Standardwerte in Pixel für die Bildgrößen der Bilder, die beim Hochladen eines Bilds in die Mediathek erstellt werden, festgelegt. WordPress legt beim Hochladen automatisch drei Versionen eines Originalbilds an. Die kleine Version für die Vorschau-Bilder ist standardmäßig max. 150 × 150 Pixel groß, eine mittelgroße Version hat die Größe von max. 300 × 300 Pixel und die große Version max. 1024 × 1024 Pixel. Diese Größen stehen beim Einfügen eines Bilds in einen Beitrag oder eine Seite als Auswahlmöglichkeit neben einer benutzerdefinierten Größe zur Verfügung (siehe Bild 5.57).

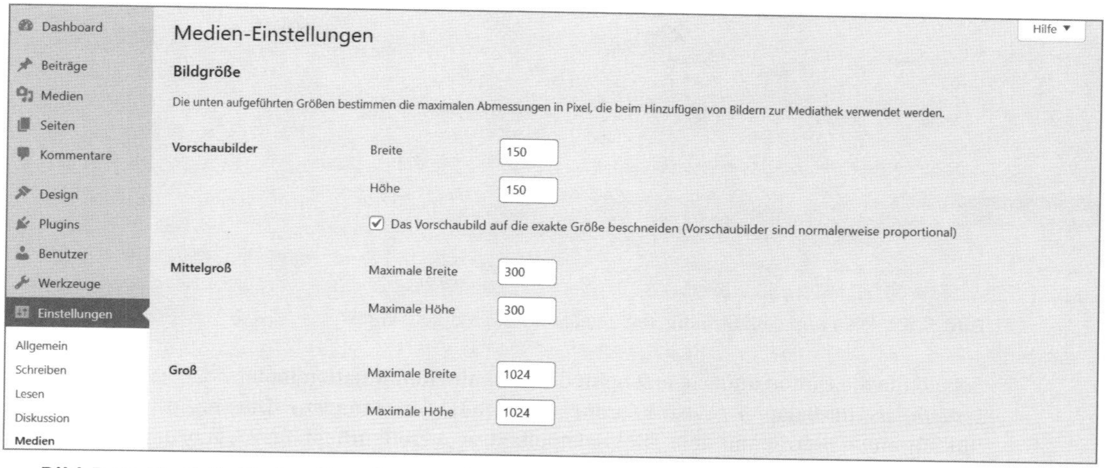

Bild 5.57 Die Seite Medien-Einstellungen – Bereich Bildgröße

Im Bereich *Dateien hochladen* sollten Sie zwecks besserer Übersicht die Option *Meine Uploads in monats- und jahresbasierten Ordnern organisieren* aktivieren (siehe Bild 5.58).

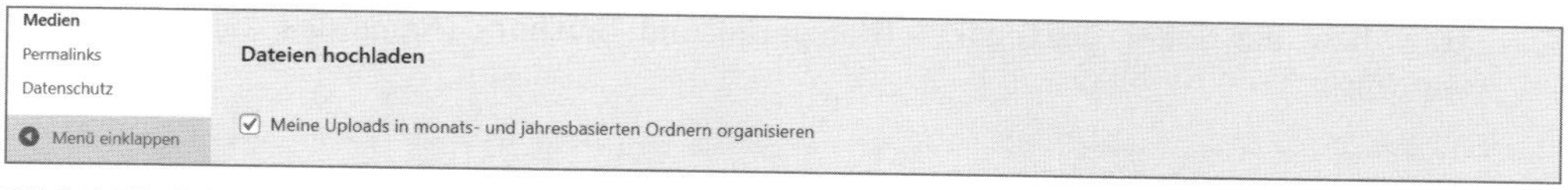

Bild 5.58 Wie sollen Uploads organisiert werden?

Falls Sie auf dieser Seite Änderungen vorgenommen haben, denken Sie daran, die Änderungen mit Klick auf **Änderungen übernehmen** zu speichern, bevor Sie die Seite verlassen.

5.2.6 Einstellungen – Permalinks

Permalinks sind „schöne" URLs. Mittels der Datei `.htaccess`, die von WordPress automatisch erzeugt wird, und dem PHP-Modul `mod_rewrite`, das auf dem Server aktiviert sein muss, werden Adressen umgeschrieben. Statt dieser absolut nichts aussagenden Adresse `http://localhost/wordpress/?p=123` etwa wirkt die Adresse `http://localhost/wordpressGB/2019/01/05/beispielbeitrag/` für einen Beispielbeitrag nicht nur benutzerfreundlicher, sondern auch suchmaschinenfreundlicher. Man sieht bereits in der Adresse den Titel des Beitrags sowie Jahr, Monat und Tag der Veröffentlichung. Standardmäßig ist bei *Gebräuchliche Einstellungen* die Option *Einfach* ausgewählt. Da dies nicht besonders suchmaschinen- und besucherfreundlich ist, wähle ich immer die Option *Tag und Name,* eine beliebte und häufig verwendete Kombination (siehe Bild 5.59).

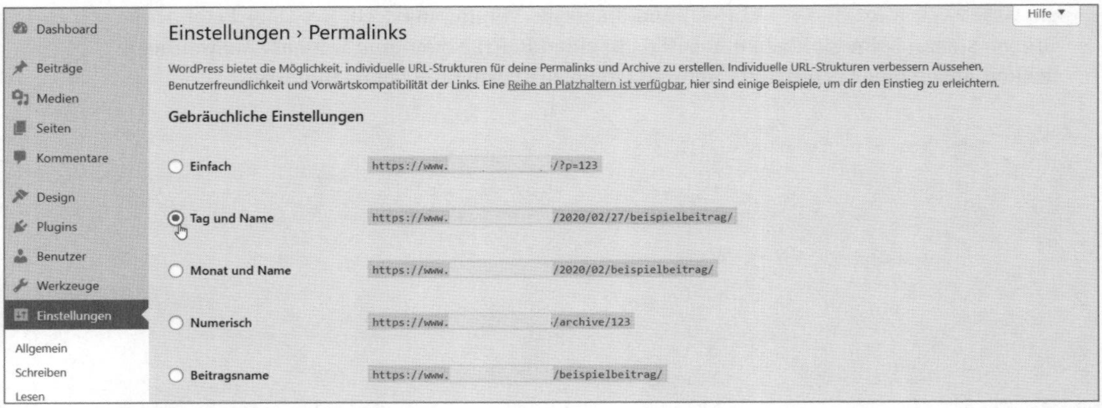

Bild 5.59 Die Permalink-Struktur Tag und Name ist eine gute Wahl!

Sobald Sie die Option ändern, erscheint die gewählte Kombination in der Zeile neben *Benutzerdefiniert*, im Beispiel /%year%/%monthnum%/%day%/%postname%/. Dies ergibt als Permalink für einen Beitrag mit dem Titel Beispielbeitrag, veröffentlicht am 27. Februar 2020, die Adresse lautet somit http://www.ihredomain.xyz/2020/02/27/beispielbeitrag/. Die verwendeten Platzhalter sind markiert. Sie können hier auch andere Kombinationen zusammenstellen. Zur Verfügung stehen %year% (Jahr), %monthnum% (Monat), %day% (Tag), %hour% (Stunde), %minute% (Minute) und %second% (Sekunde) bezüglich des Zeitpunkts der Veröffentlichung sowie %post_id% (ID des Beitrags bzw. der Seite), %postname% (Name des Beitrags bzw. der Seite), %category% (Kategorie) und %author% (Name des Autors bzw. der Autorin).

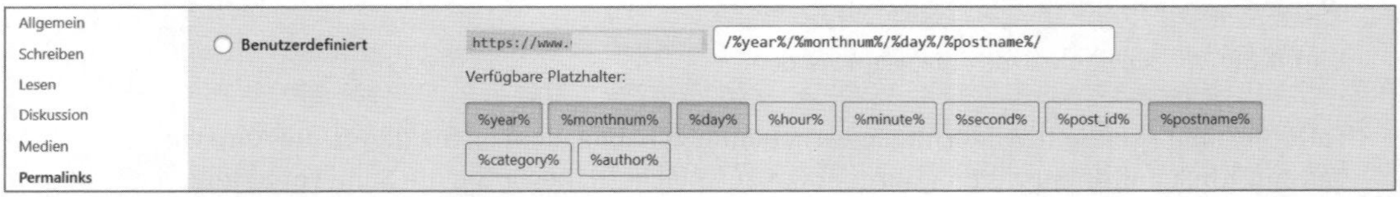

Bild 5.60 Die verwendeten Schlagwörter sind markiert!

Sie können auch ein bestimmtes Schlagwort oder eine bestimmte Kategorie im Permalink ausgeben lassen. Den gewünschten Wert tragen Sie neben *Kategorie-Basis* bzw. *Schlagwort-Basis* im Bereich *Optional* ein (siehe Bild 5.61).

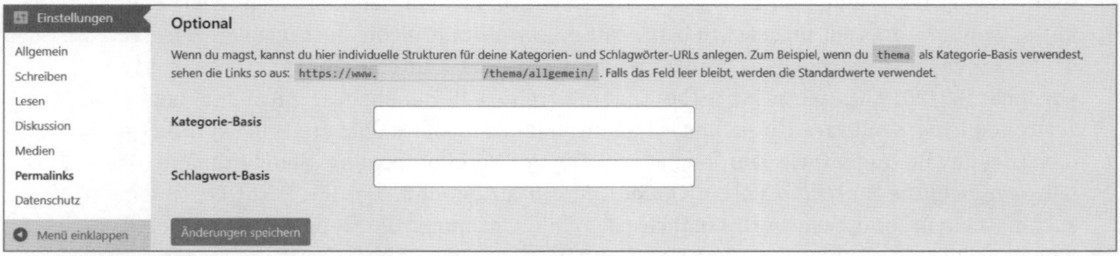

Bild 5.61 Diese Felder können leer bleiben!

Auch auf dieser Seite speichern Sie Änderungen mit Klick auf **Änderungen speichern**. Warten Sie mit dem Weiterarbeiten, bis oben auf der Seite die Erfolgsmeldung *Permalink-Struktur aktualisiert* erscheint. Gleichzeitig wird auch die `.htaccess`-Datei aktualisiert.

■ 5.3 Datenschutz gemäß DSGVO

Im Zuge der Anpassungen auf Grund der EU Datenschutz-Grundverordnung (DSGVO) ab 25. Mai 2018 steht seit WordPress 4.9.6 eine Beispielseite für die *Datenschutzerklärung* zur Verfügung. Außerdem besteht nun auch die Möglichkeit, in WordPress *personenbezogene Daten* auf Antrag zu exportieren bzw. zu löschen. Beachten Sie, dass ein *EU-Cookie-Banner-Widget* kein Bestandteil von WordPress Core ist. Dies ist beispielsweise im Jetpack-Plugin beinhaltet (siehe Kapitel 16).

5.3.1 Einstellungen – Datenschutz

Wählen Sie *Einstellungen/Datenschutz* im linken Menü auf dem Dashboard. Beachten Sie, dass dieser Menüpunkt aktuell in WordPress 5.3.2 mit Deutsch (Sie)-Einstellung *Privatsphäre* genannt wird! Hier können Sie den Inhalt der Seite *Datenschutzerklärung bearbeiten* bzw. ansehen. Bei *Deine Seite für die Datenschutzerklärung ändern* kann festgelegt werden, ob die Beispielseite Datenschutzerklärung oder eine andere bereits bestehende Seite für die Angaben der erforderlichen gesetzlichen Vorgaben verwendet werden soll (siehe Bild 5.62). Wählen Sie dazu die gewünschte Seite aus und klicken Sie auf **Diese Seite benutzen**. Sie können für die Datenschutzerklärung auch eine neue Seite erstellen, klicken Sie in diesem Fall auf **Neue Seite erstellen**. Es öffnet sich hierbei der Editor, als Titel ist bereits *Datenschutzerklärung* eingetragen, als Inhalt der Seite der Inhalt der Beispielseite. Sie können hier alles ändern, auch den Titel der Seite, und anschließend die Seite veröffentlichen. Denken Sie daran, die fertige Seite in ein Menü an der gewünschten Stelle einzubinden oder beispielsweise im Footer zu verlinken.

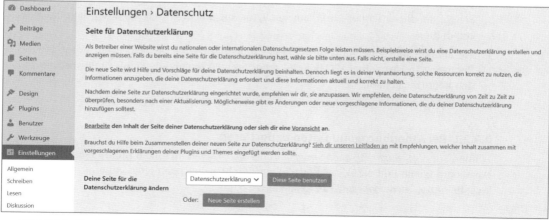

Bild 5.62 Hier können Sie die Seite für die Datenschutzerklärung festlegen

Wo ist meine Datenschutzerklärung-Beispielseite?

Die neue Beispielseite *Datenschutzerklärung* wird mit einer *neuen* Installation ab Version WordPress 4.9.6 automatisch mitinstalliert. Wurde bei einer bestehenden älteren WordPress-Installation lediglich ein Update durchgeführt, so wurde das Menü *Einstellungen* zwar mit dem Eintrag *Datenschutz* ergänzt. Eine neue Beispielseite hingegen wurde nicht automatisch installiert. So fehlt in diesen Fällen beispielsweise auch die Zeile *Den Inhalt deiner Seite für die Datenschutzerklärung bearbeiten oder anzeigen*.

Zudem finden Sie statt *Deine Seite für die Datenschutzerklärung ändern* in solchen Fällen *Eine Seite für die Datenschutzerklärung auswählen*. Wenn Sie allerdings auf **Neue Seite erstellen** klicken, wird wie bei der Neuinstallation die Musterseite in den Editor geladen. Diese können Sie bearbeiten, anpassen und veröffentlichen. Nach der Veröffentlichung der neu erstellten Seite Datenschutzerklärung sieht auch Ihre Dashboard-Seite *Datenschutz* so aus, wie auf Bild 5.62.

5.3.2 Personenbezogene Daten

Registrierte Benutzer, die Kommentare und Bilder etc. auf Ihrem Internetauftritt gepostet haben, können schriftlich beantragen, dass sie eine Auflistung ihrer personenbezogenen gespeicherten Daten erhalten und/oder dass die gespeicherten personenbezogenen Daten gelöscht werden. Im Admin-Menü *Werkzeuge* stehen zwei Seiten zur Verfügung, die die Abwicklung erleichtern und gemäß den gesetzlichen Vorgaben nachvollziehbar durchführen lassen. Der Ablauf ist folgendermaßen:

1. Sie erhalten eine E-Mail von einem Benutzer, dass er bzw. sie Einsicht in die personenbezogenen gespeicherten Daten nehmen bzw. die personenbezogenen gespeicherten Daten löschen lassen möchte.

2. Sie versenden eine Bestätigungsmail mit einem Bestätigungs-Link an die E-Mail-Adresse dieses Benutzers.

3. Sobald der Bestätigungs-Link vom Benutzer angeklickt wurde, erhalten Sie eine Verständigung.

4. Sie können nun eine Auflistung der personenbezogenen gespeicherten Daten dieses Benutzers in Form einer HTML-Seite generieren lassen und den Link zu dieser Seite an den Benutzer mailen.

5. Sie löschen die personenbezogenen gespeicherten Daten dieses Benutzers.

5.3.2.1 Personenbezogene Daten exportieren

Wählen Sie *Werkzeuge/Personenbezogene Daten exportieren* im linken Admin-Menü auf dem Dashboard (siehe Bild 5.28). Als Beispiel wurden hier die Daten eines Admins von meiner Website *http://www.zoobesuche.at* exportiert.

1. Geben Sie den Benutzernamen oder die E-Mail-Adresse des Benutzers ein, der per E-Mail einen Antrag auf Einsicht in die gespeicherten personenbezogenen Daten gestellt hat, und klicken Sie auf **Anfrage senden** (siehe Bild 5.63).

Bild 5.63 Versenden Sie zuerst eine E-Mail mit einem Bestätigungs-Link

2. Der Benutzer erhält eine E-Mail mit einem Bestätigungs-Link. Im Beispiel sieht diese E-Mail folgendermaßen aus:

   Betreff: [zoobesuche] Aktion bestätigen: Personenbezogene Daten exportieren
   Absender: WordPress (wordpress@zoobesuche.at)

   Hallo,

   die folgende Anfrage wurde zur Ausführung auf deinem Konto eingereicht:

   Personenbezogene Daten exportieren

   Um diese zu bestätigen, klicke bitte auf den folgenden Link:
   http://www.zoobesuche.at/XXXX

   Falls du diese Aktion nicht ausführen willst, kannst du diese E-Mail ignorieren und löschen.

   Diese E-Mail wurde an XXX gesendet.

   Viele Grüße,
   von allen auf zoobesuche
   http://www.zoobesuche.at

3. Sobald die E-Mail versendet wurde, erscheint eine Erfolgsmeldung *Bestätigungs-Anfrage erfolgreich initiiert* oben auf der Seite (siehe Bild 5.64, oben). Zudem wird diese in der Tabelle gelistet (siehe Bild 5.64, unten).

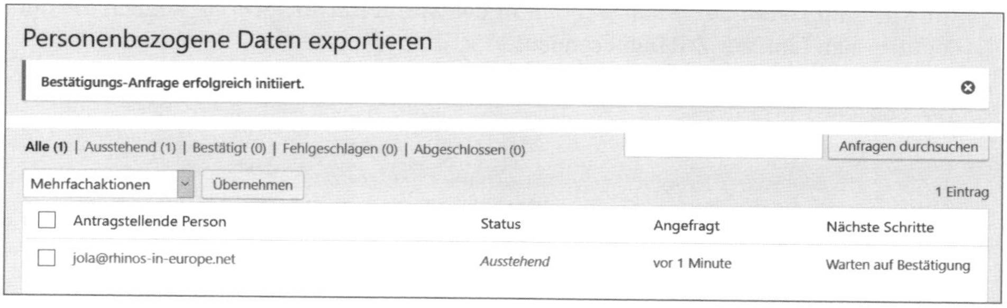

Bild 5.64 Die Anfrage wurde in die Liste eingetragen

4. Dem Benutzer wird nach dem Klick auf den Bestätigungs-Link eine Danke-Nachricht auf Ihrer Website angezeigt (siehe Bild 5.65).

> **Anmerkung:** Im Beispiel wird anstelle des WordPress-Logos der Schriftzug *zoobesuche.at* ausgegeben. Wie Sie das WordPress-Logo gegen ein benutzerdefiniertes austauschen können, erfahren Sie in Kapitel 17.

Bild 5.65 Eine Danke-Nachricht wird dem Benutzer angezeigt

5. Wenn der Benutzer den Bestätigungs-Link angeklickt hat, erhalten Sie eine E-Mail mit diesem Inhalt:

Betreff: [zoobesuche] Aktion bestätigt
Absender: WordPress (wordpress@zoobesuche.at)

Hallo,

auf folgender Website wurde eine Datenschutzanfrage bestätigt: zoobesuche

Benutzer: XXX
Anfrage: Personenbezogene Daten exportieren

Diese Datenschutzanfragen kannst du hier einsehen und verwalten:

http://www.zoobesuche.at/XXX

Viele Grüße,
von allen auf zoobesuche
http://www.zoobesuche.at

6. In der Tabelle wurde dies automatisch vermerkt. Sie können nun die HTML-Datei mit der Übersicht generieren lassen und die ZIP-Datei zur Kontrolle selber herunterladen. Mit Klick auf **Daten per E-Mail senden** in der Spalte *Nächste Schritte* können Sie dem Benutzer den Link zur ZIP-Datei senden.

Mehrfachaktionen ▼	Übernehmen				1 Eintrag
☐	Antragstellende Person		Status	Angefragt	Nächste Schritte
☐	Personenbezogene Daten herunterladen		**Bestätigt (vor 1 Minute)**	vor 4 Minuten	Daten per E-Mail senden
☐	Antragstellende Person		Status	Angefragt	Nächste Schritte

Bild 5.66 Die Datei mit den personenbezogenen Daten wurde generiert und steht zum Download bereit

7. Klicken Sie auf **Daten per E-Mail senden** und warten Sie, bis das Symbol neben *sende Daten* verschwindet. Bei größeren Datenmengen kann dies eine Weile dauern (siehe Bild 5.67, oben). Sobald die E-Mail mit dem Download-Link an den Benutzer versendet wurde, erscheint *E-Mail gesendet* in der Spalte *Nächste Schritte* (siehe Bild 5.67, unten).

Bild 5.67 Die E-Mail mit dem Download-Link wird bzw. wurde versendet

8. Der Benutzer erhält eine E-Mail mit dem Link zum Herunterladen der generierten HTML-Datei in gezippter Form. Diese Datei wird nach drei Tagen automatisch gelöscht.

Betreff: [zoobesuche] Export personenbezogener Daten
Absender: WordPress (wordpress@zoobesuche.at)

Hallo,

Deine Anfrage für den Export personenbezogener Daten wurde abgeschlossen. Du kannst deine personenbezogenen Daten durch Klick auf den Link unten herunterladen. Aus Gründen des Datenschutzes und der Sicherheit wird diese Datei am xxx automatisch gelöscht. Lade sie also bitte vorher herunter.

http://www.zoobesuche.at/XXX.zip

Diese E-Mail wurde an XXX gesendet.

Viele Grüße,
von allen auf zoobesuche
http://www.zoobesuche.at

9. Wurde die Datei heruntergeladen, erscheint in der Tabelle in der Spalte *Status* der Hinweis *Abgeschlossen* plus Zeitpunkt (siehe Bild 5.68).

Bild 5.68 Die personenbezogenen Daten wurden nun heruntergeladen werden!

10. Mit Klick auf **Anfrage entfernen** in der Spalte *Nächste Schritte* kann der Eintrag in der Tabelle wieder entfernt werden (siehe Bild 5.68).

5.3.2.1.1 Welche personenbezogenen Daten werden ausgelesen?

Die automatisch generierte HTML-Datei beinhaltet Infos zu den Bereichen *Über*, *Benutzer*, *Kommentare* und *Medien* des registrierten Benutzers. Im Bereich *Über* findet man Informationen zu

- *Bericht erstellt für:* E-Mail-Adresse des Benutzers
- *Für Website:* Name der Website
- *Auf URL:* Adresse der Website
- *Am:* Erstellungsdatum des Berichts

Der Bereich *Benutzer* beinhaltet Informationen zum Benutzer und zwar:

- Benutzer-ID
- Benutzer-Anmeldename
- Benutzer-Ausgeschriebener-Name
- Benutzer-E-Mail
- Benutzer-Registrierungsdatum (in der Form YYYY-MM-DD HH:MM:SS)
- Benutzer-Anzeige-Name
- Benutzer-Spitzname
- Benutzer-Vorname
- Benutzer-Nachname

Falls der Benutzer bzw. die Benutzerin Kommentare (als eingeloggter Benutzer) auf der Website verfasst hat, so sind diese im Bereich *Kommentare* gelistet und zwar einzeln zu jedem Kommentar die Informationen zu:

- Kommentar-Autor
- Kommentar-Autor-E-Mail
- Kommentar-Autor-IP
- Kommentar-Autor-User-Agent
- Kommentar-Datum
- Kommentar-Inhalt
- Kommentar-URL

Das Beispiel in Bild 5.69 zeigt einen Kommentareintrag im Bericht zu personenbezogenen Daten für den Benutzer *testautor*. Im folgenden Kapitel werden die personenbezogenen Daten dieses Benutzers gelöscht.

Kommentare	
Kommentar-Autor	testautor
Kommentar-Autor-E-Mail	
Kommentar-Autor-IP	
Kommentar-Autor-User-Agent	Mozilla/5.0 (Windows NT 10.0; Win64; x64; rv:60.0) Gecko/20100101 Firefox/60.0
Kommentar-Datum	2018-06-16 11:58:56
Kommentar-Inhalt	Noch ein Test-Kommentar von einem Testautor
Kommentar-URL	http://www.

Bild 5.69 Beispiel für einen Kommentareintrag im Bericht

Wurden vom Benutzer auch beispielsweise Bilder hochgeladen und in einen Beitrag eingefügt, so findet man die URL zu jeder einzelnen Datei im Bereich *Medien*.

5.3.2.2 Personenbezogene Daten löschen

Beim Löschen von personenbezogenen Daten eines registrierten Benutzers werden Kommentare, Beiträge und hochgeladene Bilder des Benutzers von der Website *nicht* entfernt. Es werden lediglich, wie der Name schon sagt, die personenbezogenen veröffentlichten Daten gelöscht. Mit anderen Worten, das, was ein Benutzer auf Ihrem Internetauftritt veröffentlicht hat, bleibt unverändert sichtbar, es wird allerdings statt des Namens bei einem Kommentar nun *Anonymous* angezeigt. Bild 5.70 zeigt einen Vorher-Nachher-Vergleich eines Kommentars von unserem Benutzer *testautor*. Links sehen Sie einen Kommentar, der noch auf Genehmigung wartet (Bild 5.70, links). Rechts derselbe Kommentar nach Freischaltung und Löschen der personenbezogenen Daten des Benutzers *testautor*, der nun *Anonymous* heißt (Bild 5.70, rechts).

Bild 5.70 Name des Benutzers, der den Kommentar verfasst hat, vor (links) und nach dem Löschen der personenbezogenen Daten (rechts)

Um personenbezogene Daten zu löschen, wählen Sie *Werkzeuge/Personenbezogene Daten löschen* im linken Admin-Menü auf dem Dashboard (siehe Bild 5.28). Gehen Sie nun folgendermaßen vor:

1. Geben Sie den Benutzernamen oder die E-Mail-Adresse des Benutzers ein, der per E-Mail einen Antrag auf Datenlöschung gestellt hat, und klicken Sie auf **Anfrage senden** (siehe Bild 5.71).

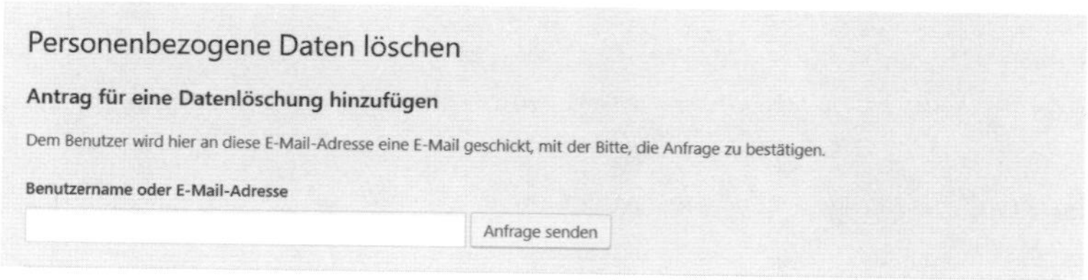

Bild 5.71 Schicken Sie eine Anfrage mit dem Bestätigungs-Link

2. Der Benutzer erhält eine E-Mail mit einem Bestätigungs-Link. Im Beispiel hat die E-Mail folgenden Inhalt:

   Betreff: [Name der Website] Aktion bestätigen: Personenbezogene Daten löschen
   *Absender: WordPress (*wordpress@xyz.at*)*

   Hallo

   die folgende Anfrage wurde zur Ausführung auf deinem Konto eingereicht:

   Personenbezogene Daten löschen

> *Um diese zu bestätigen, klicke bitte auf den folgenden Link:*
> *http://www.ihredomain.xyz/XXX*
>
> *Falls du diese Aktion nicht ausführen willst, kannst du diese E-Mail ignorieren und löschen.*
>
> *Diese E-Mail wurde an XXX gesendet.*
>
> *Viele Grüße,*
> *von allen auf Name der Website*
> *http://www.ihredomain.xyz/*

3. Wenn der Benutzer den Bestätigungs-Link angeklickt hat, wird eine E-Mail an den Admin versendet, im Beispiel mit diesem Inhalt:

> *Betreff: [Name der Website] Aktion bestätigt*
> *Absender: WordPress (wordpress@xyz.at)*
>
> *Hallo,*
>
> *auf folgender Website wurde eine Datenschutzanfrage bestätigt: Name der Website*
>
> *Benutzer: XXX*
>
> *Anfrage: Personenbezogene Daten löschen*
>
> *Diese Datenschutzanfragen kannst du hier einsehen und verwalten:*
>
> http://www.xyz.at/XXX
>
> *Viele Grüße,*
> *von allen auf Name der Website*
> *http://www.xyz.at*

Sie können nun per Klick auf **Personenbezogene Daten löschen** in der Spalte *Nächste Schritte* die Datenlöschung vornehmen. Vorsicht, Sie werden nicht gefragt, ob Sie wirklich löschen möchten! Nach der durchgeführten Löschung wird *Alle für diesen Benutzer gefundenen personenbezogenen Daten wurden gelöscht* angezeigt (siehe Bild 5.72).

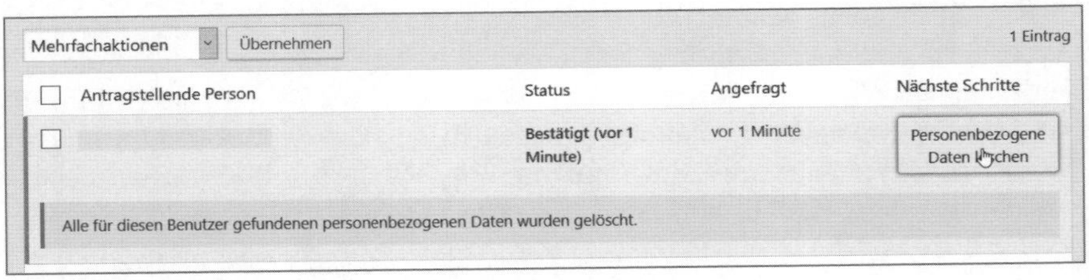

Bild 5.72 Die personenbezogenen Daten wurden gelöscht

Sollte der Benutzer zwar Beiträge veröffentlicht, jedoch keine Kommentare mit seinem Namen verfasst haben, so erscheint die Meldung *Für diesen Benutzer wurden keine personenbezogenen Daten gefunden* (siehe Bild 5.73).

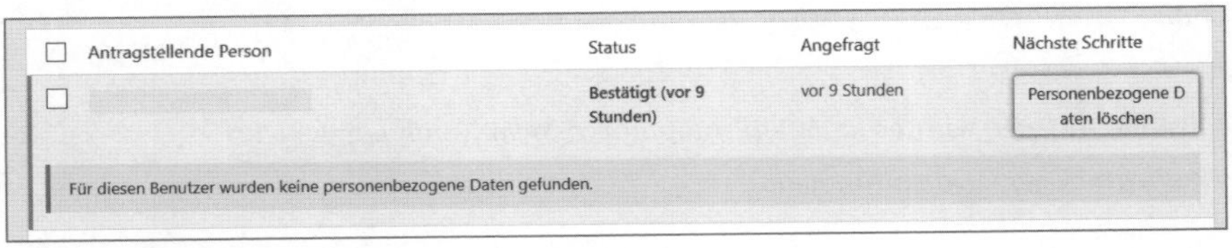

Bild 5.73 Hier konnte nichts gelöscht werden!

■ 5.4 Website-Zustand

Mit WordPress 5.2 wurde der Site Health Check ins WordPress Core eingebunden, in Word-Press 5.3. überarbeitet und verbessert. Sie können die Überprüfung des technischen Zustands Ihrer Website über *Werkzeuge/Website-Zustand* aufrufen. Oben auf der Seite wird eine allgemeine Bewertung angezeigt, im Beispiel ein grüner Kreis und die Bewertung *Gut* daneben (siehe Bild 5.74). Dies ist ein ausgezeichnetes Ergebnis. Es bedeutet, dass keine kritischen Probleme gefunden wurden und keine bis nur wenige Empfehlungen ausgegeben werden. Ist der Kreis orange bzw. nur zum Teil orange, der Rest grau, und die Bewertung lautet *Sollte verbessert werden*, dann liegen ein bis mehrere kritische Fehler sowie etliche Empfehlungen vor. Je weniger der Kreis geschlossen ist, umso schlechter ist der technische Zustand der Website.

Bild 5.74 Ergebnis einer Überprüfung des Website-Zustands

Bei der Beispielinstallation wurden keine Fehler gefunden, jedoch drei Verbesserungen empfohlen. Zwei Empfehlungen betreffen den Bereich *Sicherheit;* so sollen die nicht verwendeten Themes und die inaktiven Plugins deinstalliert werden. Der dritte Punkt fällt in den Bereich *Performance*. Auf dem Server ist das optionale PHP-Modul *Imagick* nicht installiert oder deaktiviert. Dieses Modul wird von WordPress anstelle der GD-Bibliotheken für das Erstellen und Bearbeiten von Bildern auf dem Server herangezogen. Ist diese PHP-Erweiterung nicht installiert, greift WordPress auf GD (Abkürzung für Graphics Draw), die weniger leistungsstark ist, zurück.

> **Anmerkung:** Bei vielen Providern kann Imagick nur über den Support installiert werden. Unbedingt erforderlich ist diese Erweiterung allerdings nicht.

Unten auf der Seite finden Sie unter *Bestandene Tests* eine Auflistung der positiv durchgeführten Überprüfungen. Im Beispiel folgende:

14 Elemente, bei denen keine Probleme erkannt wurden:

- Deine Version von WordPress (5.3.2) ist auf dem neuesten Stand.
- Deine Version von PHP (7.3.14) ist auf dem neuesten Stand.
- PHP-Standardzeitzone ist gültig.

- SQL-Server ist auf dem neuesten Stand.
- Deine Website verwendet eine aktive HTTPS-Verbindung.
- Deine Website kann sicher mit anderen Diensten in Verbindung treten.
- Geplante Ereignisse laufen.
- HTTP-Anfragen scheinen wie erwartet zu laufen.
- Deine Website ist so konfiguriert, dass sie keine Fehlersuch-Informationen ausgibt.
- Die REST-API ist verfügbar.
- Die Verbindung mit WordPress.org wird unterstützt.
- Hintergrundupdates funktionieren.
- Deine Website kann Loopback-Anfragen durchführen.

Unter *Bericht* finden Sie eine detaillierte Auflistung der überprüften Konfiguration Ihrer WordPress-Website, zusammengefasst in die Bereiche *WordPress, Verzeichnisse und Größen, Aktives Theme, Inaktive Themes, Aktive Plugins, Inaktive Plugins, Medienhandhabung, Server, Datenbank, WordPress-Konstanten* und *Dateisystem-Rechte*. Sie können den Bericht in die Zwischenablage kopieren und beispielsweise zum Weiterleiten in eine E-Mail kopieren. Beachten Sie, dass der kopierte Bericht unabhängig von der eingestellten Sprache der Website in englischer Sprache in die Zwischenablage kopiert wird. Die Anzeige auf der Seite *Website-Zustand* erfolgt auf Deutsch.

6 Design anpassen

In diesem Kapitel erfahren Sie ...

- ... welche Anpassungsmöglichkeiten zur Verfügung stehen,
- ... wie Sie das Standard-Theme Twenty Nineteen mit dem Theme-Customizer anpassen,
- ... wie Sie Sections des Customizers aktivieren bzw. entfernen,
- ... wie Sie den Customizer aus dem Admin-Menü und der Werkzeugleiste entfernen.

Bei der Installation von WordPress wird das jeweils aktuellste Standard-Theme automatisch zugewiesen, ab WordPress 5.0 war es das Theme *Twenty Nineteen*, ab WordPress 5.2 das Theme *Twenty Twenty*. Sie können jederzeit auf ein anderes Theme wechseln. Mit Hilfe des *Theme-Customizers*, der seit Version 3.4 Bestandteil von WordPress ist, kann das Aussehen der Website verändert werden. In diesem Kapitel werden Änderungen am Theme Twenty Nineteen vorgenommen.

6.1 Theme mit dem Customizer anpassen

Der *Theme-Customizer* ist ein eigenes Admin-Menü, über welches diverse Anpassungen im Aussehen des Layouts vorgenommen werden können. Im Customizer stehen grundsätzlich folgende Anpassungsmöglichkeiten zur Verfügung.

- *Website-Informationen:* Logo, Titel der Website, Untertitel und Website-Icon
- *Farben:* Basis-Farbvorlage, Hintergrundfarben, Linkfarbe, Textfarbe, Zweite Textfarbe
- *Header-Bild*
- *Hintergrundbild*
- *Menüs*
- *Widgets*
- *Startseiten-Einstellungen*

Durch Theme-spezifische Vorgaben können noch weitere Optionen zur Verfügung stehen. Welche Anpassungsmöglichkeiten tatsächlich bei einem Theme angezeigt werden und angewendet werden können, hängt vom jeweiligen Theme-Autor bzw. der Theme-Autorin ab (siehe Bild 6.1). Sie finden im Customizer nur, was an Änderungen erlaubt wird. In Kapitel 7.3.1 erfahren Sie, wie Sie die Funktionalität des Customizers in einem Theme beschränken.

Bild 6.1
Der Customizer im Theme Twenty Nineteen

6.1.1 Arbeiten mit dem Customizer

Im Folgenden wird das Arbeiten mit dem Customizer vorgestellt, danach die einzelnen Anpassungsmöglichkeiten beim Theme Twenty Nineteen.

6.1.1.1 Customizer öffnen, ausblenden und schließen

Um den Customizer aufrufen zu können, müssen Sie angemeldet sein. Es gibt zwei Wege, das Menü zu öffnen. Eine Möglichkeit ist vom Frontend aus, hier befindet sich die Schaltfläche *Customizer* mit einem Pinsel-Symbol (hieß in früheren Versionen *Anpassen*) am oberen Rand in der Werkzeugleiste (siehe Bild 6.2).

Bild 6.2
Die Customizer-Schaltfläche im Frontend

Die zweite Möglichkeit befindet sich im Backend im Menü *Design* (siehe Bild 6.3)

Bild 6.3
Der Customizer-Link im Menü Design im Backend

Der *Customizer*, ein Bearbeitungstool mit Live-Vorschau, öffnet sich auf der linken Seite und schiebt das Vorschau-Fenster der Seite nach rechts. Am linken unteren Rand finden Sie die Schaltfläche **Einklappen**. Damit lässt sich der Customizer ausblenden, fürs Wiedereinblenden des Menüs bleibt lediglich ein kleiner Button in der linken unteren Ecke stehen. Die einzelnen Elemente in der Vorschau können Sie auch mit Klick auf das Bleistift-Symbol bearbeiten (siehe Bild 6.4).

Bild 6.4 Der geöffnete Customizer (links) und eingeklappt (rechts)

6.1.1.2 Änderungen veröffentlichen, speichern und planen

Sie können im Customizer durchgeführte Änderungen sofort veröffentlichen. Klicken Sie dazu auf **Veröffentlichen** neben dem Zahnrädchen. Die Änderungen werden sofort übernommen und sind im Frontend für Besucher sofort sichtbar (siehe Bild 6.5).

Bild 6.5
Zum Übernehmen der Änderungen klicken Sie auf Veröffentlichen

Möchten Sie die Änderungen quasi als Entwurf zur Kontrolle jemandem senden, so klicken Sie auf das Zahnrädchen und wählen zuerst *Speichern*. Klicken Sie anschließend auf **Speichern** im Customizer-Menü. Danach kopieren Sie den angegebenen Link zur Weiterleitung mit Klick auf **Kopieren** neben der Zeile mit der Adresse (siehe Bild 6.6 Mitte). Sollen die Änderungen erst zu einem späteren Zeitpunkt veröffentlicht werden, so wählen Sie zuerst *Planen*. Danach stellen Sie den gewünschten Veröffentlichungstermin ein und klicken oben im Customizer-Menü auf **Planen** (siehe Bild 6.6 rechts).

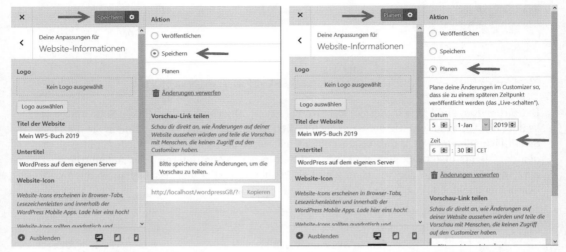

Bild 6.6 Änderungen speichern und Link weitersenden (links) und planen für spätere Veröffentlichung (rechts)

6.1.1.3 Untermenüs und Customizer schließen

Am oberen Rand befindet sich links der Button *Schließen*. Mit Klick auf das **X** wird der Customizer geschlossen, ohne dass eventuell vorgenommene Änderungen gespeichert werden (siehe Bild 6.7). Möchten Sie wieder zurück ins Hauptmenü des Customizers, so klicken Sie auf den Pfeil links oder sie betätigen die **ESC**-Taste.

Bild 6.7
Hier schließen Sie den Customizer

6.1.1.4 Ausgabegerät für Vorschau auswählen

Am unteren Ende des Customizers befinden sich drei Icons und zwar *Desktop*, *Tablet* und *Mobil* (siehe Bild 6.8). Mit diesen können Sie die Vorschau der Seite auf unterschiedlichen Endgeräten auswählen. Diese Funktion, die mit WordPress 4.5 eingeführt wurde, ist äußerst praktisch beim Entwickeln eines eigenen responsiven Themes, man kann damit das Aussehen der Seite auf unterschiedlichen Endgeräten gleich testen. Sie könnten die gesetzten Breakpoints in der functions.php mit Ihren eigenen Werten überschreiben.

- *Desktop-Modus:* Mit dem ersten Symbol *Desktop* wird die Anzeige in 100 % Bildschirmbreite dargestellt, d. h., der gesamte zur Verfügung stehende Platz im Browserfenster rechts neben dem Customizer wird zur Anzeige genutzt. Als Minimalbreite sind 1025 Pixel erforderlich.

- *Tablet-Modus:* Das mittlere Symbol *Tablet* simuliert die Anzeige auf einem 6 × 9 Zoll (rund 10 – 11 Zoll Diagonale) großen Tablet, konkret 720 × 1080 Pixel im Portrait-Modus.

- *Mobil-Modus:* Mit dem rechten Symbol *Mobil* können Sie das Aussehen Ihrer Website auf einem Smartphone, ebenfalls im Portrait-Modus, mit einer Größe von 320 × 480 Pixel anschauen.

Die Linie unterhalb des Symbols zeigt an, welches Ausgabegerät aktuell für die Anzeige der Vorschau aktiviert ist.

Bild 6.8
Wählen Sie die Vorschau für PC (links), Tablet (Mitte) oder Smartphone (rechts)

■ 6.2 Twenty Nineteen im Customizer anpassen

Zum Kennenlernen der Anpassungsmöglichkeiten wird in diesem Kapitel das Standard-Theme *Twenty Nineteen* vorgestellt und angepasst. Es ist ein äußerst minimalistisch aufgebautes Theme, einspaltig, mit Widgets im Footer und einer etwas gewöhnungsbedürftigen Navigationsleiste – die Navigationspunkte sind durch Beistriche getrennt. Meiner Einschätzung nach spricht dieses Theme eher Blogger als Firmen an.

6.2.1 Im Customizer Theme wechseln

Ein Theme-Wechsel mittels Customizer funktioniert etwas anders, als Sie es vielleicht über die Seite *Design/Themes* auf dem Dashboard gewohnt sind. Im Customizer klicken Sie zuerst auf **wechseln** im Bereich *Aktives Theme* (siehe Bild 6.9).

Bild 6.9
Hier können Sie auf ein anderes Theme wechseln

Es öffnet sich statt des Vorschau-Fensters eine Übersicht mit den installierten Themes. Möchten Sie sich weitere Themes anschauen, so wählen Sie im Customizer *WordPress.org-Themes*. Da ich für das Buch bei *Twenty Nineteen* bleiben möchte, gehe ich mit dem kleinen Pfeil neben *Du durchsuchst Themes* wieder auf die vorherige Seite zurück.

Bild 6.10 Hier können Sie im Customizer auf ein anderes Theme wechseln

6.2.2 Website-Informationen im Customizer

Im Untermenü *Website-Informationen* können Sie ein *Site-Logo* auswählen, den *Titel* der Website sowie einen *Untertitel* (früher *Slogan* genannt) ändern sowie ein *Website-Icon* festlegen.

6.2.2.1 Site-Logo

Im Theme Twenty Nineteen ist über dem *Titel* und *Untertitel* der Website Platz für Ihr *Logo* vorgesehen. Dieses Logo wird auf allen Seiten außer der Login-Seite angezeigt. Wenn Sie das Logo auch auf der Anmelde-Seite über dem Login-Formular anzeigen lassen möchten, so müssen Sie dies in der functions.php des Child-Themes oder in einem site-spezifischen Plugin explizit definieren (siehe Kapitel 17). Die empfohlenen Bildabmessungen für das Website-Logo beim Theme *Twenty Nineteen* sind 190 × 190 Pixel.

1. Klicken Sie zum Hochladen Ihres Logos auf **Logo auswählen**.

Bild 6.11
Hier können Sie ein Logo auswählen und hochladen

2. Es öffnet sich der *Datei-Uploader* (siehe Bild 6.12). Dieser Uploader öffnet sich immer, wenn Sie eine Bilddatei, Grafikdatei oder eine PDF-Datei etc. auf den Server laden möchten.

Bild 6.12 Der Uploader wird für das Hochladen von Bildern etc. verwendet!

3. Sollte sich die Datei bereits auf dem Server in der Mediathek befinden, so wechseln Sie auf die Registerkarte *Mediathek* und wählen dort die Datei aus. Wenn die Datei wie im Beispiel noch auf dem Rechner liegt, klicken Sie zum Auswählen der Datei auf **Dateien auswählen** in der Mitte des Fensters. Eine andere sehr praktische Möglichkeit zum Auswählen der Dateien ist die Drag & Drop-Funktion des Uploaders. Öffnen Sie dazu den

Ordner, in welchem sich die Datei, die Sie hochladen möchten, befindet. Markieren Sie diese Datei und ziehen Sie diese mit gedrückter linker Maustaste in den Uploader hinein (siehe Bild 6.13).

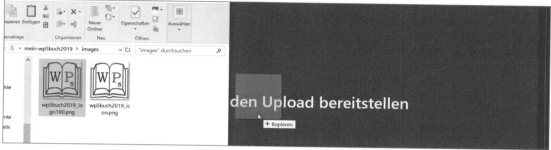

Bild 6.13 Mit Drag & Drop lassen sich Dateien hochladen

4. Während des Hochladens werden Fortschrittsbalken angezeigt (siehe Bild 6.14). Insbesondere wenn Sie lokal auf XAMPP arbeiten, kann es hin und wieder passieren, dass die Schreibrechte, die WordPress beim Hochladen und Erstellen von Dateien benötigt, von Windows nicht korrekt gesetzt wurden. In solchen Fällen kann es passieren, dass statt der Vorschau des hochgeladenen Bilds die Fehlermeldung *„Bei dem Upload ist ein Fehler aufgetreten. Bitte versuche es später nochmal."* angezeigt wird. In diesem Fall müssen Sie die Schreibrechte anpassen. Am einfachsten erledigen Sie dies in einem FTP-Programm.

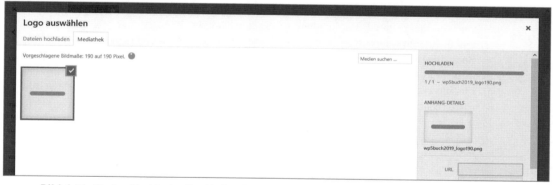

Bild 6.14 Warten Sie, bis das Hochladen der Datei abgeschlossen ist!

5. Sobald die Datei vollständig auf dem Server geladen wurde, sehen Sie eine Vorschau mit einem quadratischen Ausschnitt. Am rechten Rand erscheinen die *Anhang-Details* (siehe Bild 6.15). Hier können Sie den *Titel* des Bilds ändern, automatisch wird der Dateiname ohne Dateierweiterung angezeigt. Diese Angabe ist lediglich für interne Zwecke und erleichtert später die Suche in der Mediathek. Das Feld neben *Bildunterschrift* füllt man nur bei jenen Bildern aus, die mit einer Bildunterschrift versehen werden sollen. Wichtig ist die Angabe neben *Alternativtext*. Dies ist das `alt`-Attribut im `img`-Tag, im Beispiel *Logo*. Das Feld *Beschreibung* können Sie beim Logo ebenfalls freilassen.

Anmerkung: Wenn Sie schon länger mit WordPress arbeiten, werden Sie vielleicht erstaunt sein, dass sich kein vorinstalliertes Bild in der Mediathek befindet. Nun ja, das Theme *Twenty Nineteen* ist nun einmal äußerst minimalistisch.

Bild 6.15 Vorschau des Logos (links) und Anhang-Details (rechts)

6. Klicken Sie auf **Auswählen** am rechten unteren Rand. Man hat nun die Möglichkeit, das Logo passend zuzuschneiden. Über der Vorschau stand *Empfohlene Bildausmaße 190 × 190*. Ist das Bild größer, so wird ein quadratischer Ausschnitt über der Datei angezeigt. Der angezeigte Ausschnitt kann verschoben und auch in der Größe verändert werden. Das Logo wird links oben neben dem Titel der Website angezeigt und zwar in einem runden Ausschnitt. Beim ersten Versuch waren von meinem Logo alle Ecken vom Buch abgeschnitten (siehe Bild 6.16, links). Ein zweiter Versuch mit einer Hintergrundfarbe statt transparent und einer etwas kleineren Version auf einer größeren Leinwand brachte zwar kein zufriedenstellendes, aber ein zumindest besseres Ergebnis (siehe Bild 6.16, rechts).

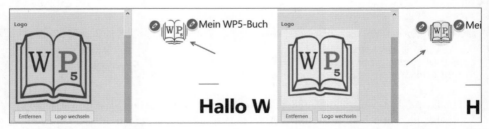

Bild 6.16 Über Logo wechseln können Sie ein anderes Logo hochladen!

Im Customizer können Sie das Logo mit Klick auf **Entfernen** wieder löschen. Dabei wird das Logo lediglich aus der Vorschau entfernt. In der Mediathek ist die Datei weiterhin vorhanden. Um ein anderes Logo hochzuladen, klicken Sie auf **Logo wechseln**.

6.2.2.2 Titel und Untertitel

Der *Titel* der Seite sowie der *Untertitel* können sowohl im Customizer als auch in den *Einstellungen/Allgemein* im Admin-Menü geändert werden. Möchten Sie nur den Titel, jedoch keinen Untertitel im Header stehen haben, so lassen Sie die Zeile mit dem Untertitel frei. Das Problem dabei ist jedoch, dass ein Untertitel im Theme quasi vorgesehen ist und so nach dem Titel ein Bindestrich als Trennung angezeigt wird (siehe Bild 6.17, oben). Ist der Untertitel zu lang, so wird in der Zeile direkt unter dem Titel weitergeschrieben (siehe Bild 6.17, unten).

Bild 6.17 Ohne Untertitel (oben) und mit langem Untertitel (unten)

6.2.2.3 Website-Icon

Im unteren Bereich des Untermenüs kann ein *Website-Icon* festgelegt werden. Dieses Website-Icon wird als Browser- und App-Icon für die Website verwendet. Es ist im Grunde genommen nichts anderes als ein *Favicon*, es wird lediglich anders genannt und für weitere Anwendungen wie App-Icon und Kachel für Windows etc. herangezogen. Für das Website-Icon benötigen Sie eine Grafik in einer Mindestgröße von 512 × 512 Pixel. Es ist nicht erforderlich, eine eigene Datei mit der Dateierweiterung `.ico` (z. B. `favicon.ico`) zu erstellen. WordPress generiert aus der hochgeladenen Datei die passenden Icons und zwar

- ein Favicon mit einer Breite von 72 Pixel für Browser,
- ein App-Icon mit einer Breite von 180 Pixel für iOS,
- ein App-Icon mit einer Breite von 192 Pixel für Android sowie
- eine Kachel für Windows mit einer Breite von 270 Pixel.

Nach dem Hochladen Ihrer Icon-Datei wird diese im Customizer angezeigt (siehe Bild 6.18, links). Auch im Browser-Tab wird das Icon sogleich übernommen (siehe Bild 6.18, rechts). Bei manchem Browser kann dies allerdings etwas dauern. Zum Übernehmen der Änderungen klicken Sie oben auf **Veröffentlichen**.

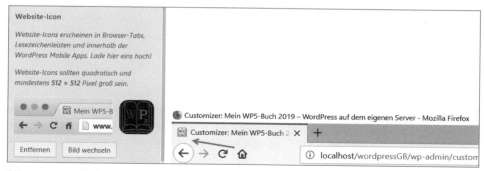

Bild 6.18 Das Website-Icon im Customizer (links) und im Browser (rechts)

Änderungen übernehmen nicht vergessen!

Bevor Sie das Untermenü schließen, nicht vergessen, dass die Änderungen erst mit Klick auf **Veröffentlichen** endgültig übernommen werden! Warten Sie, bis statt *Veröffentlichen* nun *Veröffentlicht* steht, bevor Sie zu einem anderen Untermenü wechseln oder den Customizer schließen. Wenn Sie Änderungen online bei einer Website bzw. einem Blog vornehmen, so beachten Sie, dass die Änderungen nach dem Speichern *sofort* im Frontend für die Besucher und Besucherinnen Ihrer Website sichtbar sind. Sie können auch Speichern sowie Planen anwenden.

6.2.3 Farben im Customizer

Im Theme *Twenty Nineteen* ist im Customizer auch das Untermenü *Farben* ziemlich minimalistisch gehalten. Man kann lediglich die Primäre Farbe für Filter, die über Featured Images gelegt werden, auswählen und zwar Standard oder individuell (siehe Bild 6.19, links). Bei *Individuell* steht nur ein Schieberegler zur Verfügung, die Auswahl einer Farbe mittels Hexadezimalcode beispielsweise ist nicht möglich (siehe Bild 6.19, rechts). Die mit dem Schieberegler ausgewählte Farbe wird für den Filter bei Buttons, Links, hervorgehobene Bilder etc., verwendet. Unterhalb der Primären Farbe gibt es noch die Option *Für hervorgehobene Bilder einen Filter unter Benutzung der Primärfarbe anwenden*.

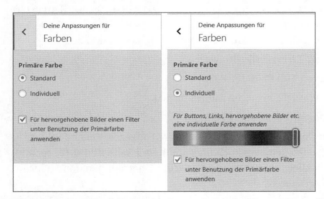

Bild 6.19 Das Menü Farben im Customizer beim Theme Twenty Nineteen

6.2.4 Menüs im Customizer

Ein besonderes Feature von WordPress ist die Möglichkeit der Verwendung von sogenannten *benutzerdefinierten Menüs,* auch *individuelle Menüs* genannt. Diese nach Bedarf zusammengestellten Menüs können sowohl in Widgets-Bereiche als auch an vordefinierten Menüpositionen angezeigt werden. In den Template-Dateien werden mögliche *Menü-Positionen,*

d. h. wo Menüs angezeigt werden können, explizit definiert. In der *Menüverwaltung* (siehe Kapitel 11) bzw. im Menü *Menüs* des Customizers (siehe Bild 6.20) legen Sie fest, welche Menüpunkte an den vordefinierten Menüpositionen angezeigt werden sollen.

Dieser Bereich des Customizers wurde in den letzten Version-Updates immer wieder überarbeitet und verbessert. Im oberen im Bereich *Menüs* sind alle bisher definierten Menüs aufgelistet. Hier kann auch ein neues Menü erstellt werden (siehe Bild 6.20, links). Im unteren Teil im Bereich *Menü-Positionen* können die im Theme vordefinierten Menüpositionen angezeigt werden (siehe Bild 6.20, rechts). Im Theme *Twenty Nineteen* ist kein einziges Menü vordefiniert, es gibt jedoch drei Menüpositionen und zwar ein *Primäres Menü* direkt unterhalb des Titels, ein *Footer-Menü* und eine *Social-Links-Menü*-Position, diese befindet sich ebenfalls unter dem Titel.

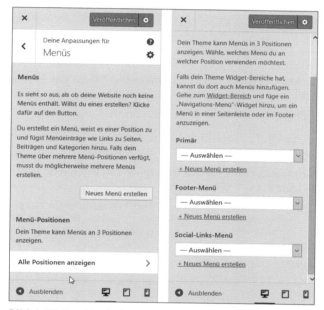

Bild 6.20 Das Menü *Menüs* im Customizer mit Menüs (links) und Menüpositionen (rechts)

6.2.4.1 Neues Menü im Customizer erstellen

In WordPress 5.x sind außer einer Beispielseite und der Seite Datenschutzerklärung (als Entwurf) keine weiteren Seiten und auch nur ein einziger Beispielbeitrag vorhanden. Bevor ein neues Menü erstellt und mit Navigationspunkten gefüllt werden kann, muss zuerst zumindest eine Seite *Kontakt* mit den gesetzlich vorgeschriebenen Angaben zum Impressum erstellt werden. Auch eine Seite *Home* und eventuell eine Seite *News* wären sinnvoll, wenn Sie das *Theme Nineteen* nicht nur für einen reinen Blog, sondern für eine Website verwenden möchten (siehe Kapitel 10).

6.2.4.1.1 Social-Links-Menü im Customizer erstellen

Wie Sie ein Menü im Customizer erstellen, wird anhand des Menüs für die Social-Links-Position gezeigt. Im Theme *Twenty Nineteen* werden Links für 35 Plattformen und Services (in alphabetischer Reihenfolge) unterstützt und durch ein Icon an der *Social-Link-Position* ersetzt.

- *Behance* – Online-Plattform von Adobe, Netzwerk von Websites und Portfolios für Eigenwerbung
- *Codepen* – Online-Community zum Testen und Zeigen von HTML-, CSS- und JavaScript-Codeschnipseln
- *DeviantArt* – Online-Community für Künstler und Kunstenthusiasten, registrierte Mitglieder können ihre eigenen Werke veröffentlichen, im integrierten Shop kann man Werke auch in gedruckter Form erwerben
- *DockerHub* – Cloud-Dienst, bietet Verzeichnis und Speicherplatz für Docker-Images
- *Digg* – Anbieter von Social Bookmarks von Nachrichten, Videos und Podcasts
- *Dribbble* – Designer-Community
- *Dropbox* – Filehosting-Dienst
- *Facebook*
- *Flickr* – Fotocommunity zum Hochladen, Teilen und Kommentieren von Fotos und Videos bis drei Minuten Länge
- *Foursquare* – standortbasierter Empfehlungsdienst für Restaurants und andere Orte
- *GitHub* – Onlinedienst, der Software-Entwicklungsprojekte auf seinen Servern bereitstellt
- *Google+* – soziales Netzwerk von Google, der Dienst wurde 2019 eingestellt
- *Instagram* – kostenloser werbefinanzierter Onlinedienst zum Teilen von Fotos und Videos, wurde 2012 von Facebook aufgekauft
- *LinkedIn* – Netzwerk für berufliche Online-Identität und zur Pflege bestehender Geschäftskontakte
- *Meanpath* – Source Code Suchmaschine
- *Medium* – Online-Veröffentlichungsplattform
- *Pinterest* – soziales Netzwerk und visuelle Suchmaschine, zum Entdecken und Sammeln von Ideen und Anleitungen
- *Periscope* – eine mobile App für Android und iOS für Videodirektübertragung in Echtzeit
- *Pocket* – früher bekannt als *Read It Later*, ein Webdienst zum Verwalten einer Leseliste von Artikeln aus dem Internet
- *Reddit* – Social-News-Aggregator, eine Website, auf der registrierte Benutzer Inhalte einstellen bzw. anbieten können
- *Skype*
- *SlideShare* – bzw. *LinkedIn SlideShare* ist ein Filehosting-Dienst zum Tauschen und Archivieren von Präsentationen, Dokumenten, PDFs, Videos und Webinaren
- *Snapchat* – kostenloser Instant-Messaging-Dienst zur Nutzung auf Smartphones und Tablets zum Versenden von Fotos und andere Medien, die nur eine bestimmte Anzahl von Sekunden sichtbar sind und sich dann selbst „zerstören"
- *SoundCloud* – Online-Musikdienst zum Austausch und zur Distribution von Audiodateien
- *Spotify* – Musik-, Hörbuch- und Videostreaming-Dienst

- *StumbleUpon* – ein Social-Bookmarking-Dienst, der es seinen Nutzern erlaubte, Webinhalte zu verlinken und zu teilen; wurde im Juni 2018 zugunsten eines neuen Services mit dem Namen *Mix* eingestellt
- *Tumblr* – Blogging-Plattform, Community besteht größtenteils aus Personen zwischen 13 und 22 Jahren, seit 17. Dezember 2018 sind pornografische Bilder nicht mehr erlaubt
- *Twitch* – Live-Streaming-Videoportal, das vorrangig zur Übertragung von Videospielen genutzt wird
- *Twitter*
- *Vimeo* – Videoportal
- *Vine* – Videoportal zum Austausch sehr kurzer, nur 6 Sekunden langer Filmaufnahmen genannt „Vines", wurde 2012 von Twitter übernommen
- *VK* – mehrsprachiges soziales Netzwerk, das aus Russland stammt
- *WordPress*
- *Yelp* – Empfehlungsportal für Restaurants und Geschäfte
- *YouTube*

Wenn Sie andere Links hinzufügen, so wird für diesen Link ein allgemeines Link-Symbol angezeigt (siehe Bild 6.23, Mitte). *Vorsicht*: Möchten Sie dieses Menü als individuelles Menü auch/oder in einem anderen Widgets-Bereich anzeigen, so wird statt der Icons lediglich der Link-Text angezeigt (siehe Bild 6.23, unten)!

1. Klicken Sie im Bereich *Menü-Positionen* auf **Alle Positionen anzeigen** (siehe Bild 6.20, links).
2. Klicken Sie unterhalb von Social-Links-Menü auf **Neues Menü erstellen** (siehe Bild 6.21, links).
3. Geben Sie einen *Namen* für das neue Menü ein, im Beispiel *social*. Kontrollieren Sie, ob die gewünschte Menüposition ausgewählt ist, bevor Sie auf **Weiter** klicken (siehe Bild 6.21, rechts). Dieser Name ist nur rein intern, er wird nirgends im Frontend angezeigt.

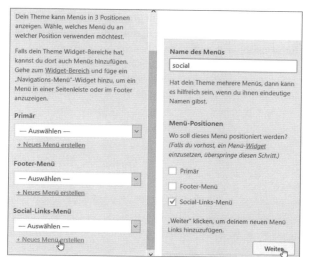

Bild 6.21
Erstellen Sie ein neues Menü (links) und wählen Sie einen Namen für dieses Menü (rechts)

4. Als Nächstes müssen die Einträge für dieses Menü definiert werden (siehe Bild 6.22, links). Bei Social-Links handelt es sich um individuelle Links. Klicken Sie auf die Leiste *Individuelle Links*, damit diese aufklappt. Nun können *URL* und *Link-Text* eingefügt werden (siehe Bild 6.22, rechts).

Bild 6.22
Fügen Sie Individuelle Links als Einträge dem Menü hinzu

5. Als Beispiel wird mit der Facebook-Startseite sowie mit der Twitter-Startseite verlinkt. Es ist ratsam, die gewünschte Adresse nicht händisch einzutragen. So vermeiden Sie Tippfehler und ungewollte Broken Links. Rufen Sie die Seite, die Sie verlinken möchten, im Browser auf, kopieren Sie die Adresse in der Adresszeile und fügen Sie diese in die Zeile neben URL ein. Achten Sie darauf, dass das Protokoll (http:// bzw. https://)vorhanden ist, da externe Links immer mit dem Protokoll angegeben sein müssen. Im Beispiel wird zuerst die Adresse von Facebook eingetragen (auf der eigenen Website verlinkt man mit der eigenen Facebook-Page oder dem Facebook-Account!). Als Link-Text füge ich Facebook ein. Das *Social-Links-Menü* befindet sich im Theme *Twenty Nineteen* unterhalb des Titels (siehe Bild 6.23, oben).

Da es sich hierbei um eine Verlinkung zu einem fremden Server handelt, ist es empfehlenswert, dass sich dieser Link in einem neuen Fenster bzw. neuen Tab öffnet. Diese Option steht im Customizer nicht zur Verfügung. Um dies einzufügen, muss das Menü in der Menüverwaltung (*Design/Menüs* auf dem Dashboard) quasi „nachbearbeitet" werden.

Bild 6.23 Das Social-Links-Menü unterhalb des Titels (oben und Mitte) sowie an der „falschen" Menüposition (unten)

6.2.4.1.2 Primäres Menü im Customizer erstellen

Das primäre Menü enthält zumeist Links zur Startseite (Home) sowie Kontakt, Über uns, Produkte, Aktuelles, Blog und Ähnliches. Auch wenn bisher noch keine weiteren Seiten erstellt wurden, so können diese über den Customer erstellt und in das Menü eingefügt werden.

1. Öffnen Sie den Customer und gehen Sie zu Menüs.

2. Hier finden Sie nun das vorhin definierte Menü mit dem Namen *social*. In der Klammer neben dem Namen sehen Sie die Anzahl der Menüeinträge, unter dem Namen die aktuell zugeordnete Position (siehe Bild 6.24).

Bild 6.24
Das Menü social ist bereits vorhanden

3. Klicken Sie direkter darunter auf **Neues Menü erstellen**.

4. Vergeben Sie zuerst einen Namen für das neue Menü, im Beispiel oben, und wählen Sie die Menüposition *Primär* (siehe Bild 6.25). Klicken Sie anschließend auf **Weiter**.

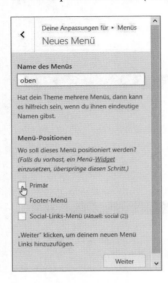

Bild 6.25
Vergeben Sie einen Namen und aktivieren Sie *Primär*

5. Jetzt müssen die Einträge für das neue Menü definiert werden. Im Beispiel sind es die Seiten *Home*, *News* und *Kontakt*. Klicken Sie auf **Einträge hinzufügen**. Auf der rechten Seite klicken Sie auf die Leiste *Seiten*, damit diese aufklappt, falls sie zugeklappt sein sollte. Unterhalb der bestehenden Seiten ist ein Textfeld *Neue Seite erstellen*. Schreiben Sie *Home* in dieses Textfeld und klicken Sie anschließend auf **+OK**.

6. Fügen Sie so auch eine neue Seite *Kontakt* hinzu und eine Seite *News* (siehe Bild 6.26).

Bild 6.26 Erstellen Sie neue Seiten Home, Kontakt und News

7. Als Nächstes werden die Einträge neu geordnet, da *Kontakt* normalerweise an letzter Stelle steht. Klicken Sie dazu auf **Umordnen** auf der linken Seite und verschieben Sie die Einträge mit den Pfeilen rauf oder runter. Einfacher und schneller geht es mit Drag &

Drop. Ziehen Sie die Einträge mit gedrückter linker Maustaste an die gewünschte Position (siehe Bild 6.27).

Bild 6.27
Sie können die Reihenfolge auch mit Drag & Drop ändern!

Klicken Sie zum Übernehmen der Änderungen auf **Veröffentlichen**. Es dauert etwas länger als sonst, bis die Änderungen übernommen werden. Sobald sich der *Veröffentlichen*-Button in *Veröffentlicht* verändert hat, wurde die Navigation in der Primären Position auch in der Vorschau vollständig angezeigt (siehe Bild 6.28).

Bild 6.28 Die neue Navigation an der Primären Position

Die Navigation funktioniert, die im Customer neu erstellten Seiten werden geladen. Aber sie haben lediglich einen Seitentitel und keinerlei Inhalt. Denken Sie daran, die Seiten mit Inhalten zu füllen oder auf Entwurf zu stellen, damit man sie nicht sehen kann, solange sie noch leer sind.

6.2.5 Widgets im Customer

Nicht nur in der Widgets-Verwaltung, sondern auch im Customizer können Sie die Widgets-Bereiche und die darin aktivierten Widgets einsehen und bearbeiten. Wenn Sie im Customizer auf **Widgets** klicken, werden die im Theme vorgesehenen Widgets-Bereiche (Sidebars) angezeigt. Im Theme *Twenty Nineteen* gibt es lediglich einen Widgets-Bereich mit dem Namen *Footer* (siehe Bild 6.29).

Bild 6.29
Widgets im Widgets-Bereich Footer

Mit Klick auf **Widget hinzufügen** öffnet sich eine Leiste mit allen verfügbaren Widgets (siehe Bild 6.30). Durch Plugins können weitere Widgets hinzukommen.

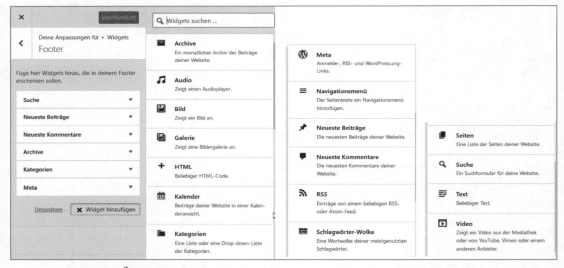

Bild 6.30 Übersicht über verfügbare Widgets

Zum Hinzufügen eines Widgets klicken Sie auf das jeweilige Widget in der Spalte der verfügbaren Widgets. Zum Entfernen eines Widgets klicken Sie auf das Widget, das entfernt werden soll, damit es aufklappt. Klicken Sie anschließend auf **Entfernen** (siehe Bild 6.31). Wenn Sie mit dem Cursor über *Entfernen* fahren, wird ein Tooltip *(Deaktiviere ein Widget, indem du es auf die Seitenleiste der inaktiven Widgets ziehst)* angezeigt. Dies mag etwas irritierend sein, denn es bezieht sich auf die *Widget-Verwaltung*, die auf dem Dashboard über das Menü *Design* aufgerufen werden kann (siehe Kapitel 7). Klicken Sie zum Abschluss auf **Veröffentlichen**, damit Ihre Änderungen übernommen werden.

Bild 6.31
Hier kann das Widget entfernt werden

6.2.6 Startseiten-Einstellungen im Customizer

Die *Startseiten-Einstellungen* im Customizer entsprechen dem Bereich *Startseite zeigt* auf der Seite *Einstellungen/Lesen* auf dem Dashboard. Um eine *statische Seite* auswählen zu können, müssen die entsprechenden Seiten bereits vorhanden sein. Bild 6.32 zeigt links die Einstellung *Deine letzten Beiträge* (üblich bei einem reinen Blog), rechts *Eine statische Seite*, wie es bei einer Website meist verwendet wird. Sie können dies jederzeit ändern und die Auswahl gegen andere, neu erstellte Seiten austauschen.

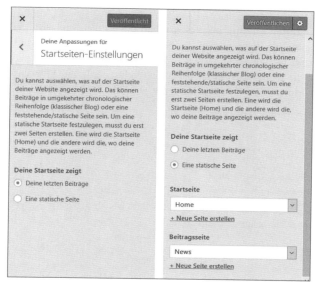

Bild 6.32 Die Startseiten-Einstellungen im Customizer

6.2.7 Zusätzliches CSS im Customizer

Der letzte Bereich im Customizer ist ein CSS-Editor, mit dem Sie *Zusätzliches CSS* der CSS-Datei des Themes hinzufügen können. Vorsicht, dieser Bereich des Customizers entspricht *nicht* dem *Editor* auf dem Dashboard unter *Design/Editor*. Dort werden die Theme-Dateien direkt bearbeitet! Hier hingegen können Sie Regeln und Stile in der ursprünglichen CSS-Datei ergänzen und auch überschreiben lassen, ohne die Original-CSS-Datei zu verändern.

> **Tipp:** *Zusätzliches CSS* sollte immer nur als „schnelle Notlösung" angewendet werden. Wenn immer möglich, sollten Sie stattdessen die Änderungen in einem Child-Theme vornehmen (siehe Kapitel 19).

Als Beispiel ändere ich die riesige Größe der Überschriften im Widgets-Bereich. Mit Hilfe der Entwickler-Tools in Mozilla Firefox, hier mit dem Inspektor, lässt sich die jeweilige CSS-Regel, die geändert werden soll, leicht herausfinden. Im Beispiel ist es die Klasse `.widget-title`, der Titel eine Überschrift h2 (siehe Bild 6.33).

Bild 6.33
Die Regel h2.widget-title soll geändert werden

Dieser CSS-Editor bietet nicht nur Unterstützung beim Schreiben der Regeln und Stile, er macht auch auf Fehler aufmerksam. Im Beispiel soll die Schriftgröße geändert werden. Solange der CSS-Block nicht korrekt fertiggestellt ist, wird eine Fehlermeldung angezeigt (siehe Bild 6.34, links). Erst wenn die Regel korrekt ist, wird die Änderung in der Live-Vorschau angezeigt und die Fehlermeldung wieder ausgeblendet (siehe Bild 6.34, rechts).

Bild 6.34 Zusätzliches CSS unterstützt beim Schreiben und zeigt Fehler an!

Listing 6.1 zeigt die verwendete CSS-Regel. Das Ergebnis ist in Bild 6.35 zu sehen, links die ursprüngliche Größe des Widget-Titels, in der Mitte die CSS-Regel im Customizer und rechts das Ergebnis.

Listing 6.1 Neue Schriftgröße für Widget-Titel von Twenty Nineteen

```
1 h2.widget-title {
2     font-size: 1.25em;
3 }
```

Bild 6.35 Ursprüngliche Größe des Widget-Titels (links), neue CSS-Regel im Customizer (Mitte) und neue Größe (rechts)

6.3 Customizer anpassen

Es ist nicht immer erforderlich, manchmal auch nicht erwünscht, dass Änderungen am Aussehen der Seiten vorgenommen werden. Mit wenigen Code-Zeilen in der functions.php des Child-Themes oder noch besser in einem Site-spezifischen Plugin, damit diese Anpassung nicht bei einem Theme-Wechsel verloren geht (siehe Kapitel 17), können einzelne Sections aus dem Customizer entfernt werden. Auch das vollständige Entfernen des Links *Customizer* aus der Werkzeugleiste und dem Admin-Menü ist möglich.

Ich brauche keinen Customizer!

Bei zahlreichen kostenlosen und auch bei kostenpflichtigen Themes ist der Customizer heutzutage zu einem fixen Bestandteil geworden. Bei einem eigenen Theme können Sie den Customizer von vornherein weglassen, indem Sie dieses Theme-Feature gar nicht erst aktivieren.

6.3.1 Einzelne Sections aus Customizer entfernen

Möchten Sie einzelne Bereiche, sogenannte *Sections*, aus dem Customizer entfernen, so fügen Sie folgende Code-Zeilen (siehe Listing 6.2) in die *functions.php* ein. Hier wird aus dem Objekt $wp_customize das gewünschte Element mit remove_menu() (bzw. remove_control() und remove_panel()) entfernt. Mit dem Hook add_action() wird die neue Funktion in WordPress eingeklinkt. Der erste Wert gibt an, womit etwas passieren soll, im Beispiel ist es customize_register. Der zweite Wert nennt die *Funktion*, die WordPress hinzugefügt werden soll, im Beispiel jwp5buch_section_entfernen(). Danach wird noch die Priorität angegeben, in diesem Fall mindestens 20.

Listing 6.2 Untermenüs Farben und Startseiten-Einstellungen aus dem Customizer entfernen

```
1 // entferne Sections aus Customizer
2 function jwp5buch_section_entfernen( $wp_customize ) {
3     $wp_customize->remove_section( 'colors' );
4     $wp_customize->remove_section( 'static_front_page' );
```

```
5 }
6
7 add_action( 'customize_register', 'jwp5buch_section_entfernen', 20 );
```

Nach dem Speichern der Datei und Hochladen per FTP auf den Server (bei XAMPP nur speichern) werden die Sections *Farben* und die *Startseiten-Einstellungen* im Customizer nicht mehr angezeigt (siehe Bild 6.36, rechts).

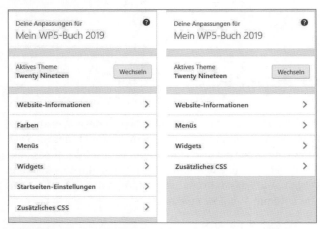

Bild 6.36 Der Customizer mit und ohne Farbe und Startseiten-Einstellungen

Der Vollständigkeit halber finden Sie im Folgenden den Code für alle Standard-Sections des Customizers in WordPress. Zum Entfernen der jeweiligen Section können Sie die entsprechende Zeile in die Funktion in Listing 6.2 einfügen.

- Section *Webbsite-Informationen* entfernen:

```
$wp_customize->remove_section('title_tagline');
```

- Section *Hintergrundbild* entfernen:

```
$wp_customize->remove_section('background_image');
```

- Section *Header-Bild* entfernen:

```
$wp_customize->remove_section('header_image');
```

- Section *Farben* entfernen:

```
$wp_customize->remove_section('colors');
```

- Section *Widgets* entfernen:

```
$wp_customize->remove_panel('widgets');
```

- Section *Menüs* entfernen:

```
$wp_customize->remove_panel('nav_menus');
```

- Section *Startseiten-Einstellungen* entfernen:

```
$wp_customize->remove_section('static_front_page');
```

- Section *Zusätzliches CSS* entfernen:

```
$wp_customize->remove_section('custom_css');
```

6.3.2 Pinsel & Customizer entfernen

Möchten Sie den *Pinsel* und den Link *Customizer* in der Admin-Werkzeugleiste entfernen, so fügen Sie folgende Code-Zeilen (Listing 6.3) in die *functions.php* bzw. noch besser in Ihr sitespezifisches Plugin ein, damit auch diese Anpassung nicht bei einem Theme-Wechsel verloren geht. Hier wird aus dem Objekt $wp_admin_bar das gewünschte Element mit remove_menu() entfernt. add_action() erhält auch hier einen dritten, optionalen Wert *Priorität*, im Beispiel 999. Standard ist der Wert 10. Je niedriger der Wert, umso früher wird etwas ausgeführt. Bei gleichen Werten werden die Funktionen in der Reihenfolge, wie sie einer Aktion hinzugefügt wurden, ausgeführt. Mit 999 kommt das Entfernen von Pinsel & Customizer erst ganz zum Schluss dran, wenn mehr oder minder alles andere geladen wurde.

Listing 6.3 Entfernt Pinsel & Customizer-Link von der Werkzeugleiste

```
1 // entferne Pinsel aus Admin-Werkzeugleiste im Frontend
2 function jwp5buch_entferne_pinsel( $wp_admin_bar ) {
3     $wp_admin_bar->remove_menu( 'customize' );
4 }
5
6 add_action( 'admin_bar_menu', 'jwp5buch_entferne_pinsel', 999 );
```

Sobald die Datei gespeichert und per FTP auf den Server geladen wurde (bei XAMPP brauchen Sie lediglich zu speichern), sind Pinsel & Customizer aus der Admin-Werkzeugleiste verschwunden (siehe Bild 6.37, unten). Beachten Sie, dass lediglich der Link entfernt wurde, der Customizer ist über das Admin-Menü *Design/Customizer* weiterhin erreichbar.

Bild 6.37 Admin-Werkzeugleiste mit und ohne Pinsel & Customizer-Link

6.3.3 Customizer aus Menü Design entfernen

Für das Untermenü *Customizer* im Menü *Design* ist ein anderer Code erforderlich. In Word-Press 4.9.6 entfernen Sie den Link *Customizer* aus dem Menü *Design* in der linken Navigationsleiste auf dem Dashboard mit dem Code aus Listing 6.4. Der Wert [6] steht für die ID des Customizers in der Menüstruktur. Diese ID ist in der Datei wp-admin/menu.php zu finden.

Listing 6.4 Entfernt Customizer aus dem Dashboard-Menü Design

```
1 // entfernt Customizer-Link von Dashboard
2 function jwp5buch_entferne_customizer_dashboard() {
3     global $submenu;
4     unset($submenu['themes.php'][6]);
5 }
6
7 add_action('admin_menu', 'jwp5buch_entferne_customizer_dashboard');
```

Bild 6.38 zeigt rechts das Ergebnis, das Untermenü *Customizer* im Menü *Design* auf dem Dashboard wird nicht mehr angezeigt.

Bild 6.38 Links das Menü Design mit Customizer, rechts ohne Customizer

Auch hier der Vollständigkeit halber im Folgenden der jeweils erforderliche Code für alle Standard-Untermenüs von *Design* auf dem Dashboard. Zum Entfernen des jeweiligen Menüpunkts in *Design* müssen unterschiedliche Methoden und Hooks verwendet werden. Listing 6.5 zeigt das Entfernen der Untermenüs *Widgets* (Zeile 3), *Themes* (Zeile 4), *Menüs* (Zeile 5), *Customizer* (Zeile 8), *Hintergrund* (Zeile 9) und *Header* (Zeile 10).

Listing 6.5 Entfernt Submenu Pages aus dem Menü Design auf dem Dashboard

```
01 // entfernt Submenu pages aus Design
02 function jwp5buch_entferne_aus_design() {
03     remove_submenu_page( 'themes.php', 'widgets.php' );   // Widgets
04     remove_submenu_page( 'themes.php', 'themes.php' );    // Themes
05     remove_submenu_page( 'themes.php', 'nav-menus.php' ); // Menu
06
07     global $submenu;
08     unset($submenu['themes.php'][6]);  //Customizer
09     unset($submenu['themes.php'][15]); //Hintergrund
10     unset($submenu['themes.php'][20]); //Header
11 }
12
13 add_action('admin_menu', 'jwp5buch_entferne_aus_design', 100);
```

Beim *Editor (Theme-Editor),* mit dem sämtliche Theme-Dateien auf dem Dashboard bearbeitet werden können, muss der Hook `admin_init` verwendet werden. Das Ergebnis zeigt Bild 6.39, rechts.

Listing 6.6 Entfernt den Theme-Editor aus dem Menü Design auf dem Dashboard

```
1 // entfernt Theme-Editor von Dashboard
2 function jwp5buch_entferne_theme_editor() {
3     remove_submenu_page('themes.php', 'theme-editor.php');
4 }
5
6 add_action('admin_init', 'jwp5buch_entferne_theme_editor' );
```

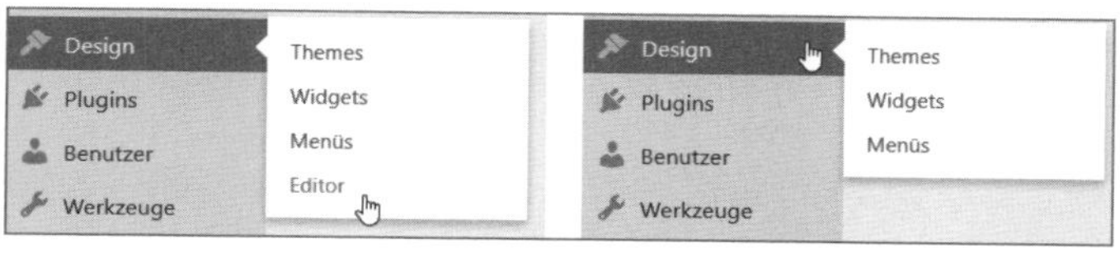

Bild 6.39 Das Menü Design mit (links) und ohne Editor (rechts)

7 Sidebars & Widgets

In diesem Kapitel erfahren Sie ...

- ... welche Funktion eine Sidebar (Widgets-Bereich) hat,
- ... wie Sie eine Sidebar für Ihre Widgets definieren,
- ... wie Sie eine bzw. mehrere Widgets-Bereiche in Ihr Theme einbauen,
- ... welche Widgets im WordPress Core zur Verfügung stehen.

7.1 Widgets-Bereiche (Sidebars)

Eine *Sidebar* ist ein vordefinierter Bereich im Layout, in dem Widgets platziert werden können. Sie sind normalerweise kein Bestandteil des Inhalts-Teils. Ursprünglich war nur eine Sidebar vorgesehen, die – wie der Name schon sagt – als „side-bar" links oder rechts vom Inhaltsteil angeordnet wurde. Sidebars können aber auch oberhalb des Footers, oder zwischen Inhalts-Teil und Footer, oder unterhalb des Headers definiert sein oder wo immer Sie Widgets anzeigen lassen möchten. Deshalb ist meiner Meinung nach der Begriff *Widgets-Bereich* statt *Sidebar* oder *Seitenleiste* klarer und verständlicher. In vielen Themes sind heutzutage mehrere Sidebar-Positionen definiert, in zahlreichen Themes hingegen nur eine einzige, die man links oder rechts vom Inhaltsteil anzeigen lassen kann. Das Standard-Theme *Twenty Nineteen* und auch *Twenty Twenty* ist nur einspaltig, die Widgets-Bereiche befindet sich unterhalb des Inhalts im Footer. Durch den neuen Block-Editor lassen sich – anders als früher – ausgewählte Widgets in Seiten oder Beiträge an beliebigen Stellen einfügen (siehe Kapitel 8).

Sidebar ist nicht gleich Sidebar!

Nicht zu verwechseln sind *Sidebars* bzw. *Widgets-Bereiche* mit der Datei sidebar.php. Im Theme mit beispielsweise zwei Spalten wird in dieser Datei die Position einer oder mehrerer Sidebars festgelegt.

7.1.1 Einen Widgets-Bereich definieren

Eine *Sidebar* bzw. ein *Widgets-Bereich* wird in der Datei `functions.php` definiert. Wenn Sie ein „fertiges" WordPress Theme mit einer weiteren Sidebar ergänzen möchten, so ist es ratsam, mit einem Child-Theme zu arbeiten, damit Ihre Ergänzungen beim nächsten Update nicht wieder entfernt werden (siehe Kapitel 19). Bei Ihrem eigenen Theme schreiben Sie den Code von Listing 7.1 in die `functions.php` in Ihrem Theme-Ordner.

Mit der Funktion `register_sidebar( $args );` wird eine neue Sidebar auf dem Dashboard registriert und erscheint dann sowohl im *Customizer/Widgets* als auch auf der Seite *Design/Widgets*. Sollen mehrere Widgets-Bereiche erstellt werden, so verwenden Sie die Funktion `register_sidebars( $args );` zum Registrieren der neuen Widgets-Bereiche. Bei beiden Funktionen sind folgende Parameter vorgesehen:

- `name` – Name der Sidebar, wie sie im Customizer bzw. in der Widgets-Verwaltung angezeigt wird.
- `id` – ID der Sidebar, muss in Kleinbuchstaben und ohne Abstand geschrieben sein und darf nicht mit einer Zahl beginnen!

  Tipp: Eine Liste mit nicht erlaubten IDs finden Sie unter *https://wordpress.stack exchange.com/questions/59973/what-is-allowed-as-an-id-argument-in-register-sidebar-args/59985#59985*.

- `description` – Beschreibung der Sidebar, wird auf der Dashboard-Seite Widgets angezeigt.
- `class` – diese CSS-Klasse wird, falls nicht leer (default: empty), nur in der Widgets-Verwaltung auf dem Dashboard der Sidebar hinzugefügt, jedoch nicht im Frontend. Daher ist diese Angabe wohl eher für Plugin-Entwickler und -Entwicklerinnen interessant. *Anwendungsbeispiel*: Der Wert `sidebar` wird ergänzt mit der Angabe bei diesem Argument, z. B. `'class' => 'test'` ergibt `sidebar-test`.
- `before_widget` – HTML-Tag, wird vor jedem Widget eingefügt (default: `<li id="%1$s" class="widget %2$s">`)
- `after_widget` – HTML-Tag, wird nach jedem Widget eingefügt (default: `</li>\n`).
- `before_title` – HTML-Tag, wird vor jeder Widget-Überschrift eingefügt (default: `<h2 class="widgettitle">`).
- `after_title` – HTML-Tag, wird nach jeder Widget-Überschrift eingefügt (default: `</h2>\n`).

Im Beispiel in Listing 7.1 wird ein neuer Widgets-Bereich mit dem Namen *Meine Widgets oberhalb Footer* und der Beschreibung *Wird oberhalb der Footer-Widgets angezeigt* erzeugt. Hier könnte man beispielsweise Werbung anzeigen lassen. Dieser Code wurde in die Datei `functions.php` des Child-Themes *Twenty Nineteen* aus Kapitel 19 geschrieben. Damit später die Widgets in Ihrem Widgets-Bereich genauso dargestellt werden, wie die anderen Widgets, ist es empfehlenswert, die Definition der Widgets-Bereiche in der `functions.php` des Eltern-Themes genau anzuschauen und dieselben Klassen etc. zu verwenden. Achten Sie insbesondere auf die Schreibweise der Klassennamen. So heißt beispielsweise die Klasse für den Widget-Titel im Codex und in zahlreichen Tutorials `widgettitle`, im *Twenty Nineteen* hingegen `widget-title`.

Listing 7.1 Neuen Widgets-Bereich definieren

```
01 // neue Sidebar Meine Widgets oberhalb Footer
02 function jwp5buch_meine_sidebar() {
03    register_sidebar( array(
04       'name'          => 'Meine Widgets oberhalb Footer',
05       'id'            => 'widgets-oberhalb-footer',
06       'description'   => 'Wird oberhalb der Footer-Widgets angezeigt',
07       'before_widget' => '<section id="%1$s" class="widget %2$s">',
08       'after_widget'  => '</section>',
09       'before_title'  => '<h2 class="widget-title">',
10       'after_title'   => '</h2>',
11    )
12 );
13 }
14
15 add_action( 'widgets_init', 'jwp5buch_meine_sidebar' );
```

Bild 7.1 zeigt den neuen Widgets-Bereich *Meine Widgets ganz oben* in der *Widgets-Verwaltung*. Sie könnten bereits Widgets in diesen Bereich hineinziehen. Allerdings würden diese Widgets nirgends auf Ihrem Internetauftritt angezeigt werden, da die Position des neuen Widgets-Bereichs noch in keiner Template-Datei explizit festgelegt wurde.

Bild 7.1 Die neue Sidebar in der Widgets-Verwaltung

Seit (dem Sicherheits- und Wartungs-Update) WordPress 4.9.7 ist es möglich, Basis-HTML-Tags in der Beschreibung eines Widgets-Bereichs zu verwenden. Als Beispiel sollen die Wörter *ganz oben* in fett und kursiv angezeigt werden. Dafür wurde Zeile 6 aus Listing 7.1 abgeändert in

```
'description'   => 'Wird <strong><em>oberhalb</strong></em> der Footer-Widgets
angezeigt',
```

Im *Customizer* werden Sie ausdrücklich darauf hingewiesen, dass noch ein weiterer Widgets-Bereich existiert (siehe Bild 7.2, links). Dieser Bereich wird auf der aktuellen Seite in der Live-Vorschau (im Beispiel die Startseite) nicht angezeigt. Sobald die Position des neuen Widgets-Bereichs definiert wird (siehe nächstes Kapitel), erscheint der neue Bereich auch im Customizer (siehe Bild 7.2, Mitte und rechts).

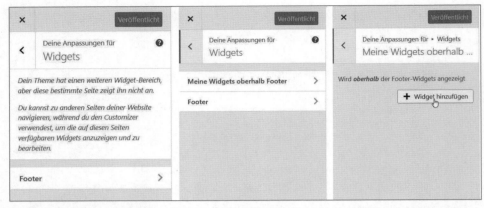

Bild 7.2 Hinweis im Customizer, dass ein weiterer Widgets-Bereich existiert, der nicht angezeigt wird (links), und neuer Widgets-Bereich (Mitte und rechts)

7.1.2 Neuer Widgets-Bereich in Template-Datei

Als nächster Schritt wird der neue *Widgets-Bereich* ganz oben in der Sidebar, die im Theme rechts (oder links) angezeigt wird, festgelegt. In den meisten Themes, deren Entwickler und Entwicklerinnen sich an übliche WordPress-Theme-Konventionen halten, heißt die Datei mit der Sidebar sidebar.php. Da diese Datei bisher noch nicht „benötigt" wurde, müsste die Datei sidebar.php vom Eltern-Theme-Ordner in den Child-Theme-Ordner kopiert werden. Dann erst kann sie bearbeitet und ergänzt werden. Im Theme *Twenty Nineteen* ist dies etwas anders, hier ist das Template weiter aufgesplittet! In Zeile 18 wird die Datei mit dem Widgets-Bereich mit <?php get_template_part('template-parts/footer/footer', 'widgets'); ?> definiert (siehe Bild 7.3).

```
18      <footer id="colophon" class="site-footer">
19          <?php get_template_part( 'template-parts/footer/footer', 'widgets' ); ?>
20          <div class="site-info">
```

Bild 7.3 Hier wird die Datei mit den Widgets-Bereichen definiert

Dies bedeutet, im Ordner des Themes *Twenty Nineteen* befindet sich u. a. ein Ordner namens template-parts, darin ein Ordner mit dem Namen footer und in diesem Ordner die Datei footer-widgets.php. Genau diese Datei müssen Sie nun in Ihren Child-Theme-Ordner kopieren und zwar in zwei verschachtelten Ordnern wie im Parent-Theme, damit die angesprochene Datei auch gefunden wird! Am einfachsten erstellen Sie zuerst einen Ordner mit dem Namen template-parts in Ihrem Child-Theme-Ordner. Danach kopieren Sie den footer-Ordner samt Inhalt (beinhaltet hier ohnehin nur die Datei footer-widgets.php). Benennen Sie nun die kopierte Datei footer-widgets.php um in footer-meinewidgets. php. Die neue Struktur Ihres Child-Theme-Ordners zeigt Bild 7.4.

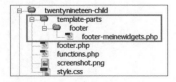

Bild 7.4
Die erweiterte Struktur des Child-Themes Twenty Nineteen

1. Öffnen Sie die Datei `footer-meinewidgets.php`. In ihr ist lediglich ein Widget-Bereich definiert (siehe Bild 7.5). In Zeile 10 wird abgefragt, ob der Widgets-Bereich `sidebar-1` aktiv ist d. h. ob sich darin Widgets befinden. Nur dann soll der Bereich angezeigt werden. Ändern Sie `sidebar-1` in Zeile 10, 14 und 17 um in `widgets-oberhalb-footer`, das ist die ID, die Sie in der `functions.php` festgelegt haben (vgl. Listing 7.1).

```php
1  <?php
2  /**
3   * Displays my footer widget area
4   *
5   * @package WordPress
6   * @subpackage Twenty_Nineteen
7   * @since 1.0.0
8   */
9
10 if ( is_active_sidebar( 'widgets-oberhalb-footer' ) ) : ?>
11
12     <aside class="widget-area" role="complementary" aria-label="<?php esc_attr_e(
   'Meine Widgets oberhalb Footer', 'twentynineteen' ); ?>">
13         <?php
14             if ( is_active_sidebar( 'widgets-oberhalb-footer' ) ) {
15             ?>
16                 <div class="widget-column footer-widget-1">
17                     <?php dynamic_sidebar( 'widgets-oberhalb-footer' ); ?>
18                 </div>
19             <?php
20             }
21         ?>
22     </aside><!-- Ende meine Widgets -->
23
24 <?php endif; ?>
```

Bild 7.5 Der Inhalt der Datei footer-widgets.php

2. Ändern Sie in Zeile 12 bei `aria-label` den Namen `'Footer'` in `'Meine Widgets oberhalb Footer'`. Achten Sie darauf, dass die Hochkommas nicht gelöscht oder überschrieben werden!

3. Ändern Sie in Zeile 3 bei der Beschreibung auch `Displays the footer widget area` um in `Displays my footer widget area`. Dies ist zwar nicht notwendig, aber so erkennen Sie leichter, dass es Ihre Template-Part-Datei ist.

4. Zum Abschluss ändern Sie in Zeile 22 den Kommentar von `<!-- .widget-area -->` in `<!-- Ende meine Widgets -->`.

5. Speichern Sie die Datei und laden Sie diese samt den beiden Ordnern, in denen sie sich befindet, auf den Server (auf XAMPP reicht das Speichern der Datei). Bild 7.6 zeigt den angepassten Code in der `footer-meinewidgets.php`.

Möchten Sie das Aussehen dieses Widgets-Bereichs ändern, so können Sie in Zeile 16 statt der Klasse `footer-widget-1` eine eigene Klasse angeben. Diese muss dann in der `style.css` extra erstellt werden. Der neue Widgets-Bereich wurde damit definiert, jetzt muss noch festgelegt werden, wo dieser Widgets-Bereich im Template angezeigt werden soll. Dies geschieht in der Datei `footer.php`.

6. Öffnen Sie die Datei `footer.php` in Ihrem Child-Theme-Ordner.

7. Kopieren Sie `<?php get_template_part( 'template-parts/footer/footer', 'widgets' ); ?>` in Zeile 19 und fügen Sie diese Zeile oberhalb Zeile 19 ein.

8. Ändern Sie in der eingefügten Zeile `widgets` um in `meinewidgets`. Damit wird die Datei `footer-meinewidgets.php` angesprochen. Den ergänzten Code in der `footer.php` zeigt Bild 7.6.

```
18      <footer id="colophon" class="site-footer">
19  ───▶    <?php get_template_part( 'template-parts/footer/footer', 'meinewidgets' ); ?>
20          <?php get_template_part( 'template-parts/footer/footer', 'widgets' ); ?>
21          <div class="site-info">
```

Bild 7.6 Der ergänzte Code für den eigenen Widgets-Bereich in der footer.php

Für das Beispiel habe ich die Klassen gelassen und zum Testen zwei Text-Widgets mit dem Titel *Test 1* und *Test 2* in den neuen Widgets-Bereich gegeben. Das Ergebnis sehen Sie in Bild 7.7.

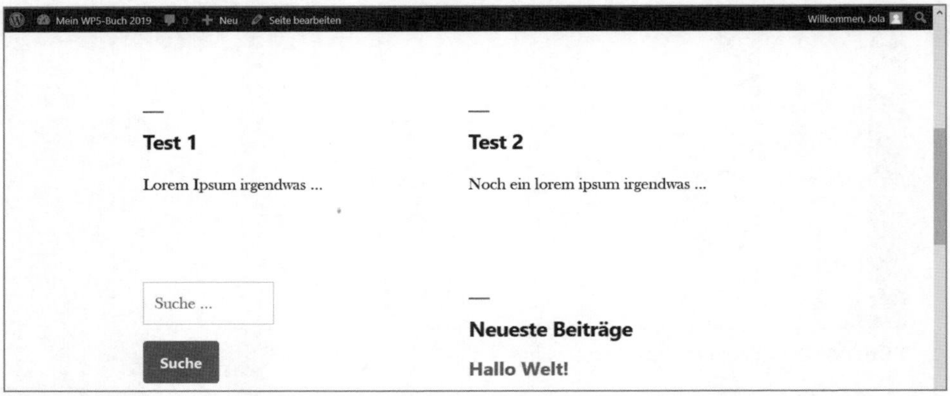

Bild 7.7 Der neue Widgets-Bereich im Frontend mit zwei Text-Widgets

■ 7.2 Widgets

Ein WordPress Widget ist eine Box oder ein Modul, in der/dem bestimmte Inhalte und Elemente angezeigt werden. Diese Boxen können in vordefinierten Widgets-Bereichen bzw. Sidebars platziert werden. Die Inhalte können beispielsweise vordefinierte Texte sein, eine Liste mit den letzten veröffentlichten Beiträgen etc., die Elemente etwa ein Such-Feld, ein Bild, ein Video und vieles mehr. WordPress Core bringt bereits eine Reihe von Standard-Widgets mit, zahlreiche Plugins stellen weitere Widgets zur Verfügung. (Welche zusätzlichen nützlichen Widgets beispielsweise mit *JetPack* hinzugefügt werden, wird in Abschnitt 16.3 detailliert beschrieben.)

7.2.1 Standard-Widgets in WordPress-Core

In WordPress 5.3.2 finden Sie nach der Installation von WordPress und ohne weitere Installation von diversen Plugins folgende Widgets bereits installiert. Diese Standard-Widgets werden in der Widgets-Verwaltung in alphabetischer Reihenfolge angezeigt:

- Archiv
- Audio

- Bild
- Galerie
- HTML
- Kalender
- Kategorien
- Meta
- Navigationsmenü
- Neueste Beiträge
- Neueste Kommentare
- RSS
- Schlagwörter-Wolke
- Seiten
- Suche
- Text
- Video

7.2.2 Widgets im Customizer

Wie Widgets-Bereiche und Widgets im *Customizer* angezeigt und bearbeitet werden können, finden Sie in Kapitel 6 beschrieben.

7.2.3 Widgets in der Widgets-Verwaltung

Sie können die *Widgets-Verwaltung* sowohl vom Frontend als auch vom Dashboard aus öffnen. Im Frontend finden Sie den Link zur Widgets-Verwaltung links oben unter dem Namen der Website (siehe Bild 7.8, links). Auf dem Dashboard wählen Sie *Design/Widgets* (siehe Bild 7.8, rechts).

Bild 7.8
So öffnen Sie die Widgets-Verwaltung vom Frontend aus (links) und auf dem Dashboard (rechts)

7.2.3.1 Die Widgets-Verwaltung im Standardmodus

Die *Widgets-Verwaltung* im *Standardmodus* zeigt in der linken Spalte oben *Verfügbare Widgets* an, ganz unten *Inaktive Widgets*. Rechts sehen Sie die einzelnen Sidebars bzw. Widgets-Bereiche (siehe Bild 7.9). Mit Klick auf **Verwalten mit Live-Vorschau** neben dem Seitentitel *Widgets* landen Sie im Menü *Widgets* des *Customizers*.

Anmerkung: Der Widgets-Bereich *Meine Widgets oberhalb Footer* ist kein Bestandteil von WordPress Core, dieser Bereich wurde in Abschnitt 7.1.2 definiert.

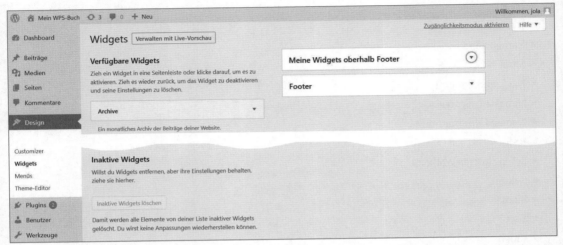

Bild 7.9 Ansicht Verfügbare Widgets, Widgets-Bereiche (oben) und inaktive Widgets im Standard-modus (unten)

7.2.3.1.1 Ein Widget im Standardmodus anwenden

Um ein Widget anzuwenden, d. h. in einem Widgets-Bereich abzulegen, gibt es zwei Mög-lichkeiten. Sie können das Widget mit gedrückter linker Maustaste in den jeweiligen Wid-gets-Bereich hineinziehen und dann bearbeiten. Dies ist jedoch bei weiter unten auf der Seite befindlichen Widgets äußerst mühsam. Viel einfacher ist hingegen die zweite Möglich-keit. Hierbei klicken Sie auf den *Namen* des Widgets. Nun werden die im Theme definierten Widgets-Bereiche angezeigt. Wählen Sie die gewünschte Sidebar aus und klicken Sie anschließend auf **Widget hinzufügen** (siehe Bild 7.10). Im Beispiel wird ein *Text-Widget* dem Widgets-Bereich *Meine Widgets oberhalb Footer* hinzugefügt.

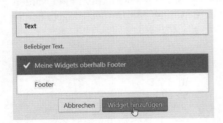

Bild 7.10
Hier wählen Sie den Widget-Bereich für das Widget aus

Das Widget wird zum Bearbeiten in der gewählten Sidebar geöffnet. Sie können nun einen Titel eingeben und je nach Widget weitere Einstellungen vornehmen bzw. Text etc. einge-ben. Im Beispiel-Widget *Suche* ist nur die optionale Angabe eines Titels möglich (siehe Bild 7.11, links). Geben Sie einen Titel ein und klicken Sie anschließend auf **Speichern** (siehe Bild 7.11, rechts).

Bild 7.11 Sobald Sie auf Speichern klicken, ist das Widget im Frontend sichtbar

Warten Sie, bis die Änderung im Widget gespeichert wurde und statt *Speichern* nun die Schaltfläche *Gespeichert* erscheint (siehe Bild 7.12, links). Wie das *Suche-Widget* im Frontend angezeigt wird, sehen Sie in Bild 7.12, rechts. So ein Suchfeld ist heutzutage ein quasi Standardbestandteil einer Website. Es ermöglicht den Besuchern und Besucherinnen, gezielt nach Informationen innerhalb Ihres Internetauftritts zu suchen.

Mit Klick auf **Fertig** wird das – für die Bearbeitung – offene Widget geschlossen. Zum Ändern der Reihenfolge der Widgets in einer Sidebar ziehen Sie das Widget mit gedrückter linker Maustaste an die gewünschte Stelle.

Bild 7.12 Das Widget Suche im Backend (links) und im Frontend im Theme Twenty Nineteen bzw. in unserem Child-Theme (rechts)

7.2.3.1.2 Ein Widget im Standardmodus entfernen

Möchten Sie das Widget wieder entfernen, öffnen Sie das Widget zur Bearbeitung und klicken Sie auf **Löschen**. Vorsicht, Sie werden nicht gefragt, ob Sie das Widget wirklich entfernen wollen. Bei der meiner Meinung nach einfacheren bzw. schnelleren Methode zum Entfernen eines Widgets aus einer Sidebar ziehen Sie das offene oder geschlossene Widget mit gedrückter linker Maustaste aus dem Widgets-Bereich in die Liste der Widgets.

Soll das entfernte Widget später mit den bestehenden Einstellungen wieder verwendet werden, so ziehen Sie das Widget hinunter in den Bereich der *Inaktiven Widgets*. Dieser Bereich befindet sich außerhalb des sichtbaren Bereichs. Es kommt öfter vor, dass man das Gefühl hat, das Widget nicht bis ganz unten ziehen zu können, insbesondere, wenn die Liste der verfügbaren Widgets durch Plugins sehr lang geworden ist. Möchten Sie ein Widget wieder aktivieren, d. h. wieder verwenden, so müssen Sie dieses Widget von unten aus dem Bereich *Inaktive Widgets* wieder in eine Sidebar hinaufziehen. Für ein leichteres Handling empfehle ich bei beiden Fällen das Umschalten auf den *Zugänglichkeitsmodus*.

7.2.3.2 Die Widgets-Verwaltung im Zugänglichkeitsmodus

Um die *Widgets-Verwaltung* auf den *Zugänglichkeitsmodus* umzustellen, klicken Sie auf *Zugänglichkeitsmodus aktivieren* (siehe Bild 7.13). Zum Deaktivieren und Rückkehr zum Standard-Modus klicken Sie auf *Zugänglichkeitsmodus deaktivieren* (siehe Bild 7.14, oben).

Bild 7.13 Aktivieren Sie den Zugänglichkeitsmodus

Neben den einzelnen Widgets in der linken Spalte erscheint nun eine Schaltfläche *Hinzu-fügen*, bei den bereits in Sidebars platzierten Widgets eine Schaltfläche *Bearbeiten* (siehe Bild 7.14).

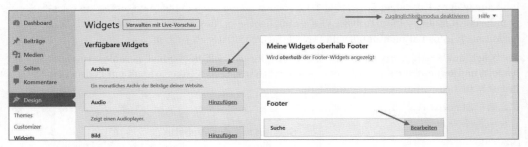

Bild 7.14 Die Widgets-Verwaltung im Zugänglichkeitsmodus

Auch hier wird als Beispiel das *Suche-Widget* in die benutzerdefinierte Sidebar platziert. Sobald Sie auf **Hinzufügen** neben *Suche* klicken, öffnet sich das *Bearbeitungsfenster* des Widgets. Im oberen Bereich wird das geöffnete Widget angezeigt mit optionalem *Titel* und eventuellen Einstellungsmöglichkeiten (siehe Bild 7.15, links). Im unteren Teil können Sie den Widgets-Bereich in der Spalte *Seitenleiste* auswählen sowie in der rechten Spalte die *Reihenfolge* innerhalb der gewählten Sidebar. Im Beispiel wurde der *Titel Suche auf Website eingefügt* und als Reihenfolge *1* gewählt, da das Suchfeld an erster Stelle angezeigt werden soll (siehe Bild 7.15, rechts). Hier haben Sie auch die Möglichkeit, das Widget als *Inaktives Widget* für später mit den aktuellen Einstellungen aufzuheben. Das Entfernen des Widgets kann über die Schaltfläche *Löschen* erfolgen, ein Drag & Drop ist im Zugänglichkeitsmodus nicht möglich. Auch in diesem Modus werden Sie nicht gefragt, ob Sie das Widget wirklich entfernen wollen! Zur Übernahme der Einstellungen klicken Sie auf **Widget speichern**.

Bild 7.15 Widget-Bearbeitung im Zugänglichkeitsmodus

Wo kann man die Sichtbarkeit eines Widgets einstellen?

Kurz gesagt, im WordPress Core nirgends! Für diese äußerst nützliche Funktion benötigen Sie ein spezielles Plugin. Die Schaltfläche *Sichtbarkeit*, mit der Sie auswählen können, auf welchen Seiten das jeweilige Widget angezeigt bzw. ausgeblendet werden soll, ist beispielsweise Bestandteil von *Jetpack*. In Kapitel 16 wird dieses Modul detailliert vorgestellt.

7.2.4 WordPress Core – Standard-Widgets

Im Folgenden werden die einzelnen Standard-Widgets in WordPress 4.9.6 Core kurz vorgestellt und zwar jeweils im Standardmodus auf dem Dashboard sowie im Frontend.

7.2.4.1 Standard-Widget Archiv

Im Standard-Widget *Archive* können die veröffentlichten Beiträge nach Monaten als Liste zusammengefasst angezeigt werden. Als Optionen stehen eine *Auswahlbox* sowie die Anzeige der *Beitragsanzahl* zur Verfügung (siehe Bild 7.16).

Bild 7.16
Das Standard-Widget Archive

Als Beispiel zeigt Bild 7.17 das Standard-Widget *Archive* auf meinem Blog *zoobesuche.at*. Links ist das Archiv nach Monaten gelistet, in der Mitte inklusive Anzahl der Beiträge im jeweiligen Monat und rechts als Auswahlbox (Drop-down-Liste) samt Anzahl der Beiträge. Dieser Blog besteht seit Oktober 2008, die Liste ist entsprechend lang. In der Praxis käme hier – falls überhaupt – wohl nur die Auswahlbox in Frage.

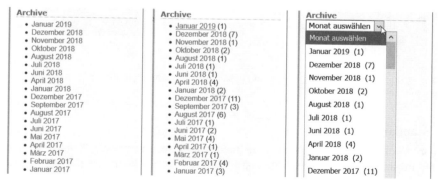

Bild 7.17 Standard-Widget Archive als Monatsliste (links), Liste mit Anzahl der Beiträge (Mitte) und als Auswahlbox mit Anzahl der Beiträge (rechts)

7.2.4.2 Standard-Widget Audio

Das Standard-Widget *Audio* zeigt einen Audioplayer einer vordefinierten Audiodatei in der Sidebar an. Die Audiodatei kann über den Medien-Uploader von Ihrem lokalen Rechner auf den Server hochgeladen werden, eine bereits hochgeladene Audiodatei aus der Mediathek sein oder von einer externen URL eingefügt werden. Als Beispiel wurde eine MP3-Datei mit Klick auf **Audio hinzufügen** bzw. auf **Keine Audiodatei ausgewählt** (siehe Bild 7.18, links) sowie der Titel *Nashorn-Laute Sundari* eingefügt. Bild 7.18, rechts, zeigt den Audio-Player im Frontend in der Seitenleiste.

Bild 7.18 Das Standard-Widget Audio (links), mit Audio-Datei und Überschrift auf dem Dashboard (Mitte) und im Frontend von Twenty Nineteen (rechts)

7.2.4.3 Standard-Widget Bild

Im Standard-Widget *Bild* kann ein Bild aus der Mediathek oder ein neues Bild, das zuerst mit dem Datei-Uploader in die Mediathek geladen wird, angezeigt werden (siehe Bild 7.19). Es ist auch das Anzeigen einer externen Bild-Datei möglich.

Bild 7.19 Das Standard-Widget Bild im Backend (links und Mitte) und im Frontend im Theme Twenty Nineteen (rechts)

7.2.4.4 Standard-Widget Galerie

Im Standard-Widget *Galerie* können Sie eine Bildergalerie anzeigen lassen. Allerdings sind die Einstellungsmöglichkeiten dieses Standard-Widgets äußerst eingeschränkt, es ist lediglich die Anzeige von Vorschaubildern in Spalten möglich. Für ein gekacheltes Mosaik beispielsweise und für die Anzeige der Bilder in einem Karussell zum Durchklicken von einem Bild zum anderen ist das Plugin *Jetpack* erforderlich.

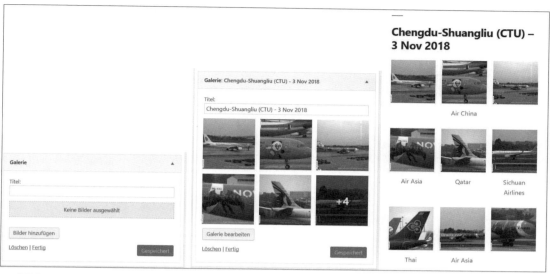

Bild 7.20 Das Standard-Widget Galerie

7.2.4.5 Standard-Widget HTML

Das Standard-Widget *HTML*, eingeführt mit WordPress 4.8.1, ist quasi die HTML-Version der Textansicht des – seit WordPress 4.8 neuen – erweiterten Text-Widgets (siehe Bild 7.21, links). Hier können Sie problemlos HTML, CSS und JavaScript eingeben, ohne dass Word-Press Teile des Codes überschreibt. PHP wird allerdings nicht unterstützt, das Widget zeigt den eingefügten PHP-Block als plain Text an!

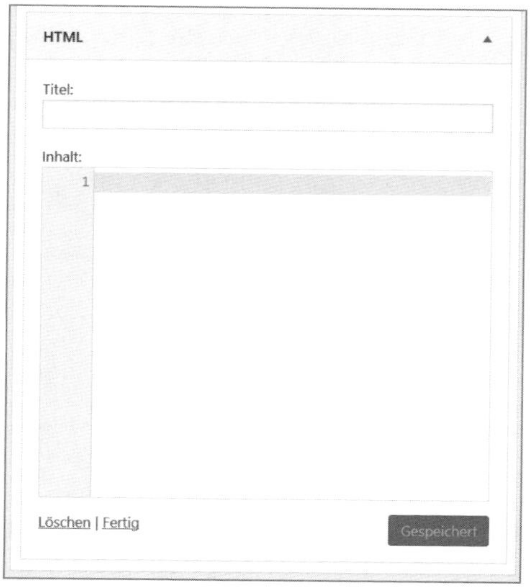

Bild 7.21
Das Standard-Widget HTML

7.2.4.6 Standard-Widget Kalender

Das Standard-Widget *Kalender* ist kein Veranstaltungskalender oder Ähnliches, es zeigt lediglich die Tage an, an denen Beiträge veröffentlicht wurden (siehe Bild 7.22).

Bild 7.22 Das Standard-Widget Kalender

7.2.4.7 Standard-Widget Kategorien

Im Standard-Widget *Kategorien* können Sie die Kategorien für Ihre Beiträge ausgeben lassen. Als Optionen stehen eine Liste mit und ohne Beitragsanzahl, eine Auswahlbox mit Drop-down-Liste ebenfalls mit oder ohne Beitragsanzahl sowie die Anzeige der Kategorienhierarchie – falls vorhanden – zur Verfügung. Das Beispiel in Bild 7.23 zeigt den Beginn der Kategorien auf meinem Blog *zoobesuche.at*. In der Mitte ist die Liste mit Beitragsanzahl zu sehen, rechts die Auswahlbox.

Bild 7.23 Das Standard-Widget Kategorien im Backend (links) und im Frontend von zoobesuche.at (rechts)

7.2.4.8 Standard-Widget Meta

Das Standard-Widget *Meta* ist wohl eines der ältesten Widgets von WordPress. Es beinhaltet fünf Links und zwar Anmelden bzw. Abmelden, Registrieren bzw. Website-Administration, einen Link zu den Beitrags-Feeds (RSS) und zu den Kommentaren als RSS sowie einen Link zu WordPress.org. Nach wie vor ist das Widget *Meta* nicht abänderbar – außer, Sie ändern die Original-WordPress-Datei. Ich verwende statt des Meta-Widgets lieber einen Link zum Einloggen und einen RSS-Link für Beitrag-Feeds im Footer (siehe Kapitel 19).

Bild 7.24 Das Standard-Widget Meta im Backend (links) und im Frontend mit Twenty Nineteen (rechts)

7.2.4.9 Standard-Widget Navigationsmenü

Das Standard-Widget *Navigationsmenü* hieß früher *Individuelles Menü*. Hier können Sie beliebig zusammengestellte Menüs anzeigen lassen. Im Beispiel wurde – da noch keine weiteren Menüs außer der Hauptnavigation erstellt wurden – das *Social-Link-Menü* mit dem Namen `social` ausgewählt. Im Widget wird es allerdings als Liste angezeigt und nicht mit den jeweiligen Symbolen wie an der Menüposition *Social Links* (siehe Bild 7.25, rechts). Wie Sie ein eigenes *Social-Links-Menü* für beliebige Menüpositionen und für Widgets erstellen, finden Sie in Kapitel 11 beschrieben.

Bild 7.25 Das Standard-Widget Navigationsmenü im Backend (links und Mitte) und im Backend in einem Widget in Twenty Nineteen

7.2.4.10 Standard-Widget Neueste Beiträge

Das Standard-Widget *Neueste Beiträge* zeigt – wie der Name schon sagt – Links mit dem Titel der letzten Beiträge, die veröffentlicht worden sind, an. Sie können die Anzahl der Beiträge auswählen sowie mit oder ohne Veröffentlichungsdatum (siehe Bild 7.26). Da auf dem Test-Blog kein eigener Beitrag veröffentlicht wurde, wird hier nur der mitinstallierte Beispiel-beitrag aufgelistet. Das Veröffentlichungsdatum wird im Theme Twenty Nineteen mit aus-geschriebenem Monat angezeigt (siehe Bild 7.26, rechts) – ich bin der Meinung, ein anderes Datumsformat wie beispielsweise DD.MM.YYYY wäre hier deutlich angebrachter.

Bild 7.26 Das Standard-Widget Neueste Beiträge im Backend (links) und im Frontend (Mitte) sowie mit Titel und Datum der Veröffentlichung (rechts) im Theme Twenty Nineteen

7.2.4.11 Standard-Widget Neueste Kommentare

Das Standard-Widget *Neueste Kommentare* zeigt Links zu den letzten Kommentaren an (siehe Bild 7.27). Auch hier ist mangels Kommentare auf der Testinstallation lediglich der mitinstallierte Beispielkommentar zu sehen.

Bild 7.27 Das Standard-Widget Neueste Kommentare im Backend (links) und im Frontend mit Twenty Nineteen (rechts)

7.2.4.12 Standard-Widget RSS

Mit dem Standard-Widget *RSS* können Sie RSS- oder Atom-Feeds, d. h. Links zu den letzten Beiträgen von anderen Blogs bzw. Websites, anzeigen lassen. Sie benötigen dazu die Adresse des RSS-Feeds der anderen Website. Als Beispiel wurde der RSS-Feed von meinem Blog *zoobesuche.at* eingefügt, diese Adresse lautet *http://www.zoobesuche.at/feed/*. Sie können die Anzahl der Beiträge, die angezeigt werden sollen, festlegen, Anzeige des Inhalts zusätzlich zum Titel, Anzeige des Autors, falls verfügbar, sowie das Veröffentlichungsdatum (siehe Bild 7.28, links und Mitte). Bild 7.28, rechts, zeigt das Widget in Aktion im Frontend im Theme Twenty Nineteen. Bei bestehender Internetverbindung wird der Feed im Frontend auch dann angezeigt, wenn Sie mit XAMPP auf einem Test-Server arbeiten.

Bild 7.28 Das Standard-Widget RSS im Theme Twenty Nineteen

7.2.4.13 Standard-Widget Schlagwörter-Wolke

Mit dem Standard-Widget *Schlagwörter-Wolke* werden die am häufigsten verwendeten Schlagwörter bei Beiträgen in unterschiedlichen Größen angezeigt. Je größer ein Wort erscheint, umso häufiger wurde es verwendet. Sie können die Wolke auch mit Kategorien oder Link-Kategorien erstellen lassen (siehe Bild 7.29). In Kapitel 13 finden Sie eine detaillierte Beschreibung der Schlagwörter-Wolke und der Anwendungsmöglichkeiten.

Bild 7.29 Das Standard-Widget Schlagwörter-Wolke

7.2.4.14 Standard-Widget Seiten

Das Standard-Widget *Seiten* listet sämtliche Seiten des Internetauftritts alphabetisch, nach Reihenfolge oder nach IDs auf. Über IDs, die durch Beistrich getrennt werden, können Seiten von der Anzeige auch ausgeschlossen werden (siehe Bild 7.30). In früheren Word-Press-Versionen war dieses Widget ein wichtiges Tool. Heutzutage verwendet man zur Anzeige bzw. Auflistung ausgewählter Seiten zumeist individuelle Menüs.

Bild 7.30 Das Standard-Widget Seiten

7.2.4.15 Standard-Widget Suche

Das Standard-Widget *Suche* fügt ein Suchfeld in die Sidebar ein. Über dieses Suchfeld kann innerhalb der Website gesucht werden (siehe Bild 7.31).

Bild 7.31 Das Standard-Widget Suche im Backend (links), ohne (Mitte) und mit Titel im Frontend (rechts) im Theme Twenty Nineteen

7.2.4.16 Standard-Widget Text

Das Standard-Widget *Text* war früher ein Text-Widget für plain Text. Mit Version WordPress 4.8 wurde eine Mini-Version des TinyMCE-Editors hinzugefügt. Es können in der visuellen Ansicht einfache Formatierungen (fett, kursiv, Aufzählung und geordnete Liste) sowie Hyperlinks und Bilder eingefügt werden (siehe Bild 7.32, links und Mitte). Vorsicht beim Einfügen von Code in der Textansicht. Hier empfiehlt sich die Verwendung des *HTML-Widgets* als bessere Alternative, darauf werden Sie auch hingewiesen (siehe Bild 7.32, Mitte).

Wenn Sie in älteren WordPress-Versionen benutzerdefinierten Code in ein Text-Widget eingefügt haben, so werden Sie mit einem Hinweis darauf aufmerksam gemacht, diesen Code in ein HTML-Widget zu geben, um Fehler bei der Ausgabe zu vermeiden (siehe Bild 7.32, rechts). Solange sich der Code im Text-Widget befindet, wird der Code im Widget im *Legacy Modus* ausgeführt. Das bedeutet, dass sich dieses Widget wie ein Text-Widget *vor* WordPress Version 4.8 verhält. Zusätzlich wird ein Hinweis bezüglich der Verwendung des HTML-Widgets angezeigt.

Bild 7.32 Das Standard-Widget Text in der visuellen Ansicht (links) und in der Textansicht mit Hinweis auf HTML-Widget (Mitte) sowie „altes" Text-Widget mit HTML-Code auf zoobesuche.at (rechts)

7.2.4.17 Standard-Widget Video

Im Standard-Widget *Video* kann ein Video, selbstgehostet oder auf einer Videoplattform, wie beispielsweise YouTube, Vimeo etc., in einem Widget angezeigt werden, im Beispiel ein Facebook-Video (siehe Bild 7.33).

Bild 7.33 Das Standard-Widget Video im Backend (links und Mitte) sowie im Frontend (rechts) im Theme Twenty Nineteen

7.2.5 Altes Standard-Widget Links

Wenn Sie mit einer WordPress-Installation arbeiten, die bereits seit einigen Jahren besteht, so haben Sie höchstwahrscheinlich das alte Standard-Widget *Links* in der Widget-Verwaltung gelistet (siehe Bild 7.34). Mit diesem Widget konnte man früher Ihren *Blogroll*, eine spezielle Link-Liste zu befreundeten Sites, anzeigen lassen. Inzwischen sind in aktuellen WordPress-Versionen weder Blogroll noch Links noch das Widget Links verfügbar. Als Alternative bzw. Ersatz werden heutzutage individuelle Menüs verwendet.

Bild 7.34
Altes Standard-Widget Links

8 Der Gutenberg Block-Editor

 In diesem Kapitel erfahren Sie ...

- ... wie Sie mit Blöcken arbeiten,
- ... wie Sie mit Gutenberg Texte in Seiten und Beiträge einfügen und formatieren,
- ... wie Sie mit Gutenberg Bilder, Videos und MP3s etc. einfügen,
- ... wie Sie mit Gutenberg Facebook-Beiträge und Twitter-Tweets etc. einfügen,
- ... wie Sie mit Gutenberg Tabellen einfügen und bearbeiten,
- ... wie Sie in Gutenberg mit dem Classic Editor (TinyMCE) arbeiten,
- ... wie Sie den Inhalt einer bestehenden Seite bzw. eines ... bestehenden Beitrags in Gutenberg-Blöcke umwandeln,
- ... wie Sie mit Gutenberg Seiten und Beiträge veröffentlichen,
- ... wie Sie Ihr eigenes Theme Gutenberg-kompatibel machen,
- ... wie Sie den Block-Editor mit eigenen Block-Stilen erweitern.

Der neue *Block-Editor Gutenberg* hat mit WordPress 5.0 den *TinyMCE* als Standard-Editor abgelöst. Die Screenshots in diesem Kapitel stammen von WordPress 5.2.2/5.3.2. Der Block-Editor befindet sich weiterhin in der Entwicklungsphase. Er wird kontinuierlich weiterentwickelt, so können bei zukünftigen WordPress-Updates Blöcke geändert werden und neue Blöcke hinzukommen. Zum Zeitpunkt der Manuskripterstellung ist beispielsweise die Rede davon, dass es mit WordPress 5.4 möglich sein wird, die Textfarbe innerhalb eines Absatzblocks und Überschriftenblocks zu ändern.

Wer weiterhin mit dem *TinyMCE* arbeiten möchten oder in bestimmten Fällen muss, kann dies über das *Classic Editor Plugin* bewerkstelligen (siehe Kapitel 9). Doch früher oder später werden sich User und Userinnen sowie Theme- & Plugin-Entwickler und Entwicklerinnen mit dem neuen Block-Editor auseinander setzen müssen – Gutenberg bietet nach einer gewissen Einarbeitung und Gewöhnung an den neuen Workflow sehr wohl auch Vorteile und Entwicklungsmöglichkeiten.

Für die Verwendung von Gutenberg ist *JavaScript* erforderlich. Sollten Sie auf Ihrem Gerät JavaScript deaktiviert haben, so erscheint eine Fehlermeldung mit einem Hinweis, sobald Sie eine Seite oder einen Beitrag erstellen oder bearbeiten möchten (siehe Bild 8.1).

Bild 8.1 JavaScript muss aktiviert sein!

■ 8.1 Die Block-Editor-Oberfläche

Der Block-Editor ist nicht nur von der Funktionsweise, sondern auch von der Oberfläche her unterschiedlich zum gewohnten Classic Editor. Es gibt allerdings zahlreiche ähnliche bis gleichnamige Boxen wie beim klassischen Editor. Wenn Sie eine neue Seite oder einen neuen Beitrag erstellen, so öffnet sich Gutenberg mit einem Hinweis-Fenster *Willkommen in der wunderbaren Welt der Blöcke!* mit Tipps zur Verwendung von Gutenberg. Dieses Fenster können Sie mit dem *X* rechts oben im Fenster schließen oder sich den nächsten Tipp anschauen (siehe Bild 8.2).

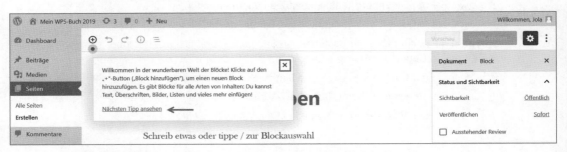

Bild 8.2 Das Fenster mit den Tipps können Sie getrost ausblenden!

Ist das Fenster mit den Tipps ausgeblendet, sehen Sie die gesamte Oberfläche mit einer neuen leeren Seite. Die folgenden Nummerierungen beziehen sich auf Bild 8.3. Oben über die gesamte Breite befindet sich die *Werkzeugleiste* (A) inklusive der *Veröffentlichen*-Schaltfläche (7). Am rechten Rand finden Sie in einer Sidebar die *Einstellungen* (B) mit den Bereichen *Dokument* (10) und *Block* (11). Unterhalb der Werkzeugleiste ist das Dokument, d. h. der Beitrag bzw. die Seite mit *Titel* (C) und der *Inhaltsteil* (D) platziert. Die Oberfläche bei einem (neuen) Beitrag unterscheidet sich lediglich in weiteren, beitragsspezifischen Einstellungsmöglichkeiten im Bereich *Dokument* in der Einstellungen-Sidebar.

Bild 8.3 Aufbau des neuen Gutenberg Block-Editors

8.1.1 Block-Editor: Werkzeugleiste (A)

Die *Werkzeugleiste* (A) beinhaltet einige wichtige Funktionen, manche sind erst nach dem ersten (automatischen) Speichern aktiviert (siehe Bild 8.5).

Bild 8.4 Die Gutenberg Werkzeugleiste bei einem neuen Dokument

Sobald Sie mit dem Tippen beginnen, egal ob im Titel-Block oder im Inhaltsteil, erscheint neben Vorschau der Link *Speichern* (siehe Bild 8.5, oben). Während automatisch gespeichert wird, erscheint eine Wolke und daneben *Automatische Speicherung* und die Schaltflächen *Vorschau* und *Veröffentlichen* sind deaktiviert (siehe Bild 8.5, Mitte). Ist das Speichern abgeschlossen, wird ein Häkchen und *Gespeichert* angezeigt (siehe Bild 8.5, unten).

Bild 8.5 Das Dokument wird automatisch gespeichert

1. **Werkzeugleiste – Block hinzufügen (1)** – Dies ist ein besonders wichtiges und mächtiges Werkzeug, hier können Sie sämtliche Inhaltselemente mittels *Blöcke* einfügen. Wenn Sie auf das +-Symbol klicken (1), wird der Reiter *Meistgenutzt* geöffnet angezeigt (siehe Bild 8.6, links). Um die anderen Blöcke zu sehen, scrollen Sie hinunter oder schließen *Meistgenutzt* mit einem Klick auf den Namen. Die Blöcke sind zwecks besserer Übersicht zusammengefasst in *Meistgenutzt, Allgemeine Blöcke, Formatierung, Layout-Elemente, Widgets* und *Einbettungen* (siehe Bild 8.6, Mitte). Sobald Sie einen wiederverwendbaren Block speichern, wird die Liste mit dem Bereich *Wiederverwendbar* gezeigt (siehe Bild 8.6, rechts).

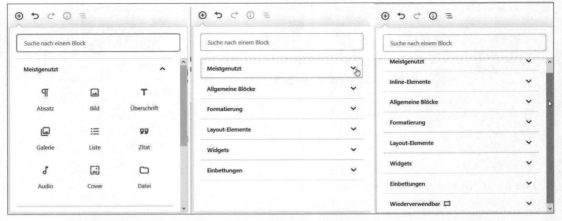

Bild 8.6 Über *Block hinzufügen* fügen Sie sämtliche Inhaltselemente ein

2. **Werkzeugleiste – Rückgängig (2)** – Macht den letzten Schritt rückgängig.

3. **Werkzeugleiste – Wiederholen (3)** – Wiederholt den letzten Schritt oder die zuvor rückgängig gemachte Aktion erfolgt doch.

4. **Werkzeugleiste – Inhaltliche Struktur (4)** – Hier können Sie sich die Anzahl der Wörter, Überschriften, Absätze und Blöcke anzeigen lassen (siehe Bild 8.7). Im Beispiel befinden sich zwei Absatz-Blöcke mit insgesamt neun Wörtern im Dokument. Beachten Sie, dass die Überschrift nicht mitgezählt wird.

Bild 8.7 Die inhaltliche Struktur des Dokuments

5. **Werkzeugleiste – Block-Navigation (5)** – Über den Link *Block-Navigation* (5) können Sie bequem zwischen den vorhandenen Blöcken wechseln (siehe Bild 8.7). Dies ist besonders bei längeren Inhalten mit zahlreichen Blöcken äußerst praktisch.

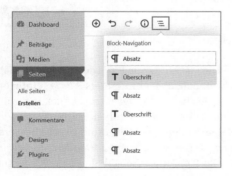

Bild 8.8
Die Block-Navigation ermöglicht das Wechseln zwischen den Blöcken

6. **Werkzeugleiste – Vorschau (6)** – Zeigt eine Vorschau der Seite bzw. des Beitrags an.

7. **Werkzeugleiste – Veröffentlichen-Schaltfläche (7)** – Die Einstellungen bezüglich der Veröffentlichung der Seite bzw. des Beitrags wie Zeitpunkt etc. nehmen Sie in den Einstellungen im Bereich *Dokument* unter Status und Sichtbarkeit vor. Mit Klick auf die Schaltfläche **Veröffentlichen** wird das Dokument veröffentlicht. Diese Schaltfläche ist beim Erstellen eines neuen Dokuments (unabhängig davon ob Beitrag oder Seite) ausgegraut (siehe Bild 8.9, oben). Sie wird erst mit dem ersten (automatischen) Speichern des Entwurfs aktiviert (siehe Bild 8.9, Mitte). Sobald ein Zeitpunkt für die Veröffentlichung ausgewählt wird, erscheint statt *Veröffentlichen* die Schaltfläche *Planen*.

8. **Einstellungen-Sidebar (B) ein- bzw. ausblenden (8)** – Mit Klick auf das **Zahnrädchen** werden die Einstellungen ein- bzw. ausgeblendet. Sie können die Einstellungen-Sidebar auch mit Klick auf das kleine **X** am rechten Rand in der grauen Leiste mit Dokument/ Block ausblenden.

9. **Schaltfläche Weitere Werkzeuge und Optionen (9)** – Hinter den drei Punkten *(Weitere Werkzeuge und Optionen)* verstecken sich die Bereiche *Ansicht*, *Editor* und *Werkzeuge*. Im Bereich *Ansicht* legen Sie fest, ob die obere Werkzeug-Leiste am oberen Rand fixiert werden soll und ob Sie im Spotlight-Modus und/oder im Vollbild-Modus arbeiten möchten (siehe Bild 8.9). Im *Spotlight-Modus* wird nur der gerade bearbeitete Block aktiv angezeigt, die anderen Blöcke sind ausgegraut. Im *Vollbild-Modus* ist nur Gutenberg im Browser-Fenster zu sehen und zwar mit der gewählten Einstellung bezüglich Oberer Werkzeugleiste und/oder Spotlight-Modus. Im Bereich *Editor* besteht die Möglichkeit, zwischen *Visueller Editor* oder *Code-Editor* zu wählen. Unter *Werkzeuge* können Sie Ihre *wiederverwendbaren Blöcke* verwalten (siehe Abschnitt 8.2.5.2), die *Tastenkürzel* anzeigen lassen (siehe Abschnitt 8.1.1.1), den *kompletten Inhalt kopieren* (siehe Abschnitt 8.1.1.2) sowie die *Ansicht anpassen* (siehe Abschnitt 8.1.1.3). Mit WordPress 5.2 wurde ein *Block-Manager* eingeführt, über diese kann man Blöcke, die man nicht benötigt, ausblenden (siehe Bild 8.9, Mitte).

Wenn durch Plugins der Block-Editor erweitert wird, so erscheint zwischen Editor und Werkzeuge der Bereich *Plugins*. Im Beispiel in Bild 8.9, rechts, sind es die Plugins Classic Editor und Jetpack.

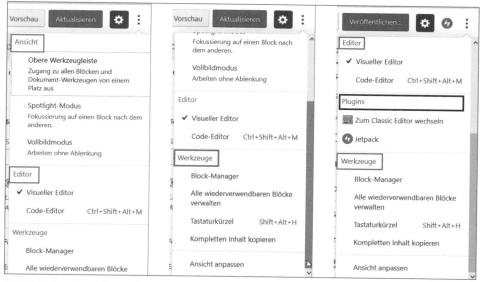

Bild 8.9 Der Menü-Punkt Mehr (drei Punkte) in der Werkzeugleiste

8.1.1.1 Block-Editor: Tastaturkürzel

In Gutenberg erleichtern Tastenkürzel das flüssige Arbeiten, ohne die Tastatur verlassen zu müssen. Die wohl hilfreichsten Tastenkürzel sind folgende:

- Mit *Enter* erstellen Sie einen neuen Block.

- Ein *Slash* (/) am Anfang eines neuen Blocks listet häufig verwendete Blöcke auf und zwar direkt unterhalb vom Slash (siehe Bild 8.10, links). In der Liste können Sie mit den Pfeil-Tasten hinauf (↑) und hinunter (↓) navigieren und mit *Enter* einen Block auswählen. Sobald Sie andere Blöcke verwendet haben, im Beispiel *Medien und Text*, so wird dieser Block in dieser Liste ebenfalls angezeigt (siehe Bild 8.10, rechts).

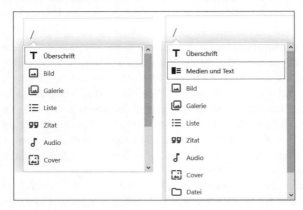

Bild 8.10
Mit einem Slash lassen sich
Blöcke anzeigen

- Wenn Sie einen bestimmten Block suchen, so tippen Sie nach dem Slash zumindest den Anfang des Blocknamens oder was dieser Block enthalten soll. Im Beispiel möchte ich ein Bild einfügen. Sobald man beginnt, *bild* bzw. *Bild* zu tippen, werden alle Blöcke, die etwas mit Grafiken zu tun haben, aufgelistet. Im Beispiel sind es die Blöcke *Medien und Text, Bild, Galerie, Instagram* und *Flickr* (siehe Bild 8.11, links). Beispielsweise bei der Suche nach Video-Blöcken werden *Video, YouTube, Vimeo* und *VideoPress* angezeigt (siehe Bild 8.11, Mitte). Wenn Sie beginnen, das Wort *einbetten* zu tippen, erscheinen in der Liste der möglichen Blöcke *Twitter, YouTube, Facebook, Instagram, WordPress, SoundCloud, Spotify, Flickr* und *Vimeo* (siehe Bild 8.11, rechts).

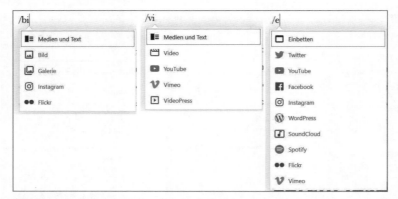

Bild 8.11 Suche nach Blöcken mit Grafiken, Videos und Einbetten

- Eine neue nummerierte Liste beginnen Sie mit *1.* und einem Leerzeichen am Anfang der Zeile im neuen Block.

- Mit – (Bindestrich) und einem Leerzeichen beginnen Sie eine Aufzählung.

- Mit > und einem Leerzeichen beginnen Sie ein Zitat.

- Für eine Überschrift Ebene 2 (<h2>) beginnen Sie die Zeile mit ## und einem Leerzeichen, mit ### für eine <h3> bis ###### für eine <h6>.

- *Strg + K* verwandelt das markierte Wort bzw. die markierten Wörter in einen Hyperlink.

- *Strg + Shift + K* entfernt den Hyperlink.

- Mit *Strg + Shift + ,* (Windows) bzw. *Cmd + Shift + ,* (Mac) blenden Sie die Eigenschaften-Leiste aus und wieder ein.

- *Strg + Shift + Alt + M* (Windows) bzw. *Cmd + Shift + Alt + M* (Mac) wechselt zwischen Visuellem Editor und Code-Editor hin und zurück.

- Einen Block entfernen Sie mit *Shift + Alt + Z.*

- Mit *Strg + V* fügen Sie einen kopierten Inhalt samt Formatierung ein.

- Mit *Strg + Shift + V* fügen Sie einen kopierten Text ohne Formatierung ein.

- *Shift + Alt + H* öffnet eine Liste mit den Tastenkürzeln in Gutenberg (siehe Bild 8.12). Sie können diese Liste auch über *Weitere Werkzeuge und Optionen* (drei Punkte rechts oben) aufrufen.

Bild 8.12 Das Fenster Tastaturkürzel in Gutenberg

8.1.1.2 Block-Editor: kompletten Inhalt kopieren

Zum Duplizieren einer Seite oder eines Beitrags (siehe Bild 8.13, links) klicken Sie auf **Kompletten Inhalt kopieren** im Bereich *Werkzeuge* unter *Weitere Werkzeuge und Optionen* (drei Punkte rechts oben). Sobald der Inhalt kopiert wurde, erscheint für fünf Sekunden *Kopiert!* und wechselt danach wieder zurück zu *Kompletten Inhalt kopieren* (siehe Bild 8.13, rechts). Wechseln Sie anschließend zu einer neuen Seite oder einem neuen Beitrag. Klicken Sie in den Block unterhalb des Titels und fügen Sie den kopierten Inhalt mit *Strg + V* (Windows) bzw. *Cmd + V* (Mac) ein. Beachten Sie, dass lediglich der Inhalt des Dokuments kopiert wird. Der Titel des Dokuments sowie etwaige Angaben in benutzerdefinierten Feldern etc. werden nicht mitkopiert!

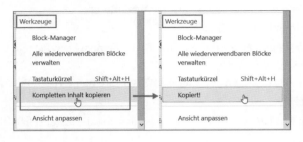

Bild 8.13
Hier können Sie den Inhalt des Dokuments kopieren

8.1.1.3 Block-Editor: Ansicht anpassen

Im Bereich *Werkzeuge* unter *Weitere Werkzeuge und Optionen* (drei Punkte rechts oben) finden Sie ganz unten den Punkt *Ansicht anpassen*. Hier können Sie festlegen, welche Optionen aktiviert und welche Dokument-Bedienfelder in der Einstellungen-Seitenleiste angezeigt werden sollen. Im Bereich *Allgemein* aktivieren Sie die Anzeige von *Tipps* sowie eine – meiner Meinung nach – nützliche, wenn auch manchmal nervende Option. Mit *Prüfungen vor der Veröffentlichung aktivieren* wird eine quasi zweistufige Veröffentlichung aktiviert (siehe Bild 8.14, links). Normalerweise gehen Inhalte bei Klick auf *Veröffentlichen* sofort online und sind für Besucher und Besucherinnen sofort sichtbar. Ist Ihre Website mit sozialen Plattformen etc. verknüpft (via *Jetpack* oder andere RSS für Social Integration), so ist der neue Beitrag auch dort sofort sichtbar. Ist hingegen diese Option aktiviert, so erscheint bei Klick auf **Veröffentlichen** in der Einstellungen-Seitenleiste der Button *Veröffentlichen* und darunter die Frage *Bereit zur Veröffentlichung?* (siehe Bild 8.14, rechts). Sie haben hier die Möglichkeit, die Einstellungen bezüglich Sichtbarkeit und Veröffentlichungsdatum nochmals zu überprüfen. Dieser Pre-Check bewahrt Sie davor, unbeabsichtigt halbfertige Beiträge bzw. Seiten sowie Sachen zu veröffentlichen, die noch nicht online gehen hätten sollen. Möchten Sie noch nicht veröffentlichen, dann schließen Sie das Panel mit Klick auf das **X** rechts oben. Soll der Beitrag bzw. die Seite sofort online gehen, klicken Sie auf die Schaltfläche **Veröffentlichen**.

Bild 8.14 Aktivieren Sie den Pre-Check vor der Veröffentlichung!

Im Bereich Dokument-Bedienfelder können Sie auswählen, welche Bedienfelder neben *Status und Sichtbarkeit* in der Dokument-Seitenleiste angezeigt werden sollen. Für Seiten sind es *Permalink, Beitragsbild, Diskussion* sowie *Seiten-Attribute* (siehe Bild 8.15, links). Bei Beiträgen können die Bedienfelder *Permalink, Kategorie, Schlagwörter, Beitragsbild, Auszug* sowie *Diskussion* angezeigt werden (siehe Bild 8.15, rechts).

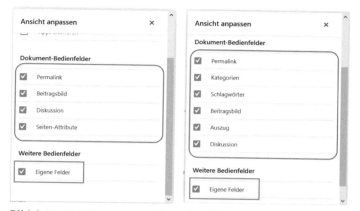

Bild 8.15 Ansicht anpassen mit den Bereichen Dokument-Bedienfelder für Seiten (Mitte) und Beiträge (rechts) sowie Weitere Bedienfelder

Ganz unten im Dialog-Fenster *Ansicht anpassen* befindet sich der Bereich *Weitere Bedienfelder*. Hier kann die Meta-Box *Eigene Felder* aktiviert werden (siehe Bild 8.15, jeweils unten). Nach der Aktivierung des Kästchens wird der Editor neu geladen und das Panel *Eigene Felder* am Fuß des Editors angezeigt (siehe Bild 8.16). Bei längeren Dokumenten ist das Panel nicht sichtbar, Sie müssen hinunter bis ganz an das Ende der Seite bzw. des Beitrags scrollen. Mit Klick auf die Leiste *Eigene Felder* wird das Panel aufgeklappt bzw. wieder eingeklappt.

> **Anmerkung:** Die *Custom Fields*, früher *Benutzerdefinierte Felder*, nun *Eigene Felder*, sind seit November 2018 in Gutenberg integriert.

Bild 8.16 Das Panel für Benutzerdefinierte Felder heißt nun Eigene Felder!

8.1.1.4 Block-Editor: Block-Manager

Mit WordPress 5.2.2 wurde ein Block-Manager eingeführt. Mit diesem ist es nun möglich, jene Blöcke, die man nicht benötigt, ausblenden zu lassen. Im Block-Manager sind alle verfügbaren Blöcke nach Bereichen aufgelistet, aktivierte Blöcke sind jene, die im Editor verwendet werden können (siehe Bild 8.17, rechts).

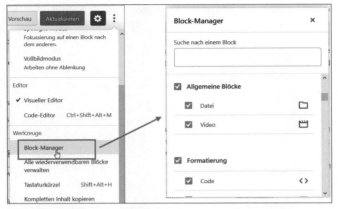

Bild 8.17 Der neue Block-Manager ist im Bereich Werkzeuge zu finden

8.1.2 Block-Editor: Einstellungen-Sidebar (B)

Die *Einstellungen-Sidebar* beinhaltet die Registerkarten *Dokument* und *Block*. Unter *Dokument* finden Sie Dokumentspezifische Einstellungsmöglichkeiten zu *Status und Sichtbarkeit* (inkl. *Beitragsformat*), *Kategorien, Schlagwörter, Beitragsbild, Textauszug* und *Diskussion* bei einem Beitrag (siehe Bild 8.18, links) sowie *Status und Sichtbarkeit, Beitragsbild, Diskussion* und *Seitenattribute* bei einer Seite (siehe Bild 8.18, Mitte). Unter der Registerkarte *Block* finden Sie Block-spezifische Einstellungsmöglichkeiten zum jeweils ausgewählten Block, den Sie bearbeiten möchten. Im Beispiel wurde ein *Absatz-Block* markiert, hier finden Sie die Bereiche *Texteinstellungen, Farbeinstellungen* und *Erweitert* (siehe Bild 8.18, rechts). Beachten Sie, dass die Einstellungen-Sidebar auf schmalen Screens defaultmäßig ausgeblendet ist!

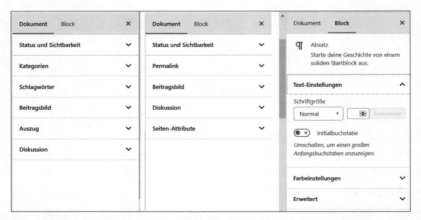

Bild 8.18 Die Einstellungen-Seitenleiste (B) mit Dokument bei einem Beitrag (links) und einer Seite (Mitte) sowie Block mit einem Absatz-Block (rechts)

8.1.2.1 Block-Editor: Dokument – Status und Sichtbarkeit

Im Bereich Status und Sichtbarkeit legen Sie fest, wann und wie das Dokument, als Beispiel in Bild 8.19, links eine Seite und in der Mitte ein Beitrag, veröffentlicht wird. Hier können Sie auch ein Passwort definieren (siehe Bild 8.19, rechts). Wenn Sie einen Beitrag erstellen, finden Sie in diesem Bereich die Auswahlmöglichkeit für das Beitragsformat und die Möglichkeit, einen Sticky Post mittels der Option *Auf der Startseite halten* zu erstellen (siehe Bild 8.19, Mitte). Mit Klick auf das **Sofort** neben *Veröffentlichen* können Sie eine Veröffentlichung planen. Mit *In den Papierkorb verschieben* wird die Seite noch nicht endgültig gelöscht, sondern lediglich in den Papierkorb gelegt. Von dort können Sie das Dokument wieder herausholen und weiterbearbeiten oder für immer löschen.

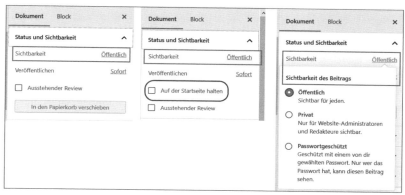

Bild 8.19 Bereich Status und Sichtbarkeit in der Einstellungen-Sidebar

8.1.2.2 Block-Editor: Permalinks

Das Panel Permalinks wird erst eingeblendet, wenn das neue Dokument das erste Mal (automatisch) gespeichert wird. Unabhängig davon, ob Sie im Visuellen oder im Text-Modus arbeiten, geben Sie als erstes immer einen Titel für Ihre neue Seite bzw. neuen Beitrag in die Titel-Zeile bei *Hier Titel eingeben* ein. Im Beispiel wurde eine neue Seite mit dem Titel *Meine erste Seite in Gutenberg* erstellt sowie ein Beitrag mit dem Titel *Test-Beitrag*. Sobald das Dokument das erste Mal automatisch gespeichert wird, erscheint das Panel *Permalinks* (siehe Bild 8.20). In welcher Form der Permalink bei Beiträgen angezeigt wird, hängt davon, welche Struktur Sie unter *Einstellungen/Permalink* festgelegt haben.

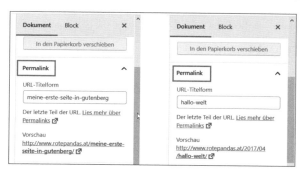

Bild 8.20
Der Permalink von einer Seite (links) und von einem Beitrag (rechts)

Was ist ein Permalink?

Das Wort *Permalink* setzt sich zusammen aus den Wörtern *permanent* und *Hyperlink*. Wie schon der Name sagt, ist ein Permalink eine Internetadresse einer Seite, die immer unter dieser Adresse auffindbar ist. Besonders wenn es um Suchmaschinenoptimierung geht, sind Permalinks von Bedeutung. Weder Besucher noch Suchmaschinen können beispielsweise mit . . ./?p=63, wie es Content Management Systeme standardmäßig erzeugen, etwas anfangen. Ein Permalink mit . . ./meine-erste-seite-in-gutenberg/ hingegen ist für Besucher und Suchmaschinen verständlicher. Zudem bringt ein Permalink in dieser Form auch ein besseres Ranking und dadurch mehr Besucher.

8.1.2.2.1 Permalink bearbeiten

Wenn Sie möchten, können Sie den Teil des Permalinks, der innerhalb des Felds unter URL angezeigt wird, bearbeiten und ändern. Im Beispiel wurde das Wort *meine* aus dem Permalink gelöscht (siehe Bild 8.21). Es ist jedoch empfehlenswert, die automatisch erstellten Permalinks zu belassen. Sollte die Seite oder der Beitrag in einem Menüpunkt verlinkt werden, dann verwendet man ohnehin meist einen kurzen und prägnanten Link-Text und nicht den langen Seiten- bzw. Beitrags-Titel.

Bild 8.21
Der Permalink (links) wurde geändert (rechts)

Eine andere Möglichkeit, den Permalink zu bearbeiten, erfolgt direkt über dem Titel. Sobald Sie in den Titel hinein klicken, erscheint die Permalink-Leiste oberhalb des Titels (siehe Bild 8.22, oben). Mit Klick auf **Bearbeiten** können Sie den Permalink bearbeiten und die Änderung anschließend mit *Speichern* übernehmen (siehe Bild 8.22, unten).

Bild 8.22 Die Bearbeitungsleiste für den Permalink erscheint über dem Titel!

8.1.2.2.2 Umlaute im Permalink

Was passiert, wenn im Titel Umlaute vorkommen? Früher wurden Umlaute und andere Sonderzeichen im Permalink einfach weggelassen. In aktuelleren WordPress-Versionen bis WordPress 4.9.9 mit dem *TinyMCE* als Editor werden deutsche Umlaute in Doppelbuchstaben umgewandelt. Satzzeichen erscheinen nicht in Permalinks. Der Titel *Eine höchst rühmliche, bärenstarke Test-Seite* hätte den Permalink `.../eine-hoechst-ruehmliche-baerenstarke-test-seite/`. In Gutenberg findet derzeit (Stand August 2019) leider keine sichtbare Umwandlung der deutschen Umlaute statt, solange eine Seite bzw. ein Beitrag nicht veröffentlicht wird. Die Slug für die Beispielseite lautet statt `.../eine-hoechst-ruehmliche-baerenstarke-test-seite/` nur `.../eine-hochst-ruhmliche-barenstarke-test-seite/`.

Bild 8.23 Fehlerhafte Umwandlung von Umlauten im Permalink in Gutenberg vor dem Veröffentlichen der Seite (Stand August 2019)

Sobald die Seite bzw. der Beitrag jedoch veröffentlicht wurde, wird der korrekt umgewandelte Permalink in Gutenberg angezeigt (siehe Bild 8.24). Diese „Problematik" bzw. Vorgangsweise hat sich zumindest bis inklusive WordPress 5.2.2 nicht geändert.

Bild 8.24 Korrekte Umwandlung und Anzeige der Umlaute im Permalink in Gutenberg nach dem Veröffentlichen der Seite

8.1.2.3 Block-Editor: Dokument – Beitragsbild

Hier können Sie ein *Beitragsbild*, ein sogenanntes *Featured Image*, definieren. Je nach Theme sollte dieses Beitragsbild eine bestimmte Größe haben. Auch die Verwendung eines Beitragsbilds ist Theme-abhängig und reicht beispielsweise von einer kleinen Vorschaugrafik bis hin zu einem Hintergrundbild über die halbe bis ganze Seite. Beitragsbilder können beispielsweise auch für eine Slide-Show herangezogen werden.

Im Theme *Twenty Nineteen* ist wie bei vielen anderen Bereichen auch die Beitragsbild-Größe etwas gewöhnungsbedürftig. Hier wird eine Größe von 2000 × 1200px empfohlen, da diese Grafik über die gesamte Breite und Höhe des Monitors gelegt wird und zwar in Form einer Headergrafik, auf der Logo, Titel der Seite, Navigation sowie Seiten-Titel bzw. Beitrags-Titel samt Metas platziert werden. Wenn Sie im *Customizer* bei *Farben* eine Farbe ausgewählt haben, so wird diese Farbe als Filter über die Grafik gelegt.

> **Tipp:** Mittels der Beitragsbilder kann man in Theme *Twenty Nineteen* unterschiedliche „Header-Grafiken" für Seiten und Beiträge festlegen. Da ein Filter über die Bilder gelegt wird und diese dadurch weniger scharf wirken, können relativ problemlos auch Bilder, die kleiner als die empfohlene Bildgröße sind, verwendet werden. Hier einige Bildgrößen ausgehend von der empfohlenen Größe von 2000 × 1200px, berechnet mit dem *Aspect Ratio Calculator* (ein hilfreiches Tool zum Berechnen von Bildgrößen, zu finden unter *https://andrew.hedges.name/experiments/aspect_ratio/ original.html*, Stand 30.03.2020). Kleiner als 800 × 480px sollten die Bilder allerdings nicht sein:
>
> - 2000 × 1200px
> - 1800 × 1080px
> - 1600 × 960px
> - 1400 × 840px
> - 1200 × 720px
> - 1000 × 600px
> - 800 × 480px

Laut Beschreibung des Themes *Twenty Nineteen* hat die Seite bzw. Hauptspalte auf einem 1.440px Laptop-Screen eine Breite von bis zu 1032px mit einem einspaltigen Layout. Es gibt unten im Footer einen Widgets-Bereich mit einer Breite von bis zu 1032px. Bis zu einer Breite von mindestens 768px werden die Widgets in diesem Widgets-Bereich in zwei Spalten angezeigt.

Um ein *Beitragsbild* zu definieren, klicken Sie auf **Beitragsbild festlegen** (siehe Bild 8.25, links). Wurde ein Bild bereits ausgewählt, wird eine Vorschau angezeigt. Darunter befinden sich die Schaltflächen zum Ersetzen bzw. Löschen des gewählten Beitragsbilds (siehe Bild 8.25, rechts).

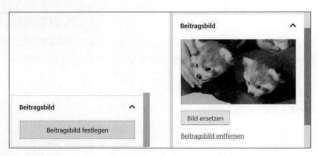

Bild 8.25
Hier legen Sie ein Beitragsbild fest

8.1.2.4 Block-Editor: Dokument – Diskussion

Im Bereich *Diskussion* legen Sie fest, ob Kommentare beim Beitrag bzw. bei der Seite, die Sie gerade bearbeiten, erlaubt werden sollen oder nicht. Bild 8.26 zeigt links diesen Bereich in den Sidebar-Einstellungen beim Erstellen einer Seite (links) und eines Beitrags (rechts).

Bild 8.26
Bereich Kommentare beim Erstellen einer Seite (links) bzw. einem Beitrag (rechts)

8.1.2.5 Block-Editor: Dokument – Seitenattribute

Wenn Sie eine Seite erstellen bzw. bearbeiten, wird auch der Bereich *Seitenattribute* in der Einstellungen-Sidebar angezeigt (siehe Bild 8.27, links). Nur wenn neben dem Standard-Template zumindest ein weiteres Seiten-Template existiert, steht hier auch die Auswahlmöglichkeit *Template* zur Verfügung (siehe Bild 8.27, Mitte). Im Beispiel wurde ein eigenes Template für eine *Seite ohne Kommentare* erstellt. Dieses Template steht nun bei den Seitenattributen zur Verfügung (siehe Bild 8.27, rechts).

Bild 8.27 Der Bereich Seiten-Attribute in der Einstellungen-Sidebar

8.1.2.6 Block-Editor: Dokument – Revisionen

Die Anzahl der *Revisionen* wird in der Einstellungen-Sidebar in der Registerkarte *Dokument* unterhalb des Bereichs *Status und Sichtbarkeit* angezeigt. Bild 8.28, links, zeigt ein Beispiel mit sechs Revisionen von einem Beitrag. Mit Klick auf **Revisionen** öffnet sich die Seite mit den Revisionen. Hier können Sie einzelne Revisionen, d.h. gespeicherte Versionen Ihres Beitrags bzw. Ihrer Seite, miteinander vergleichen und zu einer früheren Version zurückkehren. Mit Klick auf **Zum Editor zurückkehren** verlassen Sie die Seite *Revisionen* wieder.

Bild 8.28, rechts, zeigt die Situation auf einer Seite von *Rhinos in Europe*, die im Jahr 2013 erstellt wurde. In der Zwischenzeit haben sich durch regelmäßige Updates dieser Seite 68 Revisionen angesammelt. Dies ist absolut unnötiger Datenmüll, der nur Platz verbraucht. Deshalb ist es sinnvoll, die Anzahl der Revisionen zu begrenzen und beispielsweise nur die letzten drei Versionen beizubehalten und anzeigen zu lassen. Erfahrungsgemäß ist es keinesfalls empfehlenswert, diese Funktion vollkommen zu deaktivieren. Dann hätten Sie nämlich überhaupt keine Möglichkeit, auf zumindest die letzten paar Versionen zuzugreifen.

Bild 8.28
Revisionen werden unterhalb von
Status und Sichtbarkeit angezeigt

8.1.2.6.1 Anzahl der Revisionen begrenzen

Zum Begrenzen der Anzahl der gespeicherten Versionen müssen Sie lediglich die Zeile

```
define( 'WP_POST_REVISIONS', 3 );
```

in die Datei wp-config.php einfügen (siehe Zeile 94 in Bild 8.29). Die Zahl – im Beispiel 3 –
legt die Anzahl der gespeicherten Versionen fest. Möchten Sie überhaupt keine Revisionen
speichern, kommt false an die Stelle der Zahl (was jedoch, wie schon erwähnt, nicht empfehlenswert ist!). Beachten Sie, dass sich die Änderung in der wp-config.php nur auf zu-
künftiges Speichern von Revisionen bezieht. Bereits bestehende Revisionen müssen aus der
Datenbank entweder händisch oder mittels Plugins gelöscht werden.

```
91  $table_prefix  = 'wp_';
92
93  // Anzahl der Revisionen auf 3 begrenzen
94  define( 'WP_POST_REVISIONS', 3 );  ◄
95
```

Bild 8.29 Die Codezeile wurde in Zeile 94 eingefügt

Nach dem Einfügen der Code-Zeile speichern Sie die Datei wp-config.php. Fürs Arbeiten auf
XAMPP reicht das Speichern der Datei, ansonsten müssen Sie die geänderte Datei wp-
config.php über FTP auf den Server laden.

8.1.2.6.2 Alte Revisionen aus der Datenbank löschen

Um händisch alte Revisionen aus der Datenbank zu löschen, müssen Sie sich über
phpMyAdmin in Ihre Datenbank einloggen. Auf XAMPP geben Sie im Browser http://
localhost/phpmyadmin/ bzw. http://localhost:81/phpmyadmin/ ein. Auf Ihrem eigenen
Server erreichen Sie die *phpMyAdmin*-Oberfläche normalerweise über Ihren Admin-Zugang
bei Ihrem Provider. Erstellen Sie zuerst eine Sicherung der Datenbank (siehe Kapitel 3).
Dann gehen Sie wie folgt vor:

1. Wählen Sie in der linken Spalte die Datenbank aus, in der die WordPress-Tabellen liegen. Im Beispiel ist es die Datenbank db_wp5buch auf XAMPP (siehe Bild 8.30).

2. Klicken Sie im rechten Teil auf die Registerkarte *SQL*.

3. Schreiben Sie den Code aus Listing 8.1 (ohne Zeilennummern!) in das Textfeld (siehe
   Bild 8.30). Mit diesem SQL-Befehl werden in der Tabelle wp_posts jene Zeilen gelöscht,
   die in der Spalte post_type den Eintrag revision enthalten. WordPress kennt von Haus

aus die Post-Typen post, page, attachment und revision. Dazu könnten noch eigene *Custom Post Types,* die eigenen benutzerdefinierten Post-Typen, kommen.

Listing 8.1 SQL-Befehl zum Löschen von allen Revisionen

```
1 DELETE
2 FROM wp_posts
3 WHERE post_type = 'revision'
```

4. Klicken Sie anschließend rechts unten auf OK.

Bild 8.30 Fügen Sie den SQL-Befehl in das Textfeld ein

5. Sie werden gefragt, ob Sie dies tatsächlich durchführen wollen. Klicken Sie auf OK. Es erscheint die Meldung mit der Anzahl der durchgeführten Aktionen. Im Beispiel wurden 33 Revisionen entfernt (siehe Bild 8.31).

Bild 8.31 Es wurden 33 Revisionen entfernt

8.1.2.6.3 AutoSave-Intervall ändern

WordPress verwendet Ajax, um eine automatische Speicherung beim Erstellen von Beiträgen und Seiten durchzuführen. Im Gegensatz zur *Revision,* welche bei jedem Aktualisieren neu angelegt wird, überschreibt *AutoSave* die letzte Version mit den aktuellen Änderungen. Damit ist jeweils die quasi aktuellste Version eines Entwurfs einer Seite oder eines Beitrags in der Datenbank gesichert, ohne dass Sie immer wieder an manuelles Speichern denken müssen.

Standardmäßig wird *AutoSave* alle 60 Sekunden durchgeführt. Um die Intervalle beispielsweise auf drei Minuten, d. h. 180 Sekunden, zu erhöhen, können Sie die Zeile

```
define( 'AUTOSAVE_INTERVAL', 180 );
```

in die wp-config.php einfügen (siehe Zeile 97 in Bild 8.32). Durch Erhöhen des Werts verringern Sie von vornherein die Anzahl der gespeicherten Revisionen. Erfahrungsgemäß sind automatische Speicher-Intervalle von drei bis fünf Minuten empfehlenswert, damit im Fall des Falles nicht allzu viele Änderungen, die Sie durchgeführt haben, verloren gehen.

```
94  define( 'WP_POST_REVISIONS', 3 );
95
96  // AutoSave auf 3 Minuten = 180 Sekunden
97  define( 'AUTOSAVE_INTERVAL', 180 );  ◀────
98
```

Bild 8.32 In Zeile 97 wird das Intervall für die automatische Speicherung in Sekunden festgelegt – achten Sie auf die korrekte englische Schreibweise!

8.1.2.7 Block-Editor: Dokument – Kategorien

Beim Erstellen bzw. Bearbeiten eines Beitrags wird der Bereich *Kategorien* in der *Einstellungen-Sidebar* angezeigt (siehe Bild 8.33, links). Hier können Sie aus bestehenden Kategorien auswählen oder eine neue Kategorie erstellen:

1. Klicken Sie dazu auf **Neue Kategorie erstellen**.

2. Es erscheint ein Textfeld zur Eingabe der neuen Kategorie. Schreiben Sie den Namen der neuen Kategorie in dieses Textfeld, im Beispiel *Test*, und klicken Sie anschließend auf die Schaltfläche **Neue Kategorie erstellen** unterhalb des Textfelds (siehe Bild 8.33, Mitte).

3. Die neue Kategorie wird nun gelistet (siehe Bild 8.33, rechts). Achten Sie darauf, dass die korrekte Kategorie aktiviert ist.

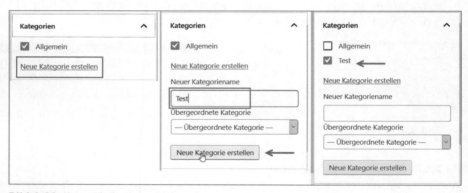

Bild 8.33 Kategorie festlegen in Gutenberg

8.1.2.8 Block-Editor: Dokument – Schlagwörter

Auch der Bereich *Schlagwörter* wird beim Erstellen bzw. Bearbeiten eines Beitrags eingeblendet (siehe Bild 8.34, links). Schreiben Sie das gewünschte Schlagwort in das Textfeld *Neues Schlagwort hinzufügen*. Mit *Enter* wird das Schlagwort übernommen, im Beispiel *test* und *lorem ipsum* (siehe Bild 8.34, rechts). Mit Klick auf das **X** neben dem jeweiligen Schlagwort kann es wieder gelöscht werden. Eine Korrektur bei Tippfehlern ist nicht möglich, Sie müssen das falsch geschriebene Schlagwort löschen und dann neu schreiben und hinzufügen.

Bild 8.34
Hier können Sie Schlagwörter hinzufügen

8.1.2.9 Block-Editor: Dokument – Textauszug

Im Bereich *Textauszug* in der Einstellungen-Sidebar können Sie beim Erstellen bzw. Bearbeiten eines Beitrags für jeden Beitrag eine Zusammenfassung zum Beitrag einfügen (siehe Bild 8.35). Diese optionale Zusammenfassung bzw. Kurzfassung Ihres Beitrags kann als *manueller Textauszug* (engl. *Excerpt*) beispielsweise anstelle des von WordPress automatisch generierten Textauszugs eingesetzt werden.

Bild 8.35
Hier erstellen Sie einen manuellen Textauszug

8.1.3 Block-Editor: Inhaltsteil (D)

Im neuen Editor werden im *Inhaltsteil* (D) sämtliche Inhaltselemente einer Seite bzw. eines Beitrags als eigenständige Bereiche, sogenannte *Blöcke* definiert. Diese können unabhängig voneinander bearbeitet, verschoben und als wiederverwendbare Elemente gespeichert und wieder eingefügt werden. Die einzelnen Blöcke werden beim Erstellen intern mit einem Kommentar-Tag – beispielsweise `<!-- wp:paragraph -->` für einen Absatz-Block – umschlossen (siehe Bild 8.36). Im Frontend sind diese Kommentar-Tags beim Ausliefern der jeweiligen Seite jedoch nicht sichtbar.

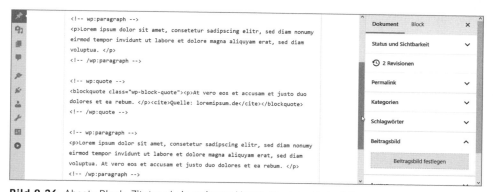

Bild 8.36 Absatz-Block, Zitat und ein weiterer Absatz-Block im Code-Editor

8.1.3.1 Block-Editor: Titel (C)

Auch der *Titel* einer Seite bzw. eines Beitrags ist im Grunde genommen ein Block, wird jedoch anders als die Inhalts-Blöcke behandelt. Wurde der *Titel* markiert, werden in der Seitenleiste die *Dokument-Einstellungen* angezeigt. Wird ein Inhalts-Block markiert, sind in der Seitenleiste die jeweiligen *Block-Einstellungen* zu sehen.

■ 8.2 Block-Editor: Arbeiten mit Blöcken

Bevor die einzelnen Blöcke vorgestellt werden, lernen Sie zuerst das Arbeiten mit Gutenberg-Blöcken kennen: wie Sie einen neuen Block hinzufügen, Blöcke verschieben, den Typ eines Blocks ändern, einen wiederverwendbaren Block erstellen sowie diese verwalten und Blöcke löschen.

8.2.1 Block-Editor: Neuen Block hinzufügen

Die einfachste Methode, den wohl am häufigsten eingesetzten Block hinzuzufügen, ist die *ENTER*-Taste. Diese fügt einen neuen *Absatz-Block* hinzu und zwar unterhalb des aktuellen Blocks. Möchten Sie einen anderen Block hinzufügen, klicken Sie entweder auf das +-Symbol über dem aktuell markierten Block. Hierbei wird der neu gewählte Block oberhalb eingefügt. Oder Sie klicken auf das +-Symbol links oben in der Werkzeugleiste (siehe Bild 8.37), dann wird der neue Block unterhalb des aktuellen Blocks eingefügt.

Bild 8.37
Fügen Sie einen neuen Block hinzu

Eine weitere Möglichkeit mit Auswahl der Position des neuen Blocks finden Sie unter den drei Punkten der Block-Werkzeugleiste. Hier können Sie festlegen, ob der neue Block vor oder hinter dem aktuellen Block eingefügt wird (siehe Bild 8.38).

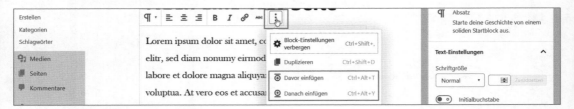

Bild 8.38   Hier können Sie die Position des neuen Blocks auswählen

8.2.2 Block-Editor: Blöcke verschieben

Zum Verschieben von Blöcken an eine andere Position haben Sie ebenfalls zwei Möglichkeiten. Einerseits können die Blöcke mittels der Pfeiltasten links neben dem jeweiligen Block schrittweise hinauf oder hinunter verschoben werden (siehe Bild 8.39, oben).

Die andere Möglichkeit ist mit Drag & Drop (siehe Bild 8.39, unten). Klicken Sie dafür zuerst auf die Fläche mit den sechs Punkten neben dem jeweiligen Block, der verschoben werden soll. Ziehen Sie dann den Block mit gedrückter linker Maustaste an die neue Position. Sobald eine blaue Linie an der gewünschten neuen Position erscheint, können Sie die Maustaste loslassen. Im Beispiel wurde ein Überschriften-Block (mit dem Inhalt „eine H2") verschoben.

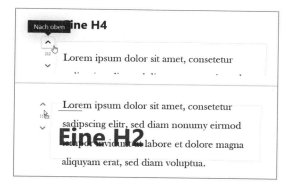

Bild 8.39
Verschieben der Blöcke mit Pfeilen
(oben) oder mit Drag & Drop (unten)

8.2.3 Block-Editor: Block-Typ ändern

Sie können jederzeit den Block-Typ ändern und beispielsweise eine Überschrift 2 in eine andere Überschriftebene oder einen Absatz oder ein Zitat etc. umwandeln. Für die einzelnen Blöcke gibt es jeweils unterschiedliche vordefinierte Umwandlungsmöglichkeiten.

8.2.3.1 Block-Editor: Block-Typ Überschrift umwandeln

Um eine Überschriftebene in eine andere Überschriftebene zu ändern, wählen Sie entweder in der oberen Werkzeugleiste oder in der Seitenleiste im Bereich Überschriften-Einstellungen eine andere Ebene aus (siehe Bild 8.40). Hier können Sie auch die *Textausrichtung* der Überschrift (*linksbündig, zentriert* oder *rechtsbündig*) festlegen.

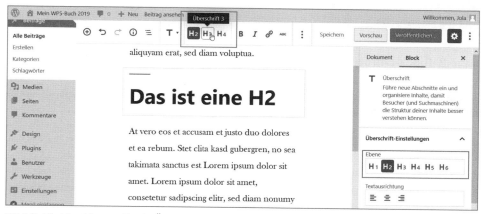

Bild 8.40 Hier können Sie die Überschriftebene ändern

Möchten Sie die markierte *Überschrift* in einen anderen Block-Typ umwandeln, so stehen die Blöcke *Absatz, Zitat* und *Cover* zur Auswahl. Fahren Sie zum Ändern des Block-Typs auf das Symbol des aktuellen Block-Typs, im Beispiel ein *T* für *Überschrift* (*Titel*), oben in der Werkzeugleiste (siehe Bild 8.41, oben), es verändert sich in das Symbol für *Block-Typ ändern* (siehe Bild 8.41, unten).

Bild 8.41 In der Werkzeugleiste können Sie den Block-Typ ändern

Sobald Sie auf dieses Symbol klicken, erscheint ein Fenster mit den möglichen Block-Typen, in die der aktuelle Block-Typ umgewandelt werden kann. Bei einer *Überschrift* stehen die Blöcke *Absatz, Zitat* und *Cover* zur Verfügung (siehe Bild 8.42). Klicken Sie auf den gewünschten neuen Block-Typ.

Bild 8.42 Überschriften können in einen Absatz, ein Zitat und ein Cover umgewandelt werden

8.2.3.2 Block-Editor: weitere Block-Typen umwandeln

Wie bei der Überschrift können auch andere Block-Typen nur in bestimmte andere Block-Typen umgewandelt werden. Hier einige ausgewählte Blöcke in alphabetischer Reihenfolge und deren Umwandlungsmöglichkeiten:

- Block-Typ *Absatz* – umwandeln in *Liste, Überschrift, Vers, Vorformatiert* und *Zitat;*
- Block-Typ *Audio* – umwandeln in *Datei;*
- Block-Typ *Bild* – umwandeln in *Cover, Datei, Galerie* sowie *Medien und Text;*
- Block-Typ *Cover* – umwandeln in *Bild* oder *Video* (je nach Medium) sowie *Überschrift;*
- Block-Typ *Datei* – kann in keinen anderen Block-Typ umgewandelt werden;
- Block-Typ *Galerie* – umwandeln in *Bild;*
- Block-Typ *Liste* – umwandeln in *Absatz* und *Zitat;*

- Block-Typ *Medien und Text* – umwandeln in *Bild* bzw. *Video;*
- Block-Typ *Pullquote* – umwandeln in *Zitat;*
- Block-Typ *Vers* – umwandeln in *Absatz;*
- Block-Typ *Video* – umwandeln in *Cover, Datei* sowie *Medien und Text;*
- Block-Typ *Vorformatiert* – umwandeln in *Absatz;*
- Block-Typ *Zitat* – umwandeln in *Absatz, Liste, Pullquote* und *Überschrift;*

8.2.4 Block-Editor: Block löschen

Möchten Sie einen Block löschen, so markieren Sie zuerst den jeweiligen Block, den Sie entfernen möchten, und klicken anschließend auf die drei Punkte in der Werkzeugleiste und wählen *Block entfernen* (siehe Bild 8.43). Eine andere Möglichkeit des Löschens funktioniert mittels der Tastenkombination *Shift + Alt + Z* (Windows).

Bild 8.43 Hier können Sie den markierten Block löschen

8.2.5 Block-Editor: Wiederverwendbare Blöcke

Ein besonderes Feature vom Block-Editor ist die Möglichkeit, einen Block mit Inhalt als *wiederverwendbaren Block* zu definieren und diesen nach Belieben in Seiten und Beiträgen einzufügen. Dies kann beispielsweise ein Copyright-Hinweis sein oder Werbung und Ähnliches. Der Inhalt selbst kann auf den einzelnen Seiten bzw. Beiträgen nicht verändert werden – solange der Block nicht in einen „normalen" Block umgewandelt wird. Wenn Sie allerdings den wiederverwendbaren Block bearbeiten, so werden diese Änderungen automatisch auf allen Seiten und Beiträgen übernommen, in denen dieser wiederverwendbare Block eingefügt wurde.

Möchten Sie den Inhalt des Blocks nur auf einer bestimmten Seite abändern, so fügen Sie den Block zuerst ein und verwandeln ihn zurück in einen „normalen" Block und ändern dann den Inhalt. Diese Änderung wirkt sich nicht auf die anderen Seiten bzw. Beiträge aus. Auf diese Weise können Sie mit Hilfe von wiederverwendbaren Blöcken ohne zusätzliche Programmierung eine Art von Seiten-Template bzw. Template für Beiträge erstellen.

8.2.5.1 Block-Editor: Wiederverwendbaren Block erstellen

Sie können jeden Gutenberg-Block in einen wiederverwendbaren Block umwandeln. Markieren Sie den gewünschten Block und wählen Sie bei den drei Punkten den Eintrag *Zu wiederverwendbaren Blöcken hinzufügen* (siehe Bild 8.44).

Bild 8.44 So erstellen Sie einen wiederverwendbaren Block

Es erscheint ein Eingabefeld für den Namen des wiederverwendbaren Blocks oberhalb des Blocks. Gleichzeitig wird am oberen Rand der Seite ein grüner Balken mit *Block erstellt* angezeigt. Schreiben Sie einen Namen für den wiederverwendbaren Block in das Textfeld und klicken Sie anschließend auf **Speichern** (siehe Bild 8.45). Oben auf der Seite steht nun *Block erstellt* neben dem grünen Balken. Im Beispiel wurde eine Credits-Zeile für Fotos mit meinem Namen in einen wiederverwendbaren Block umgewandelt. Als Namen erhielt dieser wiederverwendbare Block die Bezeichnung *fotos jola*.

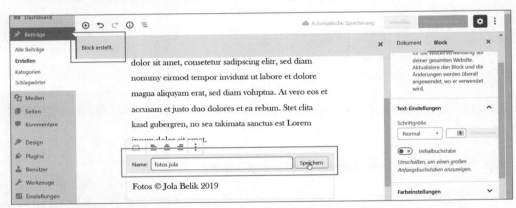

Bild 8.45 Vergeben Sie einen Namen für den wiederverwendbaren Block

Sie können auch mehrere direkt untereinander liegende Blöcke markieren und als einen einzelnen wiederverwendbaren Block definieren. Klicken Sie dazu in den ersten Block des gewünschten Bereichs, fahren Sie dann mit gedrückter linker Maustaste bis ans Ende des Bereichs, den Sie umwandeln möchten. Alle Blöcke innerhalb des Bereichs sind nun blau markiert (siehe Bild 8.46). In der Seitenleiste wird im Bereich Block die Anzahl der (markierten) Blöcke sowie die Anzahl der Wörter angezeigt. Über der Markierung des ersten Blocks erscheinen die drei Punkte, hinter denen sich der Menüpunkt *Zu wiederverwendbaren Blöcken hinzufügen* verbirgt.

Bild 8.46 Erstellen Sie aus markierten Blöcken einen wiederverwendbaren Block

8.2.5.2 Block-Editor: wiederverwendbaren Block bearbeiten

Möchten Sie den wiederverwendbaren Block ändern, d. h. dessen Inhalt bearbeiten, so klicken Sie auf **Bearbeiten**. Im Beispiel wurde für den Text zentriert und kursiv gewählt. Zur Übernahme der Änderungen klicken Sie auf **Speichern** und warten Sie, bis oberhalb des Editors *Block aktualisiert* erscheint (siehe Bild 8.47).

Bild 8.47 Ändern Sie den Inhalt und klicken Sie anschließend auf Speichern

8.2.5.3 Block-Editor: wiederverwendbaren Block in „normalen" Block umwandeln

Jeder wiederverwendbare Block kann in den ursprünglichen „normalen" Block zurück umgewandelt werden. Sobald Sie mit der Maus über einen wiederverwendbaren Block fahren, erscheint eine blaue Markierung um den Block herum und der Hinweis *Wiederverwendbar* in der rechten oberen Ecke (siehe Bild 8.48, oben). Sobald Sie in den blau markierten Bereich hineinklicken, können Sie das Bearbeitungsmenü mit Klick auf die drei Punkte aufrufen. Mit *In normalen Block umwandeln* können Sie den aktuellen wiederverwendbaren Block in einen „normalen" Block umwandeln (siehe Bild 8.48, unten). Der „normale" Block kann nach Belieben bearbeitet werden. Diese Bearbeitung bzw. Änderung betrifft ausschließlich die aktuell geöffnete Seite bzw. Beitrag. Auf allen anderen Seiten bzw. Beiträgen werden die durchgeführten Änderungen nicht übernommen.

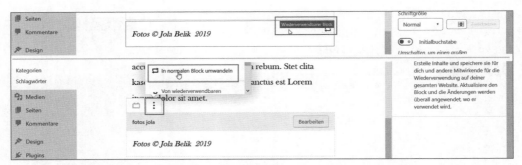

Bild 8.48 Hier wird aus einem wiederverwendbaren Block ein normaler Block

8.2.5.4 Block-Editor: wiederverwendbare Blöcke verwalten

Die wiederverwendbaren Blöcke werden intern wie Custom Post-Types behandelt. Die Verwaltung dieser Blöcke können Sie in der *Seitenleiste* bei den drei Punkten im Bereich *Werkzeuge* aufrufen (siehe Bild 8.49, rechts) oder über das +-Symbol in der oberen Werkzeugleiste im Bereich *Wiederverwendbar* ganz unten (siehe Bild 8.49, links). Es öffnet sich die *Blöcke-Verwaltung*. Beachten Sie, dass diese Übersichtsseite keinen eigenen Eintrag in der linken Admin-Menüleiste am Dashboard hat.

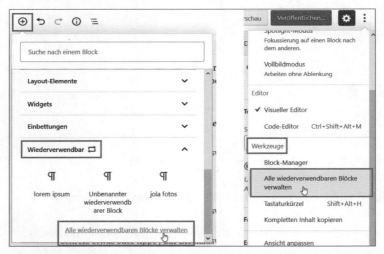

Bild 8.49 Die Verwaltung der wiederverwendbaren Blöcke rufen Sie beim +–Symbol (links) oder im Bereich Werkzeuge in der Seitenleiste auf (rechts)

In der *Blöcke-Verwaltung* sind alle als wiederverwendbar definierten Blöcke aufgelistet. Sie können *JSON-(JavaScript Object Notation)*-Blöcke importieren und einzelne Blöcke als *JSON* exportieren. Einen neuen Block erstellen Sie mit Klick auf **Block hinzufügen** (siehe Bild 8.50), dabei öffnet sich der leere Editor. Unterhalb der Namen der einzelnen Blöcke besteht auch die Möglichkeit, den jeweiligen Block in den Papierkorb zu geben. Dieser Vorgang kann jederzeit wieder rückgängig gemacht werden. Der wiederverwendbare Block wird dabei lediglich aus der Gruppe *Wiederverwendbare* entfernt, bereits in Beiträge oder Seiten eingefügte Blöcke bleiben unangetastet weiterhin bestehen. Der ehemals wiederverwendbare Block wurde quasi automatisch in einen „normalen" Block umgewandelt.

In Bild 8.50 ist auch ein Block mit dem nichts aussagenden Namen *Unbenannter wiederverwendbarer Block* zu sehen. Dieser Eintrag entstand, da der Block testweise keinen Titel erhalten hat. Es ist wohl selbsterklärend, dass es hilfreicher wäre, einen wiederverwendbaren Block immer mit einem leicht wiedererkennbaren Namen zu benennen.

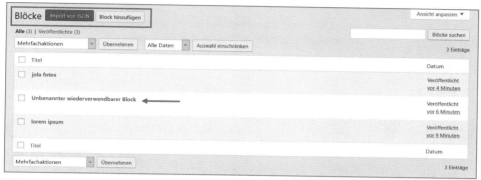

Bild 8.50 Die Verwaltung der wiederverwendbaren Gutenberg-Blöcke

8.2.5.4.1 Block-Editor: Export von wiederverwendbaren Blöcken

Zum Exportieren eines wiederverwendbaren Blocks wählen Sie in der Blöckeverwaltung *Als JSON exportieren* in der Inline-Menüleiste unterhalb des Namens (siehe Bild 8.51, links). Speichern Sie die Datei auf Ihrem Rechner (siehe Bild 8.51, rechts). Im Beispiel wurde der wiederverwendbare Block mit dem Namen `jola fotos` als Datei `jola-fotos.json` exportiert. Sie können exportierte JSON-Blöcke in andere WordPress-Installationen importieren und so die wiederverwendbaren Blöcke bei mehreren Internetauftritten einsetzen.

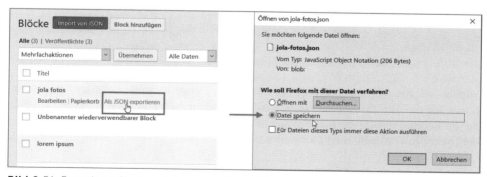

Bild 8.51 Exportieren Sie den wiederverwendbaren Block als JSON-Datei

8.2.5.4.2 Block-Editor: Import von wiederverwendbaren Blöcken

Zum Importieren eines wiederverwendbaren Blocks gehen Sie folgendermaßen vor. Im Beispiel wird die im vorigen Kapitel exportierte Datei `jola-fotos.json` in eine WordPress-Installation importiert, in der bisher keine wiederverwendbaren Blöcke definiert worden sind. Deshalb ist in der Liste in der Blöcke-Verwaltung *Keine Blöcke gefunden* zu sehen.

1. Wählen Sie in der Blöckeverwaltung *Import von JSON* links oben auf der Seite.
2. Klicken Sie auf **Durchsuchen** und navigieren Sie zur JSON-Datei, die Sie importieren möchten, im Beispiel die Datei `jola-fotos.json` (siehe Bild 8.52, links).

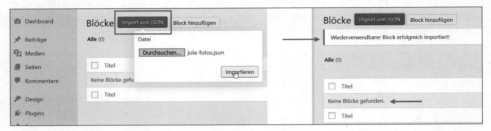

Bild 8.52 Hier importieren Sie einen wiederverwendbaren Block

3. Klicken Sie anschließend auf **Importieren**.
4. Warten Sie, bis oben auf der Seite *Wiederverwendbarer Block erfolgreich importiert!* angezeigt wird. Beachten Sie, dass trotz dieser Meldung der importierte Block noch nicht in der Liste der Blöckeverwaltung angezeigt wird (siehe Bild 8.52, rechts).
5. Laden Sie die Seite neu, danach erst ist der importierte Block zu sehen!

8.2.5.4.2.1 Block-Editor: Import von JSON – unbekannter Fehler

Sollte statt der Erfolgsmeldung nach dem versuchten Import eine Fehlermeldung mit *Unbekannter Fehler* auftreten (siehe Bild 8.53), so kann dies beispielsweise durch eine veraltete PHP-Version hervorgerufen werden.

Bild 8.53
Mögliche Fehlermeldung beim Versuch, einen Block zu importieren

Wählen Sie auf dem Dashboard in der linken Menüleiste *Werkzeuge/Website-Zustand* und lassen Sie die WordPress-Konfiguration etc. überprüfen. Beheben Sie die angezeigten Fehler. Im Beispiel musste die PHP-Version aktualisiert werden (siehe Bild 8.54), danach war der Import von JSON-Blöcken problemlos möglich.

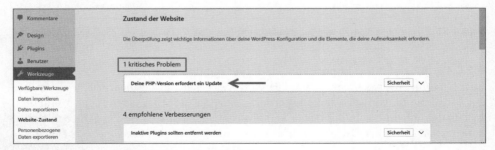

Bild 8.54 Ein kritisches Problem wurde entdeckt!

■ 8.3 Arbeiten im Visuellen Editor

Im Visuellen Editor werden die eingefügten Inhalte mit der vordefinierten Gutenberg-Standardformatierung für Schriftgröße, Abstände etc. angezeigt. Es besteht aber die Möglichkeit, mit sogenannten Editor-Styles passend zum verwendeten Theme eigene Stile für Gutenberg festzulegen und so ein besseres WYSISWG (What You See Is What You Get) im Editor zu erzeugen (siehe Abschnitt 8.9.3).

8.3.1 Block-Editor: Text einfügen und formatieren

Zum Einfügen von Text stehen mehrere Gutenberg-Blöcke zur Verfügung. Der wohl am häufigsten verwendete Block ist der *Absatz-Block*. Für Zitate sind der *Zitat-Block* und der *Pullquote-Block* vorgesehen, für Aufzählungen und nummerierte Listen der *Listen-Block*. Möchten Sie neben dem Text ein Bild oder Video anzeigen, so verwenden Sie den Block *Medien und Text*. Zum Einfügen von beispielsweise Liedtexten und Gedichten steht der *Vers-Block* zur Verfügung. Allerdings finden Sie die genannten Blöcke nicht alle in einen Bereich zusammengefasst, sondern in unterschiedlichen Bereichen.

8.3.1.1 Block-Editor: Text einfügen

Sie können Texte nicht nur direkt in den gewählten Block tippen, sondern auch mit Copy & Paste aus anderen Dateien oder Seiten etc. einfügen. Beachten Sie dabei, dass die Formatierung des Textes nur teilweise übernommen wird. Basis-Formatierung wie fett, kursiv und durchgestrichen sowie Hyperlinks, Sonderzeichen, Überschriften und Listen werden übernommen, Farb-Formatierungen von einzelnen Wörtern hingegen nicht. Im Beispiel wurden mit dem Classic-Block einige Wörter eingefärbt (siehe Bild 8.55, oben) und anschließend der Text mit Copy & Paste in einen Absatz-Block eingefügt (siehe Bild 8.55, unten). Möchten Sie einen kopierten Text ohne jegliche Formatierung einfügen, so verwenden Sie die Tastenkombination *STRG + Shift + V* (Windows).

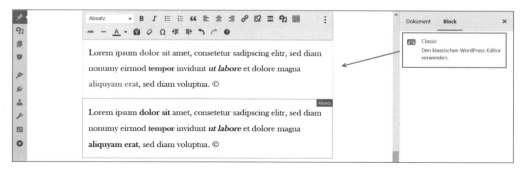

Bild 8.55 Absatz im Classic-Block (oben) und mit Copy & Paste in Absatz-Block eingefügt (unten)

8.3.1.2 Block-Editor: Sonderzeichen einfügen

Zum Zeitpunkt der Manuskript-Erstellung (bis inklusive WordPress 5.2.3) war im Block-Editor lediglich im Classic-Block das Einfügen von Sonderzeichen mittels Schaltfläche vorgesehen (siehe Bild 8.56). Sie können Sonderzeichen in andere Gutenberg-Blöcke jedoch mit Copy & Paste oder mittels Tastenkürzel einfügen.

Bild 8.56 Sonderzeichen sind nur im Classic-Block vorgesehen

8.3.1.3 Block-Editor: Einfache Text-Formatierungen

Einfache Formatierungen von markiertem Text wie *fett, kursiv* und *durchgestrichen* können Sie mit Klick auf das jeweilige Symbol in der Werkzeugleiste direkt über dem *Absatz-Block* (siehe Bild 8.57, links) bzw. dem *Vers-Block* (siehe Bild 8.57, rechts) durchführen. Die einzelnen Symbole in der Block-Werkzeugleiste in Bild 8.57 bedeuten:

(1) Block-Symbol, hier: *Absatz* (links) und *Vers* (rechts)

(2) linksbündig

(3) zentriert

(4) rechtsbündig

(5) markierter Text wird fett formatiert

(6) markierter Text wird kursiv formatiert

(7) Hyperlink hinzufügen

(8) öffnet *Mehr Rich-Text-Steuerelemente* (9 – 11)

(9) markierter Text wird mit `<code>` umschlossen und je nach CSS-Regel z. B. mit einem Monospace-Font und kleiner formatiert

(10) fügt Inline-Bild ein

(11) markierter Text wird durchgestrichen, d. h. mit `<s>` umschlossen

(12) öffnet *Mehr Optionen*

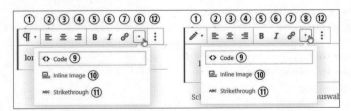

Bild 8.57 Werkzeugleiste Absatz-Block (links) und Vers-Block (rechts)

Als Beispiel wurde in einem Satz ein Wort fett, ein Wort kursiv und ein Wort durchgestrichen sowie einige Wörter als Code formatiert (siehe Bild 8.58, oben). Ein Blick in den Text-Modus zeigt, welche Textauszeichnungen verwendet wurden. Fett wird mit `<strong></`

strong>, kursiv mit <em></em> und durchgestrichen mit <s></s> sowie Code mit <code></
code> gekennzeichnet (siehe Bild 8.58, unten).

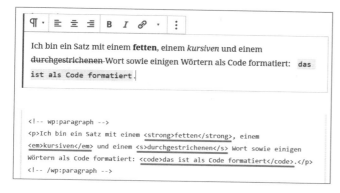

Bild 8.58
Textformatierungen im
Visuellen (oben) und im
Code-Editor (unten)

8.3.1.4 Block-Editor: Schriftgrößen

Im Block-Editor sind standardmäßig fünf Schriftgrößen vordefiniert, diese können jedoch im Theme bzw. mit Editor Styles überschrieben werden. Tabelle 8.1 zeigt eine Übersicht über die Standardschriftgrößen in Gutenberg. Werden im Theme keine eigenen Editor Styles definiert, so zeigt der Block-Editor die sogenannte *Vanilla*-Version an, d.h. die einfachste, vordefinierte Ansicht ohne jeglichen Schnickschnack. Im Theme *Twenty Nineteen* sind eigene Größen mit Editor Styles definiert.

Tabelle 8.1 Übersicht vordefinierter Standardschriftgrößen in Gutenberg und in Twenty Nineteen

Name	Slug	Name auf Deutsch	Größe in Gutenberg	Größe in Twenty Nineteen Gutenberg/CSS
Small	Small	Klein	13px	19.5px/0.88889em
Normal	Normal	Normal	16px	22px/1.125em
Medium	Medium	Mittel	20px	–
Large	Large	Groß	36px	36.5px/1.6875em
Huge	Huge	Riesig	48px	49.5px/2.25em

Links in Bild 8.59 sehen Sie im Bereich *Text-Einstellungen* die aktuell ausgewählte Schriftgröße im Absatz-Block. In der Mitte die Standardgrößen im Theme *Twenty Nineteen*, rechts Theme-spezifisch (vgl. Tabelle 8.1).

Bild 8.59 Standardmäßig verfügbare Schriftgrößen in Gutenberg (links), im Theme Twenty Nineteen (Mitte) und Theme-spezifisch (rechts)

8.3.1.4.1 Block-Editor: Schriftgröße ändern

Zum Ändern der aktuell zugewiesenen Schriftgröße eines Absatzes klicken Sie zuerst in den jeweiligen Absatz-Block, damit dieser markiert wird. Danach können Sie die Schriftgröße im Bereich Text-Einstellungen aus der zur Verfügung stehenden Liste wählen. Es besteht aber auch die Möglichkeit, für einen Absatz eine individuelle Schriftgröße festzulegen. Wählen Sie dazu mit den Pfeilen neben dem Feld mit der aktuellen Schriftgröße die gewünschte Schriftgröße aus (siehe Bild 8.60, oben). Im Beispiel wurde *12* ausgewählt, die Live-Vorschau im Inhaltsteil von Gutenberg zeigt sofort die entsprechende Größe des Absatz-Textes an, im Feld *Schriftgröße* erscheint *Individuell* (siehe Bild 8.60, unten). Die Maßeinheit der individuell gewählten Schriftgröße ist `Pixel`. Diese „Custom Font Size" wird mit einem Style-Attribut dem Absatz-Tag hinzugefügt: `<p style="font-size:12px">`. Möchten Sie die Auswahl der individuellen Schriftgröße wieder rückgängig machen, so klicken auf **Zurücksetzen** rechts neben der individuellen Schriftgröße (siehe Bild 8.60, unten). Damit wird der Absatz auf die Schriftgröße *Normal* zurückgesetzt.

Bild 8.60 Hier können Sie eine individuelle Schriftgröße festlegen

8.3.1.4.2 Block-Editor: Individuelle Schriftgröße deaktivieren

Es ist zwar benutzerfreundlich, dass mehrere Schriftgrößen ausgewählt und auch individuelle Schriftgrößen für Absätze festgelegt werden können, dies kann jedoch zu einem unansehnlichen Fleckerlteppich mit unterschiedlichsten Schriftgrößen führen. Mir persönlich sind beispielsweise auch die Standard-Schriftgrößen in Gutenberg plus *Twenty Nineteen* viel zu groß. Zudem finde ich drei Schriftgrößen – wie etwa klein, normal und groß – und keine individuelle Größenvergabe sinnvoller und ausreichend.

Einige erweiterte Blockfunktionen wie beispielsweise Schriftgröße, Farbauswahl etc. erfordern ein Opt-in mittels `add_theme_support( 'Block-Funktion' );` um Abänderungen der Standardvorgaben vornehmen oder diese ergänzen bzw. deaktivieren zu können. Zum Ausblenden der individuellen Schriftgrößenauswahl fügen Sie die Zeile

```
add_theme_support( 'disable-custom-font-sizes' );
```

in die Datei `functions.php` des Child-Themes ein (siehe Zeile 34 in Bild 8.61, links). Eingebunden in eine Funktion, muss der Hook `after_setup_theme` verwendet werden (Zeile 37). Nach dem Speichern der Datei (und dem Hochladen auf den Server, wenn Sie nicht auf einem lokalen Test-Server arbeiten) fehlt die Auswahlmöglichkeit für eine individuelle Schriftgröße zwischen der aktuellen Schriftgröße und der Zurücksetzen-Schaltfläche (siehe Bild 8.61, rechts). Wie Sie Site-spezifische Schriftgrößen definieren, wird in Kapitel 20 detailliert beschrieben.

```
31   // Add Theme support
32   function jwp5buch_theme_setup() {
33      // Auswahlfeld von Custom Font Size ausblenden
34      add_theme_support( 'disable-custom-font-sizes' );
35   }
36
37   add_action( 'after_setup_theme', 'jwp5buch_theme_setup' );
38
```

Bild 8.61 Hier wurde die Auswahl von individuellen Schriftgrößen unterbunden

8.3.1.5 Block-Editor: Schriftfarbe und Hintergrund ändern

Standardmäßig steht im Block-Editor eine *Farb-Palette* mit jeweils elf Farben als Textfarbe und für den Hintergrund zur Verfügung. Zudem ist auch die Auswahl einer benutzerdefinierten Farbe möglich. Allerdings kann nicht in beliebigen Blöcken der Text umgefärbt werden, sondern lediglich im Absatz-Block und im Pullquote-Block. Bei Überschriften, Versen, Listen und Zitaten findet man keine Möglichkeit für Farbeinstellungen (siehe Bild 8.62, Stand WordPress 5.2.3).

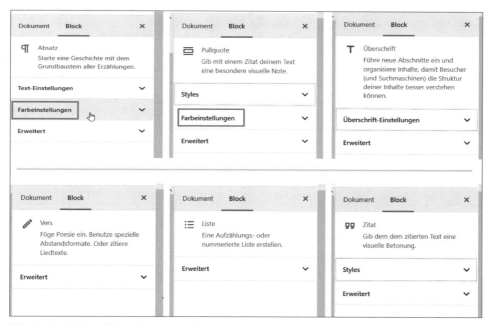

Bild 8.62 Welche Blöcke bieten eine Farbpalette zur Auswahl?

Zudem ist es nicht möglich, einzelne Wörter in einem Absatz einzufärben, die Farbauswahl betrifft immer den gesamten Absatz – diese Möglichkeit soll erst mit WordPress 5.4 zur Verfügung stehen. Mit anderen Worten, unabhängig davon, ob Sie den gesamten Absatz oder nur ein einzelnes Wort oder einen einzelnen Buchstaben oder auch gar nichts markieren, sobald Sie in den Blockeinstellungen in der Seitenleiste die Schriftfarbe ändern, wird die Farbe des gesamten Absatzes geändert. Für zukünftige WordPress-Versionen ist geplant, eine Farbauswahl für einzelne Wörter sowie für Überschriften zu ermöglichen. Bis dorthin muss man entweder auf die Classic Box zurückgreifen oder den umständlichen Weg mit `<span class="farbe">...</span>` im HTML-Modus bzw. im Text-Editor gehen.

Soll ein Absatz in einer anderen Farbe als der allgemeine Fließtext angezeigt werden, so klicken Sie in den jeweiligen Absatz-Block. Danach können Sie im Bereich *Farbeinstellungen* eine Farbe für den Text und eventuell auch für den Hintergrund auswählen (siehe Bild 8.63, links). Sollte der Kontrast zwischen Vordergrund und Hintergrund zu gering sein, werden Sie darauf aufmerksam gemacht (siehe Bild 8.63, Mitte). Die gewählte Textfarbe und/oder Hintergrundfarbe wird auch bei geschlossenen Farbeinstellungen angezeigt (siehe Bild 8.63, rechts). Möchten Sie die gewählten Farbeinstellungen wieder entfernen, so klicken Sie auf **Leeren**.

Auch hier ist es möglich, die Auswahloption einer benutzerdefinierten Farbe auszublenden sowie eine Site-spezifische Farbpalette anstelle der elf Standardfarben anzubieten. Nähere Details hierzu finden Sie in Kapitel 20.

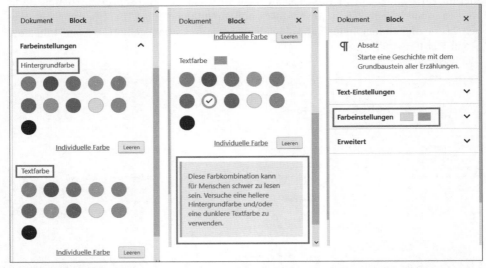

Bild 8.63 Farbeinstellungen im Absatz-Block (links) und Hinweis bezüglich geringer Kontrast (Mitte)

8.3.1.6 Block-Editor: Initialbuchstabe

Ein *Initialbuchstabe* ist ein großer Buchstabe am Anfang eines Absatzes. Dies kann in Gutenberg im Bereich Text-Einstellungen in der Seitenleiste aktiviert werden (siehe Bild 8.64). Dabei wird dem Absatz-Tag `<p>` die Klasse `.has-drop-cap` hinzugefügt. Diese Klasse muss im verwendeten Theme definiert sein, damit der Initialbuchstabe im Frontend auch angezeigt wird.

Bild 8.64 Ein Initialbuchstabe am Beginn des Absatzes

8.3.2 Block-Editor: Absatzausrichtung ändern

Sie können einen Absatz in Gutenberg *linksbündig* (2), *zentriert* (3) oder *rechtsbündig* (4) in Bild 8.57 ausrichten. Ein *Blocksatz* ist nicht vorgesehen. Zum Ändern der Ausrichtung eines Absatzes klicken Sie zuerst in den Absatz-Block. Danach klicken Sie auf das entsprechende Symbol in der Werkzeugleiste (siehe Bild 8.65).

Bild 8.65 Soll der Absatz zentriert, links- oder rechtsbündig formatiert werden?

8.3.2.1 Block-Editor: Blocksatz definieren

Möchten Sie einen Absatz im Blocksatz formatieren, so kann dies über eine CSS-Klasse durchgeführt werden:

1. Erstellen Sie eine neue Klasse in der `style.css` von Ihrem Child-Theme. Im Beispiel bekommt die CSS-Klasse den Namen `.blocksatz`. Mit `text-align: justify;` wird die Textausrichtung Blocksatz definiert (siehe Listing 8.2).

> **Listing 8.2** CSS-Klasse formatiert Absatz als Blocksatz
>
> ```
> 1 /* Klasse formatiert Absatz im Blocksatz */
> 2 p.blocksatz {
> 3    text-align: justify;
> 4 }
> ```

2. In Gutenberg kann nun dem gewünschten Absatz in der Seitenleiste im Bereich *Erweitert* in dem Feld unterhalb von *Zusätzliche CSS-Klasse* der Name der Klasse, im Beispiel `blocksatz` (ohne Punkt!), hinzugefügt werden (siehe Bild 8.66, oben).

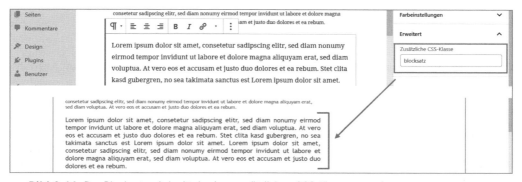

Bild 8.66 Der Blocksatz wird mittels einer zusätzlichen CSS-Klasse zugewiesen

Doch auch nach dem Speichern des Entwurfs der Seite bzw. des Beitrags wird im Block-Editor der Absatz weiterhin linksbündig statt im Blocksatz angezeigt. In der Vorschau hingegen wird im Frontend der Absatz im Blocksatz formatiert angezeigt (siehe Bild 8.66, unten).

8.3.3 Block-Editor: Hyperlink einfügen

Zum Einfügen eines Hyperlinks markieren Sie zuerst das Wort bzw. die Wörter, die verlinkt werden sollen. Klicken Sie anschließend auf das Hyperlink-Symbol („Ketten-Symbol") in der Bearbeitungsleiste (siehe Bild 8.67, links) bzw. betätigen Sie die Tastenkombination *STRG + K* (Windows). Anschließend gehen Sie für interne Links wie in Abschnitt 8.3.3.1 gezeigt vor und für externe Verlinkungen gemäß Abschnitt 8.3.3.2.

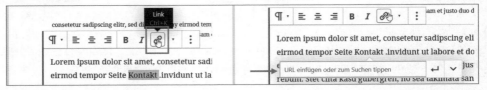

Bild 8.67 Markieren Sie zuerst das Wort, danach klicken Sie auf Link

8.3.3.1 Block-Editor: internen Link einfügen

Nachdem Sie auf das Hyperlink-Symbol geklickt haben, erscheint ein Textfeld für die Eingabe der Adresse (siehe Bild 8.68, rechts). Dieses Textfeld ist gleichzeitig auch ein Suchfeld für die Suche innerhalb der Website. Geben Sie den Suchbegriff ein bzw. den Namen der Seite oder des Beitrags, welche verlinkt werden soll. Nach einigen Sekunden werden alle Seiten und Beiträge aufgelistet, die den Suchbegriff beinhalten (siehe Bild 8.68, links). Wählen Sie den passenden Eintrag, im Beispiel die Seite *Kontakt*. Im Textfeld wird nun der absolute Pfad zu dieser Seite (bzw. zum gewählten Beitrag) angezeigt. Betätigen Sie nun zur Übernahme der Adresse und Setzen des Links die *Enter*-Taste oder klicken Sie auf das *Enter-Symbol* rechts neben dem Textfeld (siehe Bild 8.68, rechts).

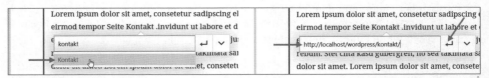

Bild 8.68 Hier fügen Sie einen internen Hyperlink ein

Beachten Sie, dass – im Gegensatz zum Classic Editor – im Block-Editor bei dieser Auswahlliste der internen Suchergebnisse weder *Seite* noch *Beitrag* explizit neben den einzelnen Ergebnissen angezeigt wird.

8.3.3.2 Block-Editor: Externen Link einfügen

Zum Setzen eines externen Hyperlinks markieren Sie zuerst das Wort, das verlinkt werden soll. Klicken Sie anschließend auf das Ketten-Symbol, das Textfeld erscheint. Kopieren Sie in dieses Textfeld die Adresse inklusive des Protokolls `http://` bzw. `https://`, wohin Sie verlinken möchten – im Beispiel `https://www.wp5buch.net` (siehe Bild 8.69, oben, Pfeil). Externe Links sollten immer in einem neuen Tab oder Fenster geöffnet werden. Öffnen Sie dazu die *Link-Optionen* mit dem kleinen Pfeil neben dem Enter-Symbol (siehe Bild 8.69, oben) und aktivieren Sie die Option *In neuem Tab öffnen* (siehe Bild 8.69, unten). Betätigen Sie zum Übernehmen der Adresse die *Enter*-Taste.

Bild 8.69 Aktivieren Sie die Option *In neuem Tab öffnen* bei externen Links!

8.3.3.3 Block-Editor: Hyperlink bearbeiten oder entfernen

Zum Bearbeiten eines gesetzten Hyperlinks klicken Sie in das verlinkte Wort. Es erscheint das Textfeld mit der verlinkten Adresse. Zusätzlich ist nun auch ein Bleistift-Symbol zu sehen. Mit dieser Schaltfläche öffnen Sie das Textfeld zur Bearbeitung. Wenn Sie in der Bearbeitungsleiste auf das Symbol für *Hyperlink trennen* klicken, wird der Hyperlink entfernt (siehe Bild 8.70).

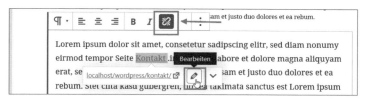

Bild 8.70 Hier können Sie einen Hyperlink bearbeiten oder entfernen (Pfeil)

8.3.4 Block-Editor: Anker-Links einfügen

Anker-Links, Sprungmarken innerhalb einer Seite, sind nicht nur ein besucherfreundliches Seitenelement, um beispielsweise auf einer längeren Seite zum Anfang der Seite oder vom Inhaltsverzeichnis direkt zu einem bestimmten Bereich auf der Seite zu springen. Sie sind auch ein immer wichtiger werdendes SEO-Element für Suchmaschinen. Man benötigt für einen Anker-Link einen *Anker-Text,* auch *Link-Text, Verweis-Text* oder *Anchor-Text* genannt, sowie einen *Anker,* mit dem der Anker-Text verlinkt wird. Lediglich beim Link *Nach oben* muss man keinen eigenen Anker setzen, da moderne Browser die Link-Adresse #top automatisch mit dem Anfang der Seite verknüpfen. Im Block-Editor ist das Setzen von Anker und Anker-Links sehr einfach. Beachten Sie, dass dies nur im Block-Editor und nicht mit dem Classic Block bzw. Classic Editor wie im Folgenden beschrieben, funktioniert!

8.3.4.1 Anker im Block-Editor setzen

Zum Setzen eines Ankers klicken Sie in die Überschrift bzw. in den Absatz, vor den der Anker gesetzt werden soll. In der Seitenleiste finden Sie nun unter *Erweitert* ein Textfeld bei HTML-Anker (siehe Bild 8.71, oben). Hier hinein schreiben Sie den Namen des Ankers, im Beispiel `audio-datei-mit-audio-block`. In der HTML-Ansicht (Bild 8.71, unten) ist zu sehen, dass eine ID (`id="audio-datei-mit-audio-block"`) der ausgewählten Überschrift, im Beispiel eine H3, hinzugefügt wurde.

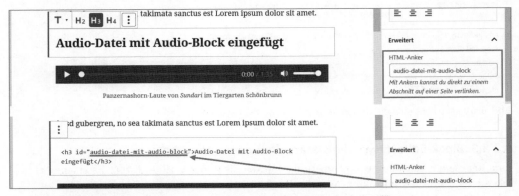

Bild 8.71 Der HTML-Anker wird als ID dem ausgewählten Block hinzugefügt

8.3.4.2 Anker-Text im Block-Editor verlinken

Sobald der Anker gesetzt wurde, können Sie eine Textstelle etc. markieren und diese mit dem Anker verlinken. Beachten Sie, dass vor dem Namen des Ankers eine Raute (#) gesetzt werden muss, da es sich um eine Verlinkung innerhalb der Seite handelt. Somit lautet die korrekte Verlinkung zum Anker aus dem vorigen Kapitel `#audio-mit-audio-block`. Dies wird in die Zeile beim Setzen von Hyperlinks eingetragen (siehe Bild 8.72). Klicken Sie anschließend auf das Symbol *Übernehmen*.

Bild 8.72 Vor dem Namen des Ankers muss eine Raute gesetzt werden!

8.3.4.3 Link „Nach oben" im Block-Editor setzen

Wie schon erwähnt, benötigen Sie für einen Link *Nach oben* keinen speziellen Anker. Der Link `#top` kann auf einen Anker-Text in einem Absatz-Block oder auf einen Text auf einem Button gesetzt werden. Diesen Link findet man auf längeren Seiten ganz unten, meist rechts platziert. Besteht die Seite aus mehreren Bereichen, so ist es auch benutzerfreundlich, den Link zwischendurch am Ende der einzelnen Bereiche einzufügen.

Platzieren Sie einen Absatz-Block an die gewünschte Stelle. Schreiben Sie „Nach oben" in den Block und formatieren Sie die Zeile rechtsbündig. Markieren Sie *Nach oben* und fügen Sie einen Hyperlink mit der Adresse `#top` ein (siehe Bild 8.73).

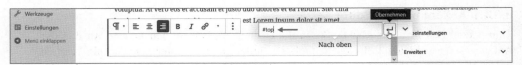

Bild 8.73 Verlinken Sie „Nach oben" mit #top

Sie könnten auch noch Pfeile nach oben hinzufügen. Dafür müssen Sie keine extra Schriften oder gar Webfonts einbinden. Mit der Tastenkombination *Alt + 24* auf dem Nummernblock des Laptops oder in der HTML-Ansicht ↑ fügen Sie einen Pfeil nach oben ein (siehe Bild 8.74).

Bild 8.74 Der „Nach oben"-Link mit Pfeilen nach oben

> **Tipp:** Da Sie dies wahrscheinlich öfters benötigen, können Sie den Block mit dem *Nach-oben*-Link als wiederverwendbaren Block speichern. Auf der Website zum Buch finden Sie unter *https://www.wp5buch.net/plugins/* einige wiederverwendbare Blöcke zum kostenlosen Herunterladen.

■ 8.4 Blöcke: Bereich Allgemeine Blöcke

Im Bereich *Allgemeine Blöcke* sind die Blöcke *Absatz, Audio, Bild, Cover, Datei, Galerie, Liste, Überschrift, Video* und *Zitat* zu finden (siehe Bild 8.75). Die Reihenfolge der Symbole innerhalb der Bereiche kann nach Häufigkeit der Verwendung variieren.

Bild 8.75 Blöcke im Bereich Allgemeine Blöcke

8.4.1 Allgemeine Blöcke: Absatz-Block

Das Arbeiten mit dem *Absatz-Block* wurde in den vorhergehenden Kapiteln detailliert behandelt, im Folgenden werden die anderen Blöcke im Bereich *Allgemeine Blöcke* in alphabetischer Reihenfolge vorgestellt.

8.4.2 Allgemeine Blöcke: Audio-Block

Im Audio-Block können Sie eine Audio-Datei mit einem einfachen HTML5-Audio-Player einbinden mit einem Play- und Stopp-Button, einem Lautstärkenregler und Anzeige der Dauer. Das Layout des Players ist vom Browser abhängig. Unterhalb des Players kann eine Beschriftung eingefügt werden.

MP3, WAV und/oder OGG im Audio-Block?

In HTML5 werden drei Audio-Formate unterstützt, und zwar .mp3, .wav und .ogg. Auch wenn moderne Browser das MP3-Format erkennen, so ist es im Sinne der Usability und Accessibility ratsam, zumindest ein zweites Audio-Format anzubieten. Der Browser verwendet dann das erste Format, das erkannt wird. Im Audio-Block des Block-Editors kann nur jeweils eine einzelne Audio-Datei eingebunden sein, da diese mittels src-Attribut dem <audio>-Tag hinzugefügt wird. Für eine alternative Audio-Datei müsste man den verwendeten Code in der HTML-Ansicht ändern – dies führt jedoch zur Fehlermeldung *Dieser Block enthält ungültigen oder unerwarteten Inhalt*. Ohne Umwandlung des Blocks in einen HTML-Block kann der Quellcode des Audio-Blocks nicht wie erforderlich angepasst werden – zudem wären dafür entsprechende HTML-Kenntnisse etc. erforderlich.

Auch das Erstellen und Einbinden einer Audio-Playlist in die Seite bzw. in den Beitrag ist im Audio-Block nicht möglich, da dieses ursprünglich eingebaute Feature wegen zu geringer Verwendung wieder aus dem Audio-Block entfernt wurde. Diese Option steht jedoch weiterhin im Classic-Block zur Verfügung. Ebenso ist das Einbinden einer alternativen Audio-Datei, z. B. einer .ogg-Datei, für eine maximale HTML5-Wiedergabe nur im Classic-Block möglich. Und zwar in der visuellen Ansicht und ohne das Erfordernis von tiefergehenden HTML-Kenntnissen (Stand WordPress 5.3.2, März 2020).

8.4.2.1 Audio-Datei mit Audio-Block einfügen

Für das Einbinden einer Audio-Datei mit dem *Audio-Block* fügen Sie zuerst einen Audio-Block an die gewünschte Stelle in die Seite bzw. in den Beitrag ein. Ziehen Sie anschließend eine Audio-Datei in den Audio-Block hinein oder klicken Sie auf Hochladen oder auf Mediathek, wenn sich die Datei bereits auf dem Server befindet (siehe Bild 8.76). Über die Schaltfläche *Von URL einfügen* können Sie auch eine Audio-Datei einbinden, die sich auf einem anderen Server befindet. Unterstützt werden folgende Audio-Formate zum Hochladen (Quelle: *https://codex.wordpress.org/Uploading_Files*, Stand 30. März 2020): .mp3, .m4a, .ogg und .wav. Da in HTML5 nur die Formate MP3 und OGG sowie WAV unterstützt werden, ist die Verwendung von einer MP3-Datei empfehlenswert.

Bild 8.76 Fügen Sie zuerst einen Audio-Block ein

Im Beispiel wurde eine Audio-Datei (MP3) in den Audio-Block hineingezogen. Sobald die Datei auf den Server geladen wurde, erscheinen die Einstellungs-Optionen *Autoplay, Schleife* und *Vorladen* im Bereich *Audio-Einstellungen* in der Seitenleiste (siehe Bild 8.77):

- *Vorladen* (preload) – *Metadata, Keine* oder *Auto;* legt fest, ob und was beim Laden der Seite vorgeladen werden soll. Bei Auswahl *Metadaten* werden nur die Meta-Angaben der Audio-Datei geladen. Bei *Keine* wird die Audio-Datei nicht geladen, während die Seite lädt. Bei *Auto* wird die Audio-Datei beim Laden der Seite vollständig mitgeladen – was je nach Größe der Datei zu längeren Ladezeiten einer Seite führen kann!
- *Schleife* (loop) – Diese Option lässt die Audio-Datei in Dauerschleife abspielen.
- *Autoplay* (autoplay) – Ist diese Option aktiviert, so wird die Audio-Datei nach dem Laden der Seite automatisch abgespielt.

Bild 8.77 Nach dem Hochladen werden Audio-Einstellungen in der Seitenleiste angezeigt

Wenn Sie eine Datei über die Schaltfläche *Hochladen* auf den Server laden möchten, wird das Mediathek-Fenster *Medium wählen oder hochladen* mit den *Anhang-Details* geöffnet (siehe Bild 8.78). Hier können Sie einige Daten zur Audio-Datei eingeben, und zwar *Titel, Künstler, Album, Beschriftung* und *Beschreibung.* Oben bei den Anhang-Details werden der *Datei-Name* inklusive Dateinamenserweiterung, das *Datum des Hochladens,* die *Dateigröße* sowie die *Länge* der Audio-Datei angezeigt. Ganz unten bei den Anhang-Details, auf dem Screenshot nicht zu sehen, befindet sich die *Adresse* der Datei auf dem Server sowie eine Schaltfläche *Link kopieren.* Zum Einfügen der Datei klicken Sie rechts unten auf **Auswählen**.

Etwas umständlich meiner Meinung nach ist das Bearbeiten einer in den Audio-Block bereits eingefügten Datei. Nach einem Klick auf das *Bleistift-Symbol (Bearbeiten)* wird zuerst das Fenster angezeigt, das in Bild 8.76 zu sehen ist. Dort wählen Sie *Mediathek,* dann kommen Sie zum Fenster *Medium wählen oder hochladen* in Bild 8.78. Hier können Sie die Daten gegebenenfalls ändern, neu eingeben oder eine andere Datei wählen.

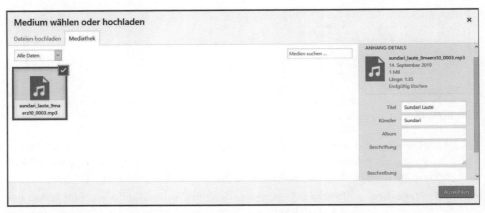

Bild 8.78 Wählen Sie die Datei aus und ergänzen Sie die Anhang-Details

Der Vollständigkeit halber zeigt Listing 8.3 den Code, der verwendet werden muss (siehe Info-Kasten), wenn Sie aus dem Quellcode im Audio-Block einen validen Code mit einer alternativen Quelle erstellen möchten. Beachten Sie, dass Sie für diesen Code den Audio-Block umwandeln lassen müssen oder von vornherein einen HTML-Block benötigen.

Listing 8.3 Code für Audio-Player mit alternativer Quelle (im HTML-Block)

```
1 <figure class="wp-block-audio">
2 <audio controls>
3     <source src="http://absoluterPfad/dateiname.mp3" type="audio/mpeg">
4     <source src="http://absoluterPfad/dateiname.ogg" type="audio/ogg">
5 </audio>
6 <figcaption>Beschriftung unter dem Audio-Player</figcaption>
7 </figure>
```

8.4.2.2 Audio-Datei mit Classic-Block einfügen

Etwas komfortabler und vor allem deutlich flexibler und in den Möglichkeiten umfangreicher ist das Einfügen einer Audio-Datei über den Classic-Block. Fügen Sie zuerst an jene Stelle, wohin Sie eine Audio-Datei einfügen möchten, einen *Classic-Block* aus dem Bereich *Formatierung* ein. Schreiben Sie zuerst eine Beschriftung zur Audio-Datei und setzen Sie anschließend den Cursor mit *Enter* in eine neue leere Zeile im Classic-Block. Klicken Sie danach auf die Schaltfläche *Dateien hinzufügen* (siehe Bild 8.79).

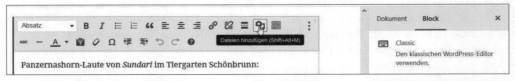

Bild 8.79 Fügen Sie einen Classic-Block ein und klicken Sie auf Dateien hinzufügen in der oberen Symbolleiste

1. Laden Sie eine Audio-Datei auf den Server oder suchen Sie nach Audio-Dateien im Mediathek-Fenster *Dateien einfügen*. Markieren Sie die gewünschte Audio-Datei, diese wird in der Mediathek mit einem Audio-Symbol und dem Dateinamen angezeigt (siehe Bild 8.80).

2. Rechts befinden sich die *Anhang-Details*, ganz unten im Bereich *Anzeigeeinstellungen für Anhänge* bei *Einbetten oder verlinken* wählen Sie *Eingebundener Medien-Player* (siehe Bild 8.80, rechts unten).

3. Klicken Sie zum Einfügen auf *In die Seite einfügen* bzw. *In den Beitrag einfügen* ganz unten rechts.

Bild 8.80 Wählen Sie eine Audio-Datei aus

4. Möchten Sie die Audio-Details bearbeiten oder eine alternative Quelle z. B. eine `.ogg`-Datei hinzufügen, so markieren Sie den vorhin eingefügten Audio-Player im Classic-Block und klicken dann auf den *Bleistift* (siehe Bild 8.81).

Bild 8.81 Zum Hinzufügen einer alternativen Quelle klicken Sie auf den Bleistift direkt über dem markierten Audio-Player im Classic-Block

5. Im Fenster *Audio-Details* können Sie nun eine alternative Quelle, d. h. eine `.ogg`-Datei, festlegen. Bild 8.82 links zeigt die Schaltfläche *ogg* (Pfeil), rechts die eingefügte Adresse der alternativen Quelle. Darunter können bei Bedarf Vorladen, Autoplay und Schleife aktiviert werden. Mit Klick auf *Audio-Quelle entfernen* können Sie die jeweilige Audio-Datei wieder aus dem Player entfernen.

Bild 8.82 Legen Sie im Fenster Audio-Details eine alternative Quelle fest

6. Zur Übernahme der Änderungen klicken Sie auf **Aktualisieren** rechts unten.

8.4.2.3 Audio-Playlist mit Classic-Block einfügen

Auch das Einfügen einer Audio-Playlist ist im Classic-Block quasi ein Kinderspiel. Laden Sie zuerst alle .mp3-Dateien, die Sie in die Wiedergabeliste aufnehmen möchten, auf den Server. Beachten Sie, dass ein Hinzufügen einer alternativen Quelle zu den einzelnen Dateien der Audio-Wiedergabeliste hier nicht möglich ist. Danach gehen Sie folgendermaßen vor:

1. Fügen Sie zuerst einen Classic-Block ein und klicken Sie danach auf die Schaltfläche *Dateien hinzufügen* – achten Sie darauf, dass der Cursor sich in einer leeren Zeile befindet!

2. Es öffnet sich die Mediathek-Seite *Dateien hinzufügen*. In der linken Spalte wählen Sie *Audio-Wiedergabeliste erstellen* (siehe Bild 8.83).

Bild 8.83
Wählen Sie Audio-Wiedergabeliste erstellen

3. Es wird die Mediathek-Seite *Audio-Wiedergabeliste erstellen* angezeigt, hier werden alle Audio-Dateien aufgelistet. Wählen Sie die gewünschten Dateien aus, diese werden unten mit einer Mini-Vorschau angezeigt (siehe Bild 8.84). Im Beispiel wurde für eine Audio-Datei auch ein Bild definiert. Da bei dieser Mini-Vorschau nur die Vorschau-Bildchen zu sehen sind, ist eine Anzeige von mehreren Audio-Symbolen nicht gerade hilfreich. So ist es ratsam – auch im Hinblick auf die Anzeige im Frontend –, ein Bild jeder Audio-Datei hinzuzufügen.

Bild 8.84 Wählen Sie die gewünschten Audio-Dateien aus

4. Klicken Sie rechts unten auf *Neue Wiedergabeliste erstellen*.

5. Im Mediathek-Fenster *Audio-Wiedergabeliste bearbeiten* können die einzelnen Dateien bearbeitet werden, d. h. die Anhang-Details ergänzt oder geändert werden. Es besteht auch die Möglichkeit, per Drag & Drop die Reihenfolge der Dateien zu ändern. Automatisch wird der Titel unterhalb der Audio-Datei auf dieser Seite angezeigt (siehe Bild 8.85).

Bild 8.85 Audio-Wiedergabeliste bearbeiten

6. In der rechten Seitenleiste finden Sie die Optionen im Bereich *Einstellungen Wiedergabeliste*. Hier legen Sie fest, was mit dem Audio-Player alles angezeigt werden soll:

Titelliste anzeigen – Hier legen Sie fest, ob eine anklickbare Titelliste unterhalb des Players angezeigt werden soll.

Name des Künstlers in der Titelliste anzeigen – Falls Sie einen Künstler-Namen angegeben haben, wird dieser Name in der Titelleiste angezeigt.

Bilder anzeigen – Ist dieses Feld aktiviert und wurde ein Bild der Audio-Datei zugeordnet, wird das Bild oberhalb des Players neben dem Titel (und Künstler) angezeigt, ansonsten ein Bild mit dem Audio-Datei-Symbol (siehe Bild 8.86, links). Ist diese Option nicht aktiviert erscheint nur der Titel (und Künstler) oberhalb des Players (siehe Bild 8.86, rechts).

Bild 8.86 Ansicht der Beispiel-Audio-Playlist im Frontend, mit Vorschau-Bild (links) und Audio-Symbol (rechts)

Bild 8.86 zeigt auch, wo *Titel*, *Künstler* und *Beschriftung*, die Sie bei den Anhang-Details angeben, im Frontend zu sehen sind. *Titel* und, falls angegeben, auch Künstlername *(Künstler)* werden oberhalb des Players angezeigt. Die *Beschriftung* erscheint in der Titelliste unterhalb des Players.

8.4.2.3.1 Exkurs: Vorschaubild einer Audio- und Video-Datei hinzufügen

Das Hinzufügen eines Vorschau-Bilds wie beispielsweise eines Album-Covers etc. zu einer Audio-Datei oder eines Standbilds zu einer Video-Datei ist etwas umständlich und nicht beim Erstellen der Wiedergabeliste möglich. Dies erledigt man außerhalb des Editors in der Mediathek, allerdings auf einer etwas versteckten Seite der Mediathek. Gehen Sie dazu wie folgt vor:

1. Laden Sie die gewünschte Bilddatei über *Medien/Hinzufügen* in der linken Menü-Leiste des Dashboards auf den Server, falls dies noch nicht erfolgt ist.

2. Wechseln Sie zu *Medien/Medienübersicht*, um die Mediathek zu öffnen.

3. Suchen Sie die gewünschte Audio-Datei, der ein Bild zugeordnet werden soll.

4. Klicken Sie auf diese Datei. Es öffnet sich das Fenster *Anhang-Details*.

5. Ganz unten rechts unterhalb der Felder für die Anhang-Details befindet sich der Link *Weitere Details bearbeiten* (siehe Bild 8.87). Klicken Sie auf diesen Link.

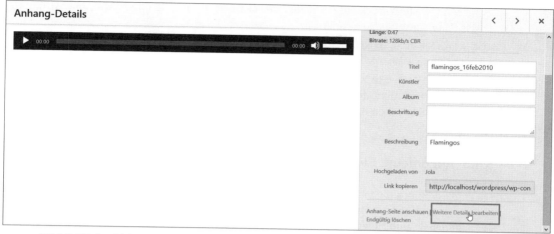

Bild 8.87 Der Link „Weitere Details bearbeiten" ist etwas versteckt

6. Nun erst befinden Sie sich auf der Seite *Datei bearbeiten,* bei der sämtliche Daten zur Datei angezeigt werden sowie eine Übersicht aller Angaben, die Sie der Datei hinzufügen können. Rechts unten ist die Box *Beitragsbild.*

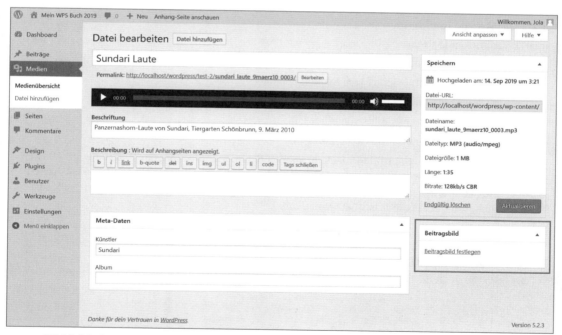

Bild 8.88 Beitragsbild für die Audio-Datei festlegen

7. Klicken Sie auf *Beitragsbild festlegen.*

8. Suchen Sie in der Mediathek nach dem gewünschten Bild oder laden Sie ein Bild auf den Server und wählen Sie dieses Bild aus. Klicken Sie zur Übernahme dieses Bilds auf *Beitragsbild festlegen.*

9. Sie sind wieder zurück auf der Seite *Datei bearbeiten*, das gewählte Beitragsbild wird in der Box *Beitragsbild* angezeigt.

10. Klicken Sie zum Speichern des neuen Vorschaubilds zur Audio-Datei auf **Aktualisieren** in der Box *Speichern*.

> **Tipp:** Fügen Sie zu jeder Audio-Datei ein Beitragsbild hinzu. Das erleichtert die Suche und Auswahl in der Mediathek, da automatisch sonst immer ein und dasselbe Symbol bei allen Audio-Dateien und auch bei allen Video-Dateien angezeigt wird.

8.4.3 Allgemeine Blöcke: Bild-Block

Mit dem Bild-Block fügen Sie ein Bild in die Seite bzw. in den Beitrag ein. Bild 8.89 zeigt den Bild-Block nach dem Einfügen dieses Blocks und die Einstellungsmöglichkeit *Erweitert* in der Seitenleiste zum Hinzufügen einer zusätzlichen CSS-Klasse. Die einzelnen Symbole und Schaltflächen haben folgende Bedeutung:

(1) Symbol für den Bild-Block

(2) Links

(3) Zentriert

(4) Rechts

(5) Weite Breite

(6) Gesamte Breite

(7) Mehr Optionen

(8) Hochladen eines Bilds vom lokalen Rechner

(9) Auswahl eines Bilds aus der Mediathek

(10) Einbinden eines Bilds von einer URL

(11) Zusätzliche CSS-Klasse hinzufügen

Zum Hochladen einer Bild-Datei vom lokalen Rechner können Sie das Bild in die graue Fläche des Bild-Blocks hineinziehen oder über die Schaltfläche *Hochladen* auf dem klassischen Weg auswählen und hochladen. Befindet sich die Datei bereits auf dem Server in der Mediathek, wählen Sie die Schaltfläche *Mediathek*.

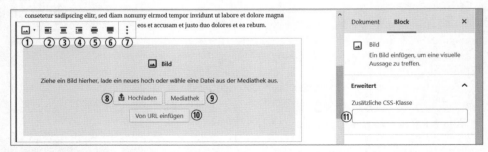

Bild 8.89 Der Bild-Block nach dem Einfügen im Block-Editor

8.4.3.1 Bild-Datei in Bild-Block einfügen

Im Beispiel wurde ein JPG mit einer Größe von 800 × 600 Pixel mit gedrückter linker Maustaste aus einem Ordner auf dem lokalen Rechner in den Editor hineingezogen. Dabei wird der Bereich des Bild-Blocks blau angezeigt (siehe Bild 8.90).

Bild 8.90 Eine Grafik wird vom lokalen Rechner in den Editor hineingezogen

Das Bild wird in die Mediathek geladen und in größtmöglicher Größe in den Bild-Block eingefügt. In der Mitte der rechten und der unteren Bildkante befindet sich ein Haltegriff zum Verschieben bzw. Ändern der Bildgröße. In der Seitenleiste sind nun die Bereiche *Bild-Einstellungen* und *Link-Einstellungen* sichtbar.

Bild 8.91 Der Bild-Block und die Seitenleiste nach dem Einfügen des Bilds

Im Bereich *Bild-Einstellungen* in der Seitenleiste können Sie den Text für das *Alt-Attribut* (*Alt-Text*) einfügen (siehe Bild 8.93, links) sowie die *Bildgröße* und die *Bildabmessungen* festlegen.

8.4.3.1.1 Alt-Text im Bild-Block angeben

Der Inhalt des Alternativen Textes (Alt-Text) ist einerseits wichtig für Suchmaschinen zur Beschreibung des Bildinhaltes, andererseits für Besucherinnen und Besucher Ihres Internetauftritts, die das Bild nicht sehen können und sich etwa die Seite mit einem Screenreader vorlesen lassen. Während des Ladens und wenn das Bild aus welchen Gründen auch immer nicht angezeigt werden kann, wird der Alt-Text ausgegeben. Grundsätzlich sollte in diesem Attribut des <img>-Tags eine kurze und prägnante Beschreibung von dem, was auf dem Bild zu sehen ist, angegeben werden. Wenn das Bild verlinkt ist, sollte im Alt-Text auch stehen, wohin der Link führt. Wenn es sich bei der Grafik um ein rein dekoratives Element der Webseite handelt, lassen Sie das Textfeld leer. Dann wird als Attribut `alt=""` eingefügt. Im Beispiel wurde als Alternativtext *Gesicht vom Großen Panda Yuan Yuan im Tiergaren Schönbrunn* eingefügt (siehe Bild 8.92).

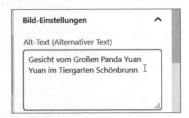

Bild 8.92
Hier geben Sie einen Alt-Text zum Bild im Bild-Block ein

8.4.3.1.2 Bildgröße im Bild-Block festlegen

Unter *Bildgröße* stehen im Beispiel *Vorschaubild, Mittel* und *Vollständige Größe* zur Auswahl (siehe Bild 8.93, Mitte). Wäre die Bilddatei in den Abmessungen beispielsweise größer als 1024 Pixel in der Breite, wäre auch die Option *Groß* in der Auswahlliste zu finden. Dies sind jene Größen, die automatisch beim Hochladen einer Bilddatei von WordPress auf dem Server erstellt und unter *Einstellungen/Medien* festgelegt werden.

> **Tipp:** Wenn Sie häufig eine bestimmte Bildgröße benötigen, ist es sinnvoll, diese Bildgröße als Theme-spezifische Bildgröße zu definieren und automatisch erzeugen zu lassen.

Bild 8.93 Die Bild-Einstellungen in der Seitenleiste beim Bild-Block

8.4.3.1.3 Benutzerdefinierte Bildgröße im Bild-Block festlegen

Für eine benutzerdefinierte Bildgröße stehen mehrere Optionen zur Verfügung. Sie können die Abmessungen des Bilds händisch eingeben, das Bild nach Vorgabe prozentuell verkleinern und das Bild mithilfe der Haltegriffe auf die gewünschte Größe bringen.

Bei *Bildabmessungen* in der Seitenleiste ist die aktuelle Bildgröße angegeben, im Beispiel Breite 800 und Höhe 600 – jeweils in Pixel angegeben. Sie können die Breiten- und die Höhenangabe mithilfe der Pfeile verändern oder händisch eintragen. Beachten Sie, dass hier der zweite Wert nicht automatisch proportional angepasst wird! Für ein proportional verkleinertes Bild müssen beide Werte, d. h. sowohl die neue Breite als auch die neue Höhe, angegeben werden, im Beispiel 500 und 375 (siehe Bild 8.94).

Bild 8.94 Es müssen sowohl die neue Breite als auch die neue Höhe angegeben werden

Darunter finden Sie die Schaltflächen *25 %*, *50 %*, *75 %* und *100 %*. Bei Klick auf die jeweilige Schaltfläche, im Beispiel *50 %*, wird die Bild-Datei entsprechend prozentual verkleinert im Bild-Block angezeigt. Die Angaben zur neuen Bildgröße werden automatisch angepasst (siehe Bild 8.95).

Bild 8.95 Das Beispielbild wurde nach Vorgabe prozentual verkleinert

Eine weitere Möglichkeit für das Ändern der Bildgröße ist das händische Verkleinern mit Hilfe der blauen Haltegriffe an der rechten und der unteren Bild-Kante (siehe Pfeile in Bild 8.96). Das Bild wird dabei proportional verkleinert. Die jeweils aktuelle Größe wird unter Bildabmessungen angezeigt (siehe Bild 8.96, rechts). Als Beispiel sollte das eingefügte Bild auf eine Größe von 500 × 375 Pixel verkleinert werden.

> **Anmerkung:** Ich habe es erst beim x-ten Versuch geschafft, diese Größe exakt zu „erwischen". Für ungeübte User und Userinnen ist es wohl kaum schaffbar. Hier wäre es sicherlich sehr hilfreich, eine Theme-spezifische Bildgröße bei *Bildgröße* in der Auswahlliste anzubieten.

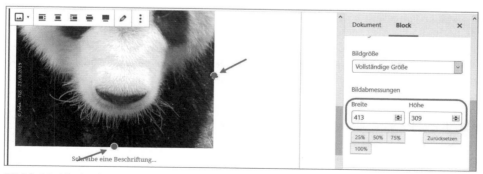

Bild 8.96 Mit den blauen Haltegriffen (Pfeile) können Sie das Bild verkleinern

8.4.3.1.4 Bildunterschrift im Bild-Block hinzufügen

Eine Bildunterschrift können Sie direkt unterhalb des Bilds einfügen. Einfache Formatierungen wie **fett** und *kursiv* sowie das Setzen eines Hyperlinks sind hier ebenfalls möglich (siehe Bild 8.97).

Bild 8.97
Die Bildunterschrift wird unterhalb des Bilds im Bild-Block eingefügt

8.4.3.1.5 Bildausrichtung im Bild-Block festlegen

Um das Bild *links, zentriert* oder *rechts* und zusätzlich – falls im Theme aktiviert – als *weite Breite* oder *gesamte Breite* anzeigen zu lassen, wählen Sie das entsprechende Symbol in der Bearbeitungsleiste des Blocks (siehe Bild 8.98). Bei *links* und *rechts* fließt der Text rechts bzw. links um das Bild herum. Hier sollte die Breite der Bilder maximal gut zwei Drittel der zur Verfügung stehenden Breite im Layout einnehmen, da sonst zu wenig Platz für den Textumlauf bleibt.

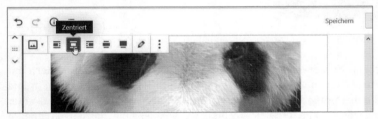

Bild 8.98 Das Bild soll zentriert angezeigt werden.

8.4.3.1.6 Rahmen um Bild im Bild-Block legen

Ich vertrete die Meinung, dass Bilder optisch vom Text abgegrenzt werden sollten, wenn sie nicht rein dekorativen Zwecken auf der Webseite dienen. Mit anderen Worten, ich verwende gerne Rahmen um ein Bild. Im Beispiel soll ein 2px breiter durchgezogener Rahmen in hellgrauer Farbe und einem Innenabstand von jeweils 10px um das Bild gelegt werden. Dieser Rahmen wird als Klasse .rahmenbild in der CSS-Datei style.css des eigenen Themes bzw. des Child-Themes definiert. Diese Klasse kann nun in der Seitenleiste unter *Erweitert* dem Bild im Bild-Block zugewiesen werden. Markieren Sie zuerst das Bild im Bild-Block. Fügen Sie den Namen der Klasse ohne Punkt in das Textfeld im Bereich *Erweitert* ein (siehe Bild 8.99, links).

Listing 8.4 Beispiel für Klasse .rahmenbild in der Datei style.css

```
1  .rahmenbild {
2      border: 2px solid lightgrey;
3      padding: 10px;
4  }
```

Das Ergebnis im Frontend ist rechts in Bild 8.99 zu sehen. Es wird zwar ein Rahmen ange-zeigt, jedoch nicht wie geplant um das Bild herumgelegt, sondern um das Container-DIV, in dem sich das Bild befindet. Der Block-Editor legt um jeden eingefügten <img>-Tag ein DIV, Klassen im Feld *Erweitert* werden diesem DIV hinzugefügt.

Bild 8.99 Die Klasse .rahmenbild wurde zugewiesen (links), das Ergebnis ist jedoch anders als erwartet (rechts)!

Damit die Klasse `.rahmenbild` sich auf das Bild auswirkt, muss die CSS-Regel erweitert werden. Das erwartete Ergebnis ist in Bild 8.100 zu sehen.

Listing 8.5 Klasse .rahmenbild für den <img>-Tag im Bild-Block

```
1 .rahmenbild img {
2    border: 2px solid lightgrey;
3    padding: 10px;
4 }
```

8.4.3.1.7 Schriftfarbe der Bildunterschrift im Bild-Block ändern

Auch die Schriftfarbe der Bildunterschrift lässt sich beispielsweise mit einer CSS-Regel anpassen. Im Beispiel wird die Schriftfarbe auf ein mittleres Grau geändert. Die Bildunter-schrift wird mit <figcaption></figcaption> umschlossen. Um keine unnötige weitere Klasse zu erzeugen, wird die Bildunterschrift mit der Klasse `.rahmenbild` definiert (siehe Listing 8.6).

Listing 8.6 Die Bildunterschrift soll in einem mittleren Grau ausgegeben werden

```
1 .rahmenbild figcaption {
2    color: #999;
3 }
```

Bild 8.100 Nun werden der Rahmen um das Bild und die Bildunterschrift in einem helleren Grau abweichend zum Fließtext im Frontend angezeigt

8.4.3.2 Bild im Bild-Block bearbeiten

Über das *Bearbeiten-Symbol (Bleistift)* in der Werkzeugleiste des Blocks können diverse Änderungen und Angaben zum Bild vorgenommen werden (siehe Bild 8.101).

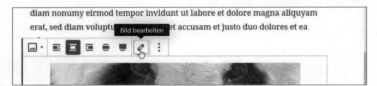

Bild 8.101 Hier kann die Bearbeitungs-Seite aufgerufen werden

Es öffnet sich die Mediathek mit der Seite *Medium wählen oder hochladen*. In der linken Seitenleiste befindet sich der Bereich *Anhang-Details* (engl. *Attachments*).

Bild 8.102 Der Bleistift öffnet die Seite *Medium wählen oder hochladen*

Bei den Anhang-Details finden Sie folgende Angaben und Meta-Daten eines Bilds. Beachten Sie, dass die meisten Felder hier leer sind, obwohl die Angaben im Bild-Block in der Seitenleiste bereits eingefügt wurden. Dies deshalb, weil das Bild in den Bild-Block hineingezogen und nicht aus der Mediathek (mit bereits ausgefüllten Meta-Daten) ausgewählt wurde. Wenn Sie eine Medien-Datei aus der Mediathek einfügen und dort bereits Meta-Daten ausgefüllt worden sind, dann übernimmt der Block-Editor diese automatisch. Man kann sie jedoch bei jedem neuen Einfügen individuell festlegen, d. h. ändern bzw. anpassen.

(A) – Miniaturansicht

(B) – Name der Datei inkl. Dateierweiterung

(C) – Datum des Uploads auf den Server

(D) – Dateigröße in KB

(E) – Datei-Abmessungen in Pixel

(F) – Datei online bearbeiten

(G) – Datei unwiderruflich löschen

(H) – Alternativtext (Alt-Text, Alt-Attribut)

(I) – Titel

(J) – Beschriftung d. h. Bildunterschrift

(K) – Beschreibung

(L) – URL der Datei, d. h. absoluter Pfad zur Datei auf dem Server

(M) – Link kopieren

(N) – markierte Datei auswählen, d. h. in Beitrag bzw. in Seite einfügen

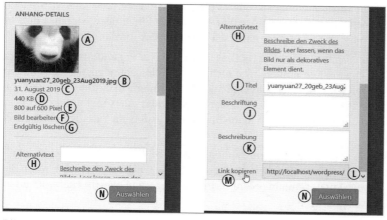

Bild 8.103 Die Anhang-Details des markierten Bilds

Im Bereich Anhang-Details wird zuoberst eine Miniaturansicht (A) der markierten Datei angezeigt (siehe Bild 8.103). Daneben – oder wie im Beispiel je nach Platz manchmal darunter – sehen Sie den Dateinamen der markierten Datei (B), das Datum des Hochladens (C), die Dateigröße (D) in KB und die Dateiabmessungen in Pixel (E). Bei einem Klick auf *Bild bearbeiten* (F) öffnet sich das Fenster zum Online-Bearbeiten der markierten Grafik (siehe Abschnitt 8.4.3.3). *Unwiderruflich löschen* (G) löscht die Datei auf dem Server, d. h., die Datei wird vom Server entfernt. Möchten Sie dies rückgängig machen, so müssen Sie die Datei erneut von Ihrem lokalen Rechner auf den Server hochladen. Darunter finden Sie die

Meta-Daten und zwar *Titel, Bildunterschrift, Alternativtext* sowie die *URL* zum Bild, die zwar kopiert, jedoch nicht verändert werden kann (siehe Bild 8.103, rechts).

Diese Angaben können nicht nur die Benutzerfreundlichkeit Ihres Internetauftritts erhöhen und das Besuchererlebnis verbessern, sondern auch mehr Besucher und Besucherinnen auf Ihre Website bringen. Sie sind ein nicht außer Acht zu lassendes Element für eine gute SEO und damit bessere Platzierung bei Suchmaschinen. Sie sollten sich bei jedem Bild, auch bei einer Galerie, ein paar Minuten Zeit nehmen und diese Meta-Daten ergänzen:

- *Alternativtext* (H): Den *Alternativtext*, d. h. Text für das `alt`-Attribut des `<img>`-Tags, sollten Sie immer angeben. Der Alternativtext erscheint beim Laden eines Bilds und wenn das Bild beispielsweise nicht geladen werden kann. Zudem ist diese Angabe wichtig für Screenreader und Suchmaschinen. Gemäß HTML-Spezifikation ist es ein Mangel, wenn kein `alt`-Attribut in einem `<img>`-Tag zu finden ist.

- *Titel* (I): Die Angabe des Titels ist erforderlich; als *Titel* wird automatisch der Name der Datei ohne Dateierweiterung eingetragen, im Beispiel rhino_10aug16. Diesen Titel können bzw. sollten Sie in den meisten Fällen ändern. Ein aussagekräftiger Titel ist nämlich hilfreich bei der Suche nach Bildern innerhalb der Mediathek.

  Beachten Sie, dass die Verwendung bzw. Handhabung des *Titels* in WordPress geändert wurde. In älteren WordPress-Versionen wurde die Angabe bei *Titel* automatisch als `title`-Attribut des `<img>`-Tags verwendet, das dann als Tooltip angezeigt wird, wenn Sie mit dem Cursor über das Bild fahren. In neuen WordPress-Versionen dient der Titel lediglich für leichteres internes Handling z. B. bei der Suche nach Bildern in der Mediathek. Der Titel wird nicht mehr automatisch als `title`-Attribut des `<img>`-Tags verwendet. Möchten Sie im Block-Editor ein `title`-Attribut einem Bild hinzufügen, so muss dies in der HTML-Ansicht oder im Code-Editor händisch durchgeführt werden.

- *Beschriftung – Bildunterschrift – Caption* (J): Dies ist der Text für die *Bildunterschrift,* (engl. Caption). Der Text, den Sie hier einfügen, ist nicht an das Bild gebunden, d. h. Sie können ein Bild öfters verwenden und jedes Mal eine andere Bildunterschrift unter das Bild setzen. Dazu fügen Sie das Bild aus der Mediathek ein und ändern den Text unter dem Bild. Sie können den Text auch löschen, wenn keine Bildunterschrift beim jeweiligen Bild angezeigt werden soll.

- *Beschreibung* (K): Die *Beschreibung* ist eine optionale Angabe. Hier können Sie eine detailliertere Beschreibung des Bilds eingeben. Die Beschreibung wird nur angezeigt, wenn Sie ein Bild beispielsweise mit der Anhang-Seite verlinken oder wenn dies im Theme an einer bestimmten Stelle vorgesehen ist.

- *URL* (L) und *Link kopieren* (M): Hier finden Sie den absoluten Pfad zur Medien-Datei, dieser ist nicht änderbar. Im Beispiel ist es `http://localhost/wordpress/wp-content/uploads/2019/08/yuanyuan27_20geb_23Aug2019.jpg`. Man sieht im Beispiel gut, dass die Uploads nach Jahr und Monat organsiert sind. Dies können Sie auf der Seite *Einstellungen/Permalinks* festlegen (siehe Abschnitt 6.2).

- *Auswählen* (N): Mit Klick auf **Auswählen** fügen Sie die markierte Datei in die Seite bzw. in den Beitrag in den Bild-Block ein.

8.4.3.3 Exkurs: Bilder online bearbeiten

Man sollte grundsätzlich fertig bearbeitete Bilder in der gewünschten maximalen Größe auf den Server laden und in einen Beitrag oder in eine Seite einfügen. Manchmal ist es jedoch erforderlich, dass Bilder, die sich bereits auf dem Server befinden, bearbeitet werden. Word-Press bietet dafür eine einfache Online-Bildbearbeitung zum *Drehen* und *Spiegeln* sowie *Zuschneiden* und *Verkleinern* an. Die Mediathek-Seite *Datei bearbeiten* öffnen Sie in den Anhang-Details mit *Bild bearbeiten* (siehe (F) in siehe Bild 8.103).

> **Anmerkung:** In früheren Versionen wurde das Dialogfenster *Bild bearbeiten* und nicht die Seite in der Mediathek geöffnet!

Die Seite *Datei bearbeiten* beinhaltet alle Metadaten und Angaben zum Bild (vgl. A – E und G – L in Bild 8.103) sowie Bearbeitungsschaltflächen (siehe Bild 8.104):

(A) – Vorschaubild

(B) – Name der Datei und Dateityp

(C) – Datum des Uploads inklusive Uhrzeit

(D) – Dateigröße in KB

(E) – Datei-Abmessungen in Pixel

(G) – Datei unwiderruflich löschen

(H) – Alternativtext (Alt-Text, Alt-Attribut)

(I) – Titel

(J) – Beschriftung, d. h. Bildunterschrift

(K) – Beschreibung

(L) – URL der Datei, d. h. absoluter Pfad zur Datei auf dem Server

(O) – Permalink der Datei

(P) – Zuschneiden

(Q) – Gegen den Uhrzeigersinn drehen

(R) – Im Uhrzeigersinn drehen

(S) – Vertikal spiegeln

(T) – Horizontal spiegeln

(U) – Letzten Schritt rückgängig machen

(V) – Bildformat und aktuelle Auswahl

(W) – Änderungen anwenden auf …

(X) – Aktuelle Abmessungen

(Y) – Änderungen (zuschneiden, drehen, spiegeln) speichern

(Z) – Bild mit neuen Abmessungen skalieren

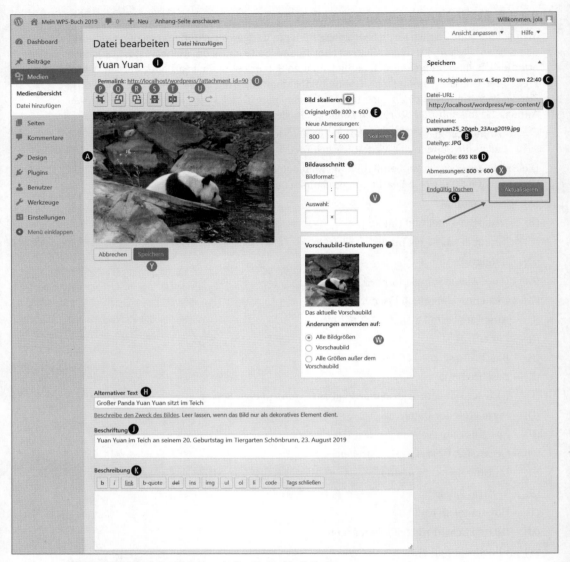

Bild 8.104 Die Seite *Datei bearbeiten* in der Mediathek

8.4.3.3.1 Bild online zuschneiden und skalieren

Sie können in WordPress ein Bild online mit freier Auswahl zuschneiden, proportional zuschneiden und auch proportional skalieren. Legen Sie unabhängig von den geplanten Änderungen gleich am Anfang fest, ob sich die Änderungen auf *Alle Bildgrößen,* nur das *Vorschaubild* oder auf *Alle Größen außer dem Vorschaubild* auswirken sollen (siehe (W) in Bild 8.104). Dies gilt auch für *Drehen* und *Spiegeln*.

8.4.3.3.1.1 Mit freier Auswahl zuschneiden

1. Hierfür klicken Sie zuerst auf das Zuschneide-Symbol (siehe Bild 8.105, links).

2. An den Haltegriffen können Sie den markierten Bereich verändern. In der rechten Spalte sehen Sie unter *Auswahl* die Größe des markierten Bereichs in Pixel (siehe Bild 8.105, links).

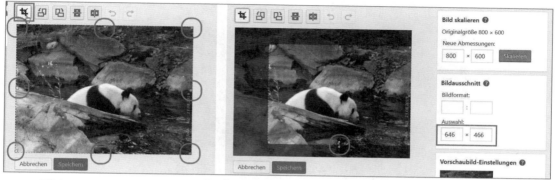

Bild 8.105 Alles außerhalb des markierten Bereichs wird weggeschnitten!

3. Sind Sie mit der Auswahl zufrieden, klicken Sie links oben auf das *Zuschneiden-Symbol*.

4. Es dauert einige Sekunden, das Bild wird zugeschnitten, in der Werkzeugleiste oberhalb des Bilds ist jetzt auch die Schaltfläche *Rückgängig* aktiv (siehe Bild 8.106). Hier könnten Sie das Zuschneiden wieder rückgängig machen.

Bild 8.106
Die Schaltflächen Rückgängig und Speichern sind nach Klick auf das Zuschneide-Symbol und der zugeschnittenen Vorschau aktiv!

5. Unterhalb des Bilds ist nun auch die Schaltfläche *Speichern* aktiv (siehe Bild 8.106). Zum Übernehmen des Zuschnitts müssen Sie auf die Schaltfläche **Speichern** klicken.

6. Es dauert wieder einige Sekunden, dann erscheint das zugeschnittene Bild als Vorschaubild auf der Mediathek-Seite *Datei bearbeiten* mit den neuen Abmessungen. Zudem wird die Erfolgsmeldung *Das Bild wurde gespeichert* angezeigt (siehe Bild 8.107).

Bild 8.107 Das Bild wurde erfolgreich zugeschnitten

8.4.3.3.1.2 Original wiederherstellen

Möchten Sie die Originaldatei wiederherstellen, so suchen Sie auf der Seite in Bild 8.107 vergeblich nach einer entsprechenden Schaltfläche. Um diese Schaltfläche bzw. die Box *Originalbild wiederherstellen* zu erhalten, müssen Sie auf *Bild bearbeiten* unterhalb des großen Vorschaubilds klicken. Es öffnet sich die bereits bekannte Mediathek-Seite *Datei bearbeiten,* doch dieses Mal mit einer zusätzlichen Box *Originalbild wiederherstellen* (siehe Bild 8.108, oben). Beachten Sie, dass als *Originalgröße* die zuvor verkleinerte Bildgröße mit den aktuellen Abmessungen, im Beispiel 646 × 466 Pixel, angegeben ist.

Öffnen Sie die Box *Originalbild wiederherstellen* mit Klick auf den Namen bzw. auf das kleine Dreieck, nun erst erscheint die Schaltfläche *Bild wiederherstellen* (siehe Bild 8.108, unten).

Nach Klick auf die Schaltfläche *Bild wiederherstellen* erscheint nach einigen Sekunden die Erfolgsmeldung *Das Bild wurde erfolgreich wiederhergestellt.* Die Originalgröße wird wieder mit 800 × 600 angegeben (siehe Bild 8.109).

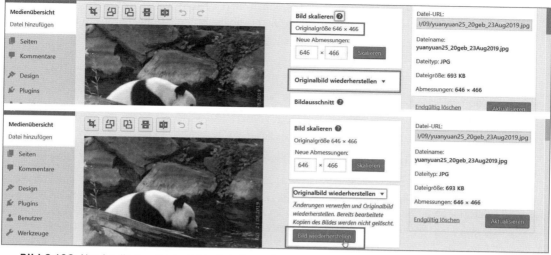

Bild 8.108 Nun ist die Box Originalbild wiederherstellen sichtbar

Bild 8.109 Das Originalbild wurde erfolgreich wiederhergestellt

Zur Erklärung: WordPress speichert die geänderten und im Beispiel zugeschnittenen Dateigrößen auf dem Server mit einem Suffix (siehe Bild 8.110), so kann auf das Original zurückgegriffen werden. Im Beispiel befindet sich auf dem Server die Bilddatei in der Originalgröße ohne Suffix, dann die beim Hochladen verkleinerten Versionen mit dem Suffix 150×150, 300×225 und 768×576 sowie die entsprechenden zugeschnittenen Versionen mit einem zusätzlichen, automatisch generierten Suffix.

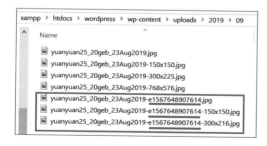

Bild 8.110
Von der Originaldatei sind weitere Versionen auf dem Server

8.4.3.3.1.3 Proportional zuschneiden

Möchten Sie, dass die Auswahl für den Bildzuschnitt ein bestimmtes proportionales Seitenverhältnis hat, dann geben Sie dieses Seitenverhältnis in der linken Spalte unter *Bildformat* ein. Eines der Standardformate ist 4 : 3, ein weiteres häufig verwendetes ist 16 : 9. Beim Format 4 : 3 ergeben sich folgende Bildgrößen (Angabe Breite x Höhe, jeweils in Pixel):

- 150 × 75
- 400 × 300
- 500 × 375
- 600 × 450
- 800 × 500
- 1024 × 768

Für das Format 16 : 9 ergeben sich für obige Größen folgen Werte (Breite × Höhe, jeweils in Pixel):

- 150 × 84
- 400 × 225
- 500 × 281
- 600 × 338
- 800 × 450
- 1024 × 576

Klicken Sie zuerst auf das *Zuschneiden-Symbol* links oberhalb des Bilds. Geben Sie anschließend das gewünschte *Bildformat* in der Box *Bildausschnitt* ein. Sobald Sie mit den Haltegriffen den Zuschnittsbereich verkleinern, wird dieser Bereich mit dem ausgewählten proportionalen Verhältnis verkleinert (siehe Bild 8.111, Markierungen). Die Pfeile in Bild 8.111 zeigen die jeweiligen Abmessungen der aktuellen Auswahl. Den Zuschnittsbereich können Sie mit der linken Maustaste verschieben. Anschließend übernehmen Sie den Zuschnitt und die Änderungen wie bei der freien Auswahl.

Bild 8.111   Bildzuschnitt im Format 4 : 3 (links) und 16 : 9 (rechts)

8.4.3.3.1.4 Bild auf vorgegebene Auswahlgröße zuschneiden

Eine weitere Möglichkeit des Zuschnitts besteht darin, einen Bereich des Bilds in einer vorgegebenen Größe auszuschneiden. Geben Sie hierfür in der Box *Bildausschnitt* bei *Auswahl* die gewünschten Abmessungen (in Pixel) ein, im Beispiel 650 × 350. Die beiden Felder bei *Bildformat* bleiben leer. Der Auswahlbereich kann mit der linken Maustaste verschoben werden (siehe Bild 8.112). Gehen Sie anschließend vor wie bei der freien Auswahl.

Bild 8.112 Geben Sie die gewünschte Auswahlgröße ein

8.4.3.3.1.5 Bild skalieren (proportional verkleinern)

Möchten Sie das Bild auf eine bestimmte Größe skalieren, d. h. proportional verkleinern, dann geben Sie in der Box *Bild skalieren* einen Wert bei *Neue Abmessungen* ein. Der zweite Wert wird proportional berechnet und angezeigt. Klicken Sie anschließend auf **Skalieren** (siehe Bild 8.113).

Bild 8.113 Geben Sie einen Wert zum Verkleinern ein

Warten Sie, bis das Bild skaliert wurde. Klicken Sie anschließend in der Box *Speichern* auf **Aktualisieren** (siehe Pfeil in Bild 8.114). Es erscheint links oben auf der Seite *Mediendatei aktualisiert*. In der Box *Speichern* sind nun die neuen Abmessungen zu sehen, dem Dateinamen wurde ein automatisch erzeugtes Suffix hinzugefügt (Bild 8.114, rechts).

Bild 8.114 Die verkleinerte Mediendatei wurde aktualisiert

8.4.3.3.2 Bild online drehen und spiegeln

Mit dem zweiten und dritten Symbol in der Leiste oberhalb des Bilds drehen Sie das Bild im Gegenuhrzeigersinn bzw. im Uhrzeigersinn um jeweils 90 Grad. Die nächsten beiden Symbole spiegeln das Bild vertikal bzw. horizontal (siehe Bild 8.115). Mit den letzten beiden Symbolen, den Pfeilen nach links und nach rechts, können Sie den letzten Schritt rückgängig machen. Zur Übernahme der durchgeführten Bearbeitung klicken Sie auf **Speichern** unterhalb des Bilds.

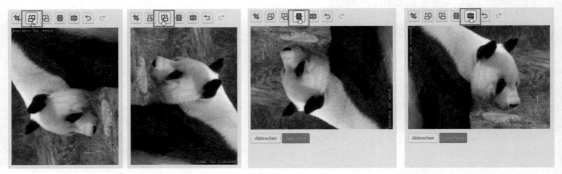

Bild 8.115 V. l. n. r.: im Gegenuhrzeigersinn drehen, im Uhrzeigersinn drehen, vertikal spiegeln und horizontal spiegeln

8.4.4 Allgemeine Blöcke: Cover-Block

Der *Cover-Block* ermöglicht das Einfügen eines Bilds oder Videos samt Überschrift, Text und einem Button sowie einem Farb-Overlay. In der englischen Version heißt dieser Block *Cover Image Block*, was in früheren Gutenberg-Plugin-Versionen mit *Titelbild* übersetzt wurde und den ursprünglichen Zweck wohl deutlicher beschreibt als der aktuelle Name *Cover-Block*. Wenn im Theme erlaubt, kann das Bild auch als Weite Breite und/oder gesamte Breite des Bildschirms eingefügt werden. Die *Overlay-Farbe* ist standardmäßig grau und transparent, wobei der Wert der Transparenz zwischen 0 und 100 eingestellt werden kann. Es ist auch eine benutzerdefinierte Farbe als Overlay erlaubt. Seit WordPress 5.2 ist es möglich, neben Text in einem Absatz auch eine Überschrift und einen Button über das Bild zu legen.

Bild 8.116 Der Cover-Block nach dem Einfügen des Blocks

Ziehen Sie ein Bild oder ein Video von Ihrem Rechner in den Cover-Block hinein oder wählen Sie die Schaltfläche Hochladen zum Hochladen einer Datei bzw. Mediathek, wenn Sie ein Bild aus der Mediathek einfügen möchten.

Im Beispiel wurde eine neue Bild-Datei in den Cover-Block hineingezogen. Sobald die Datei auf den Server geladen wurde, können Sie Inhalte über das Bild legen, zugleich erscheinen in der Seitenleiste die Einstellungsoptionen in dem Bereich *Cover-Einstellungen* mit *Hintergrund fixieren* und *Fokuspunkt-Auswahl* sowie dem Unterbereich *Overlay* mit *Overlay-Farbe* und *Hintergrund-Deckkraft*.

Fügen Sie einen Titel, Absatz und/oder einen Button, der zumeist als Call-To-Action-Button eingesetzt wird, ein. Beachten Sie, dass beim Button bei der Verlinkung kein Attribut `target` vorgesehen ist. Mit anderen Worten, wenn Sie den Button mit einem externen Link versehen und dieser Link sinnvollerweise in einem neuen Tab oder Fenster geöffnet werden soll, dann müssen Sie das Attribut `target="_blank"` händisch in der HTML-Ansicht einfügen. Dies führt jedoch zur Fehlermeldung *Unerwarteter oder ungültiger Inhalt*. Sie müssen den Block in HTML umwandeln und können keine Einstellungen mehr in der Seitenleiste durchführen!

Bild 8.117 Der Cover-Block mit Überschrift, Absatz und Call-To-Action-Button

Wird *Hintergrund fixieren* aktiviert, so bleibt das Bild beim Scrollen stehen, der Text darüber wird gescrollt, es entsteht ein *Parallax*-Bereich. Dies ist nur bei einem Bild, jedoch nicht bei einem Video möglich. Beachten Sie, dass der von manchen als „cool", von mir persönlich eher als nervig bezeichnete *Parallax-Effekt* nur dann sinnvoll ist, wenn Sie das Bild quasi als Hintergrundgrafik oben auf der Seite über die gesamte Breite der Seite platzieren können. Bei *Fokuspunkt-Auswahl* können Sie entweder mit dem blauen Kreis über der Mitte des Bilds in der kleinen Vorschau oder mittels Prozentwert horizontal bzw. vertikal den Fokus festlegen und so das Hintergrundbild entsprechend verschieben (siehe Bild 8.117).

Im Bereich *Overlay* können Sie eine der elf Standard-Farben als Überlagerungsfarbe auswählen (siehe Bild 8.118, links). Auch die Auswahl einer individuellen Farbe ist möglich. Hierbei ist die Farbe als Hexadezimalcode, mit RGB-Werten oder mit HSL-Werten anzugeben (siehe Bild 8.118, Mitte). Es kann sein, dass das verwendete Theme wie beispielsweise das Theme zum Buch eine eigene Farbpalette verwendet und etwa die Auswahl einer individuellen Farbe unterbindet (siehe Bild 8.118, rechts).

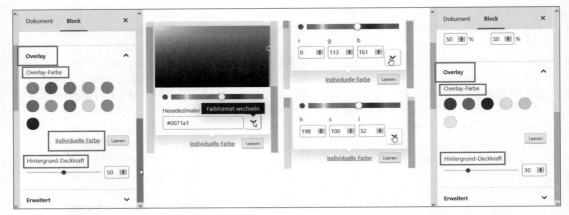

Bild 8.118 Overlay-Bereich Standard-Farbenauswahl (links), Individuelle Farboptionen (Mitte) und Theme-spezifische Farbauswahl (rechts)

Im Bereich *Hintergrund-Deckkraft* (siehe Bild 8.118, links und rechts unten) legen Sie die Deckkraft der Overlay-Farbe fest. Der Schieberegler ganz links ergibt den Wert 0, d. h. von der Überlagerungsfarbe ist nichts zu sehen, der Wert 100 – Schieberegler ganz nach rechts – lässt die Farbe mit voller Deckkraft anzeigen. Hierbei wäre vom Bild darunter nichts mehr zu sehen. In der Seitenleiste ganz unten haben Sie bei *Erweitert* – so wie bei vielen anderen Blöcken – die Möglichkeit, eine eigene CSS-Klasse hinzuzufügen.

8.4.5 Allgemeine Blöcke: Datei-Block

Neben Bildern, Video- und Audio-Datei können auch Dokumente in die Mediathek hochgeladen und in einem Beitrag oder auf einer Seite verlinkt werden. Über den *Datei-Block* lassen sich diese Dateien auf einer Seite oder in einem Beitrag als Link einbinden.

Bild 8.119 Der Datei-Block nach dem Einfügen

Ziehen Sie die gewünschte Datei von Ihrem Rechner in den Datei-Block hinein oder suchen Sie die Datei in der Mediathek. Im Datei-Block macht es einen großen Unterschied, ob sich die Datei bereits auf dem Server in der Mediathek befindet oder ob Sie eine neue Datei über den Datei-Block auf den Server laden möchten. Denn hier ist die Anzahl der Dateitypen, die hochgeladen werden dürfen, aus Sicherheitsgründen stark eingeschränkt. So erhalten Sie beispielsweise bereits bei einer ZIP-Datei eine Fehlermeldung (siehe Bild 8.120). Befindet sich die ZIP-Datei hingegen bereits in der Mediathek, so ist eine Verlinkung problemlos möglich.

> **Anmerkung:** Eine JSON-Datei darf weder im Block-Editor noch in die Mediathek hochgeladen werden.

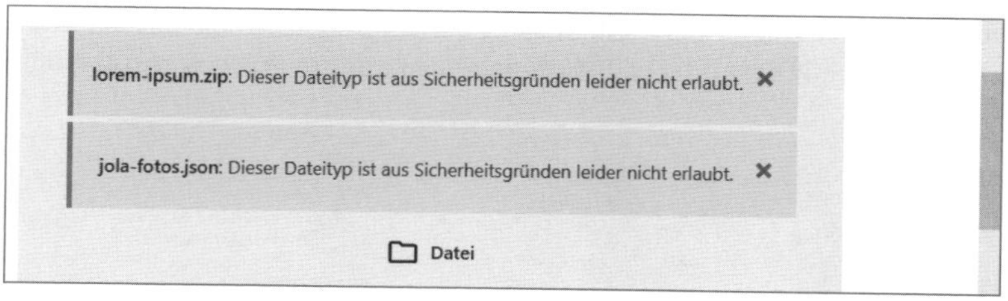

Bild 8.120 Das Hochladen einer ZIP-Datei ist im Block-Editor nicht gestattet

Hochgeladen werden dürfen im Block-Editor folgende Dateitypen (Stand März 2020). Eine Liste mit den erlaubten Dateitypen zum Hochladen in die Mediathek finden Sie in Kapitel 12:

- *Dokumente*

  `.pdf` (Portable Document Format; Adobe Acrobat)

  `.doc`, `.docx` (Microsoft Word)

  `.ppt`, `.pptx`, `.pps`, `.ppsx` (Microsoft PowerPoint)

  `.odt` (OpenOffice)

  `.xls`, `.xlsx` (Microsoft Excel)

  `.psd` (Adobe Photoshop)

- *Bilder*

  `.jpg`

  `.jpeg`

  `.png`

  `.gif`

  `.ico`

- *Audio-Dateien*

  `.mp3`

  `.m4a`

  `.ogg`

  `.wav`

- *Video-Dateien*

  `.mp4`, `.m4v` (MPEG-4)

  `.mov` (QuickTime)

  `.wmv` (Windows Media Video)

  `.avi`

.mpg

.ogv (Ogg)

.3gp (3GPP)

.3g2 (3GPP2)

Sobald Sie eine Datei hochgeladen bzw. in der Mediathek ausgewählt haben, erscheinen die *Einstellungs-Optionen* für den Link in der Seitenleiste. Bei *Download-Button Einstellungen* legen Sie fest, ob ein Button mit der Aufschrift *Herunterladen* angezeigt werden soll (siehe Bild 8.121).

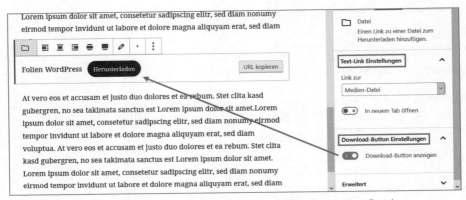

Bild 8.121 Der Datei-Block und die Seitenleiste nach dem Hochladen einer Datei

8.4.6 Allgemeine Blöcke: Galerie-Block

Sie können nicht nur einzelne Bilder, sondern mehrere Bilder, zusammengefasst zu einer Galerie im Block-Editor einfügen. Allerdings ist die Gestaltungsmöglichkeit beschränkt. Für ein gekacheltes Mosaik und die Anzeige der Bilder in einem Karussell beispielsweise benötigen Sie ein Plugin (z. B. Jetpack). Zum Einfügen einer Galerie gehen Sie folgendermaßen vor:

1. Die Bilder für die Galerie können Sie zum Hochladen vom lokalen Rechner in den Galerie-Block hineinziehen, über *Hochladen* neu hochladen oder aus der *Mediathek* einfügen (siehe Bild 8.122).

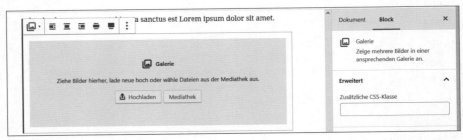

Bild 8.122 Der Galerie-Block des Block-Editors

2. Im Beispiel wurden drei Bilder in der Mediathek auf der Mediathek-Seite *Galerie erstellen* ausgewählt und anschließend auf *Neue Galerie erstellen* geklickt (siehe Bild 8.123, Pfeil). Bei *Anhang-Details* können Sie für jedes Bild fehlende Angaben ergänzen.

Bild 8.123 Wählen Sie Bilder in der Mediathek aus und klicken Sie rechts unten auf *Neue Galerie erstellen*

3. Es öffnet sich die Seite *Galerie erstellen*. Sie können hier fehlende Beschriftungen einfügen und die Reihenfolge der Bilder mittels Drag & Drop ändern. Klicken Sie anschließend auf *Galerie einfügen* (siehe Bild 8.124). Sie könnten hier auch weitere Bilder hinzufügen.

    Anmerkung: Vorsicht mit Beschriftungen, diese werden nicht unter dem Bild, sondern auf dem Bild angezeigt. Ist der Text länger, so wird auf dem Bild ein Scrollbalken angezeigt d. h. um den gesamten Text lesen zu können, muss auf dem jeweiligen Bild gescrollt werden (siehe Bild 8.126)!

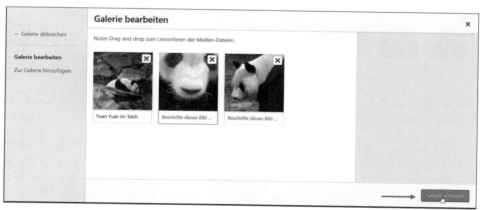

Bild 8.124 Auf der Mediathek-Seite *Galerie bearbeiten* können Sie die Reihenfolge der Bilder ändern

4. Die Bilder werden in den Galerie-Block eingefügt. In der Seitenleiste stehen nun Optionen im Bereich *Galerie-Einstellungen* zur Verfügung. Sie können die Anzahl der Spalten

festlegen, im Beispiel drei, und die *Bilder zuschneiden*, damit sie ausgerichtet werden können (siehe Bild 8.125).

Bei *Link zur* stehen *Keine*, *Medien-Datei* und *Anhang-Seite* zur Auswahl. Wenn Sie *Media-Datei* wählen, wird diese bei Klick auf das Bild im Frontend-Fenster geöffnet – ein Zurück ist nur über den Retour-Button des Browsers möglich. Bei *Anhang-Seite* wird das Bild mit Anhang-Details wie ein Beitrag geöffnet. Dies ist nur dann ratsam, wenn im Theme ein eigenes Template für Anhang-Details vorhanden ist. Ganz unten in der Seitenleiste können Sie auch hier, wie bei vielen anderen Blöcken, bei *Erweitert* eine eigene CSS-Klasse hinzufügen. Zudem sind auch beim Galerie-Block Editor-Styles möglich.

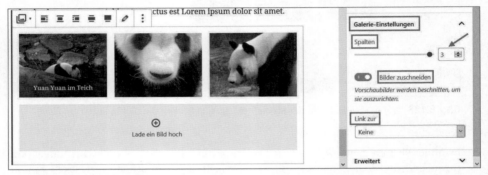

Bild 8.125 Passen Sie die Galerie-Einstellungen in der Seitenleiste an

5. Im Beispiel wurden drei weitere Bilder hinzugefügt und die Spaltenanzahl auf sechs geändert, sodass alle sechs Bilder nebeneinander angezeigt werden. Dadurch ist zu wenig Platz für die Beschriftung auf dem ersten Bild. So wird ein Scrollbalken auf dem Bild angezeigt (siehe Bild 8.126).

Bild 8.126 Ist die Beschriftung zu lang, wird ein Scrollbalken angezeigt!

6. Sie können bei Spalten die Anzahl der Spalten händisch verändern. Im Beispiel wurde sie von sechs auf fünf verringert. So wird ein Bild als großes Bild angezeigt, die anderen als kleine Vorschaubilder darüber (siehe Bild 8.127). Eine zufällige Anordnung der Bilder, sodass beispielsweise bei jedem Laden der Seite ein anderes großes Bild angezeigt wird, ist hier nicht vorgesehen.

Bild 8.127 Die Galerie bei sechs Bildern und fünf Spalten

Bild 8.128 zeigt links die Anzeige von sechs Bildern bei vier Spalten und rechts bei drei Spalten.

Bild 8.128 Galerie-Block mit sechs Bildern bei vier Spalten (links) und bei drei Spalten (rechts)

8.4.7 Allgemeine Blöcke: Liste-Block

Zum Erstellen einer neuen Liste fügen Sie einen *Liste-Block* ein. In der Werkzeugleiste über dem Block finden Sie folgende Einstellungsmöglichkeiten:

(1) Symbol *Liste-Block* bzw. *Block-Typ ändern* (hier in Absatz oder Zitat)

(2) Aufzählung, ungeordnete (nicht nummerierte) Liste

(3) nummerierte Liste (geordnete Liste)

(4) Listeneintrag einrücken

(5) Listeneintrag ausrücken

(6) markierte Wörter in fett

(7) markierte Wörter in kursiv

(8) Hyperlink einfügen

(9) Rich-Text mit durchgestrichen, Code und Inline-Bild

(10) Mehr ...

Bild 8.129 Der Liste-Block nach dem Einfügen in eine Seite bzw. einen Beitrag

Fügen Sie den ersten Listenpunkt ein. Mit der Enter-Taste verbleiben Sie im Liste-Block und gelangen zum nächsten Listenpunkt. Beachten Sie, dass während des Schreibens im Liste-Block die Block-Begrenzung sowie die Werkzeug-Leiste ausgeblendet werden (siehe Bild 8.130, links). Sobald Sie die Maus bewegen, werden Block-Begrenzung und Werkzeug-Leiste wieder eingeblendet (siehe Bild 8.130, rechts).

Bild 8.130 Während des Schreibens werden Block-Begrenzung und Werkzeug-Leiste des Liste-Blocks ausgeblendet

Sie können auch bestehenden Text in aufeinanderfolgenden Absatz-Blöcken markieren und die markierten Absätze in eine Liste umwandeln (siehe Bild 8.131). In der Seitenleiste wird nach dem Markieren die Anzahl der Blöcke sowie die Anzahl der Wörter angezeigt.

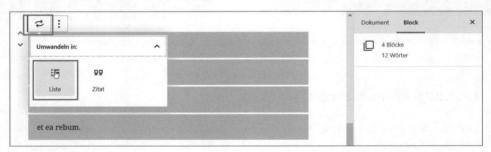

Bild 8.131 Auch markierte Absatz-Blöcke können Sie in eine Liste umwandeln

Standardmäßig werden im Editor Bullets (Punkte) für ungeordnete Listen d. h. für eine Aufzählung, und 1., 2., 3. für geordnete Listen, eine nummerierte Liste, verwendet. Möchten Sie dies benutzerdefiniert anpassen, so kann dies mittels Editor-Styles durchgeführt werden.

8.4.8 Allgemeine Blöcke: Überschrift-Block

Mit dem *Überschrift-Block* fügen Sie eine Überschrift ein. Über die Werkzeugleiste über dem Überschrift-Block können Sie die Überschriftebenen h2 bis h4 festlegen, in der Seitenleiste im Bereich *Überschrift-Einstellungen* alle sechs Überschriftebenen. Darunter ist auch die *Textausrichtung* mit links, zentriert und rechts einstellbar (siehe Bild 8.132).

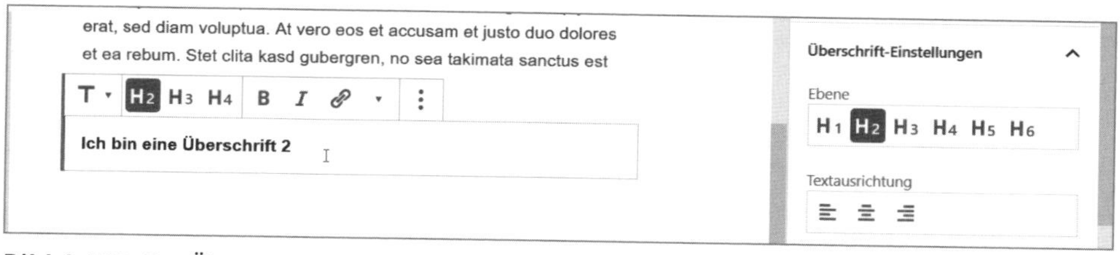

Bild 8.132 Der Überschrift-Block und die Einstellungsmöglichkeiten

8.4.9 Allgemeine Blöcke: Video-Block

Bewegte Bilder in Form von Videos gehören heutzutage quasi zum Standard einer Website. Das Erstellen von Videos ist in Zeiten von Smartphones und Digitalkameras, die HD-Qualität liefern, kein Problem. Das Einbetten und Anzeigen dieser Videos hingegen kann zum Problem werden. Damit meine ich keine urheberrechtlichen Probleme (diese sollten ausnahmslos *vor* dem Einbinden des Videos geklärt sein!), sondern solche technischer und eventuell sogar finanzieller Natur. Bevor Sie ein Video den Besuchern und Besucherinnen Ihrer Website zeigen können, müssen einige Fragen geklärt werden:

- Wo bzw. von wem wird das Video gehostet?
- Welches Format muss das Video haben?

Es gibt grundsätzlich zwei Möglichkeiten, wo Videos abgelegt werden: Die einfachste Variante ist das Hochladen auf eine der bekannten Videoplattformen wie etwa YouTube, Vimeo, Flickr etc. oder auf Facebook. Die zweite Variante ist das Hochladen des Videos auf Ihren Server und das „Selber hosten" des Videos. Von dieser Variante sollten Sie – bis auf sehr wenige Ausnahmen – jedoch absehen. Denn, je besser die Qualität des Videos ist, umso größer wird die Datenmenge, worunter die Performance Ihrer Website leidet. Lange Ladezeiten können ein Grund dafür sein, dass eine Internetpräsenz nicht wieder besucht wird. Hinzu kommt, dass Sie mit selbst-gehosteten Videos rasch an die Kapazitätsgrenzen des Servers stoßen können und womöglich auf ein „besseres" (bedeutet: teureres) Paket upgraden müssen. Außerdem produziert das Betrachten von Videos sehr viel Datenverkehr, was sich früher oder später in der Rechnung Ihres Providers bemerkbar macht.

Welches Format Ihr Video haben *kann*, hängt davon ab, wo das Video gehostet wird. Bei *Facebook* beispielsweise können Sie derzeit (September 2019) zahlreiche gängigen Formate hochladen, wobei *MP4* oder *MOV* empfohlen wird: .3g2 (Handy-Video), .3gp (Handy-Video), .3gpp (Handy-Video), .avi (AVI-Video), .dat (MPEG-Video), .divx (DIVX-Video), .dv (DV-Video), .f4v (Flash-Video), .flv (Flash-Video), .gif (Graphics Interchange Format), .m2ts (M2TS-Video), .m4v (MPEG-4-Video), .mkv (Matroska-Format), .mod (MOD-Video), .mov (QuickTime-Video), .mp4 (MPEG-4-Video), .mpe (MPEG-Video), .mpeg (MPEG-Video), .mpeg4

(MPEG-4-Video), `.mpg` (MPEG-Video), `.mts` (AVCHD-Video), `.nsv` (Nullsoft-Video), `.ogm` (Ogg Media-Format), `.ogv` (Ogg Video-Format), `.qt` (QuickTime-Video), `.tod` (TOD-Video), `.ts` (MPEG-Transportstrom), `.vob` (DVD-Video) und `.wmv` (Windows-Media-Video). Die Länge des Videos darf drei Sekunden bis 240 Minuten betragen, bei einer max. Datei-Größe von 4 GB.

Auf *YouTube* können standardmäßig folgende Formate bis zu einer Länge vom max. 15 Minuten hochgeladen werden. Längere Videos sind nur bei verifizierten Accounts möglich, und zwar mit einer maximalen Größe von 128 GB oder einer maximalen Länge von 12 Stunden, je nachdem, welcher Wert kleiner ist (in alphabetischer Reihenfolge, Stand September 2019): `.3gpp`, `.avi`, CineForm, DNxHR, `.flv`, HEVC (h265), `.mov`, `.mp4`, `.mpeg4`, `.mpegps`, ProRes, `.webm` und `.wmv`.

Auf *Instagram* dürfen in den Feed nur `.mp4`-Videos hochgeladen werden. Und zwar mit einer Mindestlänge von drei Sekunden und einer maximalen Länge von einer Minute. Auf *Twitter* sind es die Videoformate `.mp4` und `.mov` bis zu einer Größe von max. 512 MB und einer Länge bis zu zwei Minuten und 20 Sekunden.

Der große Vorteil bei Videoplattformen ist insbesondere auch, dass diese das Endgerät, den Browser und die Art und Geschwindigkeit der Internetverbindung des Besuchers auslesen und automatisch die passende bestmögliche Qualität zur Verfügung stellen.

Anders auf Ihrem eigenen Server, hier lautet die Frage nämlich, welche Formate Ihr Video haben *muss*, damit es in möglichst vielen Browsern angezeigt werden kann. Ein einzelnes Format ist nicht immer empfehlenswert. Sie benötigen Ihr Video zumindest sowohl im *MP4*-Format als auch im *OGV*-Format – auch wenn die aktuellsten Browser das MP4-Format unterstützen. Wenn Sie auch Besucher mit älteren Browsern und vielen unterschiedlichen Endgeräten etc. haben, benötigen Sie noch weitere Formate. Mit anderen Worten, für ein weitgestreutes Fallback würden Sie von Ihrem Video die Formate `.mp4`, `.ogv` und `.webm` benötigen. Zudem ist die Verwendung von Untertiteln (`.vtt` Text-Datei) empfehlenswert. Beachten Sie, dass die Unterstützung für `.wma` und `.wmv` mit der Version 4.8 aus dem Word-Press-Core entfernt wurde!

8.4.9.1 Video mit Video-Block einfügen

Mit dem *Video-Block* im Block-Editor lässt sich ein *selbst-gehostetes* Video in einen einfachen HTML5-Video-Player in eine Seite oder einen Beitrag einbetten. Sie können ein Video in den Video-Block vom lokalen Rechner hineinziehen, hochladen oder ein bereits hochgeladenes Video in der Mediathek auswählen (siehe Bild 8.133). Das Hinzufügen einer alternativen Quelle und von Untertiteln ist nicht vorgesehen. Dies ist jedoch weiterhin im Classic-Block möglich. Wenn Sie *Von URL einfügen* wählen, wird der Video-Block automatisch in den jeweiligen *Einbetten-Block* der unterstützten *Video-Plattform* umgewandelt.

Bild 8.133 Der Video-Block nach dem Einfügen

Im Beispiel wurde ein Video im `.mp4`-Format, im `.ogv`-Format plus die dazugehörige `.vtt`-Datei mit den Untertiteln zuerst über die Mediathek auf den Server geladen. Nach Einfügen des Video-Blocks und Klick auf *Mediathek* öffnet sich die Mediathek-Seite *Medium wählen oder hochladen*. Hier werden alle auf dem Server befindlichen und in den Video-Block einfügbaren Dateien aufgelistet (siehe Bild 8.134). Die `.vtt`-Datei beispielsweise wird nicht angezeigt. Bei den *Anhang-Details* können die Daten zur Datei noch ergänzt werden. Die Beschriftung wird allerdings beim Einfügen in den Video-Block nicht automatisch übernommen.

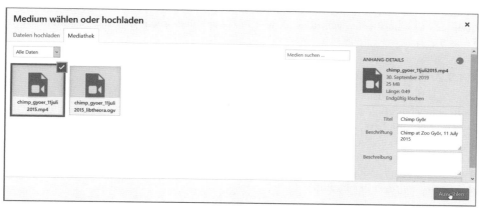

Bild 8.134 Die in den Video-Block einfügbaren Videodateien werden in der Mediathek angezeigt

Nach Klick auf *Auswählen* wird das Video, im Beispiel die Datei `chimp_gyoer_11juli2015.mp4`, im Video-Block angezeigt. In der Seitenleiste stehen nun die Optionen im Bereich *Video-Einstellungen* zur Verfügung. *Autoplay* startet das Video gleich beim Laden der Seite, *Schleife* lässt das Video als Schleife abspielen, *Stumm* schaltet das Video automatisch auf stumm. *Wiedergabe-Steuerung* blendet eine Steuerungsleiste am unteren Rand des Videos mit Play, Stopp, Länge des Videos, Lautstärkeregler sowie Vollbild-Modus ein. Bei *Vorladen* kann wie beim Audio-Block zwischen *Auto*, *Meta-Daten* sowie *Keine* gewählt werden. Bei *Vorschaubild* können Sie ein Bild auswählen, das als Vorschaubild im Video-Player angezeigt wird.

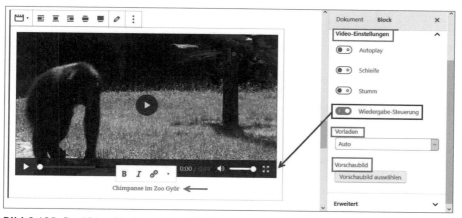

Bild 8.135 Der Video-Block nach dem Einfügen des Videos, in der Seitenleiste sind nun die Video-Optionen verfügbar

Ganz unten in der Seitenleiste kann bei *Erweitert* eine eigene CSS-Klasse zugewiesen werden. Am oberen Rand des Video-Blocks befinden sich in der Werkzeugleiste Optionen für die *Ausrichtung* des Videos (links, zentriert, rechts und wenn im Theme aktiviert, auch für weite Breite und gesamte Breite). Über das *Bleistift-Symbol* (Video bearbeiten) gelangen Sie wieder zum Video-Block in Bild 8.133. Hier können Sie ein neues Video hochladen oder ein Video aus der Mediathek auswählen.

Unterhalb des Videos besteht die Möglichkeit der Angabe einer *Beschriftung*. Diese wird, wie schon erwähnt, nicht automatisch aus den Anhang-Details übernommen. Wenn Sie Untertitel und/oder eine alternative Quelle hinzufügen möchten, empfiehlt sich die Verwendung des Classic Blocks, weil dies aktuell im Video-Block nicht möglich ist (Stand WordPress 5.2.3).

8.4.9.2 Video mit Classic Block einfügen

Um ein selbst gehostetes Video samt einer alternativen Quelle und/oder Untertiteln in eine Seite oder einen Beitrag einzufügen, fügen Sie zuerst einen *Classic Block* aus dem Bereich *Formatierung* ein bzw., wenn Sie den Classic Block öfter verwenden, aus dem Bereich *Häufig genutzt* ein. Klicken Sie rechts in der oberen Symbolleiste auf *Dateien hinzufügen* (vgl. Bild 8.79, Audio-Datei hinzufügen). Lassen Sie sich nur die Videodateien anzeigen, wählen Sie das entsprechende Video aus und klicken Sie rechts unten auf *In die Seite einfügen* bzw. *In den Beitrag einfügen* (siehe Bild 8.136).

Bild 8.136 Wählen Sie die Videodatei zum Einfügen aus

Das Video wird im Classic Block möglicherweise nicht zur Gänze angezeigt, dies soll jedoch nicht irritieren. Klicken Sie auf das Video im Classic Block zum Markieren, danach auf den Bleistift oberhalb des markierten Videos (siehe Bild 8.137).

Es wird die Mediathek-Seite *Video-Details* geöffnet. Hier stehen Ihnen Einstellungsoptionen zum Video zur Verfügung. Im oberen Teil wird das Video angezeigt, das hier auch abgespielt werden kann. Darunter können Sie alternative Quellen, nämlich eine `.ogv`-Version sowie eine `.webm`-Version des Videos, hinzufügen und gegebenenfalls *Autoplay, Schleife* und *Vorladen* aktivieren. Zum Hinzufügen einer `.vtt`-Datei mit Untertiteln wählen Sie in der linken Seitenleiste den Eintrag *Untertitel hinzufügen* (siehe Bild 8.138). Sie können mehrere `.vtt`-Dateien für Untertitel in mehreren Sprachen hinzufügen.

Bild 8.137 Markieren Sie das Video im Classic Block und klicken Sie dann auf das Bearbeiten-Symbol (Bleistift)

Bild 8.138 Auf der Seite Video-Details fügen Sie alternative Quellen und Untertitel hinzu

 Von MP4 zu OGV

Als Beispiel wurde die Datei `chimp_gyoer_11juli2015.mp4` verwendet – eines meiner als MP4-Datei gespeicherten Zoo-Videos. Diese Datei wird auch im Video-Format OGV und eventuell auch in weiteren Formaten benötigt. Es gibt zahlreiche gute und weniger gute, einfache und nur für Nerds konzipierte, kostenlose und kostenpflichtige Tools zum Konvertieren der Datei in andere Videoformate, sowohl online als auch für den Desktop. Welches Sie verwenden, ist Geschmackssache. Ich konvertiere die MP4-Datei mit Hilfe des kostenlosen Programms *Any Video Converter (http://www.any-video-converter.com/products-freeware/)* in ein OGV-Format, die neue Datei erhielt vom Programm automatisch den Namen `chimp_gyoer_11juli2015_libtheora.ogv`. *Theora* ist ein freier Video-Codex des OGG-Videocontainers, *Libtheora* ist die dazugehörige Bibliothek.

Nach dem Hinzufügen einer `.ogv`-Version des Videos zur Beispieldatei als alternative Quelle wird auch die absolute Adresse der alternativen Quelle angezeigt. Werden Untertitel hinzugefügt, so erscheint der Code, mit dem die Untertitel eingebunden werden, ebenfalls. Dieser kann bzw. muss eventuell angepasst werden. Da im Beispiel die Untertitel in deutscher Sprache geschrieben wurden, ändere ich die Attribute `srclang` auf `de` statt `en` und `label` auf `Deutsch` statt `English` (siehe Bild 8.139). Dies ist wichtig, damit beim Ansehen des Videos die korrekte Sprache ausgewählt werden kann.

Bild 8.139 Passen Sie die Sprache im Code für die Untertitel an

Im Frontend können Sie nun Untertitel anzeigen lassen. Im Beispiel stehen zur Auswahl *Keine* d. h. es werden keine Untertitel angezeigt und *Deutsch* für die Anzeige von Untertiteln in deutscher Sprache (siehe Bild 8.140, links). Die Untertitel werden am unteren Rand des Videos entsprechend der .vtt-Datei ein- und ausgeblendet (siehe Bild 8.140, rechts).

Bild 8.140 Auswahlmöglichkeit (links) und Einblendung von Untertiteln (rechts)

8.4.9.3 Exkurs: Videountertitel erstellen (VTT-Datei)

Untertitel erhöhen die Benutzerfreundlichkeit und verbessern das Besuchererlebnis Ihres Internetauftritts. Untertitel beispielsweise für eine zweite Sprache oder für Hörgeschädigte können Sie recht einfach selbst erstellen. Sie benötigen dafür eine eigene Text-Datei im .vtt-Format, d. h. eine WebVTT-Datei (*WebVTT* steht für *Web Video Text Tracks*), die mit dem HTML5 `<track>`-Element dem Video hinzugefügt wird.

> **Tipp:** Sie können eine *VTT*-Datei beispielsweise auch Ihrem Video auf Facebook und YouTube hinzufügen.

Zum Erstellen der einzelnen Tracks gibt es etliche kostenpflichtige als auch kostenfreie Tools. Für die Beispiel-WebVTT-Datei wurde der kostenlose HTML5 Video Caption Maker verwendet:

1. Unter der Adresse *https://testdrive-archive.azurewebsites.net/Graphics/CaptionMaker/ Default.html* können Sie online die Untertitel für Ihr Video eingeben und den Inhalt der VTT-Datei erstellen lassen (Stand 30. September 2019).

2. Haben Sie alle Untertitel-Blöcke, die sogenannten *Cues*, für einzelne Zeitbereiche festgelegt, kopieren Sie den Inhalt der Datei aus dem Textfenster.

3. Öffnen Sie einen einfachen Text-Editor auf Ihrem lokalen Rechner und fügen Sie den kopierten Text in den Editor ein. Die Datei muss mit `WEBVTT` beginnen. Die Zeitangabe für den Beginn und das Ende der Anzeige der einzelnen *Cues* erfolgt im Format `hh:mm:ss.xxx --> hh:mm:ss.xxx` (Stunden:Minuten:Sekunden.Millisekunden; ist das Video kürzer als eine Stunde, fällt die Stundenangabe weg). Darunter steht in einer eigenen Zeile der Text für den Untertitel innerhalb des definierten Zeitfensters. Getrennt werden die einzelnen *Cues* durch eine Leerzeile. Bild 8.141 zeigt die Beispiel-WebVTT-Datei `video_chimp_gyoer.vtt` im Editor.

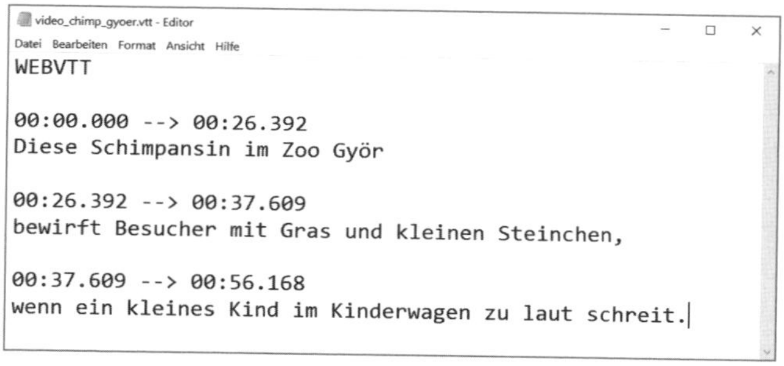

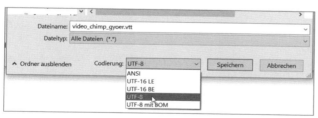

Bild 8.141 Inhalt der Beispiel-WebVTT-Datei im Text-Editor

4. Speichern Sie die Datei mit der Dateierweiterung `.vtt` und der Codierung UTF-8 (siehe Bild 8.142). Wählen Sie bei *Dateityp* den Eintrag *Alle Dateien* und achten Sie darauf, dass der Editor nicht `.txt` an die Dateierweiterung hinzufügt.

Bild 8.142 Speichern Sie die Datei als .vtt mit der Codierung UTF-8 ab!

8.4.10 Allgemeine Blöcke: Zitat-Block

Mit dem Zitat-Block können Sie ein Zitat in eine Seite bzw. in einen Beitrag einfügen. Unter dem Zitat ist eine Zeile für die Quellenangabe vorgesehen. Standardmäßig stehen zwei Stile im Bereich *Styles* in der Seitenleiste für die Formatierung des Zitats zur Verfügung, *Standard* und *Groß* (siehe Bild 8.143). Mit *Editor Styles* können Sie jedoch auch eigene Theme-spezifische Stile definieren und zur Auswahl unter *Styles* hinzufügen.

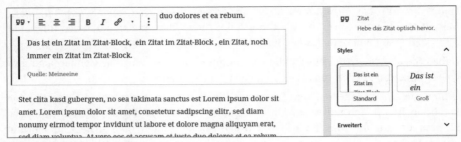

Bild 8.143 Der Zitat-Block mit zwei Standardstilen

■ 8.5 Blöcke: Bereich Formatierung

Im Bereich *Formatierung* sind die Blöcke *Classic, Code, HTML, Pullquote, Tabelle, Vers* und *Vorformatiert* zu finden (siehe Bild 8.144).

Bild 8.144
Die Blöcke im Bereich Formatierung

8.5.1 Bereich Formatierung: Classic Block

Der Classic Block entspricht in etwa dem gewohnten Editor (TinyMCE) in älteren Word-Press-Versionen, d.h. bis Version 5.0.), der hier als Block in den Block-Editor hereingeholt wird. Sie können sowohl in der Visuellen Ansicht mit den gewohnten Symbolleisten, als auch in der Text-Ansicht im Classic Block arbeiten und auch beispielsweise Medien hinzufügen. In der Seitenleiste sind keine Einstellungsmöglichleiten vorgesehen (siehe Bild 8.145). Beachten Sie, dass der gesamte Inhalt, den Sie in den Classic Block einfügen, als ein einzelner Block behandelt wird. Sie können den Inhalt aus dem Classic Block jedoch auch in einzelne Blöcke umwandeln lassen – eine Umwandlung in den Classic Block ist jedoch nicht vorgesehen.

Bild 8.145 Der Classic Block nach dem Einfügen in den Block-Editor

8.5.2 Bereich Formatierung: Code-Block

Der Code-Block ermöglicht das Einfügen und Anzeigen, nicht jedoch das Ausführen von Code. Im Bereich *Erweitert* in der Seitenleiste kann eine CSS-Klasse hinzugefügt werden. Der eingefügte Code wird mit `<pre class="wp-block-code"><code>` ... `</code></pre>` umschlossen. Es ist ratsam, in der CSS-Datei (`style.css`) des Themes bzw. des Child-Themes nicht nur die Klasse `.wp-block-code`, sondern auch die HTML-Tags `pre` und `code` zu definieren.

Bild 8.146 Der Code-Block nach dem Einfügen

8.5.3 Bereich Formatierung: HTML-Block

In den HTML-Block können Sie individuellen HTML-Code einfügen und das Ergebnis in der Vorschau-Ansicht des Blocks anzeigen lassen (siehe Bild 8.158). Der HTML-Block kann nicht in einen anderen Block umgewandelt werden.

Bild 8.147 Der HTML-Block nach dem Einfügen in die Seite bzw. den Beitrag

In der HTML-Ansicht des Blocks sind weder Syntax-Highlighting noch Zeilennummerierung etc. vorhanden (siehe Bild 8.148, oben). Fehlerhafter Code wird nicht automatisch korrigiert oder als fehlerhaft angezeigt. In der Vorschau-Ansicht wird die Ausgabe des individuellen HTML-Codes angezeigt (siehe Bild 8.148, unten).

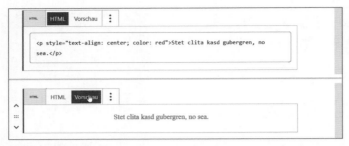

Bild 8.148 Der HTML-Block in der HTML-Ansicht (oben) und in der Vorschau-Ansicht (unten)

8.5.4 Bereich Formatierung: Pullquote-Block

Mit dem *Pullquote-Block* fügen Sie ein besonders hervorgehobenes Zitat ein. Die Intention dahinter ist, ein Zitat aus dem Beitrag bzw. aus der Seite hervorzuheben, so ist das Hinzufügen einer Quelle zwar möglich, jedoch nicht wirklich sinnvoll. Bei diesem Block stehen die Bereiche *Styles* und *Farbeinstellungen* sowie *Erweitert* in der Seitenleiste zur Verfügung (siehe Bild 8.149). Sowohl bei den Styles als auch bei den Farbeinstellungen sind mit Editor Styles Theme-spezifische Vorgaben möglich.

Bild 8.149 Der Pullquote-Block nach dem Einfügen in eine Seite bzw. einen Beitrag

Im Bereich *Styles* stehen standardmäßig zwei Stile zur Verfügung. Mit *Standard* wird das hervorgehobene Zitat mit einer Linie oberhalb und unterhalb vom Inhalt getrennt (siehe Bild 8.150, links). Wird eine Hauptfarbe festgelegt, so erhalten die Trennlinien diese Farbe. Die Textfarbe wirkt sich sowohl auf das Zitat, als auch auf die Quelle aus. Beim Stil *Farbfüllend* kann die Hauptfarbe als Hintergrundfarbe und eine Schriftfarbe ausgewählt werden (siehe Bild 8.150, rechts).

Bild 8.150 Hervorgehobenes Zitat mit Standard-Stil (links) und Farbfüllend (rechts)

Achten Sie darauf, dass sämtliche Klassen definiert sind, sonst werden die gewählten Farben im Frontend nicht angezeigt. Listing 8.7 zeigt den HTML-Code des hervorgehobenen Zitats aus Bild 8.150. Das Zitat (`<blockquote>`) wird von einem `<figure>`-Tag umschlossen, dieser erhält die Klasse `.wp-block-pullquote` sowie einen Inline-Stile mit der ausgewählten Hintergrundfarbe zugewiesen (`style="border-color:#00d084"`). Die Schriftfarbe wird als Klasse dem `<blockquote>`-Tag zugewiesen, im Beispiel `class="has-text-color has-luminous-vivid-orange-color"`.

Listing 8.7 Quellcode des Beispiels im Pullquote-Block

```
1 <figure class="wp-block-pullquote" style="border-color:#00d084">
2    <blockquote class="has-text-color has-luminous-vivid-orange-color">
3       <p>Das ist ein besonders hervorgehobenes Zitat im Pullquote-Block.
4       </p>
5    </blockquote>
6 </figure>
```

8.5.5 Bereich Formatierung: Tabelle-Block

Der Tabelle-Block ermöglicht das Einfügen einer Tabelle, standardmäßig einer 2 × 2-Tabelle. Theoretisch sind der Anzahl der Spalten und Zeilen keine Grenzen gesetzt, doch praktisch ist die Spaltenzahl durch die Breite des Layouts begrenzt. Es wird eine einfache Tabelle ohne Spalten- und Zeilenüberschriften (`<th>`) eingefügt, d. h. Sie müssen diese händisch formatieren. Sie können Zeilen und Spalten zu einer bestehenden Tabelle hinzufügen bzw. löschen. Der Tabelle-Block kann in keinen anderen Block umgewandelt werden.

Zum Einfügen einer Tabelle wählen Sie den *Tabelle-Block* aus dem Bereich *Formatierung*. Dann legen Sie fest, aus wie vielen Zeilen und Spalten die Tabelle bestehen soll (siehe Bild 8.151). Klicken Sie anschließend auf *Erstellen*.

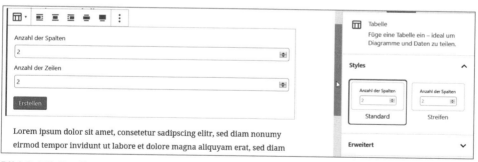

Bild 8.151 Der Tabelle-Block beim Erstellen, wählen Sie die Anzahl der Spalten und Zeilen aus

Nach dem Erstellen der Tabelle stehen in der Seitenleiste die Einstellungs-Optionen *Styles*, *Tabellen-Einstellungen* und *Farb-Einstellungen* sowie *Erweitert* zur Verfügung. Standardmäßig sind zwei Stile auswählbar, *Standard* und *Gestreift*. Bei *Standard* wird ein heller Rahmen um die Tabelle gelegt, bei *Gestreift* werden die Tabellenzeilen abwechselnd mit einem hellen und einem dunkleren Hintergrund angezeigt. Oberhalb des Blocks erscheint die Werkzeugleiste mit folgenden Symbolen (siehe Bild 8.152):

(1) Block-Symbol, Block-Stile

(2) links ausrichten

(3) zentrieren

(4) rechts ausrichten

(5) Weite Breite (Inhaltsbreite, nur wenn im Theme vorgesehen)

(6) Gesamtbreite (Bildschirmbreite, nur wenn im Theme vorgesehen)

(7) Tabelle bearbeiten

(8) Zeile oben einfügen

(9) Zeile unten einfügen

(10) Zeile löschen

(11) Spalte links einfügen

(12) Spalte rechts einfügen

(13) Spalte löschen

(14) markierter Text fett

(15) markierter Text kursiv

(16) Hyperlink einfügen

(17) Dreieck/Mehr Rich-Text-Steuerelemente (Code, markierten Text durchstreichen, Inline-Bild)

(18) Mehr Optionen

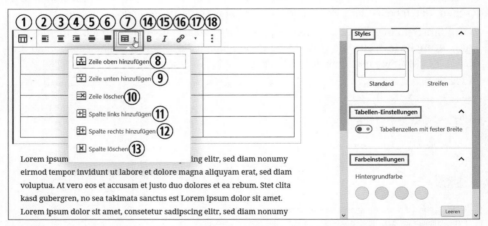

Bild 8.152 Der Tabelle-Block nach dem Einfügen mit einer 3x4-Tabelle mit Werkzeugleiste und Optionen in der Seitenleiste

Wenn Sie im Bereich *Tabellen-Einstellungen* die Option *Tabellenzelle mit fester Breite* aktivieren, so werden die Spalten mit gleicher Breite formatiert. Ist diese Option nicht aktiviert, so richtet sich die Breite der Spalten nach dem jeweiligen Inhalt. Bei *Farbeinstellungen* stehen vier helle Farben für den Hintergrund der Tabelle zur Verfügung. Bild 8.153 links zeigt eine Beispiel-Tabelle mit dem Stil Standard, rechts mit dem Stil Gestreift. Die Hintergrundfarbe, die Sie bei Farbeinstellungen auswählen, wird beim Stil Standard als Farbe für den Hintergrund der gesamten Tabelle genommen. Beim Stil Gestreift wird diese Farbe abwechseln mit weiß verwendet. Die Reihenfolge der Streifen kann nicht verändert werden.

Bild 8.153 Eine Tabelle mit Hintergrundfarbe im Stil Standard(links) und im Stil Gestreift (rechts)

Für das Einfügen einer einfachen Datentabelle ohne jegliche Kinkerlitzchen ist der Tabelle-Block sicherlich geeignet. Im Beispiel wurden in die Tabelle nur wenige Daten eingegeben, zahlreiche Zellen sind noch leer. Das Bearbeiten dieser Tabelle im HTML-Modus ist für ungeübte Coder und Coderinnen wohl kaum fehlerfrei lösbar (siehe Bild 8.154).

Bild 8.154 Der Code der Beispiel-Tabelle im HTML-Modus des Tabelle-Blocks

Das händische Ändern der `<td>`-Tags in der ersten Tabellenzeile auf `<th>` im HTML-Modus des Blocks gelang problemlos (siehe Bild 8.155, oben). Auch die Anzeige der Kopfzellen (`<th>` als Spaltenüberschriften) nach dem Wechsel zur Visuellen Ansicht war korrekt (siehe Bild 8.155, unten).

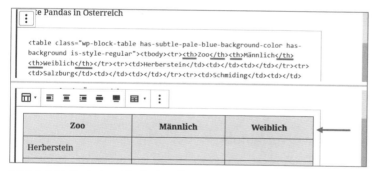

Bild 8.155 Nach dem händischen Ändern des Codes (oben) werden Spaltenüberschriften im Visuellen Modus des Blocks angezeigt

Die erste Spalte möchte ich rechtsbündig, die restlichen Zellen zentriert anzeigen. Das Hinzufügen einer eigenen Klasse im Bereich *Erweitert* ist nur für die gesamte Tabelle möglich. Sobald Sie beispielsweise im HTML-Modus des Tabelle-Blocks versuchen, einer Zelle eine

Klasse oder eine ID hinzuzufügen, wird dies als unbekannter oder fehlerhafter Inhalt ausgelegt (siehe Bild 8.156).

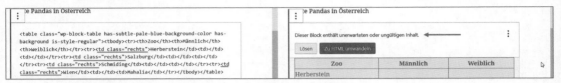

Bild 8.156 Das Hinzufügen einer ID erzeugt eine Fehlermeldung

Als Optionen stehen *Lösen* und *Zu HTML umwandeln* zur Verfügung. Bei *Zu HTML umwandeln* wird der Tabelle-Block in einen HTML-Block umgewandelt. Bei *Block lösen* haben Sie die Auswahl zwischen *Zu HTML umwandeln* und *In Blöcke umwandeln*. Zudem werden unbekannte oder fehlerhafte Inhalte hervorgehoben (siehe Bild 8.157, links). Bei *In Blöcke umwandeln* verblieb die Beispiel-Tabelle im Tabelle-Block, die händisch eingefügten (und bei *Blöcke lösen* markierten) Klassen wurden jedoch wieder entfernt. *Zu HTML umwandeln* bedeutete im Beispiel, dass der Tabelle-Block in den HTML-Block umgewandelt wurde. In der Vorschau-Ansicht des HTML-Blocks sieht man, dass dabei sämtliche Formatierungen aus dem Tabelle-Block verschwunden sind (siehe Bild 8.157, rechts; Stand WordPress 5.2.3, Oktober 2019).

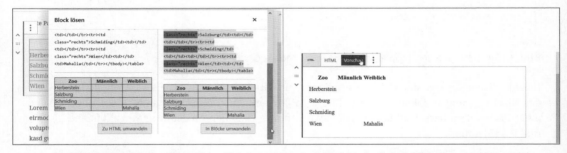

Bild 8.157 Fenster Block lösen (links) und Vorschau-Ansicht der Beispiel-Tabelle nach Umwandeln in einen HTML-Block

> **Tipp:** Möchten Sie eine etwas aufwendigere Tabelle mit Klassen in einigen Zellen etc. einfügen, so verwenden Sie den Classic Block im Text-Modus. Für eine einfache 08/15-Tabelle ist der Tabelle-Block ok.

8.5.6 Bereich Formatierung: Vers-Block

Der *Vers-Block* ist ein spezieller Absatz-Block, der insbesondere für Gedichte und Liedtexte etc. vorgesehen ist. Während man beim Absatz-Block mit der Enter-Taste einen neuen Absatz-Block erstellt, beginnt man im Vers-Block mit der Enter-Taste eine neue Zeile (siehe Bild 8.158, links), es wird jeweils ein Zeilenumbruch (<br>) eingefügt, bei einer Leerzeile zwei Zeilenumbrüche (

). Der Inhalt wird mit einem <pre>-Tag mit der Klasse .wp-block-verse umschlossen. Mit der Werkzeugleiste des Blocks kann der Text linksbündig, zentriert, rechtsbündig, fett und kursiv (und über die Richt-Text-Optionen beim Dreieck auch durchgestrichen und als Code) formatiert werden. Auch das Hinzufügen eines Hyperlinks ist möglich. Im Frontend wird der Inhalt des Vers-Blocks standardmäßig mit einer Monospace-Schrift dargestellt (siehe Bild 8.158, rechts). Der Vers-Block kann in einen Absatz-Block umgewandelt werden.

Bild 8.158 Der Vers-Block mit zwei Strophen

8.5.7 Bereich Formatierung: Vorformatiert-Block

Der *Vorformatiert-Block* ist ein spezieller Block, ähnlich dem Code-Block. Allerdings wird hier kein `<code>`-Tag verwendet, lediglich `<pre>` mit der Klasse `.wp-block-preformatted` wird um den Inhalt des Blocks gelegt. Über die Werkzeugleiste lässt sich markierter Text fett, kursiv sowie beim Dreieck als Code und durchgestrichen formatieren. Auch ein Hyperlink und in der Seitenleiste im Bereich *Erweitert* eine eigene Klasse kann hinzugefügt werden (siehe Bild 8.159). Der Vorformatiert-Block kann nur in einen Absatz-Block umgewandelt werden.

Bild 8.159 Der Vorformatiert-Block nach dem Einfügen

Im Beispiel wurden einige CSS-Regeln mit Einzügen aus Dreamweaver in den Vorformatiert-Block hineinkopiert. Die einzelnen Zeilen sowie die Einzüge bleiben sowohl in der Visuellen Ansicht in Bild 8.160, links, als auch in der HTML-Ansicht, rechts, bestehen. Beachten Sie, dass man keine Tabulatoren verwenden, hingegen Text mit mehreren Leerzeichen einrücken kann. Mit der Enter-Taste kommen Sie in die nächste Zeile und nicht in einen neuen Absatz-Block.

Bild 8.160 Code mit Einzügen im Vorformatiert-Block in der Visuellen Ansicht (links) und in der HTML-Ansicht (rechts)

■ 8.6 Blöcke: Bereich Layout-Elemente

Im Bereich *Layout-Elemente* finden Sie die Blöcke *Abstandshalter, Button, Medien und Text, Mehr, Seitenumbruch, Spalten* sowie *Trennzeichen* (siehe Bild 8.161).

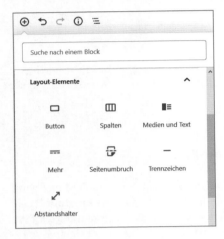

Bild 8.161
Die Blöcke im Bereich Layout-Elemente

8.6.1 Bereich Layout-Elemente: Abstandshalter-Block

Mit dem Abstandshalter-Block fügen Sie einen Abstand zwischen zwei Blöcken ein. Der Abstand wird mit Pixel festgelegt. Sie können den Abstand mit dem blauen Haltepunkt am unteren Ende des Blocks oder in der Seitenleiste im Bereich *Abstandshalter-Einstellungen* festlegen (siehe Markierungen in Bild 8.162). Dabei wird ein leeres DIV mit einem Inline-Stil mit der festgelegten Höhe und der Klasse `.wp-block-spacer` in der Form

```
<div style="height:100px" aria-hidden="true" class="wp-block-spacer"></div>
```

verwendet. Dieser Block kann in keinen anderen Block umgewandelt werden.

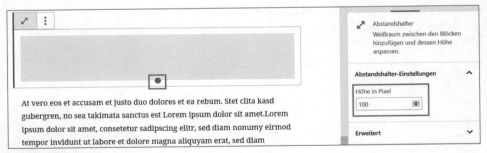

Bild 8.162 Der Abstandshalter-Block nach dem Einfügen

8.6.2 Bereich Layout-Elemente: Button-Block

Der Button-Block ermöglicht das einfache Einfügen von Schaltflächen und ist wohl speziell als Call-to-Action-Button gedacht. Defaultmäßig sind drei Styles für den Button (Standard, Kontur, Rechteckig) vorgesehen sowie die Auswahl der Farbe für Hintergrundfarbe und Textfarbe (siehe Bild 8.163). Der Text auf der Schaltfläche wird mit dem angegebenen Link verlinkt, ein Link-Attribut `target="_blank"` zum Öffnen von externen Adressen in einem neuen Tab/Fenster ist nicht vorgesehen. Im Bereich *Erweitert* in der Seitenleiste ganz unten können Sie eine eigene CSS-Klasse hinzufügen.

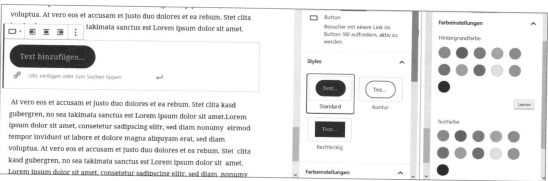

Bild 8.163 Der Button-Block nach dem Einfügen

In der Werkzeugleiste oberhalb des Blocks kann der Button links, zentriert oder rechts positioniert werden. Im Beispiel wurde rechtsbündig gewählt, der Text im nächsten Absatz fließt links und unterhalb der Schaltfläche herum (siehe Bild 8.164). Eingefügt wird der Button im Beispiel mit:

```
<div class="wp-block-button alignright"><a class="wp-block-button_link"
href="http://localhost/wordpress/kontakt/">Kontaktformular</a></div>
```

Bild 8.164 Ein Beispiel-Button rechts positioniert

8.6.3 Bereich Layout-Elemente: Medien-und-Text-Block

Mit dem *Medien-und-Text-Block* lässt sich ein Bild oder Video mit Text daneben einfügen. Es ist ein Block mit zwei Spalten, wobei beide Spalten beim Einfügen gleich breit sind. Sobald ein Bild eingefügt wurde, lässt sich die Größe des Bilds und somit die Breite der Spalte mit dem Medium verändern (siehe Bild 8.166, links). Von der Breite des Blocks sind *Weite Breite* und *Gesamte Breite* in der oberen Werkzeugleiste auswählbar – dies ist nur sinnvoll, wenn die entsprechende Breite im Theme vorgesehen ist. Wenn Sie *Weite Breite* deaktivieren, passt sich der Block an die Breite des Layouts an. Mit dem vierten und fünften Symbol in der Werkzeugleiste können Sie festlegen, ob sich das Bild in der linken oder in der rechten Spalte befinden soll (siehe Bild 8.165). Für ein responsives Layout ist die Option *Auf Mobilgeräten stapeln* im Bereich *Medien- und Text-Einstellungen* in der Seitenleiste zu aktivieren. Unter *Farbeinstellungen* kann eine *Hintergrundfarbe* für den Block ausgewählt und bei *Erweitert* eine eigene CSS-Klasse hinzugefügt werden.

Bild 8.165 Der Medien-und-Text-Block nach dem Einfügen

Im Beispiel wurde ein Bild aus der Mediathek eingefügt. Denken Sie daran, wie im Medien-Block auch hier einen Alternativ-Text in der Seitenleiste anzugeben. Mit dem Haltepunkt kann die Größe des Bilds verändert werden. Klicken Sie anschließend in die andere Spalte, es wird ein Absatz-Block mit einer Werkzeugleiste oberhalb angezeigt. Der eingefügte Text wird zum Bild vertikal zentriert angezeigt.

Bild 8.166 Mit dem Haltepunkt lässt sich die Bildgröße (und zugleich Spaltenbreite) im Medien- und-Text-Block verändern

8.6.4 Bereich Layout-Elemente: Mehr-Block

Der *Mehr-Block* fügt den *Weiter-lesen-Link* ein. Dieser wird bei Beiträgen nach dem Teaser eingefügt und sorgt dafür, dass auf der Blog-Seite (Archive-Seite) die einzelnen Beiträge nicht in der gesamten Länge, sondern nur mit dem Teaser und einem *Weiter-Lesen*-Link gelistet werden. In der Seitenleiste kann die Option *Den Textinhalt auf der kompletten Inhaltsseite ausblenden* aktiviert werden (siehe Bild 8.167).

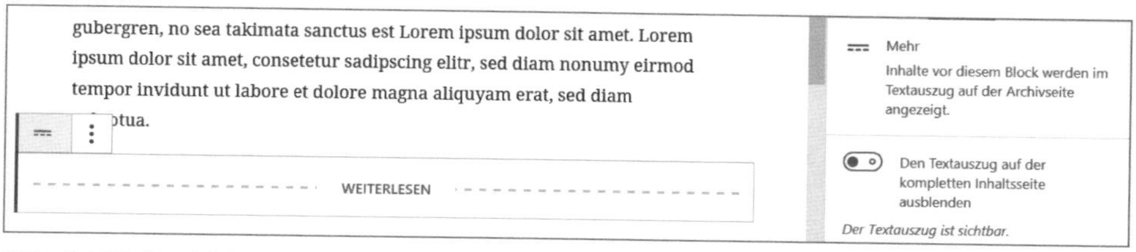

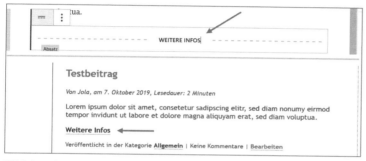

Bild 8.167 Der Mehr-Block (Weiter-Lesen-Link) nach dem Einfügen

Der Mehr-Block kann in keinen anderen Block umgewandelt werden. Unter *Weitere Optio-nen* (drei Punkte) ist auch kein Wechsel zur HTML-Ansicht des Blocks möglich. Ein Ändern des Link-Textes ist direkt im Block möglich. Bild 8.168 zeigt oben ein Beispiel mit geänder-tem Text im Mehr-Block, unten die Ansicht des Links im Frontend im Beispiel-Theme zum Buch.

Bild 8.168 Der Link-Text kann direkt im Mehr-Block geändert werden

8.6.5 Bereich Layout-Elemente: Seitenumbruch-Block

Mit dem *Seitenumbruch-Block* wird ein Seitenumbruch (Pagebreak) zum Aufteilen von län-geren Artikeln oder Seiten auf mehrere Seiten eingefügt. Der Seitenumbruch-Block kann in keinen anderen Block umgewandelt werden.

Bild 8.169 Der Seitenumbruch-Block nach dem Einfügen

Damit eine Seitennavigation an der Stelle der gesetzten Seitenumbrüche angezeigt wird, muss in der Template-Datei der Template-Tag `<?php wp_link_pages(); ?>` innerhalb des Loops (!) eingefügt werden. Dann wird im Frontend eine Seitenpaginierung wie in Bild 8.170, oben, standardmäßig gezeigt.

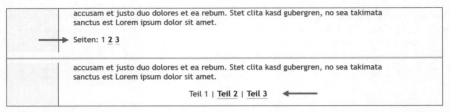

Bild 8.170 Standard-Seitenpaginierung (oben) und mit erweitertem Template-Tag (unten)

Im Beispiel-Theme zum Buch soll *Teil* vor der Seitenzahl sowie ein Trennzeichen zwischen den Links angezeigt werden. Dafür wird der Template-Tag mit Arrays erweitert (siehe Listing 8.8). Das Ergebnis zeigt Bild 8.170, unten.

Listing 8.8 Seitennavigation im Beispiel-Theme zum Buch

```
1 <!-- Seitenpaginierung, falls auf mehrere Seiten aufgeteilt-->
2 <?php wp_link_pages(array(
3     'before'         => '<div class="seitennavi"><p>',
4     'after'          => '</div></p>',
5     'pagelink'       => 'Teil %',
6     'separator'      => ' | ',
7     'next_or_number' => 'number'
8     ));
9 ?>
```

8.6.6 Bereich Layout-Elemente: Spalten-Block

Der *Spalten-Block* ermöglicht das Einfügen von zwei bis maximal sechs gleich breiten Spalten nebeneinander (siehe Bild 8.171). In die Spalten können Text-, Medien-, Button-Blöcke etc. eingefügt werden. Der Spalten-Block kann in keinen anderen Block umgewandelt werden. Die Inhalte in den einzelnen Spalten werden auf Mobilgeräten untereinander angezeigt.

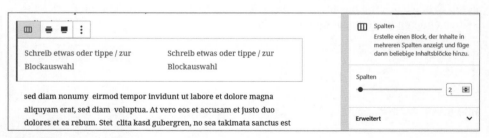

Bild 8.171 Der Spalten-Block nach dem Einfügen

8.6.7 Bereich Layout-Elemente: Trennzeichen-Block

Mit dem *Trennzeichen-Block* fügen Sie eine Trennlinie (`<hr>`) in Form von drei Punkten (Stil Punkte), eine durchgezogen kurze (Stil Standard) oder Stil Breite Linie (nur, falls Gesamte Breite im Layout aktiviert wird) zwischen zwei Blöcken ein (siehe Bild 8.172). Bei *Erweitert* in der Seitenleiste kann eine eigene CSS-Klasse hinzugefügt werden. Der Trennzeichen-Block kann in keinen anderen Block umgewandelt werden.

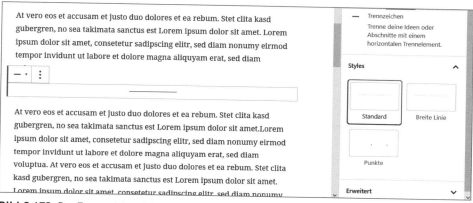

Bild 8.172 Der Trennzeichen-Block nach dem Einfügen (oben)

8.7 Blöcke: Bereich Widgets

Im Bereich *Widgets* finden Sie die Blöcke *Archive, Kalender, Kategorien, Neue Beiträge, Neue Kommentare, RSS, Schlagwörter-Wolke, Shortcodes* und *Suchen* (siehe Bild 8.173). Im Grunde genommen handelt es sich dabei um Widgets, die Sie normalerweise in einen Widgets-Bereich geben. Mit Hilfe eines Widgets-Blocks kann das jeweilige Widget auch innerhalb einer Seite oder eines Beitrags beliebig außerhalb eines Widgets-Bereichs platziert werden.

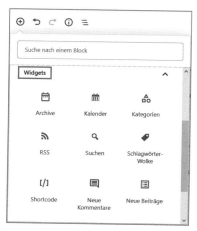

Bild 8.173
Die verfügbaren Blöcke im Bereich Widgets
in WordPress 5.2.3

8.7.1 Bereich Widgets: Archive-Block

Der *Archive-Block* listet Beiträge nach Monaten zusammengefasst auf. In der Seitenleiste kann im Bereich Archiv-Einstellungen die Liste in eine Drop-Down-Liste umgestellt werden. Auch das Anzeigen der Anzahl der Beiträge pro Monat ist möglich. Im Bereich *Erweitert* kann eine eigene CSS-Klasse hinzugefügt werden. Der Archive-Block kann links, zentriert oder rechts platziert werden. Ein Umwandeln in einen anderen Block ist nicht möglich.

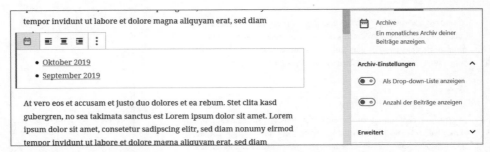

Bild 8.174 Der Archive-Block mit einer Liste der Beiträge nach Monaten

8.7.2 Bereich Widgets: Kalender-Block

Mit dem *Kalender-Block* fügen Sie einen Kalender ein, in dem Tage hervorgehoben sind, an denen ein oder mehrere Beiträge veröffentlicht wurden. Es handelt sich dabei um keinen Veranstaltungskalender. Der Kalender-Block kann links, zentriert, rechts sowie falls im Theme aktiviert auch als Breite Breite und Gesamtbreite platziert werden. Das Hinzufügen einer eigenen Klasse ist auch bei diesem Block im Bereich *Erweitert* in der Seitenleiste möglich. Ein Umwandeln in einen anderen Kalender ist hingegen nicht vorgesehen.

			Oktober 2019			
M	D	M	D	F	S	S
	1	2	3	4	5	6
7	8	9	10	11	12	13
14	15	16	17	18	19	20
21	22	23	24	25	26	27
28	29	30	31			
	« Sep					

Dokument **Block**

Kalender
Ein Kalender mit den Beiträgen deiner Website.

Erweitert

Bild 8.175 Der Kalender-Block im Block-Editor

8.7.3 Bereich Widgets: Kategorien-Block

Mit dem *Kategorien-Block* können Sie eine Liste mit den vorhandenen Kategorien einfügen (siehe Bild 8.176). Die Liste kann in eine Drop-Down-Liste umgewandelt, eine Hierarchie und die Anzahl der Beiträge mit angezeigt werden. Unter Erweitert besteht die Möglichkeit, eine eigene Klasse hinzuzufügen. Der Kategorien-Block kann links, zentriert oder rechts platziert werden. Der Kategorien-Block kann in keinen anderen Block umgewandelt werden.

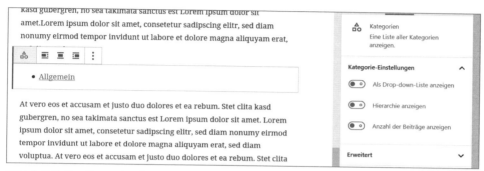

Bild 8.176 Der Kategorien-Block nach dem Einfügen

8.7.4 Bereich Widgets: Neue Beiträge-Block

Im Neue Beiträge-Block werden die letzten Beiträge mit Titel und falls aktiviert Veröffentlichungsdatum (Beitragsdatum anzeigen) aufgelistet. Bei der Reihenfolge können Sie wählen zwischen Neu nach alt, Alt nach Neu, A-Z oder Z-A sortiert wählen. Als Option steht auch die Auswahl einer Kategorie oder alle Kategorien zur Verfügung. Die Neuen Beiträge können als Liste oder als Rasteransicht mit bis zu sechs Spalten ausgegeben werden. Der Block kann links, zentriert, rechts sowie falls im Theme aktiviert auch als Breite Breite und Gesamtbreite platziert werden. Sie können den Kategorien-Block in keinen anderen Block umwandeln.

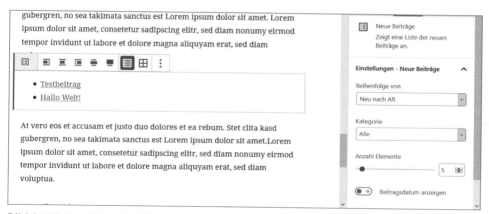

Bild 8.177 Der Kategorien-Block nach dem Einfügen

8.7.5 Bereich Widgets: Neue Kommentare Block

Der Neue Kommentare Block fügt eine Liste mit den letzten Kommentaren ein. Als Optionen zur Anzeige stehen Anzahl der angezeigten Kommentare, Avatar, Datum und Textauszug (siehe Bild 8.178). Der Neue Kommentare Block kann links, zentriert, rechts sowie falls im Theme aktiviert auch als Breite Breite und Gesamtbreite platziert werden. Sie können im Bereich Erweitert eine eigene CSS-Klasse hinzufügen, den Kategorien-Block jedoch in keinen anderen Block umwandeln.

Bild 8.178 Der Neue Kommentare Block mit aktivierten Einstellungen

8.7.6 Bereich Widgets: RSS-Block

Der *RSS-Block* ermöglicht das Anzeigen einer Liste von neuen Beiträgen von einem anderen Blog bzw. einer anderen Seite. Nach dem Einfügen des Blocks in eine Seite oder in einen Beitrag erscheint ein Textfeld zum Angeben einer RSS-Adresse (siehe Bild 8.179). Im Beispiel sollen fünf Feeds von meiner *zoobesuche.at*-Website eingefügt werden, die Adresse lautet `https://www.zoobesuche.at/rss`. Mit Klick auf *URL verwenden* werden die Beiträge von der Adresse geladen und angezeigt.

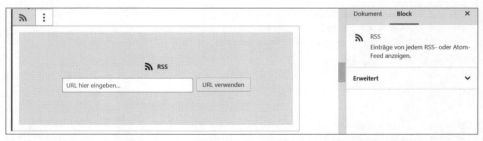

Bild 8.179 Der RSS-Block nach dem Einfügen. Geben Sie eine RSS-Adresse an

Während des Ladens dreht sich eine Grafik im RSS-Block, dann wird die gewählte Anzahl der Beiträge mit Titel und – falls aktiviert – mit Beitragsdatum und/oder mit Textauszug angezeigt. Bild 8.180 zeigt links RSS-Beiträge von *zoobesuche.at* in der Listenansicht und rechts in der Rasteransicht mit zwei Spalten. Hier sind bis zu sechs Spalten möglich. Mit *RSS-URL bearbeiten* wird wieder der Block wie in Bild 8.179 angezeigt. Der Block kann in keinen anderen Block umgewandelt werden.

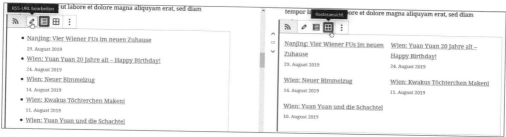

Bild 8.180 Die RSS-Beiträge von zoobesuche.at in der Listenansicht (links) und in der Rasteransicht mit zwei Spalten (rechts)

8.7.7 Bereich Widgets: Schlagwörter-Wolke-Block

Der *Schlagwörter-Wolke-Block* zeigt die verwendeten Schlagwörter an. Je häufiger ein Schlagwort bei Beiträgen verwendet wurde, umso großer Als Option kann statt Schlagwörter Kategorien gewählt werden sowie die jeweilige Beitragsanzahl. Sinnvoll ist die Anzeige einer Schlagwörter-Wolke allerdings nur dann, wenn schon zahlreiche Schlagwörter verwendet wurden (siehe Bild 8.181). Auch dieser Block kann links, zentriert, rechts sowie Weite Breite und Gesamtbreite platziert und eine eigene Klasse hinzugefügt werden.

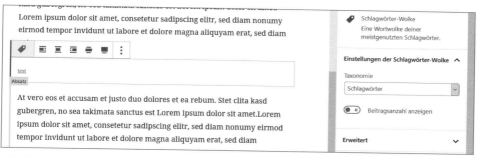

Bild 8.181 Die Schlagwörter-Wolke mit nur einem Schlagwort – nicht besonders sinnvoll, oder?

8.7.8 Bereich Widgets: Shortcodes-Block

Mit dem *Shortcode-Block* können Sie einen in der `functions.php` oder in einem Plugin definierten Shortcode in eine Seite oder in einen Beitrag einfügen (siehe Bild 8.182). Es bietet keine Auswahlliste mit möglichen definierten Shortcodes. Der Shortcode-Block kann in keinen anderen Block umgewandelt werden.

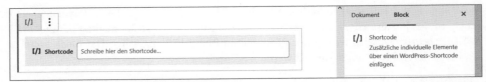

Bild 8.182 Der Shortcode-Block im Block-Editor

8.7.9 Bereich Widgets: Suchen-Block

Mit dem *Suchen-Block* fügen ein Suchformular in eine Seite oder einen Beitrag ein. Es besteht die Möglichkeit, einen Platzhaltertext im Suchfeld festzulegen. Unter *Erweitert* kann eine eigene Klasse dem Block hinzugefügt werden. Der Suchen-Block kann in keinen anderen Block umgewandelt werden.

Bild 8.183 Der Suchen-Block im Block-Editor

■ 8.8 Blöcke: Bereich Einbettungen

Im Bereich *Einbettungen* ermöglichen zahlreiche Einbetten-Blöcke das Einbetten von Inhalten aus diversen sozialen Plattformen. Derzeit können von 32 Plattformen Inhalte eingebunden werden (siehe Bild 8.184, Stand WordPress 5.2.3, Oktober 2019): *Amazon Kindle, Animoto, Cloudup* (auch Galerien und Bilder), *CollegeHumor, CrowdSignal* (hieß früher *Poll-Daddy*), *DailyMotion, Facebook, Flickr, Hulu, Imgur* (nur Bilder), *Instagram* (nur Bilder), *Issuu* (nur Dokumente), *Kickstarter* (nur Projekte), *Meetup.com* (Diverses), *Mixcloud* (nur Musik), *Reddit* (nur Beiträge und Kommentare), *ReverbNation* (nur Musik), *Scribd* (nur Dokumente), *Screencast, SlideShare* (nur Präsentations-Slideshows), *SmugMug* (Diverses), *SoundCloud* (nur Musik), *Speaker Deck* (nur Präsentations-Slideshows), *Spotify* (nur Musik), *TED, Tumblr* (Diverses), *Twitter, VideoPress, Vimeo, WordPress, WordPress.tv* und *YouTube*.

Als Beispiele werden das Einbetten eines *YouTube*-Videos, eines *Facebook*-Videos, eines *Facebook*-Beitrags, eines *Twitter*-Tweets sowie eine Umfrage von *CrowdSignal* und Inhalte von *Amazon Kindle* gezeigt. Mit dem *Einbetten-Block* können Sie eine beliebige Social-Media-Adresse eingeben, es wird automatisch in den entsprechenden Block umgewandelt.

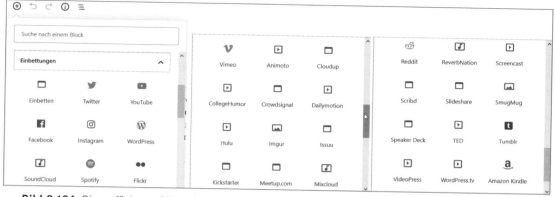

Bild 8.184 Die verfügbaren Blöcke im Bereich Einbetten in WordPress 5.2.3

8.8.1 Bereich Einbettungen: Facebook-Block

Mit dem *Facebook-Block* im Bereich *Einbettungen* können Sie sowohl ein Facebook-Video als auch einen Facebook-Beitrag in eine Seite bzw. in einen Beitrag einbinden. Voraussetzung für das Einbetten ist, dass das Video bzw. der Beitrag öffentlich gestellt und beim Video das Einbetten erlaubt wurde.

8.8.1.1 Facebook-Video einbetten

1. Suchen Sie auf Facebook das Video, welches Sie einbetten möchten. Klicken Sie mit der rechten Taste auf das Video und wählen Sie *Copy Video-URL* (siehe Bild 8.185).

Bild 8.185 Kopieren Sie die Video-URL auf Facebook

2. Fügen Sie einen Facebook-Block aus dem Bereich *Einbettungen* in eine Seite oder in einen Beitrag ein (siehe Bild 8.186).

Bild 8.186 Der Facebook-Block nach dem Einfügen

3. Fügen Sie die auf Facebook kopierte Video-URL in das Textfeld des Facebook-Blocks ein. Klicken Sie anschließend auf *Einbetten* neben dem Textfeld. Nach einigen Sekunden erscheint keine Vorschau, sondern eine Meldung mit *Eingebettete Inhalte von facebook. com können im Editor nicht in der Vorschau angezeigt werden* (siehe Bild 8.187). Unterhalb der Meldung können Sie eine Beschriftung zum Video hinzufügen.

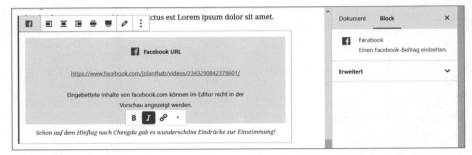

Bild 8.187 Statt der Vorschau erscheint ein Meldung, dass im Editor keine Vorschau von Facebook-Inhalten angezeigt werden kann

Veröffentlichen bzw. aktualisieren Sie den Beitrag bzw. die Seite und schauen Sie sich die Vorschau an. Im Frontend ist nun das eingebettete Video sichtbar.

8.8.1.2 Facebook-Beitrag einbetten

1. Gehen Sie auf Facebook zu dem Beitrag, welchen Sie einbetten möchten. Der Beitrag muss auf öffentlich gestellt sein. Klicken Sie mit der rechten Maustaste auf das Veröffentlichungsdatum und wählen Sie *Adresse des Links kopieren* in Google Chrome (siehe Bild 8.188,) bzw. *Link-Adresse kopieren* in Mozilla Firefox.

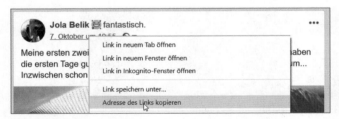

Bild 8.188 Kopieren Sie den Link der Adresse des Beitrags

2. Fügen Sie im Block-Editor einen Facebook-Block in eine Seite oder einen Beitrag ein. Fügen Sie die kopierte Facebook-Adresse in das Textfeld ein und klicken Sie anschließend auf Einbetten. Auch hier erscheint nun statt einer Vorschau ein Hinweis. In der Vorschau der Seite wird der Beitrag im Frontend eingebettet und angezeigt (siehe Bild 8.189).

Bild 8.189 Eingebetteter Facebook Beitrag im Frontend im Beispiel-Theme

8.8.2 Bereich Einbettungen: YouTube-Block

Mit dem *YouTube-Block* lässt sich ein YouTube-Video in eine Seite bzw. in einen Beitrag einbetten, wenn das Einbetten beim Hochladen des Videos erlaubt wurde. Für das Einbetten des YouTube-Videos stehen zwei Optionen zur Verfügung. Sie können den YouTube-Block verwenden oder im erweiterten Datenschutz-Modus mit dem HTML-Block arbeiten.

8.8.2.1 YouTube-Video mit YouTube-Block einbetten

Für das Einbetten mit dem YouTube-Block benötigen Sie die URL des Videos mit der elfstelligen Video-ID.

1. Suchen Sie das Video auf YouTube, welches Sie einbetten möchten. Klicken Sie auf das Video, damit es auf einer Seite geöffnet wird.

2. Kopieren Sie die URL in der Adresszeile, im Beispiel `https://www.youtube.com/watch?v=rBsgTjTuG6o`. Achten Sie darauf, dass nach `v=` und der elf-stelligen ID nichts mehr steht (siehe Bild 8.190, Pfeil).

   Alternativ klicken Sie auf *Teilen* unterhalb des Videos und kopieren die im Textfeld angezeigte URL (siehe Bild 8.190, Markierung).

Bild 8.190 Kopieren Sie die Videoadresse entweder in der Adresszeile (Pfeil) oder im Textfeld (Markierung)

3. Fügen Sie im Block-Editor einen YouTube-Block in die Seite bzw. in den Beitrag an jene Stelle ein, wo das Video eingebettet werden soll (siehe Bild 8.191).

Bild 8.191 Der YouTube-Block nach dem Einfügen

4. Fügen Sie die kopierte Videoadresse in den Block ein und klicken Sie auf *Einbetten*.
5. Das Video wird nun in den YouTube-Block geladen. Unterhalb des Videos können Sie eine Beschriftung hinzufügen (siehe Bild 8.192). In der Werkzeugleiste kann das Video links, zentriert, rechts, mit weiter Breite und gesamter Breite – falls im Theme vorgesehen – platziert werden. In der Seitenleiste kann unter *Erweitert* eine eigene CSS-Klasse hinzugefügt werden.

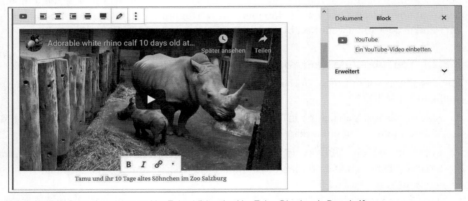

Bild 8.192 Das eingebettete YouTube-Video im YouTube-Block mit Beschriftung

8.8.2.2 YouTube-Video im erweiterten Datenschutzmodus im HTML-Block einbetten

Ein YouTube-Video im erweiterten Datenschutz-Modus, d. h. ohne dass Cookies zum Erfassen des Nutzungsverhaltens gesetzt werden, wird mit einem iFrame eingebettet – dies ist nur im HTML-Block möglich.

1. Klicken Sie auf der Video-Seite beim gewünschten Video auf *Teilen* unterhalb des Videos und danach auf *Einbetten* (erstes Symbol links oben).
2. Aktivieren Sie unterhalb des Codes die Option *Erweiterten Datenschutzmodus aktivieren* (siehe Bild 8.193).

Bild 8.193 Aktivieren Sie die Option *Erweiterten Datenschutzmodus aktivieren*

3. Damit wird das Video nicht vom YouTube-Server `youtube.com`, sondern vom Server `youtube-nocoockie.com` geladen. Kopieren Sie den iFrame-Einbetten-Code (siehe Bild 8.194).

Bild 8.194 Kopieren Sie den iFrame-Code für das Video im erweiterten Datenschutzmodus

4. Fügen Sie im Block-Editor einen *HTML-Block* aus dem Bereich *Formatierung* an der gewünschten Stelle in der Seite bzw. im Beitrag ein.

5. Fügen Sie den kopierten Code in den HTML-Block ein (siehe Bild 8.195).

   Tipp: Löschen Sie `autoplay;` (samt Leerzeichen dahinter!), damit das Video nicht automatisch startet.

Bild 8.195 Der eingefügte iFrame-Code im HTML-Block

6. In der Vorschau-Ansicht des Blocks wird das Video angezeigt (siehe Bild 8.196).

Bild 8.196 Das Video wird in der Vorschau-Ansicht des HTML-Blocks angezeigt

Beachten Sie, dass der erweiterte Datenschutzmodus nicht die Anzeige von Empfehlungen am Ende von Videos verhindert. Auch die früher gängige Vorgangsweise mit `?rel=0` bzw. `&rel=0` am Ende der URL zum Deaktivieren von Video-Empfehlungen am Ende des Videos ist nicht mehr zielführend. Es werden weiterhin Video-Empfehlungen eingeblendet, immerhin nicht irgendwelche Fremd-Video-Empfehlungen, sondern Videos vom jeweiligen Kanal.

8.8.3 Bereich Einbettungen: Twitter-Block

Um einen Twitter-Tweet in eine Seite bzw. in einen Beitrag einbetten zu können, benötigen Sie den korrekten Link zum Tweet.

1. Suchen Sie auf Twitter den Tweet, den Sie einbetten möchten. Klicken Sie rechts oben auf den kleinen Pfeil und wählen Sie *Tweet einbetten* (siehe Bild 8.197).

Bild 8.197
Wählen Sie auf Twitter die Option *Tweet einbetten*

2. Es öffnet sich eine neue Twitter-Seite mit dem Link zum Tweet (siehe Bild 8.198). Sie können diesen Link nun kopieren.

Bild 8.198
Kopieren Sie den Link des Twitter-Tweets

3. Fügen Sie im Block-Editor einen Twitter-Block aus dem Bereich *Einbettungen* ein.

Bild 8.199 Der Twitter-Block nach dem Einfügen im Block-Editor

4. Fügen Sie den kopierten Link in den Twitter-Block ein und klicken Sie auf Einbetten.

5. Der Tweet wird im Twitter-Block angezeigt. Unterhalb des Tweets können Sie eine Beschreibung hinzufügen (siehe Bild 8.200).

Bild 8.200 Der eingebettete Tweet wird im Twitter-Block im Block-Editor angezeigt, unterhalb des Tweets ist Platz für eine Beschriftung

Wenn Sie den Tweet nicht mit den Standard-Einstellungen einbetten möchten, so besteht auch hier die Möglichkeit, den Tweet mittels iFrame in einem HTML-Block einzubinden. Führen Sie dazu Punkt 1 und 2 durch. Statt den Link zu kopieren klicken Sie auf den Pfeil rechts im Textfeld mit dem Link (Bild 8.198). Nehmen Sie die gewünschten Einstellungen vor und kopieren Sie den Code. Fügen Sie diesen Code in einen HTML-Block im Block-Editor ein.

8.8.4 Bereich Einbettungen: Crowdsignal-Block

Mit dem *Crowdsignal-Block* können Sie eine Umfrage von *Crowdsignal* einfügen. Bis 24. Oktober 2018 hieß die Umfrage-Firma noch *PollDaddy*. Diese wurde umbenannt in *Crowdsignal*, wobei lediglich Logo und Farben etwas verändert wurde, die Services sind gleichgeblieben.

1. Melden Sie sich auf der Website *https://crowdsignal.com/* mit Ihrem Crowdsignal-Account (oder ehem. Polldaddy-Account) an.

2. Erstellen Sie eine neue Umfrage, ein neues Quiz oder eine neue Bewertung. Im Beispiel wurde eine neue Umfrage erstellt.

3. Klicken Sie auf *Teilen* und kopieren Sie den Link im Bereich *Direkter Link,* im Beispiel `https://katzenbuch.survey.fm/nashoerner2019`.

4. Fügen Sie im Block-Editor einen Crowdsignal-Block in eine Seite oder in einen Beitrag ein (siehe Bild 8.201).

Bild 8.201 Der Crowdsignal-Block nach dem Einfügen im Block-Editor

5. Fügen Sie den kopierten Link in den Crowdsignal-Block ein und klicken Sie auf *Einbetten*.

6. Die Umfrage wird nun im Crowdsignal-Block angezeigt.

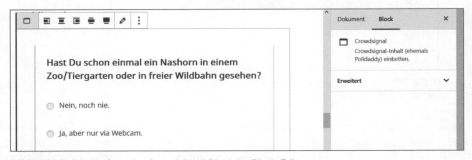

Bild 8.202 Die Umfrage im Crowdsignal-Block im Block-Editor

8.8.5　Bereich Einbettungen: Amazon-Kindle-Block

Seit WordPress 5.2 steht auch ein spezieller Block zum Einbetten von Amazon-Kindle-Inhalten zur Verfügung. Sie können nicht nur einen direkten Link zu einem Kindle-Buch einfügen, sondern auch einen Link mit Ihrer Partner-ID.

1. Erstellen Sie im Amazon Partnernet einen Produkt-Link zum gewünschten Produkt.
2. Kopieren Sie den Link in der Langform, die Kurzform wird im Amazon-Kindle-Block nicht erkannt.
3. Fügen Sie im Block-Editor einen Amazon-Kindle-Block in eine Seite bzw. in einen Beitrag ein (siehe Bild 8.203).

Bild 8.203　Der Amazon-Kindle-Block nach dem Einfügen in den Block-Editor

4. Fügen Sie den kopierten Link in den Amazon-Kindle-Block ein und klicken Sie auf Einbetten.
5. Eine Vorschau des Covers, darunter Schaltflächen für *Kaufen, Teilen* und *Vorschau* sowie die Möglichkeit einer Beschriftung werden im Amazon-Kindle-Block angezeigt (siehe Bild 8.204). Im Beispiel wurde mein Kinderbuch *Kunjana, das kleine Panzernashorn* eingebettet und der Block rechts platziert.

Bild 8.204
Das Cover des Buchs wurde in den Amazon-Kindle-Block geladen

6. Bei Klick auf *Vorschau* wird eine Leseprobe des eingebetteten Buchs angezeigt. Bild 8.205 zeigt die Vorschau (Leseprobe) im Frontend. Unterhalb der Vorschau kann die Schriftgröße verkleinert oder vergrößert werden. Oberhalb werden die Schaltflächen *Mit Kindle lesen, Teilen* und *Kaufen* eingeblendet.

Bild 8.205
Das eingebettete Kindle-Buch im Frontend in der Vorschau

■ 8.9 Blöcke im Block-Editor erweitern

Im Folgenden werden einige Beispiele vorgestellt, wie Sie bestehende Blöcke im Block-Editor erweitern und durch das Hinzufügen von eigenen Styles benutzer- und bedienfreundlicher gestalten können.

8.9.1 Theme-spezifische Bildgröße definieren

Sie können zwar bei jedem eingefügten Bild eine individuelle Bildgröße festlegen. Sollten Sie eine bestimmte Größe jedoch häufiger benötigen, ist es nicht nur bequemer, wenn diese individuelle Bildgröße bereits auf dem Server zur Verfügung steht und in der Auswahlliste beim Einfügen der Datei in einen Beitrag oder in eine Seite in der passenden Größe ausgewählt werden kann. Es sorgt auch für Kontinuität und ein einheitliches Aussehen der Website. Mit anderen Worten, WordPress soll beim Upload von Bildern nicht nur Bildversionen in den vordefinierten Standardgrößen, sondern auch in Ihrer individuellen Größe generieren.

Wie viele individuelle, Theme-spezifische Bildgrößen sind möglich?

Rein technisch ist es kein Problem, mehrere individuelle Größen generieren zu lassen. Doch sollten Sie es nicht übertreiben und mit Bedacht vorgehen. Bedenken Sie dabei nämlich Folgendes: Wenn Sie beispielsweise 100 Bilder hochladen, kommen von vornherein meist 100 × 4 = 400 Bilder auf den Server. Mit einer zusätzlichen individuellen Bildgröße sind es bereits 500 Bilder, mit drei individuellen Bildgrößen sogar 700 Bilder.

Möchten Sie, dass beim Hochladen einer Datei bestimmte Bildgrößen nicht automatisch erstellt werden, weil Sie diese Größen so gut wie nie verwenden, dann geben sie bei der jeweiligen Bildgröße auf der Seite *Einstellungen/Medien* jeweils den Wert *0* (Null) an.

Da ich meistens Bilder in einer Breite von 500 Pixel in Beiträge und Seiten einfüge und für ein Vorschaubild im Layout eine Größe von 200 Pixel in der Breite benötige, wurden für das Beispiel zwei neue Bildgrößen mit der Bezeichnung *Bild 500* und *Vorschau 200* definiert. Diese stehen nun auch in der Auswahl zur Verfügung (siehe Bild 8.206). Allerdings nur für Bilder, die *nach* dem Hinzufügen des Scripts auf den Server geladen wurden. Möchten Sie nachträglich für sämtliche Bilder auf dem Server eine Version in der neuen Bildgröße bzw. den neuen Bildgrößen, so benötigen Sie dafür ein spezielles Plugin (z. B. das Plugin *Regenerate Thumbnails,* nach der Installation und Aktivierung dieses Plugins finden Sie die Einstellungen unter *Werkzeuge/Vorschaubilder regenerieren*).

Die neuen individuellen Bildgrößen werden in der `functions.php` des Child-Themes definiert. Sobald Sie das Theme wechseln, sind diese neuen Bildgrößen jedoch nicht mehr verfügbar. Zudem haben zahlreiche Themes eigene passende Bildgrößen. Möchten Sie Ihre individuellen Bildgrößen hingegen Theme-unabhängig beibehalten, so sollten Sie ein Site-spezifisches Plugin verwenden (siehe Kapitel 17).

Listing 8.9 zeigt das fertige Script. Mit `add_image_size()` werden neue Bildgrößen definiert. Und zwar mit den Attributen $name, $width, $height und $crop:

- *name* – Bezeichnung für die neue Bildgröße, im Beispiel `mein-bild-500` bzw. `beitrag-vorschau-200`. Möchten Sie eine dieser benutzerdefinierten Bildgrößen an einer bestimmten Stelle in Ihrem Theme anzeigen, dann verwenden Sie diese Bezeichnung in `the_post_thumbnail( 'name' )`, mit dem 200 × 200 Pixel großem Beispiel-Bild wäre das beispielsweise `the_post_thumbnail( 'beitrag-vorschau-200' )`. Um diesen Template-Tag verwenden zu können, muss die Unterstützung für Thumbnails mit der Zeile `add_theme_support( 'post-thumbnails' );` in der `functions.php` des Child-Themes aktiviert werden.

- *width* – Hier geben Sie die maximal Breite des Bilds in Pixel an; im Beispiel 500 bzw. 200.

- *height* – Die maximale Höhe des Bilds in Pixel. Mit der Angabe 9999 im Beispiel (Zeile 3) wird festgelegt, dass die Höhe des Bilds bei einer Breite von 500 Pixel jeweils proportional zur Breite des Bilds beliebig hoch sein kann. Mit dem Wert 200 (Zeile 4) wird festgelegt, dass das Bild in der Höhe maximal 200 Pixel groß sein darf.

- *crop* – Hier legen Sie fest, ob das Bild beschnitten werden soll. Default ist `false`, d. h. das Bild wird nur proportional verändert, jedoch nicht beschnitten. Die Angabe ist nicht erforderlich und wird im Beispiel nicht verwendet.

Listing 8.9 Neue Bildgrößen definieren und bestehenden hinzufügen

```
01 function jwp5buch_theme_setup() {
02     // Theme-Support f. Beitragsbilder
03     add_theme_support( 'post-thumbnails' );
04
05     // Neue Bildgroessen 500 und 200 breit definieren
06     add_image_size( 'mein-bild-500', 500, 9999 );
07     add_image_size( 'beitrag-vorschau-200', 200, 200 );
08 }
09
10 add_action( 'after_setup_theme', 'jwp5buch_theme_setup' );
11
12 // Damit neue Bildgroessen in Auswahlliste erscheinen
13 function jwp5buch_neue_bilder($sizes) {
14     return array_merge($sizes, array(
15         'mein-bild-500'       => 'Bild 500',
16         'beitrag-vorschau-200' => 'Vorschau 200'
17     ) );
18 }
19
20 add_filter( 'image_size_names_choose', 'jwp5buch_neue_bilder' );
```

Bei der Definition von neuen Bildgrößen muss add_action mit dem Hook after_setup_
theme verwendet werden. Damit die neuen Bildgrößen auswählbar sind, müssen sie den
bestehenden Standardgrößen hinzugefügt werden. In der Funktion jwp5buch_neue_
bilder($sizes) {} werden mit $sizes die bestehenden Bildgrößen angesprochen. Mit
array_merge() fügen Sie die neuen Bildgrößen den bestehenden hinzu. Im array() legen
Sie fest, welche Bezeichnungen, sogenannte *Labels*, für die neuen Bildgrößen in der
Auswahlliste angezeigt werden sollen. Im Beispiel *Bild 500* für mein-bild-500 und *Vorschau 200* für beitrag-vorschau-200.

Zum Abschluss muss der Filter image_size_names_choose zum Modifizieren der Bildgrößen mit dem Hook add_filter() in WordPress „eingehängt" werden. Beachten Sie, dass die
neuen Größen – wie schon erwähnt – nur für neu hochgeladene Bilder zur Verfügung stehen, d. h. dass WordPress die zusätzlichen neuen Bildgrößen beim Hochladen nur bei neu
hochgeladenen Bildern generiert. Bereits auf dem Server befindliche Bilder müssen mittels
Plugin neu generiert werden.

 Was sind Hooks, Actions & Filter?

Ein besonderes Merkmal von WordPress ist die Möglichkeit, bestehende
Funktionen mit eigenen Funktionen zu ergänzen und zu erweitern. Durch
sogenannte *Hooks* (engl. für *Haken*) können die eigenen Funktionen in Word-
Press an bestimmten Stellen quasi „eingehängt" werden. Dabei werden
WordPress-Core-Dateien selber nicht verändert, Updates auf die nächsten
WordPress-Versionen stellen kein Problem dar.

Rein technisch betrachtet ist ein *Hook* ein Ereignis, das mit do_action()
oder apply_filters() aufgerufene Aktions- oder Filter-Funktionen auslöst,
die vorher mit add_action() oder add_filter() verknüpft wurden. Man
unterscheidet *Actions* und *Filter* (und spricht dabei häufig von *Action Hooks*
und *Filter Hooks*, wobei diese Begriffe rein technisch nicht ganz korrekt sind).

> Mit einer *Action* werden Aktionen bzw. Aufgaben ausgeführt, mit einem *Filter* Daten und Ausgaben manipuliert. So wurden im Beispiel für die benutzerdefinierten Bildgrößen mit `add_action()` neue Bildgrößen erstellt und mit `add_filter()` diese neuen Bildgrößen in der Mediathek angezeigt. In den folgenden Kapiteln lernen Sie noch weitere *Actions* und *Filter* kennen.

Die neuen Bildgrößen sind nun in der Auswahlliste bei *Bildgröße* in der Seitenleiste zum Bild-Block auswählbar (siehe Bild 8.206).

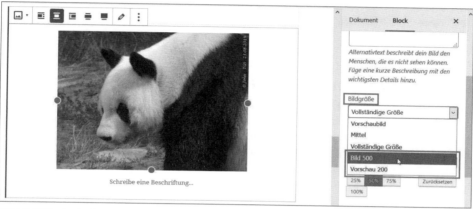

Bild 8.206 Auch die neuen Bildgrößen sind nun in der Auswahlliste auswählbar

8.9.2 Mit Editor-Styles Rahmen um Bild anzeigen

In Abschnitt 8.4.3.1.6 bzw. Abschnitt 8.4.3.1.7 wurde ein Rahmen um das Bild gelegt und die Schriftfarbe der Bildunterschrift geändert. Im Frontend werden der Rahmen und auch die hellere Schriftfarbe der Bildunterschrift angezeigt. Es wäre sicherlich hilfreich, wenn dies auch im Block-Editor entsprechend sichtbar gemacht werden könnte. Dies ist mit sogenannten *Editor Styles* möglich. Dazu benötigen Sie eine eigene CSS-Datei mit den jeweiligen CSS-Stilen sowie das Aktivieren des *Theme-Supports* für die *Editor Styles* und das Einbinden, genannt *Enqueuen*, dieser CSS-Datei.

8.9.2.1 CSS-Datei für Editor Styles

Die CSS-Datei geben Sie in das Theme-Verzeichnis. In zahlreichen Tutorials wird diese CSS-Datei `style-editor.css` genannt, sie kann aber auch anders heißen, im Beispiel `jwp5buch-editor-styles.css`. Beachten Sie, dass sich in dieser Datei die CSS-Regeln für die Anzeige im Block-Editor auf dem Dashboard befinden. In der CSS-Datei `styles.css` sind die CSS-Regeln des Themes für das Frontend zu finden. Um bestimmte Stile auch im Editor ausgeben zu lassen, müssen die Stile in beiden CSS-Dateien vorhanden sein.

Erstellen Sie eine leere CSS-Datei im Theme-Ordner und fügen Sie die Regeln aus Listing 8.10 ein. Speichern Sie die Datei, im Beispiel unter dem Namen jwp5buch-editor-styles. css.

Listing 8.10 CSS-Regeln für die Datei jwp5buch-editor-styles.css

```
01 /* Rahmen um Bilder im Bild-Block */
02 .rahmenbild img {
03    border: 2px solid lightgrey;
04    padding: 10px;
05 }
06
07 /* Bildunterschrift in hellerem Grau */
08 .rahmenbild figcaption {
09    color: #999;
10 }
```

8.9.2.2 Theme-Support aktivieren und CSS-Datei einbinden

Der Theme-Support für die Editor Styles wird in der functions.php (des Child-Themes) mit der Zeile add_theme_support('editor-styles'); aktiviert, die CSS-Datei mit add_editor_style('jwp5buch-editor-styles.css'); eingebunden. Auch hierbei muss der Action-Hook after_setup_theme verwendet werden. So können Sie die Funktion jwp5buch_theme_setup() aus Listing 8.11 mit den erforderlichen Zeilen erweitern (siehe Listing 8.11). Das Ergebnis im Backend im Block-Editor ist in Bild 8.207 zu sehen.

Listing 8.11 Ergänzte Funktion jwp5buch_theme_setup() mit Theme-Support für Editor Styles und Enqueue Stylesheet (Zeile 9–13)

```
01 function jwp5buch_theme_setup() {
02    // Theme-Support f. Beitragsbilder
03    add_theme_support( 'post-thumbnails' );
04
05    // Neue Bildgroessen 500 und 200 breit definieren
06    add_image_size( 'mein-bild-500', 500, 9999 );
07    add_image_size( 'beitrag-vorschau-200', 200, 200 );
08
09    // Theme-Support f. editor styles (Gutenberg)
10    add_theme_support( 'editor-styles' );
11
12    // Enqueue CSS-Datei jwp5buch-editor-styles.css (Gutenberg)
13    add_editor_style( 'jwp5buch-editor-styles.css' );
14 }
15
16 add_action( 'after_setup_theme', 'jwp5buch_theme_setup' );
```

Bild 8.207 Der Rahmen und die hellere Schriftfarbe der Bildunterschrift werden auch im Backend im Block-Editor angezeigt

8.9.3 Site-spezifische Block-Stile

Die Möglichkeit, zusätzliche CSS-Klassen einem Block hinzuzufügen, ist zweifelsohne eine großartige Sache. In der Praxis ist dies allerdings wenig praktikabel, weil man sich kaum die Namen der möglichen CSS-Klassen merkt. So wäre es beim Beispiel mit dem Rahmen ums Bild herum äußerst praktisch, wenn es eine Auswahl gäbe, am besten mit Vorschau, bei der man zwischen dem Standardformat ohne Rahmen und dem Format mit Rahmen auswählen könnte.

Da bietet sich eine Erweiterung des Bild-Blocks mit eigenen *Block-Stilen* (bzw. *Block-Styles* oder nur *Styles* genannt) als bessere und vor allem deutlich benutzerfreundlichere Option an. Durch das Definieren von Block-Stilen kann man das, was Blöcke ausliefern, derart beeinflussen, dass man das Gefühl bekommen könnte, es handle sich um zusätzliche neue Blöcke. Keine Sorge, Sie müssen dafür weder JavaScript noch PHP lernen und schon gar nicht tiefgründig in die Welt von RPM & Co. eintauchen. Ich zeige Ihnen hier eine einfache Lösung mit wenigen Zeilen JavaScript und PHP, die es ermöglicht, bestehende Gutenberg-Core-Blöcke mit eigenen Block-Stilen zu erweitern. Das Ergebnis beim Bild-Rahmen-Beispiel ist in Bild 8.208 zu sehen. Beim Bild-Block ist sowohl in der Seitenleiste bei den Optionen unter *Styles* als auch in der Bearbeitungsleiste oben unter *Block-Stile* eine Auswahl der zur Verfügung stehenden Block-Stile zu sehen. In der Bearbeitungsleiste oben sogar samt Vorschau.

Bild 8.208 Auch im Bild-Block sind eigene Block-Stile bzw. Styles möglich!

8.9.3.1 Plugin für Block-Stile erstellen

Für die Site-spezifischen Block-Stile wird ein kleines Plugin erstellt. Das hat zusätzlich den Vorteil, dass die Stile mit eventuell erforderlichen kleinen Anpassungen in der CSS-Datei auf mehreren Word-Press-Installationen und bei unterschiedlichen Themes eingesetzt werden können. Für das Plugin benötigen Sie einen Ordner und drei Dateien, und zwar eine PHP-Datei, eine JavaScript-Datei und eine CSS-Datei. Der Ordner kommt in den Plugins-Ordner `wp-content/plugins/` und erhält den Namen `jwp5buch-blockstyles`. In diesen Ordner werden drei neue leere Dateien erstellt, eine PHP-Datei mit dem Namen `jwp5buch-blockstyles.php`, eine JavaScript-Datei mit dem Namen `jwp5buch-block-styles.js` und eine CSS-Datei namens `jwp5buch-blockstyles.css` (siehe Bild 8.209). Achten Sie darauf, dass der Ordner- und die Datei-Namen unique sind, d. h. dass Sie einzigartige Namen vergeben, die höchstwahrscheinlich von keinen anderen Plugins verwendet werden. Damit ersparen Sie sich unnötigen Ärger mit *Fatal-Error*-Fehlermeldungen beim Versuch, das Plugin zu aktivieren.

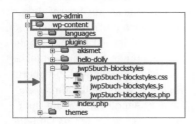

Bild 8.209
Ordner- und Dateistruktur des Block-Stile-Plugins

Anmerkung: Das fertige Plugin mit allen Beispiel-Block-Stilen aus Kapitel 8 steht auf der Website zum Buch unter *https://www.wp5buch.net/plugin/* als ZIP-Datei zum Herunterladen kostenlos zur Verfügung.

8.9.3.1.1 Die Datei jwp5buch-blockstyles.php

Die PHP-Datei des Plugins enthält am Anfang einen Header-Bereich als PHPDoc-Kommentar mit Angaben zum Plugin, wie Name, Autor/Autorin, URL etc., im Beispiel heißt das Plugin *jwp5buch Block Styles*. In dieser Datei werden die JavaScript-Datei und das Stylesheet des Plugins eingebunden (siehe Listing 8.12).

Listing 8.12 Header der Plugin-Datei

```php
01 <?php
02 /**
03 * Plugin Name: jwp5buch Block Styles
04 * Author: Jola Belik
05 * Description: Neue Block-Stile f. Block Editor
06 * Version: 1.0.0
07 */
08
09 // Enqueue Block Styles Javascript
10 function jwp5buch_enqueue_js() {
11    wp_enqueue_script( 'block-styles-script',
12       plugins_url( 'jwp5buch-blockstyles.js', __FILE__ ),
13       array( 'wp-blocks')
14    );
15 }
16
17 add_action( 'enqueue_block_editor_assets', 'jwp5buch_enqueue_js' );
18
19 //Enqueue Block Styles Stylesheet
20 function jwp5buch_enqueue_css() {
21    wp_enqueue_style( 'block-styles-stylesheet',
22       plugins_url( 'jwp5buch-blockstyles.css', __FILE__ )
23    );
24 }
25
26 add_action( 'enqueue_block_assets', 'jwp5buch_enqueue_css' );
```

8.9.3.1.2 Die Datei jwp5buch-blockstyles.js

In der JavaScript-Datei benötigen Sie lediglich vier Zeilen, um einen neuen Stil für einen der Core-Blöcke im Block-Editor zu registrieren. In Zeile 1 in Listing 8.13 geben Sie mit `wp.blocks.registerBlockStyle` an, dass ein Block-Stil registriert werden soll, in der Klammer spezifizieren Sie mit dem Slug, welchem Block-Typ der neue Stil hinzugefügt werden soll. Im Gutenberg Block-Editor gibt es folgende Core-Block-Typen und Core-Embed-Block-Typen, Slugs in alphabetischer Reihenfolge (Stand März 2020, WordPress 5.3.2):

- core/archives
- core/audio
- core/block (wiederverwendbare Blöcke)
- core/button
- core/calendar
- core/categories
- core/code
- core/column (einzelne Spalte innerhalb Spalten-Block)
- core/columns
- core/cover
- core/embed
- core/file (für Link zu herunterladbarer Datei)

- core/freeform (Classic Editor)
- core/gallery
- core/heading
- core/html (für Custom HTML)
- core/image
- core/latest-comments
- core/latest-posts
- core/list
- core/media-text
- core/more
- core/nextpage (Page break/Seitenumbruch)
- core/paragraph
- core/preformatted
- core/pullquote
- core/quote
- core/rss
- core/search
- core/separator
- core/shortcode
- core/spacer
- core/table
- core/tag-cloud
- core/verse
- core/video

Core-embed-Blöcke:

- core-embed/amazon-kindle
- core-embed/animoto
- core-embed/cloudup
- core-embed/collegehumor
- core-embed/crowdsignal (ehem. Polldaddy)
- core-embed/dailymotion
- core-embed/facebook
- core-embed/flickr
- core-embed/hulu
- core-embed/imgur
- core-embed/instagram
- core-embed/issuu

- core-embed/kickstarter
- core-embed/meetup-com
- core-embed/mixcloud
- core-embed/polldaddy
- core-embed/reddit
- core-embed/reverbnation
- core-embed/screencast
- core-embed/scribd
- core-embed/slideshare
- core-embed/smugmug
- core-embed/soundcloud
- core-embed/speaker
- core-embed/speaker-deck
- core-embed/spotify
- core-embed/ted
- core-embed/tumblr
- core-embed/twitter
- core-embed/videopress
- core-embed/vimeo
- core-embed/wordpress
- core-embed/wordpress-tv
- core-embed/youtube

Listing 8.13 Muster für Registrierung eines Block-Stils für Core-Blöcke

```
1 wp.blocks.registerBlockStyle( '$slug', {
2    name: 'name-von-stil',
3    label: 'Name von Stil'
4 } );
```

So lautet der entsprechende Code für einen neuen Stil im Bild-Block mit dem Namen *Mit Rahmen* wie in Listing 8.14 gezeigt. Fügen Sie diese Zeilen in die JavaScript-Datei jwp5buch-blockstyles.js ein.

Listing 8.14 JavaScript-Code für neuen Stil im Bild-Block mit dem Namen *Mit Rahmen*

```
1 // Bild mit Rahmen
2 wp.blocks.registerBlockStyle( 'core/image', {
3    name: 'mit-rahmen',
4    label: 'Mit Rahmen'
5 } );
```

8.9.3.1.3 Die Datei jwp5buch-blockstyles.css

Damit der neu erstellte Stil auch im Block-Editor entsprechend angezeigt wird, muss der Stil im Plugin-Stylesheet, im Beispiel `jwp5buch-blockstyles.css`, definiert werden. Wird ein Stil in einem Block im Block-Editor ausgewählt, so erhält der Block automatisch die Klasse `.is-style-name`, hier `.is-style-mit-rahmen`. So lautet die CSS-Regel für den Stil mit dem Rahmen um das Bild folgendermaßen (siehe Listing 8.15):

Listing 8.15 CSS-Regel für neuen Stil *Bild mit Rahmen und Beschriftung* in grau und kursiv im Bild-Block

```
1 /* Block-Stil: Mit Rahmen, Beschriftung in grau und kursiv */
2 .is-style-mit-rahmen img {
3    border: 2px solid lightgrey;
4    padding: 10px;
5 }
6 .is-style-mit-rahmen figcaption {
7    color: #999;
8    font-style: italic;
9 }
```

Beachten Sie, dass diese CSS-Regel auch im Stylesheet des (Child-)Themes vorhanden sein muss, damit die entsprechende Formatierung auch im Frontend angezeigt wird!

8.9.3.1.4 Block-Stile-Plugin installieren und aktivieren

Bevor der neue Stil im Bild-Block angezeigt wird, muss das Plugin wie jedes andere Plugin in der Plugin-Verwaltung installiert und aktiviert werden (siehe auch Kapitel 17, Plugins). Wenn Sie auf XAMPP arbeiten, genügt es, den Ordner und die Dateien in den Plugin-Ordner der WordPress-Installation im `htdocs`-Ordner zu speichern. Möchten Sie das Plugin auf Ihrem Server installieren, so erstellen Sie zuerst eine gezippte Version des Ordners. Wechseln Sie anschließend zu *Plugins/Installieren* in der Plugin-Verwaltung auf dem Dashboard Ihrer WordPress-Installation. Suche Sie die gezippte Plugin-Datei auf Ihrem Rechner und lassen Sie die Datei von WordPress hochladen und installieren.

Wechseln Sie in die Plugins-Verwaltung zu *Installierte Plugins* und aktivieren Sie Ihr neues Plugin (siehe Bild 8.210). Sobald das Plugin aktiviert wurde, kann der neue Stil im Bild-Block ausgewählt werden.

Bild 8.210 Aktivieren Sie das neue Plugin mit dem neuen Block-Stil

Weitere Beispiele für eigene Block-Stile im Block-Editor

In diesem Kapitel finden Sie den Code für weitere Beispiele eigener Block-Stile und zwar für den Galerie-Block und den Liste-Block.

8.9.3.1.5 Beispiel Block-Stile für Galerie-Block

Ich persönlich finde den Standardstil der mit dem Galerie-Block eingefügten Bilder langweilig. Bilder könnten mit eigenen Stilen, beispielsweise mit besonderen Rahmen statt den geraden Begrenzungen, auf einer Seite bzw. einem Beitrag besonders ins Licht rücken (siehe Bild 8.211).

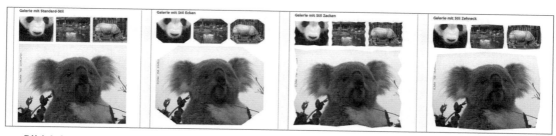

Bild 8.211 *V. l. n. r:* Galerie im Frontend, erstellt mit dem Galerie-Block mit dem Standard-Stil und mit den eigenen Stilen Ecken, Zacken und Zehneck

Dies wird durch die CSS-Eigenschaft *clip-path* ermöglicht. Der wohl einfachste Weg, den erforderlichen CSS-Code zu erhalten, ist die Verwendung von *Clippy*, dem kostenlosen *CSS Shape Generator* unter der Adresse *https://bennettfeely.com/clippy/*. Hier können Sie die CSS-Regeln für fertige Formen kopieren und auch eigene Formen erstellen lassen.

Registrieren Sie die neuen Stile für den Galerie-Block, im Beispiel die Stile *Ecken, Zacken* und *Zehneck* in der Datei jwp5buch-blockstyles.js (siehe Listing 8.16).

Listing 8.16 Diverse Rahmen, als neue Galerie-Stile in der (ergänzten) JavaScript-Datei jwp5buch-blockstyles.js definiert

```
01 // Bild mit Rahmen
02 wp.blocks.registerBlockStyle( 'core/image', {
03    name: 'mit-rahmen',
04    label: 'Mit Rahmen'
05 } );
06
07 // neue Galerie-Stile
08 wp.blocks.registerBlockStyle( 'core/gallery', {
09    name: 'ecken',
10    label: 'Ecken'
11 } );
12
13 wp.blocks.registerBlockStyle( 'core/gallery', {
14    name: 'zacken',
15    label: 'Zacken'
16 } );
17
18 wp.blocks.registerBlockStyle( 'core/gallery', {
19    name: 'pfeile',
20    label: 'Pfeile'
21 } );
22
23 wp.blocks.registerBlockStyle( 'core/gallery', {
24    name: 'zehneck',
25    label: 'Zehneck'
26 } );
```

Fügen Sie den mit Clippy erstellten CSS-Code für die einzelnen neuen Galerie-Stile in die CSS-Datei jwp5buch-blockstyles.css ein. Beachten Sie dabei, dass die Galerie mit einer

Liste erstellt wird und die einzelnen Bilder die Listenpunkte sind. Daher muss li bei den jeweiligen Klassen angegeben werden (siehe Listing 8.17).

Listing 8.17 CSS-Regeln für die neuen Galerie-Stile im Stylesheet jwp5buch-blockstyles.css

```
01 /* Neue Galerie-Block Stile */
02 .is-style-ecken li {
03     -webkit-clip-path: polygon(20% 0%, 80% 0%, 100% 20%, 100% 80%,
   80% 100%, 20% 100%, 0% 80%, 0% 20%);
04     clip-path: polygon(20% 0%, 80% 0%, 100% 20%, 100% 80%, 80% 100%,
   20% 100%, 0% 80%, 0% 20%);
05 }
06 .is-style-zehneck li {
07     -webkit-clip-path: polygon(50% 0%, 96% 4%, 100% 35%, 100% 70%, 96%
   96%, 50% 100%, 4% 96%, 0% 70%, 0% 35%, 4% 4%);
08     clip-path: polygon(50% 0%, 96% 4%, 100% 35%, 100% 70%, 96% 96%, 50%
   100%, 4% 96%, 0% 70%, 0% 35%, 4% 4%);
09 }
10 .is-style-zacken li {
11     -webkit-clip-path: polygon(0% 0%, 11% 3%, 25% 0%, 38% 2%, 51% 0%,
   72% 3%, 77% 0%, 87% 2%, 99% 0%, 96% 8%, 100% 19%, 96% 30%, 100% 39%,
   96% 52%, 100% 68%, 98% 87%, 98% 87%, 100% 99%, 87% 98%, 73% 100%, 59%
   96%, 40% 99%, 15% 97%, 0% 98%, 3% 87%, 0% 70%, 3% 58%, 0% 48%, 3%
   23%);
12     clip-path: polygon(0% 0%, 11% 3%, 25% 0%, 38% 2%, 51% 0%, 72% 3%,
   77% 0%, 87% 2%, 99% 0%, 96% 8%, 100% 19%, 96% 30%, 100% 39%, 96% 52%,
   100% 68%, 98% 87%, 98% 87%, 100% 99%, 87% 98%, 73% 100%, 59% 96%, 40%
   99%, 15% 97%, 0% 98%, 3% 87%, 0% 70%, 3% 58%, 0% 48%, 3% 23%);
13 }
```

Sind die neuen Stile in der JavaScript-Datei des Plugins registriert und die CSS-Regeln im Stylesheet definiert, werden die neuen Stile im Block-Editor angezeigt (siehe Bild 8.212).

Bild 8.212 Die neuen Galerie-Block-Stile sind nun im Block-Editor auswählbar

8.9.3.1.6 Beispiel Block-Stile für Liste-Block

Standardmäßig werden bei Aufzählungen (ungeordneten Listen) Punkte vor den einzelnen Listenabsätzen angezeigt. Die Verwendung von unterschiedlichen Symbolen passend zur jeweiligen Liste könnte die Seite bzw. einen Beitrag auflockern und interessanter gestalten. Als Beispiel werden die in Bild 8.213 gezeigten neuen Stile für den Liste-Block vorgestellt.

Bild 8.213 Im Liste-Block sind die neuen eigenen Stile auswählbar

Registrieren Sie die drei neuen Stile in der JavaScript-Datei `jwp5buch-blockstyles.js` (siehe Listing 8.18).

Listing 8.18 Die drei neuen Stile für den Liste-Block werden in der JavaScript-Datei registriert

```
01 // neue Listen-Stile
02 wp.blocks.registerBlockStyle( 'core/list', {
03    name: 'pfeil',
04    label: 'Pfeil'
05 } );
06
07 wp.blocks.registerBlockStyle( 'core/list', {
08    name: 'hackerl',
09    label: 'Hackerl'
10 } );
11
12 wp.blocks.registerBlockStyle( 'core/list', {
13    name: 'x-rot',
14    label: 'X rot'
15 } );
```

Im Stylesheet `jwp5buch-blockstyles.css` werden die dazugehörigen CSS-Regeln definiert (siehe Listing 8.19). Im Beispiel werden Dashicons als Listensymbole verwendet. Zuerst werden die Listenpunkte ausgeblendet und ein negativer Texteinzug festgelegt, damit auch mehrzeilige Listenpunkte linksbündig untereinander beginnen (Zeile 2–7). Danach werden die einzelnen Stile definiert.

Listing 8.19 CSS-Regeln für Block-Styles in der Datei jwp5buch-blockstyles.css

```
01 /* Block Styles: Listenpunkte */
02 .is-style-pfeil li,
03 .is-style-hackerl li,
04 .is-style-x-rot li {
05    list-style-type: none;
06    text-indent: -25px;
07 }
08 .is-style-pfeil li::before {
09    font: normal 20px/1 'dashicons';
10    content: «\f344»;
11    vertical-align: top;
12    clip: inherit;
```

```
13    width: 20px;
14    height: 30px;
15    margin-right: 5px;
16    margin-top: 0.5em;
17    color: green;
18 }
19 .is-style-hackerl li::before {
20    font: normal 20px/1 'dashicons';
21    content: '\f147';
22    vertical-align: top;
23    clip: inherit;
24    width: 20px;
25    height: 30px;
26    margin-right: 5px;
27    margin-top: 0.5em;
28    color: green;
29 }
30 .is-style-x-rot li::before {
31    font: normal 20px/1 'dashicons';
32    content: '\f158';
33    vertical-align: top;
34    clip: inherit;
35    width: 20px;
36    height: 30px;
37    margin-right: 5px;
38    margin-top: 0.5em;
39    color: red;
40 }
```

Bild 8.214 Eine Aufzählung im Frontend mit dem Standard-Stil (links oben) und mit den eigenen Stilen Pfeil (rechts oben), Hackerl (links unten) sowie rotes X (rechts unten)

9 Weiterarbeiten mit dem Classic Editor TinyMCE

 In diesem Kapitel erfahren Sie ...

- ... wie Sie den Classic Editor TinyMCE wieder in WordPress zurückholen,
- ... wie Sie den Classic Editor als Standard-Editor festlegen,
- ... wie Sie den Wechsel zwischen dem Block-Editor und dem Classic Editor zulassen,
- ... wie Sie bei Bedarf zwischen den beiden Editoren wechseln können.

Bis Version 4.9.x war in WordPress eine abgespeckte Version des *TinyMCE* (**Tiny M**oxiecode **C**ontent **E**ditor), ein plattformunabhängiger, webbasierter JavaScript Open Source WYSIWYG Editor von Moxiecode Systems, integriert. Dieser Editor wird nun *Classic Editor* genannt, das Plugin heißt *Classic Editor Plugin*. Mit WordPress 5.0 wurde der Classic Editor vom neuen *Block-Editor Gutenberg* als Standard-Editor abgelöst. Wer weiterhin mit dem Classic Editor arbeiten möchten oder in bestimmten Fällen muss, kann dies über den *Classic Block* in Gutenberg oder über das *Classic Editor Plugin* bewerkstelligen. Das Arbeiten mit dem Classic Editor soll zumindest noch bis Dezember 2021 möglich sein (Stand August 2019). Laut der Beschreibung des Classic Editor Plugins wird das Plugin jedoch noch bis zum Jahr 2022 und bei Bedarf auch darüber hinaus weiter betreut.

9.1 Arbeiten mit Classic Editor ohne Plugin

Auch ohne Installation des Classic Editor Plugins steht im Block-Editor Gutenberg ein *Classic Block* zur Verfügung. Mit diesem Block wird der Classic Editor mit der gewohnten Oberfläche samt installierten Erweiterungen etc. in Gutenberg hineingeladen.

9.1.1 Der Classic Block in Gutenberg

Einfache Änderungen bzw. Ergänzungen in Absätzen beispielsweise sind problemlos mit dem Classic Block möglich. Wenn Sie hingegen größere Tabellen bearbeiten möchten und womöglich auch noch die Tabelle erweitern und einzelnen Zellen Klassen hinzufügen wollen, so zeigen sich bald die Grenzen dieses Blocks.

Öffnen Sie eine mit dem Classic Editor erstellte Seite bzw. einen Beitrag, so wird im Block-Editor der Titel als Titel-Block angezeigt, der gesamte Inhalt in den Classic Block geladen (siehe Bild 9.1, links). Sobald Sie in den Classic Block, d. h. in den Inhalt klicken, erscheinen auch die gewohnten Symbolleisten (siehe Bild 9.1, rechts).

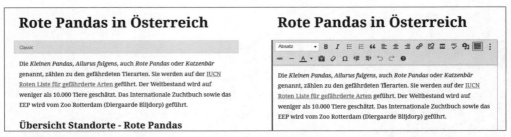

Bild 9.1 Mit dem Classic Editor erstellte Seite wurde mit Gutenberg geöffnet

Sie können nun die Inhalte im visuellen Editor bearbeiten oder auf den *Code-Editor* wechseln (siehe Bild 9.2). Zum Beenden des Code-Editors klicken Sie rechts oben auf **Code-Editor verlassen**, damit kehren Sie zum Visuellen Editor zurück. Beachten Sie, dass hier auch der Titel als eigener Block angezeigt wird.

Bild 9.2 Der Classic Block wird im Code-Editor bearbeitet

Eine weitere Möglichkeit der Bearbeitung bietet die Funktion *Als HTML* bearbeiten (siehe Bild 9.3). Hierbei wird lediglich der Inhalt des Classic Blocks mit allen HTML-Tags angezeigt. Um diesen Modus zu beenden, wählen Sie rechts oben bei den drei Punkten den Eintrag *Visuell bearbeiten*.

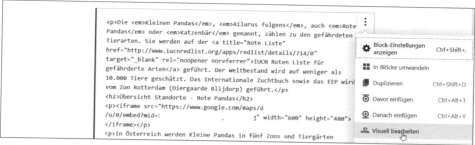

Bild 9.3 Der Classic Block als HTML bearbeitet

9.1.2 Classic Block in Blöcke umwandeln

Die Inhalte eines Classic Blocks können jederzeit in Blöcke umgewandelt werden. Ob dies sinnvoll ist und ohne zusätzlichen Arbeitsaufwand durchgeführt werden kann, hängt von den Inhalten ab. Zum Umwandeln in Blöcke wählen Sie bei den drei Punkten rechts oben *In Blöcke umwandeln* (siehe Bild 9.4). Solange Sie die Seite bzw. den Beitrag im Editor nach dem Umwandeln noch geöffnet haben, können Sie diesen Vorgang problemlos mit dem *Rückgängig-Pfeil* links oben wieder rückgängig machen. Sollten Sie nach dem Umwandeln Änderungen im Inhalt durchgeführt haben, gehen diese allerdings verloren.

Bild 9.4 Hier können Sie den Classic Block in Blöcke umwandeln

Die Beispielseite von meiner Website *Rote Pandas in Österreich (http://www.rotepandas.at)* beinhaltet nicht nur Absätze, sondern auch Bilder, eine Tabelle sowie ein iFrame mit Google Maps. Als Theme für die Website wird ein Child-Theme von Twenty Eleven verwendet. Die Bilder sind zentriert und haben jeweils eine Bildunterschrift, die Tabelle ist eine alte HTML-Tabelle, erstellt im Jahr 2012, mit den Attributen `width`, `border`, `cellpadding` und `cellspacing` und ohne eigene Klasse.

9.1.2.1 Überschriften und Absätze in Blöcke umwandeln

Beim Umwandeln in Blöcke werden Überschriften und Absätze in Überschriften-Blöcke und Absatz-Blöcke umgewandelt. Die Überschriftenebenen h1 bis h6 werden entsprechend übernommen.

9.1.2.2 iFrame in Block umwandeln

Das iFrame wurde in einen *HTML-Block* umgewandelt. Es wird von einem <figure>-Tag umschlossen (siehe Bild 9.5, links unten). Auch in der visuellen Ansicht muss man nun auf *Vorschau* klicken, um den Inhalt des iFrames zu sehen (siehe Bild 9.5, rechts). Im Classic Editor wird der Inhalt des iFrames als Vorschau automatisch angezeigt.

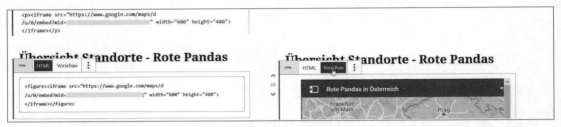

Bild 9.5 iFrame im Classic-Editor vor dem Umwandeln in der Code-Ansicht (links oben), nach dem Umwandeln in einen HTML-Block in der Visuellen Ansicht (links unten) und in der Vorschau im HTML-Block in der Visuellen Ansicht (rechts)

9.1.2.3 Tabelle in Block umwandeln

Die Tabelle wird in einen *Tabellen-Block* umgewandelt. Dabei wurden sämtliche Attribute des <table>-Tags entfernt, auch die Breitenangabe von 90 %. Dafür wurde eine Klasse .wp-block-table eingefügt (siehe Bild 9.6, unten).

```
<table border="1" width="90%" cellspacing="0" cellpadding="3"
align="center">
<tbody>
<tr>
<td valign="top" width="24%"><strong>Institution</strong></td>
<td valign="top" width="38%"><strong>Männlich</strong>*)</td>
<td valign="top"><strong>Weiblich</strong>*)</td>
</tr>
<tr>


<!-- wp:table -->
<table class="wp-block-table"><tbody><tr><td><strong>Institution</strong>
</td><td><strong>Männlich</strong>*)</td><td><strong>Weiblich</strong>*)
</td></tr><tr><td><a title="Tierwelt Herberstein"
```

Bild 9.6 Tabelle im Classic Block im Code-Editor (oben) und nach dem Umwandeln in einen Tabellen-Block im Code-Editor (unten)

9.1.2.4 Bild mit Bildunterschrift in Block umwandeln

Bilder werden in einen *Grafik-Block* umgewandelt. Die Bildunterschriften werden übernommen, allerdings ändert sich die Zuweisung der Klassen und einige Tags kommen hinzu (siehe Bild 9.7, unten). Im Classic Editor bzw. im Classic Block wird ein Bild mit Bildunterschrift von [caption] umschlossen (siehe Bild 9.7, oben). Die Positionierung des Bilds, im Beispiel *zentriert*, erfolgt im Classic Editor mittels Attribut align="aligncenter" in [caption], im Block-Editor mit class="aligncenter" im <figure>-Tag. Die ID des Bilds (im Beispiel 292) und die eingefügte Größe (.size-full) werden als Klassen im <img>-Tag

notiert. Diese Klassen wandern nach dem Umwandeln in ein DIV, hinzu kommt die Klasse
`.wp-block-image`. Die Klasse `.wp-image-292` wird auch als Attribut dem `<img>`-Tag hinzugefügt. Die Klasse `.aligncenter` kommt nun in einen `<figure>`-Tag. Der Inhalt der Bildunterschrift wird vom Tag `<figcaption>` umschlossen.

```
[caption id="attachment_292" align="aligncenter" width="500"]<img
class="wp-image-292 size-full" src="http://www.rotepandas.at/
                        /chigo2_15april14.jpg" alt="Chigo" width="500"
height="362" /> "Zoopass" von Panda-Bub Chigo im Zo Pilsen, 15. April
2014[/caption]


<!-- wp:image {"id":292,"align":"center","className":"wp-image-292 size-
full"} -->
<div class="wp-block-image wp-image-292 size-full"><figure
class="aligncenter"><img src="http://www.rotepandas.at/
                        /chigo2_15april14.jpg" alt="Chigo" class="wp-image-292"/>
<figcaption>"Zoopass" von Panda-Bub Chigo im Zo Pilsen, 15. April
2014</figcaption></figure></div>
<!-- /wp:image -->
```

Bild 9.7 Ein Bild mit Bildunterschrift im Classic Block (oben) und nach
dem Umwandeln im Grafik-Block (unten)

9.1.2.5 Fehlermeldung: Unerwarteter oder ungültiger Inhalt

Die Fehlermeldung *Unerwarteter oder ungültiger Inhalt* in Bild 9.8 ist mir nur beim Arbeiten
an einer Tabelle im Classic Block untergekommen, und zwar beim Hinzufügen einer Klasse
in einige Tabellenzellen. Er kann aber auch in anderen Blöcken, bei denen man im Code-
Editor bzw. HTML-Modus etwas einfügt, nach dem Aktualisieren des Blocks erscheinen. Der
Fehler tritt auf, wenn der abgerufene HTML-Code und der von der Speicherfunktion gene-
rierte HTML-Code nicht übereinstimmen. Als Lösung stehen die Optionen *Lösen* und *Zu
HTML umwandeln* zur Verfügung. Bei beiden Optionen versucht der Editor, den fehlerhaften
Quellcode zu korrigieren. Vorsicht, eingefügte Klassen werden entfernt!

Ein anderer Lösungsweg wäre beispielsweise, die Änderungen rückgängig zu machen, den
Beitrag bzw. die Seite zu aktualisieren und danach zu schließen, nochmals im Editor öffnen
und Änderung neuerlich durchführen. Falls dies nach mehrmaligen Versuchen nicht klappt,
empfehle ich, die Seite/den Beitrag im Classic Editor zu öffnen und dort die Änderungen
durchzuführen.

Bild 9.8 Diese Fehlermeldung bedeutet meist, dass Sie die Änderungen nochmals
durchführen müssen, da sie nicht gespeichert werden!

■ 9.2 Das Classic Editor Plugin

Möchten Sie weiterhin mit dem gewohnten Classic Editor TinyMCE arbeiten, so muss das *Classic Editor Plugin* installiert und aktiviert werden. Dieses Plugin ersetzt quasi den neuen Block-Editor als Standard-Editor. Sie können jedoch festlegen, ob Benutzer individuell den Standard-Editor bestimmen und zwischen den beiden Editoren wechseln dürfen.

9.2.1 Classic Editor Plugin installieren und aktivieren

Zum Installieren des Classic Editor Plugins wechseln Sie auf dem Dashboard zu *Plugins/Installieren*. Suchen Sie nach *Classic Editor*. Beachten Sie, dieses Plugin heißt *Classic Editor* ohne jeglichen Beinamen. Klicken Sie auf **Jetzt installieren** (siehe Bild 9.9, links) und nach der Installation auf **Aktivieren** (siehe Bild 9.9, rechts). Falls nach der Aktivierung des Plugins die Plugin-Verwaltung mit der Liste der installierten Plugins nicht automatisch erscheint, wechseln Sie zu *Plugins/Installierte Plugins*, um nähere Einstellungen vorzunehmen.

Bild 9.9 Classic Editor Plugin installieren und aktivieren

9.2.2 Standard-Editor festlegen

Um festzulegen, welcher Editor als Standard-Editor dienen soll, klicken Sie auf **Einstellungen** im Bereich *Classic Editor* in der Plugin-Verwaltung (siehe Bild 9.10). Sie können auch direkt den Bereich der Einstellungen bezüglich der Editoren über *Einstellungen/Schreiben* aufrufen.

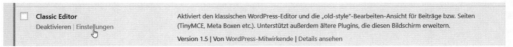

Bild 9.10 Wechseln Sie zu Einstellungen des Classic Editor Plugins

9.2.2.1 Standard-Editor für alle Benutzer festlegen

Auf der Seite *Einstellungen/Schreiben* werden nach der Installation des Classic Editor Plugins zwei neue Optionen angezeigt. Als *Standard-Editor für alle Benutzer* ist nun automatisch der Classic Editor aktiviert, bei *Erlaube Benutzern, den Editor zu wechseln* die Option *Nein* (siehe Bild 9.11, links). Mit dieser Einstellung wird weiterhin ausschließlich der Classic Editor – wie bisher – geöffnet, wenn eine neue Seite oder ein Beitrag erstellt oder eine Seite oder ein Beitrag bearbeitet wird. Die Einstellungen in Bild 9.11, rechts, beispielsweise legen den Block-Editor als Standard-Editor fest und erlauben Benutzern, den Editor zu wechseln. Beim Erstellen einer neuen Seite bzw. eines neuen Beitrags öffnet sich nun der Block-Editor.

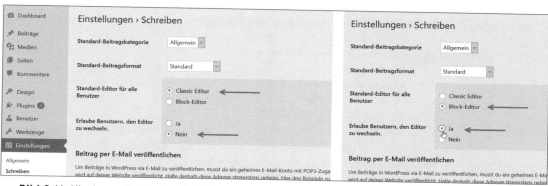

Bild 9.11 Hier legen Sie den Standard-Editor fest und erlauben einen Wechsel zwischen dem Classic Editor und dem Block-Editor

9.2.2.2 Standard-Editor individuell festlegen

Wechseln Sie nun auf *Dein Profil* in der Benutzerverwaltung unter *Benutzer/Dein Profil*. Hier können Sie im Bereich *Persönliche Optionen* individuell festlegen, welchen Editor Sie als Standard-Editor verwenden möchten. Dies ist allerdings nur möglich, wenn es Benutzern allgemein erlaubt ist, den Editor zu wechseln (siehe Bild 9.11, rechts). Im Beispiel wurde der Block-Editor als Standard-Editor festgelegt (siehe Bild 9.12).

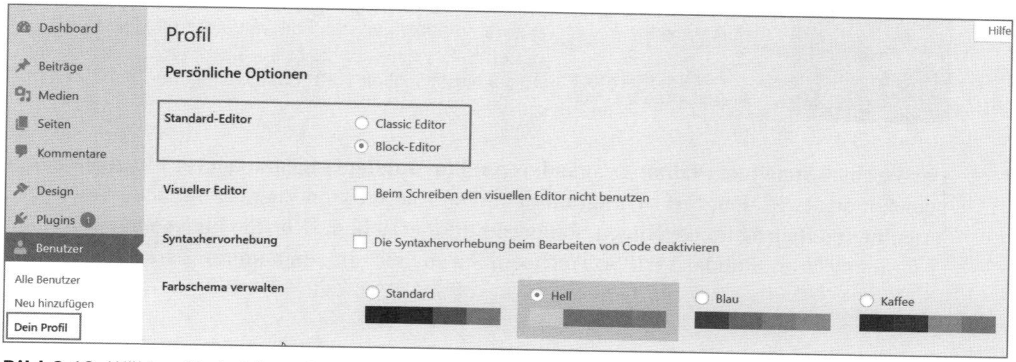

Bild 9.12 Wählen Sie bei Ihren Profil-Einstellungen Ihren Standard-Editor aus

9.2.3 Zwischen Classic Editor und Gutenberg wechseln

Welcher Editor sich beim Erstellen einer Seite oder eines neuen Beitrags öffnet, hängt davon ab, welchen Editor Sie als Standard-Editor festgelegt haben. Sobald Sie Benutzern erlauben, den Editor zu wechseln, besteht auch die Möglichkeit – wenn auch etwas umständlich –, mit dem anderen Editor zu arbeiten.

9.2.3.1 Editor-Wechsel bei bestehenden Seiten/Beiträgen

Benutzern wird in der Seiten- bzw. Beiträgeverwaltung der jeweilige Editor, mit dem Seiten/ Beiträge zuletzt bearbeitet wurden, angezeigt. In der Inline-Bearbeitungsleiste erscheint eine Auswahlmöglichkeit des Editors für eine weitere Bearbeitung. Eine weitere Bearbeitung muss nicht unbedingt mit dem zuletzt gewählten Editor erfolgen.

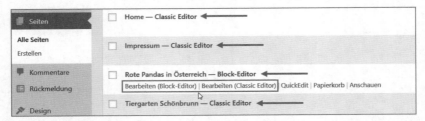

Bild 9.13 Mit welchem Editor möchten Sie die Seite bearbeiten?

9.2.3.2 Editorauswahl bei neuen Seiten/Beiträgen

Beachten Sie, dass auf dem eigenen Server die Auswahlmöglichkeit des Editors direkt beim Erstellen einer neuen Seite oder eines Beitrags nicht in jener Form, wie es derzeit noch auf WordPress.com möglich ist, zur Verfügung steht (Stand 18. August 2019, siehe Bild 9.14). Dort haben Sie beim Erstellen einer neuen Seite bzw. eines neuen Beitrags oben in der Seitenverwaltung die Möglichkeit, zwischen dem Block-Editor und dem Klassischen Editor zu wählen. Klicken Sie hingegen in der linken Menüleiste auf dem Dashboard auf *Seiten/Erstellen* bzw. *Beiträge/Erstellen,* öffnet sich der Block-Editor ohne Wechselmöglichkeit.

Bild 9.14
Auswahlmöglichkeit des Editors beim Erstellen einer neuen Seite/eines Beitrags auf *WordPress.com* – diese Auswahlmöglichkeit steht auf dem eigenen Server nicht zur Verfügung!

Der Wechsel von einem Editor zum anderen Editor auf dem eigenen Server hingegen hängt vom Editor ab, in dem Sie sich gerade befinden. Sie müssen zuerst eine neue Seite bzw. einen neuen Beitrag im jeweiligen Standard-Editor erstellen. D. h., Sie klicken auf **Erstellen**, es öffnet sich der Standard-Editor. Wechseln Sie sogleich in den anderen Editor.

9.2.3.2.1 Wechsel vom Block-Editor zum Classic Editor

Im Block-Editor finden Sie die Schaltfläche *Zum Classic Editor wechseln* im Bereich *Plugins* unter den drei Punkten rechts oben (siehe Bild 9.15).

Bild 9.15
Wechsel vom Block-Editor zum Classic Editor

9.2.3.2.2 Wechsel vom Classic Editor zum Block-Editor

Wenn Sie sich im Classic Editor befinden, muss unter *Ansicht anpassen* die Box *Standard-Editor* aktiviert sein (siehe Bild 9.16, links), dann kann man über diese Box zum Block-Editor wechseln (siehe Bild 9.16, rechts).

Bild 9.16 Im Classic Editor muss die Box „Standard-Editor" aktiviert sein, dann kann man über diese Box zum Block-Editor wechseln

9.2.3.3 In Blöcke umgewandelte Classic-Block-Inhalte mit Classic Editor bearbeiten

Der Block-Editor fügt nicht nur Kommentare für jeden Block ein, auch etliche Block-spezifische Klassen werden hinzugefügt. In Abschnitt 9.1.2 wurde als Beispiel eine im Classic Editor erstellte Seite im Block-Editor im Classic Block in Blöcke umgewandelt. Wenn diese Seite wieder im Classic Editor geöffnet wird, so werden die Block-Editor-spezifischen Ergänzungen im Quelltext nicht automatisch entfernt. Diese bleiben im Quellcode bestehen (siehe Bild 9.17, rechts, Ansicht im Text-Modus des Classic Editors).

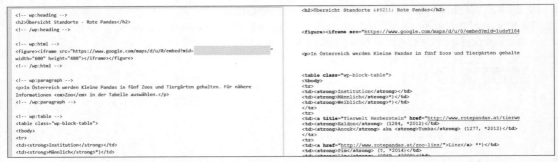

Bild 9.17 In Blöcke umgewandelter Classic Block im Classic Editor im Text-Modus (links) und Ansicht Quelltext in Mozilla Firefox (rechts)

Die Block-spezifischen Kommentare werden zwar beim Ausliefern im Frontend nicht angezeigt, die Klassen hingegen bleiben (siehe Bild 9.17, rechts, Seitenquelltext-Ansicht in Mozilla Firefox). Jene beim Umwandeln entfernten Attribute werden nicht wiederhergestellt!

10 Seiten erstellen und verwalten

In diesem Kapitel erfahren Sie ...

- ... wie Sie eine neue Seite in WordPress erstellen,
- ... wie Sie eine bestimmte Seite als Startseite definieren,
- ... wie Sie eine bestehende Seite bearbeiten und ändern,
- ... wie Sie benutzerdefinierte Felder definieren,
- ... wie Sie benutzerdefinierte Felder anwenden können,
- ... wie Sie längere Inhalte auf mehrere Seiten aufteilen können.

■ 10.1 Die Seiten-Verwaltung

Seit die Möglichkeit besteht, in WordPress *Seiten (Pages)* mit statischen Inhalten zu erstellen, entwickelte sich die einst reine Blog-Software zu einem ansprechenden und vielseitig einsetzbaren Content Management System. Eine Übersicht über bisher erstellte Seiten finden Sie in der *Seiten-Verwaltung*.

Die *Seiten-Verwaltung* öffnen Sie über den Eintrag *Seite/Alle Seiten* in der linken Menüleiste auf dem Dashboard. Auf der Seite *Seiten* finden Sie sämtliche Seiten aufgelistet (siehe Bild 10.1). Hier können Sie eine neue Seite erstellen (A) und über *Ansicht anpassen* (B) auswählen, welche Spalten angezeigt werden sollen. Die Spalte *Titel* (M) bleibt immer angezeigt, die Spalten *Autor* (N), *Kommentare* (O) und *Datum* (P) könnten Sie ausblenden. In der Spalte *Datum* wird das Datum der Veröffentlichung bzw. bei geänderten Seiten das Datum der letzten Änderung angezeigt.

Sie können *Alle* Seiten anzeigen lassen (C), nur *Veröffentlichte* (D) sowie nur *Entwürfe* (E), nur *Private* (F) und Seiten, die Sie in den *Papierkorb* verschoben haben (G) – nachdem erstmals eine Seite dieser Kategorie entsprochen hat. Zudem können Sie auswählen, ob *Alle Daten* oder nur in einem bestimmten Monat erstellte Seiten angezeigt werden (K). Mit der Schaltfläche *Auswahl einschränken* (L) werden nur Seiten im gewählten Monat angezeigt.

Wenn Sie eine bestimmte Seite von Ihrem Internetauftritt suchen, können Sie den Titel oder einen Teil des Seitentitels in das *Suchfeld* (H) eingeben und mit *Seiten durchsuchen* die Suche starten.

> **Anmerkung:** Die Kategorien *Entwürfe* (E), *Private* (F) und *Papierkorb* (G) werden bei Neuinstallationen erst dann angezeigt, wenn sich eine Seite in dieser Kategorie befindet.

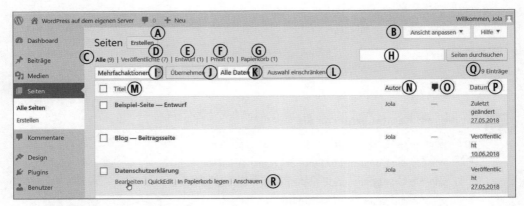

Bild 10.1 Die Seiten-Verwaltung

Wenn Sie eine oder mehrere Seiten markieren, können Sie über *Aktion wählen* (I) die markierten Seiten bearbeiten oder in den Papierkorb legen. Mit Klick auf **Übernehmen** wird die gewählte Aktion auf die markierten Seiten angewendet.

10.1.1 Bestehende Seiten bearbeiten

Sie können bestehende Seiten sowohl auf dem Dashboard aus der Seiten-Verwaltung heraus als auch vom Frontend aus öffnen und bearbeiten. Einige Änderungen können auch in der Seiten-Verwaltung vorgenommen werden, ohne dass die Seite geöffnet werden muss.

10.1.1.1 Bestehende Seiten in Seiten-Verwaltung bearbeiten

Möchten Sie eine Seite bearbeiten, fahren Sie in der Seiten-Verwaltung mit der Maus in die Zeile unterhalb des Seitentitels. Es wird die *Bearbeitungszeile* eingeblendet (R). *Bearbeiten* öffnet die Seite *Seite bearbeiten* mit dem Editor, hier können Sie alles an der Seite ändern, auch Inhalte ergänzen und löschen. *Löschen* befördert die Seite in den *Papierkorb* und über *Vorschau* öffnet sich die Seite im Frontend.

Ein wichtiges und sehr nützliches Tool ist *QuickEdit*. In diesem Fenster können Sie zahlreiche Änderungen vornehmen, ohne die Seiten-Verwaltung zu verlassen (siehe Bild 10.2). Dieses Fenster ist quasi eine Zusammenfassung der Boxen auf der Seite *Neue Seite* bzw. *Seite bearbeiten*. Haben Sie Änderungen vorgenommen, schließen Sie QuickEdit über **Aktualisieren**. Ansonsten wird das Fenster mit Klick auf **Abbrechen** geschlossen.

Ob der Hintergrund grau oder weiß angezeigt wird, hängt davon ab, in welcher Zeile – grau oder weiß – Sie auf QuickEdit geklickt haben. Beachten Sie, dass die *Template Auswahl* mit

Standardtemplate und eigene Seiten-Templates seit WordPress 4.9 hier und bei *Seiten-Attribute* nur mehr dann angezeigt wird, wenn neben dem Standard-Page-Template zumindest ein eigenes Seiten-Template definiert wurde. Bild 10.2 oben zeigt das QuickEdit-Fenster ohne die Template-Auswahl. Unten in Bild 10.2 ist die Auswahl von zwei Templates, im Beispiel das Standardtemplate und das Template *Meine Seite* möglich.

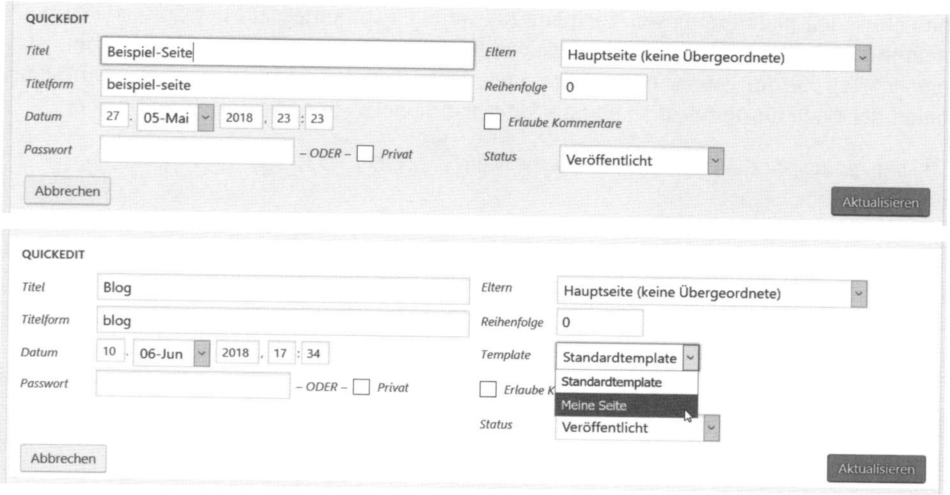

Bild 10.2 Das Quick-Edit-Fenster in der Seiten-Verwaltung

10.1.1.2 Bestehende Seiten vom Frontend aus bearbeiten

Sind Sie angemeldet, so können Sie Seiten auch direkt vom Frontend aus im Editor öffnen und bearbeiten. Navigieren Sie im Browser im Frontend zu jener Seite, die Sie bearbeiten, korrigieren oder ergänzen etc. möchten. Zum einen finden Sie in der oberen Werkzeugleiste den Eintrag *Seite bearbeiten* (siehe Bild 10.3, oben). Zum anderen wurde (hoffentlich) beim Erstellen der Template-Datei `page.php` oder in der jeweils angewendeten Template-Datei nicht ein *Bearbeiten*-Link vergessen. Dieser befindet sich in vielen Themes gleich neben dem Seitentitel oder ganz unten am Ende des Seiteninhalts (siehe Bild 10.3, unten). Dieses *Bearbeiten* (oder *Edit*) ist auf Übersichtsseiten, Archivseiten und Suchergebnisseiten sowie für nicht angemeldete Besucher und angemeldete Besucher ohne Seiten-bearbeiten-Rechte nicht sichtbar.

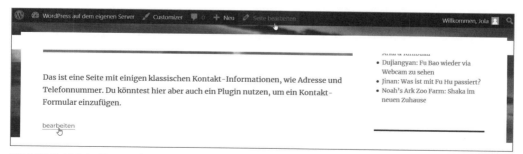

Bild 10.3 Link im Frontend zum Bearbeiten der Seite in der Werkzeugleiste (oben) und unterhalb des Seiteninhalts in Twenty Sixteen (unten)

Seit WordPress 4.4 wird dem Link die Klasse `.post-edit-link` automatisch zugewiesen. Mit dieser Klasse können Sie das Aussehen des Links anpassen. Der `edit_post_link()`-Template-Tag für den *Bearbeiten*-Link wird in einem PHP-Code-Block

```php
<?php edit_post_link(); ?>
```

eingefügt. Ich platziere diesen Template-Tag immer ganz unten auf der Seite gleich nach dem Inhalt. Damit der Link in einer eigenen Zeile, d. h. in einem eigenen Absatz, steht, wird ein *<p>*-Tag herum gelegt. Ich möchte auch, dass *Seite bearbeiten* angezeigt wird. Somit lautet der Code für den *Bearbeiten*-Link samt Parametern:

```php
<?php edit_post_link('Seite bearbeiten', '<p>', '</p>'); ?>
```

Mit dem ersten Parameter legen Sie den Text des Links fest, der zweite Parameter steht für `$before`, der dritte für `$after` d. h. was vor und nach dem Text im Quelltext stehen soll, im Beispiel ein öffnender <p>-Tag und ein schließender </p>-Tag.

■ 10.2 Seite erstellen und bearbeiten

Um eine neue Seite zu erstellen, wählen Sie entweder *Neu/Seite* in der oberen Bearbeitungs-leiste auf dem Dashboard oder *Seiten/Erstellen* in der linken Navigationsleiste auf Ihrem Dashboard (siehe Bild 10.4). Der Link *Neu/Seite* ist auch vom Frontend aus erreichbar!

Bild 10.4 Erstellen Sie eine neue Seite, links vom Frontend aus, Mitte und rechts vom Dashboard aus

Auf dem Dashboard wird nun der Block-Editor Gutenberg mit einer leeren Seite geladen, im Beispiel in WordPress 5.3.2 mit dem Standard-Theme *Twenty Twenty*. Nur links oben im Seitentitel steht *Neue Seite erstellen*. In der Seitenleiste des Editors werden standardmäßig die Bereiche *Status und Sichtbarkeit, Beitragsbild, Diskussion* sowie *Seiten-Attribute* ange-zeigt (siehe Bild 10.5).

Bild 10.5 Neue Seite erstellen im Block-Editor Gutenberg in WordPress 5.3.2 mit Standard-Theme Twenty Twenty

Sie können die Ansicht der Seitenleiste, d. h. welche Bereiche in der Seitenleiste im Block-Editor angezeigt werden, anpassen. Klicken Sie dazu auf die drei Punkte rechts oben *(Mehr Werkzeuge und Optionen)*. Ganz unten finden Sie die Option *Anpassen* (siehe Bild 10.6, links). Im Fenster *Anpassen* legen Sie im Bereich *Dokument-Bedienfelder* fest, welche Bereiche in der Dokument-Seitenleiste angezeigt werden. Möchten Sie *Custom Fields*, früher *Benutzerdefinierte Felder*, nun *Eigene Felder* genannt, verwenden, so aktivieren Sie *Eigene Felder* unter *Weitere Bedienfelder* (siehe Bild 10.6, Mitte). Bevor die *Eigenen Felder* angezeigt werden können, müssen Sie die Seite neu laden. Falls Sie schon Inhalte eingefügt haben, unbedingt vorher speichern, bevor Sie auf *Aktivieren und neu laden* klicken (siehe Bild 10.6, rechts)!

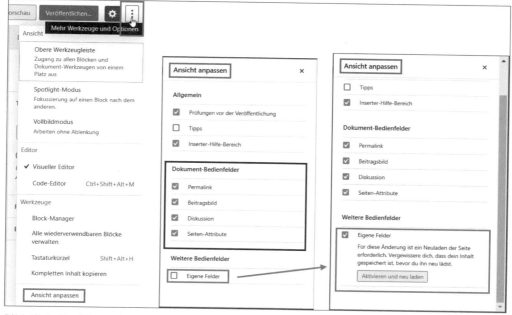

Bild 10.6 Hier können Sie die Anzeige der Bedienfelder anpassen

Der Bereich *Eigene Felder* zum Erstellen und Bearbeiten von benutzerdefinierten Feldern wird am unteren Rand des Editors angezeigt. Sie können diesen Bereich auch einklappen, indem Sie auf den kleinen Pfeil klicken (siehe Bild 10.7, Pfeil). Danach wird nur mehr eine Zeile mit dem Namen *Eigene Felder* angezeigt.

Bild 10.7 Das Bedienfeld Eigene Felder wird nach dem Aktivieren ausgeklappt am unteren Rand des Block-Editors angezeigt

10.2.1 Seiten Home, Aktuelles und Kontakt

Sie können unter *Allgemeine Einstellungen* im Bereich *Lesen* (siehe Kapitel 6) festlegen, was als *Startseite* angezeigt wird. Zur Auswahl stehen folgende Varianten:

- **Variante A:** Aktuelle Blogeinträge in chronologischer Reihenfolge, wie es auf reinen Blogs standardmäßig verwendet wird.

- **Variante B1:** Eine Seite namens *Home* mit aktuellen Blogeinträgen in chronologischer Reihenfolge.

- **Variante B2:** Eine „statische" Seite namens *Home* mit gleichbleibenden Inhalten.

- **Variante B3:** Eine gemischte Seite namens *Home* mit gleichbleibenden Inhalten *plus* die letzten und/oder ausgewählten („featured") Beiträge. Für diese Variante muss ein spezielles Template für die Startseite im Theme vorhanden sein.

Für *Variante A* benötigen Sie keine eigene Seite. Die aktuellen Blogbeiträge werden automatisch eingelesen und angezeigt, sobald man die Adresse der Website aufruft. Dies ist eher für jene gedacht, die nach der Installation ohne größere Änderungen und Anpassungen gleich mit dem Bloggen loslegen wollen. Steht hingegen der Aspekt Website im Vordergrund, so verwenden Sie eine der *B-Varianten*, empfehlenswert sind *Variante B2* oder *Variante B3*.

Für alle drei *B-Varianten* benötigen Sie eine Seite mit dem Namen *Home*, die mit bestimmten Inhalten gefüllt wird. Bei *Variante B1* werden in einer leeren (!) Seite die aktuellen Blogeinträge chronologisch eingelesen, wenn die Startseite aufgerufen wird. Bei der *Variante B2* erstellen Sie eine Seite namens *Home* und füllen diese mit den gewünschten Inhalten. Aktuelle Beiträge kommen alle auf die leere (!) Seite *Aktuelles/News*. Die *Variante B3* erfordert ein spezielles Template für die Startseite, in welchem ein Bereich für den statischen Teil und ein Bereich für eine bestimmte Anzahl von Beiträgen definiert ist. Für sämtliche Varianten benötigen Sie in den meisten Fällen zusätzlich eine Seite mit den Kontaktdaten, um der Impressumspflicht nachzukommen. Zudem ist eine Navigationsleiste für eine benutzerfreundliche und barrierefreie Zugänglichkeit der Inhalte unumgänglich (siehe Kapitel 11).

10.2.1.1 Leere Seite Home (Variante B1)

Für eine leere Seite *Home* schreiben Sie in den Titel-Block *Home*. Mit der Enter-Taste kommen Sie vom Titel-Block in den ersten Absatz-Block, dieser bleibt leer. Gibt es ein spezielles Template für die Startseite, so wählen Sie in der Dokument-Seitenleiste im Bereich *Seiten-Attribute* bei *Template* das entsprechende Template aus. Die Startseite ist immer eine Hauptseite, so lassen Sie bei *Übergeordnete Seite* die Auswahl auf *kein Elternelement*. Sie können nun auf *Veröffentlichen* rechts oben klicken und anschließend nochmals auf *Veröffentlichen*. Nachdem die Seite veröffentlicht wurde, erscheint *Seite veröffentlicht* nicht wie früher am oberen, sondern am unteren Ende des Editors (siehe Bild 10.8, unten). Dieser Hinweis wird nach einigen Sekunden wieder ausgeblendet. In der Seitenleiste wird das Fenster *Veröffentlicht* mit dem Hinweis *Home ist nun Live* angezeigt. Darunter unter *Seite-Adresse* befindet sich der Permalink, die Adresse der gerade veröffentlichten Seite. Das Fenster *Veröffentlicht* wird mit Klick auf **X** rechts oben geschlossen (siehe Bild 10.8, rechts oben).

> **Anmerkung:** Grundsätzlich ist es auch ratsam, immer zu kontrollieren, wie die veröffentlichte Seite im Browser aussieht. Solange noch nicht festgelegt wurde, dass die erstellte Seite als Startseite dienen soll, würden Sie hier lediglich eine leere Seite sehen.

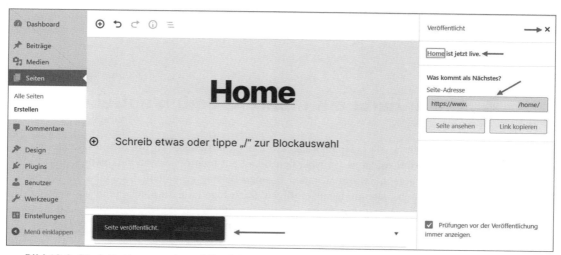

Bild 10.8 Die Seite Home wurde veröffentlicht

10.2.1.2 Seite Home mit Inhalt (Variante B2 und B3)

Schreiben Sie *Home* in den Titel-Block, mit *Enter* kommen Sie in den ersten Block des Inhaltsteils. Geben Sie den gewünschten Inhalt ein. Die Inhalte können Sie jederzeit ändern und anpassen. Gehen Sie zum Veröffentlichen vor, wie in Abschnitt 10.2.1.1 beschrieben.

10.2.1.3 Seite Aktuelles (ohne Inhalt)

Erstellen Sie auch eine Seite *Aktuelles*, auf der später alle Beiträge wie in einem Blog chronologisch gereiht angezeigt werden. Dies ist ideal, wenn Sie auf Ihrem Internetauftritt auch einen Bereich für Ankündigungen und Termine etc. einrichten möchten. Geben Sie dabei vor, wie in Abschnitt 10.2.1.1 beschrieben, statt *Home* schreiben Sie *Aktuelles* in den Titel-Block. Veröffentlichen Sie diese Seite.

10.2.1.4 Seite Kontakt

Sie benötigen auch eine Seite mit dem Namen *Kontakt*, auf der die Mindestanforderungen bezüglich Impressumspflicht erfüllt sein müssen. Dazu gehört die Angabe, wer für den Internetauftritt verantwortlich ist. In den meisten europäischen Staaten müssen Name, Postanschrift und eine kopierbare funktionierende E-Mail-Adresse angeführt sein. Kopierbar bedeutet, dass Sie keine Grafik mit der E-Mail-Adresse darauf verwenden dürfen. Es ist aber erlaubt, dass Sie statt @ die Umschreibung (at) verwenden z.B. maxi (at) mustermann.xyz statt maxi@mustermann.xyz. Die E-Mail-Adresse muss auch nicht mit einem mailto:-Link hinterlegt sein, d.h. die E-Mail-Adresse muss nicht anklickbar sein. Sinnvoll ist auch ein Hinweis zum *Haftungsausschluss*, zum *Urheberrecht*, zu *Kommentaren*, falls erlaubt etc., sowie bezüglich *Datenschutz*.

10.2.1.4.1 Kontaktformular

Heutzutage ist ein *Kontaktformular* quasi Standard. Im WordPress Core ist kein Kontaktformular inbegriffen, Sie benötigen zum Einfügen eines Formulars ein Plugin. In Kapitel 16 wird detailliert beschrieben, wie Sie mit *Jetpack* ein Formular schnell und einfach erstellen, in die Kontakt-Seite einfügen und individuell anpassen können. Alternativ zu *Jetpack* könnten Sie beispielsweise das Plugin *Contact Form 7* einsetzen.

■ 10.3 Inhalte auf mehrere Seiten aufteilen

Bei langen Inhalten wie beispielsweise Tutorials, die thematisch in einzelne Kapitel etc. geteilt werden können, ist es sinnvoll, den Inhalt auf mehrere Seiten aufzuteilen. Statt für jede Seite eine eigene Seite bzw. einen eigenen Beitrag zu erstellen, können Sie für die Teilung auch einen Seitenumbruch einfügen. Dazu fügen Sie im Block-Editor einen *Seitenumbruch-Block* aus *Meistgenutzt* bzw. *Layout-Elemente* an jenen Stellen(n) ein, wo die neue Seite beginnen soll (siehe Bild 10.9). Veröffentlichen Sie die Seite.

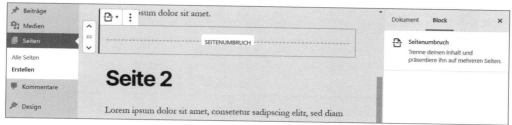

Bild 10.9 Fügen Sie einen Seitenumbruch-Block ein

10.3.1 Automatisch erstellte Paginierung (im Frontend)

Für das Beispiel wurden auf der Seite zwei Seitenumbruch-Blöcke eingefügt. Die Seiten-Navigationsleiste für die *Paginierung* am Ende der Seite wird automatisch erstellt und im Frontend jeder Seite hinzugefügt. Bild 10.10, oben, zeigt die Paginierung im Standard-Theme *Twenty Twenty* in WordPress 5.3.2, unten die Paginierung im *Twenty Nineteen* Child-Theme (das in Kapitel 19 erstellt wird).

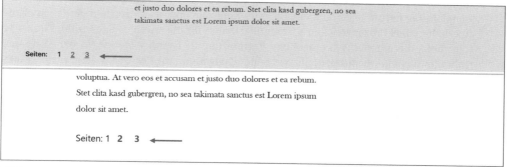

Bild 10.10 Automatisch erstellte Paginierung in Twenty Twenty (oben) und in Twenty Nineteen (unten)

Bei diesen beiden Standard-Themes werden unterschiedliche Methoden eingesetzt. In *Twenty Twenty* wird die Paginierung in einer eigenen Datei namens pagination.php im Ordner template-parts definiert, diese Datei hat mit Kommentaren eine Gesamtlänge von 58 Zeilen. Ich bevorzuge die Methode, die auch in *Twenty Nineteen* verwendet wird und zwar den Template-Tag wp_link_pages(). Mit Arrays wird festgelegt, wie die Paginierung ausgegeben werden soll. Dieser Template-Tag wird an der gewünschten Stelle in der Template-Datei für Seiten (page.php) oder, wenn Sie mit Template-Parts arbeiten, in die entsprechende Datei platziert. Achten Sie darauf, dass sich dieser Template-Tag innerhalb des Loops befindet! Bild 10.11 zeigt den Template-Tag in der Datei content-page.php im Ordner template-pats/content/ im Theme *Twenty Nineteen* bzw. im *Twenty-Nineteen* Child-Theme.

```
21    <div class="entry-content">
22        <?php
23        the_content();
24
25        wp_link_pages(
26            array(
27                'before' => '<div class="page-links">' . __( 'Pages:', 'twentynineteen' ),
28                'after'  => '</div>',
29            )
30        );
31        ?>
32    </div><!-- .entry-content -->
```

Bild 10.11 Template-Tag für die Paginierung im Theme Twenty Nineteen

Standardmäßig befindet sich die Paginierung in einem Absatz, der öffnende `<p>` und der schließende `</p>`-Tag werden automatisch hinzugefügt. Wie in Bild 10.10 zu sehen, ist die aktuelle Seite nicht verlinkt, vor den Seitenzahlen steht *Seiten*. Dies wird ebenfalls automatisch hinzugefügt.

10.3.2 Benutzerdefinierte Paginierung

Möchten Sie die Anzeige ändern in beispielsweise *Teil 1 Teil 2 Teil 3,* so ergänzen Sie den Template-Tag mit Parametern. Sie könnten auch einen `<div>`-Tag mit einer Klasse um den Template-Tag herum legen, um eine bessere Kontrolle über das Aussehen der Paginierung zu erhalten. Das Prozentzeichen `%` ist ein Platzhalter für die jeweilige Seitenzahl. Bild 10.12 zeigt links die automatisch eingefügte Paginierung in *Twenty Nineteen*, in der Mitte und rechts jeweils eine benutzerdefinierte Seitennavigation. Mit der CSS-Klasse `.page-links` kann die Paginierung beliebig formatiert werden.

Bild 10.12 Seitenpaginierung automatisch (links), benutzerdefiniert mit „Kurzversion" (Mitte) und mit „Langversion" (rechts)

10.3.2.1 Benutzerdefinierte Paginierung („Kurzversion")

Sie können dafür `wp_link_pages('pagelink=Teil %')` in der „Kurzfassung", wie in Listing 10.1 gezeigt, verwenden. Dabei werden zwar die benutzerdefinierten Änderungen hinzugefügt, der Begriff *Seiten:* vor der Paginierung bleibt jedoch stehen (siehe Bild 10.12, Mitte).

Listing 10.1 Paginierung mit dem Begriff „Teil" vor der Seitenzahl

```
1  <div class="page-links">
2      <?php wp_link_pages('pagelink=Teil %'); ?>
3  </div>
```

10.3.2.2 Benutzerdefinierte Paginierung („Langversion")

Möchten Sie hingegen die gesamte Paginierung benutzerdefiniert anpassen und zwar ohne den Begriff *Seiten:*, so ist dies mit der „Langversion" des mit Arrays ergänzten Template-Tag möglich. Listing 10.2 zeigt den Template-Tag, das Ergebnis ist rechts in Bild 10.12 zu sehen.

Listing 10.2 „Langversion" der Paginierung mit Arrays (mit „Teil" vor Seitenzahl)

```
01 <?php wp_link_pages( array(
02    'before' => '<div class="page-links">' . '',
03    'after' => '</div>',
04    'link_before' => '',
05    'link_after'  => '',
06    'next_or_number' => 'number',
07    'separator' => ' - ',
08    'pagelink' => 'Teil %'
09    ) );
10 ?>
```

■ 10.4 Meta Description als Eigenes Feld

Im Bedienfeld *Eigene Felder (Benutzerdefinierte Felder)* können zusätzliche *Meta-Daten* zu einer Seite bzw. einem Beitrag gespeichert werden. Wo und wie diese Daten im Frontend angezeigt werden, hängt vom jeweiligen Theme ab. Benutzerdefinierte Felder sind vielseitig einsetzbar. Das Arbeiten mit Benutzerdefinierten Feldern ist für Seiten und Beiträge vollkommen gleich. Im Folgenden wird das Erstellen eines Benutzerdefinierten Felds mit dem Namen `description` beschrieben. Mit diesem Custom Field können Beschreibungen für den HTML-Meta-Tag `description` passend zum jeweiligen Inhalt erstellt werden. Dies ist eine besonders hinsichtlich SEO äußerst sinnvolle Anwendung von Benutzerdefinierten Feldern. Die Ausgabe des Werts des Felds im Frontend (außerhalb des Loops) ist mit geringem Arbeitsaufwand mit Bordmitteln realisierbar, d. h. ohne spezielles Plugin.

10.4.1 Benutzerdefiniertes Feld erstellen

Für das Praxis-Beispiel wird ein Custom Field mit dem Namen `description` erstellt. Der Wert des Felds soll als *Meta-Tag Description* im HTML-Header der Seite anstatt des Untertitels der Website angezeigt werden. Ist der Wert leer, so wird der Untertitel ausgegeben.

10.4.1.1 Neues Benutzerdefiniertes Feld

1. Zum Erstellen eines neuen benutzerdefinierten Felds schreiben Sie zuerst den Namen des neuen Felds in das Textfeld unter *Name*, im Beispiel `description`. Dieser Name wird als Parameter `$key` benötigt, wenn Sie den dazugehörigen Wert (`$value`) an einer bestimmten Stelle auf Ihrer Seite etc. ausgeben lassen möchten.

2. Klicken Sie anschließend auf *Benutzerdefiniertes Feld hinzufügen*.

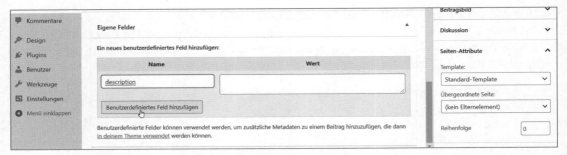

Bild 10.13 Fügen Sie das neue Benutzerdefinierte Feld hinzu

3. Das Bedienfeld wird neu geladen, das neu erstellte Custom Field description ist im oberen Bereich zu sehen. Unter dem Namen wurden die Schaltflächen *Löschen* und *Aktualisieren* eingefügt.

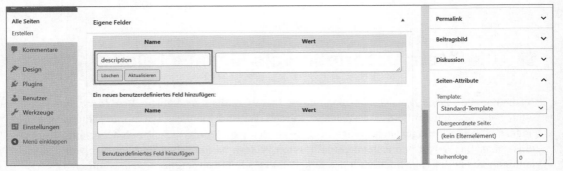

Bild 10.14 Das neue Benutzerdefinierte Feld wurde eingestellt

Nun können Sie einen Wert für das Benutzerdefinierte Feld in der Spalte *Wert* eingeben. Klicken Sie anschließend auf *Aktualisieren* in der Spalte *Name* unterhalb von description. Erst danach steht der Wert von description für das Einfügen zur Verfügung. Sollte die Seite bzw. der Beitrag bereits veröffentlicht sein, so müssen Sie auch die Seite (rechts oben) aktualisieren!

10.4.1.2 Bestehendes Benutzerdefiniertes Feld

Das Benutzerdefinierte Feld description ist nicht nur auf der Seite, auf der dieses Feld erstmals erstellt wurde, verfügbar, sondern für sämtliche Seiten und Beiträge. Sobald Sie eine neue Seite bzw. einen neuen Beitrag erstellen oder eine(n) bestehende(n) bearbeiten, erscheint im Bedienfeld *Eigene Felder* eine Auswahlliste, im Beispiel mit lediglich zwei Einträgen, nämlich Auswählen und description (siehe Bild 10.15). Nachdem description ausgewählt wurde, kann man den Wert des Felds eingeben.

Bild 10.15 Das eigene Feld description steht zur Auswahl zur Verfügung!

10.4.1.3 Weiteres neues Benutzerdefiniertes Feld

Sie können weitere Custom Fields definieren. Beachten Sie, dass die Anzahl der Felder limitiert ist. Es werden maximal dreißig Benutzerdefinierte Felder in der Auswahlliste angezeigt.

1. Um ein weiteres neues Custom Field zu erstellen, klicken Sie zuerst auf Benutzerdefiniertes Feld hinzufügen (siehe Bild 10.1).

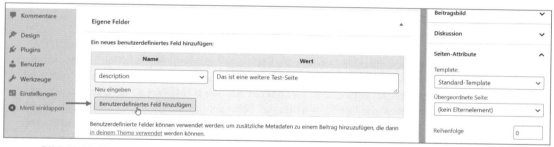

Bild 10.16 Fügen Sie ein weiteres neues Custom Field hinzu

2. Klicken Sie auf *Neu eingeben* (siehe Bild 10.17, links).

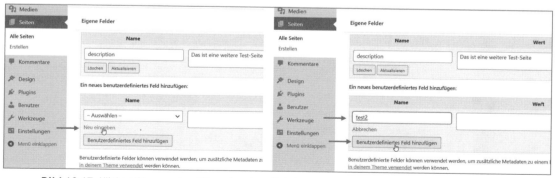

Bild 10.17 Klicken Sie zuerst auf Neu eingeben (links), dann können Sie das neue Feld erstellen (rechts)

3. Nun können Sie den Namen des neuen Felds eingeben. Klicken Sie anschließend auf *Benutzerdefiniertes Feld hinzufügen* (siehe Bild 10.17, rechts).

4. Das Bedienfeld *Eigene Felder* wird neu geladen, danach kann auch das neu erstellte Benutzerdefinierte Feld verwendet werden (siehe Bild 10.18).

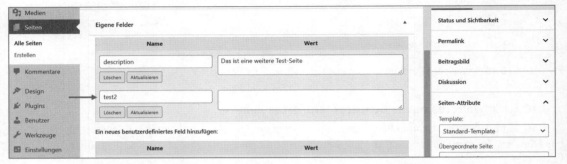

Bild 10.18 Das neue Benutzerdefinierte Feld kann nun verwendet werden

10.4.2 Custom Field als HTML-Meta-Tag definieren

Nachdem das Benutzerdefinierte Feld description definiert wurde, kann es im HTML-Header des Themes eingebunden werden. Mit einer if-Bedingung wird abgefragt, ob der Inhalt des Benutzerdefinierten Felds mit dem Namen description leer ist oder nicht. Ist ein Wert vorhanden, so wird dieser als content für den HTML-Meta-Tag description ausgegeben. Andernfalls wird der Untertitel der Seite als Beschreibung herangezogen (siehe Listing 10.3). Der Code aus Listing 10.3 wird in den HTML-Header der Datei header.php eingefügt (siehe Bild 10.19).

Listing 10.3 Code für Den HTML-Meta-Tag description mit if-Bedingung

```
1 <meta name="description" content="<?php
2 if(get_post_meta($post->ID, "description", true) !='' )
3    echo get_post_meta($post->ID, "description", true);
4 else
5    bloginfo( 'description' );
6 ?>">
```

```
1  <!DOCTYPE html>
2  <html <?php language_attributes(); ?>>
3  <head>
4  <meta charset="<?php bloginfo( 'charset' ); ?>">
5  <meta name="viewport" content="width=device-width, initial-scale=1">
6  <meta name="description" content="<?php
7  if(get_post_meta($post->ID, "description", true) !='' )
8      echo get_post_meta($post->ID, "description", true);
9  else
10     bloginfo( 'description' );
11 ?>">
```

Bild 10.19 Code mit der if-Bedingung im HTML-Header

Das Ergebnis zeigen die Beispiele auf meiner Nashorn-Website. In Bild 10.20, oben, wird die allgemeine Beschreibung, und zwar der Untertitel der Website, als Inhalt für `description` ausgegeben. In der Mitte ist die Beschreibung auf der Übersichtsseite für *Panzernashörner*, unten für den Beitrag *Transfers 2020* zu sehen. Beide individuellen Description-Meta-Tags wurden mit dem Benutzerdefinierten Feld `description` erstellt.

Bild 10.20 Inhalt des HTML-Meta-Tags description mit Untertitel (oben), auf einer Seite (Mitte) und in einem Beitrag (unten) auf rhinos-in-europe.net

10.4.3 Benutzerdefinierte Felder innerhalb des Loops

Sie können Werte von Benutzerdefinierten Feldern auch innerhalb des Loops mit Bordmitteln, d. h. ohne jegliche zusätzliche Plugins, ausgeben lassen. Dazu wird `<?php $key="NAME";` `echo get_post_meta($post->ID, $key, true); ?>` an jener Stelle eingefügt, an der der Wert des jeweiligen Benutzerdefinierten Felds `NAME` angezeigt werden soll. Beachten Sie, dass `NAME` hier lediglich als Platzhalter für den jeweiligen Namen des Custom Field dient.

11 Menüs

In diesem Kapitel erfahren Sie ...

- ... wie Sie Menüs erstellen,
- ... wie Sie bestehende Menüs ergänzen und ändern,
- ... wie Sie Menüs den einzelnen Menüpositionen zuweisen,
- ... wie Sie Menüs in Widgets platzieren,
- ... wie Sie Bereiche für Menüs in Ihrem Theme definieren.

■ 11.1 Die Menü-Verwaltung

Die *Menü-Verwaltung,* in der Sie neue Menüs erstellen, bestehende Menüs bearbeiten und Menüs den einzelnen Menüpositionen zuweisen können, erreichen Sie auf dem Dashboard über *Design/Menüs*. Eine andere Möglichkeit des Bearbeitens von Menüs finden Sie im Customizer (siehe Kapitel 6). In zahlreichen Themes und älteren WordPress-Installationen sind Beispiel-Menüs bereits eingerichtet. Nach einer Erstinstallation von WordPress 5.3.2 auf dem entfernten Server war die Menü-Verwaltung leer (siehe Bild 11.1).

Bild 11.1 Die Menü-Verwaltung ohne Beispiel-Menüs

11.1.1 Neues Menü erstellen

Als Erstes muss ein neues Menü erstellt werden. Setzen Sie dazu den Cursor in das Textfeld neben *Name des Menüs* und klicken Sie anschließend auf *Menü erstellen* (siehe Bild 11.2). Wählen Sie einen Namen, der auf den ersten Blick erkennbar macht, was sich in diesem Menü befindet bzw. wohin dieses Menü platziert werden soll. Diese Bezeichnung ist nur für den internen Gebrauch, im Frontend wird der Name nirgends angezeigt.

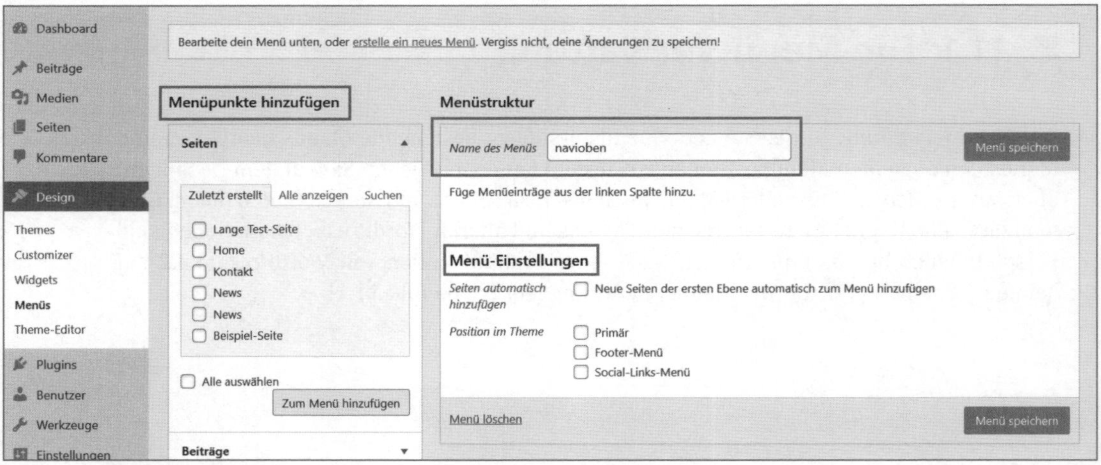

Bild 11.2 Es können nun Menüpunkte hinzugefügt werden

Nach dem Speichern des neuen Menüs stehen die Menüpunkte in der linken Spalte im Bereich *Menüpunkte hinzufügen* zur Auswahl. Unterhalb der Menüstruktur können Sie die Menüposition für Ihr Menü festlegen. Im Beispiel ist ein Child-Theme von *Twenty Nineteen* aktiviert, so stehen die Menüpositionen *Primär*, *Footer-Menü* und *Social-Links-Menü* zur Auswahl. Unterhalb der Menü-Einstellungen können Sie mit *Menü löschen* das Menü unwiderruflich entfernen.

In der linken Spalte im Bereich *Menüpunkte hinzufügen* befinden sich die Bereiche (bzw. Boxen) *Seiten, Beiträge, Individuelle Links* und *Kategorien.* Unter *Ansicht anpassen* können Sie auch zusätzlich den Bereich *Schlagworte* einblenden lassen (siehe Bild 11.3).

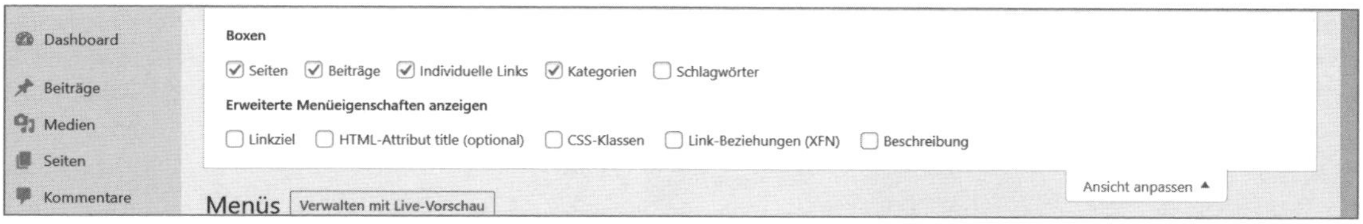

Bild 11.3 Ansicht anpassen für die Menü-Verwaltung

Unter *Erweiterte Menüeigenschaften anzeigen* werden zusätzliche Attribute für Navigationslinks aktiviert. Angezeigt werden können *Linkziel, HTML-Attribut title, CSS-Klassen, Link-Beziehungen* (XFN) und *Beschreibung.* Insbesondere das Attribut *Linkziel* (`target="_blank"`) ist für eine Verlinkung zu fremden Websites wichtig, damit sich der Link in einem neuen Fenster bzw. neuen Tab öffnet. *Ansicht anpassen* schließen Sie mit neuerlichem Klick auf *Ansicht anpassen.*

Die Bereiche bzw. Boxen in der linken Spalte können Sie mit Klick auf den Namen der Box ein- und ausklappen. Unter *Seiten* finden Sie die zuletzt erstellten Seiten unter der Registerkarte *Zuletzt erstellt* und sämtliche Seiten unter der Registerkarte *Alle anzeigen* aufgelistet (siehe Bild 11.4, links). Mit *Suchen* können Sie nach einer bestimmten Seite suchen. Beachten Sie, dass ausschließlich nur bereits veröffentlichte Seiten (und ausnahmslos keine Entwürfe) in einem Menü angezeigt werden können. Für unser Beispielmenü benötigen wir die Seiten *Home, News* und *Kontakt.* Wählen Sie diese aus und klicken Sie anschließend auf *Zum Menü hinzufügen* (siehe Bild 11.4, rechts).

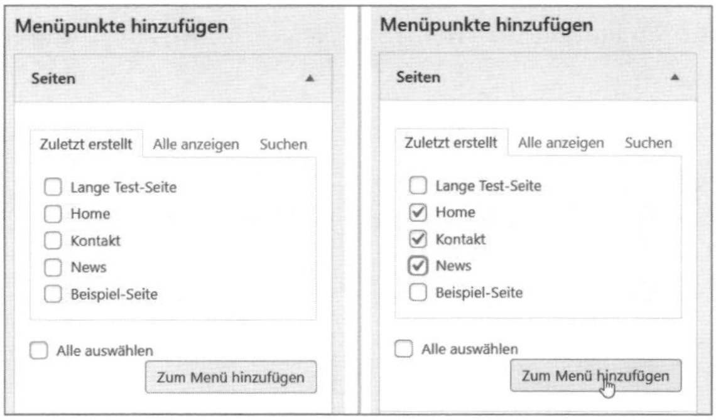

Bild 11.4
Wählen Sie jene Seiten aus, die im Menü erscheinen sollen

Die markierten Seiten werden zur Menüstruktur in der rechten Spalte hinzugefügt. Die Reihenfolge der einzelnen Menüpunkte ändern Sie durch Verschieben mit Drag & Drop. An erster Stelle soll *Home* stehen und an letzter Stelle *Kontakt.* Wenn dieses Menü als Hauptmenü an der primären Menü-Position angezeigt werden soll, aktivieren Sie unten im Bereich *Menüeinstellungen* bei *Position im Theme* die Position *Primär* (siehe Bild 11.5).

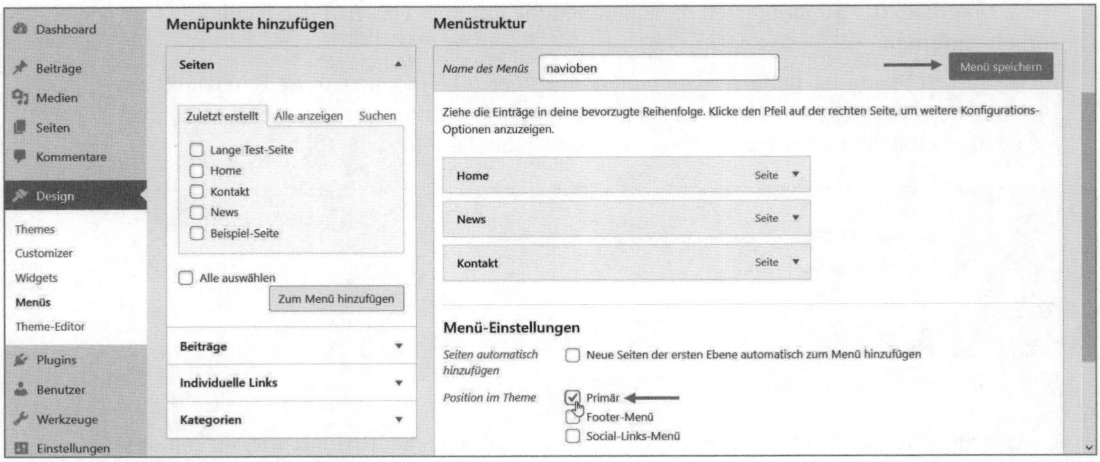

Bild 11.5   Das neue Menü soll an der Menüposition primär erscheinen

Es ist nicht ratsam, bei *Seiten automatisch hinzufügen* die Funktion *Neue Seiten der ersten Ebene automatisch zum Menü hinzufügen* zu aktivieren. Dies könnte dazu führen, dass auch Seiten, die Sie nicht in die Navigation geben möchten, automatisch hinzugefügt werden. Klicken Sie zum Übernehmen der Änderungen auf *Menü speichern*. Oben auf der Seite erscheint die Erfolgsmeldung *navioben wurde aktualisiert* (siehe Bild 11.6).

Bild 11.6   Das Menü navioben wurde aktualisiert

Ein Blick ins Frontend zeigt, wie und wo die erstellte Navigation angezeigt wird. Das Beispiel in Bild 11.7, oben, zeigt die neue Navigation im *Twenty Nineteen* Child-Theme, unten im Theme *Twenty Twenty*.

Bild 11.7   Das neue Navigationsmenü in Twenty Nineteen Child (oben) und Twenty Twenty (unten)

Sie können nicht nur Seiten, sondern auch Beiträge, Kategorien, Schlagwörter und individuelle Links als Navigationspunkt in ein Menü aufnehmen. Als Beispiel wurde ein Link zu meiner Nashorn-Website eingefügt (siehe Bild 11.8). Achten Sie bei *Individuellen Links* darauf, dass das Protokoll (`https://`) bei der *URL* angeführt ist. Bei *Link-Text* geben Sie jenen Text an, der in der Navigationsleise erscheinen soll – diesen können Sie jederzeit wieder ändern!

Bild 11.8
So fügen Sie einen Individuellen Link
zum Menü hinzu

Im Bereich *Menü-Struktur* wird angezeigt, um welche Art von Links es sich bei den einzelnen Menüpunkten handelt. In Bild 11.9 links sehen Sie *Seite* und *Individueller Link* beim jeweiligen Menüpunkt. Da es sich beim *Individuellen Link* um eine Verlinkung zu einem fremden Server handelt, sollte die Seite in einem neuen Fenster oder neuen Tab geöffnet werden (sonst wird die andere Website statt meiner Seite geladen und die Besucher sind weg von meiner Seite!). Die Option *Link in neuem Tab öffnen* muss unter *Ansicht anpassen* aktiviert werden, damit diese Option zur Auswahl zur Verfügung steht. Sie ist standardmäßig deaktiviert, da interne Verlinkung – wie sie normalerweise in einem Navigationsmenü zu finden sind – nur in besonderen Ausnahmefällen in einem neuen Tab geöffnet werden sollten. Das Übernehmen der Änderung erfolgt mit Klick auf *Menü speichern*.

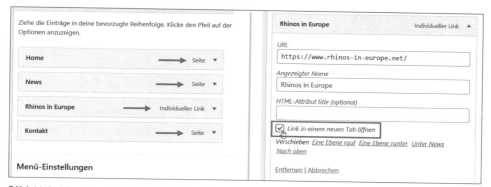

Bild 11.9 Hinweis auf Link-Art (links) und Option Link in einem neuen Tab öffnen (rechts)

Für ein weiteres neues Menü klicken Sie auf *erstelle ein neues Menü* (siehe Bild 11.10). Es öffnet sich die Seite mit einem Eingabefeld für den Namen des Menüs. Geben Sie einen Namen ein, im Beispiel *test*, und speichern Sie das Menü. Danach können Sie Menüpunkte zum neuen Menü hinzufügen. Speichern Sie das Menü zur Übernahme der Änderungen.

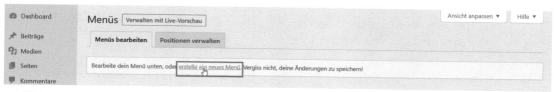

Bild 11.10 Hier können Sie ein weiteres Menü erstellen

11.1.2 Bestehendes Menü bearbeiten

Da nun zwei Menüs vorhanden sind, wird eine Auswahlliste in der Zeile mit *erstelle ein neues Menü* in Bild 11.10 angezeigt. Bevor Sie eines der vorhandenen Menüs bearbeiten können, müssen Sie zuerst dieses Menü auswählen und anschließend auf *Auswählen* klicken (siehe Bild 11.11). Dann wird das gewählte Menü geladen.

Bild 11.11 Wählen Sie ein Menü zum Bearbeiten aus

11.1.3 Menüs und Menüpositionen

Abhängig vom verwendeten Theme stehen eine oder mehrere Menüpositionen zur Verfügung. In der Registerkarte *Positionen verwalten* finden Sie eine Übersicht über die vordefinierten Positionen. Hier können Sie jeweils ein bereits erstelltes Menü zuweisen oder über *Neues Menü verwenden* ein neues Menü erstellen (siehe Bild 11.12).

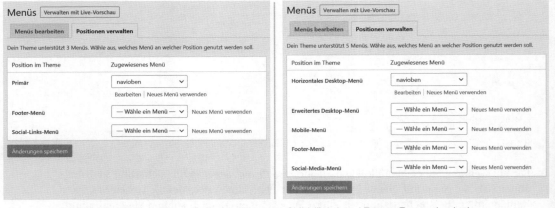

Bild 11.12 Menüpositionen in Twenty Nineteen Child (links) und Twenty Twenty (rechts)

Beachten Sie, dass nur bei Menüs in der Position *Social Links Menü, Social Media Menü* etc. die Menüpunkte zu sozialen Plattformen als Icons angezeigt werden. An anderen Menüpositionen erscheint Text statt der Icons.

11.1.4 Menüpunkt entfernen und Menü löschen

Sie können einzelne Menüpunkte aus bestehenden Menüs wieder entfernen. Sie können auch ein gesamtes *Menü löschen*. Zum Entfernen von einzelnen Menüpunkten klappen Sie den jeweiligen Menüeintrag in der Menüstruktur auf. Unterhalb der Einstellungsmöglichkeiten für den jeweiligen Menüpunkt befindet sich der Link *Entfernen* (siehe Bild 11.13, links). Vorsicht, Sie werden nicht gefragt, ob Sie diesen Navigationslink wirklich entfernen wollen, bei Klick auf *Entfernen* wird der Menüpunkt sofort aus der Menüstruktur entfernt.

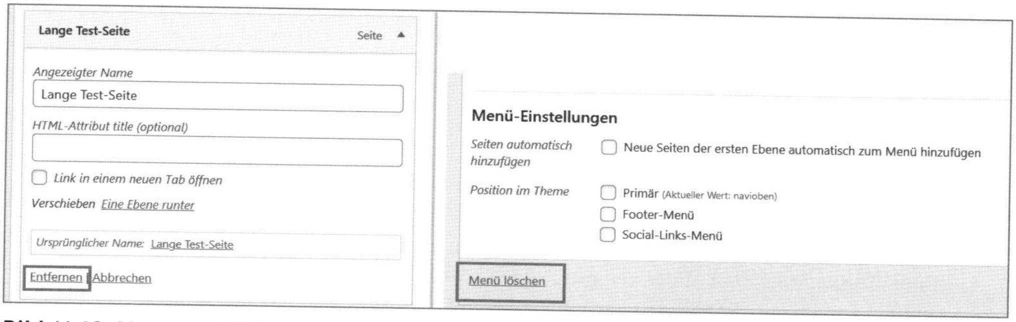

Bild 11.13 Menüpunkt (links) und ganzes Menü löschen (rechts)

Der Link zum Löschen eines Menüs befindet sich unterhalb der *Menü-Einstellungen*. Nach Klick auf **Menü löschen** erscheint ein Warnhinweis (siehe Bild 11.14, links). Klicken Sie hier auf OK, so wird das Menü aus der Datenbank gelöscht, es erscheint eine Erfolgsmeldung oben auf der Seite (siehe Bild 11.14, rechts).

Bild 11.14 Soll das Menü wirklich gelöscht werden? (links), das Menü wurde gelöscht (rechts)

■ 11.2 Menüs in Widgets

Menüs können nicht nur in Menüpositionen, sondern auch in Widgets angezeigt werden. Öffnen Sie die Widgets-Verwaltung unter *Design/Widgets*. Wählen Sie das Widget *Navigationsmenü* aus. Sie können einen Titel eingeben. Neben *Wähle ein Menü* können Sie das passende Menü für den jeweiligen Widgets-Bereich, in welchem das Widget eingefügt werden soll, auswählen. Wie das Menü im Frontend angezeigt wird, hängt vom Theme ab bzw. legen Sie in CSS fest.

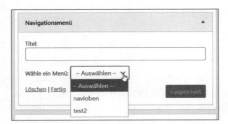

Bild 11.15
Wählen Sie ein Menü im Widget-Navigationsmenü aus

■ 11.3 Menüposition im Theme definieren

Bevor ein Menü einer Menüposition zugewiesen werden kann, muss diese Menüposition zuerst im Theme in der functions.php Ihres Themes bzw. des Child-Themes registriert werden. Danach können Sie die Menüposition in Ihr Theme in die jeweilige Template-Datei einbauen. Das Registrieren einer Menüposition erfolgt mit register_nav_menu($location, $description). bei zwei und mehreren Menüpositionen mit register_nav_menus() mit Arrays (vgl. Kapitel 20). Als Action Hook muss after_setup_theme verwendet werden. Beide Parameter müssen angegeben sein. Mit $location geben Sie den Namen, den *Location Identifier*, an. Dieser Name kann frei gewählt werden, Leerzeichen, Sonderzeichen und Großbuchstaben sind jedoch nicht erlaubt. Mit $description geben Sie eine Beschreibung der Menüposition an. Im Beispiel in Listing 11.1 wird eine einzelne, d. h. die einzige Menüposition im Theme mit dem Namen haupt-navi und der Beschreibung *Hauptnavigation oben* registriert.

Listing 11.1 Eine Menüposition in der functions.php registrieren

```
1 // Navi-Position Haupt-Navi
2 function jwp5buch_eine_navi() {
3     register_nav_menu( 'haupt-navi', 'Hauptnavigation oben' );
4 }
5
6 add_action( 'after_setup_theme', 'jwp5buch_eine_navi' );
```

Die registrierte Menüposition wird unter *Menü-Einstellungen* angezeigt. Beachten Sie, dass die Menüposition aus Listing 11.1 nur im eigenen Theme als einzige Position im Theme unter Menü-Einstellungen zu finden ist (siehe Bild 11.16, oben). Bei einem Child-Theme, im Beispiel *Twenty Nineteen Child,* wird die neue Menüposition im Child-Theme den bestehenden Positionen des Parent-Themes hinzugefügt (siehe Bild 11.16, unten).

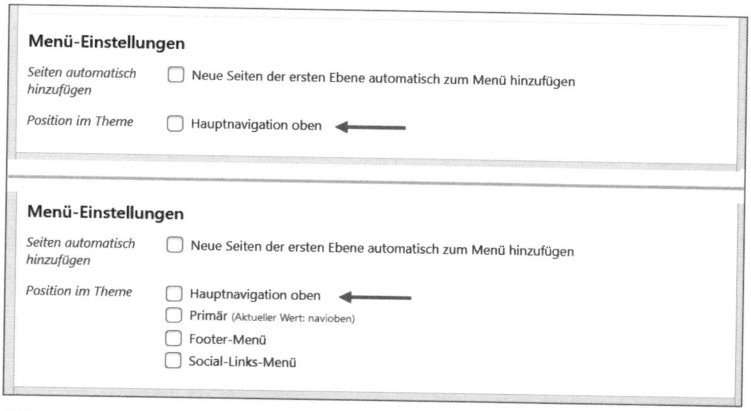

Menü-Einstellungen

Seiten automatisch hinzufügen   ☐ Neue Seiten der ersten Ebene automatisch zum Menü hinzufügen

Position im Theme   ☐ Hauptnavigation oben ⟵——————

Menü-Einstellungen

Seiten automatisch hinzufügen   ☐ Neue Seiten der ersten Ebene automatisch zum Menü hinzufügen

Position im Theme   ☐ Hauptnavigation oben ⟵——————
  ☐ Primär (Aktueller Wert: navioben)
  ☐ Footer-Menü
  ☐ Social-Links-Menü

Bild 11.16 Position im eigenen Theme (oben) und im Child-Theme (unten)

Die Menüposition kann nun in der Template-Datei des eigenen Themes bzw. des Child-Themes, beispielsweise in die `header.php` für die Hauptnavigation, an der gewünschten Stelle eingefügt werden. Dazu wird der Template-Tag `wp_nav_menu( array( 'theme_location' => $location ) );` verwendet, im Beispiel `wp_nav_menu( array( 'theme_location' => 'navi-oben' ) );`. Eine detaillierte Beschreibung des Arbeitens mit Menüpositionen im Theme finden Sie in Abschnitt 20.2.2.

12 Medienverwaltung

 In diesem Kapitel erfahren Sie ...

- ... welche Anzeigemöglichkeiten zur Verfügung stehen,
- ... wie Sie in der Medienverwaltung suchen,
- ... wie Sie Dateien in die Medienverwaltung hochladen,
- ... wie Sie Dateien aus der Medienverwaltung entfernen.

■ 12.1 Mediathek

Die *Medienverwaltung*, auch *Medienübersicht* oder *Mediathek*, in der englischen Version *Media library* genannt, erreichen Sie auf dem Dashboard über den Menüeintrag *Medien* bzw. *Medien/Medienübersicht*. Es öffnet sich die Seite *Mediathek*, in Bild 12.1 in der Kachelansicht. Sie kennen den Begriff Mediathek bereits aus Kapitel 8. Beim Einfügen von beispielsweise Bildern in einen Beitrag oder in eine Seite kann man Bilder, die sich bereits auf dem Server befinden, aus der Mediathek auswählen.

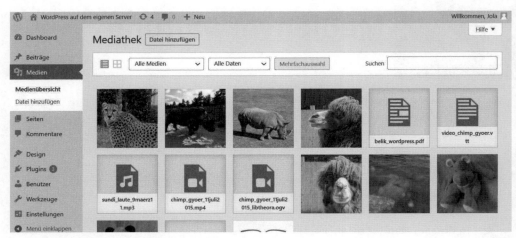

Bild 12.1 Die Mediathek in der Kachel-Ansicht

12.1.1 Die Mediathek in der Kachel-Ansicht

In der Mediathek finden Sie sämtliche Bilder und Dokumente, die auf den Server geladen wurden. Es stehen zwei Ansichten zur Verfügung, die Kachel-Ansicht, wie in Bild 12.1 zu sehen ist, und die Listen-Ansicht (siehe Abschnitt 12.1.2). In der Kachel-Ansicht werden Bilder und andere Grafikdateien mit einem Vorschaubild angezeigt, andere Dateien mit dem entsprechenden Symbol und dem jeweiligen Dateinamen.

Bild 12.2 Optionen in der Kachel-Ansicht

Oberhalb der Kacheln befinden sich einige Optionen und Auswahlmöglichkeiten für die Darstellung. Das sonst vorhandene *Ansicht anpassen* fehlt in der Kachel-Ansicht! Folgende Optionen und Auswahlmöglichkeiten stehen in der Kachel-Ansicht zur Verfügung (siehe A – G in Bild 12.2):

- *Listen-Ansicht* (A)
  Wechsel zur *Listen-Ansicht*

- *Kachel-Ansicht* (B)
  Wechsel zur *Kachel-Ansicht*

- *Anzeige der Medien-Art* (C)
  Auswahl für die Anzeige der *Medien-Art*. Im Lauf der Jahre wurde die Zahl der Medientypen, die man in die Mediathek laden kann, erweitert. So stehen beispielsweise zum Zeitpunkt der Manuskripterstellung in WordPress 5.3-RC4 *Alle Medien, Bilder, Audio,*

Video, Dokumente, Tabellenkalkulationen, Archive, Nicht angehängt und *Eigene* zur Auswahl (siehe Bild 12.3).

Bild 12.3
Welche Medien sollen angezeigt werden?

- *Anzeige nach Upload-Datum* (D)
  Auswahl für Anzeige nach *Upload-Datum* nach Monat, d. h. wann die Dateien hochgeladen wurden.

- *Mehrfach-Auswahl* (E)
  Ermöglicht eine *Mehrfach-Auswahl* für das Löschen von Dateien aus der Mediathek (siehe Bild 12.4). Vorsicht, gelöschte Dateien aus der Mediathek werden sofort vom Server entfernt und kommen nicht vorher in einen „Papierkorb".

Bild 12.4 Mehrfachauswahl für das Löschen von Dateien

- *Suchen* (F)
  Die Suchfunktion ermöglicht das *Suchen* nach Dateien innerhalb der Mediathek anhand des *Titels* der einzelnen Dateien. Sie können die Suche auch auf die Art des Mediums sowie den Upload-Monat einschränken.

- *Datei hinzufügen* (G)
  Mit dieser Schaltfläche können Sie Dateien in die Mediathek hochladen.

12.1.1 Medien in der Kachel-Ansicht bearbeiten

Zum Bearbeiten eines Bilds bzw. zum Anzeigen der Anhang-Details öffnet sich bereits beim Markieren einer Kachel die Seite mit den *Anhang-Details*. Von dort aus können Sie die Angaben zur Datei sowie das Bild bearbeiten.

12.1.2 Die Mediathek in der Listen-Ansicht

In der Listen-Ansicht sind zusätzliche Informationen zur jeweiligen Datei zu sehen. (A) bis
(D) sowie (F) und (G) entsprechen den Funktionen wie in der Kachel-Ansicht. Statt der
Mehrfach-Auswahl heißt die Schaltfläche hier *Auswahl einschränken* (E). Außerdem gibt es
hier wieder die Option *Ansicht anpassen* (H) (siehe Bild 12.5).

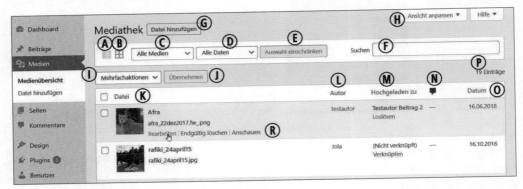

Bild 12.5 Die Mediathek in der Listen-Ansicht

Statt der Kacheln sind die Elemente, die sich in der Mediathek befinden, in Tabellenform
aufgelistet. Die Funktionen der einzelnen Schaltflächen, Auswahllisten und Tabellenspalten
sind wie folgt:

- *Ansicht anpassen* (H)
  Bei *Spalten* können Sie festlegen, welche Spalten angezeigt werden sollen. Außer der
  Spalte *Datei* können alle anderen Spalten ausgeblendet werden. Bei *Seitennummerierung*
  wird die Anzahl der Einträge pro Seite bestimmt. Standard sind zwanzig Einträge pro
  Seite. Beachten Sie, dass hier Änderungen nur mit Klick auf **Übernehmen** tatsächlich
  übernommen werden!

Bild 12.6 Ansicht anpassen für die Listen-Ansicht der Mediathek

- *Mehrfachaktionen* (I)
  In der Drop-down-Liste steht lediglich *Endgültig löschen* zur Verfügung. Möchten Sie
  gleichzeitig mehrere Dateien aus der Mediathek entfernen, so markieren Sie die entsprechenden Dateien links neben dem Vorschaubild und wählen dann *Endgültig löschen*.
  Damit werden die Dateien bzw. die Datei noch nicht gelöscht (siehe J).

Bild 12.7
Unter Mehrfachaktion gibt es nur Endgültig
löschen

- *Übernehmen* (J)
Erst mit Klick auf *Übernehmen* werden die ausgewählten Dateien gelöscht. Allerdings werden Sie vorher gefragt, ob Sie wirklich löschen oder die Aktion abbrechen möchten (siehe Bild 12.8).

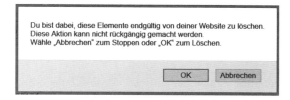

Bild 12.8
Möchten Sie wirklich unwiderruflich löschen?

- Spalte *Datei* (K)
In dieser Spalte wird eine *Mini-Vorschau* der Datei angezeigt sowie der *Titel* der Datei und der *Name* der Datei inklusive Dateinamenerweiterung. Unterhalb des Dateinamens kann die *Inline-Bearbeitungsleiste* (R) eingeblendet werden.

- Spalte *Autor* (L)
Hier finden Sie den Namen des Autors bzw. der Autorin, d. h. wer die Datei auf den Server geladen hat.

- Spalte *Hochgeladen zu* (M)
Zeigt jenen Beitrag bzw. jene Seite an, zu welcher die Datei im Editor über die Schaltfläche *Dateien hinzufügen* auf den Server geladen wurde. Diese Dateien sind mit dem jeweiligen Beitrag/Seite verknüpft, auch wenn sie nicht oder nicht mehr im Beitrag bzw. in der Seite zu sehen sind. Manche Themes verwenden sämtliche verknüpften Bilder eines Beitrags/ einer Seite, auch wenn nicht alle in den Beitrag eingefügt wurden, beispielsweise zum Erstellen von Galerien. Nur Dateien, die über *Medien/Datei hinzufügen* auf dem Dashboard oder über *Neu/Medien* in der Admin-Werkzeugleiste hochgeladen wurden, sind nicht verknüpft. Seit der Version WordPress 4.2 können Dateien über *Loslösen* von einem Beitrag bzw. einer Seite getrennt werden. Nicht verknüpfte Dateien können gesondert angezeigt und mit Beiträgen/Seiten verknüpft werden.

- Spalte *Kommentare* (N)
Anzahl der Kommentare zur Datei (z. B. auf der Anhang-Seite, wenn Kommentare gestattet sind).

- Spalte *Datum des Uploads* (O)
Zeigt das Datum an, wann die Datei auf den Server geladen wurde.

- *Anzahl der Einträge* (P)
Hier finden Sie die Anzahl der Einträge in der Mediathek entsprechend eventueller Einschränkungen der Auswahl. Sind beispielsweise *Alle Medien* (C) und *Alle Daten* (D) ausgewählt, so wird die Gesamtzahl der Objekte in der Mediathek angezeigt, im Beispiel 19.

- *Auswahl übernehmen* (Q)
Mit dieser Schaltfläche werden die Einschränkungen in der Anzeige, die Sie bei *Medien* (C) und/oder bei *Daten* (D) ausgewählt haben, übernommen, die Tabelle wird entsprechend der Auswahl neu geladen.

- *Bearbeitungsleiste* (R)
Wenn Sie mit der Maus in die Zeile unterhalb des Titels fahren, wird die Bearbeitungsleiste mit *Bearbeiten, Endgültig löschen* und *Anschauen* angezeigt.

■ 12.2 Dateien verwalten

Sie können Dateien in die Mediathek hochladen, bearbeiten und auch aus der Mediathek wieder entfernen.

12.2.1 Dateien hochladen

Zum Hochladen von Dateien in die Mediathek wählen Sie entweder *Medien/Datei hinzufügen* in der linken Menüleiste auf dem Dashboard oder die Schaltfläche *Datei hinzufügen* (G) neben dem Seitentitel Mediathek oder oben in der Werkzeugleiste beim +-Symbol *Neu/Datei*. Es öffnet sich die Seite *Neue Datei hochladen*. Zum Hochladen von einer einzelnen Datei bzw. mehreren Dateien stehen zwei Tools zur Verfügung: der *Browser-Uploader* und der *WordPress-Uploader*. Mit dem *Browser-Uploader* können Sie einzelne Dateien hochladen (siehe Bild 12.9).

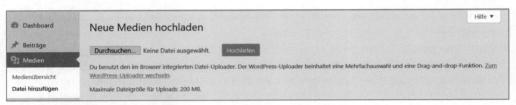

Bild 12.9 Der Browser-Uploader zum Upload von einzelnen Dateien

Der *WordPress-Uploader* beinhaltet eine *Mehrdateien-Auswahl* und eine *Drag&Drop-Funktion*, mit der Sie Dateien von Ihrem Rechner einfach in den Uploader ziehen können (siehe Bild 12.10).

Bild 12.10 Der Mehrdateien-Uploader für Drag&Drop Uploads

Sobald eine Datei (bzw. mehrere Dateien) hochgeladen wurden, erscheint die Datei mit einer Mini-Vorschau und dem Namen der Datei ohne Dateierweiterung unterhalb des Uploaders. Während des Uploads sehen Sie einen Fortschrittsbalken. Ist die Datei auf dem Server, wird ein Bearbeiten-Link angezeigt (siehe Bild 12.11).

Bild 12.11 Die Datei ist auf dem Server und kann nun bearbeitet werden

Mit Klick auf *Bearbeiten* öffnen Sie die Seite *Medium bearbeiten*. Hier können Sie sämtliche Angaben zum Bild bzw. zur Datei eingeben.

12.2.2 Dateien löschen

Wenn Sie eine Datei aus einem Beitrag bzw. aus einer Seite entfernen, so bleibt die Datei auf dem Server und ist weiterhin in der Mediathek verfügbar. Auch wenn der Beitrag bzw. die Seite, wohin das Bild eingefügt wurde, gelöscht wird, verbleibt die Datei in der Mediathek, allerdings als nicht verknüpfte Datei. Wenn Sie hingegen eine Datei, sei es ein Bild oder ein anderes Dokument aus der Mediathek entfernen, so wird diese Datei unwiderruflich vom Server gelöscht. Auf allen Seiten bzw. in allen Beiträgen, in denen das Bild eingebunden war, ist zwar das Bild nicht mehr sichtbar, eine eventuelle Bildunterschrift und das Alt-Attribut werden nach wie vor angezeigt (siehe Bild 12.12, rechts).

Bild 12.12 Das Bild wurde in einen Beitrag eingefügt (links) und dann aus der Mediathek entfernt (rechts)

13 Kategorien und Schlagwörter

 In diesem Kapitel erfahren Sie ...

- ... den Unterschied zwischen Kategorien und Tags,
- ... wie Sie Kategorien erstellen, verwalten und anwenden,
- ... wie Sie das Kategorie-Widget anwenden,
- ... wie Sie Tags definieren,
- ... wie Sie das Schlagwörter-Widget anwenden,
- ... wie Sie eine Schlagwörter-Wolke, eine Kategorie-Wolke und eine Schlagwörter-Kategorie-Wolke in einem Text-Widget erstellen,
- ... wie Sie Inhalte und Aussehen der Wolke definieren,
- ... wie Sie Kategorien in Schlagwörter und Schlagwörter in Kategorien umwandeln,
- ... wie Sie PHP-Code in einem Text-Widget erlauben.

■ 13.1 Kategorien vs. Tags

Wenn Sie im Internet nach Tags und Kategorien suchen, werden Sie zahlreiche Einträge finden, die sich mit der Problematik „Tags oder Kategorien? Was ist besser? Was ist schlechter?" etc. beschäftigen. Ich kann diese Diskussionen nicht wirklich nachvollziehen. Es haben beide Elemente ihre Berechtigung. Richtig eingesetzt verhelfen Sie Ihren Besuchern zum raschen Auffinden von gewünschten Inhalten. Klickt beispielsweise ein Besucher auf eine Kategorie, so wird eine Liste aller Beiträge in dieser Kategorie angezeigt. Wählt hingegen ein Besucher einen Tag aus der Tag-Cloud oder bei einem Beitrag aus, so erhält man eine Auflistung aller Beiträge mit diesem Tag, unabhängig davon, in welcher Kategorie sich diese Beiträge befinden. Man kann auch ein individuelles Menü mit Beiträgen aus einer bestimmten Kategorie erstellen.

Mit anderen Worten, verglichen mit einem Buch entsprächen *Kategorien* den einzelnen Kapiteln, die *Tags* dem Stichwortverzeichnis. Kapitel bzw. Kategorien strukturieren ein Buch bzw. einen Blog. Die Tags in einer Schlagwörter-Wolke hingegen zeigen – wenn gut durchdacht und passend platziert – die thematischen Schwerpunkte des Blogs in einer „grafischen" Darstellung.

■ 13.2 Kategorien

Kategorien sind quasi Bereiche oder „Abteilungen", denen Beiträge zugeordnet werden können, und eignen sich hervorragend zur Strukturierung des Blog-Bereichs einer Website. Auf meiner Nashorn-Site beispielsweise gibt es die Kategorien *Black rhino, Indian rhino* und *White rhino* als Hauptkategorien. Auf einem Internetauftritt mit Rezepten könnten die Kategorien *Vorspeisen, Suppen, Hauptspeisen* und *Nachspeisen* etc. lauten. Diese Hauptkategorien können dann weiter in Unterkategorien unterteilt werden. Da Suchmaschinen auch die Kategorienamen auslesen, sollte man schon alleine aus diesem Grund dafür sorgen, dass alle Beiträge aussagekräftige Kategorien erhalten und der Blog-Bereich Ihres Internetauftritts dadurch auch eine ordentliche Struktur gewinnt. Wie auch immer Sie Ihre Kategorien benennen, jeder Beitrag *muss* einer Kategorie zugewiesen werden. Wurden keine neuen Kategorien angelegt und explizit ausgewählt, dann landet der Beitrag automatisch in der Standardkategorie *Allgemein*.

13.2.1 Neue Standardkategorie erstellen

Ich persönlich finde die Bezeichnung *Allgemein* nicht besonders toll, mir gefällt eine Kategorie *Diverses* als Standardkategorie besser. Um die Standardkategorie auf der Seite *Einstellungen/Schreiben* ändern zu können, wird zuerst eine neue Kategorie *Diverses* erstellt. Danach kann man auf der Seite *Einstellungen/Schreiben* die Kategorie ändern.

1. Die *Kategorie-Verwaltung* finden Sie unter *Beiträge/Kategorien* in der linken Menüleiste auf dem Dashboard (siehe Bild 13.1). In der linken Spalte können Sie eine neue Kategorie erstellen, in der rechten Spalte sind die bestehenden Kategorien aufgelistet, im Beispiel – wie nach einer Neuinstallation – nur die Kategorie *Allgemein*. In der Spalte *Name* ist der jeweilige Name der Kategorie angeführt, die Spalte *Beschreibung* ist hier leer, weil keine gesonderte Beschreibung angegeben wurde. Die *Titelform* wird automatisch aus dem Namen erstellt, entspricht dem Slug der Kategorie, der eindeutig sein muss, und ist normalerweise der Name in Kleinbuchstaben. In der Spalte *Anzahl* wird angegeben, wie viele Beiträge dieser Kategorie zugeordnet wurden, im Beispiel ist es nur ein Beitrag (siehe Bild 13.1).

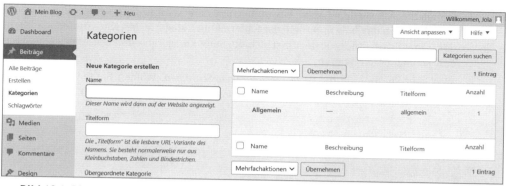

Bild 13.1 Die Seite Kategorien, auch Kategorie-Verwaltung genannt

2. Zum Erstellen einer neuen Kategorie schreiben Sie *Diverses* in das Textfeld unter *Name* bei *Neue Kategorie erstellen*.

3. Die *Titelform* lassen Sie frei, diese wird automatisch generiert.

4. Bei *Eltern* belassen Sie die Auswahl *Keine*. *Diverses* soll eine Hauptkategorie werden und keine Unterkategorie von *Allgemein*.

5. Das Feld *Beschreibung* können Sie frei lassen.

6. Zum Erstellen der neuen Kategorie klicken Sie auf die Schaltfläche *Neue Kategorie erstellen*. Die neue Kategorie erscheint gleich darauf an oberster Stelle in der Liste. Ab dem nächsten Laden der Seite werden die Kategorien (wieder) in alphabetischer Reihenfolge angezeigt.

Für das Beispiel wurde eine weitere Kategorie mit dem Namen *Test* erstellt. Sowohl bei *Test* als auch bei *Diverses* sind Kästchen zum Markieren vorhanden, bei *Allgemein* jedoch nicht. Da *Allgemein* als *Standardkategorie* für neue Beiträge definiert ist, kann diese Kategorie nicht gelöscht und auch nicht fürs Löschen markiert werden (siehe Bild 13.2). Rechts oberhalb der Tabelle wird die Anzahl der *Einträge* angegeben. Im Beispiel ist es nur ein Eintrag in der Tabelle, da die gesamte Seite noch nicht neu geladen und *Diverses* und *Test* noch nicht mitgezählt wurden.

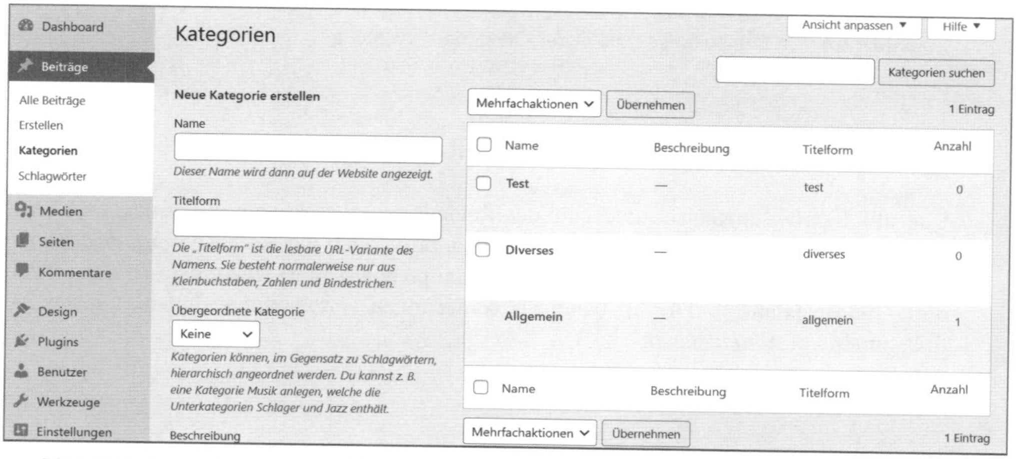

Bild 13.2 Es wurden zwei neue Kategorien Diverses und Test erstellt

7. Sollten Sie sich vertippt haben, wie im Beispiel *DIverses* statt *Diverses*, so fahren Sie mit dem Cursor in die Zeile unterhalb der fehlerhaften Kategorie. Mit Klick auf *Bearbeiten* in der Inline-Bearbeitungsleiste öffnet sich die Seite *Kategorie bearbeiten*. Hier können Sie den Tippfehler korrigieren.

8. Wechseln Sie nun auf die Seite *Einstellungen/Schreiben*. Wählen Sie bei *Standardkategorie für Beiträge* den Eintrag *Diverses* aus der Liste aus (siehe Bild 13.3).

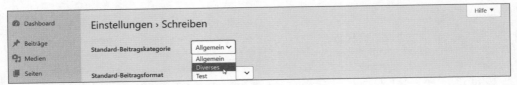

Bild 13.3 Ändern Sie die Standardkategorie auf Diverses

9. Klicken Sie zum Übernehmen der Änderung unten auf der Seite auf *Änderungen speichern*.

Wenn Sie jetzt wieder zurück zur Seite *Kategorien* gehen *(Beiträge/Kategorien)*, sind die Kategorien *Allgemein* und *Test* auswählbar und löschbar, nicht jedoch *Diverses*. Auch die Bearbeitungsleisten unterhalb der Kategorienamen sind unterschiedlich, bei der Standardkategorie fehlt der Eintrag *Löschen* (siehe Bild 13.4).

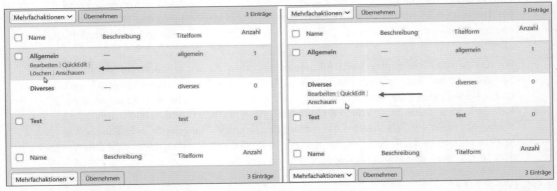

Bild 13.4 Die Bearbeitungsleiste in der Kategorie-Verwaltung

13.2.2 Bestehende Kategorie bearbeiten

Über die Bearbeitungsleiste unterhalb des Kategorienamens können die Kategorien bearbeitet werden. Wenn Sie auf *Bearbeiten* klicken, öffnet sich die Seite *Kategorie bearbeiten*. Hier können Sie den Namen, die Titelform, ob Haupt- oder Unterkategorie und die Beschreibung ändern (siehe Bild 13.5). Wenn Sie Änderungen vorgenommen haben, klicken Sie links unten auf *Aktualisieren*.

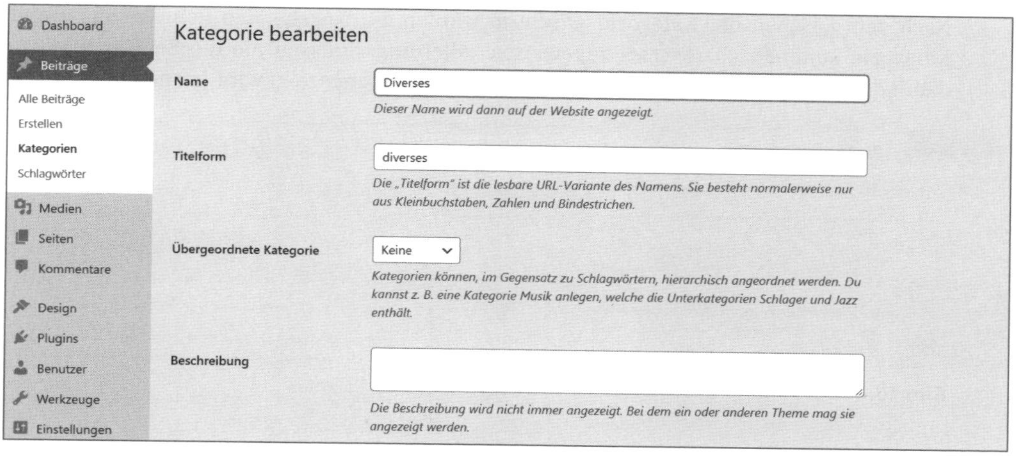

Bild 13.5 Hier können Sie eine bestehende Kategorie bearbeiten

Über den Link *Quickedit* in der Bearbeitungsleiste öffnen Sie das kleine Bearbeitungsfenster *Quickedit*. Hier können Sie lediglich den Namen und den Slug der Kategorie ändern (siehe Bild 13.6). Mit *Kategorie aktualisieren* werden eventuelle Änderungen übernommen, mit *Abbrechen* wird das Quickedit-Fenster wieder geschlossen.

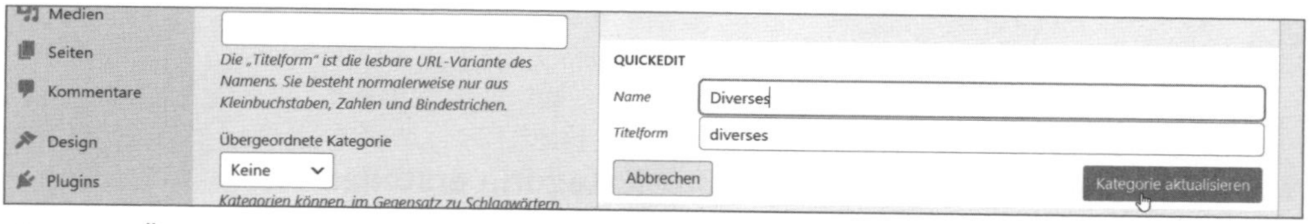

Bild 13.6 Über Quickedit können Sie den Namen der Kategorie ändern

Über den Link *Anschauen* in der Bearbeitungsleiste werden im Frontend sämtliche Beiträge zur jeweiligen Kategorie aufgelistet.

13.2.3 Kategorie löschen

Sie können alle Kategorien außer der Standardkategorie, auch wieder löschen. Bevor die markierte Kategorie gelöscht wird, werden Sie gefragt, ob Sie tatsächlich löschen wollen. Diese Aktion kann nicht rückgängig gemacht werden (siehe Bild 13.7, links). Sind bereits Beiträge vorhanden, so werden diese Beiträge automatisch der Standardkategorie, im Beispiel nun *Diverses*, zugewiesen. Ein Hinweis diesbezüglich unterhalb der Tabelle mit den Kategorien macht ausdrücklich darauf aufmerksam (siehe Bild 13.7, rechts).

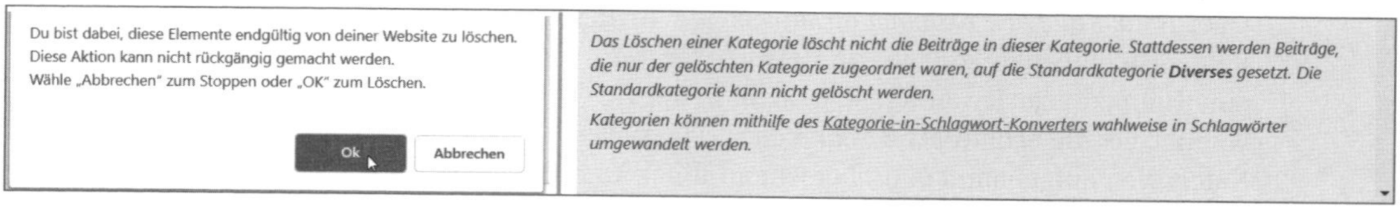

Bild 13.7 Beiträge werden der Standardkategorie zugewiesen

Nach dem Löschen der Kategorie *Allgemein* werden die bestehenden Beiträge aus dieser Kategorie automatisch *Diverses* zugewiesen. Allerdings müssen Sie die Seite neu laden, damit die Anzahl der Beiträge in der Kategorie *Diverses* angezeigt wird (siehe Bild 13.8).

Bild 13.8 Der Beitrag aus Allgemein ist nun in der Kategorie Diverses

 Vorsicht, eine Kategorie löschen bedeutet unwiderruflich löschen!

Gelöscht bedeutet wirklich gelöscht – es gibt keinen Papierkorb für Kategorien. Wenn Sie eine Kategorie aus der Datenbank entfernen, ist und bleibt diese entfernt. Die einzige Möglichkeit, den alten Zustand wiederherzustellen, wäre eine Sicherung der Datenbank *vor* dem Löschen und bei Bedarf die Datenbank wiederherzustellen.

13.2.4 Neue Kategorie in der Box Kategorie erstellen

Eine neue Kategorie können Sie auch beim Verfassen eines neuen Beitrags erstellen (siehe Kapitel 14). Im Bedienfeld *Kategorie* im Block-Editor finden Sie nicht nur alle bisher vorhandenen Kategorien zur Auswahl, sondern auch einen Link *Neue Kategorie erstellen* (siehe Bild 13.9).

Bild 13.9
Auch hier können Sie eine neue Kategorie erstellen

Über *Neue Kategorie erstellen* öffnet sich ein Textfeld, in welches Sie den Namen der neuen Kategorie eingeben können, im Beispiel *Tutorials* (siehe links in Bild 13.10). Da *Tutorials* eine Hauptkategorie werden soll, bleibt in der Auswahlliste *Übergeordnete Kategorie* ausgewählt. Über die Schaltfläche *Neue Kategorie erstellen* wird die neue Kategorie in die Liste der Kategorien aufgenommen und erscheint unter *Kategorien* (siehe rechts in Bild 13.10).

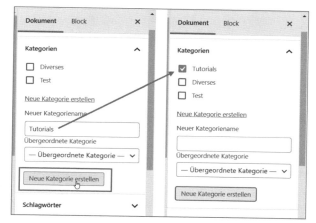

Bild 13.10
Die neue Kategorie Turorials wurde
erstellt

13.2.5 Neue Unterkategorie in der Box erstellen

Zur *Hauptkategorie Tutorials* sollen nun auch eine Unterkategorie *Videos* sowie eine Unterkategorie *Bilder* hinzugefügt werden. Dazu gehen Sie so vor, wie in Abschnitt 13.2.4 beschrieben. Statt *Übergeordnete Kategorie* wählen Sie den Eintrag *Tutorials* aus. Die neu erstellten *Unterkategorien* werden in der Liste eingerückt unterhalb von *Tutorials* angezeigt (siehe Bild 13.11).

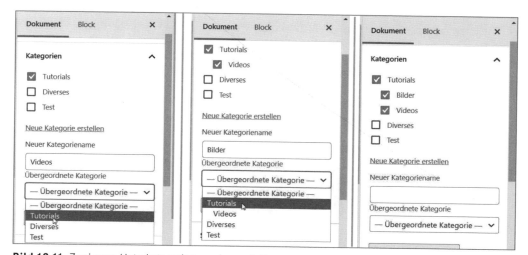

Bild 13.11 Zwei neue Unterkategorien wurden erstellt

Auch in der Kategorie-Verwaltung sind Unterkategorien eingerückt unter der Elternkategorie, d. h. der übergeordneten Kategorie, zu finden (siehe Bild 13.12).

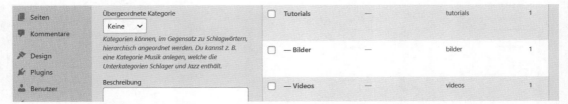

Bild 13.12 Ansicht der neuen Unterkategorien in der Kategorie-Verwaltung

13.2.6 Kategorien in Widget anzeigen

Wie Sie von Kapitel 8 her schon wissen, können Sie *Kategorien* auch in einem *Widget* in der Sidebar anzeigen lassen. Als Beispiel wurde ein *Kategorie-Widget* in die rechte Sidebar im Theme *Twenty Sixteen* gegeben. Als *Titel* wurde *Kategorien* eingetragen, an Funktionen kann man *Als Auswahlbox darstellen*, *Zeige Beitragszähler* und *Zeige die Hierarchie an* aktivieren (siehe Bild 13.13). Damit die Änderungen übernommen werden, müssen Sie auf die Schaltfläche **Speichern** klicken.

Bild 13.13
Das Kategorie-Widget auf dem Dashboard

Im *Kategorie-Widget* im Frontend werden nur jene Kategorien angezeigt, zu denen Beiträge erstellt wurden, hier sind es acht Beiträge. Man kann die Namen der Kategorien als *Link-Liste* (siehe links in Bild 13.14) oder als *Auswahlliste* anzeigen lassen (siehe Mitte und rechts in Bild 13.14). In beiden Fällen wurde *Zeige Beitrags-Zähler* aktiviert.

Bild 13.14 Kategorien in der Sidebar als Link-Liste (links) und Auswahlliste (Mitte und rechts) mit Anzahl der Beiträge

13.2.7 Kategorie-Wolke anzeigen

Sie haben auch die Möglichkeit, eine *Kategorie-Wolke* ähnlich einer *Schlagwörter-Wolke* anzeigen zu lassen. Es werden dabei standardmäßig maximal 45 der am häufigsten verwendeten Kategorien angezeigt. Die Größe richtet sich nach der Anzahl der Beiträge in der jeweiligen Kategorie, wobei 8pt die kleinste und 22pt die größte Schriftgröße innerhalb der Kategorie-Wolke ist. Der Tooltip zeigt die Anzahl der Beiträge in der jeweiligen Kategorie (siehe Bild 13.15). Sie können den Code zum Anzeigen der Kategorien `<?php wp_tag_ cloud( array( 'taxonomy' => 'category' ) ); ?>` an jeder beliebigen Stelle in einer Ihrer Template-Dateien einfügen. Im Beispiel in Bild 13.15 wurde der Code auf zoobesuche. at auf der Startseite unterhalb des Widget-Bereichs eingefügt.

Bild 13.15
Eine Kategorie-Wolke auf *zoobesuche.at* im Footer-Bereich

13.2.8 Kategorie-Wolke in Widget

Möchten Sie die *Kategorie-Wolke* in einer Sidebar bzw. im Widgets-Bereich in einem Widget anzeigen lassen, so verwenden Sie dazu das Widget *Schlagwörter-Wolke*.

Das Beispiel in Bild 13.16 zeigt links ein Text-Widget mit dem Code für die *Kategorie-Wolke* im Backend und links das Ergebnis im Frontend auf *www.zoobesuche.at*.

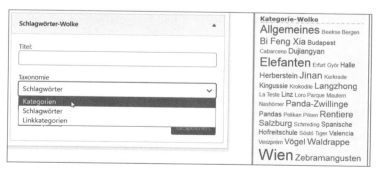

Bild 13.16 Kategorie-Wolke im Widget in der Sidebar, links im Backend und rechts im Frontend auf *zoobesuche.at*

13.2.9 Beiträge aus bestimmter Kategorie anzeigen

Kategorien eignen sich auch hervorragend als Auswahlkriterium für die Anzeige von Beiträgen. Dazu benötigen Sie die ID der jeweiligen Kategorien. Die IDs werden normalerweise nur intern verwendet und nicht angezeigt. Die ID finden Sie, wenn Sie in der Kategorie-Verwaltung mit der Maus über den Namen der jeweiligen Kategorie fahren. Dann erscheint in der Statusleiste des Browsers der Link zur Kategorie. Oder Sie klicken auf den Namen der jeweiligen Kategorie und öffnen die Seite *Kategorie bearbeiten*. Dann finden Sie die ID in der Adresszeile des Browsers bei `taxonomy=category&tag_ID=6` (siehe Bild 13.17). Im Beispiel hat die Kategorie *Diverses* die ID 6.

Bild 13.17 Die ID der Kategorie finden Sie in der Adresszeile

Um die Beiträge nur in der Kategorie *Diverses*, d. h. in der Kategorie mit der *ID* gleich *6*, auszugeben, verwenden Sie `cat=6` in `query_posts()`, also

```php
<?php query_posts('cat=6'); ?>
```

oder mit einem `array` beispielsweise:

```php
$query = new WP_Query( array( 'cat' => '6' ) );
```

Möchten Sie Beiträge aus mehreren Kategorien ausgeben, so werden die IDs durch Beistrich ohne Leerzeichen getrennt:

```php
<?php query_posts('cat=6,12,20'); ?>
```

oder

```php
$query = new WP_Query( array( 'cat' => '6,12,20' ) );
```

Kategorien, die explizit nicht angezeigt werden sollen, erhalten vor der ID ein Minus. Wenn Sie zum Beispiel alle Kategorien außer den Kategorien 4 und 6 anzeigen lassen möchten, verwenden Sie:

```php
<?php query_posts('cat=-4,-6'); ?>
```

oder

```php
$query = new WP_Query( array( 'cat' => '-4,-6' ) );
```

Die allereinfachste Variante für einen *Loop* für Beiträge nur aus der *Kategorie 6* wäre Folgendes (siehe Listing 13.1):

Listing 13.1 Einfachste Variante für Loop für Beiträge aus Kategorie 6

```php
<?php query_posts('cat=6'); ?>
<?php if ( have_posts() ) : while ( have_posts() ) : the_post(); ?>
   <?php the_content(); ?>
<?php endwhile; endif; ?>
```

Im Beispiel in Bild 13.18 wird jedoch nicht der Inhalt, sondern lediglich der Titel der Beiträge angezeigt. Außerdem werden die Titel der Beiträge in einer Liste ausgegeben. Daher wäre die dritte Zeile in Listing 13.1 nun `<?php the_title(); ?>`. Wenn Sie beispielsweise nur fünf Titel anzeigen lassen möchten, wird `showposts=5` dem `query_posts('cat=6')` hinzugefügt. So lautet die erste Zeile nun

```php
<?php query_posts('cat=6&showpost=5'); ?>
```

Damit die Titel anklickbar sind und sich der jeweilige Beitrag öffnet, wird der Titel mit dem Permalink verlinkt. Zudem muss ein `<ul>`-Tag um den *Loop* und ein `<li>`-Tag für die einzelnen Listenpunkte angegeben werden. Im Beispiel wurde dies in die Startseite oberhalb des Inhalts in einem Child-Theme von *Twenty Sixteen* eingebaut, Bild 13.18 zeigt das Ergebnis. Beachten Sie, dass auf der Startseite nun ein Mehrfachloop benötigt wird, somit zeigt Listing 13.2 den bereits erweiterten Code, der benötigt wird, wenn auf einer Seite mehrere Loops eingesetzt werden.

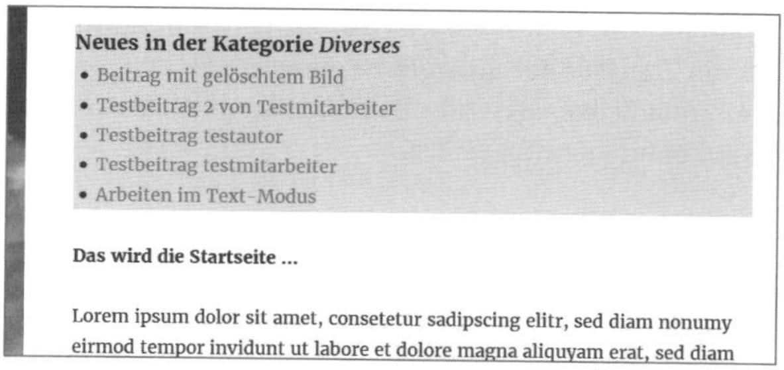

Neues in der Kategorie *Diverses*
- Beitrag mit gelöschtem Bild
- Testbeitrag 2 von Testmitarbeiter
- Testbeitrag testautor
- Testbeitrag testmitarbeiter
- Arbeiten im Text-Modus

Das wird die Startseite ...

Lorem ipsum dolor sit amet, consetetur sadipscing elitr, sed diam nonumy eirmod tempor invidunt ut labore et dolore magna aliquyam erat, sed diam

Bild 13.18 Liste mit den fünf neuesten Beiträgen in der Kategorie Diverses

Listing 13.2 Zeige fünf Beiträge aus der Kategorie Diverses

```
01 <!-- Beginn Liste Kategorie -->
02 <div id="listekat" style="background:#F8E5E6;">
03    <h3>Neues in der Kategorie <em>Diverses</em></h3>
04    <ul>
05    <?php
06    // alte Abfrage speichern
07    $temp = $wp_query;
08    // alte Abfrage leeren
09    $wp_query= null;
10    // neue Instanz erstellen
11    $wp_query = new WP_Query();
12    $wp_query->query('cat=6&showposts=5');
13    while ($wp_query->have_posts()) : $wp_query->the_post(); ?>
14    <!-- nur Titel mit Permalink  -->
15    <li><a id="post-<?php the_ID(); ?>" href="<?php the_permalink();?>"
   rel="bookmark" title="<?php the_title_attribute(); ?>"><?php
```

```
      the_title(); ?></a></li>
16
17    <?php endwhile;
18    // Abfrage leeren
19    $wp_query = null;
20    // Reset Abfrage
21    $wp_query = $temp; ?>
22    </ul>
23    </div>
24    <!-- Ende Liste Kategorie -->
```

■ 13.3 Tags oder Schlagwörter?

Tags ist die englische Bezeichnung für *Schlagwörter,* die einem Artikel hinzugefügt werden, um den Inhalt des Artikels mit wenigen (Schlag-)Worten oder Schlüsselbegriffen zu beschreiben. Heutzutage werden Tags bzw. Schlagwörter von zahlreichen Internet-Dienstleistungsportalen unterstützt. Bekannte Websites neben Blogs wären etwa YouTube, Flickr und Amazon und viele mehr. Interessant sind Tags insbesondere auch für Suchmaschinen. Je treffender und aussagekräftiger Sie Ihre Tags für einen Beitrag wählen, umso leichter werden Ihr Blog und der entsprechende Beitrag gefunden. Das Setzen von Schlagwörtern, das Verschlagworten, wird allgemein als *Taggen* oder *Tagging* bezeichnet. Es bedeutet im Grunde genommen nichts anderes, als möglichst passende Begriffe zu einem Artikel zu finden und diese Schlagwörter dem Artikel hinzuzufügen.

13.3.1 Schlagwörter hinzufügen bzw. entfernen

In WordPress können *Tags* bzw. *Schlagwörter* beim Erstellen oder Bearbeiten eines Beitrags im Block-Editor über das Bedienfeld *Schlagwörter* hinzugefügt werden (siehe Bild 13.19). Mehrere Schlagwörter werden durch einen Beistrich getrennt oder mit der Enter-Taste bestätigt. Möchten Sie ein Schlagwort wieder löschen (weil etwa falsch geschrieben), so klicken Sie auf das **X** nach dem Schlagwort.

Bild 13.19
Das Schlagwörter-Bedienfeld beim Erstellen eines Beitrags

Eine weitere Möglichkeit zum Bearbeiten bzw. Hinzufügen und Entfernen von Schlagwörtern besteht im Fenster *Quickedit* auf der Seite *Beiträge*. Im rechten Bereich befindet sich das Textfeld *Schlagwörter*. Auch hier erscheint (meist) nach Tippen der ersten paar Buchstaben eine Auswahlliste bestehender Schlagwörter beginnend mit den eingegebenen Buchstaben (siehe Bild 13.20). Mehrere Schlagwörter werden durch Beistrich getrennt. In diesem Textfeld können Tippfehler auch korrigiert werden, ohne dass das fehlerhafte Schlagwort zuerst entfernt und dann wieder neu eingegeben werden muss.

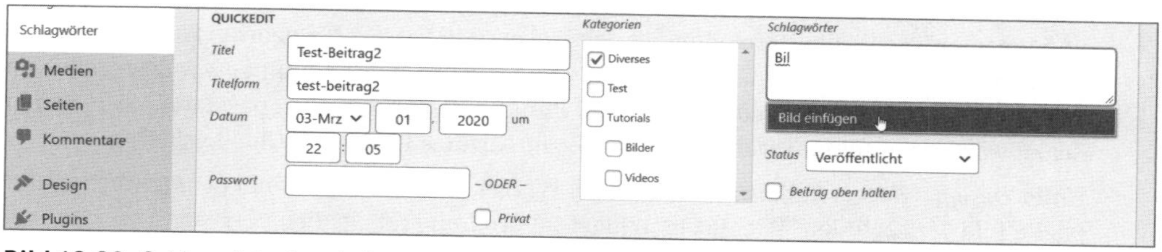

Bild 13.20 Schlagwörter bearbeiten im Fenster Quickedit

13.3.2 Schlagwörter verwalten

Den Link zur *Schlagwörter-Verwaltung* finden Sie unter *Beiträge/Schlagwörter* im linken Menü auf dem Dashboard. Auf der Seite *Schlagwörter* können Sie links ein neues Schlagwort erstellen. Darunter sehen Sie bei *Beliebte Schlagwörter* eine *Schlagwörter-Wolke* bzw. *Tag-Cloud* mit den häufigsten auf Ihrem Blog verwendeten Tags. Rechts finden Sie alle verwendeten Schlagwörter aufgelistet.

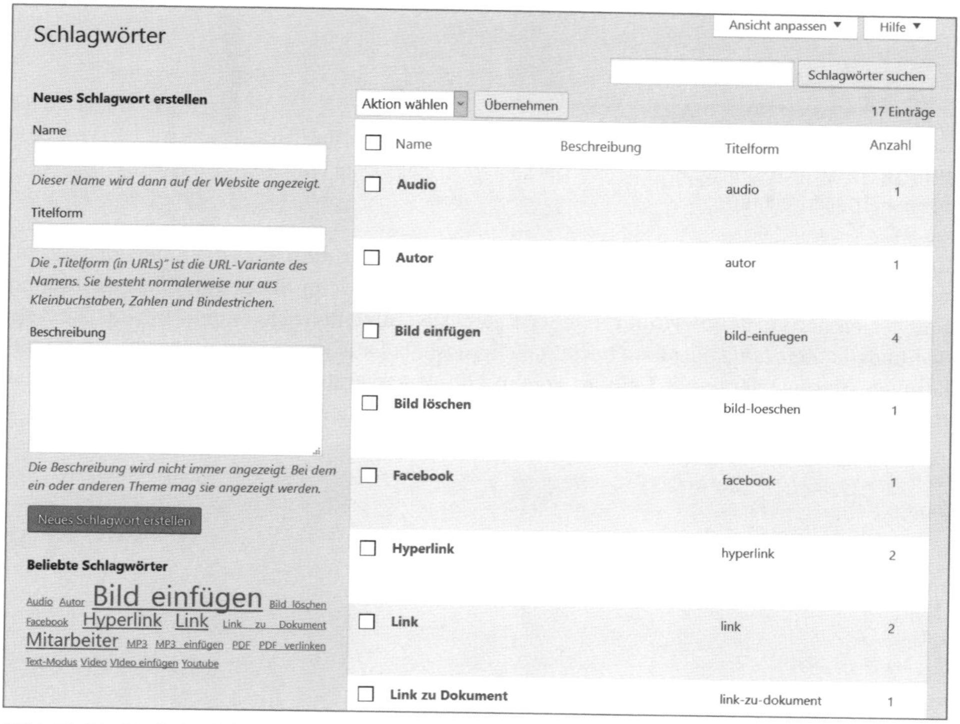

Bild 13.21 Die Seite Schlagwörter auf dem Dashboard

13.3.3 Schlagwörter-Wolke Widget

Als *Schlagwörter-Wolke* bzw. *Tag Cloud* wird die Darstellung von Schlagwörtern in „Wolken-
form" bezeichnet. Dabei werden die Tags abhängig von der Häufigkeit ihres Vorkommens in
unterschiedlichen Schriftgrößen dargestellt. Im Grunde genommen handelt es sich dabei
lediglich um eine meist alphabetische Auflistung der verwendeten Schlagwörter, wobei
durch die unterschiedlichen Schriftgrößen quasi eine Bewertung der Tags vorgenommen
wird. Je häufiger ein Tag vorkommt bzw. genannt wird, umso „beliebter" soll dieser Tag sein
und umso größer ist die Darstellung in der Wolke. Wie bei den Kategorien werden auch bei
den Schlagwörtern defaultmäßig maximal 45 Tags dargestellt, mit einer Mindestgröße von
acht Punkt und einer Maximalgröße von 22 Punkt. Es kann natürlich passieren, dass (neue)
Schlagwörter, die selten vorkommen, es nie zur Anzeige in der Tag-Cloud schaffen.

Unter *Design/Widgets* finden Sie ein eigenes Widget zum Anzeigen einer *Schlagwörter-Wolke*
(siehe Bild 13.22, links). Wie dieses Widget im Frontend tatsächlich dargestellt wird, hängt
vom jeweiligen Theme ab. Im Theme Twenty Sixteen beispielsweise ist die Schlagwörter-
Wolke im Widget etwas enttäuschend und gleicht eher einer Aufzählung als einer „Wolke"
(siehe Bild 13.22, rechts).

Bild 13.22 Widget Schlagwörter-Wolke (links) und Darstellung im Frontend im Theme
Twenty Sixteen (rechts)

Im Widget *Schlagwörter-Wolke* gäbe es auch die Möglichkeit, statt Tags die *Kategorien* auszu-
wählen und anzeigen zu lassen. Dies wäre nur sinnvoll, wenn Sie eine größere Anzahl an
Kategorien bereits definiert und in jeder Kategorie einige Beiträge erstellt haben. Die Auswahlmöglichkeit *Linkkategorien* bezieht sich quasi als Fallback auf ältere WordPress-Installationen. Seit der Version 3.5 gibt es keinen *Link-Manager* und kein *Blogroll* mehr für neue
Installationen sowie für ältere, in denen keine Links definiert wurden.

■ 13.4 Kategorie- und Schlagwort-Konverter

Zum Abschluss der Diskussion Kategorien oder Tags möchte ich Ihnen den *Kategorie-und Schlagwort-Konverter* vorstellen. Sie finden dieses Tool auf der Seite *Kategorien* (erreichbar über *Beiträge/Kategorien*) unterhalb der Liste der bestehenden Kategorien in der Zeile *Schlagwörter können selektiv mithilfe des Schlagwort-zu-Kategorie-Konverters in Kategorien umgewandelt werden.* Oder auf der Seite *Werkzeuge/Daten importieren.* Der *Kategorie- und Schlagwort-Konverter* muss zuerst installiert werden, klicken Sie dazu auf **Jetzt installieren**. Während der Installation bleibt die Seite geöffnet, es dreht sich lediglich ein Rädchen und es steht *Installiere ...* im Bereich des Konverters (siehe Bild 13.23).

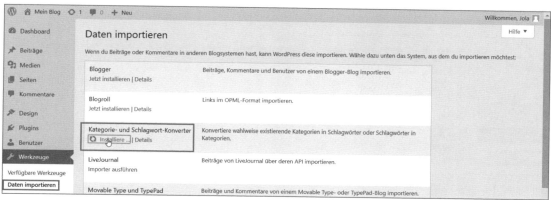

Bild 13.23 Der Kategorie- und Schlagwort-Konverter wird installiert

Nach der Installation erscheint oben auf der Seite die Erfolgsmeldung *Importer erfolgreich installiert* (siehe Bild 13.24). Mit Klick auf **Importer ausführen** können Sie mit dem Umwandeln beginnen.

> **Anmerkung:** Der Konverter heißt hier *Importer*, genauso wie das Tool fürs Importieren von WordPress-Inhalten.

Bild 13.24 Der Konverter bzw. Importer kann nun gestartet werden

13.4.1 Schlagwörter in Kategorien umwandeln

Mit dem Konverter bzw. Importer können Sie alle Kategorien in Schlagwörter umwandeln lassen und umgekehrt. Man kann alle Kategorien bzw. Schlagwörter oder nur ausgewählte umwandeln lassen.

Beim Umwandeln von Tags in Kategorien werden die Tags automatisch als weitere Kategorie den jeweiligen Beiträgen zugeordnet. Auf der Seite *Kategorien* sind nun die umgewandelten Schlagwörter als weitere Kategorie bei den jeweiligen Beiträgen zu finden.

13.4.2 Kategorien in Schlagwörter umwandeln

Beim Umwandeln von Kategorien in Schlagwörter können Sie alle oder nur ausgewählte Kategorien umwandeln. In der Klammer hinter den einzelnen Kategorien steht die Anzahl der Beiträge, die dieser Kategorie zugewiesen wurden (siehe Bild 13.25).

Bild 13.25 Hier können Sie Kategorien zu Tags konvertieren

Als Beispiel wurden die Kategorien *Videos* und *Bilder* markiert und konvertiert (siehe Bild 13.26).

Bild 13.26 Die Kategorien Videos und Bilder sind nun Schlagwörter

14 Beiträge und Kommentare

 In diesem Kapitel erfahren Sie ...

- ... wie Sie einen neuen Beitrag in WordPress erstellen,
- ... wie Sie einen bestehenden Beitrag bearbeiten und ändern,
- ... wie Sie einen individuellen Weiterlesen-Link erstellen,
- ... wie Sie ein Beitragsbild festlegen,
- ... wie Sie einen neuen Beitrag sofort oder zeitversetzt veröffentlichen,
- ... wie Sie einen Beitrag als „Sticky Post" definieren,
- ... wie Sie Kommentare verwalten.

14.1 Beiträge erstellen und verwalten

Beiträge, auch *Beitrag, Post* und *Artikel* genannt, sind grundlegende Elemente von Blogs. Sie sind quasi die „Tagebucheinträge" und werden chronologisch gereiht angezeigt. Doch auch wenn Sie WordPress als Basis für Ihre Website verwenden, können Beiträge ein wichtiger Bestandteil Ihres Internetauftritts sein, wenn Sie etwa Veranstaltungen ankündigen, Rezensionen schreiben oder Tutorials etc. veröffentlichen möchten. Ob die Beiträge gleich auf der Startseite beim Aufruf der Domain oder auf der Seite News, Aktuelles oder Ähnliches angezeigt werden, legen Sie unter *Einstellungen/Lesen* fest (siehe Kapitel 6).

14.1.1 Neuen Beitrag erstellen

Zum Erstellen eines neuen Beitrags wählen Sie auf dem Dashboard entweder *Beiträge/ Erstellen* in der linken Menüleiste oder *Neu/Beitrag* beim +-Symbol in der Werkzeugleise ganz oben (siehe Bild 14.1). Es öffnet sich der Block-Editor mit einer leeren Seite. Diese Seite sieht genauso aus wie beim Erstellen einer neuen Seite, lediglich im Browser wird *Neuen*

Beitrag erstellen angezeigt und in der Dokumenten-Seitenleiste stehen zusätzliche Bedienfelder zur Verfügung. Geben Sie immer zuerst einen *Titel* für den Beitrag ein, anschließend
die Inhalte des Beitrags. Wie Sie mit dem Block-Editor arbeiten, wird in Kapitel 8 detailliert
beschrieben. Wenn Sie den Classic Editor TinyMCE gewohnt sind, so können Sie diesen
weiterhin als Standard-Editor verwenden (siehe Kapitel 9).

Bild 14.1 Neuen Beitrag erstellen über Menüleiste (links) und Werkzeugleiste (rechts)

Die Dokument-Seitenleiste enthält standardmäßig die Bedienfelder *Status und Sichtbarkeit*,
Kategorien, Schlagwörter, Beitragsbild, Textauszug und *Diskussion* (siehe Bild 14.2). Wurde
für Seiten das Bedienfeld *Eigene Felder (Benutzerdefinierte Felder)* aktiviert, so wird dieses
auch für Beiträge am Fuß des Editors angezeigt. Nach dem ersten Speichern erscheint ein
Bedienfeld *Permalinks*, sind mehrere Templates für Beiträge vorhanden, so wird auch ein
Bedienfeld *Beitrags-Attribute* ganz unten in der Dokumenten-Seitenleiste eingeblendet.

Bild 14.2 Die Schreiboptionen auf der Seite Neuen Beitrag erstellen

14.1.1.1 Bedienfeld Status und Sichtbarkeit

Im Bedienfeld *Status und Sichtbarkeit* legen Sie fest, wer den Beitrag sehen darf, wann der
Beitrag veröffentlicht wird sowie ob es sich um einen sticky Post und/oder ein ausstehendes
Review handelt und wer der Autor ist (siehe Bild 14.3, links).

14.1.1.1.1 Sichtbarkeit des Beitrags

Bei *Sichtbarkeit* legen Sie fest, ob der Beitrag öffentlich d. h. für alle sichtbar, mit einem Passwort geschützt oder als Privat gekennzeichnet werden soll (siehe Bild 14.3, Mitte).

14.1.1.1.1.1 Beitrag für alle sichtbar

Standardmäßig ist der Beitrag *öffentlich* d. h. für alle sichtbar. Sie können den Beitrag sofort veröffentlichen oder erst zu einem späteren Zeitpunkt. Außerdem können Sie den Beitrag als Privat markieren oder mit einem Passwort versehen.

14.1.1.1.1.2 Privater Beitrag

Wird *Privat* aktiviert, so kann der Beitrag nur von Administratoren und Redakteuren gesehen werden. Vor dem Beitragstitel wird dann bei der Anzeige im Browser *Privat* gesetzt. Wenn Sie kein Administrator oder Redakteur sind, können Sie nur Ihre eigenen privaten Beiträge sehen. Diese Funktion steht für die Benutzerrolle Mitarbeiter nicht zur Verfügung.

14.1.1.1.1.3 Beitrag mit Passwortschutz

Sobald Sie *Passwortgeschützt* aktivieren, erscheint ein Eingabefeld für das Passwort. Der Beitrag wird dann nur bei Eingabe des korrekten Passworts angezeigt. Geben Sie ein Passwort für den Beitrag ein und klicken Sie anschließend auf **OK**. Die Funktion *Passwortgeschützt* steht für die Benutzerrolle Mitarbeiter nicht zur Verfügung.

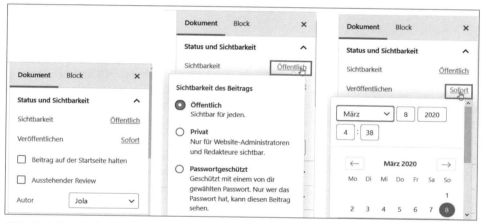

Bild 14.3 Das Bedienfeld Status und Sichtbarkeit bei Beiträgen

14.1.1.1.2 Beitrag veröffentlichen

Ist der Beitrag vollständig fertiggestellt, inklusive Kategoriezuordnung und Definition von Schlagwörtern sowie Festlegen eines Beitragsbilds und Erlauben bzw. Nichterlauben von Kommentaren, so können Sie Ihren Beitrag veröffentlichen.

14.1.1.1.2.1 Sofort veröffentlichen

Defaultmäßig wird ein Beitrag bei Klick auf *Veröffentlichen* rechts oben sofort im Frontend sichtbar. Dafür brauchen Sie keine besonderen Einstellungen vorzunehmen (siehe Bild 14.4, links).

14.1.1.1.2.2 Veröffentlichung für später planen

Soll der Beitrag nicht sofort, sondern erst zu einem späteren Zeitpunkt veröffentlicht werden, so klicken Sie neben *Veröffentlichen* auf *Sofort*. Nun können Sie den Tag und auch die Uhrzeit festlegen, wann der Beitrag veröffentlicht werden soll. Sobald Sie wieder in den Inhaltsteil hineinklicken, ändert sich die Schaltfläche *Veröffentlichen* in *Planen* (siehe Bild 14.4, rechts). Zudem wird statt *Sofort* der gewählte Zeitpunkt der Veröffentlichung angezeigt. Mit Klick auf *Planen* wird der Beitrag erst ab dem ausgewählten Zeitpunkt im Frontend angezeigt.

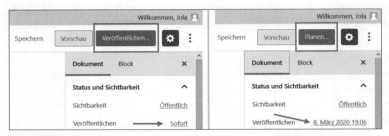

Bild 14.4 Soll der Beitrag sofort oder erst später veröffentlicht werden?

14.1.1.1.2.3 Als Sticky Post veröffentlichen

Bei besonders wichtigen Beiträgen, die immer an oberster Stelle angezeigt werden sollen, gibt es die Möglichkeit, den Beitrag als *Sticky Post* zu kennzeichnen. Mit anderen Worten, soll der Beitrag quasi immer an oberster Stelle „picken", daher kommt auch die Bezeichnung *Sticky Post,* so aktivieren Sie die Option *Beitrag auf der Startseite halten* (siehe Bild 14.3, links). Nur Administratoren und Redakteure können einen Beitrag als Sticky Post markieren.

Sticky Posts erhalten in WordPress automatisch die Klasse `.sticky`. Mit `post_class()` wird das Attribut `class="    "` mit den entsprechenden Werten eingefügt. So kommt etwa `class="sticky"` nur auf der ersten Seite, der Startseite bzw. Beitragsseite, hinzu. Am besten geben Sie diese Klasse in ein DIV in der Form:

```
<div id="post-<?php the_ID(); ?>" <?php post_class(); ?>>
```

Soll Ihr Sticky Post besonders hervorgehoben werden, so muss eine Regel für die Klasse `.sticky` in der Datei `style.css` des Child-Themes definiert werden. Im Theme *Twenty Sixteen* beispielsweise sind Sticky Posts nicht farblich hervorgehoben, sondern lediglich mit *EMPFOHLEN* markiert (siehe Bild 14.5).

Bild 14.5 Ein Sticky Post im Theme Twenty Sixteen

Damit dieser Sticky Post im Beispiel in Bild 14.5 etwas deutlicher hervorgehoben wird, wurde in der Datei `style.css` des Child-Themes eine Regel für die Klasse `.sticky` erstellt (siehe Listing 14.1). Das Ergebnis zeigt Bild 14.6.

Listing 14.1 Neue Regel für die Klasse .sticky

```
1 /* Sticky Post mit farbl. Hintergrund und 10px padding */
2 .sticky {
3     background: #C7F1F9;
4     padding: 10px;
5 }
```

Bild 14.6 Sticky Post mit Hintergrundfarbe

14.1.1.1.3 Ausstehender Review

Soll ein Beitrag vor der Veröffentlichung von einem Admin oder Redakteur überprüft werden, so aktivieren Sie die Option *Ausstehender Review*. Die Schaltfläche *Speichern* ändert sich nun in *Als bevorstehend speichern* (siehe Bild 14.7, rechts).

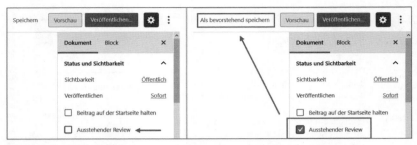

Bild 14.7 Soll der Beitrag vor der Veröffentlichung überprüft werden?

14.1.1.1.4 Autor

Neben *Autor* besteht die Möglichkeit, den Autor bzw. die Autorin eines Beitrags zu ändern. Die Auswahlliste steht nur dann zur Verfügung, wenn neben dem Admin noch weitere Benutzer die Rechte besitzen, Beiträge bzw. Seiten zu verfassen (siehe Bild 14.8). Das Ändern ist sowohl beim Erstellen eines Beitrags oder einer Seite als auch nachträglich beim Bearbeiten möglich.

> **Anmerkung:** Im Beispiel in Bild 14.8 stehen neben mir auch noch die in Kapitel 15 erstellten weiteren Benutzer mit unterschiedlichen Rollen zur Auswahl. Grundsätzlich sehe ich ein Problem darin, den Autor eines Beitrags zu ändern, da man damit eine „fremde" Arbeit als „eigene" ausgibt.

Bild 14.8
Wer hat den Beitrag verfasst?

14.1.1.1.5 Beitrag in Papierkorb verschieben

Möchten Sie den Beitrag löschen, d. h. in den Papierkorb geben, so klicken Sie auf *In den Papierkorb verschieben* unterhalb von Autor. Von dort kann der Beitrag entweder endgültig gelöscht oder aber wieder als Entwurf weiterbearbeitet werden.

Bild 14.9
Soll der Beitrag gelöscht werden?

14.1.1.2 Bedienfeld Permalink

Sobald der Beitrag zumindest ein Mal (automatisch) gespeichert wurde, wird auch das Bedienfeld *Permalink* angezeigt; siehe Kapitel 8.

14.1.1.3 Bedienfeld Revisionen

Wurde ein Beitrag (oder eine Seite) nach dem Veröffentlichen bearbeitet, so erscheint ein weiteres Bedienfeld zwischen *Status und Sichtbarkeit* und *Permalink*. Mit Klick auf *Revisionen* öffnet sich die Seite *Revisionen,* auf der Sie die Änderungen nachvollziehen und auf eine frühere Version zurückgreifen können. Die Zahl besagt, wie viele Versionen des Beitrags in der Datenbank gespeichert sind.

Bild 14.10
Es liegen hier zwei Revisionen vor

14.1.1.4 Bedienfeld Kategorien und Schlagwörter

Kategorien und *Schlagwörter* sind wichtige Elemente, die bei keinem Beitrag fehlen sollten. Deshalb beschäftigt sich in diesem Buch ein eigenes Kapitel mit dem Erstellen, Bearbeiten und Verwalten von Kategorien und Schlagwörtern. In Kapitel 13 wird zudem auch der Unterschied zwischen Kategorien und Tags erklärt sowie auch der Kategorien- und Tags-Konverter vorgestellt.

Bild 14.11 Bedienfelder Kategorien (links) und Schlagwörter (rechts)

14.1.1.5 Bedienfeld Beitragsbild (Featured Image)

Im Bedienfeld *Beitragsbild* legen Sie ein Vorschaubild für Ihren Beitrag fest (siehe Bild 14.12, links). Dieses kann im Theme an einer bestimmten Stelle angezeigt werden. Wenn Sie Beiträge auf sozialen Plattformen verlinken, so wird zumeist das Beitragsbild als Grafik beim Link angezeigt. Außerdem kann dieses sogenannte *Featured Image* auch als Bild für einen Slider herangezogen werden. Mit Klick auf *Beitragsbild entfernen* können Sie das gewählte Beitragsbild wieder entfernen. Mit Klick auf *Bild ersetzen* können Sie in der Mediathek ein anderes Bild als Beitragsbild definieren bzw. das gewählte Bild bearbeiten (siehe Bild 14.12, rechts).

Bild 14.12 Legen Sie hier ein Beitragsbild, ein Featured Image, fest

14.1.1.6 Bedienfeld Textauszug

In das Textfeld im Bedienfeld *Textauszug* können Sie eine Zusammenfassung des Beitrags einfügen (siehe Bild 14.13). Dies wird von WordPress als *manueller Auszug,* in der englischen Version *excerpt* genannt, herangezogen.

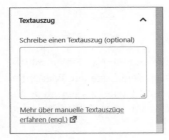

Bild 14.13
Das Bedienfeld Textauszug

14.1.1.6.1 Manueller Auszug, automatischer Auszug oder Teaser?

Häufig wird die Frage gestellt, was ist denn der Unterschied zwischen einem *manuellen Auszug,* einem *automatischen Auszug* und einem *Teaser*? Als *Teaser* wird jener Teil eines Beitrags bezeichnet, der über dem `Weiterlesen`-Tag steht, also quasi die Einleitung.

Wenn Sie `the_excerpt()` im Loop verwenden und die Box *Auszug* ausfüllen, wird als *manueller Auszug* der Text aus der Box herangezogen, wenn der Beitrag auf einer sozialen Plattform oder als RSS geteilt wird.

Ist die Box *Auszug* nicht ausgefüllt, werden als *automatischer Auszug* die ersten 55 Wörter des Beitrags und ein *Hellip* („*Horizontal Ellipsis*", das sind drei Punkte als Auslassungszeichen, als HTML-Entity `&hellip;`) sowie die Anzahl der restlichen Wörter in eckigen Klammern verwendet z. B.: … [127 more words].

Wenn Sie den Template-Tag `the_content()` in einem Loop benützen, sucht WordPress nach dem `<!--more-->`-Tag und zeigt den *Teaser* als Auszug an. Dies ist im Grunde genommen auch eine Art *manueller Auszug.* Ist der Teaser kürzer als 55 Wörter, wird nur der Teaser angezeigt, bei einem längeren Teaser wird der Text ebenfalls auf 55 Wörter getrimmt. Ebenso, wenn kein `<!--more-->`-Tag gesetzt wurde.

14.1.1.6.2 Benutzerdefinierte Auszuglänge

Egal ob manuelles oder automatisches Excerpt, Sie können in Ihrem Theme die Länge des Auszugs verändern und beispielsweise nur 15 statt der üblichen 55 Wörter anzeigen lassen. Listing 14.2 zeigt den Code, der in die functions.php des Child-Themes kommt, wenn Sie die Begrenzung auf eine bestimmte Wortzahl nur im aktuellen Theme, im Beispiel *Twenty Sixteen,* haben möchten. Soll die Begrenzung auch aufrecht bleiben, wenn Sie das Theme wechseln, dann fügen Sie den Code in Ihr Site-spezifisches Plugin ein.

Listing 14.2 Länge des Auszugs begrenzen

```
1 // Custom excerpt length, Auszug auf 15 begrenzen
2 function jwp5buch_mein_excerpt_15( $length ) {
3     return 15;
4 }
5 add_filter( 'excerpt_length', 'jwp5buch_mein_excerpt_15', 999 );
```

14.1.1.7 Bedienfeld Diskussion

Das Bedienfeld *Diskussion* bietet die Möglichkeit, individuell bei jedem einzelnen Beitrag *Kommentare* und/oder *Trackbacks* und *Pingbacks* zuzulassen oder zu verbieten (siehe Bild 14.14). Sie können Kommentare auch in der Seitenverwaltung über *QuickEdit* erlauben oder verbieten. Vorausgesetzt natürlich, dass Kommentare auch im gewählten Theme vorgesehen sind.

Bild 14.14
Nur Kommentare oder auch Trackbacks und Pingbacks erlauben?

Was sind Pingbacks und Trackbacks?

Pingbacks und *Trackbacks* sind eine besondere Form von Kommentaren. Es handelt sich dabei um Backlinks zu anderen Blogs, Webseiten oder Beiträgen, auf die Bezug in einem Beitrag genommen wird. Beim Veröffentlichen eines Beitrags werden die anderen verlinkten Blogs und Websites angepingt. Dies geschieht automatisch, wenn Pingbacks erlaubt sind, und verlangsamt das Veröffentlichen, wenn dabei mehrere Blogs verständigt werden müssen. Alle internen Verlinkungen werden von WordPress ebenfalls als *Pingback* behandelt und automatisch generiert. Ich persönlich finde diese „internen Trackbacks" nicht besonders sinnvoll und lösche sie immer in der Kommentarliste.

Trackbacks werden bei Kommentaren in eckigen Klammern mit etwas Text und einer Verlinkung zur ursprünglichen Seite angezeigt. Je nach verwendetem Theme können Trackbacks bei der Anzeige mit Kommentaren gemischt sein oder aber als getrennte Liste ausgegeben werden.

> Entwickelt wurden Pingbacks und Trackbacks für die Bloggerszene quasi für eine bessere Vernetzung untereinander, um den eigenen Blog und die eigenen Ansichten bekannter zu machen und die Meinungen von anderen Bloggern mittels dieser besonderen Art von „Kommentaren" in den eigenen Blog mit einzubeziehen.

Sind Kommentare erlaubt und im Theme auch vorgesehen, so erscheint bei den meisten Themes ein *Kommentar-Formular* unterhalb des Beitrags. Dieses wird aber nur angezeigt, wenn Besucher auf den *Weiter-Lesen*-Link klicken und den Beitrag in der Einzelansicht anschauen. Das Layout dieser Einzelansicht eines Beitrags wird in der Template-Datei `single.php` definiert. Auf Übersichtsseiten, der Startseite bzw. der Beitragsseite wird lediglich die Anzahl von vorhandenen Kommentaren angezeigt. Auch hier hängen die Art und das Aussehen der Anzeige vom jeweiligen Theme ab.

14.1.1.8 Bedienfeld Beitrags-Attribute

In WordPress sind standardmäßig die *Beitragsformate Standard, Kurzmitteilung, Bild, Video, Zitat, Link, Galerie, Statusmitteilung, Audio* und *Chatprotokoll* vorgesehen. Das *Standard-Beitragsformat,* das automatisch jedem Beitrag zugewiesen wird, legen Sie auf der Seite *Einstellungen/Schreiben* fest. Inwieweit Templates für die einzelnen Beitragsformate vorhanden sind, hängt vom jeweiligen Theme ab. Falls im Theme, hier als Beispiel im Theme *Twenty Twenty,* mehr als nur ein Template vorgesehen sind, so wird das Bedienfeld *Beitrags-Attribute* eingeblendet und die Auswahl des jeweiligen Templates ermöglicht (siehe Bild 14.15).

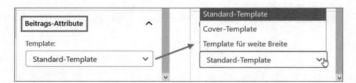

Bild 14.15 Das Bedienfeld Beitrags-Attribute in Twenty Twenty

■ 14.2 Beiträge verwalten

Die *Beiträge-Verwaltung* hat einen eigenen Menüeintrag in der linken Menüleiste auf dem Dashboard. Mit Klick auf *Beiträge* bzw. *Beiträge/Alle* öffnen Sie die Seite *Beiträge.* Hier sind Ihre bestehenden Beiträge und Entwürfe sowie Ausstehende Reviews aufgelistet (siehe Bild 14.16). Von dieser Seite aus können Sie auch einen neuen Beitrag erstellen (A). Die Auflistung ist abhängig von den bisher erstellten Beiträgen bzw. Entwürfen, so werden im Beispiel die Beiträge angezeigt nach:

- *Alle* (C) – Zeigt alle veröffentlichten Beiträge und Entwürfe von allen Autoren, außer jene, die gelöscht wurden und sich nun im Papierkorb befinden.

- *Meine* (D) – Zeigt nur die eigenen veröffentlichten Beiträge und Entwürfe.
- *Veröffentlichte* (E) – Zeigt alle veröffentlichten Beiträge.
- *Oben gehalten* (F) – Zeigt alle Sticky Posts.
- *Geplant* (G) – Zeigt alle geplanten Beiträge an.
- *Entwürfe* (H) – Zeigt alle Entwürfe.
- *Ausstehend* (I) – Zeigt alle ausstehenden Reviews an.
- *Papierkorb* (J) – Zeigt alle gelöschten, d.h. in den Papierkorb verschobenen, aber noch nicht endgültig gelöschten Beiträge und Entwürfe an.

Über das *Suchfeld* und die Schaltfläche *Beiträge durchsuchen* (K) kann nach Beiträgen gesucht werden. Die Suche bezieht sich dabei auf den Suchbegriff im Titel und nicht innerhalb eines Beitrags. Direkt darunter könnten Sie Beiträge und Entwürfe aus einem bestimmten Monat und nur in einer bestimmten Kategorie anzeigen lassen (K). Nach der Auswahl des Filters wird die Seite nach Klick auf *Auswahl einschränken* (L) neu geladen. Entwürfe werden mit dem Zusatz *Entwurf* gekennzeichnet (T), Sticky Posts mit *Oben gehalten* (S), ausstehende Reviews mit *Ausstehend* (U) und geplante Veröffentlichungen mit *Geplant* (V). In der Spalte *Datum* (R) sehen Sie entweder das Datum der Veröffentlichung oder das Datum, wann der Beitrag zuletzt bearbeitet wurde, oder das Datum der geplanten Veröffentlichung.

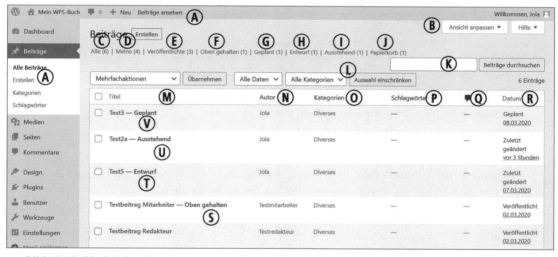

Bild 14.16 Die Beiträge-Verwaltung in der Listenansicht

Welche Spalten in der Tabelle angezeigt werden, stellen Sie unter *Ansicht anpassen* (B) ein (siehe Bild 14.17). Es können die Spalten *Autor* (N), *Kategorie* (O), *Schlagwörter* (P), *Kommentare* (Q) und *Datum* (R) ein- bzw. ausgeblendet werden. Die Spalte *Titel* (M) ist immer sichtbar. Unter *Seitennummerierung* legen Sie die Anzahl der angezeigten Beiträge pro Seite in der Beiträge-Verwaltung fest. Standardmäßig werden zwanzig Beiträge pro Seite angezeigt.

Bild 14.17 Ansicht anpassen in der Beiträge-Verwaltung

Unter *Ansichtsmodus* wählen Sie aus, ob die Beiträge in einer *Listenansicht* wie in Bild 14.16 angezeigt werden, oder mit *Textauszug-Ansicht* (siehe Bild 14.18). Wenn Sie Änderungen vorgenommen haben, müssen diese mit Klick auf die Schaltfläche *Übernehmen* erst übernommen werden, die Seite wird danach neu geladen.

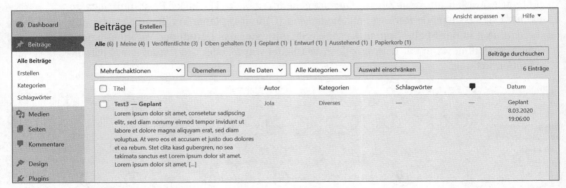

Bild 14.18 Die Beiträge-Verwaltung in der Textauszug-Ansicht

Wenn Sie in der Listenansicht mit dem Cursor direkt unterhalb eines Beitragstitels zeigen, erscheint die Bearbeitungsleiste (siehe Bild 14.19). Mit *Bearbeiten* öffnen Sie den Beitrag im großen Bearbeitungsfenster im Editor. *QuickEdit,* auch *Schnellbearbeitung* genannt, erlaubt das Ändern einiger Einstellungen direkt in der Liste der Beiträge im QuickEdit-Fenster (siehe Bild 14.21). Mit *Papierkorb* verschieben Sie den Beitrag in den Papierkorb, mit *Vorschau* wird der Beitrag im Browser im Frontend geöffnet.

Bild 14.19
Die Bearbeitungsleiste in der Beiträge-Verwaltung

14.2.1 Beiträge bearbeiten

Zum Bearbeiten, Ergänzen und Ändern des Inhalts eines besehenden Beitrags, egal ob schon veröffentlicht oder noch in der Entwurfsphase etc., müssen Sie den Beitrag im Editor öffnen. Für allgemeine Einstellungen, die im Editor in diversen Bedienfeldern festgelegt werden und nichts mit dem Inhalt selber zu tun haben, muss der Beitrag nicht geöffnet werden. Hier reicht das Bearbeiten im *QuickEdit*-Fenster.

14.2.1.1 Beitrag im Editor bearbeiten

Um den Beitrag im Editor zu öffnen, klicken Sie auf dem Dashboard in der Beiträge-Verwaltung in der Bearbeitungsleiste unter dem jeweiligen Beitrag auf *Bearbeiten*. Eine andere Möglichkeit zum Öffnen des Beitrags im Editor ist der Klick auf den *Beitragstitel*. Sie können auch vom Frontend aus einen Beitrag bearbeiten, wenn Sie angemeldet sind. Eine Möglichkeit ist über den Link *Beitrag bearbeiten* oben in der *Werkzeugleiste* (siehe Bild 14.20, oben). Die andere Möglichkeit erfolgt über Klick auf *Bearbeiten* neben oder unter dem Beitrag. Wo sich dieser Link befindet, hängt vom jeweiligen Theme ab. Es ist ratsam, beim Erstellen von Template-Dateien nicht einen Bearbeitungs-Link (`edit_post_link()`) zu vergessen.

Bild 14.20 Beitrag bearbeiten: vom Frontend aus Editor öffnen

14.2.1.2 Beitrag im QuickEdit-Fenster bearbeiten

Mit Klick auf *QuickEdit* erscheint ein neues Fenster mit diversen Einstellungsmöglichkeiten anstatt der Beitragsleiste in der Liste (siehe Bild 14.21). Hier können Sie in der linken Spalte neben *Titel* den Titel des Beitrags ändern. Neben *Titelform* wird die Adresse des Beitrags angezeigt. Bei *Datum* erscheinen Tag und Uhrzeit, wann der Beitrag erstellt wurde, neben *Autor* der Autor des Beitrags. Bei *Passwort* könnte man den Beitrag mit einem Passwort schützen. Wird *Privat* aktiviert, so ist dieser Beitrag nur für den Admin sowie für Benutzer mit der Rolle Redakteur sichtbar. Auch eine eventuelle Suche wird in privaten Beiträgen nicht durchgeführt. In der mittleren Spalte *Kategorie* können Sie die Kategorie ändern.

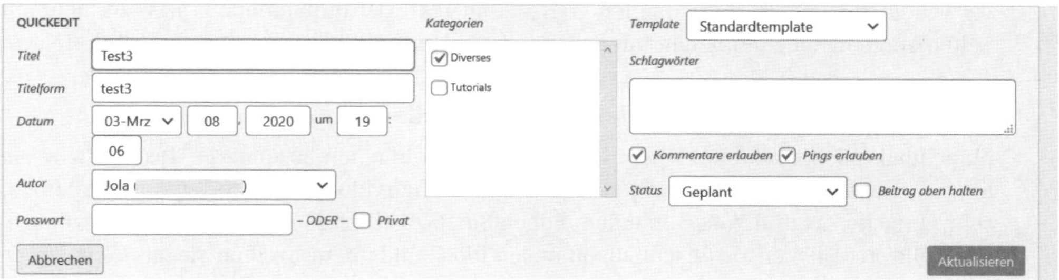

Bild 14.21 Das QuickEdit-Fenster in der Beiträge-Verwaltung

In der rechten Spalte können Sie *Schlagwörter* entfernen und bearbeiten bzw. neue hinzufügen. Darunter wird festgelegt, ob *Kommentare* und *Pings* für diesen Beitrag zugelassen werden. Das Aktivieren von *Beitrag oben halten* bedeutet, dass Sie aus dem Beitrag einen Sticky Post machen. Zur Übernahme der Änderungen klicken Sie auf *Aktualisieren*.

14.2.2 Weiterlesen-Link

Vom Aufbau her steht in den meisten Fällen zu Beginn eines Beitrags ein kurzer *Einleitungs-absatz* oder *Teaser*. Dann sehen die Leser einen Link *Weiterlesen*. Klickt man auf diesen Link, wird der Rest des Beitrags angezeigt.

14.2.2.1 Weiterlesen-Link einfügen

Der *Weiterlesen-Link* ist quasi ein Standardelement in jedem Blog. Ob *Weiterlesen, Mehr, Weiter* oder etwas anderes standardmäßig angezeigt wird, hängt vom jeweiligen Theme ab. Zum Einfügen des *More-Tags* fügen Sie einen *Mehr-Block* aus dem Bereich *Layout-Elemente* an der gewünschten Stelle ein. In der Seitenleiste des Blocks können Sie festlegen, ob der Textauszug auf der kompletten Inhaltsseite angezeigt oder ausgeblendet werden soll (siehe Bild 14.22).

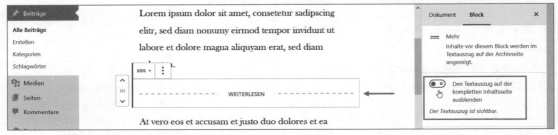

Bild 14.22 Der More-Tag in der Visuellen Ansicht

Beachten Sie, dass More-Tags in der Vorschau nicht angezeigt werden, da die Vorschau-Funktion immer den gesamten Beitrag zeigt. Ist der Beitrag veröffentlicht bzw. aktualisiert, sehen Sie im Frontend auf Übersichtsseiten etc., in denen (normalerweise) `the_content()` verwendet wird, Ihren individuellen Weiterlesen-Text. Der individuelle Link wird nicht auf Seiten eingeblendet, auf denen mit `the_excerpt()` nur ein Excerpt angezeigt wird.

14.2.2.2 Individuellen Weiterlesen-Link erstellen

Manchmal möchte man bei einem bestimmten Beitrag einen besonderen Text statt *Weiterlesen …* nach dem Teaser anzeigen lassen. Diesen individuellen More-Tag können Sie auf sehr einfache Art und Weise erstellen. Fügen Sie dazu einen Mehr-Block an der gewünschten Stelle ein. Klicken Sie anschließend in den Block und überschreiben Sie das Wort *Weiterlesen*.

14.3 Kommentare verwalten

Kommentare zulassen oder doch lieber nicht?

Kommentare sind ein Bestandteil eines Blogs. Sie erlauben die Interaktion mit den Lesern und Leserinnen, erweitern im besten Fall das Blickfeld zum Thema, beeinflussen aber auch die Meinungsbildung. Im schlimmsten Fall können sich negative Kommentare sammeln, sich gegenseitig regelrecht aufhetzen und sich zu einem Shitstorm entwickeln. Für manche Blogger scheinen Kommentare – aus welchen Gründen auch immer – mehr oder minder überlebenswichtig zu sein, für andere sind Kommentare ein „notwendiges" Übel, das mit zusätzlicher Arbeit verbunden ist.

Schon alleine von der rechtlichen Seite aus betrachtet sollten Sie sich gut überlegen, bei welchen Beiträgen bzw. Seiten Sie Kommentare erlauben. *Sie* sind nämlich für die Inhalte auf Ihrem Internetauftritt verantwortlich. Verbotene Inhalte sowie Kommentare, die einen strafrechtlichen Tatbestand beinhalten, aber auch Inhalte mit Cybermobbing und Bullying etc. dürfen Sie nicht auf Ihrem Blog stehen lassen. Am einfachsten kann man derartiges umgehen, indem sämtliche Kommentare zuerst genehmigt werden müssen, bevor sie veröffentlicht werden.

Bevor jemand einen Kommentar schreiben kann, d.h. damit WordPress das Kommentar-Formular anzeigt, müssen zwei Voraussetzungen erfüllt sein. Zum einen müssen Sie erlauben, dass Kommentare zu einem bestimmten Beitrag oder auf einer bestimmten Seite hinzugefügt werden dürfen. Zum anderen muss in der jeweils verwendeten Template-Datei der Template-Tag `comments_template()` an der gewünschten Stelle – normalerweise am Ende des Loops – eingefügt sein. Damit wird die Template-Datei `comments.php` geladen, die das Formular etc. enthält. Allerdings nur in der Einzel-Ansicht des Beitrags, hingegen nicht auf der Startseite, der Beitragsseite und auf Suchergebnisseiten.

Die Anzahl von neuen Kommentaren bzw. von Kommentaren in der Moderationswarteschleife werden in der oberen Admin-Menüleiste im Frontend und im Backend sowie auf dem Dashboard neben dem Menüeintrag *Kommentare* im linken Admin-Menü und auch in der Meta-Box *Auf einen Blick* angezeigt (siehe Bild 14.23).

Bild 14.23 Ein neuer Kommentar wartet auf Freischaltung!

Zum Verwalten der Kommentare öffnen Sie die Kommentare-Verwaltung über den Link *Kommentare* auf dem Dashboard. Hier werden sämtliche Kommentare aufgelistet. Kommentare, die auf Freischaltung warten, werden mit einem roten Balken am linken Rand markiert (Stand WordPress 5.3.2, Twenty Nineteen Child-Theme). Oberhalb der Liste mit den Kommentaren können Sie die Kommentare nach *Alle, Meine, Ausstehend, Freigegebene, Spam* und *Papierkorb* ausgeben lassen. In der Spalte *Als Antwort auf* wird die Anzahl der zu diesem Beitrag abgegebenen Kommentare angezeigt. Kommentare, die auf Moderation warten, sind hervorgehoben (siehe Bild 14.24).

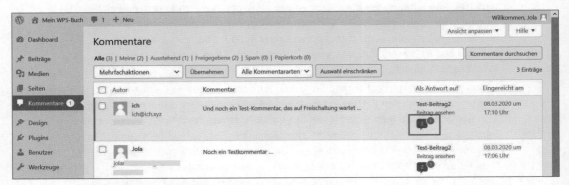

Bild 14.24 Die Kommentar-Verwaltung

Zum Freischalten eines Kommentars zeigen Sie mit dem Cursor auf den leeren Bereich unterhalb des Kommentars. Es erscheint die Bearbeitungsleiste. Hier klicken Sie auf *Freigeben* unterhalb des jeweiligen Kommentars (siehe Bild 14.25, oben). Sie können hier auch direkt antworten, den Beitrag bearbeiten, als Spam markieren oder in den Papierkorb verschieben. Bei *QuickEdit* öffnet sich das QuickEdit-Fenster auf dem Kommentar, bei *Bearbeiten* öffnet sich eine neue Seite *Kommentar bearbeiten*. Ist ein Kommentar bereits freigeschaltet, so kann der Kommentar mit Klick auf *Zurückweisen* wieder offline genommen werden (siehe Bild 14.25, unten).

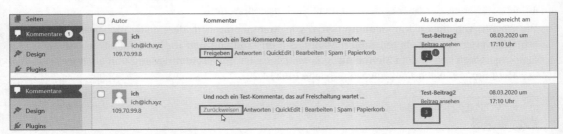

Bild 14.25 Kommentar freigeben (oben) und offline nehmen (unten)

15 Benutzerverwaltung

In diesem Kapitel erfahren Sie ...

- ... welche Benutzerrollen in WordPress vorhanden sind,
- ... welche Rechte die einzelnen „Rollen" beinhalten,
- ... wie Sie neue Benutzer hinzufügen,
- ... wie Sie Rollen zuweisen und ändern,
- ... wie Sie Rollen einschränken können,
- ... wie Sie Rollen erweitern können,
- ... wie Sie eine eigene Box fürs Dashboard definieren.

■ 15.1 Rollen und Rechte

WordPress verfügt über eine einfache Benutzerverwaltung mit fünf Benutzerrollen[1], die mit unterschiedlichen Rechten versehen sind. In der deutschsprachigen Version heißen die Rollen *Administrator, Redakteur, Autor, Mitarbeiter* und *Abonnent*. Je nach Rolle ist nicht nur der Handlungsumfang, d. h. die Rechte, im Codex *Capabilities* genannt, entsprechend begrenzt, auch die Zugriffsmöglichkeiten auf einzelne Funktionen auf dem Dashboard sind unterschiedlich. Es besteht jedoch die Möglichkeit, die einzelnen Rollen mit add_cap() zu erweitern bzw. mit remove_cap() einzuschränken (siehe Abschnitt 15.3).

Eine detaillierte Beschreibung der einzelnen Rollen und die jeweiligen Rechte finden Sie in den Abschnitten 15.1.1 bis 15.1.5. Im Folgenden sind die einzelnen *Capabilities* in alphabetischer Reihenfolge aufgelistet, mit kurzer Beschreibung der jeweiligen Rechte und welche Rollen diese Rechte besitzen:

---

[1] Eine *Multi-User-Installation* sieht eine weitere Rolle vor, den sogenannten *Super Administrator*. Dieser hat Zugriff auf sämtliche Funktionen betreffend das Netzwerk zusätzlich zu den Rechten eines Administrators einer Einzel-Installation.

- `activate_plugins`
  Benutzer darf: Plugins aktivieren
  Rolle: Administrator

- `create_users`
  Benutzer darf: neuen Benutzer hinzufügen
  Rolle: Administrator

- `delete_others_pages`
  Benutzer darf: fremde Seiten löschen
  Rolle: Administrator und Redakteur

- `delete_others_posts`
  Benutzer darf: fremde Beiträge löschen
  Rolle: Administrator und Redakteur

- `delete_pages`
  Benutzer darf: Seiten löschen
  Rolle: Administrator und Redakteur

- `delete_plugins`
  Benutzer darf: Plugins löschen
  Rolle: Administrator

- `delete_posts`
  Benutzer darf: Beiträge löschen
  Rolle: Administrator, Redakteur, Autor und Mitarbeiter

- `delete_private_pages`
  Benutzer darf: private Seiten löschen
  Rolle: Administrator und Redakteur

- `delete_private_posts`
  Benutzer darf: private Beiträge löschen
  Rolle: Administrator und Redakteur

- `delete_published_pages`
  Benutzer darf: veröffentlichte Seiten löschen
  Rolle: Administrator und Redakteur

- `delete_published_posts`
  Benutzer darf: veröffentlichte Beiträge löschen
  Rolle: Administrator, Redakteur und Autor

- `delete_themes`
  Benutzer darf: Theme löschen
  Rolle: Administrator

- `delete_users`
  Benutzer darf: Benutzer löschen
  Rolle: Administrator

- `edit_dashboard`
  Benutzer darf: Dashboard bearbeiten
  Rolle: Administrator

- `edit_others_pages`
  Benutzer darf: fremde Seiten bearbeiten
  Rolle: Administrator und Redakteur

- `edit_others_posts`
  Benutzer darf: fremde Beiträge bearbeiten
  Rolle: Administrator und Redakteur

- `edit_pages`
  Benutzer darf: Seiten bearbeiten
  Rolle: Administrator und Redakteur

- `edit_plugins`
  Benutzer darf: Plugins bearbeiten
  Rolle: Administrator

- `edit_posts`
  Benutzer darf: eigene, noch nicht veröffentlichte Beiträge bearbeiten
  Rolle: Administrator, Redakteur, Autor und Mitarbeiter

- `edit_private_pages`
  Benutzer darf: private Seiten bearbeiten
  Rolle: Administrator und Redakteur

- `edit_private_posts`
  Benutzer darf: private Beiträge bearbeiten
  Rolle: Administrator und Redakteur

- `edit_published_pages`
  Benutzer darf: veröffentlichte Seiten bearbeiten
  Rolle: Administrator und Redakteur

- `edit_published_posts`
  Benutzer darf: veröffentlichte eigene Beiträge bearbeiten
  Rolle: Administrator, Redakteur und Autor

- `edit_theme_options`
  Benutzer darf: Anpassungen am Theme vornehmen
  Rolle: Administrator

- `edit_themes`
  Benutzer darf: Themes bearbeiten
  Rolle: Administrator

- `edit_users`
  Benutzer darf: Benutzer bearbeiten
  Rolle: Administrator

- `export`
  Benutzer darf: Daten aus Datenbank exportieren
  Rolle: Administrator

- `import`
  Benutzer darf: Export-Datei importieren
  Rolle: Administrator

- `install_plugins`
  Benutzer darf: Plugins installieren
  Rolle: Administrator

- `install_themes`
  Benutzer darf: Themes installieren
  Rolle: Administrator

- `list_users`
  Benutzer darf: Benutzer auflisten (Benutzerverwaltung einsehen)
  Rolle: Administrator

- `manage_categories`
  Benutzer darf: Kategorien verwalten
  Rolle: Administrator und Redakteur

- `manage_links`
  Benutzer darf: Links verwalten
  Rolle: Administrator und Redakteur

- `manage_options`
  Benutzer darf: Einstellungen verwalten
  Rolle: Administrator

- `moderate_comments`
  Benutzer darf: Kommentare moderieren
  Rolle: Administrator und Redakteur

- `promote_users`
  Benutzer darf: Benutzer-Rolle ändern
  Rolle: Administrator

- `publish_pages`
  Benutzer darf: Seiten veröffentlichen
  Rolle: Administrator und Redakteur

- `publish_posts`
  Benutzer darf: Beiträge veröffentlichen
  Rolle: Administrator, Redakteur und Autor

- `read`
  Benutzer darf: öffentliche Beiträge und Seiten lesen
  Rolle: Administrator, Redakteur, Autor, Mitarbeiter und Abonnent

- `read_private_pages`
  Benutzer darf: private Seiten lesen
  Rolle: Administrator und Redakteur

- `read_private_posts`
  Benutzer darf: private Nachrichten lesen
  Rolle: Administrator und Redakteur

- `remove_users`
  Benutzer darf: Benutzer entfernen
  Rolle: Administrator

- switch_themes
  Benutzer darf: Theme wechseln
  Rolle: Administrator

- unfiltered_html
  Benutzer darf: ungefiltertes HTML verwenden
  Rolle: Administrator und Redakteur

- update_core
  Benutzer darf: WordPress Updates durchführen
  Rolle: Administrator

- update_plugins
  Benutzer darf: Update von Plugins durchführen
  Rolle: Administrator

- update_themes
  Benutzer darf: Update von Themes durchführen
  Rolle: Administrator

- upload_files
  Benutzer darf: Bilder und Dateien hochladen
  Rolle: Administrator, Redakteur und Autor

Wo sind die Followers, Viewers und die registrierten Benutzer?

Followers sind Abonnenten eines öffentlichen WordPress.com Blogs, *Viewers* werden Abonnenten eines privaten WordPress.com Blogs genannt. *Registrierter Benutzer* ist ein etwas irreführender Begriff, denn alle Personen, die in der Benutzerverwaltung aufscheinen, sind ja registrierte Benutzer. Bei WordPress meint man jedoch lediglich *Abonnenten*, also Personen mit ausschließlich Lese- und Kommentierungsrechten, wenn von registrierten Benutzern die Sprache ist.

15.1.1 Abonnent (Subscriber)

Erlaubte Capabilities: read

Slug: subscriber

Ein *Abonnent,* ein *Subscriber* in der englischsprachigen Version, ist ein registrierter Benutzer, der nichts machen darf, außer Kommentare verfassen, falls Kommentare gestattet sind, und Beiträge und Seiten lesen, die nur für registrierte Benutzer freigegeben wurden. Im Backend sind auf dem Dashboard lediglich die Box *Aktivitäten* mit den letzten Beiträgen und Kommentaren sowie die Box *WordPress Nachrichten* sichtbar (siehe Bild 15.1). Ein Abonnent kann hier das eigene Profil bearbeiten.

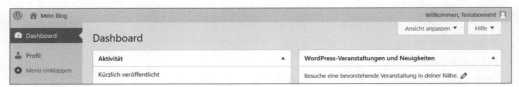

Bild 15.1 Dashboard eines Abonnenten

Vorsicht, falls *Jetpack* installiert ist, wird standardmäßig auch dieser Menüeintrag auf dem Dashboard angezeigt! Zudem ist auch die Box *Website Statistiken* sichtbar (siehe Bild 15.2). Wie Sie den Jetpack-Menüeintrag entfernen und nur für Admins anzeigen lassen, erfahren Sie in Abschnitt 15.3.1.1.

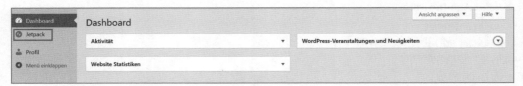

Bild 15.2 Dashboard aus Sicht eines Abonnenten

 Hilfe, Jetpack ist für Abonnenten & Co. sichtbar!

Zum Entsetzen vieler Administratoren ist der Menüeintrag *Jetpack* auf dem Dashboard für sämtliche Benutzerrollen – sogar bei Abonnenten – sichtbar und auch anklickbar (siehe Bild 15.2). Es ist auch möglich, dass selbst ein Abonnent die WordPress-Installation etwa mit dem eigenen WordPress. com-Account verknüpft. Dies sollte man *keinesfalls* zulassen und den Menüeintrag für alle Rollen außer beim Administrator ausblenden. Sie könnten dies mittels Plugin durchführen lassen oder aber mit wenigen Zeilen Code in der functions.php oder in einem Site-spezifischen Plugin festlegen, siehe Abschnitt 15.3.1.1.

15.1.2 Mitarbeiter (Contributor)

Erlaubte Capabilities: delete_posts, edit_posts, read

Slug: contributor

Ein *Mitarbeiter, Contributor* in der englischsprachigen Version, darf sein Profil ändern und neue Beiträge verfassen sowie *eigene* Beiträge ändern und löschen, solange der Beitrag noch nicht veröffentlicht wurde. Das Hochladen und Hinzufügen von Bildern zu einem Beitrag sowie das Festlegen eines Beitragsbilds ist jedoch nicht erlaubt. Auch das Bearbeiten und Löschen von bereits veröffentlichten Beiträgen ist nicht möglich. Auf dem Dashboard werden die Boxen *Auf einen Blick, Aktivitäten, Schneller Entwurf* und *WordPress Nachrichten* angezeigt (siehe Bild 15.3).

Bild 15.3 Dashboard aus Sicht von Mitarbeitern

In der Menüleiste sind nun auch *Beiträge* und *Kommentare* sowie *Werkzeuge* sichtbar. Ein Mitarbeiter sieht alle Beiträge gelistet und darf sie auch anschauen. Auch sämtliche Kommentare können hier betrachtet, jedoch nicht moderiert werden. Auf der Seite *Werkzeuge* steht nichts zur Verfügung, d. h., die Seite ist leer (Stand WordPress 5.3, 2. März 2020).

15.1.2.1 Mitarbeiter erstellt neuen Beitrag

Beim Erstellen eines neuen Beitrags fehlt die Schaltfläche *Medien hinzufügen* sowie die Box *Beitragsbild festlegen*. Statt **Veröffentlichen** finden Mitarbeiter in der Box *Veröffentlichen* lediglich die Schaltfläche **Zur Revision vorlegen** vor (siehe Bild 15.4).

Bild 15.4 Ein Mitarbeiter kann Beiträge nicht selber veröffentlichen!

Wird ein Beitrag zur Revision vorgelegt, so erscheint nach Klick auf *Veröffentlichen* nun *Zur Veröffentlichung einreichen* (siehe Bild 15.5). Die Einstellungen bezüglich *Sichtbarkeit* können vom Mitarbeiter nicht geändert werden.

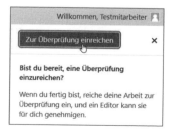

Bild 15.5
Der Beitrag hat den Status *Ausstehender Review* erhalten!

Auf der Seite *Beiträge* wurde eine neue Kategorie *Meine* hinzugefügt. Hier werden alle Beiträge des jeweiligen eingeloggten Mitarbeiters gelistet. Solange der Beitrag noch nicht veröffentlicht ist, kann dieser vom Mitarbeiter bearbeitet oder gelöscht werden (siehe Bild 15.6). Auf der Seite *Beiträge* werden noch nicht veröffentlichte Beiträge mit *Ausstehend* gekennzeichnet.

Bild 15.6 Nur noch nicht veröffentlichte eigene Beiträge können bearbeitet oder gelöscht werden!

15.1.2.2 Revision und Veröffentlichung

Ausstehende Reviews von Mitarbeitern können nur von einem Administrator oder einem Redakteur veröffentlicht und gegebenenfalls vor der Veröffentlichung auch bearbeitet werden. Dabei können auch Dateien bzw. Bilder dem Beitrag hinzugefügt und ein Beitragsbild festgelegt werden. Sämtliche Beiträge, unabhängig von welchem Mitarbeiter erstellt, sind auf der Seite *Beiträge* unter *Ausstehend* zusammengefasst. Aber auch unter *Alle* sind die noch nicht veröffentlichten Beiträge gelistet und mit *Ausstehend* gekennzeichnet (siehe Bild 15.7).

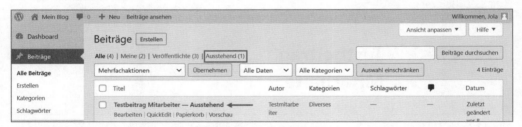

Bild 15.7 Der ausstehende Review aus Sicht eines Admins

Sobald der Beitrag veröffentlicht wurde, ändert sich die Auflistung in der Spalte *Meine* für Mitarbeiter. Sie haben zwar alle von ihnen verfassten Beiträge aufgelistet, bearbeitbar sind die Beiträge nun nicht mehr (siehe Bild 15.8).

Bild 15.8 Veröffentlichte Beiträge können von Benutzern mit der Rolle Mitarbeiter nicht mehr bearbeitet werden!

15.1.3 Autor (Author)

Erlaubte Capabilities: `delete_posts, delete_published_posts, edit_posts, edit_published_posts, publish_posts, read, upload_files`

Slug: `author`

Ein *Autor* (engl. *Author*) darf sein Profil ändern, neue Beiträge verfassen, ändern und sofort ohne vorherigen Review veröffentlichen. Auch bereits veröffentlichte eigene Beiträge dürfen geändert und gelöscht werden. Fremde Beiträge können nur betrachtet, jedoch nicht bearbeitet oder gelöscht werden. Auf dem Dashboard werden die Boxen *Auf einen Blick, Aktivitäten, Schneller Entwurf* und *WordPress Nachrichten* angezeigt. In der Menüleiste sind Beiträge und Kommentare sowie Werkzeuge und nun auch *Medien* sichtbar. Ein Autor sieht alle Beiträge gelistet und darf sie auch anschauen.

Bild 15.9 Dashboard, wenn ein Autor eingeloggt ist

Außerdem dürfen Autoren auch Dateien hochladen und Bilder in Beiträge einfügen sowie ein Beitragsbild festlegen. Sie dürfen sich zwar die Mediathek anschauen, sie dürfen aber Inhalte der Mediathek weder bearbeiten noch löschen. Bei Klick auf ein Bild in der Mediathek beispielsweise werden die Anhang-Details geöffnet, Autoren können hier aber nichts ändern (siehe Bild 15.10). Bei Klick auf *Anhang Seite ansehen* rechts unten öffnet sich das Frontend, jedoch nicht mit der Anhang-Seite, sondern mit einer 404-Fehlermeldung.

Bild 15.10 Autoren können in der Mediathek nichts ändern!

15.1.4 Redakteur (Editor)

Erlaubte Capabilities: `delete_others_pages`, `delete_others_posts`, `delete_pages`, `delete_posts`, `delete_private_pages`, `delete_private_posts`, `delete_published_pages`, `delete_published_posts`, `edit_others_pages`, `edit_others_posts`, `edit_pages`, `edit_posts`, `edit_private_pages`, `edit_private_posts`, `edit_published_pages`, `edit_published_posts`, `manage_categories`, `manage_links`, `moderate_comments`, `publish_pages`, `publish_posts`, `read`, `read_private_pages`, `read_private_posts`, `unfiltered_html`, `upload_files`

Slug: `editor`

Ein *Redakteur* darf neue öffentliche und private Seiten anlegen und auch private Beiträge erstellen sowie bestehende eigene, fremde und private, schon veröffentlichte Seiten bzw. Beiträge bearbeiten und löschen. Das Moderieren von Kommentaren und die Verwaltung von Kategorien und Schlagwörtern sind ebenfalls erlaubt (siehe Bild 15.11).

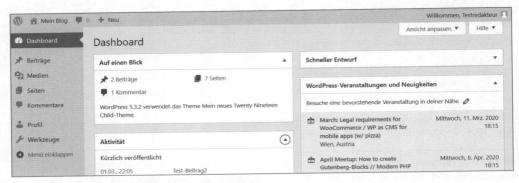

Bild 15.11 Dashboard aus Sicht eines Redakteurs

Auch der Upload von Dateien in die Mediathek, das Bearbeiten von Bildern und das Löschen von Bildern sind gestattet. Bei Klick auf ein Bild in der Mediathek öffnet sich die Seite *Anhang-Details*. Wie Bild 15.12 zeigt, sind die Angaben zum Bild im Beispiel bearbeitbar. Bei Klick auf *Anhang-Seite ansehen* öffnet sich die Anhang-Seite im Frontend.

Bild 15.12 Die Details zum Bild sind für Redakteure bearbeitbar

Hingegen ist alles, was mit der Benutzerverwaltung, mit Themes und Plugins zu tun hat, auch für Redakteure nicht erlaubt. Diese Funktionen sind Administratoren vorbehalten.

15.1.5 Administrator

Erlaubte Capabilities: `activate_plugins`, `create_users`, `delete_others_pages`, `delete_others_posts`, `delete_pages`, `delete_plugins`, `delete_posts`, `delete_private_`, `delete_private_posts`, `delete_published_pages`, `delete_published_posts`, `delete_themes`, `delete_users`, `edit_dashboard`, `edit_others_pages`, `edit_others_posts`, `edit_pages`, `edit_plugins`, `edit_posts`, `edit_private_pages`, `edit_private_posts`, `edit_published_pages`, `edit_published_posts`, `edit_theme_options`, `edit_themes`, `edit_users`, `export`, `import`, `install_plugins`, `install_themes`, `list_users`, `manage_categories`, `manage_options`, `moderate_comments`, `promote_users`, `publish_pages`, `publish_posts`, `read`, `read_private_pages`, `read_private_posts`, `remove_users`, `switch_themes`, `unfiltered_html`, `update_core`, `update_plugins`, `update_themes`, `upload_files`

Slug: `administrator`

Administratoren haben globale Rechte, sie dürfen kurz gesagt *alles* bearbeiten, verändern und löschen. Ein zusammenfassender Überblick über die Einträge in der Menüleiste auf dem Dashboard für Abonnenten, Mitarbeiter, Autoren und Redakteure sowie Administratoren ist in Bild 15.13 zu sehen.

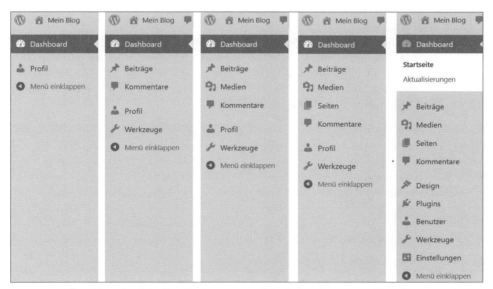

Bild 15.13 Überblick Menüeinträge für Abonnenten, Mitarbeiter, Autoren und Redakteure sowie Administratoren (von links nach rechts)

■ 15.2 Benutzer verwalten

In der *Benutzerverwaltung*, die Sie über den Menüeintrag *Benutzer* auf dem Dashboard auf-rufen, können Sie bestehende Benutzerdaten und Rollen ändern, Benutzer löschen und neue Benutzer hinzufügen. Unter *Alle Benutzer* finden Sie sämtliche Benutzer aufgelistet. Sind Benutzer mit anderen Rollen als Administrator vorhanden, so können Sie diese geson-dert anzeigen lassen. Im Beispiel wurde jeweils ein Benutzer pro Rolle erstellt. Die Zahl in der Klammer nennt die jeweilige Anzahl der Benutzer in der entsprechenden Kategorie (siehe Bild 15.14).

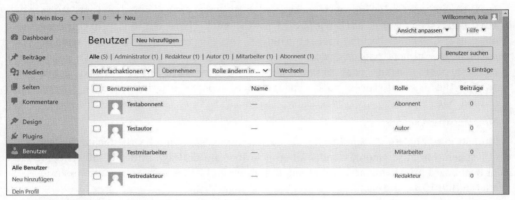

Bild 15.14 Die Benutzerverwaltung ohne die Spalte E-Mail

Die Spalten *Benutzername* und *Name* sind immer sichtbar. Sie können jedoch nur in der Spalte *Benutzername* nach einem bestimmten Benutzer suchen. Über *Ansicht anpassen* rechts oben besteht die Möglichkeit, die Spalten *E-Mail*, *Rolle* bzw. *Beiträge* auch ausblenden zu lassen. Zudem kann hier unter *Seitennummerierung* ausgewählt werden, wie viele Benut-zer pro Seite angezeigt werden sollen (siehe Bild 15.15).

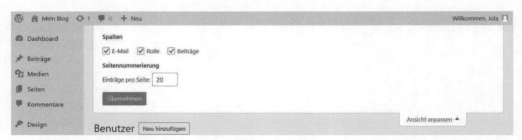

Bild 15.15 Ansicht anpassen in der Benutzerverwaltung

15.2.1 Neuen Benutzer hinzufügen

Einen neuen Benutzer hinzufügen können Sie über die Schaltfläche *Neu hinzufügen* oben neben *Benutzer* in der Benutzerverwaltung oder über den Menüeintrag *Benutzer/Neu hinzufügen*.

1. Auf der Seite *Neuen Benutzer hinzufügen* müssen zumindest der *Benutzername* und die *E-Mail-Adresse* des neuen Benutzers angegeben werden (siehe Bild 15.16). Optionale Angaben sind *Name, Vorname* und *Website*. Es kann hilfreich sein, den Namen zum Benutzernamen anzugeben, über das Suchfeld suchen können Sie, wie schon erwähnt, jedoch nur nach Benutzernamen.

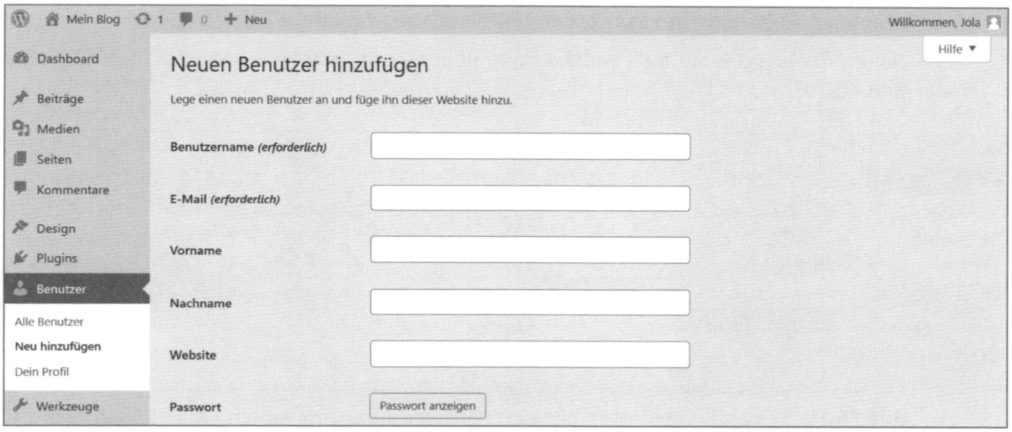

![Screenshot der WordPress-Seite „Neuen Benutzer hinzufügen" mit Eingabefeldern für Benutzername, E-Mail, Vorname, Nachname, Website und Passwort]

Bild 15.16 Ein neuer Benutzer wird angelegt

2. Der neue Benutzer benötigt ein Passwort. Sie haben zwei Möglichkeiten, entweder lassen Sie ein Passwort generieren bzw. vergeben selber ein Passwort oder aber Sie lassen den Benutzer selber ein Passwort wählen.

   - **Möglichkeit 1:** *Sie* wählen das Passwort.
   Klicken Sie dazu neben Passwort auf **Passwort anzeigen**. Es wird ein automatisch generiertes starkes Passwort angezeigt (siehe Bild 15.17).

Bild 15.17 Ein automatisch generiertes starkes Passwort wird angezeigt

Sie können das automatisch generierte Passwort durch ein eigenes Passwort ersetzen. Ist das eigene Passwort schwach, so erscheint eine weitere Zeile *Passwort bestätigen*. Möchten Sie das schwache Passwort verwenden, müssen Sie dies ausdrücklich bestätigen (siehe Bild 15.18). Aus Sicherheitserwägungen sollten Sie davon absehen, dem neuen Benutzer ein schwaches Passwort zuzuweisen.

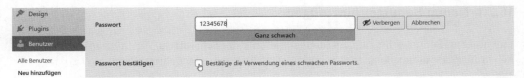

Bild 15.18 Ein schwaches Passwort ist keine gute Idee!

- **Möglichkeit 2:** *Neuer Benutzer* erstellt selber ein Passwort.
  Klicken Sie nicht auf *Passwort anzeigen*, sondern fahren Sie gleich fort mit Punkt 3.

3. Als Nächstes sollten Sie das Feld *Sende dem neuen Benutzer eine E-Mail zu seinem Konto* aktivieren, damit der neue Benutzer verständigt wird bzw. einen Link zugesendet bekommt, über den ein Passwort erstellt werden kann (siehe Bild 15.19).

4. Neben *Rolle* legen Sie fest, welche Rolle dem neuen Benutzer zugewiesen wird (siehe Bild 15.19).

Bild 15.19 Lassen Sie den neuen Benutzer benachrichtigen und weisen Sie eine Rolle zu

5. Zum Abschluss klicken Sie auf **Neuen Benutzer hinzufügen**. Warten Sie, bis oben auf der Seite die Erfolgsmeldung *Neuer Benutzer erstellt* erscheint (siehe Bild 15.20). Mit Klick auf *Benutzer bearbeiten* kommen Sie auf das Profil des neu erstellten Benutzers.

Bild 15.20 Der neue Benutzer wurde angelegt

6. WordPress versendet automatisch eine E-Mail an die im Profil angegebene Adresse, wenn Sie in Punkt 4 *Benutzerbenachrichtigung senden* aktiviert haben. Betreff der E-Mail lautet [Name Ihrer Website] Dein Benutzername.

15.2.2 Benutzerdaten und Rolle ändern

Zum Ändern der Daten eines Benutzers öffnen Sie die Benutzerverwaltung (*Benutzer/Alle Benutzer*). In der Zeile unterhalb des betreffenden Benutzers klicken Sie auf **Bearbeiten**. Es öffnet sich die Seite *Benutzer bearbeiten*, welches quasi die Seite mit dem Profil des Benutzers ist. Hier können Sie die Änderungen vornehmen.

Möchten Sie dem Benutzer eine andere Rolle zuweisen, so markieren Sie zuerst den jeweiligen Benutzer im Kästchen links neben dem Benutzernamen. Danach wählen Sie in der Leiste oberhalb der Tabellenüberschriften die neue Rolle bei *Rolle ändern in* aus. Klicken Sie danach auf **Wechseln** (siehe Bild 15.21).

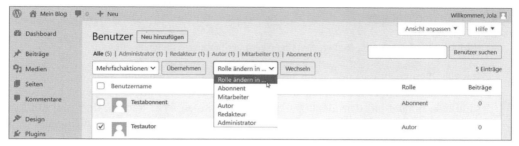

Bild 15.21 Hier können Sie eine neue Rolle zuweisen

15.2.3 Benutzer löschen

Zum Löschen eines Benutzers klicken Sie in der Benutzerverwaltung entweder in der Bearbeitungsleiste unter dem Benutzer auf **Löschen**. Oder Sie markieren zuerst den Benutzer und wählen dann in der Leiste oberhalb der Tabellenüberschriften *Löschen bei Aktion wählen*. Danach klicken Sie auf **Übernehmen** (siehe Bild 15.22).

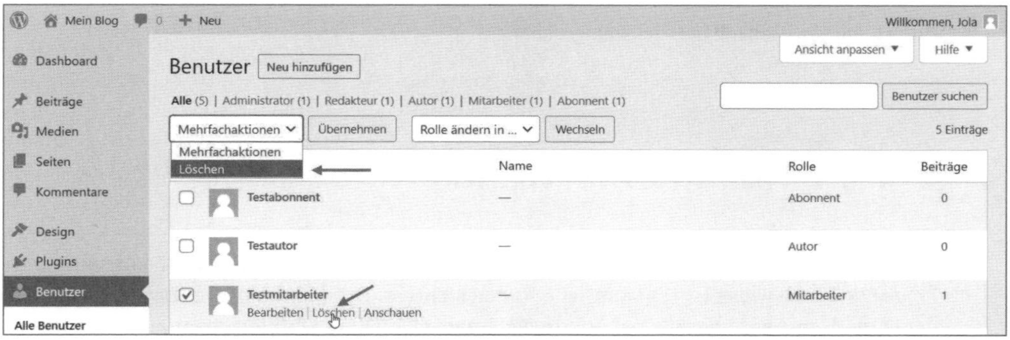

Bild 15.22 Wählen Sie Löschen und klicken Sie dann auf Übernehmen

Welches Fenster vor dem endgültigen Löschen erscheint, hängt davon ab, ob der Benutzer, den Sie entfernen möchten, bereits einen oder mehrere Inhalte verfasst hat oder nicht. Hat der Benutzer nämlich bisher keine Inhalte verfasst, so erscheint die Seite *Benutzer löschen*, wie es Bild 15.23 zeigt. Es werden lediglich die *ID* und der *Benutzername* angezeigt sowie die Schaltfläche *Löschen bestätigen*.

Bild 15.23 Mit Klick auf Löschen bestätigen wird der markierte Benutzer entfernt

Hat der Benutzer hingegen schon Inhalte verfasst, so erscheint ein anderes Fenster. Sie müssen nämlich entscheiden, was mit den Inhalten dieses Benutzers passieren soll. Sollen sämtliche Inhalte mit dem Benutzer von der Website entfernt werden. Oder soll nur der Benutzer gelöscht und die Inhalte einem anderen Benutzer zugeordnet werden (siehe Bild 15.24).

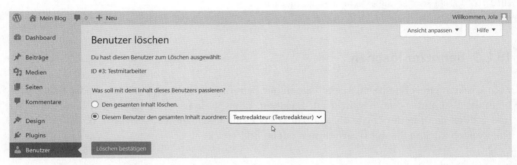

Bild 15.24 Was soll mit den Inhalten geschehen?

■ 15.3 Rollen einschränken

Es gibt zahlreiche Plugins, die einen eigenen Menüeintrag auf dem Dashboard einfügen. *Jetpack* beispielsweise ist für sämtliche Rollen sichtbar. Der Menüeintrag *Formular* von *Contact Form 7* etwa wird bereits bei *Mitarbeiter* angezeigt. Diese könnten sogar ein bestehendes Formular ändern. Das sollte man keinesfalls zulassen.

15.3.1 Menüeintrag ausblenden

Um einen Menüeintrag auf dem Dashboard auszublenden, wird `remove_menu_page` verwendet.

15.3.1.1 Menüeintrag Jetpack ausblenden

Soll beispielsweise der *Jetpack*-Eintrag nur für Admins sichtbar sein, so wird dies mit der If-Abfrage `if ( ! current_user_can( 'administrator' ) )` festgelegt. Mit dem Hook `admin_init` wird die Funktion dann WordPress übergeben (siehe Listing 15.1).

Listing 15.1 Jetpack-Menüeintrag soll nur für Administratoren sichtbar sein

```
1 // entferne jetpack fuer alle, aber nicht fuer admin
2
3 function jwp5buch_entferne_jetpack_menu() {
4    if( ! current_user_can( 'administrator' ) ) {
5        remove_menu_page( 'jetpack' );
6    }
7 }
8
9 add_action( 'admin_init', 'jwp5buch_entferne_jetpack_menu' );
```

15.3.1.2 Menüeintrag Formular (Contact Form 7) ausblenden

Das beliebte Plugin *Contact Form 7* ist automatisch ab der Rolle Mitarbeiter mit dem Menü-eintrag *Formular* sichtbar. Möchten Sie beispielsweise, dass ausschließlich Administratoren neue Formulare mit dem Plugin erstellen und bestehende ändern dürfen, dann können Sie den Code wie für Jetpack verwenden. Der korrekte *Slug* für dieses Plugin lautet wpcf7, so lautet die Code-Zeile zum Entfernen von Formular remove_menu_page('wpcf7'). Listing 15.2 zeigt die gesamte Funktion und den Hook zum Entfernen von *Formular*.

Listing 15.2 Menüeintrag Formular soll nur für Administratoren sichtbar sein

```
1 // Formular nur f. Admin sichtbar
2
3 function jwp5buch_entferne_formular_von_menu() {
4    if( ! current_user_can( 'administrator' ) ) {
5    remove_menu_page( 'wpcf7' );
6 }
7
8 add_action( 'admin_menu', 'jwp5buch_entferne_formular_von_menu' );
```

Möchten Sie beispielsweise, dass auch Redakteure neben den Admins ein Formular mit dem Plugin Contact Form 7 erstellen und bearbeiten können, dann betrifft das Ausblenden von *Formular* lediglich zwei Rollen, nämlich *Autor* und *Mitarbeiter*. Abonnenten sehen den Menüeintrag ohnehin nicht und Redakteure und Admins sollen den Eintrag ja sehen. Hier wird die If-Abfrage aus Listing 15.2 in if(current_user_can('contributor') || current_user_can('author')) abgewandelt. Den neuen Code finden Sie in Listing 15.3.

Listing 15.3 Formular soll nur für Administratoren und Redakteure sichtbar sein

```
1 // entferne Formular f. Mitarbeiter und Autoren
2
3 function jwp5buch_entferne_formular2_menu() {
4    if( current_user_can( 'contributor' ) || current_user_can( 'author' ) )
   {
5        remove_menu_page( 'wpcf7' );
6    }
7 }
8
9 add_action( 'admin_init', 'jwp5buch_entferne_formular2_menu' );
```

■ 15.4 Rollen erweitern

Es besteht auch die Möglichkeit, Rollen ursprünglich nicht erlaubte Capabilities zuzuweisen, wie beispielsweise das Recht für Mitarbeiter, Bilder in die Mediathek hochzuladen. Sie können bei Bedarf auch eine eigene Box mit speziellen Informationen auf dem Dashboard anzeigen lassen.

15.4.1 Das Hochladen von Bildern gestatten

Das Hochladen von Dateien ist defaultmäßig nur Administratoren, Redakteuren und Autoren gestattet. Sollen auch Mitarbeiter Bilder und andere Dateien in die Mediathek hochladen dürfen, so kann dies mit add_cap('upload_files') erlaubt werden.

Listing 15.4 Mitarbeiter darf Bilder hochladen

```
1 function jwp5buch_erlaube_mitarbeiter_uploads() {
2     $role = get_role( 'contributor' );
3     $role -> add_cap( 'upload_files' );
4 }
5
6 add_action( 'admin_init', ' jwp5buch_erlaube_mitarbeiter_uploads' );
```

Damit darf der Mitarbeiter zwar Bilder, Videos, Audios und Dokumente hochladen, Bearbeiten und Löschen von Objekten in der Mediathek ist jedoch nach wie vor nicht gestattet. Möchten Sie beispielsweise auch das Bearbeiten gestatten, so muss edit_post auch erlaubt werden. Mit anderen Worten, Sie müssen add_cap('edit_post') in die Funktion jwp5buch_erlaube_mitarbeiter_uploads() aus Listing 15.4 einbauen. Somit sieht die erweiterte Funktion wie folgt aus (siehe Listing 15.5).

Listing 15.5 Mitarbeiter darf Bilder hochladen und eigene Bilder bearbeiten

```
1 function jwp5buch_erlaube_mitarbeiter_uploads() {
2     $role = get_role( 'contributor' );
3     $role -> add_cap( 'upload_files' );
4     $role -> add_cap( 'edit_post' );
5 }
6
7 add_action( 'admin_init', ' jwp5buch_erlaube_mitarbeiter_uploads' );
```

Damit können allerdings nur die eigenen Bilder bearbeitet werden. Für das Bearbeiten von fremden Bildern benötigt man edit_others_posts. Es ändert auch nichts an der Einschränkung, dass Mitarbeiter Beiträge nicht selber posten können.

■ 15.5 Eigene Info-Box auf dem Dashboard

Manchmal möchte man registrierte Besucher mit einer eigenen Info-Box auf dem Dashboard begrüßen und/oder besondere Informationen zur Verfügung stellen. Die Boxen werden mit $wp_meta_boxes angesprochen. Mit add_meta_box() wird die neue Box hinzugefügt. Das erste Argument ist *ID* der Box, diese muss unique sein. Im Beispiel heißt die Box willkommen_box. An zweiter Stelle wird der *Titel* der Box angegeben, hier Mein Blog. Danach folgt der *Name der Funktion*, mit der der Inhalt der Box definiert wird, im Beispiel jwp5buch_dashboard_willkommen. Die nächsten drei Angaben betreffen den *Ort*, wo die Box angezeigt werden soll. Hier ist es dashboard, da die Box auf dem Dashboard eingeblendet werden soll. Mit side legen Sie fest, dass die Box in der rechten Spalte, mit high, dass sie möglichst weit oben angezeigt wird (siehe Listing 15.6).

Listing 15.6 Eigene Willkommen-Box auf dem Dashboard

```
01 // eigene Dashboard box
02
03 function jwp5buch_meine_dashboard_box() {
04    global $wp_meta_boxes;
05    add_meta_box( 'willkommen_box', 'Mein Blog', 'jwp5buch_dashboard_
   willkommen', 'dashboard', 'side', 'high' );
06 }
07
08 function jwp5buch_dashboard_willkommen() {
09    echo '<p>Willkommen auf <strong>Mein Blog</strong>! Bei Fragen
   bitte unter <a href="mailto:ich@muster.at">ich@muster.at</a>
   kontaktieren.</p>';
10 }
11
12 add_action('wp_dashboard_setup', 'jwp5buch_meine_dashboard_box');
```

Der Inhalt der neuen Box wird mit echo '   ' wiedergegeben, wobei auch HTML-Tags verwendet werden können – im Beispiel in der Funktion jwp5buch_dashboard_willkommen(). Als Hook wird wp_dashboard_setup eingesetzt (siehe Zeile 12 in Listing 15.6). Die neue Box auf dem Dashboard zeigt Bild 15.25.

Bild 15.25 Die neue Box auf dem Dashboard

16 Plugins

■ 16.1 Die Plugins-Verwaltung

Alle installierten Plugins, unabhängig davon, ob aktiviert oder deaktiviert, sind in der Plugins-Verwaltung gelistet. Die *Plugins-Verwaltung* öffnen Sie über *Plugins/Installierte Plugins* im linken Admin-Menü auf dem Dashboard. Standardmäßig sind im WordPress Core nach der Installation die Plugins *Hello Dolly* und *Akismet* mitinstalliert (siehe Bild 16.1).

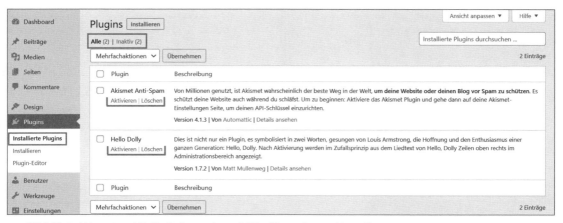

Bild 16.1 Akismet und Hello Dolly werden mit WordPress Core mitinstalliert

Bei automatischer Installation auf dem entfernten Server können – abhängig vom Provider – noch weitere Plugins schon installiert und teilweise auch bereits aktiviert werden, wie beispielsweise bei meinem Provider *World4You*. Hier sind die Plugins *Captcha Code, Disable XML-RPC Pingback* sowie *WP Updates Notifier* bereits aktiviert, *Disable REST API* und *miniOrange 2 Factor Authentication* zwar installiert, aber nicht aktiviert (siehe Bild 16.2). Bemerkenswert ist allerdings, dass die beiden sonst defaultmäßig mit WordPress Core mitgelieferten Plugins *Akismet* und *Hello Dolly* fehlen, d. h., sie sind nicht automatisch mitinstalliert worden (Stand März 2020).

Aktivierte Plugins werden in der Plugin-Verwaltung mit einem blauen Balken gekennzeichnet. Unterhalb des jeweiligen Plugin-Namens befindet sich die Schaltfläche *Deaktivieren* und manchmal auch *Einstellungen,* wenn eine eigene Seite für Einstellungen vorhanden ist (siehe Pfeile in Bild 16.2). Bei deaktivierten Plugins finden Sie *Aktivieren* und *Löschen* unter dem Namen. Zudem können Sie sich die Plugins nach *Aktiviert* und *Inaktiv* gefiltert anzeigen lassen. Sie können auch nach einem installierten Plugin suchen, indem Sie den Namen in das Suchfeld rechts oberhalb der Anzahl der Einträge einfügen.

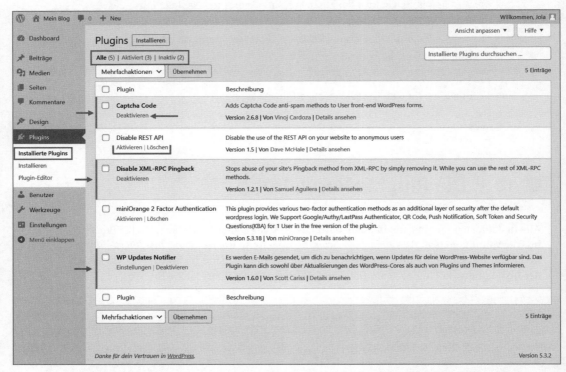

Bild 16.2 Beispiel für eine automatische WordPress-Installation mit mitinstallierten und teilweise aktivierten Plugins

16.1.1 Plugins installieren und aktivieren

Zum Installieren eines Plugins über die Plugin-Verwaltung klicken Sie auf *Installieren* oben neben Plugins oder auf *Plugins/Installieren* in der linken Menü-Leiste auf dem Dashboard. Es öffnet sich die Seite *Plugins hinzufügen* (siehe Bild 16.3). Sie können Plugins nach *Vorgestellt, Populär, Empfohlen* oder *Favoriten* gefiltert anzeigen lassen.

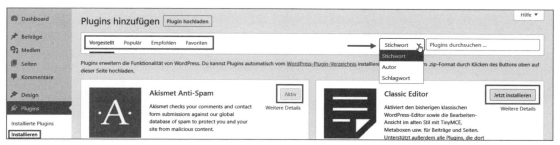

Bild 16.3 Plugins hinzufügen in der Plugins-Verwaltung

Rechts oben bei *Plugins durchsuchen* suchen Sie im Plugin-Verzeichnis nach *Stichwort, Autor* oder *Schlagwort*. Als Beispiel wird nach *xml sitemap* gesucht. Die gefundenen Plugins, im Beispiel 255 Einträge, werden unter *Suchergebnisse* gelistet. Bevor Sie dies durchführen, sollten Sie immer zuerst kontrollieren, wann das gewünschte Plugin zuletzt aktualisiert wurde und ob es mit Ihrer aktuell installierten WordPress-Version kompatibel ist (siehe Bild 16.4). Es ist auch ratsam, vor der Installation einen Blick auf *Weitere Details* zum Plugin zu werfen (siehe Bild 16.5). Möchten Sie das gewählte Plugin installieren, klicken Sie auf *Jetzt installieren*. Nach der Installation kann das Plugin aktiviert werden.

Bild 16.4 Suche nach xml sitemap im Plugins-Verzeichnis auf dem Dashboard

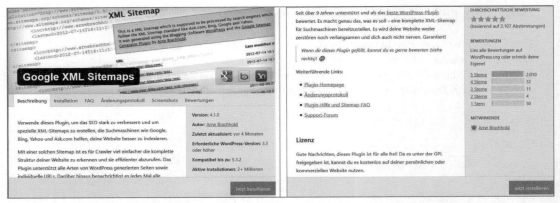

Bild 16.5 Weitere Details zum *Plugin* finden sich in der Plugin-Verwaltung

16.1.2 Plugins deaktivieren und löschen

Um ein aktiviertes Plugin zu deaktivieren, gehen Sie auf die Seite der Plugin-Verwaltung zum jeweiligen Plugin. Verfügt das Plugin über eine eigene Seite mit Einstellungen, so wechseln Sie auf diese Seite und notieren Sie sich die vorgenommenen Einstellungen bzw. machen Sie einen Screenshot mit den jeweiligen Einstellungen. Erst danach gehen Sie zurück zur Plugin-Verwaltung und deaktivieren Sie das Plugin mit Klick auf *Deaktivieren* unterhalb des Plugin-Namens. Warten Sie, bis die Erfolgsmeldung *Plugin deaktiviert* erscheint, bevor Sie die Seite *Plugins* verlassen (siehe Bild 16.6).

Bild 16.6
Das Plugin wurde deaktiviert

Sie können in der Plugin-Verwaltung nur ein deaktiviertes Plugin löschen. Zum Löschen eines Plugins klicken Sie auf *Löschen* unterhalb des Plugin-Namens. Sie werden gefragt, ob Sie das gewählte Plugin, im Beispiel *Hello Dolly* wirklich löschen möchten (siehe Bild 16.7, links). Beachten Sie, dass das Plugin mit sämtlichen dazugehörenden Dateien vom Server unwiderruflich entfernt wird. Während des Löschens ist der Bereich des Plugins in der Plugin-Verwaltung rot markiert. Nach dem Löschen erscheint der Hinweis *Plugin-Name wurde erfolgreich gelöscht,* im Beispiel *Hello Dolly wurde erfolgreich gelöscht.* Dieser Hinweis wird nicht wie üblich am Anfang der Seite, sondern an der Stelle der Infos zum Plugin in der Plugin-Verwaltung eingeblendet (siehe Bild 16.7, rechts).

Bild 16.7 Wollen Sie wirklich das gewählte Plugin löschen? (links); das Plugin wurde entfernt (rechts)

16.1.3 Der Plugin-Editor

Der *Plugin-Editor* unter *Plugins/Plugin-Editor* ermöglicht das direkte Bearbeiten von Plugin-Dateien auf dem Server auf dem Dashboard. Davon kann nur dringendst abgeraten werden – außer es handelt sich um Ihr eigenes Plugin und Sie wissen zu hundert Prozent, was Sie zu tun. Zudem werden Ihre Änderungen beim nächsten Update wieder überschrieben. Wenn Sie die Seite *Plugins bearbeiten* das allererste Mal öffnen, müssen Sie zustimmen, dass Ihnen die Gefahr bewusst ist (siehe Bild 16.8).

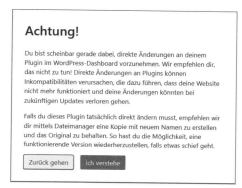

Bild 16.8
Hinweis bezüglich Gefahren, wenn Sie
Plugin-Dateien bearbeiten

Auf der Seite *Plugins bearbeiten* finden Sie sämtliche installierten Plugins gelistet. Wählen Sie zuerst das jeweilige Plugin neben *Zu bearbeitendes Plugin wählen* aus. Klicken Sie anschließend auf *Auswählen* (siehe Pfeile in Bild 16.9).

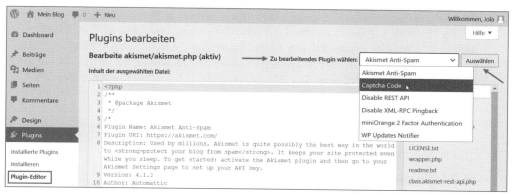

Bild 16.9 Wählen Sie zuerst das Plugin aus, das Sie bearbeiten möchten

In der rechten Spalte sind sämtliche Dateien dieses Plugins gelistet. Wählen Sie die entsprechende Datei aus. Unterhalb des Editors können Sie Funktionsnamen auswählen und in der Dokumentation nachschlagen. Falls Sie ein aktives d. h. aktiviertes Plugin bearbeiten, wird ein zusätzlicher Warnhinweis eingeblendet (siehe Bild 16.10, Pfeile). Wenn Sie eine Datei bearbeitet haben, werden die Änderungen mit Klick auf *Datei aktualisieren* übernommen.

Bild 16.10 Auswahl für Dokumentation und Warnhinweis (Pfeil)

■ 16.2 Ausgewählte Plugins

Zum Zeitpunkt der Manuskripterstellung waren im WordPress *Plugin-Verzeichnis* (engl. WordPress *Plugin Repository*) 55 573 Plugins gelistet (Stand 15. März 2020). Daneben gibt es noch zahlreiche Plugins, die nicht vom WordPress Plugin-Team getestet und in dieses Verzeichnis aufgenommen wurden. Die Installation von solchen Plugins sollte nur von vertrauenswürdigen Seiten und mit äußerster Vorsicht durchgeführt werden.

Im Folgenden werden einige ausgewählte Plugins in alphabetischer Reihenfolge kurz vorgestellt. Die Angaben bei *Aktive Installationen* beziehen sich auf März 2020 lt. WordPress. org. Manche mögen sich wundern, warum keine Sicherheits-Plugins und keine SEO-Plugins beschrieben werden. Ich vertrete die Meinung, dass man SEO-relevante Titel und Descriptions für einzelne Seiten bzw. Beiträge auch ohne Plugin z. B. mit Custom Fields lösen kann; ebenso die Angaben `noindex` und `nofollow` für Suchmaschinen. Bezüglich „Sicherheits-Plugins" kann ich nur raten, vor einer Installation in Internet-Foren und Facebook-Gruppen etc. nachzulesen, wie viele sich schon mit derartigen Plugins bei falschen Einstellungen von der eigenen Website ausgeschlossen haben. Unabhängig davon, welches Plugin Sie installieren möchten, die geltenden gesetzlichen Vorgaben, insbesondere im Hinblick auf die Datenschutz-Grundverordnung (DSGVO) sollten nicht außer Acht gelassen werden. Auf der Website *https://www.blogmojo.de/wordpress-plugins-dsgvo/* gibt es eine Liste mit mehr als 300 häufig verwendeten WordPress-Plugins, die bezüglich DSGVO und Cookies-Setzung überprüft wurden, samt Tipps, möglichen Alternativen und Lösungsansätzen.

16.2.1 Plugin Akismet

Aktive Installationen: 5+ Million
Auf Deutsch verfügbar: ja
Menüpunkt auf Dashboard: Einstellungen/Akismet Anti-Spam oder Jetpack/Akismet Anti-Spam
Kostenlos: ja für rein private Blogs und Websites (keine Werbung auf Website, kein Verkauf von Produkten bzw. Services über Website und Website dient nicht zum Promoten eines Geschäfts!), Plus- und Business-Pakete kostenpflichtig
Autor/Autorin: Automattic
URL: https://wordpress.org/plugins/akismet/

Nach der Aktivierung des *Akismet*-Plugins muss *Akismet* zuerst eingerichtet werden. Sie benötigen einen *API-Schlüssel*. Nach Klick auf *Eröffne Dein Akismet-Konto* werden Sie weitergeleitet auf die *Akismet*-Website (*https://akismet.com/wordpress/*, in englischer Sprache!). Es stehen drei Pakete zur Verfügung: *Personal* für private Websites und Blogs sowie *Plus* und *Business*, beide kostenpflichtig. Für eine private, d. h. non-commercial, Lizenz klicken Sie bei *Personal* auf *Get started with Personal*. Hier können Sie auswählen, welchen Betrag Sie zahlen möchten – wobei die Wahl *€0/Year* ausschließlich für rein private Websites möglich ist. Wenn Sie bereits einen *API-Key* besitzen, können Sie bei *Manually enter an API key* diesen API-Schlüssel eingeben (siehe Pfeil in Bild 16.11).

Bild 16.11 Richten Sie Akismet ein

16.2.1.1 Akismet DSGVO-Hinweis für Kommentarformulare

Wenn Sie den *Akismet* Spam-Schutz verwenden, sollten Sie unbedingt den *Datenschutzhinweis* unterhalb von Kommentarformularen anzeigen lassen. Diese Funktion ist standardmäßig deaktiviert. Auf der Einstellungen-Seite von *Akismet* können Sie diese aktivieren (siehe Bild 16.12, Pfeil). Beachten Sie, dass der Hinweis nur bei Kommentarformularen, jedoch nicht bei Kontaktformularen angezeigt wird.

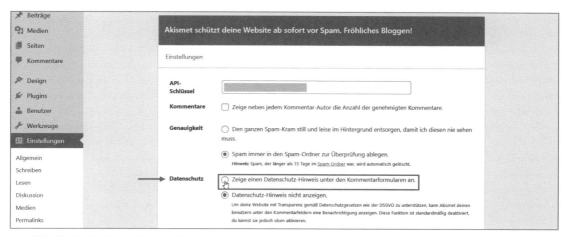

Bild 16.12 Aktivieren Sie den Datenschutzhinweis unter Kommentarformularen!

Ist der *Datenschutzhinweis* aktiviert, wird die Zeile *Diese Website verwendet Akismet, um Spam zu reduzieren. Erfahre mehr darüber, wie deine Kommentardaten verarbeitet werden* unterhalb von Kommentarformularen eingeblendet. Im Beispiel in Bild 16.13 wird dieser Hinweis im Theme *Twenty Twenty* gezeigt. Zusätzlich sollten Sie auch auf Ihrer Datenschutz-erklärung-Seite auf die Verwendung von *Akismet* hinweisen.

Bild 16.13 Akismet Datenschutzhinweis im Theme *Twenty Twenty*

16.2.1.2 Akismet-Widget

Wenn das *Akismet-Plugin* installiert und aktiviert wurde, kann mit dem *Akismet-Widget* die Anzahl der bisher blockierten Spam-Kommentare im Frontend angezeigt werden. Bild 16.14 zeigt das *Akismet-Widget* im Backend (links und Mitte) und als Beispiel auf meiner Nas-horn-Website (rechts).

> **Anmerkung:** So sehr ich den Spam-Schutz von *Akismet* schätze, die Sinnhaftigkeit der Anzeige der Anzahl der blockierten Spam-Kommentare bleibt mir ein Rätsel. Deshalb wurde dieses Widget nur zum Erstellen des Screenshots eingefügt.

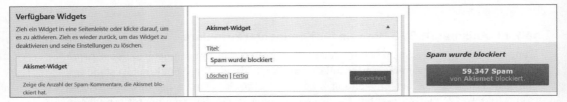

Bild 16.14 Das Akismet-Widget im Backend und im Frontend (rechts)

16.2.2 Plugin Captcha Code

Aktive Installationen: 50 000+
Downloads gesamt: 196 434
Auf Deutsch verfügbar: ja
Menüpunkt auf Dashboard: Einstellungen/Captcha Settings
Kostenlos: ja
Autor/Autorin: Vinoj Cardoza
URL: https://de.wordpress.org/plugins/captcha-code-authentication/

> **Hinweis:** Es werden keine Cookies gesetzt und keine personenbezogenen Daten gespeichert.

Das *Captcha-Code*-Plugin zeigt einen Code auf einer Grafik bei ausgewählten Formularen an. Auf der Seite *Einstellungen/Captcha Settings* legen Sie fest, bei welchen Formulartypen (Anmeldung, Registrierung, vergessenes Passwort, Kommentar, Kontakt) und in welcher Form (alphanummerisch, Groß-/Kleinschreibung, nur Buchstaben, nur Zahlen) Captchas angezeigt werden. Bild 16.15 zeigt einige Beispiele, die vom *Captcha-Code*-Plugin erzeugt wurden.

Bild 16.15 Beispiele für Captchas mit dem Captcha-Code-Plugin

16.2.3 Plugin Disable REST API

Aktive Installationen: 60 000+
Downloads gesamt: 194 627
Auf Deutsch verfügbar: ja
Menüpunkt auf Dashboard: Einstellungen/Disable REST API
Kostenlos: ja
Autor/Autorin: Dave McHale
URL: https://wordpress.org/plugins/disable-json-api/

Dieses Plugin stellt sicher, dass die gesamte REST-API vor nicht authentifizierten Benutzern geschützt ist. Auf der Einstellungen-Seite *Disable REST API* können Sie festlegen, welche Endpunkte aktiviert werden sollen.

16.2.4 Plugin Disable XML-RPC Pingback

Aktive Installationen: 80 000+
Downloads gesamt: 209 326
Auf Deutsch verfügbar: nein, nur Englisch und Russisch
Menüpunkt auf Dashboard: nein
Kostenlos: ja
Autor/Autorin: Samuel Aguilera
URL: https://wordpress.org/plugins/disable-xml-rpc-pingback/

Mit dem Plugin *Disable XML-RPC Pingback* werden Methoden, die von Angreifern verwendet werden, aus dem XML-RPC-Interface entfernt (`pingback.ping`, `pingback.extensions.getPingbacks` und `X-Pingback` aus HTTP Header), während die anderen Methoden weiterhin verwendet werden können. Damit wird der Missbrauch des XML-RPC der Website gestoppt.

16.2.5 Plugins für Google Maps

Die Suche nach *google maps* liefert rund 1450 Einträge im Plugin-Verzeichnis. Für das Einbetten von *Google Maps* ist allerdings kein eigenes Plugin erforderlich. Sie können den von *Google Maps* bzw. *My Maps* generierten Code im Block-Editor in einen HTML-Block einfügen. Alternativ zu Google Maps empfiehlt sich *OpenStreetMap (https://www.openstreetmap. org)* sowie bei zahlreichen Großstädten der jeweilige Stadtplan. In Wien beispielsweise gibt es die Möglichkeit, den Stadtplan samt Markierungen kostenlos auch auf Business-Websites einzubinden (siehe *https://www.wien.gv.at/stadtplan/*, Daten & Nutzung *ViennaGIS: https:// www.wien.gv.at/viennagis/*).

16.2.6 Plugin Google XML Sitemaps

Aktive Installationen: 2+ Millionen
Auf Deutsch verfügbar: ja
Menüpunkt auf Dashboard: Einstellungen/XML Sitemap
Kostenlos: ja
Autor/Autorin: Arne Brachhold
URL: https://de.wordpress.org/plugins/google-sitemap-generator/

Das Plugin *Google XML Sitemaps* zählt zu den beliebtesten Plugins. Es erstellt XML-Sitemaps, die die Website SEO verbessern und Google, Bing, Yahoo und Ask.com etc. helfen, die Website besser zu indexieren. Die Seite mit den Einstellungen am Dashboard ist nicht über *Installierte Plugins*, sondern nur über *Einstellungen/XML Sitemap* aufrufbar.

16.2.7 Jetpack

Aktive Installationen: 5+ Millionen
Downloads gesamt: 171 311 687
Auf Deutsch verfügbar: ja
Menüpunkt auf Dashboard: Jetpack
Kostenlos: ja in der Free-Version, Persönlich, Premium und Professional kostenpflichtig
Autor/Autorin: WordPress.com
URL: https://de.wordpress.org/plugins/jetpack/, Website: *https://de.jetpack.com/*

Zahlreiche beliebte Funktionen auf WordPress.com wie beispielsweise Formulare, ähnliche Beiträge, Sichtbarkeit von Widgets, Teilen und Veröffentlichen auf sozialen Plattformen etc. sowie zusätzliche Blöcke für den Block-Editor stehen mit dem *Jetpack-Plugin* als All-in-One-Plugin auch auf dem eigenen Server zur Verfügung. *Jetpack* wird vom WordPress.com-Team betreut und weiterentwickelt. Dies garantiert u. a. die Kompatibilität mit der jeweils aktuellen WordPress-Version. Es ist auch quasi die Garantie dafür, dass Userinnen und User nicht plötzlich mit dem Plugin allein gelassen werden, weil die Entwickler es nicht mehr weiterentwickeln.

16.2.7.1 Jetpack-Module

Jetpack verfügt in der Version 8.3 über einundvierzig Module in vierzig Sprachen (Stand 16. März 2020). Der Großteil der Module ist auch in der Free-Version verfügbar. Nach der Installation und Aktivierung muss *Jetpack* mit WordPress.com verbunden werden. Dies wird damit begründet, dass viele Funktionen von *Jetpack* exklusiv für WordPress.com entwickelt wurden, sie laufen auf WordPress.com-Servern. Unabhängig davon, ob die jeweiligen Module auch aktiviert werden oder nicht, wird die benötigte Infrastruktur auf den WordPress.com-Servern reserviert und mit dem jeweiligen WordPress.com-Account verknüpft. Diese Zwangsverknüpfung wird vor allem auf Websites in der deutschsprachigen Community nicht goutiert. Zusammen mit der Diskussion bezüglich nicht anonymisierten IP-Adressen und Verarbeitung von Daten außerhalb der EU spricht man auf manchen Websites sogar davon, dass man Jetpack nicht verwenden darf. Dem ist nicht so, die IP-Adressen beispielsweise müssen nicht gespeichert werden, auf die Verarbeitung der Daten kann bei den Formularen und in der Datenschutzerklärung hingewiesen werden, damit man Jetpack möglichst DSGVO-konform verwenden kann.

Im Folgenden sind die Module in alphabetischer Reihenfolge aufgelistet, zuerst jene, die standardmäßig aktiviert sind, zum Schluss jene, die nur in den Bezahl-Varianten verfügbar sind.

> **Hinweis:** Das Modul *Rechtschreibung und Grammatik* und der Korrektur-Dienst *After the Deadline* sind nicht mehr in Jetpack enthalten, da viele Browser ohnehin eine Rechtschreibprüfung anbieten. Wenn Sie auf XAMPP arbeiten, läuft Jetpack im Entwicklermodus, hier sind alle Module, die einen Dienst in der Cloud benötigen, deaktiviert.

1. Jetpack-Module, die in sämtlichen Jetpack-Paketen verfügbar und standardmäßig aktiviert sind (Stand 16. März 2020). Diese Module können jederzeit deaktiviert werden!

   - *Benachrichtigungen* – Benachrichtigungen in der Werkzeugleiste, *auf XAMPP deaktiviert*
   - *Erweiterte Verbreitung* (*Enhanced Distribution*) – neue Beiträge und Seiten werden automatisch Drittanbietern wie etwa Suchmaschinen gemeldet, *auf XAMPP deaktiviert*
   - *JSON-API* – Schnittstelle für Zugriff von Applikationen und Diensten, *auf XAMPP deaktiviert*
   - *Kontaktformular* – fügt ein Formular mittel Formular-Block im Block-Editor ein
   - *Protect* – schützt vor Brute-Force-Attacken
   - *Website-Statistiken* – WordPress.com Statistik, *auf XAMPP deaktiviert*
   - *Website-Verifizierung* – Verifizierung der Website für Dienste wie Google, Pinterest etc.

2. Module, die in sämtlichen Jetpack-Varianten verfügbar sind:

   - *Abonnements* (*Subscriptions*) – Widget in der Sidebar zum Abonnieren von Beiträgen und/oder Kommentaren, *auf XAMPP deaktiviert*
   - *Asset-CDN* – Website-Beschleuniger
   - *Ähnliche Beiträge* (Related Posts) – Jetpack Block Related Posts im Block-Editor zum Anzeigen von ähnlichen Beiträgen an einer beliebigen Stelle des Beitrags, *auf XAMPP deaktiviert*

- *Beitrag kopieren* – dupliziert eine Seite oder einen Beitrag inklusive Schlagwörter und Einstellungen als Entwurf
- *Bild-CDN* (früher *Photon*) – Ausliefern der Bilder in einem Beitrag über das Word-Press.com Content Delivery Network, *auf XAMPP deaktiviert*
- *Gefällt mir* – zeigt Likes an, *auf XAMPP deaktiviert*
- *Gekachelte Galerien* – Mosaiklayouts für Fotos
- *Gravatar Hovercards* – mit Informationen erweiterte Gravatar-Profilbilder
- *Individuelle Inhaltstypen* – neuer Inhaltstyp „Portfolio"
- *Individuelles CSS* (*Custom CSS*) – Editor für eigenes CSS zum Hinzufügen von neuen CSS-Regeln oder Ersetzen von bestehenden
- *Karussell* – Vollbildmodus für Standard-WordPress-Galerie
- *Kommentar-Likes* – zeigt Kommentar-Likes an, *auf XAMPP deaktiviert*
- *Kommentare* – kommentieren mit WordPress.com-, Twitter- oder Facebook-Konten, *auf XAMPP deaktiviert*
- *Markdown* – Verwendung einer sehr einfachen Auszeichnungssprache
- *Monitor* – meldet eventuellen Ausfall der Website, *auf XAMPP deaktiviert*
- *Per E-Mail veröffentlichen* – Veröffentlichung von Beiträgen via E-Mail, *auf XAMPP deaktiviert*
- *Publizieren (Publizise)* – automatisches Teilen der Beiträge auf Facebook, Twitter, Tumblr, Yahoo! und LinkedIn, *auf XAMPP deaktiviert*
- *Schöne Mathematik (Beautiful Math)* – LaTeX zum Darstellen von komplexen mathematischen Gleichungen und Formeln etc. in Beiträgen und auf Seiten
- *Shortcode-Einbettungen* – Verwendung von Shortcodes zum Einbetten von Videos und anderen Medien
- *Sichere Anmeldung* (früher Jetpack Single Sign-On) – anmelden oder registrieren mit dem WordPress.com Account, *auf XAMPP deaktiviert*
- *Sitemaps* – erstellt Sitemaps
- *Teilen (Sharing)* – Teilen-Schaltflächen für Soziale Netzwerke
- *Unendlich Scrollen (Infinite Scroll)* – ermöglicht „unendliches Scrollen", falls vom Theme unterstützt
- *Verzögerte Bilder* – Bilder werden nicht alle auf einmal geladen, sondern erst, wenn Besucher auf der Seite herunterscrollen
- *WP.me Kurz-URLs* – Schaltfläche „Kurz-URL anzeigen" im TinyMCE, *auf XAMPP deaktiviert*
- *Widget-Sichtbarkeit (Widget Visibility)* – ermöglicht das Anzeigen bzw. Ausblenden von Widgets auf bestimmten Seiten etc.
- *WordPress.com-Werkzeugleiste* – zeigt die WordPress.com-Werkzeugleiste an
- *Zusätzliche Seitenleisten-Widgets* – Bild-Widget, Facebook-Gefällt-mir-Box-Widget, Galerie-Widget, Gravatar-Widget, Twitter-Widget und WordPress-Beiträge-anzeigen-Widget

3. Module, die nur in den Bezahl-Paketen zur Verfügung stehen:

- *Backups und Scans (VaultPress)* – kostenpflichtiger Dienst für Sicherheits-Scans und Sicherung der Inhalte etc.
- *Google Analytics* – Einbinden von Google Analytics auf Dashboard
- *SEO-Werkzeuge* – bietet spezielle Werkzeuge für besseres Ranking
- *Suche* – durchsucht im Backend Beiträge, Seiten, Kommentare und Plugins
- *VideoPress* – kostenpflichtiger Video-Stream-Service von WordPress, *auf XAMPP deaktiviert*
- Werbeanzeigen

16.2.7.1.1 Jetpack-Module aktivieren und deaktivieren

Sie können Jetpack-Module auf der Einstellungen-Seite von *Jetpack* über *Jetpack/Einstellungen* auf dem Dashboard aktivieren und deaktivieren. Hier finden Sie die Module nach den Bereichen *Sicherheit, Performance, Schreiben, Teilen, Diskussion* und *Traffic* zusammengefasst (siehe Bild 16.16) und zwar:

- Bereich *Sicherheit*
  - Backups und Sicherheits-Scans (kostenpflichtig)
  - Überwachung von Ausfallzeiten
  - Anti-Spam (wenn Sie Akismet verwenden, ist hier der API-Schlüssel zu finden)
  - Automatisches Aktualisieren von Plugins (mit Option, welche Plugins automatisch aktualisiert werden sollen)
  - Schutz vor Brute-Force-Angriffen (ist defaultmäßig aktiviert!)
  - WordPress.com-Anmeldung
- Bereich *Performance*
  - Performance und Geschwindigkeit
  - Mediathek (Video-Hosting, kostenpflichtig)
  - Suche (ersetzt WordPress-Core-Suche, kostenpflichtig)
- Bereich *Schreiben*
  - Mediathek (Vollbild-Karussell-Galerie)
  - Erstellen (Kopieren, Markdown, LaTeX, Shortcodes)
  - Individuelle Inhaltstypen (Referenzen, Portfolios)
  - Theme-Erweiterungen (Unendlich Scrollen, CSS-Anpassungsbereich optimieren)
  - Widgets (Abonnementformulare und Twitter-Streams, Sichtbarkeit von Widgets)
  - Per E-Mail veröffentlichen
  - WordPress.com-Werkzeugleiste
- Bereich *Teilen*
  - Publicize-Verbindungen
  - Teilen-Buttons
  - Gefällt mir-Buttons

- Bereich *Diskussionen*
  - Kommentare (Gravatar-Pop-ups, Markdown für Kommentare, Kommentar-Likes)
  - Abonnements (Website abonnieren, Kommentare abonnieren)
- Bereich *Traffic*
  - Werbeanzeigen (kostenpflichtig)
  - Ähnliche Beiträge
  - Suchmaschinenoptimierung (kostenpflichtig, Jetpack Premium oder Professional erforderlich)
  - Google Analytics (kostenpflichtig, Jetpack Premium oder Professional erforderlich)
  - Website-Statistiken
  - WP.me-Kurzlinks
  - Sitemaps
  - Website-Verifizierung

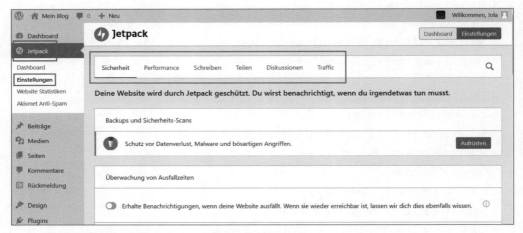

Bild 16.16 Jetpack-Einstellungen auf dem Dashboard

Eine andere Möglichkeit befindet sich auf der „alten" *Jetpack-Module-Seite*. Diese rufen Sie über die Adresse `https://IhreDomain/wp-admin/admin.php?page=jetpack_modules` auf (siehe Bild 16.17). Statt `IhreDomain` fügen Sie die Adresse Ihrer Website ein. Hier finden Sie alle Module aufgelistet, die einzelnen Module können auf dieser Seite aktiviert bzw. deaktiviert werden. Die Anzeige der Module können Sie in der rechten Spalte festlegen. Hinter den einzelnen Kategorien finden Sie die jeweilige Anzahl der Module in der Klammer. Aktuell (Stand 16. März 2020) sind es folgende Kategorien, in Klammern die Anzahl der Module: Alle (41), Allgemein (1), Design (11), Empfohlen (10), Entwickler (2), Fotos und Videos (6), Schreiben (8), Social (11), Sonstiges (6), Traffic (2) und Website-Statistiken (1).

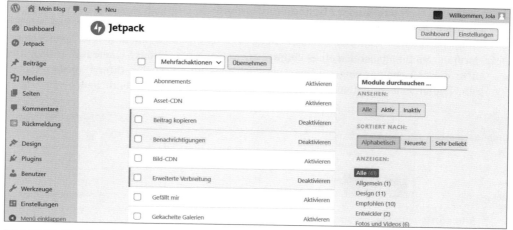

Bild 16.17 Module-Seite von Jetpack

16.2.7.2 Jetpack-Blöcke für den Block-Editor

Zusätzlich zu den Modulen werden mit dem *Jetpack*-Plugin auch Blöcke für den Block-Editor Gutenberg mitinstalliert. Die meisten Blöcke sind für alle verfügbar, einige müssen aktiviert werden, benötigen einen speziellen Account oder das Jetpack-Premium- oder Jetpack-Business-Paket. In Jetpack 8.1 (Stand 16. März 2020) sind es die Blöcke (in alphabetischer Reihenfolge) *Calendly, Diashow, Eventbrite-Bezahlfunktion, Folgebesuche, Formular, Gekachelte Galerie, Geschäftszeiten, GIF, Google Calendar, Karte, Kontaktinfo, Mailchimp, Markdown, OpenTable, Pinterest, Revue, Schaltfläche für wiederkehrende Zahlungen* und *Sterne-Bewertung* (siehe Bild 16.18). *Abonnementformular* und *Ähnliche Beiträge* werden nur angezeigt, wenn Sie diese *Jetpack*-Funktionen aktiviert haben. Bei Jetpack Premium und Jetpack Business kommt der *Einfaches-Bezahlen-Button* für Zahlungsempfänge via PayPal hinzu.

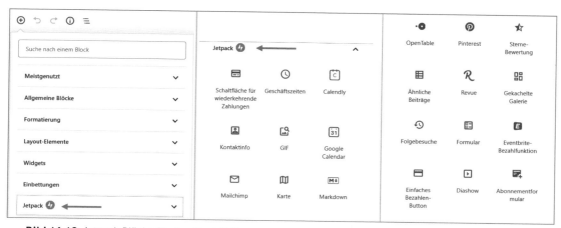

Bild 16.18 Jetpack-Blöcke für den Block-Editor

16.2.7.2.1 Jetpack-Block: Abonnementformular

Für den *Jetpack-Block Abonnementformular* muss die Abonnementfunktion von Jetpack unter *Jetpack/Einstellungen/Diskussion* aktiviert sein. Dann können Sie ein Abonnementformular im Inhaltsbereich eines Beitrags oder einer Seite einfügen (siehe Bild 16.19). Alle über dieses Formular eingetragenen Besucherinnen und Besucher Ihrer Website erhalten eine E-Mail-Benachrichtigung, wenn Sie einen neuen Beitrag veröffentlichen.

Bild 16.19 Jetpack-Block Abonnementformular

16.2.7.2.2 Jetpack-Block: Calendly

Mit dem *Jetpack-Block Calendly* betten Sie einen Kalender beispielsweise für Kunden ein, um Termine zu planen und zu vereinbaren (siehe Bild 16.20). Sie benötigen dazu einen Account bei *Calendly (https://calendly.com/de)*.

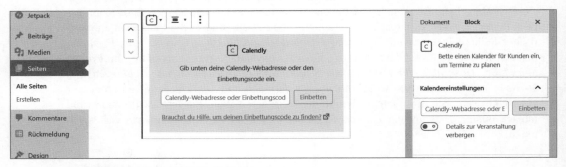

Bild 16.20 Der Jetpack-Block Calendly

16.2.7.2.3 Jetpack-Block: Diashow

Mit dem *Jetpack-Block Diashow* fügen Sie eine interaktive Diashow einer Seite oder einem Beitrag hinzu. Sie können Bilder, die Sie zur Diashow hinzufügen möchten, hochladen oder aus der Mediathek auswählen (siehe Bild 16.21). Ist *Autoplay* im Bereich *Autoplay* der Block-Einstellungen aktiviert, wird die Slideshow automatisch gestartet. Sie können die Dauer des Übergangs in Sekunden festlegen, es wird eine Pause-Schaltfläche eingeblendet, damit Besucher und Besucherinnen Ihrer Website die Slideshow anhalten können (siehe Bild 16.22).

Bild 16.21 Der Jetpack-Block Diashow

Im Bereich *Effekte* legen Sie den Übergang zwischen den einzelnen Bildern fest. Zur Auswahl stehen Folie und Ausblenden (Überblendung). In der Bearbeitungsleiste des Blocks definieren Sie die Ausrichtung des Blocks. Standardmäßig wird die Slideshow zentriert angezeigt, falls im Theme vorgesehen, stehen auch *Weite Breite* und *Gesamte Breite* zur Verfügung (siehe Bild 16.22).

Bild 16.22 Der Jetpack-Block Diashow mit vier Bildern

16.2.7.2.4 Jetpack-Block: Einfaches-Bezahlen-Button

Der *Jetpack-Block Einfaches-Bezahlen-Button* steht nur für Jetpack Premium und Jetpack Business zur Verfügung. Sie benötigen zudem ein PayPal-Konto. Es ermöglicht das Einfügen einer PayPal-Bezahlen-Schaltfläche für Spenden oder zum Bezahlen von Produkten und Services (siehe Bild 16.23).

Bild 16.23 Jetpack-Block Einfaches-Bezahlen-Button mit Eingabefeldern (links) und Vorschau im Editor (rechts)

16.2.7.2.5 Jetpack-Block: Eventbrite-Bezahlfunktion

Mit dem *Jetpack-Block Eventbrite-Bezahlfunktion* können Sie *Eventbrite*-Veranstaltungsdetails und die Ticketbezahlfunktion in eine Seite oder einen Beitrag einbetten (siehe Bild 16.24). Sie benötigen dazu einen Eventbrite-Account *(https://www.eventbrite.de/, https://www. eventbrite.at/, https://www.eventbrite.ch/).* Dieser Block ist standardmäßig in allen Jetpack-Paketen verfügbar.

Bild 16.24 Der Jetpack-Block Eventbrite-Bezahlfunktion

16.2.7.2.6 Jetpack-Block: Folgebesuche

Meiner Meinung nach ein besonders interessanter Block ist der *Jetpack-Block Folgebesuche*. Mit diesem Block können Sie die Sichtbarkeit von verschachtelten Blöcken steuern, je nachdem, wie oft ein Besucher die Seite zuvor besucht hat. In den Block-Einstellungen können Sie den *Besuchszählschwellenwert* und die *Sichtbarkeit* konfigurieren, um die Kriterien für die Anzeige des Blockinhalts festzulegen. Wenn Sie beispielsweise den Schwellenwert für die Anzahl der Besuche auf *3* und die Sichtbarkeit nach dem Schwellenwert auf *Anzeigen* setzen, wird der Blockinhalt nur Personen angezeigt, die die Seite mehr als drei Mal besucht haben. Bei den ersten drei Besuchen wird der Inhalt nicht angezeigt. Zum Zählen der Seitenaufrufe wird im Browser des Besuchers ein Cookie mit dem Namen `jp-visit-counter` gesetzt, das bei jedem Besuch erhöht wird. Dieses Cookie wird nur im Browser gespeichert und nicht in einer Datenbank.

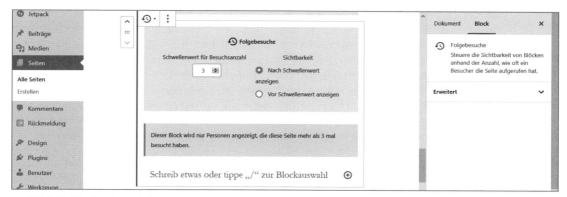

Bild 16.25 Der Jetpack-Block Folgebesuche

16.2.7.2.7 Jetpack-Block: Formular

Ein Kontaktformular ist heutzutage quasi Standard und sollte bei keinem Internetauftritt fehlen. *Jetpack* beinhaltet ein *Formular*-Modul, mit dem Sie auf einfache Art und Weise ein Formular mit einem *Formular-Block* im Block-Editor einfügen und nach Ihren Bedürfnissen anpassen können. Der *Jetpack-Block Formular* wird nur angezeigt, wenn das Kontaktformular-Modul aktiviert ist – es ist standardmäßig aktiviert, kann jedoch deaktiviert werden. Pro Seite bzw. Beitrag können jeweils ein Formular eingefügt werden, die sich unabhängig vom anderen individuell bearbeiten lassen.

Beim erstmaligen Einfügen eines Formulars in eine Seite oder einen Beitrag können Sie eine *E-Mail-Adresse* (oder mehrere durch Komma getrennt) und einen *Betreff* für dieses Formular angeben. Diese Angaben können Sie auch in der Seitenleiste im Bereich *E-Mail Feedback Settings* hinzufügen oder ändern. Wenn diese Felder leer bleiben, werden die Benachrichtigungen an den Autor oder die Autorin des Beitrags bzw. der Seite gesendet und der Titel des Beitrags bzw. der Seite im Betreff angezeigt. Bei *Bestätigungsmeldung* wählen Sie aus, welche Aktion nach dem Absenden des Formulars ausgeführt werden soll. Zur Auswahl stehen *Eine Zusammenfassung der übermittelten Felder anzeigen, Eine individuelle Textnachricht anzeigen* oder *An eine andere Webseite weiterleiten,* beispielsweise auf eine eigene Danke-Seite (siehe Bild 16.26).

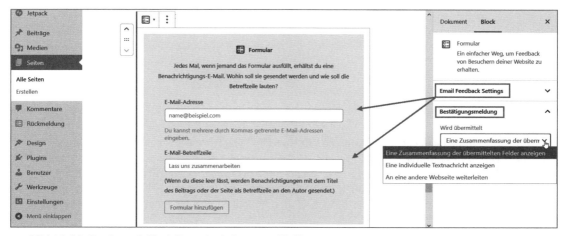

Bild 16.26 Der Jetpack-Block Formular beim ersten Einfügen

Mit Klick auf *Formular hinzufügen* wird ein Standardformular mit den Feldern *Name, E-Mail, Website* und *Nachricht* sowie *Senden*-Button in den Beitrag bzw. in die Seite eingefügt (siehe Bild 16.27). In den Block-Einstellungen wird nun auch der Bereich *Button-Farbeinstellungen* angezeigt. Welche Farben hier auswählbar sind, hängt vom jeweiligen Theme ab, im Beispiel *Twenty Nineteen*. Sie können die Beschriftung der einzelnen Felder bearbeiten und neue Felder mit Klick auf das +-Symbol unter dem letzten Formularfeld hinzufügen (siehe Pfeil in Bild 16.27 und Bild 16.28, rechts). Beachten Sie, dass neue Felder innerhalb des Formular-Blocks liegen müssen. Um ein Feld zu entfernen, klicken Sie in dieses Feld, im Beispiel *Website*, und wählen oben bei den drei Punkten *Block entfernen* (siehe Bild 16.28, links).

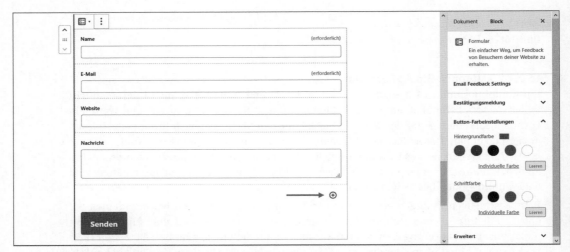

Bild 16.27 Das Standardformular nach dem Einfügen im Jetpack-Block Formular

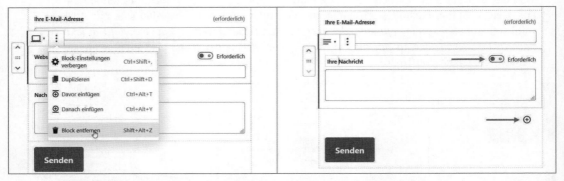

Bild 16.28 Formular-Feld entfernen (links), neues Feld hinzufügen (rechts)

Sie können das Formular jederzeit mit weiteren Feldern erweitern, zur Auswahl stehen die Felder *Text, Name, E-Mail, Website, Datumsauswahl, Telefonnummer, Nachricht, Auswahl-kästchen, Kontrollkästchengruppe, Radio* und *Auswählen* (siehe Bild 16.29, links). Unter *Meistgenutzt* werden die am häufigsten verwendeten Formular-Felder angezeigt, solange sich der Cursor im Formular-Block befindet. Zudem ist es auch möglich, andere Blöcke wie beispielsweise einen *Absatz-Block* innerhalb des Jetpack-Blocks Formular zu platzieren, da der Jetpack-Block Formular als Gruppen-Block konzipiert ist (siehe Bild 16.29, rechts).

Die gesendeten Daten werden in der Datenbank der Website gespeichert und dem Autor, der die Seite bzw. den Beitrag mit dem Kontaktformular veröffentlicht hat, per E-Mail zugesendet. Diese E-Mail enthält die IP-Adresse, den Zeitstempel, den Namen, die E-Mail-Adresse, die Website sowie die Nachricht der Person, die das Formular übermittelt hat. Laut der Jetpack-Website dient die Angabe der IP-Adresse als vorbeugende Maßnahme gegen missbräuchliche Verwendung. Außerdem ist die IP-Adresse bei Websites, die *Akismet* verwenden, für den Schutz vor Spam erforderlich. Zudem werden die Daten aus dem Kontaktformular (IP-Adresse, Benutzeragent, E-Mail-Adresse, Website-URL und Nachricht) zur Spamprüfung an *Akismet* übermittelt. Ein Hinweis diesbezüglich sollte unbedingt unterhalb des Formulars eingeblendet werden. Beachten Sie, dass beim (Kontakt-)Formular von *Akismet* kein Datenschutzhinweis wie bei einem Kommentarformular eingeblendet wird!

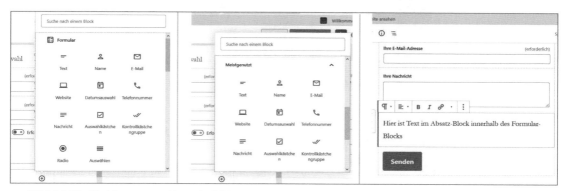

Bild 16.29 Sie können neue Formularfelder und andere Blöcke hinzufügen

16.2.7.2.8 Jetpack-Block: Gekachelte Galerie

Mit dem *Jetpack-Block Gekachelte Galerie* können Sie Bildergalerien in vier Stilen in eine Seite oder einen Beitrag einfügen als *gekacheltes Mosaik, Kreisraster, quadratische Kacheln* und *gekachelte Spalten* (siehe Bild 16.30). Voraussetzung ist die Aktivierung des *Jetpack*-Moduls *Bild-CDN* (unter *Jetpack/Einstellungen/Performance* die Option *Ladezeiten von Bildern verkürzen*).

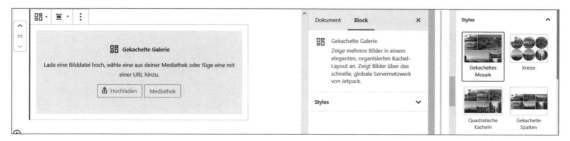

Bild 16.30 Jetpack-Block Gekachelte Galerie (links), Auswahl der Stile (rechts)

Bei den Stilen *Gekacheltes Mosaik* und *Quadratische Kacheln* werden bei Hover mit dem Mauszeiger eventuelle Beschriftungen eingeblendet. Im Bereich *Einstellungen* für gekachelte Galerien besteht die Möglichkeit, abgerundete Ecken zu definieren (siehe Bild 16.31, Pfeile).

Bild 16.31 Gekacheltes Mosaik mit abgerundeten Ecken

16.2.7.2.9 Jetpack-Block: GIF

Mit dem *Jetpack-Block GIF* fügen Sie ein animiertes GIF-Bild von *Giphy (https://giphy.com/)* in einen Beitrag oder in eine Seite ein. Geben Sie in das Suchfeld einen Suchbegriff ein, wählen Sie ein animiertes GIF aus und anschließend ein Standbild aus den Vorschlägen. Sie können auch die URL des GIFs direkt auf der *Giphy*-Website kopieren und in das Suchfeld einfügen.

Bild 16.32 Der Jetpack-Block GIF

16.2.7.2.10 Jetpack-Block: Google Calendar

Der *Jetpack-Block Google Calendar* ermöglicht das Einfügen eines Google-Kalenders in eine Seite oder einen Beitrag. Als ersten Schritt müssen Sie den gewünschten Kalender freigeben. Danach können Sie den Einbetten-Code oder die URL des Kalenders in das Textfeld einfügen. Mit Klick auf *Einbetten* wird der Kalender auf der Seite bzw. im Beitrag angezeigt.

Bild 16.33 Der Jetpack-Block Google Calendar

16.2.7.2.11 Jetpack-Block: Karte

Der *Jetpack-Block Karte* erlaubt das Einbinden einer Karte mit Markierungen, beispielsweise Ihres Standorts. Sie benötigen einen *Mapbox*-Account *(https://www.mapbox.com/)* und einen öffentlichen Standort-Token.

Bild 16.34 Der Jetpack-Block Karte fügt eine Mapbox-Karte ein

16.2.7.2.12 Jetpack-Block: Kontaktinfo

Der *Jetpack-Block Kontaktinfo* ermöglicht es, eine E-Mail-Adresse, Telefonnummer und physische Adresse mit verbessertem Markup für bessere SEO-Ergebnisse hinzuzufügen. Zudem kann die Adresse mit *Google Maps* verlinkt werden (siehe Bild 16.35, Pfeil). Der Block besteht aus den drei Unterblöcken E-Mail-Adresse, Telefonnummer und Adresse, diese können nach Belieben umgruppiert oder mehrmals eingefügt werden, z. B. für die Angabe einer zweiten Telefonnummer.

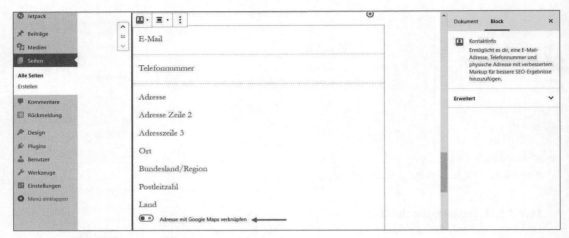

Bild 16.35 Jetpack-Block Kontaktinfo

16.2.7.2.13 Jetpack-Block: Mailchimp

Wenn Sie einen *Mailchimp*-Account haben *(https://mailchimp.com/)*, können Sie mit dem *Jetpack-Block Mailchimp* ein Formular in eine Seite oder einen Beitrag einfügen, über den sich Leserinnen und Leser Ihrer Website für Ihren Newsletter anmelden können (siehe Bild 16.36).

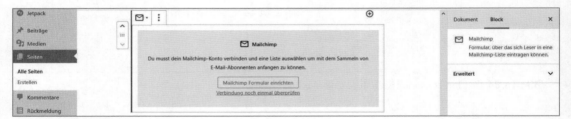

Bild 16.36 Richten Sie ein Mailchimp-Formular ein

16.2.7.2.14 Jetpack-Block: Markdown

Im *Jetpack-Block Markdown* fügen Sie Text ein, den Sie mittels *Markdown* formatieren können (siehe Bild 16.37).

Bild 16.37 Der Jetpack-Block Markdown

16.2.7.2.15 Jetpack-Block: OpenTable

Für Restaurantbesitzerinnen und -besitzer bietet der Jetpack-*Block OpenTable* die Möglichkeit, dass Gäste freie Tische online reservieren können. Sie benötigen einen Account bei *OpenTable (https://restaurant.opentable.de)* und einen Einbettungscode.

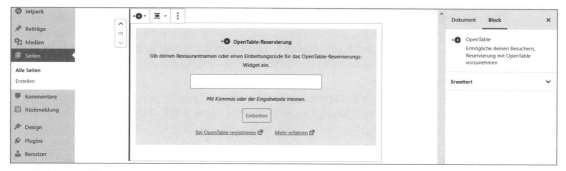

Bild 16.38 Fügen Sie eine Online-Reservierung für Ihr Restaurant ein

16.2.7.2.16 Jetpack-Block: Opening Hours (Geschäftszeiten)

Der *Jetpack-Block Geschäftszeiten* steht bei allen Jetpack-Paketen zur Verfügung. Mit diesem Block können Sie Ihre Öffnungszeiten angeben (siehe Bild 16.39).

Bild 16.39 Der Jetpack-Block Geschäftszeiten im Backend (links) und im Frontend im Theme Twenty Nineteen (rechts)

16.2.7.2.17 Jetpack-Block: Pinterest

Mit dem *Jetpack-Block Pinterest* betten Sie einen Pin, ein Board oder einen Benutzer von Pinterest ein. Sie benötigen lediglich die URL, die Sie in das Textfeld einfügen. Klicken Sie anschließend auf *Einbetten*.

Bild 16.40 Der Jetpack-Block Pinterest

16.2.7.2.18 Jetpack-Block: Related Posts (Ähnliche Beiträge)

Um ähnliche Beiträge anzuzeigen, müssen Sie die Funktion *Verwandte Inhalte nach Beiträgen anzeigen* unter *Jetpack/Einstellungen/Traffic* aktivieren. Sie können auch auswählen, ob Sie das Miniaturbild einfügen möchten. Diese Einstellungen beziehen sich zwar ausschließlich auf das Arbeiten mit dem *Classic Editor*, ähnliche Beiträge werden am Ende eines Beitrags angezeigt. Dennoch ist die Aktivierung auch für den *Jetpack-Block Ähnliche Beiträge* erforderlich. Unabhängig vom verwendeten Editor scannt diese Funktion den gesamten Inhalt Ihrer Beiträge, analysiert ihn und zeigt kontextbezogene Beiträge an. Die gesamte Analyse, Verarbeitung und Bereitstellung erfolgt über die Cloud, somit wird Ihr Server nicht zusätzlich belastet.

Sie können den Block an einer beliebigen Stelle im Beitragsinhalt einfügen, in den Block-Einstellungen die gewünschten Anpassungen vornehmen (siehe Bild 16.41, Beispiel von meiner Nashorn-Website).

Bild 16.41 Ähnliche Beiträge mit dem Jetpack-Block Ähnliche Beiträge

16.2.7.2.19 Jetpack-Block: Revue

Der *Jetpack-Block Revue* fügt ein Anmeldeformular für Ihren *Revue*-Newsletter ein. Sie benötigen einen *Revue*-Account *(https://www.getrevue.co/)* und Ihren Benutzernamen (siehe Bild 16.42).

Bild 16.42 Der Jetpack-Block Revue für Newsletter-Anmeldungen

16.2.7.2.20 Jetpack-Block: Schaltfläche für wiederkehrende Zahlungen

Mit dem *Jetpack-Block Wiederkehrende Zahlungen* fügen Sie einen Bezahlen-Button speziell für wiederkehrende Spenden, Abo-Zahlungen etc. in eine Seite oder einen Beitrag ein. Als Zahlungs-Gateway wird *Stripe* verwendet.

Bild 16.43 Der Jetpack-Block Wiederkehrende Zahlungen

16.2.7.2.21 Jetpack-Block: Sterne-Bewertung

Wenn Sie auf Ihrer Website Filme, Bücher, Songs, Rezepte etc. bewerten, dann kann der *Jetpack-Block Sterne-Bewertung* hilfreich sein. Sie können zwischen zwei Stilen wählen, die Sterne farblich darstellen, zwischen drei und zehn Sterne anzeigen lassen und auch halbe Sterne vergeben. Bild 16.44, links, zeigt zwei *Jetpack-Blöcke Sterne-Bewertung* im Backend, rechts im Frontend im Theme Twenty Nineteen.

Bild 16.44 Zwei Jetpack-Blöcke Sterne-Bewertung im Backend (links) und im Frontend (rechts)

16.2.7.3 Jetpack-Einstellungen im Block-Editor

Neben einem eigenen Bereich für Blöcke gibt es auch einen eigenen Bereich für Jetpack-Einstellungen – abhängig von den jeweils aktivierten Modulen und Funktionen – in der Seitenleiste des Block-Editors. Diese Einstellungen-Seitenleiste öffnen Sie durch Klick auf das *Jetpack-Logo* rechts oben zwischen dem Zahnrädchen und den drei Punkten oberhalb der Seitenleiste (siehe Bild 16.45).

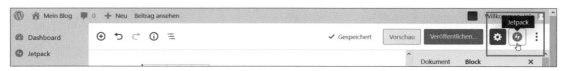

Bild 16.45 Die Jetpack-Seitenleiste im Block-Editor

Die Jetpack-Seitenleiste im Block-Editor zeigt die Bereiche *Diesen Beitrag teilen (Share this post), Kurzlink (Shortlink)* und *Likes und Teilen (Likes and sharing),* siehe Bild 16.46. Unter *Einstellungen/Teilen* auf dem Dashboard legen Sie fest, ob und auf welchen sozialen Plattformen der jeweilige Beitrag automatisch geteilt werden soll sowie ob Sie *Likes* anzeigen lassen möchten. Die Funktion *Kurzlink* aktivieren Sie unter *Jetpack/Einstellungen/Traffic* im Bereich *WP.me-Kurzlinks.*

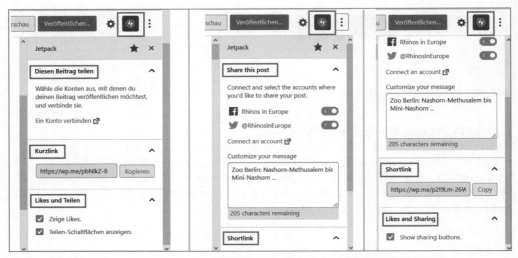

Bild 16.46 Die Jetpack-Seitenleiste im Block-Editor auf einer Test-Installation (links) und auf Rhinos-in-Europe (Mitte und rechts)

16.2.7.4 Jetpack-Widgets und zusätzliche Funktionen

Jetpack beinhaltet auch eine Reihe von zusätzlichen Widgets sowie eine spezielle Funktion, die ich keinesfalls mehr missen möchte, die *Sichtbarkeit von Widgets.* Beachten Sie, dass unter *Jetpack/Einstellungen/Schreiben* im Bereich *Widgets* beide Funktionen aktiviert sein müssen, damit sie angewendet werden können (siehe Bild 16.47).

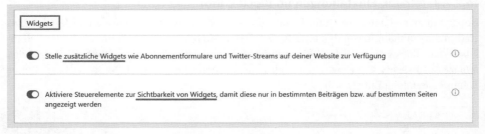

Bild 16.47 Aktivieren Sie beide Funktionen im Bereich Widgets

16.2.7.4.1 Jetpack-Funktion Sichtbarkeit der Widgets

Mit der *Jetpack-Funktion Sichtbarkeit von Widgets* können Sie festlegen, auf welchen Seiten oder Beiträgen ein Widget angezeigt oder ausgeblendet werden soll. Auch mehrere Bedingungen für die Anzeige eines Widgets sind möglich. Die Funktion steht in allen Jetpack-Paketen zur Verfügung. Sie können die Sichtbarkeit am unteren Rand eines Widgets festlegen (siehe Bild 16.48).

Bild 16.48 Jetpack-Sichtbarkeit von Widgets (links), Widget nur auf Startseite zeigen (rechts)

16.2.7.4.2 Jetpack-Widgets

Zu den bestehenden Widgets in WordPress Core stehen mit Jetpack weitere 22 Widgets zur Verfügung (Stand Jetpack 8.2, 16. März 2020):

- *Jetpack-Widget Autoren*
  Zeigt Blogautoren mit Avataren und letzten Beiträgen (siehe Bild 16.49).

Bild 16.49
Das Jetpack-Widget Autoren

- *Jetpack-Widget EU-Cookies-Banner*
  Zeigt einen Banner entsprechend des EU-Cookie-Gesetzes und der DSGVO an (siehe Bild 16.50, unten).

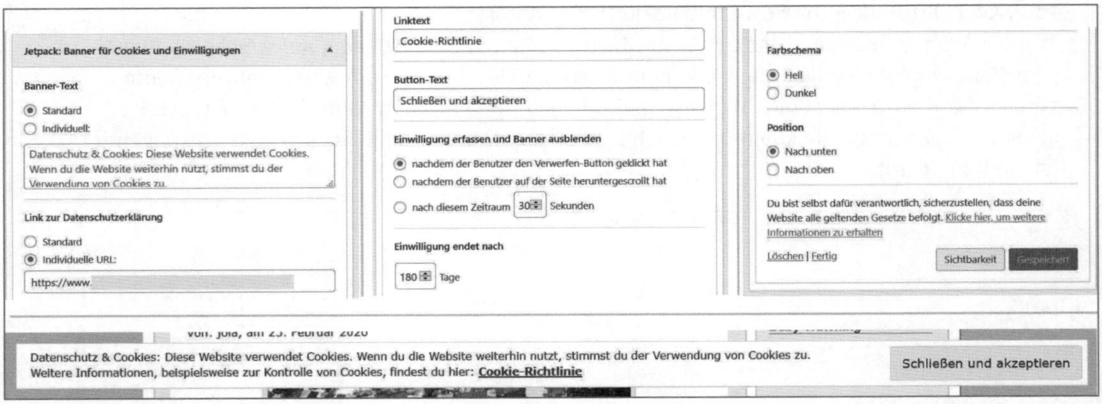

Bild 16.50 Das Jetpack-Widget EU-Cookies-Banner im Backend (oben) und im Frontend auf Rhinos-in-Europe (unten)

Damit der Cookies-Banner am unteren Ende des Bildschirms über die gesamte Breite angezeigt wird, muss der Widgets-Bereich, in dem dieses Widget eingefügt wurde, den Platzhalter %2$s für Widget-spezifische Klassen beinhalten (siehe Zeile 7 in Listing 16.1). Widgets-Bereiche werden in der functions.php Ihres Themes bzw. des Child-Themes folgendermaßen registriert (siehe Listing 16.1).

Listing 16.1 Beispiel Widgets-Bereich inkl. Klasse .widget registrieren

```
01 // Widgets-Bereich Mein Widgets-Bereich
02 function jwp5buch_mein_widgets_bereich() {
03    register_sidebar( array(
04       'name'         => 'Mein Widgets-Bereich',
05       'id'           => 'widgets-bereich',
06       'description'  => 'Wird in der Sidebar angezeigt',
07       'before_widget' => '<section id="%1$s" class="widget %2$s">',
08       'after_widget'  => '</section>',
09       'before_title'  => '<h2 class="widget-title">',
10       'after_title'   => '</h2>',
11       )
12    );
13 }
14
15 add_action( 'widgets_init', 'jwp5buch_mein_widgets_bereich' );
```

Zusätzlich ist es oft hilfreich, wenn der Jetpack-Cookies-Banner nicht (korrekt) angezeigt wird, die CSS-Stile aus Listing 16.2 in die style.css Ihres Themes bzw. Ihres Child-Themes einzufügen.

Listing 16.2 CSS-Regel für den Jetpack-EU-Cookies-Banner

```
1 /* Jetpack EU-Cookies Banner */
2 .widget-container.widget_eu_cookie_law_widget {
3    margin: 0 auto;
4    padding: 0;
5    position: fixed;
6    bottom: 2em;
7    width: 100%;
```

```
8    z-index:1000;
9 }
```

Möchten Sie das Aussehen des Cookies-Banners verändern und beispielsweise den Text zentrieren, so können Sie eine neue Regel für den Selektor `#eu-cookie-law` in der `styles.css` Ihres Themes bzw. in der `style.css` des Child-Themes erstellen (siehe Listing 16.3).

Listing 16.3 CSS-Regel für Text im Jetpack Cookies Banner zentrieren

```
1 /* zentriert Text im Jetpack Cookies Banner */
2 #eu-cookie-law {
3    text-align: center;
4 }
```

- *Jetpack-Widget Blog-Abonnements*
  Fügt ein E-Mail-Anmeldeformular hinzu, um es Besuchern zu ermöglichen, den Blog zu abonnieren.

Bild 16.51 Jetpack-Widget Blog-Abonnements im Backend (links) und auf Rhinos-in-Europe im Frontend (rechts)

- *Jetpack-Widget Blogstatistik*
  Zeigt einen Besucherzähler an (es werden Hits gezählt und nicht einzelne Besucher!); Bild 16.52, links, zeigt das Widget im Backend und rechts auf Rhinos-in-Europe.

Bild 16.52 Jetpack-Widget Blogstatistik im Backend (links) und auf Rhinos-in-Europe im Frontend (rechts)

- *Jetpack-Widget Einfache Bezahlung*
  Fügt den Button für *Einfaches Bezahlen* als Widget ein (siehe Bild 16.53); ist nur beim kostenpflichtigen Jetpack-Premium- und Professional-Paket verfügbar. Bei *Wähle einen*

Button für Einfaches Bezahlen aus sind jene Buttons gelistet, die Sie im Block-Editor mit dem *Jetpack-Block Einfaches Bezahlen* erstellt haben.

Bild 16.53
Das Jetpack-Widget Einfache Bezahlung

- *Jetpack-Widget Facebook-Seiten-Plugin*
  Das Facebook-Seiten-Plugin fügt eine *Facebook-Gefällt-mir-Box* ein (siehe Bild 16.54); seit der Änderung der Graph API von *Facebook* im Jahr 2015 ist nur mehr das Einbinden von *Facebook-Pages* möglich, vom persönlichen Account hingegen nicht!

Bild 16.54 Jetpack-Widget Facebook-Seiten-Plugin

- *Jetpack-Widget Flickr*
  Zeigt die neuesten *Flickr-Fotos* von Ihrem Flickr-Account oder „interessante" Fotos von *Flickr*; für eigene *Flickr*-Bilder benötigen Sie einen *Flickr*-Account (siehe Bild 16.55).

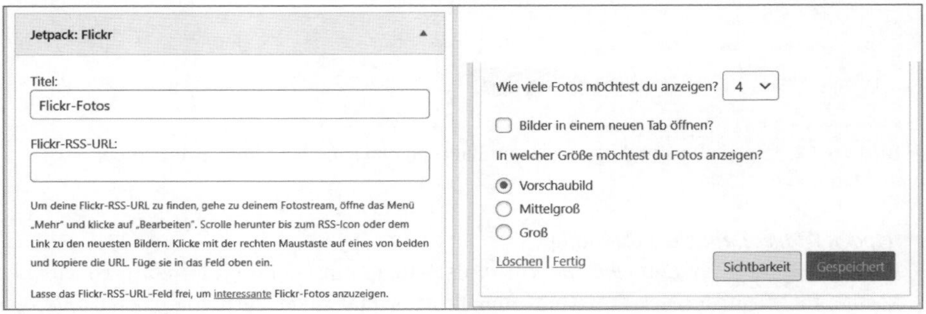

Bild 16.55 Das Jetpack-Widget Flickr

▪ *Jetpack-Widget Goodreads*
Zeigt Ihre Bücher bei *Goodreads;* Sie benötigen Ihre Benutzer-ID von *Goodreads* (siehe Bild 16.56).

Bild 16.56
Das Jetpack-Widget Goodreads

▪ *Jetpack-Widget Google Translate*
Fügt die Option ein, die Webseite mit *Google Translate* zu übersetzen (siehe Bild 16.57).

Bild 16.57 Das Jetpack-Widget Google Translate im Backend (links) und im Frontend auf zoobesuche.at (rechts)

▪ *Jetpack-Widget Gravatar-Profil*
Zeigt eine Mini-Version Ihres *Gravatar*-Profils; Sie benötigen einen *Gravatar*-Account (siehe Bild 16.58).

Bild 16.58
Das Jetpack-Widget Gravatar-Profil

- *Jetpack-Widget Internet Defense League*
  Zeigt Ihren Support für die *Internet Defense League,* Sie können ein *Shield-Badge, Super-Badge* oder *Red Cat-Badge* anzeigen lassen (siehe Bild 16.59).

Bild 16.59 Jetpack-Widget Internet Defense League im Backend (links), Shield-Badge, Super-Badge und Red-Cat-Badge im Frontend

- *Jetpack-Widget Kommende Veranstaltungen*
  Zeigt zukünftige Ereignisse aus einem *iCalendar-Feed* (siehe Bild 16.60).

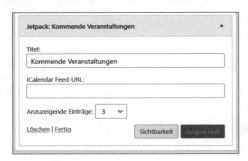

Bild 16.60
Das Jetpack-Widget Kommende
Veranstaltungen

- *Jetpack-Widget Kontakt-Info & Karte*
  Zeigt eine Landkarte mit Ihrer Adresse, Öffnungszeiten und Kontaktinformationen; Sie benötigen für die Anzeige der Karte einen API-Schlüssel zu *Google Maps* (siehe Bild 16.61).

Bild 16.61 Das Jetpack-Widget Kontakt-Info & Karte

- *Jetpack-Widget MailChimp Abonnenten-Popup*
  Zeigt Popup mit Newsletter-Abonnementformular an; Sie benötigen dafür einen *Mail-Chimp*-Account (siehe Bild 16.62).

Bild 16.62
Das Jetpack-Widget MailChimp
Abonnenten-Popup

- *Jetpack-Widget Meilenstein*
  Zeigt einen Countdown für ein bestimmtes Datum (siehe Bild 16.63).

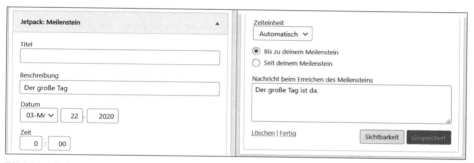

Bild 16.63 Das Jetpack-Widget Meilenstein

- *Jetpack-Widget Meine Community*
  Zeigt Mitglieder der Community Ihrer Website (siehe Bild 16.64).

Bild 16.64
Das Jetpack-Widget Meine Community

- *Jetpack-Widget RSS-Links*
  Zeigt Links auf die RSS-Feeds (Beiträge, Kommentare, Beiträge & Kommentare) Ihres Blogs als Text-Link, Bild-Link oder Bild-und-Text-Links (siehe Bild 16.65).

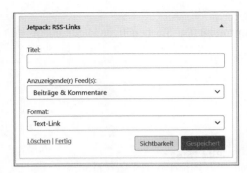

Bild 16.65
Jetpack-Widget RSS-Links

- *Jetpack-Widget Soziale Icons*
  Fügt Social-Media-Icons zu Ihrer Website hinzu; verfügbare Icons (Stand 22. März 2020):
  500px, Amazon, Apple, Bandcamp, Behance, CodePen, DeviantArt, Digg, Dribbble, Drop-box, E-Mail-Adresse (Angabe der Adresse mit mailto:ich@meineeine.xyz), *Etsy, Facebook, Flickr, Foursquare, Goodreads, Google, GitHub, Instagram, iTunes, LinkedIn, Medium, Meetup, Pinterest, Pocket, Reddit, RSS Feeds, Skype, SlideShare, Snapchat, SoundCloud, Spotify, StumbleUpon, Tumblr, Twitch, Twitter, Vimeo, VK, WordPress, Yelp* und *YouTube* (siehe Bild 16.66).

Bild 16.66
Das Jetpack-Widget Social Icons

- *Jetpack-Widget Top Beiträge und Seiten*
  Zeigt Ihre am meisten aufgerufenen Beiträge und Seiten (siehe Bild 16.67).

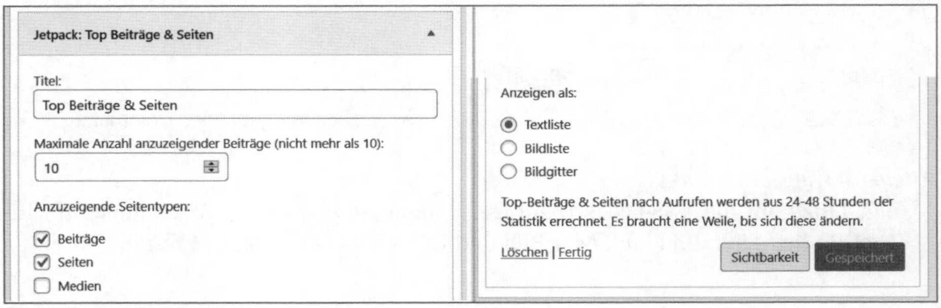

Bild 16.67 Jetpack-Widget Top Beiträge und Seiten

- *Jetpack-Widget Twitter Timeline*
  Zeigt ein offizielles *Twitter Embedded Timeline-Widget* an (siehe Bild 16.68).

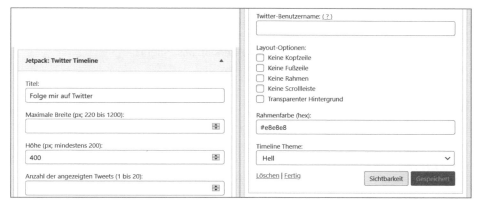

Bild 16.68 Jetpack-Widget Twitter Timeline

- *Jetpack-Widget WordPress-Beiträge anzeigen*
  Zeigt eine Liste aktueller Beiträge eines anderen WordPress.com-Blogs oder eines Blogs, auf dem Jetpack aktiv ist, an (siehe Bild 16.69).

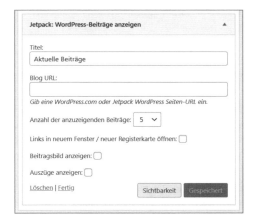

Bild 16.69
Das Jetpack-Widget WordPress-Beiträge anzeigen

16.2.8 Plugin miniOrange 2 Factor Authentication

Aktive Installationen: 20 000+
Downloads gesamt: 748 110
Auf Deutsch verfügbar: nein, nur Englisch
Menüpunkt auf Dashboard: miniOrange 2 Factor (unterhalb von Einstellungen)
Kostenlos: ja in der Free Variante für 1 Benutzer, sonst kostenpflichtig
Autor/Autorin: miniOrange, twofactor
URL: https://de.wordpress.org/plugins/miniorange-2-factor-authentication/

Anmerkung: Im WordPress.org-Plugins-Verzeichnis heißt dieses Plugin *Google Authenticator – WordPress Two Factor Authentication (2FA)*

Das Plugin *miniOrange 2 Factor Authentication* ermöglicht verschiedene Zwei-Faktor-Authentifizierungsmethoden als zusätzliche Sicherheitsebene. Es unterstützt *Google, Authy, LastPass Authenticator,* QR-Code, Push-Benachrichtigung, Soft Token und Sicherheitsfragen (KBA) für einen Benutzer in der kostenlosen Version des Plugins.

16.2.9 Plugin WP Updates Notifier

Aktive Installationen: 30 000+
Downloads gesamt: 143 614
Auf Deutsch verfügbar: ja
Menüpunkt auf Dashboard: Einstellungen/WP Updates Notifier
Kostenlos: ja
Autor/Autorin: Scott Cariss
URL: https://wordpress.org/plugins/wp-updates-notifier/

Das Plugin *WP Updates Notifier* ist ideal, wenn Sie sich nicht zumindest alle paar Tage auf dem Dashboard einloggen. Mit diesem Plugin werden Sie via E-Mail verständigt, wenn ein Update für WordPress Core, Plugins oder Themes zur Verfügung stehen. Zudem kann es den Hinweis bezüglich WordPress-Core-Updates vor Nicht-Administrator-Benutzern verstecken.

16.2.10 Mehrsprachige Internetauftritte

Das Problem der Mehrsprachigkeit mag vielleicht nur einen geringen Teil der auf WordPress basierenden Websites betreffen. Vielleicht ist deshalb im WordPress Core noch keine Basis-Funktion für mehrsprachige Inhalte, wie auch immer diese aussehen könnte, enthalten. Für all jene, die einen mehrsprachigen Internetauftritt realisieren möchten, bedeutet dies nicht nur Kopfzerbrechen über den Aufbau und die Struktur der Website. Die Suche nach dem passenden Plugin und die Implementierung können manche schon zum Verzweifeln bringen. Die Situation, wenn das jahrelang funktionierende Plugin nicht mehr weiter betreut wird, grenzt schon an einen Supergau. Vor allem, wenn dadurch keine Updates von WordPress und anderen Plugins oder der PHP-Version auf dem Server mehr möglich sind. Und die Probleme beim Umstieg auf ein anderes Plugin können in manchen Fällen tatsächlich den absoluten Supergau bedeuten.

16.2.10.1 Fallbeispiel: Kunjana.net

Ich möchte hier keinesfalls von mehrsprachigen Websites abraten, sondern lediglich auf mögliche Probleme, die auf Sie zukommen könnten und in manchen Fällen auch werden, hinweisen. Als ich im Jahr 2013 eine mehrsprachige Website zu meinem Kinderbuch *Kunjana, das kleine Panzernashorn (https://www.kunjana.net/)* in drei Sprachen einrichtete – eine weitere Sprache soll im Sommer folgen –, entschied ich mich für das Plugin *qTranslate X*. Ein kleines, feines, kostenloses Plugin, das eine benutzerfreundliche und datenbankfreundliche Realisierung von mehrsprachigen Inhalten für WordPress-Installationen erlaubt. Mit 100 000+ aktiven Installationen und insgesamt 672 991 Downloads (Stand 25. März 2020) gehört *qTranslate X* zu den nicht gerade selten verwendeten Plugins. Mit dem Plugin *Google XML Sitemaps v3 for qTranslate* war auch für die Erfassung der einzelnen Sprachversionen der Seiten in den Sitemaps gesorgt. Mit *qTranslate X* konnte man eine leicht integrierbare Leiste zum Wechseln der Sprache ins Layout einbauen (siehe Pfeil in Bild 16.70). Mit einem Klick auf die jeweilige Sprache wird die aktuelle Seite in der gewählten Sprache inklusive übersetzten Navigationspunkten etc. geladen. Sollte diese Seite in der gewählten Sprache nicht zur Verfügung stehen, wird ein Hinweis mit einem Link zur Seite mit der Original-sprache angezeigt. Die einzelnen Seiten und Beiträge erhalten in der Adresse ein Sprach-kürzel (im Beispiel /en/, /hu/) nach der Domain im Permalink gesetzt. Da die Titel bei Seiten und Beiträgen auch beim Erstellen (manuell) übersetzt werden, handelt es sich quasi um unterschiedliche, unabhängig voneinander einzeln aufrufbare Adressen. Weder ein eigener Ordner pro Sprachversion noch ein Subdomain oder gar eine eigene Installation pro Sprache sind erforderlich. Das war damals wohl auch einer der Gründe, wenn nicht sogar der Hauptgrund, mich für dieses Plugin zu entscheiden.

Anmerkung: Sämtliche Inhalte, Titel und Navigationspunkte wurden und werden manuell, d. h. von Menschen – im Beispiel von mir –, übersetzt und nicht maschi-nell! Das Plugin sorgt für die korrekte Anzeige der passenden Sprachversion der Seite bzw. des Beitrags nach der jeweiligen Sprachauswahl.

Bild 16.70 Navigation zum Wechsel der Sprache auf kunjana.net

Im Backend wurde der Inhalt im Classic Editor (TinyMCE) wie gewohnt in der jeweiligen Sprache eingegeben, über Tabs oberhalb und unterhalb des Editors wechselt man zur anderen Sprache (siehe Bild 16.71).

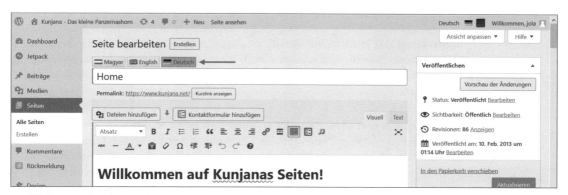

Bild 16.71 Arbeiten im Classic Editor mit den einzelnen Sprachversionen

Vor vier Jahren kam dann das Entsetzen, als das Plugin nicht mehr weiterentwickelt wurde – die zuletzt mit dem Plugin getestete Version war WordPress 4.5.13. Dies hieß, dass beispielsweise das Plugin nicht mit einer neueren PHP-Version funktionierte. Da die letzten

WordPress-Versionen mindestens PHP 7.3 erfordern, konnte auch kein WordPress-Update und kein Update der anderen installierten Plugins durchgeführt werden. Zum Glück hatte sich ein Team zusammengefunden, das sich des Plugins annahm und dieses unter dem Namen *qTranslate-XT* – XT für Extended – weiterentwickelt. Allerdings handelt es sich derzeit noch um eine Version, die nur auf *Github* und nicht im WordPress.org-Plugins-Verzeichnis erhältlich ist. Dies bedeutet, die Installation und Verwendung auf einer Live-Site erfolgen auf eigene Gefahr. Die gewohnten automatischen Updates, wie bei Plugins aus dem WordPress.org-Verzeichnis, gibt es auch nicht.

Das Plugin von *Github (https://github.com/qtranslate/qtranslate-xt)* funktioniert jetzt (Mitte März 2020) auch auf PHP 7.3 mit WordPress 5.3.2, das Erstellen von neuen Seiten und Beiträgen klappt problemlos. Da ich einige (Jetpack-)Blöcke des Block-Editors verwenden möchte, hatte *qTranslate-XT* bis Spätherbst 2019 dennoch einen mehr oder minder großen Nachteil, der Block-Editor wurde noch nicht unterstützt. Die Unterstützung für den Gutenberg Block-Editor war überlebenswichtig für *qTranslate-XT*. Ohne diese Funktion hätten früher oder später sicherlich zahlreiche Userinnen und User aufgegeben und ein anderes Plugin für Mehrsprachigkeit gesucht. Inzwischen gibt es eine Beta-Version unter *https:// github.com/qtranslate/qtranslate-xt/tree/gutenberg*.

Mit dieser Beta-Version von *qTranslate-XT* ist nun auch das Arbeiten im Block-Editor möglich, allerdings nur im *Single-Language-edit-Modus*. Das Wechseln der Sprache erfolgt über die Sprachauswahl oberhalb des Editors (siehe Bild 16.72). Beim Erstellen eines neuen Beitrags oder einer neuen Seite wird zuerst der Inhalt der ersten Sprache eingefügt und danach als Entwurf gespeichert. Falls Warnhinweise angezeigt werden, sollten Sie diese ignorieren. Danach zur zweiten Sprache wechseln, Inhalt bearbeiten, als Entwurf speichern etc. und zum Schluss veröffentlichen.

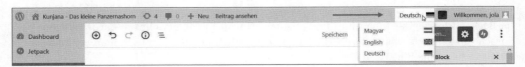

Bild 16.72 Sprachauswahl im Block-Editor mit qTranslate-XT

> **Anmerkung:** Das Plugin *qTranslate-XT* ist ein tolles Plugin, ich würde es jedoch nur für erfahrene WordPress-Userinnen und -User empfehlen, die für regelmäßige Updates sorgen und mit eventuellen Warnhinweisen und Fehlermeldungen umgehen können.

16.2.10.1.1 Migration von qTranslate-XT zu einem anderen Plugin?

Nach den Recherchen und dem Testen für den Abschnitt Mehrsprachigkeit käme für mich bei meiner *Kunjana*-Website – falls überhaupt – nur ein Wechsel von *qTranslate-XT* zu *Polylang* in Frage. Leider gibt es dazu kein eigenes Tool bzw. kein Plugin. Es existieren jedoch zwei Plugins namens *qTranslate X Cleanup and WPML Import* und *WPML to Polylang*. Es ist jedoch fraglich, ob man diese Plugins verwenden kann, ohne das kostenpflichtige *WPML*-Plugin als Zwischenschritt installieren zu müssen. Mit dem Plugin *qTranslate X Cleanup and WPML Import* kann man ohne aktivem *WPML* die Website und Datenbank bereinigen lassen und lediglich eine der vorhandenen Sprachen beibehalten. Sollen hingegen alle Sprachen weiterhin bestehen bleiben, muss *WPML* auf der WordPress-Installation aktiviert sein. Mit anderen Worten, *qTranslate-XT* von Github bleibt, *Polylang* wird wahrscheinlich bei einem anderen Projekt eingesetzt werden.

16.2.10.2 Anforderungen an ein Multilingual-Plugin

Grundsätzlich müssen Sie sich als Erstes entscheiden, ob lediglich eine Übersetzungsmöglichkeit bei Bedarf den Besucherinnen und Besuchern des Internetauftritts angeboten werden soll oder fertig übersetzte Inhalte, die über einen Language Switcher erreichbar sind. Ersteres ist mit einer Widgets-Lösung und einer maschinellen Übersetzung sehr einfach und schnell möglich. Wenn Sie jedoch Produkte und Services auf Ihrem Internetauftritt anbieten, dann ist eine qualitativ möglichst gute Übersetzung, d. h. eine zumindest manuell bearbeitete maschinelle Übersetzung, unumgänglich.

Die nächste Frage lautet: Wie sollen die Inhalte übersetzt werden, maschinell oder manuell? Wenn manuell, wer erstellt die Übersetzungen? Bedenken Sie auch, dass für eine besucher- und suchmaschinenfreundliche Website nicht nur die Inhalte in der gewünschten Sprache angezeigt werden sollten, sondern auch die einzelnen Navigationspunkte in Menüs und der Text auf Grafiken. Es gibt Lösungen für eine (automatische) maschinelle Übersetzung der Website, für manuelle Übersetzungen und für eine Mischung, d. h. maschinell mit manuellen Korrekturen.

Maschinelle Übersetzungen (MÜ bzw. MT für engl. machine translation) sind automatische Übersetzungen von Texten von einer Sprache in eine andere Sprache. Man unterscheidet unterschiedliche Vorgangsweisen von statistischen Übersetzungssystemen über regelbasierte Ansätze bis hin zum Einsatz von künstlichen neuronalen Netzwerken, die deutlich bessere Übersetzungsergebnisse liefern. Diese werden in den letzten Jahren vermehrt von Bing Translater, DeepL, Google Übersetzer und Yandex.Translate eingesetzt.

Die nächste Frage betrifft die Struktur Ihres mehrsprachigen Internetauftritts. Sollen die einzelnen Sprachen über eine Subdomain erreichbar sein oder über einen Unterordner wie im Fallbeispiel auf meiner Website *Kunjana* mit SEO-freundlichen URLs. Oder sollen nur wichtige Informationen und nicht der gesamte Internetauftritt in anderen Sprachen auf einer oder mehreren Seiten zusammengefasst werden? Eine weitere Variante wäre beispielsweise eine Multi-Site-Installation mit jeweils einer anderen Sprache pro Website.

16.2.10.3 Ausgewählte Plugins

Im Folgenden werden einige Freemium[1]-Plugins und Premium-Plugins vorgestellt. Dieser Überblick ist keinesfalls vollständig, es gibt im Plugins-Verzeichnis und von etlichen Anbietern weitere Tools fürs Übersetzen von Inhalten, Plugins und Themes.

16.2.10.3.1 Freemium-Plugins

Soweit die Plugins in einer kostenlosen Version (d. h. keine Testversion!) verfügbar waren, wurden sie installiert, aktiviert und mit einem kurzen Text und einem Bild mit Bilduntersschrift mit deutscher Ausgangssprache und Übersetzungen ins Englische und ins Ungarische getestet.

---

[1] Als Freemium, ein engl. Kunstwort zusammengesetzt aus free und premium, bezeichnet man ein Geschäftsmodell, bei dem die Basisversion eines Produktes oder einer Software etc. kostenlos erhältlich ist. Erweiterungen, zusätzliche Funktionen oder besondere Dienste sind in kostenpflichtigen Premium-Paketen verfügbar.

16.2.10.3.1.1 Jetpack-Plugin – Widget Google Translate

Das *Jetpack-Plugin* enthält auch das *Jetpack-Widget Google Translate,* das die Website bei Klick des Besuchers auf die gewünschte Sprache mit *Google Translate* maschinell übersetzt (siehe Abschnitt 16.2.7.3, Bild 16.57).

16.2.10.3.1.2 Plugin GTranslate Free– Widget GTranslate

Aktive Installationen: 100 000+

Downloads gesamt: 4 561 816

Auf Deutsch verfügbar: nein, verfügbar in Englisch, Spanisch, Russisch und Schwedisch

Menüpunkt auf Dashboard: Einstellungen/GTranslate

Kostenlos: ja (GTranslate Free), mehrere kostenpflichtige Pakete (Custom, Startup, Business und Enterprise)

Übersetzung: Maschinenübersetzung, bei Bezahlvarianten neuronale Übersetzung

Von: Translate AI Multilingual Solutions

URL: https://de.wordpress.org/plugins/gtranslate/, Website: *https://gtranslate.io/*

In der kostenlosen Variante *GTranslate Free* des Plugins *Translate WordPress with GTranslate* erfolgt die Sprachauswahl über ein Sprachselektor-Widget *(Widget GTranslate),* das Sie in einen Widgets-Bereich geben können. Oder über einen Shortcode [gtranslate], welchen Sie beispielsweise mit dem Shortcode-Block im Block-Editor an eine beliebige Stelle in einem Beitrag oder auf einer Seite platzieren können. Beachten Sie, dass beim Deaktivieren und Löschen des Plugins das Widget zwar nicht mehr vorhanden ist, der Shortcode jedoch als Shortcode auf der Seite bzw. im Beitrag angezeigt wird. Die Übersetzung erfolgt maschinell mit *Google,* Google Top Frame und das Pop-up *Vorschlag für bessere Übersetzung* werden ausgeblendet.

Bild 16.73 Einstellungsseite von GTranslate auf dem Dashboard

16.2.10.3.1.3 Plugin Polylang

Aktive Installationen: 500 000+

Downloads gesamt: 7 689 458

Auf Deutsch verfügbar: ja

Menüpunkt auf Dashboard: Sprachen (unterhalb von Einstellungen)

Kostenlos: ja (Polylang im WordPress-Plugin-Verzeichnis), Polylang Pro, Polylang for WooCommerce und Polylang Business Pack kostenpflichtig

Übersetzung: manuelle Übersetzung, bei Bedarf kostenpflichtige Übersetzung von Profis, Maschinenübersetzung der gesamten Website mit *Lingotek* bis 100 000 Zeichen kostenlos, bei Bezahl-Paketen neuronale bis Profi-Übersetzungen

Von: WP SYNTEX

URL: https://de.wordpress.org/plugins/polylang/, Website: *https://polylang.pro/*

Die kostenlose Version von *Polylang* ermöglicht das manuelle Übersetzen von Beiträgen, Seiten, Medien, Kategorien, Beitrags-Schlagwörter, Menüs, benutzerdefinierten Inhaltstypen und Taxonomien, RSS-Feeds etc. und allen Standard-WordPress-Widgets. Nach Installation und Aktivierung des Plugins *Polylang* wird auf dem Dashboard unterhalb von Einstellungen ein neuer Menüeintrag *Sprachen* hinzugefügt. Über *Sprachen/Sprachen* legen Sie jene Sprachen fest, in welche Sie Ihre Website und Inhalte übersetzen möchten (siehe (1) in Bild 16.74, links).

Bild 16.74 Neuer Menü-Eintrag Sprachen von Polylang auf dem Dashboard

Danach können Sie die entsprechenden Sprachpakete für die installierten Themes und Widgets über WordPress-Aktualisierungen herunterladen, ein weiterer Menü-Untereintrag *Übersetzungen von Zeichenketten* wird hinzugefügt (siehe (4) in Bild 16.74, rechts). Auf dieser Seite können Sie Titel, Untertitel etc. in die gewählten Sprachen übersetzen, im Beispiel auch das Label des Jetpack-Moduls *Teilen mit* (siehe Bild 16.75).

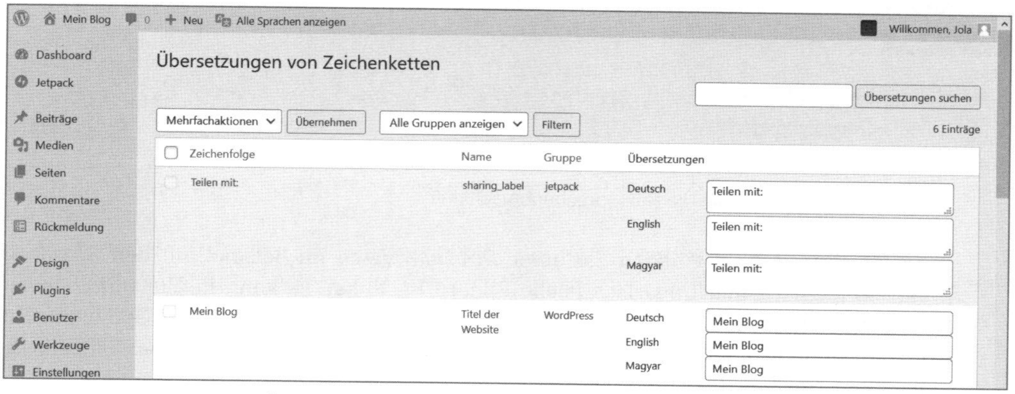

Bild 16.75 Polylang-Seite, Übersetzungen von Strings auf dem Dashboard

Einstellungen bezüglich des Sprachwahl-Widgets bzw. Sprachwahl-Menüs etc. nehmen Sie auf der Seite *Sprachen/Einstellungen* vor (siehe (2) in Bild 16.74).

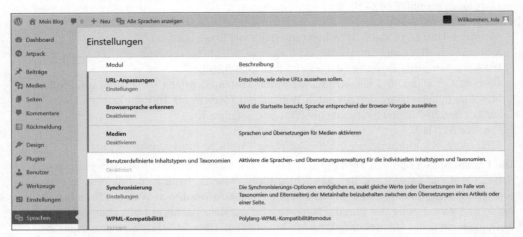

Bild 16.76 Polylang-Seite, Einstellung

Kostenlos ist auch die Möglichkeit einer maschinellen Übersetzung der gesamten Website bis zu 100 000 Zeichen mittels *Lingotek*. Dies können Sie über *Sprachen/Lingotek* (siehe (3) in Bild 16.74) aktivieren. Um die Sprachauswahl in die Navigationsleiste integrieren zu können, muss auf der Seite *Design/Menüs* unter *Ansicht anpassen* die Box *Sprachenumschalter* aktiviert werden (siehe Bild 16.77). Dann erst kann der Sprachenumschalter mit den gewählten Sprachen einem Menü hinzugefügt werden.

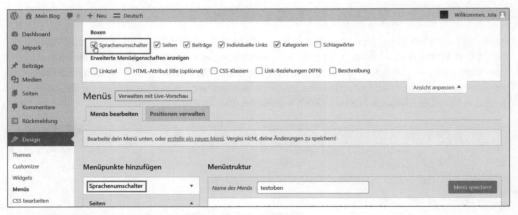

Bild 16.77 Aktivieren Sie die Box Sprachenumschalter

Das Sprachwahl-Widget finden Sie unter *Design/Widgets*, im Beispiel mit den Sprachen Deutsch, Englisch und Ungarisch (siehe Bild 16.78, links). Es kann in alle vorhandenen Widgets-Bereiche platziert werden. Im Block-Editor finden Sie die *Polylang*-Optionen zum Hinzufügen von weiteren Sprachübersetzungen ganz unten in der Dokument-Seitenleiste (siehe Bild 16.78, rechts).

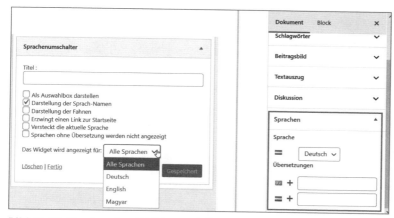

Bild 16.78 Das Sprachwahl-Widget und die Dokument-Optionen von Polylang

16.2.10.3.1.4 Plugin Weglot Translate Free

Aktive Installationen: 30 000+

Downloads gesamt: 778 431

Auf Deutsch verfügbar: ja

Menüpunkt auf Dashboard: Einstellungen/Weglot Translate

Kostenlos: ja für kleine Websites bis 2000 Wörter und 1 Übersetzungssprache; Kosten für Bezahl-Pakete sind abhängig von Anzahl der Wörter und Anzahl der Übersetzungssprachen

Übersetzung: maschinell bis Profi-Übersetzung

Von: Weglot Translate team

URL: https://de.wordpress.org/plugins/weglot/, Website: *https://weglot.com/*

> **Anmerkung:** für die Testversion der Bezahlvarianten muss ein Account bei Weglot angelegt werden

16.2.10.3.1.5 Plugin WPGlobus – Multilingual Everything!

Aktive Installationen: 20 000+

Downloads gesamt: 624 072

Auf Deutsch verfügbar: nur teilweise auf Deutsch, sonst Englisch und Russisch

Menüpunkt auf Dashboard: WPGlobus (unterhalb von Einstellungen, siehe Bild 16.79)

Kostenlos: ja, zusätzlich kostenlose und kostenpflichtige Add-ons

Übersetzung: manuelle Übersetzung; keine maschinelle Übersetzung

Von: WPGlobus

URL: https://de.wordpress.org/plugins/wpglobus/, Website: *https://wpglobus.com/*

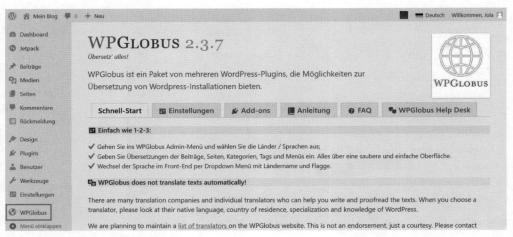

Bild 16.79 WPGlobus-Einstellungen

16.2.10.3.2 Kostenpflichtige Premium-Plugins
Einige Plugins für Mehrsprachigkeit von WordPress-Websites sind nur in kostenpflichtigen Premium-Varianten erhältlich, darunter auch der Markführer WPML.

16.2.10.3.2.1 Plugin TranslatePress – Translate Multilingual sites
Aktive Installationen: 70 000+
Downloads gesamt: 921 755
Auf Deutsch verfügbar: ja
Menüpunkt auf Dashboard: Einstellungen/TranslatePress
Kostenlos: nein, nur kostenpflichtige Pakete (Personal, Business und Developer)
Übersetzung: Maschinenübersetzung mit Google Translate und DeepL, manuelle Korrekturmöglichkeit
Von: Cozmoslabs, Razvan Mocanu, Madalin Ungureanu, Cristophor Hurduban
URL: *https://de.wordpress.org/plugins/translatepress-multilingual/,*
Website: *https://translatepress.com/*

> **Anmerkung:** Funktioniert auch mit WooCommerce; es gibt keine kostenlose Version, jedoch eine Demo-Website unter *https://demo.translatepress.com/*

16.2.10.3.2.2 WPML
Aktive Installationen: rund 1 Mio. lt. WPML-Website
Downloads gesamt: k. A.; nicht im WordPress-Plugins-Verzeichnis erhältlich, nur über WPML-Website nach Kauf des jeweiligen Pakets
Auf Deutsch verfügbar: ja
Menüpunkt auf Dashboard: WPML
Kostenlos: nein, drei Premium-Pakete (mehrsprachiges CMS, mehrsprachiger Blog und mehrsprachige Agentur)
Übersetzung: Maschinenübersetzung, neuronale bis Profi-Übersetzungen
Von: OnTheGoSystems
Website: https://wpml.org/de/

Anmerkung: WPML ist mit Gutenberg, zahlreichen Themes, Plugins und WooCommerce kompatibel; es gibt keine Test-Version, jedoch lt. Website eine 30-Tage-Geld-zurück-Garantie, „ohne Fragen zu stellen".

16.2.10.3.2.3 DeepL

Nicht unerwähnt lassen möchte ich zum Abschluss einen neuen Übersetzungsdienst namens *DeepL (https://www.deepl.com/)*. Er bietet maschinelle Übersetzungen auf der Website (bis 5000 Zeichen kostenfrei) sowie drei kostenpflichtige Abo-Pakete von neuronalen bis Profi-Übersetzungen an; auch Übersetzungen von Word-Dokumenten und Power-Point-Folien sind möglich. Für die Verwendung auf der eigenen Website bzw. bei eigenen Projekten ist ein API-Schlüssel erforderlich, die Pakete *Starter* und *Advanced* können für 30 Tage kostenlos getestet werden. *DeepL* verwendet neuronale Netzwerke, die mit der Datenbank von *Linguee* trainiert wurden. Derzeit werden die Sprachen Deutsch, Englisch, Französisch, Spanisch, Italienisch, Niederländisch, Polnisch, Portugiesisch, Russisch, Japanisch und Chinesisch (Mandarin) unterstützt.

17 Site-spezifisches Plugin

In diesem Kapitel erfahren Sie ...

- ... wie Sie ein site-spezifisches Plugin erstellen,
- ... wie Sie Ihr Plugin in WordPress einbinden,
- ... wie Sie Ihr Plugin erweitern.

■ 17.1 Erste Schritte zum Custom Plugin

Möchten Sie Änderungen bzw. Ergänzungen von WordPress Core vornehmen, so stellt sich die Frage, wohin mit dem erforderlichen Code. Soll dieser in die `functions.php` des (Child-) Themes kommen oder ist ein Site-spezifisches Plugin sinnvoller? Grundsätzlich rate ich dazu, alles, was das aktuelle Theme betrifft, in die `functions.php` des eigenen Themes bzw. des Child-Themes zu geben. Alles, was die Website selbst betrifft – unabhängig vom aktuell verwendeten Theme – gehört in ein Site-spezifisches Plugin.

Ihr neues *Site-spezifisches Plugin*, auf Englisch *Custom Plugin* genannt, sollte genauso aufgebaut sein wie jedes andere Plugin. Ein WordPress-Plugin muss zumindest aus einer PHP-Datei im Plugin-Ordner `plugins` im Ordner `wp-content` bestehen. Es ist empfehlenswert, diese PHP-Datei von Anfang an in einen eigenen Ordner zu packen (siehe Bild 17.1, links). Früher oder später kommen JavaScript-, CSS- und Grafikdateien hinzu, so ist es sinnvoll, von vornherein die entsprechenden Ordner auch zu erstellen (siehe Bild 17.1, rechts). Damit WordPress ein Plugin mit mehreren Dateien installiert, müssen diese ohnehin gemeinsam in einem Plugin-Ordner liegen.

17.1.1 Ordnerstruktur des Custom Plugins

Für das Beispiel-Plugin *Mein WP5-Buch* wurden die Ordner mein-wp5buch und die Unterordner css, images und js angelegt. Die eigentliche Plugin-Datei heißt mein-wp5buch.php, entsprechend der WordPress-Namenskonventionen in *Kleinbuchstaben* und mit *Bindestrich* (kein Unterstrich!). Möchten Sie Ihr Plugin nicht nur Site-spezifisch verwenden, sondern auch anderen zur Verfügung stellen, so ist auch eine readme.txt-Datei mit Informationen zur Installation, Beschreibung und Lizenz erforderlich.

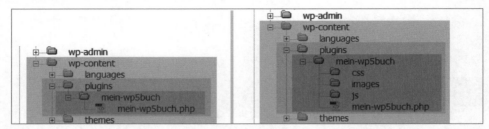

Bild 17.1 Ordnerstruktur des Plugins Mein WP5-Buch, links ohne Unterordner, rechts mit Unterordnern für CSS-, Grafik- und JavaScript-Dateien

1. Erstellen Sie einen neuen Ordner im Ordner wp-content/plugins/ mit einem prägnanten Namen für Ihr Plugin, in meinem Beispiel mein-wp5buch. Dieser Name sollte, ebenso wie der Name des Plugins, möglichst einzigartig sein, um Verwechslungen und Konflikte mit einem anderen, schon bestehenden Plugin, das man installieren könnte, zu vermeiden.

2. In diesem Ordner erstellen Sie drei Ordner mit den Namen css, images und js (siehe Bild 17.1, rechts).

17.1.2 Der Header der Plugin-Datei

Die Plugin-Datei muss am Anfang gleich nach dem öffnenden PHP-Tag <?php einen Kommentarbereich, umschlossen mit /* und */, mit Informationen für die WordPress-Plugin-Verwaltung enthalten (siehe Listing 17.1). Zumindest der Name des Plugins muss mit *Plugin Name* angegeben sein (siehe (1) in Bild 17.2). Dieser Name wird in WordPress in der Liste der installierten Plugins in der linken Spalte angezeigt. Es ist ratsam, dass der gewählte Name kurz, prägnant und selbsterklärend ist. Nicht unbedingt erforderlich ist die Angabe der *Plugin URI* (2). Diese Angabe ist dann sinnvoll, wenn Sie Ihr Plugin für andere zur Verfügung stellen bzw. Informationen zum Plugin auf der angegebenen Seite verfügbar sind. Neben *Description* (3) gehört eine kurze Beschreibung, was Ihr Plugin alles kann. Achten Sie darauf, dass Sie bei der Beschreibung keine Zeilenumbrüche einfügen. Sonst wird der Text beim Zeilenumbruch abgebrochen und der Rest nicht weiter angezeigt! Die Versionsnummer sollten Sie angeben, auch wenn es nicht unbedingt erforderlich ist, ebenso Ihren Namen und Ihre Webadresse bei *Version* (4), *Author* (5) und *Author URI* (6). Bei *License* wird als Standardlizenz GPLv3 verwendet (7).

Was bedeutet GPLv3?

GPLv3 ist die Abkürzung von General Public License version 3 und besagt, dass die Software, Anwendung oder App – in unserem Fall ein Plugin – als „Freie Software" im Sinne von frei zugänglichem Quelltext (und nicht unbedingt frei im Sinne von kostenlos!) genutzt werden darf. Der Quelltext darf verändert, die Copyright-Hinweise aber nicht gelöscht werden.

17.1.2.1 Plugin-Datei erstellen

1. Öffnen Sie einen Editor und erstellen Sie eine neue PHP-Datei. (Die Datei muss UTF-8-codiert sein!)
2. Fügen Sie den Plugin-Header aus Listing 17.1 mit Ihren Daten ein.
3. Speichern Sie diese PHP-Datei in Ihren Plugin-Ordner, im Beispiel heißt die Datei `mein-wp5buch.php`.

Listing 17.1 Kopfbereich eines WordPress-Plugins

```
01 <?php
02 /*
03 Plugin Name: Mein WP5-Buch Plugin
04 Plugin URI: http://www.wp5buch.net/plugins/
05 Description: Custom Plugin Mein WP5-Buch: (1) Tauscht Logo beim
   Login Formular aus; (2) Entfernt Dashboard Module; u.v.m.
06 Version: 1.0
07 Author: Jola Belik
08 Author URI: http://www.wp5buch.net/
09 License: GPLv3
10 */
```

Wie und wo die Angaben aus dem Plugin-Header von WordPress in der Plugin-Verwaltung auf dem Dashboard angezeigt werden, zeigt Bild 17.2.

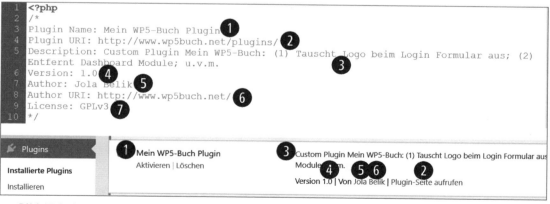

Bild 17.2 Angaben Plugin-Header in der PHP-Datei (oben) und auf der Plugin-Seite (unten)

17.1.2.2 Custom Plugin in WordPress installieren und aktivieren

Es gibt zwei Möglichkeiten, wie Sie Ihr fertiges Custom Plugin installieren können. Bei *Möglichkeit 1* kopieren Sie einfach den Ordner, der Ihre Plugin-Dateien beinhaltet, in den plugins-Ordner Ihrer WordPress-Installation. Wenn Sie lokal auf XAMPP arbeiten, befinden sich die Dateien bereits im korrekten Ordner. Hier brauchen Sie lediglich die Seite *Plugins* bzw. *Installierte Plugins* auf dem Dashboard (neu) zu laden. Wenn Sie Ihr Plugin auf Ihrem Server verwenden möchten, laden Sie den Ordner samt Inhalt per FTP in den plugins-Ordner Ihrer WordPress-Installation auf dem entfernten Server. Rufen Sie anschließend die Seite *Plugins* auf Ihrem Dashboard auf, Ihr Plugin ist nun aufgelistet und kann aktiviert werden.

Für *Möglichkeit 2* benötigen Sie eine gezippte Version Ihres Ordners mit Ihren Plugin-Dateien. Gehen Sie dazu zu Ihrem Plugin-Ordner auf Ihrer Festplatte bzw. in XAMPP. Zippen Sie die Datei mit rechter Maustaste auf *Ordner* und wählen Sie dann im Kontextmenü *Senden an/ZIP-komprimierter Ordner* auf Windows bzw. *Komprimieren* auf Apple. Nun können Sie den gezippten Ordner entweder lokal auf XAMPP oder auf Ihrem entfernten Server über die Seite *Plugins* auf Ihrem Dashboard hochladen, entzippen und installieren lassen. Dabei gehen Sie folgendermaßen vor. Das Aktivieren erfolgt danach wie bei jedem anderen Plugin.

1. Klicken Sie auf *Installieren* oben auf der Seite neben Plugins oder wählen Sie *Plugins/ Installieren* in der linken Menüleiste auf Ihrem Dashboard.

2. Wählen Sie auf der nächsten Seite, die erscheint, *Plugin hochladen* (siehe Bild 17.3).

Bild 17.3 Hier können Sie Ihr gezipptes Plugin hochladen

3. Nun können Sie die gezippte Datei mit Ihrem Plugin auswählen, im Beispiel die Datei mein-wp5buch.zip. Klicken Sie anschließend auf *Installieren* (siehe Bild 17.4).

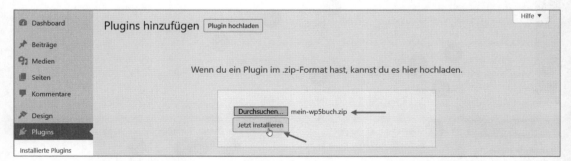

Bild 17.4 Installieren bedeutet hier ZIP-Datei hochladen, automatisch entpacken und in den richtigen Ordner kopieren lassen!

4. WordPress lädt nun die ZIP-Datei auf den Server, entpackt die Datei bzw. Dateien und kopiert sie in den Ordner wp-content/plugins (siehe Bild 17.5).

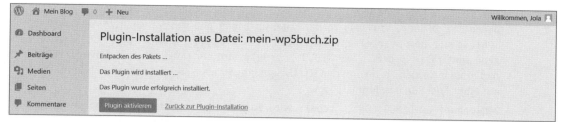

Bild 17.5 Das Plugin wurde installiert und kann nun aktiviert werden!

5. Nun können Sie Ihr Plugin entweder direkt auf dieser Seite aktivieren mit Klick auf *Aktiviere dieses Plugin*. Oder Sie wechseln zuerst zurück auf die Plugin-Seite und aktivieren Ihr Plugin dort.

6. Während des Aktivierens überprüft WordPress den PHP-Code. Wenn kein fataler Fehler erzeugt wird, aktiviert WordPress Ihr Plugin und zeigt eine Erfolgsmeldung an (siehe Bild 17.6).

Bild 17.6 Gratulation, das Plugin wurde erfolgreich aktiviert!

17.1.2.3 Fataler Fehler im Code, was nun?

Wird ein Fataler Fehler erzeugt, so wird das Plugin nicht aktiviert. Zu Testzwecken wurde ein Anführungszeichen in der Datei `mein-wp5buch.php` entfernt. Beim Versuch, dieses Plugin zu aktivieren, gibt WordPress eine Fehlermeldung aus. Der Hinweis *Syntaxfehler* und die Zeilennummer helfen, den Fehler zu finden (siehe Bild 17.7).

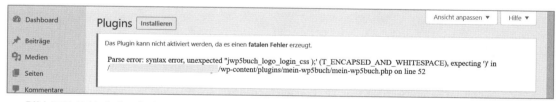

Bild 17.7 Fehlerhafter Code, das Plugin wird nicht aktiviert!

17.1.2.3.1 Debug-Modus aktivieren

Grundsätzlich ist es während der Entwicklung eines Plugins oder Themes ratsam, den Debug-Modus von WordPress zu aktivieren, um mit Hilfe von Hinweisen und Fehlermeldungen eventuelle Probleme erkennen und fehlerhaften oder veralteten Code vermeiden zu können. Manchmal kann im Frontend alles in Ordnung wirken, obwohl beispielsweise deprecated Code verwendet wurde oder Code, der in der nächsten PHP-Version Fehler ausgeben wird. Hier sind Hinweise und Empfehlungen äußerst hilfreich.

Der *Debug-Modus* von WordPress ist standardmäßig deaktiviert. Sie finden die Zeile define('WP_DEBUG', false); in der Datei wp-config.php vor der Zeile /* Das war's, Schluss mit dem Bearbeiten! Viel Spaß beim Bloggen. */ (siehe Bild 17.8, oben). Mit true statt false in define('WP_DEBUG', true); wird der Debug-Modus aktiviert, Fehlermeldungen werden zu Beginn der HTML-Seite angezeigt – dies sollte natürlich keinesfalls auf einer Live-Site passieren!

Mit define('WP_DEBUG_LOG', true); wird zusätzlich eine Datei debug.log im Ordner wp-content erstellt. In diese Datei werden sämtliche Fehlermeldungen geschrieben. Damit diese Fehlermeldungen auch in der HTML-Datei angezeigt werden, wird dies mit define('WP_DEBUG_DISPLAY', true); definiert (siehe Bild 17.8, unten). Ist WP_DEBUG_DISPLAY auf false gestellt, erfolgt die Ausgabe der Fehlermeldung nur in der Datei debug.log, hingegen nicht auf der Website im Frontend!

```
103    * @link https://codex.wordpress.org/Debugging_in_WordPress
104    */
105   define('WP_DEBUG', false);
106
107   /* Das war's, Schluss mit dem Bearbeiten! Viel Spaß beim Bloggen. */
108   /* That's all, stop editing! Happy blogging. */
```

```
103    * @link https://codex.wordpress.org/Debugging_in_WordPress
104    */
105
106   define('WP_DEBUG', true);
107   define('WP_DEBUG_LOG', true);
108   define('WP_DEBUG_DISPLAY', true);
109
110   /* Das war's, Schluss mit dem Bearbeiten! Viel Spaß beim Bloggen. */
```

Bild 17.8 Hier wurde der Debug-Modus samt Ausgabe in einer Datei und auf der Seite aktiviert

Ein Beispiel für eine Fehlermeldung bei Verwendung eines veralteten Filters zeigt Bild 17.12 in Abschnitt 17.2.2.2. Sind alle Fehler korrigiert und ist Ihr Plugin fertiggestellt, so sollten Sie keinesfalls vergessen, den Debug-Modus wieder zu deaktivieren!

■ 17.2 Funktionen für Ihr Custom Plugin

In diesem Kapitel werden zwei Funktionen für das Site-spezifische Plugin vorgestellt. Zuerst werden einige Dashboard-Boxen entfernt. Danach zeige ich Ihnen, wie Sie das WordPress-Logo über dem Login-Formular gegen ein eigenes Logo bzw. einen Schriftzug austauschen können.

17.2.1 Dashboard Widgets entfernen

Ein *Dashboard-Widget*, früher *Modul*, im Codex *Meta Box* genannt, wird mit der Funktion remove_meta_box($id, $page, $context); entfernt. Diese Funktion erfordert drei Parameter, die alle angegeben werden müssen. $id ist der Name, d.h. die *ID* des Elements, das entfernt werden soll. $page ist der *Name der Seite*, auf der sich das Element befindet. $context gibt die *Position des Elements* an, mit dem String normal, advanced oder side. Bei normal befindet sich das Element in der linken Spalte, bei side in der rechten Spalte. advanced wird bei einer Position in der mittleren Spalte (in früheren WordPress-Versionen möglich) und bei einer benutzerdefinierten Meta Box, die durch ein Plugin erzeugt wurde, benötigt.

Was ist ein Hook?

Ein *Hook*, engl. Hacken, ermöglicht es, WordPress mit Funktionen an vordefinierten Stellen zu erweitern. Dabei wird die erweiternde Funktion quasi in das System „eingeklinkt" und somit eingebunden werden. Die WordPress-Schnittstelle (WordPress-API) kennt zwei Arten von Hooks, *Filter-Hooks* und *Action-Hooks*. Mit einem Filter-Hook können etwa Texte und Inhalte geändert werden. Ein Action-Hook ermöglicht es, im WordPress-Core enthaltene Funktionen auszubauen und zu erweitern.

Um das Widget *Aktivität* und das Widget *WordPress-Veranstaltungen und Neuigkeiten* vom Dashboard zu entfernen, wurde remove_meta_box in eine Funktion mit dem Namen jwp5buch_entferne_dashboard_box verpackt und diese anschließend mit dem *Hook* ad_action() in WordPress quasi eingeklinkt. Der Name der Funktion ist frei wählbar, es ist aber ratsam, sich an die übliche Nomenklatur, wie sie in den Beispielen im WordPress Codex verwendet wird, zu halten. Die Meta-Box *Aktivität* hat die ID dashboard_activity und normal als Context, *WordPress-Veranstaltungen und Neuigkeiten* dashboard_primary als ID und side als Context. Beide Module befinden sich auf dem Dashboard, ergo muss als Page dashboard angegeben werden (siehe Listing 17.2). Die Namen (IDs) der WordPress Core Standard-Widgets auf Dashboard lauten (Stand März 2020, WordPress 5.3.2):

- Widgets linke Spalte (Context: normal):
  - Hinweis alter Browser: dashboard_browser_nag
  - Hinweis PHP-Update erforderlich: dashboard_php_nag
  - Auf einen Blick: dashboard_right_now
  - Aktivität: dashboard_activity
  - Website-Zustand: health_check_status
- Widgets rechte Spalte (Context: side):
  - Schneller Entwurf: dashboard_quick_press
  - WordPress-Veranstaltungen und Neuigkeiten: dashboard_primary

Listing 17.2 Funktion zum Entfernen der beiden Dashboard Widgets

```
1 function jwp5buch_entferne_dashboard_box() {
2   remove_meta_box('dashboard_activity', 'dashboard', 'normal');
3   remove_meta_box('dashboard_primary', 'dashboard', 'side');
4 }
```

Nun muss diese Funktion mittels Hook in WordPress eingebunden werden. `add_action()` hat hier zwei Parameter, der erste legt fest, wann bzw. wo etwas geschehen soll. In unserem Fall `wp_dashboard_setup`, also beim Aufbau der Dashboard-Startseite. Der zweite Parameter sagt, was geschehen soll. Da dies meist ein längerer Code ist, wird lediglich der Name der Funktion angeführt:

```
add_action('wp_dashboard_setup', 'jwp5buch_entferne_dashboard_box');
```

Bild 17.9 zeigt den gesamten Code zum Ausblenden der beiden Module. Beachten Sie, es handelt sich um PHP-Code, dieser muss sich zwischen einem öffnenden `<?php` und dem schließenden `?>` PHP-Tag befinden! Ob Sie den Code in die `functions.php` oder in eine Plugin-Datei schreiben, ist dabei unerheblich.

```
12  // entferne Widgets Aktivitaet und WP-Nachrichten von Dashboard
13  function jwp5buch_entferne_dashboard_box() {
14      remove_meta_box('dashboard_activity', 'dashboard', 'normal');
15      remove_meta_box('dashboard_primary', 'dashboard', 'side');
16  }
17
18  add_action('wp_dashboard_setup', 'jwp5buch_entferne_dashboard_box');
19
```

Bild 17.9 Funktion mit Hook zum Entfernen der beiden Module

Die Startseite Ihres Dashboards sollte nun lediglich die Boxen *Auf einen Blick* und *Schneller Entwurf* anzeigen (siehe Bild 17.10, oben). In Kapitel 15 wurde ein eigenes Widget fürs Dashboard erstellt. Es ist Good Practice, den Code statt in die `functions.php` in die Plugin-Datei zu geben. Mit dem zusätzlichen Widget sind auf dem Dashboard nun drei Boxen zu sehen (siehe Bild 17.10, unten).

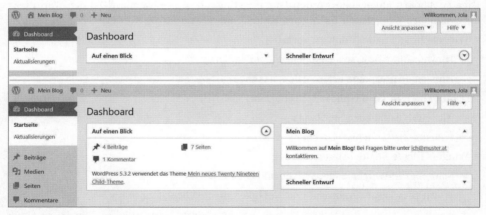

Bild 17.10 Das bereinigte Dashboard mit nur mehr zwei bzw. drei Boxen

17.2.2 Eigenes Logo für die Login-Seite

Das Login-Formular zum Anmelden befindet sich auf einer eigenen Seite, oberhalb des Formulars wird das WordPress-Logo angezeigt (siehe Bild 17.11, links). Dieses Logo können Sie gegen ein eigenes Logo austauschen. Das Beispiel von meiner Nashorn-Website zeigt einen eigenen Schriftzug in einer Grafikdatei (siehe Bild 17.11, Mitte). Rechts in Bild 17.11 ist das angepasste Login-Formular auf der Website zum Buch zu sehen.

Bild 17.11 Anmelde-Formular mit WordPress-Logo (links), mit Schriftzug (Mitte) und Website-Farben (rechts)

Für das eigene Logo über dem Login-Formular sind einige Schritte erforderlich. Geändert werden muss die Verlinkung auf dem Logo und der Tooltip bzw. der Text zu dieser Verlinkung. Last but not least muss das Logo getauscht werden. Wenn Sie möchten, können Sie zum Abschluss auch die Farben des Formulars an die Farben Ihrer Website anpassen.

17.2.2.1 Verlinkung auf dem Logo ändern

Das WordPress-Logo ist mit `WordPress.org` verlinkt, in der deutschen Sprachversion mit *https://de.wordpress.org/*. Dies muss gegen einen Link zu Ihrer Startseite getauscht werden. Mit `home_url()` wird die Adresse der Startseite geladen. Als Filter muss `login_headerurl` verwendet werden. Den erforderlichen Code zeigt Listing 17.3. Dieser Code kommt in die Plugin-Datei, im Beispiel die Datei `mein-wp5buch.php`.

Listing 17.3 Link auf Logo zur Startseite setzen

```
1 function jwp5buch_logo_login_url() {
2    return home_url();
3 }
4
5 add_filter( 'login_headerurl', 'jwp5buch_logo_login_url' );
```

17.2.2.2 Tooltip bei Logo-Link vs. headertext

Wenn Sie mit dem Cursor über das Logo fahren, können Sie einen Tooltip anzeigen lassen. Dies wird mit dem `title`-Attribut des `<a>`-Tags definiert. Den Inhalt des Tooltip legen Sie mit `return` fest (siehe Zeile 2 in Listing 17.4). Als Filter wird `login_headertitle` verwendet.

Listing 17.4 Title-Attribut für Link auf dem eigenen Logo definieren

```
1 function jwp5buch_logo_url_title() {
2     return 'Mein WP5-Buch – WordPress auf dem eigenen Server';
3 }
4
5 add_filter( 'login_headertitle', 'jwp5buch_logo_url_title' );
```

Mit WordPress 5.2.0 wurde diese Vorgangsweise jedoch aus Gründen der Barrierefreiheit für *deprecated* erklärt. Statt des `title`-Attributs soll ein Header-Text verwendet werden. Als Filter ist nun `login_headertext` erforderlich. Dieser Header-Text in einer `h1`-Überschrift ist mit `text-indent: -9999px` weit außerhalb des sichtbaren Bereichs platziert und so nur für Screenreader lesbar.

Wird dennoch der Code aus Listing 17.4 verwendet, funktioniert das Formular weiterhin, ein Tooltip wird jedoch nicht angezeigt. Bei aktiviertem Debug-Modus erscheint oben auf der Seite ein Hinweis (siehe Bild 17.12)

Notice: login_headertitle ist seit Version 5.2.0 **veraltet**! Benutze stattdessen login_headertext. Die Verwendung des title-Attributs für das Login-Logo wird aus Gründen der Barrierefreiheit nicht empfohlen. Verwende stattdessen den Linktext. in / _____ /wp-includes/functions.php on line 4924

Benutzername oder E-Mail-Adresse

Bild 17.12 Fehlermeldung bei Verwendung von veraltetem Code

Die Fehlermeldung in der Datei `debug.log` entspricht jener oben auf der HTML-Seite, zusätzlich wird ein Zeitstempel hinzugefügt. Im Beispiel folgendermaßen:

[07-Mar-2020 15:37:06 UTC] PHP Notice: login_headertitle ist seit Version 5.2.0 veraltet! Benutze stattdessen login_headertext. Die Verwendung des title-Attributs für das Login-Logo wird aus Gründen der Barrierefreiheit nicht empfohlen. Verwende stattdessen den Linktext. in /... /wp-includes/functions.php on line 4924

Wird nun als Filter `login_headertext` verwendet (siehe Listing 17.5), läuft alles fehlerfrei, der Hinweis wird nicht mehr angezeigt (und der Debug-Modus kann wieder deaktiviert werden).

Anmerkung: Um Verwechslungen etc. zu vermeiden, wurde auch der Name der Funktion in Listing 17.5 angepasst.

Listing 17.5 Headertext beim eigenen Logo definieren

```
1 function jwp5buch_logo_url_headertext() {
2     return 'Mein WP5-Buch – WordPress auf dem eigenen Server';
3 }
4
5 add_filter( 'login_headertext', 'jwp5buch_logo_url_headertext' );
```

17.2.2.3 Eigenes Logo anzeigen

Das WordPress-Anmeldeformular ist 300px breit, das WordPress-Logo 84px hoch. Das Logo ist in einer h1-Überschrift als Hintergrund definiert. Damit Ihr eigenes Logo angezeigt werden kann, benötigen Sie eine Datei mit Ihrem Logo im images-Ordner in Ihrem Plugin-Ordner. Achten Sie darauf, dass Ihr eigenes Logo bzw. der Schriftzug nicht breiter als 300px und nicht mehr als 84px hoch ist. Zudem benötigen Sie ein Stylesheet, in dem Ihr Logo als Hintergrund für den Bereich oberhalb des Login-Formulars festgelegt wird. Diese CSS-Datei kommt in den css-Ordner in Ihrem Plugin-Ordner. Mit enqueue binden Sie dieses Stylesheet in WordPress ein.

1. Erstellen Sie eine Datei mit Ihrem Logo oder Schriftzug, im Beispiel heißt die Datei logo_wp5buch_login.png. Mein Logo ist 178px mal 84px groß. Kopieren Sie diese Grafikdatei in den images-Ordner Ihres Plugins.

2. Erstellen Sie eine neue CSS-Datei und speichern Sie diese Datei in den css-Ordner Ihres Plugins. Im Beispiel lautet der Name dieses Stylesheets mein-wp5buch.css. Fügen Sie die CSS-Regel aus Listing 17.6 in diese Datei ein. In Zeile 3 passen Sie den Namen der Datei mit Ihrem Logo an, in Zeile 4 und Zeile 6 geben Sie statt 178px die Breite Ihres Logos an. Speichern Sie anschließend die CSS-Datei.

Listing 17.6 CSS-Regel für eigenes Logo auf Login-Seite

```
1 /* eigenes Logo auf Login-Seite */
2 body.login div#login h1 a {
3    background-image: url(../images/logo_wp5buch_login.png);
4    background-size: 178px auto;
5    background-repeat: no-repeat;
6    width: 178px;
7 }
```

3. Öffnen Sie die Plugin-Datei (PHP-Datei), im Beispiel die Datei mein-wp5buch.php. Mit wp_enqueue_style() wird die css-Datei eingebunden. Als Hook ist hier login_enqueue_scripts erforderlich (siehe Listing 17.7, Zeile 5). Fügen Sie den Code aus Listing 17.7 in Ihre Plugin-Datei ein. Passen Sie den Ordnernamen und den Dateinamen in Zeile 2 an. Speichern Sie anschließend die Datei.

Listing 17.7 Enqueue der CSS-Datei des Plugins

```
1 function jwp5buch_logo_login_css() {
2    wp_enqueue_style( 'custom-login', plugins_url() . '/mein-wp5buch/css
   /mein-wp5buch.css', dirname(__FILE__) );
3 }
4
5 add_action( 'login_enqueue_scripts', 'jwp5buch_logo_login_css' );
```

Möchten Sie auch die Farben des Formulars individuell anpassen, so finden Sie die erforderlichen Klassen und Stile aus dem Beispiel rechts in Bild 17.11 in Listing 17.8:

Listing 17.8 CSS-Stile für eigenes Logo und eigene Farben beim Login-Formular

```
01 /* eigenes Logo auf Login-Seite */
02 body.login div#login h1 a {
03    background-image: url(../images/logo_wp5buch_login.png);
04    background-size: 178px auto;
```

```
05    background-repeat: no-repeat;
06    width: 178px;
07 }
08
09 /* Farbe fuer Login Button */
10 .login div#login form#loginform {
11    background-color: #F0FFF0;
12 }
13 .login .button-primary {
14    background-color: #BB1C05;
15    border-color: #F9533C;
16 }
17 .login .button-primary:hover {
18    background-color: #FA6C58;
19    border-color: #F9533C;
20 }
21 .login .input:focus {
22    border-color: #000066;
23    -webkit-box-shadow: 0px 0px #FDD9AC;
24    box-shadow: 0px 0px #FDD9AC;
25 }
26 .login div#rememberme .input:focus {
27    border-color: #000066;
28    -webkit-box-shadow: inset 0px 0px #FDD9AC;
29    box-shadow: inset 0px 0px #FDD9AC;
30 }
31 body.login div#login p#nav a:hover,
32 body.login div#login p#backtoblog a:hover {
33    color: #F9533C !important;
34 }
35
36 /* Hintergrundfarbe Seite mit Login-Formular */
37 body.login {
38   background-color: #FFF;
39 }
```

18 Bestehendes Theme in responsives Theme umwandeln

In diesem Kapitel erfahren Sie ...

- ... welche Voraussetzungen für ein responsives Theme vorliegen müssen,
- ... wie Sie ein bestehendes Theme in ein responsives Theme umwandeln.

■ 18.1 Voraussetzungen & Vorbereitungen

Bevor Sie daran denken, ein bestehendes Theme mit fester Breite in ein responsives Theme umzuwandeln, ist ein ausführlicher Blick in den Quelltext unumgänglich. Sollte es sich um ein Uralt-Theme mit Tabellenlayout handeln, so wird wohl das Erstellen eines neuen Themes erforderlich werden. Auch bei einem Layout mit zig verschachtelten DIVs ist ein neues Theme meist einfacher und mit deutlich weniger Arbeitsaufwand verbunden. Ist die Anzahl der DIVs hingegen einigermaßen überschaubar, so steht einem „responsive Upgrade" des alten Themes kaum etwas im Wege.

Als Beispiel für das Umwandeln eines alten Themes in ein responsives Theme wurde das Beispielprojekt aus meinem ersten WordPress-Buch zu Word 2.8 herangezogen. Dieses Theme namens *rhinos* stammt vom August 2009. Es wurde zwar in den vergangenen Jahren immer wieder erweitert, hat auch problemlos sämtliche WordPress-Updates überstanden. Doch eines fehlte bis zum Jahr 2017, das Theme war nicht responsive. Mit Hilfe der Funktion *Mobiles Theme* von Jetpack konnte es zwar auf einem Tablet bzw. auf einem Smartphone quasi als mobile Version angezeigt werden. Doch diese Version war alles andere als wirklich ansehnlich.

Die Haupt-Navigationsleiste auf der Startseite war hinter einem blauen Balken verborgen, die Header-Grafik fehlte, dafür wurden der Titel und der Untertitel der Website angezeigt sowie der Titel der Startseite, hier *Home* (siehe Bild 18.1, links). Es war lediglich der Textinhalt der Startseite zu sehen. Ein Bild auf der Seite wird zwar korrekt verkleinert angezeigt (siehe Bild 18.1, Mitte), der Inhalt des iFrames, mit dem damals die Facebook-Page eingebunden wurde, war hingegen abgeschnitten (siehe Bild 18.1, rechts). Hier wurde die Breite von 500 Pixel nicht automatisch reduziert.

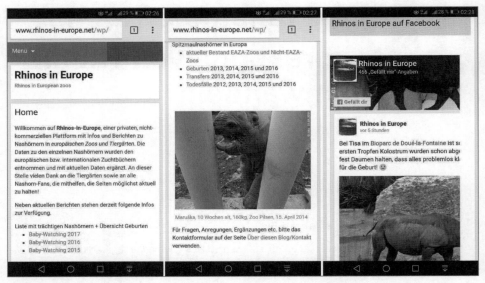

Bild 18.1 Ansicht des rhinos-Themes mit fester Breite mit dem Jetpack Mobile Theme auf einem Smartphone

In der eigenen mobilen Version (d. h. ohne das Jetpack-Modul) sollen die Header-Grafiken wieder angezeigt, der Titel und der Untertitel hingegen ausgeblendet werden, da sie ohnehin auf den Header-Grafiken zu sehen sind. Ebenso soll der Titel der Seiten nicht automatisch erscheinen. Im iFrame mit der Facebook-Page soll der Inhalt in der gesamten Breite sichtbar sein, abgeschnittene Köpfe und fehlende Teile von Zeilen tragen wohl kaum zu einem positiven Besuchererlebnis bei.

18.1.1 Voraussetzungen für ein responsives Layout

Damit ein Layout auf die Breite des Ausgabegeräts reagieren kann und ein entsprechend angepasstes Layout angezeigt wird, müssen einige Angaben vorliegen:

1. *Viewport*-Angabe im Header der HTML-Datei, d. h. im `<head>`-Bereich der `header.php` sowie
2. *Media-Queries* in der CSS-Datei und
3. entsprechende Angaben für das schmale Layout in den Media-Queries.

18.1.2 Erforderliche Änderungen

In der CSS-Datei `style.css` müssen folgende Änderungen durchgeführt werden:

- Breitenangaben von Container-DIVs in Prozent ändern,
- falls (Daten-)Tabellen vorhanden, auch hier die Breitenangaben auf Prozent ändern,

- kein Schweben für DIVs, d.h., sämtliche floating-Angaben müssen auf none geändert werden,

- Breitenangaben der nun nicht mehr schwebenden DIVs anpassen,

- Anpassen von Außenabständen links und rechts,

- Angabe der maximalen Breite von Grafiken in Prozent,

- Angaben für die Anzeige von Videos und iFrames etc.

18.1.2.1 Problem mit Menü-Positionen in alten Themes

Ein besonderer Problembereich bei älteren Themes ist die Navigation. Das Definieren von Positionen für Menüs wurde erst mit WordPress 3.0 eingeführt. Ist im Theme keine Menü-Position definiert, so wird in der Menüverwaltung ein Hinweis eingeblendet (siehe Bild 18.2):

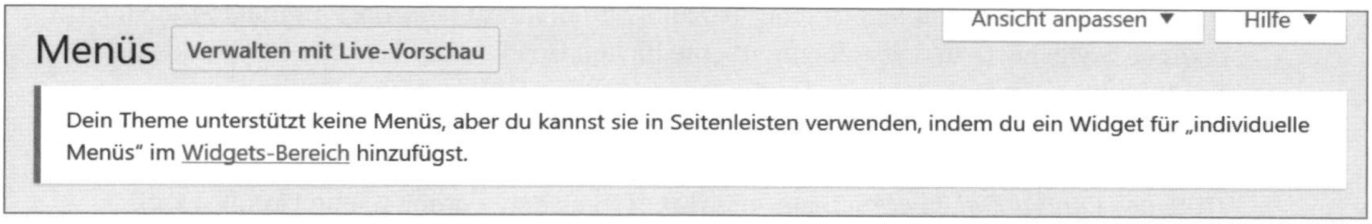

Bild 18.2 Hinweis, dass im Theme keine Menü-Position definiert wurde

Auch in der Box *Menü-Einstellungen* kann lediglich aktiviert werden, dass neue Seiten automatisch dem gewählten (individuellen) Menü hinzugefügt werden, Menü-Positionen fehlen (siehe Bild 18.3):

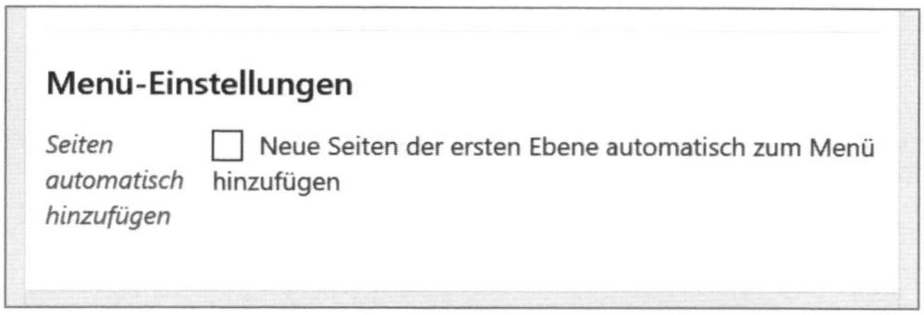

Bild 18.3 Auch hier sind keine Menüpositionen sichtbar

Wurde an der Position der Navigation bereits ein Widgets-Bereich mit einem *individuellen Menü*, nun mehr *Navigationsmenü* genannt, definiert, so ist in diesem Fall lediglich die Definition der *Menü-Position* erforderlich. In diese kann das bereits definierte individuelle Menü eingefügt werden. Ist hingegen außer einer hard-coded Navigation, d.h. eine händisch erstellte Navigation, wie es vor etlichen Jahren noch üblich war, nichts vorhanden, so muss die gesamte Navigation neu erstellt werden, um die Flexibilität eines modernen Themes nutzen zu können.

Beim *rhinos*-Theme waren noch keine Menü-Positionen vorhanden, jedoch Widgets-Bereiche und (zahlreiche) individuelle Menüs.

18.1.2.2 Mögliche Probleme mit der Datei header.php

Zu einem besonderen Problembereich kann sich auch die Datei header.php entwickeln. In älteren Themes ist sie häufig überladen mit unnötigen Angaben. Oft ist auch ein hard-coded Link zum Stylesheet vorhanden. In modernen Themes und neuen WordPress-Versionen wird die CSS-Datei nicht in der Header-Datei, sondern in der Datei functions.php mit enqueue_scripts() geladen und zwar mit folgender Funktion (siehe Listing 18.1):

Listing 18.1 Laden der CSS-Datei style.css

```
1 // Stylesheet style.css laden
2 function jwp5buch_styles_laden() {
3    wp_enqueue_style( 'style', get_stylesheet_uri() );
4 }
5
6 add_action( 'wp_enqueue_scripts', 'jwp5buch_styles_laden' );
```

Im *rhinos*-Theme kommt jedoch eine spezielle Situation mit mehreren Template-Dateien mit eigenen Stylesheets und jeweils unterschiedlichen Header-Grafiken und Navigationsleisten mit individuellen Menüs hinzu. Da die individuellen Menüs problemlos funktionieren, werden sie (vorläufig) auch für das responsive Theme beibehalten. Die header.php hingegen wird aufgeräumt; die jeweilige passende CSS-Datei könnte über die functions.php mit Hilfe des *Conditional Tags* is_page_template() geladen werden (siehe Listing 18.2).

Listing 18.2 Laden des jeweiligen Stylesheets in die einzelnen Seiten-Templates

```
01 // CSS-Dateien laden
02 function jwp5buch_css() {
03    //white rhinos
04    if ( is_page_template( 'white.php' ) ) {
05       wp_enqueue_style( 'page-template', get_stylesheet_directory_uri()
   . '/css/stylewhite.css' );
06    }
07    // northern white rhinos
08    if ( is_page_template( 'nwhite.php' ) ) {
09       wp_enqueue_style( 'page-template', get_stylesheet_directory_uri()
   . '/css/stylenwhite.css' );
10    }
11    // black rhinos
12    if ( is_page_template( 'black.php' ) ) {
13       wp_enqueue_style( 'page-template', get_stylesheet_directory_uri()
   . '/css/styleblack.css' );
14    }
15
       … weitere Bedingungen …
   }

   add_action( 'wp_enqueue_scripts', 'jwp5buch_css' );
```

Dies funktioniert problemlos, es bedeutet aber auch, dass die Änderungen und Anpassungen für ein responsives Layout in mehreren CSS-Dateien durchgeführt werden müssten. Außerdem müssen bei Besuchern, die mehrere Template-Seiten anschauen, mehrere CSS-Dateien mit zum Teil gleichem Inhalt geladen werden. Da ist es sicherlich überlegenswert, alle CSS-Stile und Regeln in eine einzelne style.css zu geben und lediglich diese einzelne CSS-Datei style.css – wie in Listing 18.1 gezeigt – laden zu lassen.

Ein weiteres Problem im *rhinos*-Theme ist die jeweilige Header-Grafik in den einzelnen Seiten-Templates. Sie wird im alten Theme als Hintergrundbild im DIV #headerbg einge-fügt. Das responsive Anpassen von Hintergrundgrafiken ist nur begrenzt problemlos mög-lich. Deshalb werden die jeweiligen Header-Grafiken statt als Hintergrund nun als Inhalt in das jeweilige DIV eingefügt. So klappt das Verkleinern der Grafik ohne Probleme.

18.1.3 Vorbereitung und Anpassungen

Bevor Sie mit dem „Upgrade" Ihres Themes beginnen, ist es ratsam, genügend Zeit für einige Vorbereitungsarbeiten aufzubringen. Das spart Nerven und mühsame Fehlersuche, wenn man eine Kleinigkeit vergisst. Danach erst sollten Sie mit der Arbeit an den einzelnen Dateien beginnen.

18.1.3.1 Vorbereitungsarbeiten

Notieren Sie sich die Namen der einzelnen DIVs und erstellen Sie eine Skizze mit der Posi-tion dieser DIVs auf Papier. Überlegen Sie nun, wo welche DIVs angezeigt werden sollen, wenn der Monitor schmäler wird. Meist lässt man die Header-Grafik stehen, darunter den Inhaltsteil und darunter die Sidebar. Machen Sie auch eine Skizze vom Layout der Website bei Anzeige auf einem Tablet und eine Skizze bei Anzeige auf einem Smartphone im Por-trait-Modus.

Kontrollieren Sie in der Datei functions.php, ob und falls ja, welche Funktionen mit add_theme_support() (seit Version WordPress 4.1 möglich) bereits aktiviert wurden. Man benö-tigt beispielsweise keinen Link mehr zu einem Favicon, wenn ein *Custom Logo* (seit Version 4.5) definiert werden kann – dafür ist add_theme_support('custom-logo'); erforder-lich. Kontrollieren Sie auch, ob in der functions.php bereits post-thumbnails (mit add_theme_support('post-thumbnails');) und die Breite des Inhaltsbereichs mit $content_width definiert sind. Die beiden Funktionen werden für das automatische Re-sizing benötigt.

18.1.3.2 Das „alte" Theme wird responsive

Welche Dateien müssen geändert bzw. angepasst werden, damit ein altes Theme mit fixer Breite responsive wird? In den meisten Fällen sind es folgende Dateien:

- functions.php,
- style.css,
- falls vorhanden, weitere Stylesheets,
- header.php,
- falls verschiedene Header-Dateien vorhanden, auch diese Dateien.
- single.php,
- page.php,
- falls vorhanden, sämtliche Template-Parts-Dateien, die Inhalt ausgeben.

In meinem *rhinos*-Theme sind es insgesamt mehr als zehn Dateien, die geändert werden müssten, und zwar die Dateien:

- functions.php,
- header.php,
- header-black.php,
- header-nwhite.php,
- header-page.php,
- header-page2.php,
- header-single.php,
- header-start.php,
- header-white.php,
- style.css,
- styleblack.css,
- styleindian.css,
- stylenwhite.css,
- stylesingle.css,
- stylewhite.css.

Wie schon vorhin erwähnt, ist das Laden von zahleichen Stylesheets nicht besonders öko-nomisch. Deshalb werden die Stile und CSS-Regeln in einer einzelnen CSS-Datei, nämlich in der `style.css` zusammengefasst; mit `enqueue_scripts()` wird nur diese Datei im respon-siven *rhinos*-Theme geladen (siehe Listing 18.1). Das reduziert die Anzahl der zu bearbei-tenden Dateien auf fast die Hälfte. Auch der anfallende Arbeitsaufwand lässt sich so leichter und schneller bewältigen. Zudem verringern sich dadurch mögliche Fehlerquellen, die sich bei monotoner Arbeit an ähnlichen Dateien leicht einschleichen können.

Im Folgenden werden die Änderungen, Ergänzungen und Anpassungen in den Dateien des *rhinos*-Themes mit fixer Breite gezeigt. Das Ergebnis der Änderungen, das responsive *rhinos*-Theme, ist unter *https://www.rhinos-in-europe.net* zu sehen. Zahlreiche „alte" Themes mit fixer Breite sind ähnlich aufgebaut und benötigen ähnliche Änderungen, um das Theme auf responsive umzustellen.

18.1.3.2.1 Änderungen in der Datei functions.php

Bevor irgendwelche Änderungen bzw. Ergänzungen in dieser Datei vorgenommen werden, ist es ratsam, eine Sicherheitskopie der aktuellen `functions.php` anzulegen. Speichern Sie dazu die Datei z. B. unter dem Namen `functions_alt.php`. So können Sie jederzeit auf die ursprüngliche Version zurückgreifen, falls etwas schieflaufen sollte.

In der Datei `functions.php` wird das Stylesheet `style.css` mit `wp_enqueue_style()` geladen werden, wie es in Listing 18.1 gezeigt wurde. Support für `post-thumbnails` (`add_theme_support( 'post-thumbnails' );`) ist bereits vorhanden, es fehlt jedoch noch die Definition der Breite des Inhalts `$content_width` (siehe Zeile 1 bis 4 in Listing 18.3). Da noch keine Menüpositionen für das *rhinos*-Theme definiert wurden, wird auch dies nach-geholt, siehe Zeile 8 bis 16 in Listing 18.3.

Listing 18.3 $content_width festlegen

```
01 // content-width definieren
02
03 if ( ! isset( $content_width ) )
04    $content_width = 620;
05
06 // menu positions
07
08 function jwp5buch_rhinos_menu() {
09    register_nav_menus( array(
10        'main_menu'   => 'Main menu oben',
11        'footer_menu' => 'Social menu unten'
12    )
13   );
14 }
15
16 add_action( 'after_setup_theme', 'jwp5buch_rhinos_menu' );
```

18.1.3.2.2 Änderungen im Stylesheet style.css

Auch bei den Stylesheets wird zuerst eine Sicherungskopie angelegt. Da die CSS-Dateien bisher in keinem eigenen Ordner waren, wurde im Themes-Ordner rhinos nun ein neuer Ordner mit dem Namen css erstellt und alle Stylesheets wurden in diesen Ordner hinein-kopiert. Danach wurden sämtliche speziellen Regeln aus den einzelnen CSS-Dateien in der Original-CSS-Datei style.css zusammengefasst. In dieser CSS-Datei müssen vier Bereiche bearbeitet und/oder ergänzt werden:

- Änderungen bzw. Ergänzungen der Header der CSS-Datei,

- spezielle Angaben, damit Bilder, Videos, iFrames etc. in die jeweilige Breite des Inhalts-teils auch bei schmäleren Screens passen,

- Änderungen der Breitenangaben und der Abstände auf Prozentangaben

- und das Definieren von Media-Queries.

Zuerst werden einige Änderungen im Header des Stylesheets vorgenommen und zwar wird die Version des Themes auf Version 2.0 geändert und bei der Beschreibung des Themes flexible header statt fixed header und mit flexible width statt fixed width eingefügt und mit menus ergänzt. Außerdem wird die Version der Lizenz geändert (License: GNU General Public License v3 und License URI: http://www.gnu.org/licenses/gpl-3.0.html) und die *Author URI* angepasst (siehe Bild 18.4).

```
1  /*
2  Theme Name: rhinos
3  Theme URI: http://www.wp5buch.net/
4  Description: This is a resonsive theme in grey.
5  Version: 2.0
6  Author: Jola Belik
7  Author URI: http://www.wp5buch.net
8  License: GNU General Public License v3
9  License URI: http://www.gnu.org/licenses/gpl-3.0.html
10 Tags: grey, flexible header, flexible width, two columns, widgets, menus
11 */
```

Bild 18.4 Der überarbeitete Header der CSS-Datei

Neben dem CSS-Header wurden im *rhinos*-Theme auch einige Angaben für den body {} überarbeitet, um die CSS-Regeln an die aktuelle Schreibweise etc. anzupassen (vgl. Kapitel 19). So wurden die „alten" Regeln für body, td, th {} und body {} mit den Angaben:

Listing 18.4 Alte Regeln bezüglich Schriftgrößen etc.

```
1 body,td,th {
2    font-family: Verdana, Arial, Helvetica, sans-serif;
3    font-size: 0.9em;
4    color: #333333;
5 }
6 body {
7    background-color: #CCCCCC;
8 }
```

geändert in:

Listing 18.5 Neue Regeln bezüglich Schriftgrößen etc.

```
1 body {
2    background-color: #CCCCCC;
3    font-family: Verdana, Arial, Helvetica, sans-serif;
4    font-size: 100%;
5 }
6 p, td, th, li {
7    font-size: 0.875em;
8    color: #333333;
8 }
```

18.1.3.2.2.1 Angaben zum Behandeln von Bildern und anderen Objekten

Bilder, Videos und Inhalte, die mittels iFrames eingebettet werden, sollen sich an die jeweilige Breite anpassen und nicht über den (rechten) Rand ihres Containers hinausragen (siehe Listing 18.6). Diese CSS-Regeln werden, da sie noch nicht vorhanden sind, unterhalb der bisher vorhandenen Stile in die CSS-Datei eingefügt.

Listing 18.6 Erforderliche Angaben für responsive Objekte, Bilder etc.

```
01 /* responsive Bilder*/
02 img {
03    max-width: 99%;
04    height: auto;
05 }
06
07 /* embeds und iframes sollen in ihre Container passen */
08 embed,
09 iframe,
10 object,
11 video {
12    margin-bottom: 24px;
13    width: 98%;
14    max-width: 500px;
15 }
16
17 p > embed,
18 p > iframe,
```

```
19 p > object,
20 span > embed,
21 span > iframe,
22 span > object {
23    margin-bottom: 0;
24 }
25
26 /* Max. Breite diverse Bild-Breiten */
27 .size-auto,
28 .size-full,
29 .size-large,
30 .size-medium,
31 .size-thumbnail {
32    max-width: 100%;
33    height: auto;
34 }
```

Responsive Hintergrundgrafik In den DIVs #content und #contentre befindet sich eine Hintergrundgrafik zur optischen Abtrennung der Sidebar. Damit auch diese Hintergrundgrafik bei Änderung der Breite des Containers verkleinert wird, müssen Regeln für den Container mit der CSS3-Eigenschaft background-size ergänzt werden. Mit background-size: contain; werden die Breite und die Höhe der Grafik an die Größe des Containers angepasst. Da die Hintergrundgrafik ab einer Breite von weniger als 760 Pixel ohnehin nicht angezeigt werden soll, funktioniert hier das Anpassen der Grafik problemlos.

Gekacheltes Mosaik Im „alten" *rhinos*-Theme wurde die Regel für das Zentrieren des Gekachelten Mosaiks (Jetpack erforderlich) nicht in eines der Stylesheets, sondern mittels *Custom Styles* über *Design/CSS bearbeiten* definiert. Diese benutzerdefinierte CSS-Regel wurde im Custom-Styles-Fenster gelöscht und in die CSS-Datei eingefügt (siehe Listing 18.7). So kann beim Media Query der Abstand auf null gesetzt werden.

Listing 18.7 Regel für das Gekachelte Mosaik

```
1 /* gekacheltes Mosaik */
2 .tiled-gallery {
3    padding-left: 60px;
4 }
```

18.1.3.2.2.2 Ändern der Breiten und Abstände in Prozent bzw. max-width
Je nach Aufbau des Themes und Anzahl der DIVs kann dieser Teil der Umstellung auf eine responsive Version recht arbeits- und zeitaufwendig werden.

Container-DIVs mit max-width Suchen Sie zuerst alle Container-DIVs und ändern Sie bei diesen jeweils die Breite width in eine maximale Breite max-width. Belassen Sie dabei die bestehende Breitenangabe in Pixel. Im *rhinos*-Theme sind dies die DIVs #header, #navitop, #main, #content und #contentli. Bei den genannten DIVs wird width: 900px; geändert in max-width: 900px;.

> **Anmerkung:** Der Footer (#footer) ist im *rhinos*-Theme kein eigenes Container-DIV, es befindet sich im Container-DIV #main.

Inhaltsteil und Sidebar – Breite in Prozent Der Inhaltsteils-Teil DIV #inhalt für breite Spalte links bzw. DIV #inhaltre für breite Spalte rechts und das Sidebar-DIV #sidebar befinden sich im Container-DIV #content bzw. #contentre. Die „alten" CSS-Regeln für den Inhalt-DIV #inhalt bzw. DIV #inhaltre lauten (siehe Listing 18.8):

Listing 18.8 „Alte" Regeln für die DIVs #inhalt und #inhaltre

```
01 /* inhalt links */
02 #inhalt {
03     float: left;
04     width: 615px;
05     margin-top: 10px;
06     padding-top: 0;
07     padding-right: 0;
08     padding-bottom: 0;
09     padding-left: 30px;
10 }
11
12 /* inhalt rechts */
13 #inhaltre {
14     float: right;
15     width: 615px;
16     margin-top: 10px;
17     padding-top: 0;
18     padding-right: 30px;
19     padding-bottom: 0;
20     padding-left: 0;
21 }
```

Die Breite von 615 Pixel entspricht einer Breite von 68,333 Prozent in Bezug auf die Breite des Eltern-DIVs von 900 Pixel. 30 Pixel für den Innenabstand links bzw. rechts entsprechen 3,333 Prozent. Für die Breite der beiden DIVs verwende ich abgerundet width: 68.3%;. Die Innenabstände links bzw. rechts werden ebenfalls abgerundet und in padding-left: 3.3%; bzw. padding-right: 3.3%; geändert. Beim Außenabstand oben wird von Pixel auf em gewechselt. Statt padding-top: 10px; lautet die Regel nun padding-top: 0.625em; (siehe Listing 18.9).

Listing 18.9 Angepasste CSS-Regeln für die DIVs #inhalt und #inhaltli

```
01 /* inhalt links */
02 #inhalt {
03     float: left;
04     width: 68.3%;
05     margin-top: 1em;
06     padding-top: 0;
07     padding-right: 0;
08     padding-bottom: 0;
09     padding-left: 3.3%;
10 }
11
12 /* inhalt rechts */
13 #inhaltre {
14     float: right;
15     width: 68.3%;
16     margin-top: 1em;
17     padding-top: 0;
18     padding-right: 3.3%;
19     padding-bottom: 0;
20     padding-left: 0;
```

```
21 }
```

Die Sidebar-DIV #side bzw. #sidelinks hat eine Breite von 180 Pixel und einen Innenabstand nach rechts bzw. nach links von 30 Pixel sowie einen Abstand nach oben von 10 Pixel (siehe Listing 18.10).

Listing 18.10 „Alte" Regeln für die DIVs #side und #sidelinks

```
01 /* sidebar rechts*/
02 #side {
03     float: right;
04     margin-top: 10px;
05     width: 180px;
06     font-family: Arial, Helvetica, sans-serif;
07     font-size: 0.75em;
08     padding-top: 0;
09     padding-right: 30px;
10     padding-bottom: 0;
11     padding-left: 0;
12     margin-right: 0;
13 }
14
15 /* sidebar links */
16 #sidelinks {
17     float: left;
18     margin-top: 10px;
19     width: 180px;
20     font-family: Arial, Helvetica, sans-serif;
21     font-size: 0.75em;
22     padding-top: 0;
23     padding-right: 0;
24     padding-bottom: 0;
25     padding-left: 30px;
26     margin-right: 0;
27 }
```

Umgerechnet in Prozent und abgerundet ergibt dies eine Breite von 20 Prozent (width: 20%;), einen Außenabstand nach oben von 0,625 Prozent (margin-top: 0.625%;) und einen Innenabstand nach rechts bzw. nach links von 3,3 Prozent (padding-right: 3.3%; bzw. padding-left: 3.3%;). Listing 18.11 zeigt die angepassten CSS-Regeln für die Sidebar.

Rechnet man alle Breiten-Prozentwerte zusammen, d.h. Innenabstand bei #inhalt plus Breite #inhalt plus Breite #side plus Innenabstand rechts bei #side, also

$$3,3 + 68,3 + 20 + 3,3 = 94,9$$

so ergibt das eine Breite von 94,9 Prozent. Somit bleiben für den Abstand zwischen dem Inhalt und der Sidebar 5,1 Prozent auf eine Gesamtbreite von 100 Prozent. Da in der „breiten" Version ein Hintergrund im DIV #content bzw. #contentre liegt und damit die Sidebar optisch vom Inhalt getrennt ist, entfallen von den 5,1 Prozent in etwa 3 Prozent auf den Abstand des Inhalts zur optischen Abgrenzung hin und rund 2 Prozent auf den Abstand der Sidebar.

Damit die Schrift in der Sidebar etwas größer angezeigt wird, wurde die Schriftgröße etwas vergrößert (font-size: 875rem;).

Listing 18.11 Angepasste Regeln für die DIVs #side und #sidelinks

```
01 /* sidebar rechts*/
02 #side {
03     float: right;
04     margin-top: 1em;
05     width: 20%;
06     font-family: Arial, Helvetica, sans-serif;
07     font-size: 0.875rem;
08     padding-top: 0;
09     padding-right: 3.3%;
10     padding-bottom: 0;
11     padding-left: 0;
12     margin-right: 0;
13 }
14
15 /* sidebar links */
16 #sidelinks {
17     float: left;
18     margin-top: 1em;
19     width: 20%;
20     font-family: Arial, Helvetica, sans-serif;
21     font-size: 0.875em;
22     padding-top: 0;
23     padding-right: 0;
24     padding-bottom: 0;
25     padding-left: 3.3%;
26     margin-right: 0;
27 }
```

18.1.3.2.2.3 Erstellen von Media-Queries

Mit *Media-Queries* wird festgelegt, wie das Layout bei den vorgegebenen Bildschirmbreiten angezeigt werden soll. Im *rhinos*-Theme verwende ich nur zwei Layoutversionen und zwar eine zweispaltige „breite" Version ab einer Breite von 761 Pixel. Bis zu einer maximalen Breite von 760 Pixel wird der Inhalt der Sidebar unterhalb des Inhalts angezeigt. So lautet die Media-Query für die „schmale" Version @media screen and (max-width: 760px) {}. Die Container-DIVs erhalten eine Breite von 100 Prozent, sie sollen die gesamte, zur Verfügung stehende Breite ausfüllen. Die DIVs #content und #contentli erhalten eine Breite von 98 Prozent (widths: 98%;) und einen Innenabstand nach links von 1 Prozent (padding-left: 1%;), die Hintergrundgrafik mit der optischen Trennung Inhalt-Sidebar soll nicht angezeigt werden (background-image: none;). Im Inhaltsbereich (#inhalt und #inhaltre) sollen Bilder eine maximale Breite von 99 Prozent annehmen und in der Höhe automatisch proportional verkleinert werden (max-width: 99%; height: auto;) und die Bildunterschrift mit der Klasse .wp-caption eine maximale Breite von 100 Prozent haben, damit die Bilder mit Bildunterschriften entsprechend in den Container passen (max-width:

100%;). Listing 18.12 zeigt alle Regeln der Media Query für eine Breite bis maximal 760 Pixel:

Listing 18.12 Media-Query für das Theme

```
01 @media screen and (max-width: 760px) {
02 /* Inhalt und Sidebar unter einander */
03 #header,
04 #navitop,
05 #main {
06     width: 100%;
07 }
08 #content, #contentli {
09     background-image: none;
10     width: 98%;
11     padding-left: 1%;
12 }
13 #inhalt, #inhaltre, #side, #sideli {
14     float: none;
15     width: 98%;
16     padding-left: 1%;
17 }
18
19 /* Bilder und Bildunterschrift anpassen */
20 #inhalt img, #inhaltre img {
21     max-width: 99%;
22     height: auto;
23 }
24 .wp-caption {
25     max-width: 100%;
26 }
27
28 /* gekacheltes Mosaik */
29 .tiled-gallery {
30     padding-left: 0;
31 }
32
33 /* news und slider nicht anzeigen */
#34 startnews,
35 #kurznews,
36 #meinslider,
37 #kurz,
38 #meinslider,
39 .start {
40     display: none;
41 }
42 } /* Ende Media-Query */
```

18.1.3.2.3 Änderungen in den Header-Dateien

Wenn Ihr Theme lediglich eine einzige Header-Datei, nämlich die Datei header.php besitzt, so bereinigen Sie diese Datei. Belassen Sie dabei sämtliches JavaScript, das sich bei zahlreichen Themes im <head>-Tag befindet, unberührt. An HTML-Tags reichen folgende Angaben (siehe Listing 18.13), die natürlich jederzeit bei Bedarf durch Conditional Tags etc. erweitert werden können:

Listing 18.13 Basisangaben im HTML-Header der Datei header.php

```
1 <!DOCTYPE html>
2 <html <?php language_attributes(); ?>>
3 <head>
4 <meta charset="<?php bloginfo( 'charset' ); ?>">
5 <meta name="viewport" content="width=device-width, initial-scale=1">
6 <meta name="description" content="<?php bloginfo( 'description' ); ?>">
7 <?php wp_head(); ?>
8 </head>
```

Achten Sie darauf, dass die *Charset*-Angabe an erster Stelle im <head>-Tag steht (siehe Zeile 4) und dass sich <?php wp_head(); ?> unmittelbar vor dem schließenden </head>-Tag befindet (siehe Zeile 7). Denken Sie auch daran, die *Viewport*-Zeile einzufügen (siehe Zeile 5 in Listing 18.13). In Zeile 6 befindet sich das Meta *Description*, der Inhalt der Beschreibung wird mit bloginfo('description'); eingefügt und entspricht dem *Untertitel*, früher *Slogan* genannt, der unter *Einstellungen/Allgemein* festgelegt wurde (siehe Bild 18.5).

Einstellungen › Allgemein

Titel der Website	Rhinos in Europe
Untertitel	Infos zu allen Nashörnern in europäischen Zoos und Tie
	Erkläre in ein paar Worten, worum es auf deiner Website geht.

Bild 18.5 Der Untertitel kann als Meta Description verwendet werden

➥ Metas Title, Description und Keywords für SEO erforderlich?

Der Begriff SEO, Search Engine Optimization, die Suchmaschinen-Optimierung, ist heutzutage aus der Internet-Welt wohl kaum wegzudenken. Man konnte in den vergangenen Jahren nicht nur das plötzliche Auftauchen von zahlreichen Online-Marketing-Firmen aus dem Nichts und einen regelrechten Wildwuchs von SEO-Experten und SEO-Profis beobachten, sondern auch die Entstehung von zahlreichen Mythen rund um SEO. Bei der Recherche zu aktuellen Algorithmen für das Google-Ranking stieß ich auch auf haarsträubende Aussagen wie beispielsweise, dass „ein falsch gesetzter (d. h. ein von einem nicht durch einen speziell geschulten SEO-Experten gesetzter) Seiten-Titel dazu führen kann, dass man aus der Suchmaschine verschwindet". Wäre diese Aussage tatsächlich korrekt, dann dürfte eine Suche bei Google nach „unbenanntes dokument" keine Ergebnisliste mit „Ungefähr 522 000 Ergebnisse" auswerfen (Stand 25.09.2017, Suche auf *http://www.google.at*).

Korrekt und von führenden SEO-Experten bzw. Google-Mitarbeitern ausdrücklich hervorgehoben werden hingegen folgende Punkte:

- Der *Seiten-Titel* ist ein relevantes Element einer Seite. Der Inhalt des `<title>`-Tags erscheint als verlinkte Überschrift in der Such-Ergebnisliste. Je aussagekräftiger, prägnanter und passender zum Inhalt der Seite, umso besser ist das Besuchererlebnis und umso höher das Ranking. Der Titel sollte nicht allzu lang sein, es stehen derzeit 600 Pixel Breite zur Verfügung, dies entspricht je nach Breite der Buchstaben in etwa 50 bis 65 Anschläge inklusive Leerzeichen.

- Ist eine sinnvolle, zum Inhalt der Seite passende Beschreibung, sogenanntes „Snippet", im Meta *Description* vorhanden, so wird zumeist diese in der Such-Ergebnisliste unterhalb des Titels eines Ergebnisses angezeigt. Es kann stattdessen auch ein von der Suchmaschine generiertes Snippet als Ausschnitt mit Inhalten im Umfeld des Suchbegriffs auf der Seite unterhalb des Titels erscheinen. Dies kann insbesondere dann passieren, wenn die Meta-Beschreibung aus einer langen Folge von Suchbegriffen besteht und damit dem Benutzer kein Überblick über den Seiteninhalt geboten wird. Google empfiehlt, dass man „zumindest eine Beschreibung für die wichtigsten URLs wie die Startseite und besonders beliebte Seiten" erstellen sollte.

- Keine Bedeutung mehr haben heutzutage die *Keywords* Metas. Man kann sie zwar anführen, bei großen Suchmaschinen spielen sie jedoch keine Rolle mehr.

- Immer wichtiger werden hingegen die Inhalte einer Seite. Google bevorzugt mit seinen neuen Such-Algorithmen jene Seiten, deren Inhalte einen zusätzlichen Nutzwert für einen Besucher bieten. Seiten mit alten Inhalten, unvollständigen Sätzen, wenig Text, dafür überladen mit Suchbegriffen und Affiliate-Links werden deutlich weiter hinten gereiht.

18.1.3.2.3.1 Der `<title>` -Tag

Nein, es ist kein Fehler, sondern Absicht, dass sich kein `<title>`-Tag in Listing 18.13 befindet, obwohl es sich beim Titel um ein besucher- und suchmaschinenrelevantes Element einer Seite handelt, siehe Info-Kasten. In zahlreichen Themes wurde früher der Titel der Seite entweder hard-coded, d.h. händisch eingefügt, und/oder mit Hilfe von `wp_title();` wie beispielsweise `<title><?php bloginfo( 'name' ); ?> | <?php wp_title(''); ?></title>`.

Seit WordPress Version 4.4 gilt `wp_title();` zwar nicht als deprecated, es wird aber empfohlen, dies nicht mehr einzusetzen. Als Best Practice gilt seither, dass der Theme Support `title-tag` aktiviert wird (mit add `add_theme_support( 'title-tag' );` in der `functions.php`). Dadurch wird mittels `wp-head` der Seiten-Titel automatisch ausgegeben. Und zwar auf der Startseite in der Form *Name – Beschreibung* des Blogs bzw. der Website (siehe Bild 18.6, oben), bei anderen Seiten in der Form *Seiten-Titel – Name* bzw. *Titel des Blogbeitrags – Name* (siehe Bild 18.6, unten).

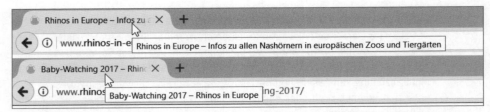

Bild 18.6 Seiten-Titel auf Rhinos in Europe: Startseite (oben), Einzelansicht von Beitrag Baby-Watching 2017 (unten)

Auf der Startseite möchte ich lediglich den Namen anzeigen lassen, d. h. ohne die Beschreibung nach dem Separator. Dies wird mit dem Filter `pre_get_document_title` ermöglicht (siehe Listing 18.14), das Ergebnis zeigt Bild 18.7 (oben).

Listing 18.14 Keine Beschreibung im Title-Tag anzeigen

```
1 // auf Startseite nur Name als title-tag
2 add_filter( 'pre_get_document_title', function ( $title ) {
3    if( is_home() || is_front_page() ) {
4       $title = get_bloginfo( 'name' );
5    }
6    return $title;
7 });
```

Als Separator zwischen Titel der Seite und dem Namen wird ein Bindestrich automatisch eingefügt (siehe Bild 18.6, unten). Da auf meiner Nashorn-Seite zahlreiche Seiten von vornherein einen Bindestrich beinhalten wie beispielsweise *Breitmaulnashörner - Transfers*, halte ich einen anderen Separator für besser geeignet. Den Separator kann man mit dem Filter `document_title_separator` in der `functions.php` ändern (siehe Listing 18.15). Das Ergebnis ist in Bild 18.7 (Mitte und unten) zu sehen.

Listing 18.15 Ändern des Separators im Title-Tag

```
1 // anderen Separator im title-tag anzeigen
2 function jwp5buch_title_sep( $sep ) {
3    $sep = "|";
4    return $sep;
5 }
6
7 add_filter( 'document_title_separator', 'jwp5buch_title_sep' );
```

Bild 18.7 Geänderte Seiten-Titel: Startseite (oben), Seite Breitmaulnashörner – Transfers (Mitte) und Einzelansicht Blogbeitrag Baby-Watching 2017 (unten)

18.1.3.2.3.2 Custom-Icon statt Favicon

Auch ein Link zum Favicon fehlt in Listing 18.13, auch dies ist kein Fehler, sondern Absicht. Statt eines Favicons wurde im Theme ein *Custom-Icon* definiert und die entsprechende Datei in der Größe von 512 mal 512 Pixel hochgeladen. Ein Custom-Icon kann im *Customizer* im Bereich *Website-Informationen/Website-Icon* eingefügt werden (siehe Bild 18.8):

Bild 18.8
Einfügen eines Custom-Icons im Customizer

Dieses Custom-Icon wird als Favicon und beispielsweise auch als Kachel auf einem Tablet oder Smartphone eingesetzt. Voraussetzung zur Verwendung eines Custom-Icons ist die Aktivierung des Theme Supports `custom-logo` mit `add_theme_support( 'custom-logo' );` in der `functions.php`.

18.1.3.2.3.3 Keine Header-Datei im Theme

Falls sich in Ihrem Theme keine Header-Datei `header.php` befinden sollte, dann wird automatisch die Header-Datei des aktuellen Default-Themes (`wp-includes/theme-compat/header.php`) eingefügt. Dies ist wohl eine eher ungünstige und weniger empfehlenswerte Lösung, denn es gibt immer wieder neue Default-Themes bei größeren Updates.

18.1.3.2.3.4 Mehrere Header-Dateien im Theme

Bei der Website *Rhinos in Europe* hingegen werden mehrere Header-Dateien verwendet. Diese beinhalten unterschiedliche Header-Grafiken sowie unterschiedliche Navigationsleisten unterhalb der Header-Grafik. Die allgemeine Header-Datei heißt `header.php`, weitere Header-Dateien erhalten ein Suffix, getrennt durch einen Bindestrich, wie beispielsweise `header-white.php` für die Breitmaulnashörner (*White Rhinos*) oder `header-black.php` für die Spitzmaulnashörner (*Black Rhinos*).

In der Template-Datei wird die Header-Datei `header.php` mit `<?php get_header(); ?>` geladen. Möchte man eine andere Header-Datei in einem Template verwenden, so setzt man das Suffix als Parameter in die Klammer, im Beispiel sind dies `<?php get_header( 'white' ); ?>` und `<?php get_header( 'black' ); ?>`.

18.1.3.2.3.5 Header-Grafik in DIV statt Hintergrundgrafik

Im „alten" *rhinos*-Theme wurde die jeweilige Header-Grafik in den einzelnen Seiten-Template-Stylesheets mittels CSS als Hintergrundgrafik eingefügt. Aus Performance-Gründen wurden die Angaben aus den einzelnen Stylesheets in die Datei `style.css` zusammengefasst. Es wird nur mehr diese CSS-Datei geladen. An der Stelle der Header-Grafik war in den Header-Dateien bisher nur das DIV `<div id="headerbg"></div>` zu finden. Die einzelnen Header-Grafiken befinden sich weiterhin im `images`-Ordner im Theme-Ordner. Diese sollen nun als Grafik-Datei in das DIV #headerbg eingefügt werden. Das mit der Grafik ergänzte DIV, im Beispiel in der Datei `header-white.php`, sieht nun folgendermaßen aus (siehe Listing 18.16):

Listing 18.16 Header-Grafik im DIV #headerbg

```
1 <div id="headerbg">
2    <img src="<?php echo get_template_directory_uri(); ?>/images/
whiterhinos2015.jpg" width="900" height="222" alt="">
3 </div>
```

18.1.3.2.3.6 Unterschiedliche Header-Grafik nach Kategorie in Einzelansicht

Auf der Nashorn-Website werden die jeweiligen Header-Grafiken nicht nur bei den einzelnen statischen Seiten passend angezeigt. Auch in den Einzelansichten von Blogbeiträgen soll die jeweils zur Kategorie passende Header-Grafik zu sehen sein. Dies wurde mit If-Bedingungen gelöst (siehe Listing 18.17). Als Parameter wird der jeweilige Name der Kategorie verwendet:

Listing 18.17 Anzeige von Header-Grafiken abhängig von der Kategorie

```
01 <div id="headerbg"><img src="<?php
02    $post = $wp_query->post;
03    bloginfo('stylesheet_directory');
04
05    // falls Kategorie Black rhinos
06    if (in_category('Black rhinos')) {
07       echo "/images/blackrhinos2.jpg";
08
09    // falls Kategorie Northern White
10    } elseif (in_category('NWR')) {
11       echo "/images/northwhiterhinos.jpg";
12
13    // falls Kategorie White rhinos
14    } elseif (in_category('White rhinos')) {
15       echo "/images/whiterhinos.jpg";
16
17    // falls Kategorie Diverses
18    } elseif (in_category('Diverses')) {
19       echo "/images/header_rhinos2014.jpg";
20
21    // ansonsten
22    } else {
23       echo "/images/rhinos1.jpg";
24    } ?>" width="900" height="222" alt="">
25 </div>
```

Damit ist die Umwandlung in ein mobiles Theme im Grunde genommen abgeschlossen. Auch wenn es in diesem Kapitel nicht immer wieder ausdrücklich erwähnt wurde, denken Sie immer daran, nach jedem Änderungsschritt zu testen, testen, testen! Und zwar in mehreren Browsern auf dem Desktop-PC sowie auch auf Tablet und Smartphone. Erst wenn das Ergebnis zufriedenstellend ist, sollten Sie an der Umwandlung in ein mobiles Theme weiterarbeiten.

Exkurs: Widgets-Bereich mit individuellem Menü in Menü-Position umwandeln

Als weiterer Schritt Richtung Verbesserung der User-Erfahrung wäre noch überlegenswert, auch die Navigationsleiste im mobilen *rhinos*-Theme anzupassen und mit einem Navicon zu versehen. Das Ergebnis vorher – nachher zeigt Bild 18.11.

Allerdings sollten davor in einigen Header-Dateien der Widget-Bereich mit dem jeweiligen individuellen Menü unterhalb der Header-Grafik durch eine Menü-Position mit dem jeweiligen Menü ersetzt werden. Auch wenn diese Änderung im Frontend keine sichtbaren Auswirkungen hat bzw. haben sollte, so ist es als Best Practice quasi unumgänglich, die Navigationsbereiche (endlich) auf den aktuellen Stand zu bringen. Dieses Problem ist bei zahlreichen, in die Jahre gekommenen eigenen und kundenspezifischen Projekt-Themes zu finden, die im Lauf der Jahre immer wieder erweitert wurden, ohne dass bei jeder Erweiterung des Themes alle neuen Features von WordPress mit eingebaut worden sind.

Im *rhinos*-Theme befanden sich ursprünglich hardcoded Navigationsleisten unterhalb der Header-Grafik. Vor einigen Jahren wurden diese mit Widgets-Bereichen ersetzt, in welche individuelle Menüs geladen wurden. Inzwischen wurde eine Haupt-Menü-Position namens main_menu in der functions.php definiert und in der header.php sowie header-start.php unterhalb der Header-Grafik eingefügt. Das Menü für diese Menü-Position wurde in der Menü-Verwaltung zugewiesen, die Menü-Position mit Menü wurde folgendermaßen in die beiden Header-Dateien eingefügt (siehe Listing 18.18; der verwendete Code wird in Kapitel 19 detailliert erklärt):

Listing 18.18 Hauptmenü-Leiste in der header.php und header-start.php

```
01 <div id="navioben">
02 <!-- Navigation Startseite -->
03 <ul>
04     <?php wp_nav_menu( array(
05         'theme_location' => 'main_menu',
06         'items_wrap'     => '%3$s',
07         'container'      => ''
08         ) );
09     ?>
10 </ul>
11 <div class="clr"></div>
12 </div>
```

In den anderen Header-Dateien für die einzelnen Seiten-Templates befindet sich noch die Widgets-Position an dieser Stelle. Als Beispiel der Quelltext in der Datei header-white.php für die Breitmaulnashörner-Templates (siehe Listing 18.19):

Listing 18.19 Widgets-Position für individuelles Menü in der Datei header-white.php

```
01 <div id="navioben">
02 <!-- Navigation unter Header-Grafik -->
03 <ul>
04     <?php if ( function_exists('dynamic_sidebar') &&
   dynamic_sidebar('Navi Weiss') ) : else : ?>
05     <?php endif; ?>
06 </ul>
07 <div class="clr"></div>
08 </div>
```

In Zeile 4 steht der Name des Widgets, nämlich `Navi Weiss`. Bevor hier die Haupt-Menü-Position eingefügt wird, muss zuerst in der Widgets-Verwaltung nachgeschaut werden, welches individuelle Menü sich im Widget mit dem Namen `Navi Weiss` denn befindet.

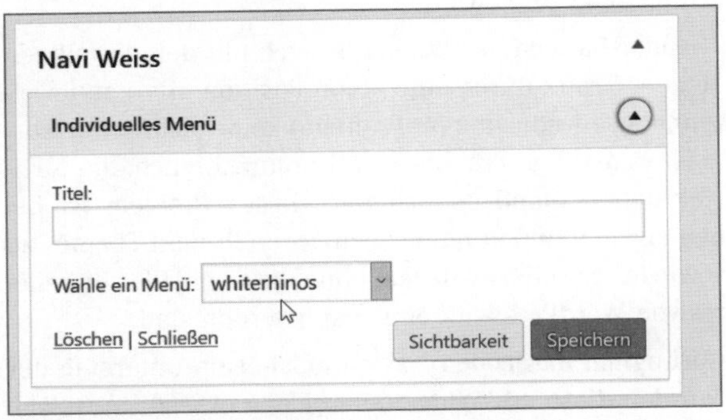

Bild 18.9 Individuelles Menü im Widget Navi Weiss

Bild 18.9 zeigt das geöffnete Widget `Navi Weiss`, das individuelle Menü heißt `rhinoswhite`. Mit diesem Menünamen (`'menu' => 'whiterhinos'`) kann nun der Code aus Listing 18.18 ergänzt und in die Datei `header-white.php` eingefügt werden. Der Code für die Navigationsleiste in der `header-white.php` lautet nun folgendermaßen (siehe Bild 18.10), der Name des individuellen Menüs befindet sich in Zeile 43:

```
36  <div id="navioben">
37  <!-- Navigation unter Header-Grafik -->
38    <ul>
39      <?php wp_nav_menu( array(
40          'theme_location' => 'main_menu',
41          'items_wrap'     => '%3$s',
42          'container'      => '',
43          'menu'           => 'whiterhinos'
44          ) );
45      ?>
46    </ul>
47    <div class="clr"></div>
48  </div>
```

Bild 18.10 Menü-Position mit individuellem Menü

Für das Navicon müssen in jede Header-Datei einerseits der JavaScript-Block und die Ergänzungen im `<ul>`-Tag sowie der erste Listenpunkt mit dem Dashicons-Navicon eingefügt werden. Andererseits muss die CSS-Datei ergänzt werden.

> **Anmerkung:** In Kapitel 19 wird detailliert beschrieben, wie Sie eine Navigation mit einem Navicon erstellen können.

Im Bild 18.11 ist links die Navigation mit den Navigationspunkten nebeneinander zu sehen. So sieht die Navigation beispielsweise auch im mobilen Twenty Eleven Theme aus. Der mittlere Screenshot zeigt das Navicon mit geschlossener Navigationsleiste, der rechte die geöffnete Navigation.

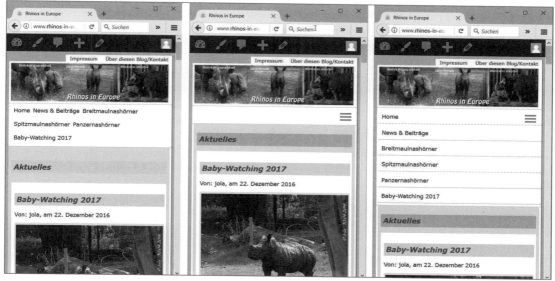

Bild 18.11 Navigationspunkte nebeneinander (links) und mit Navicon (Mitte und rechts)

19 Arbeiten mit Child-Themes

In diesem Kapitel erfahren Sie ...

- ... wie Sie ein Child-Theme erstellen,
- ... wie Sie ein Child-Theme aktivieren,
- ... wie Sie das Standard-Theme Twenty Nineteen mit einem Child-Theme anpassen.

Manchmal möchte man an einem Theme weitere Anpassungen vornehmen, als jene mittels Customizer. Wenn Sie Änderungen in Original-Theme-Dateien durchführen, werden diese beim nächsten Theme-Update überschrieben. Um dies zu verhindern, werden Änderungen in sogenannte *Child-Themes* geschrieben. Wenn ein Child-Theme vorhanden ist, schaut WordPress zuerst in der Child-Theme-Datei nach und überschreibt mit den dort gefundenen Angaben die Original-Datei. Anders bei der `functions.php` im Child Theme. Diese Datei wird unmittelbar vor dem Parent-Theme `functions.php` geladen, die Funktionen etc. werden dem Parent-Theme `functions.php` hinzugefügt.

Für Änderungen in einzelnen Template-Dateien kopiert man die jeweilige Datei in den Child-Theme-Ordner und führt dort die Änderung durch. Bei einem Update bleiben die Child-Theme-Dateien unberührt. Dies hat allerdings auch den Nachteil, dass Korrekturen von etwa Fehlern oder Sicherheitslücken mit dem nächsten Update im Parent-Theme korrigiert und behoben werden können, nicht jedoch automatisch auch im Child-Theme.

19.1 Child-Theme einrichten

Für ein *Child-Theme* benötigen Sie im Ordner `wp-content/themes` einen neuen Ordner mit dem Namen des Original-Themes gefolgt von `-child`. Achten Sie darauf, dass sich keine Leerzeichen im Namen befinden, sonst erhalten Sie Fehlermeldungen. Im Beispiel sollen Änderungen an *Twenty Nineteen* vorgenommen werden, somit heißt der Child-Ordner `twentynineteen-child`. In diesem Ordner benötigen Sie zwei neue leere Dateien, `functions.php` und `style.css` (siehe Bild 19.1).

Anmerkung: Sie können den Child-Theme-Ordner theoretisch beliebig benennen, solange Sie nur Kleinbuchstaben und keine Sonderzeichen verwenden. Praktisch empfehle ich besonders am Anfang, das Parent-Theme im Namen beizubehalten.

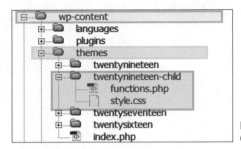

Bild 19.1
Ordnerstruktur bei Verwendung eines Child-Themes

19.1.1 Die style.css im Child-Theme

Im CSS-Header, d. h. am Anfang der Datei `style.css`, müssen zumindest die Angaben *Theme Name* und *Template* enthalten sein. Was bei *Theme Name* angegeben wird, erscheint in der Theme-Verwaltung als Name Ihres neuen Themes. Neben *Template* muss der Name des Eltern-Themes angegeben werden und zwar in der korrekten Schreibweise. *Author,* also Ihren Namen, die *Version* und *Description*, eine kurze Beschreibung, würde ich auch jedenfalls angeben. Demnach sieht der CSS-Header meiner Beispiel-Datei folgendermaßen aus (siehe Listing 19.1):

Listing 19.1 Der CSS-Header des Child-Themes

```
1 /*
2 Theme Name:    Mein neues Twenty Nineteen Child-Theme
3 Description:   WP5-Buch 2019 Twenty Nineteen Child-Theme
4 Author:        Jola Belik
5 Template:      twentynineteen
6 Version:       1.0.0
7 */
```

Im Folgenden finden Sie eine Auflistung aller Angaben, die erwartet werden, wenn Sie Ihr Theme anderen zur Verfügung stellen möchten. Die Zahlen in Klammern zeigen die Position der Angaben in der Themes-Verwaltung in Bild 19.3 und Bild 19.4:

- *Theme name* (1) – Der Name Ihres Child-Themes, Angabe zwingend erforderlich.
- *Theme URI* – Angabe einer Website, in der das Theme beschrieben wird bzw. Beispiel-Anwendungs-Seite, diese Angabe oder die Angabe der Website des Autors bzw. der Autorin ist erforderlich, damit Ihr Theme in der WordPress directory akzeptiert wird.
- *Description* (2) – Kurze Beschreibung des Themes, wird angezeigt, wenn Sie in der Themes-Verwaltung auf **THEME DETAILS** klicken.
- *Author* (3) – Name des Autors bzw. der Autorin, also Ihr Name.
- *Author URI* – Die Adresse Ihrer Website (siehe Theme URI).

- *Template* – Hier steht der Name des Parent-Themes und zwar der Name des Ordners. Diese Angabe ist zwingend erforderlich. Achten Sie auf die korrekte Schreibweise, diese Angabe ist case-sensitiv. Ist dieser Wert falsch angegeben, erhalten Sie Fehlermeldungen statt eines funktionierenden Child-Themes.

- *Version* (4) – Die Versionsnummer beginnt üblicherweise mit 1.0.0.

- *License* – Üblicherweise werden Themes in der WordPress directory unter einer GPL license veröffentlicht. Am besten ist es, Sie übernehmen die Lizenz des Parent-Themes (z. B. `GNU General Public License v2 or later`).

- *License URI* – Die Adresse, unter der eine Beschreibung der verwendeten Lizenz zu finden ist. Auch hier sollten Sie sich an die Angabe des Parent-Themes halten (z. B. `http://www.gnu.org/licenses/gpl-2.0.html`).

- *Tags* – Stichwörter, sogenannte Tags, erleichtern das Finden von passenden Themes in der WordPress directory. Geben Sie hier aussagekräftige Stichwörter an, die Ihr Thema beschreiben (z. B. `one-column`, `two-columns`, `responsive`, `blau`, `custom-header` etc.).

- *Text domain* – Die Angabe des Theme-Slugs wird für die Internationalisierung verwendet, damit Ihr Theme in andere Sprachen übersetzt werden kann (für das Beispiel-Child-Theme wäre es `twentynineteen`).

Fügen Sie den Code aus Listing 19.1 – mit Ihren individuellen Angaben versehen – am Beginn der `style.css` im Ordner `twentynineteen-child` ein und speichern Sie die Datei.

19.1.2 Die functions.php im Child-Theme

Damit ein Child-Theme funktionieren kann, müssen die Stylesheets im Child-Theme und im Parent-Theme miteinander verknüpft werden. Dies wurde in früheren Versionen mit `@import` in der Child-CSS gemacht. Diese Vorgangsweise ist *nicht* mehr State of the Art, im WordPress Codex wird stattdessen die Verwendung von `wp_enqueue_script()` und `wp_enqueue_style()` im Child-Theme `functions.php` empfohlen.

Fügen Sie deshalb folgenden Code in die `functions.php` im Child-Theme-Ordner ein (siehe Listing 19.2): Achten Sie darauf, dass sich vor dem öffnenden PHP-Tag `<?php` weder eine Leerzeile noch ein Leerzeichen befindet!

Listing 19.2 Verknüpfen von Child- und Parent-Stylesheets

```
01 <?php
02 function jwp5buch_enqueue_styles() {
03    $parent_style = 'parent-style';
04    wp_enqueue_style( $parent_style, get_template_directory_uri()
   . '/style.css' );
05    wp_enqueue_style( 'child-style',
06        get_stylesheet_directory_uri() . '/style.css',
07        array( $parent_style ),
08        wp_get_theme()->get('Version')
09    );
10 }
11
12 add_action( 'wp_enqueue_scripts', 'jwp5buch_enqueue_styles' );
```

19.1.3 Das Child-Theme aktivieren

Das Child-Theme ist nun bereit, aktiviert zu werden. Es ist war nicht unbedingt erforderlich, jedoch empfehlenswert und praktischer, wenn Sie – wie für jedes Theme üblich – eine screenshot.png-Datei erstellen und in den Child-Theme-Ordner geben (siehe Bild 19.2, rechts). Mit dem Vorschaubild Ihres Child-Themes soll das Theme auf den ersten Blick erkennbar sein. Die erforderliche Mindestgröße, in der diese Vorschaudatei in der Theme-Verwaltung in der Themes-Übersicht angezeigt wird, ist 387 × 290 Pixel. Allerdings wird die Datei bei der Ansicht der Theme-Details abhängig von der Screen-Größe des Ausgabegeräts deutlich größer angezeigt. Bis vor etwa zwei Jahren war die Empfehlung deshalb 880 × 660 Pixel. Damit die Vorschau auch auf hochauflösenden Ausgabegeräten gut aussieht, wird aktuell im Codex eine Größe von 1200 × 900 Pixel empfohlen. Da im oberen und im unteren Teil der Grafik Teile in der Theme-Verwaltung abgedeckt sind, ist es ratsam, wichtige Logos etc. auf dem Screenshot weiter mittig zu platzieren, dass sie sichtbar bleiben. Sie können dafür eine beliebige PNG-Datei oder beispielsweise einen Screenshot der bisher angepassten Seite *Twenty Nineteen* erstellen. Ich verwende einen Screenshot in der Größe von 880 × 660 Pixel (siehe Bild 19.2, links).

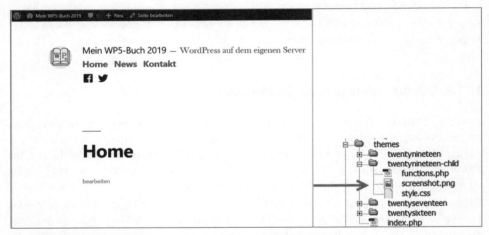

Bild 19.2 Die Datei screenshot.png im Child-Theme-Ordner (rechts)

Öffnen Sie nun die *Themes-Verwaltung* auf dem Dashboard über *Design/Themes*. An erster Stelle ist immer das aktuell aktivierte Theme zu sehen. Das neue Child-Theme *Mein neues Twentynineteen Child Theme* wird im Beispiel gleich daneben angezeigt (siehe Bild 19.3).

Bild 19.3 Das neue Child-Theme (rechts) in der Themes-Verwaltung

Fahren Sie mit der Maus über das Vorschaubild und klicken Sie auf Theme-Details. Sie sehen nun die Angaben, die im CSS-Header des Child-Themes eingefügt wurden: *Theme Name* (1), *Versionsnummer* (4), *Autorname* (3) und die *Beschreibung* (2). Außerdem erscheint der Hinweis, dass es sich um ein *Child-Theme von Twenty Sixteen* handelt (siehe Bild 19.4).

Bild 19.4 Aktivieren Sie das neue Child-Theme

Sie können nun das neue Child-Theme aktivieren. Klicken Sie unterhalb des Vorschaubilds auf Aktivieren (siehe Bild 19.4). Warten Sie, bis das neue Theme aktiviert wurde, das kann ein Weilchen dauern. Wenn alles erfolgreich durchgeführt werden konnte, erscheint oben auf der Seite der Themes-Verwaltung eine Erfolgsmeldung (siehe Bild 19.5).

Bild 19.5 Das neue Child-Theme wurde erfolgreich aktiviert!

Gratulation, Sie können nun mit dem Child-Theme arbeiten und weitere Anpassungen vornehmen. Die Freude währt allerdings nur so lange, bis Sie sich das Frontend anschauen. Statt den bisher vorgenommenen Änderungen und Anpassungen erscheint der Widget-Titel wieder riesengroß, zudem ist das Website-Logo verschwunden (siehe Bild 19.6).

Bild 19.6 Das Frontend nach der Aktivierung des Child-Themes

Nein, es ist kein Fehler in Ihrem Code, der das verursacht. Es ist lediglich die übliche Problematik beim Aktivieren eines neuen Themes. Sie müssen in den meisten Fällen nicht nur die bereits erwähnten „verschwundenen" Anpassungen wieder durchführen. Wenn im neuen Theme Menü- und Widgets-Positionen anders benannt sein sollten (was im Beispiel-Child-Theme nicht der Fall ist), müssen zusätzlich auch die Menüs neu zugewiesen und die Widgets neu hinzugefügt werden.

■ 19.2 Änderungen im Child-Theme

Nachdem unser Child-Theme aktiviert wurde, kann das Theme nach Belieben angepasst werden. Als Beispiele in diesem Kapitel werden die Copyright-Zeile mit Anmelde-Link im Footer und RSS-Link samt RSS-Icon sowie diverse Änderungen bei Textformatierungen und Anzeige eines größeren Site-Logos gezeigt. In einigen anderen Kapiteln werden weitere Änderungen bzw. Erweiterungen des Themes beschrieben wie beispielsweise das Hinzufügen eines neuen Widgets-Bereichs (siehe Abschnitt 7.1) und Hinzufügen einer benutzerdefinierten Bildgröße in der Mediathek. Vorher wurden die im Customizer (Kapitel 6) gemachten Änderungen bezüglich Site-Logo und Farben nochmals durchgeführt – als primäre Farbe wurde nun Rot statt Blau gewählt. Das Site-Logo muss nicht nochmals hochgeladen werden, da es sich in der Mediathek befindet.

19.2.1 Neue Footer-Zeile

Als Erstes werden einige Änderungen im *Footer*, konkreter gesagt in der Datei footer.php im Child-Theme-Ordner, vorgenommen. Im Folgenden wird eine neue Copyright-Zeile mit diversen Links erstellt.

19.2.1.1 Neue ©-Zeile im Footer

Der Footer mit der Zeile *Mein WP5-Buch 2019, Stolz präsentiert von WordPress.* und der Verlinkung mit wordpress.org mag ja nett sein (siehe Bild 19.7, oben). Wenn Sie unter *Einstellungen/Datenschutz* die Seite für die Datenschutzerklärung festgelegt und diese Seite unter *Seiten* bearbeitet und veröffentlicht haben, so wird im Footer auch der Link zur *Datenschutzerklärung* angezeigt (siehe Bild 19.7, oben). Sinnvoller fände ich eine Fußzeile mit einem Copyright-Hinweis samt Namen und Jahreszahl und ohne Verlinkung zu *wordpress. org* sowie den Link zur Datenschutzerklärung und einen Link zum Anmelden (siehe Bild 19.7, unten).

Bild 19.7 Fußzeile in Twenty Nineteen ohne (oben) und mit veröffentlichter Seite Datenschutzerklärung (unten)

Link zur Datenschutzerklärung Ob der Link zur *Datenschutzerklärung* im Footer oder an einer anderen Stelle platziert wird, ist individuell zu entscheiden. Mit folgenden Code-Zeilen wird der Link automatisch an der gewünschten Stelle eingefügt. Zuerst wird überprüft, ob eine Seite für den Datenschutz definiert wurde (siehe Listing 19.3, Zeile 2). Falls ja, so wird der Link zur Datenschutzerklärung mit the_privacy_policy_link(' | ', ' | ') eingefügt. Die beiden Parameter definieren, was vor und nach dem Link eingefügt werden soll, im Beispiel jeweils ein Separator zum vorherigen bzw. nachfolgenden Inhalt. Beachten Sie, dass es sich hier jeweils um einzelne Hochkommas handelt.

Listing 19.3 Code zum Einfügen des Links zur Datenschutzerklärung

```
1 <?php
2    if ( function_exists( 'the_privacy_policy_link' ) ) {
3        the_privacy_policy_link( '', ' | ' );
4    }
5 ?>
```

Änderungen in der Datei footer.php Die Änderungen im Footer werden nicht in der Originaldatei durchgeführt! Kopieren Sie die Datei footer.php aus dem Parent-Theme-Ordner in den Child-Theme-Ordner. In dieser Datei wird nun der Quellcode verändert. Nach dem Speichern der Datei (wenn Sie nicht auf XAMPP arbeiten, nach dem Hochladen der Datei in den Child-Theme-Ordner!) wird die Originaldatei im Parent-Theme beim Laden der Seite überschrieben.

1. Kopieren Sie die Datei footer.php aus dem Ordner themes/twentynineteen in den Child-Theme-Ordner twentynineteen-child.

2. Öffnen Sie die Datei footer.php und suchen Sie die Zeile mit <div class="site-info"> (Zeile 20 in Bild 19.8). Darunter befinden sich die einzelnen Code-Blöcke für die Fußzeile und zwar:

In Zeile 21 – 24 der *Name der Website* verlinkt mit der Startseite (1 in Bild 19.8) – *kann gelöscht werden*. Im Beispiel wird dies durch einen Copyright-Hinweis ersetzt.

In Zeile 25 – 30 der Text *Stolz präsentiert von WordPress* mit einer Verlinkung zu WordPress.org und dem Theme Twenty Nineteen (2 in Bild 19.8) – *kann gelöscht werden*.

In Zeile 31 – 35 der Link zur Seite mit der *Datenschutzerklärung*, falls diese Seite definiert und bereits veröffentlicht wurde (3 in Bild 19.8) – nur dann löschen, falls Sie die Datenschutzerklärung nicht im Footer verlinken möchten. Meine Empfehlung: *nicht löschen*.

In Zeile 36 beginnt der Code für die *Menü-Position Footer* (4 in Bild 19.8) – *nicht löschen*!

```
17
18      <footer id="colophon" class="site-footer">
19          <?php get_template_part( 'template-parts/footer/footer', 'widgets' ); ?>
20          <div class="site-info">
21    ❶      <?php $blog_info = get_bloginfo( 'name' ); ?>
22              <?php if ( ! empty( $blog_info ) ) : ?>
23                  <a class="site-name" href="<?php echo esc_url( home_url( '/' ) ); ?>" rel="home"><?php
        bloginfo( 'name' ); ?></a>,
24              <?php endif; ?>
25              <a href="<?php echo esc_url( __( 'https://wordpress.org/', 'twentynineteen' ) ); ?>" class=
        "imprint">
26                  <?php
27    ❷          /* translators: %s: WordPress. */
28              printf( __( 'Proudly powered by %s.', 'twentynineteen' ), 'WordPress' );
29                  ?>
30              </a>
31              <?php
32              if ( function_exists( 'the_privacy_policy_link' ) ) {
33                  the_privacy_policy_link( '', '<span role="separator" aria-hidden="true"></span>' );
34              }                                        ❸
35              ?>
36              <?php if ( has_nav_menu( 'footer' ) ) : ?>
37                  <nav class="footer-navigation" aria-label="<?php esc_attr_e( 'Footer Menu',
        'twentynineteen' ); ?>">    ❹
38                  <?php
```

Bild 19.8 Website-Name (1), Link zu WordPress (2), Datenschutzerklärung (3) sowie Beginn der Menü-Position Footer (4) in der Datei footer.php

3. Da nur mehr eine benutzerdefinierte Zeile angezeigt werden soll, löschen Sie die Zeilen 21 bis 30, d. h. von `<?php $blog_info` in Zeile 21 bis inklusive `</a>` in Zeile 30. Übrig bleiben ein öffnendes DIV mit der Klasse `.site-info` in Zeile 20 und – mit einigen Leerzeilen dazwischen – der PHP-Block für die Datenschutzerklärung und darunter die Definition für die Menü-Position *Footer* (siehe Bild 19.9).

```
17
18      <footer id="colophon" class="site-footer">
19          <?php get_template_part( 'template-parts/footer/footer', 'widgets' ); ?>
20          <div class="site-info">
21
22
23              <?php
24              if ( function_exists( 'the_privacy_policy_link' ) ) {
25                  the_privacy_policy_link( '', '<span role="separator" aria-hidden="true"></span>' );
26              }
27              ?>
28              <?php if ( has_nav_menu( 'footer' ) ) : ?>
29                  <nav class="footer-navigation" aria-label="<?php esc_attr_e( 'Footer Menu',
```

Bild 19.9 Blog-Info und Link zu WordPress wurden gelöscht

4. Fügen Sie das Copyright-Symbol ©, Ihren *Namen* und die aktuelle *Jahreszahl* sowie *Alle Rechte vorbehalten* in die Zeile unterhalb des öffnenden DIV-Tags ein. Da das Copyright-Symbol ein Sonderzeichen ist, wird es maskiert und als Entity `&copy;` eingefügt. Die aktuelle Jahreszahl soll automatisch eingelesen werden, dafür verwenden Sie den PHP-Codeblock `<?php echo date('Y'); ?>`. Zudem ergänze ich noch die Jahreszahl, in der die Website (oder Firma) gestartet wurde. Meine Zeile lautet somit `&copy; J. Belik 2018-<?php echo date('Y'); ?> Alle Rechte vorbehalten`. (siehe Zeile 21 in Bild 19.10, oben). Das Ergebnis im Frontend zeigt Bild 19.10, unten.

```
20      <div class="site-info">
21  &copy; J. Belik 2018-<?php echo date('Y'); ?> Alle Rechte vorbehalten. |  ←
22          <?php
23          if ( function_exists( 'the_privacy_policy_link' ) ) {
```

© J. Belik 2018-2019 Alle Rechte vorbehalten. | Datenschutzerklärung

Bild 19.10 Die neue Fußzeile im Child-Theme

19.2.1.2 Anmelde-Link im Footer

Ich möchte statt des Widgets *Meta* einen Anmelde-Link mit *Anmelden* in die Fußzeile geben. Wenn ich eingeloggt bin, soll *Abmelden* angezeigt werden. Ist man angemeldet, so wird im Widget *Meta* neben *Abmelden* auch ein Link *Website-Administration* angezeigt. Mit Klick auf diesen Link gelangt man direkt aufs Dashboard. Dies soll auch im Footer angezeigt werden.

1. Damit man sich über einen Link in der Fußzeile einloggen kann, wird `<?php wp _loginout(); ?>` in Zeile 27 direkt oberhalb des Code-Blocks für die *Menü-Position Footer* hinzugefügt (siehe Bild 19.11, oben). Damit erscheint im Frontend *Anmelden* bzw. *Abmelden* in der Fußzeile (siehe Bild 19.11, Mitte und unten).

```
21  &copy; J. Belik 2018-<?php echo date('Y'); ?> Alle Rechte vorbehalten. |
22          <?php
23          if ( function_exists( 'the_privacy_policy_link' ) ) {
24              the_privacy_policy_link( '', '<span role="separator" aria-hidden="true"></span>' );
25          }
26          ?>
27          <?php wp_loginout(); ?>  ←
28          <?php if ( has_nav_menu( 'footer' ) ) : ?>
```

© J. Belik 2018-2019 Alle Rechte vorbehalten. | Datenschutzerklärung   Anmelden ←

© J. Belik 2018-2019 Alle Rechte vorbehalten. | Datenschutzerklärung   Abmelden ←

Bild 19.11 Anmelden und Abmelden im Footer

2. Zum einfacheren Administrieren wäre es praktischer, wenn nicht nur der Link *Abmelden*, sondern auch *Website-Administration*, wie sie im Widget *Meta* angezeigt wird, erscheint, sobald man angemeldet ist. Dazu wird `<?php wp_register(' | ',''); ?>` verwendet. Beachten Sie, dass die Schaltfläche *Registrieren* nur dann verfügbar ist, wenn die Option *Jeder darf sich registrieren* aktiviert wurde. Ist man eingeloggt, so erscheint der Direkt-Link *Website-Administration* zum Dashboard unabhängig davon, ob man sich registrieren darf oder nicht.

Defaultmäßig ist der erste Parameter in der Klammer ein öffnender `<li>`-Tag, der zweite Parameter ein schließender `</li>`-Tag. Die Schaltfläche soll jedoch nicht als Listen-element (mit einem Listenpunkt davor) in der Fußzeile angezeigt werden. Außerdem soll sie zwecks besserer Optik durch einen senkrechten Strich | von Abmelden getrennt werden. Deshalb wird der erste Parameter als senkrechter Strich und ein Leerzeichen `' | '` davor und dahinter definiert und der zweite Parameter als leeres Element `''` angegeben. Beachten Sie, dass es sich jeweils um einfache Hochkommas handelt. Nach dem Speichern der Datei (und Hochladen per FTP, wenn Sie nicht auf XAMPP arbeiten) kann man sich das Ergebnis im Frontend anschauen. Nach dem Anmelden erscheinen die Links *Abmelden* und *Website-Administration* (siehe Bild 19.12, unten).

Bild 19.12 Ergänzter Code für Link Anmelden und Registrieren (oben), Anmelden (Mitte) sowie Abmelden und Website-Administration (unten)

19.2.1.3 RSS-Link im Footer

Wenn Sie häufig Beiträge veröffentlichen, ist es sinnvoll und üblich, einen *RSS-Link* zu Beiträgen in die Sidebar oder in die Fußzeile zu geben. Da das *Twenty Nineteen* Theme keine Sidebar hat, kommt der Link in den Footer. Die Adresse des Beiträge-Feeds hat die Form www.meinedomain.xyz/feed/. Sie könnten einen Link natürlich auch hardcoded mit `<a href="http://www.meinedomain.xyz/feed/" title="RSS Feed">Beitrags-Feed (RSS)</a>` einfügen. Falls Sie später von HTTP auf HTTPS umsteigen, haben Sie einen unsicheren Link auf Ihren Seiten und Sie müssen nachträglich den Link anpassen (siehe Kapitel 3). Daher ist es empfehlenswert, den Link zum Feed mit `<?php bloginfo('rss2_url'); ?>` automatisch ausgeben zu lassen. Somit lautet der Link `<a href="<?php bloginfo('rss2_url'); ?>" title="RSS Feed"> Beitrags-Feed (RSS)</a>`. Bild 19.13, oben, zeigt das Ergebnis im Frontend.

Bild 19.13 RSS-Beitrags-Link ohne (oben) und mit RSS-Icon (unten)

Ansprechender und professioneller wirkt der RSS-Link mit dem passenden Icon (siehe Bild 19.13, unten). Unter der Adresse *http://www.feedicons.com/* können Sie die offiziellen *RSS-Icons* in diversen Grafikformaten und Farben downloaden. Ich verwende das *Standard Icon Bundle* mit zwei PNG-Dateien in der Größe 28 × 28px und 14 × 14px, die beiden Dateien heißen `feed-icon-14x14.png` und `feed-icon-28x28.png`. Diese wurden in den `images`-Ordner im Child-Theme-Ordner entpackt.

1. Laden Sie die gewünschten RSS-Icons auf Ihren Rechner.
2. Falls noch nicht vorhanden, erstellen Sie einen Ordner mit dem Namen `images` in Ihrem Child-Theme-Ordner.
3. Entpacken Sie die RSS-Icons in den Ordner `images` im Child-Theme-Ordner.

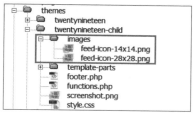

Bild 19.14
Die RSS-Icons im images-Ordner im
Child-Theme-Ordner

4. Die Grafik soll vor dem Link angezeigt werden, dies wird mit einer Klasse in der Datei
`style.css` im Child-Theme-Ordner definiert. Die Klasse bekommt im Beispiel den
Namen `.rss`, die Grafik wird als Hintergrundgrafik festgelegt (siehe Zeile 5 in Listing
19.4). Öffnen Sie die Datei `style.css` im Child-Theme-Ordner und fügen Sie die CSS-
Regel aus Listing 19.4 ein. Speichern Sie die Datei.

Listing 19.4 Klasse .rss in der style.css des Child-Themes

```
1 /* RSS-Icon */
2 .rss {
3     margin-left: 2em;
4     padding: 0 0 0 20px;
5     background: url("images/feed-icon-14x14.png") no-repeat 0 50%;
6 }
```

5. Wechseln Sie in die Datei `footer.php` in Ihrem Child-Theme-Ordner. Um den Link
herum wird ein `<span>`-Tag mit der Klasse `.rss` gelegt. So lautet der Link mit dem RSS-
Icon im Footer nun `<span class="rss"><a href="<?php bloginfo('rss2_url'); ?>"
title="RSS Feed">RSS-Beiträge</a></span>`. Fügen Sie diesen Link nach dem PHP-
Block mit `wp_register` ein (siehe Zeile 28 in Bild 19.15). Das Ergebnis im Frontend
zeigt Bild 19.13, unten.

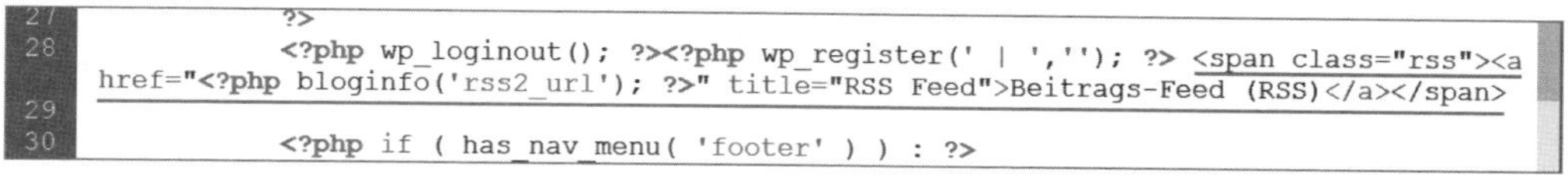

```
27      ?>
28          <?php wp_loginout(); ?><?php wp_register(' | ',''); ?> <span class="rss"><a
        href="<?php bloginfo('rss2_url'); ?>" title="RSS Feed">Beitrags-Feed (RSS)</a></span>
29
30          <?php if ( has_nav_menu( 'footer' ) ) : ?>
```

Bild 19.15 Fügen Sie den RSS-Link mit RSS-Icon in Zeile 28 ein

19.2.2 Site-Logo größer anzeigen

Das *Site-Logo* wird im Theme *Twenty Nineteen* links oben neben Titel und Navigationsleiste
in einem runden Ausschnitt angezeigt. Bis zu einer Browserfenster-Breite von mindestens
768 Pixel hat es eine Größe von 50 × 50px, auf schmäleren Monitoren 64 × 64px. Dies ist
meiner Meinung nach besonders auf großen Monitoren viel zu klein (siehe Bild 19.16,
links). Deshalb möchte ich das Site-Logo doppelt so groß anzeigen lassen (siehe Bild 19.16,
rechts).

Bild 19.16 Ursprüngliche Größe des Site-Logos (links) und neue Größe (rechts)

Dazu wird eine bestehende CSS-Regel aus dem Parent-Theme im Child-Theme neu definiert und zwar die Klassen `.site-logo` und `.custom-logo-link`. Am einfachsten ist es, die bestehende Regel aus der Datei `style.css` im Parent-Theme-Ordner in die Datei `style.css` im Child-Theme-Ordner zu kopieren und dort wunschgemäß zu bearbeiten.

Mit Hilfe von *Media Queries* können beim Design von responsiven Layouts CSS-Regeln für unterschiedliche Ausgabemedien definiert werden. Im Beispiel soll die CSS-Regel für das größere Site-Icon nur auf dem Monitor und nur ab einer Mindestbreite von 768 Pixel gelten.

Listing 19.5 Neue Größe 100 × 100px für Site-Logo für Screens ab 768px Breite

```
1 /* Site-Logo 100x100px */
2 @media only screen and (min-width: 768px) {
3     .site-logo .custom-logo-link {
4         width: 100px;
5         height: 100px;
6     }
7 }
```

Da die „große" Version des Site-Logos nur auf Screens ab mindestens 768px Breite angezeigt werden soll, wird ein *Media Query* in der Form `@media only screen and (min-width: 768px) {...}` um die CSS-Regel herum gelegt (siehe Zeile 2 und 7 in Listing 19.5). Die CSS-Regel wird zwischen die geschwungenen Klammern { } gesetzt. Beachten Sie, dass es nun zwei geschwungenen Klammern } gibt, die erste von der CSS-Regel, die zweite von der Media Query. Fügen Sie die CSS-Regel samt Media Query aus Listing 19.5 in die `style.css` im Child-Theme-Ordner ein (siehe Bild 19.17).

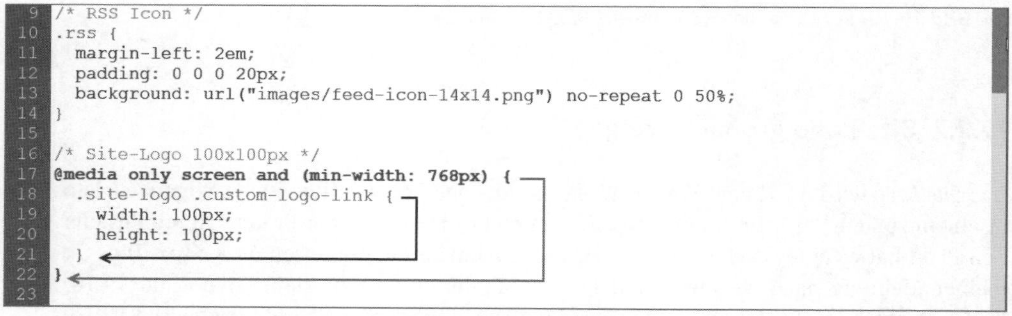

```
 9 /* RSS Icon */
10 .rss {
11   margin-left: 2em;
12   padding: 0 0 0 20px;
13   background: url("images/feed-icon-14x14.png") no-repeat 0 50%;
14 }
15
16 /* Site-Logo 100x100px */
17 @media only screen and (min-width: 768px) {
18   .site-logo .custom-logo-link {
19     width: 100px;
20     height: 100px;
21   }
22 }
23
```

Bild 19.17 RSS-Icon und neue Größe für Site-Logo in der style.css

19.2.3 Textformatierungen anpassen

Im nächsten Schritt werden einige Änderungen im Bereich der Schriftgröße durchgeführt. Während das Site-Logo mir persönlich zu klein war, empfinde ich diverse Schriftgrößen als zu groß; den Titel beispielsweise im Vergleich zur Größe der Navigation hingegen zu klein.

19.2.3.1 Größe Widget-Titel anpassen

Eine Änderung bezüglich Textformatierung, nämlich die Größe der *Widget-Titel*, wurde als Beispiel in Kapitel 6 bereits durchgeführt. Allerdings nicht in einem Child-Theme, sondern im *Customizer*. Diese Änderung wird nicht automatisch übernommen! Damit die im *Customizer* im CSS-Editor (*Zusätzliches CSS*) gemachten Änderungen auch im Child-Theme sichtbar sind, muss die CSS-Regel aus Listing 6.1 in die Datei `style.css` im Child-Theme Ordner eingefügt werden. Diese CSS-Regel wurde an den Anfang der `style.css` gesetzt (siehe Bild 19.18).

```
 1  /*
 2  Theme Name:     Mein neues Twenty Nineteen Child-Theme
 3  Description:    WP5-Buch 2019 Twenty Nineteen Child-Theme
 4  Author:         Jola Belik
 5  Template:       twentynineteen
 6  Version:        1.0.0
 7  */
 8
 9  /* Widget-Titel */
10  h2.widget-title {
11      font-size: 1.25em;
12  }
```

Bild 19.18 CSS-Regel für Schriftgröße der Widget-Titel

19.2.3.2 Textgröße Widgets

Nachdem der Titel der Widgets auf eine Größe von `1.25em` verkleinert wurde, sind die einzelnen Links im Widget im Vergleich dazu zu groß. Um diese in der Größe auf `1em` zu reduzieren, können Sie folgende CSS-Regel in die `style.css` im Child-Theme-Ordner einfügen (siehe Listing 19.6). Den Vergleich mit der ursprünglichen Widget-Font-Größe zeigt Bild 19.19, rechts.

Listing 19.6 CSS-Regel für Schriftgröße der Links im Widget

```
1  /* Widget Liste mit Hyperlinks 1em */
2  footer#colophon li, footer#colophon li a {
3      font-size: 1em;
4  }
```

Meta

Website-Administration
Abmelden
Beitrags-Feed (RSS)
Kommentare als RSS
WordPress.org

Meta

Website-Administration
Abmelden
Beitrags-Feed (RSS)
Kommentare als RSS
WordPress.org

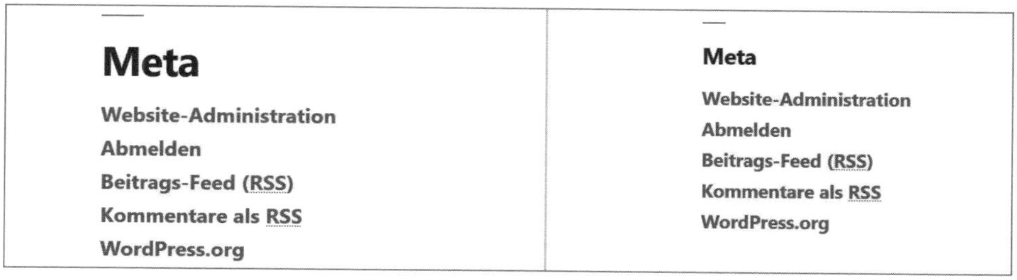

Bild 19.19 Größe Widget im Footer ursprünglich (links) und bearbeitet (rechts)

19.2.3.3 Titelgröße verändern

Die ursprüngliche Größe des Titels ist in Twenty Nineteen eher klein. Um den Seitentitel zu vergrößern und den Bereich zentrieren zu lassen, verwenden Sie die CSS-Regeln in Listing 19.7. Das Ergebnis zeigt Bild 19.20.

Listing 19.7 CSS-Regel für Größe des Seitentitels und Zentrieren von Hauptnavigation und Seitentitel

```
01 /* Titel 1.5em */
02 .site-title {
03    font-size: 1.5em;
04    font-weight: 700;
05 }
06
07 /* Titel, Beschreibung und Hauptnavi zentrieren */
08
09 .site-branding-container,
10 .main-navigation,
11 .menu-social-container {
12    text-align: center;
13 }
```

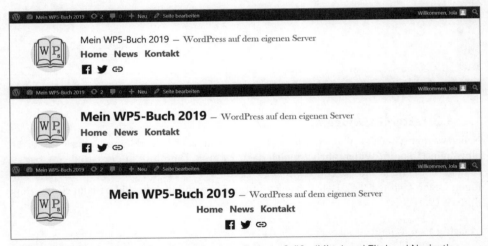

Bild 19.20 Ursprüngliche Größe Titel (oben), veränderte Größe (Mitte) und Titel und Navigation zentriert (unten)

20 Eigenes Theme erstellen

In diesem Kapitel erfahren Sie ...

- ... wie das Beispiel-Theme aufgebaut ist,
- ... wie WordPress-Themes aufgebaut sind,
- ... wie Template-Tags in das Beispiel-Theme eingebaut werden,
- ... wie das Beispiel-Theme responsive wird,
- ... wie Sie die Navigation auf Tablet und Smartphone hinter einem Navicon verstecken.

20.1 Das Beispiel-Theme

In den vergangenen Jahren wurden etliche Grid- und Journal-Themes bei neuen WordPress-Versionen als neues Standard-Theme eingeführt. Diese Themes sind großteils stark bild- und datenlastig und eher für spezielle Magazin/Shop-Sites geeignet. Einen etwas anderen Weg geht das Standard-Theme *Twenty Twenty* mit einem schlichten einspaltigen Layout mit riesigen Schriftgrößen, das eher für Blogs und wohl weniger für Business-Websites geeignet ist. Hinzu kommt noch ein besonderes Problem von zahlreichen Standard-Themes. Es werden immer alle möglichen Eventualitäten für Funktionen, von denen oft nur ein Bruchteil tatsächlich zur Anwendung kommt, berücksichtigt, wodurch der Code unnötigerweise schon fast unendlich lang wird. Für die Website zum Buch möchte ich ein möglichst klares, schnell ladendes und einfach aufgebautes responsives Layout entwickeln. HTML5 & CSS3 und ein möglichst kurzer sauberer Code sind dabei selbstverständlich.

Damit lässt sich das Theme problemlos jederzeit erweitern und ausbauen. Zudem erspart man sich Änderungen und Anpassungen bei neuen WordPress-Versionen. Mein Nashorn-Beispiel-Theme für mein erstes WordPress-Buch zu WordPress 2.8 beispielsweise stammt aus dem Jahr 2009. Es wurde inzwischen mit zahlreichen Template-Seiten und neuen Funktionen erweitert. Ich habe damals sowohl beim Erstellen als auch beim „Ausbau" der Website nur Basis-Template-Tags verwendet. So hat das Theme sämtliche Updates von WordPress 2.8 bis zur aktuellen WordPress-Version sowie alle PHP- und MySQL-Updates problemlos und ohne besondere Korrekturen im Code überstanden. Lediglich ein neuer Template-Tag (wp_body_open()) wurde nach der Aktualisierung auf WordPress 5.3 dem <body>-Tag hinzugefügt und die entsprechende Funktion in die functions.php ergänzt. Die größte Änderung mit entsprechend viel Arbeitsaufwand war unabhängig vom Theme, jedoch früher oder später unumgänglich, nämlich die Umstellung auf https.

20.1.1 Aufbau des Layouts

Das Beispiel-Theme orientiert sich an den derzeit beliebten *One-Page-Websites*, andererseits bietet es für Einzelseiten wie beispielsweise die Kontakt-Seite oder für den Blog-Bereich ein „klassisches" ein- oder mehrspaltiges Layout, das mit dem Block-Editor einfach realisiert werden kann. Unabhängig vom Aufbau der jeweiligen Seite besteht das Beispiel-Theme aus einem Header-Bereich ganz oben mit Website-Logo und Site-Titel (Bereich (A) in Bild 20.1), einer Navigationsleiste für die Hauptnavigation darunter (B), einem Inhaltsbereich (C) mit dem Inhaltsteil (1) mit und ohne Sidebar (2). Ganz unten befindet sich der Footer-Bereich (D) mit drei Widget-Bereichen (3, 4 und 5). Wird der Internetauftritt mit einem Mobiltelefon aufgerufen, so werden sämtliche Bereiche aus Platzgründen untereinander angeordnet (siehe Bild 20.1 links oben). Die einzelnen Navigationspunkte sind hinter einem Navigationsbalken mit einem – von zahlreichen Apps bekannten – Drei-Linien-Menü, einem *Navicon* „versteckt". Das Layout für die Anzeige auf einem Tablet im Landscape-Modus (siehe Bild 20.1, links unten) wird ähnlich gehalten. Nur die drei Widget-Bereiche im Footer-Bereich werden hier nebeneinander platziert.

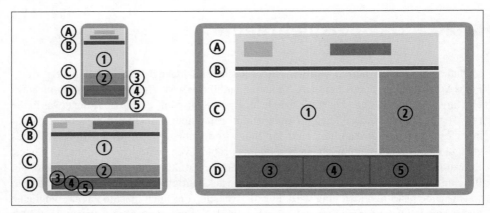

Bild 20.1 Aufbau des Beispiel-Themes in einem Mobiltelefon (links oben), einem Tablet im Landscape-Modus (links unten) sowie auf einem Laptop- bzw. PC-Monitor (rechts)

Auf der rechten Seite in Bild 20.1 ist das Layout auf einem großen Monitor zu sehen. In der Hauptnavigationsleiste sind alle Menüpunkte nebeneinander sichtbar. Die Sidebar, falls verwendet, befindet sich hier, wie der Name schon sagt, neben dem Inhaltsteil, im Footer-Bereich sind die drei Widget-Bereiche nebeneinander angeordnet.

Für alle Layoutvarianten, auch für das One-Page-Layout, wird nur ein einziges Basis-Layout erstellt, die unterschiedliche Anordnung der einzelnen Bereiche wird durch entsprechende Angaben in der CSS-Datei definiert, die Aufteilung bzw. Anordnung des Inhaltsteils erfolgt in unterschiedlichen Template-Dateien. Das Anzeigen des Layouts passend zur Breite des Ausgabemediums erfolgt durch die Verwendung von *Viewport* und *Media Querys*.

20.1.2 Projekt-Ordner, layout.html und style.css

Für das Beispiel-Layout benötigen wir einen Projekt-Ordner sowie zwei Dateien, und zwar eine Datei `layout.html` für die Dokumentstruktur (Template-Tags werden in der Entwurfsphase noch nicht verwendet) und eine Datei `style.css` zum Definieren der Formatierungen. Das Beispiel-Theme wird *WP5-Buch* heißen, so kommen die beiden Dateien in einen Projekt-Ordner mit dem Namen jwp5buch. Achten Sie darauf, dass der Ordnername keine Leerzeichen und auch keine Sonderzeichen oder Bindestriche beinhaltet. So kann dieser Ordner später als Ordner für das Beispiel-Theme verwendet werden. Da früher oder später Grafiken in diesen Ordner kommen werden, wird auch gleich ein Ordner mit dem Namen images erstellt. Somit hat unser Projekt-Ordner Struktur und Inhalte, wie in Bild 20.2 gezeigt. Erstellen Sie die beiden Ordner und zwei leere Dateien mit den Namen `layout.html` und `style.css`.

Bild 20.2 Struktur und Inhalt des Projekt-Ordners jwp5buch

20.1.2.1 Beispiel-Layout: layout.html

Öffnen Sie die Datei `layout.html`. Fügen Sie an den Beginn der Seite einen HTML5-Header ein, falls noch nicht vorhanden (siehe Listing 20.1). Da wir ein responsives Layout erstellen, benötigen wir auch noch eine *Viewport*-Zeile `<meta name="viewport" content="width=device-width, initial-scale=1">` (Zeile 6). Binden Sie auch die – noch leere – CSS-Datei `style.css` ein (Zeile 7). Dieser HTML-Header wird später mit etlichen HTML-Tags und einigen Template-Tags bzw. PHP-Code ergänzt.

Listing 20.1 HTML5-Header für die `layout.html`

```
01 <!doctype html>
02 <html lang="de">
03 <head>
04 <meta charset="utf-8">
05 <title>Testseite</title>
06 <meta name="viewport" content="width=device-width, initial-scale=1">
07 <link href="style.css" rel="stylesheet" type="text/css">
08 </head>
```

Der Header-Bereich (Bereich (A) in Bild 20.1) mit Logo und Headertext sowie der Bereich der Hauptnavigation (B) werden von einem `div`-Tag mit der ID `id="header"` umschlossen.

Ein div-Tag mit der ID id="main" wird um den Inhaltsbereich (C) mit Inhaltsteil (1) und Sidebar (2) gelegt. Der Footer-Bereich kommt in einen div-Tag mit der ID id="footer". Da es sich bei diesen drei DIVs um Container-DIVs handelt, erhalten alle drei die Klasse class="container" zugewiesen; das DIV #footer zusätzlich das Attribut role="contentinfo" (siehe Zeile 12, 17 und 23 in Listing 20.2).

Fügen Sie diese drei DIVs der Reihe nach untereinander in den Body-Bereich der layout.html ein. Es ist ratsam und später äußerst hilfreich, den Beginn und das Ende der einzelnen Bereiche zu kommentieren. Fügen Sie auch die entsprechenden HTML-Kommentare (<!-- Kommentar -->) hinzu und speichern Sie die Datei. Diese Container-DIVs spielen in unserem Theme eine wichtige Rolle, der obere Teil (#header) wird in die Datei header.php kommen, der mittlere Teil (#main) in die index.php und der untere Teil (#footer) kommt in die Datei footer.php. Für das Erstellen des Basis-Layouts bleibt der gesamte Quellcode vorläufig in der layout.html stehen.

Listing 20.2 Der <body>-Tag mit den drei Container-DIVs

```
08 </head>
09
10 <body>
11 <!-- Header-Bereich und Hauptnavi oben -->
12 <div id="header" class="container">
13    <!-- A: Header-Bereich -->
14    <!-- B: Hauptnavi-Bereich -->
15 </div><!-- Ende #header -->
16 <!-- Inhalt und Sidebar -->
17 <div id="main" class="container">
18 <!-- C: Inhalts-Bereich -->
19    <!-- 1: Inhalt -->
20    <!-- 2: Sidebar -->
21 </div><!-- Ende #main -->
22 <!-- Footer und drei Widgets-Bereiche -->
23 <div id="footer" class="container" role="contentinfo">
24    <!-- D: Footer-Bereich -->
25       <!-- 3: Widgets-Bereich unten links -->
26       <!-- 4: Widgets-Bereich unten Mitte -->
27       <!-- 5: Widgets-Bereich unten rechts -->
28       <!--Copyright-Zeile mit Anmelden-->
29 </div><!-- Ende #footer-->
30 </body>
31 </html>
```

20.1.2.1.1 Bereich für Logo, Header-Text und Navigationsleiste

Nun wird der bisherige Quelltext mit weiteren DIVs und den HTML5-Elementen <header>, <nav>. <main> und <footer> erweitert. Für einen barrierefreien Zugang z.B. für Screenreader werden auch einige role-Attribute mit den entsprechenden HTML5-Vorgaben hinzugefügt. Während die Namen von Klassen frei gewählt werden können, sind die Werte bei Rollen vorgegeben. Im Header-Bereich (ab Zeile 12) wird zuerst ein HTML5-Element <header> eingefügt (siehe Zeile 14 in Bild 20.3). In dieses HTML5-Element kommen zwei DIVs, ein div-Tag mit der ID id="banner" und role="banner" für das *Site-Logo* und ein div-Tag mit der ID id="headertext" für *Titel* und *Untertitel*. Unterhalb des schließenden </header>-Tags soll die Hauptnavigation angezeigt werden. Diese liegt in einem div-Tag mit der ID id="navioben" und role="navigation" (siehe Zeile 20) und wird umschlossen von einem HTML5-Element <nav> (siehe Zeilen 21 – 23). Den erweiterten Code für #header zeigt Bild 20.3.

```
11  <!-- Header-Bereich und Hauptnavi oben -->
12  <div id="header" class="container">
13      <!-- A: Header-Bereich -->
14      <header>
15          <div id="banner" role="banner">
16              Raum für Logo
17          </div>
18          <div id="headertext">
19              Raum für Titel und Untertitel
20          </div>
21      </header>
22      <!-- B: Hauptnavi-Bereich -->
23      <nav>
24          <div id="navioben" role="navigation">
25              Raum für Hauptnavi oben
26          </div>
27      </nav>
28  </div><!-- Ende #header -->
```

Bild 20.3 Der ergänzte Bereich #header mit DIVs und HTML5-Element

20.1.2.1.2 Bereich für Inhaltsteil und Sidebar

Der mittlere Bereich unserer Beispielseite wird ein einspaltiges Layout erhalten. Für den Bereich des Inhalts wird ein div-Tag mit der id="content" und role="main" eingefügt (siehe Zeile 30 in Bild 20.4). Dieser div-Tag beinhaltet das HTML5-Element <main>. Nach den schließenden Tags </main></div> wird ab Zeile 36 der Bereich für die Sidebar definiert. Dafür wird ein div-Tag mit der id="sidebar" und das Attribut role="complementary" eingefügt. In diesen div-Tag kommt ein HTML5-Element <aside> (Zeile 37 – 39). Die Sidebar wird zwar für das One-Page-Layout nicht benötigt, vorläufig notiere ich die entsprechenden Tags dennoch in den Entwurf des Basis-Layouts, damit sich die Tags später bei Bedarf schon an der korrekten Position befinden. Den ergänzten Quelltext-Block für den Inhalt und die Sidebar zeigt Bild 20.4. Fügen Sie die vorgestellten Tags samt Kommentaren in die Datei layout.html ein, vergessen Sie dabei nicht die schließenden Tags! Speichern Sie anschließend die Datei.

```
29  <!-- Inhalt und Sidebar -->
30  <div id="main" class="container">
31  <!-- C: Inhalts-Bereich -->
32      <!-- 1: Inhalt -->
33      <div id="content" role="main">
34          <main>
35              Raum für den Inhalt
36          </main>
37      </div><!-- Ende #content -->
38      <!-- 2: Sidebar -->
39      <div id="sidebar" role="complementary">
40          <aside>
41              Raum für Sidebar mit Widgets etc.
42          </aside>
43      </div><!-- Ende #sidebar -->
44  </div><!-- Ende #main -->
```

Bild 20.4 Der ergänzte Bereich #main mit DIVs und HTML5-Elements

20.1.2.1.3 Bereich Footer mit drei Widgets-Bereichen

Der Footer-Bereich wird neben einer Copyright-Zeile auch drei Bereiche für Widgets, die (im breiten) Layout nebeneinander angeordnet sind, beinhalten. Diese drei Bereiche werden nur angezeigt, wenn diese Widgets-Bereiche mit Inhalt gefüllt sind. Der gesamte Footer-Bereich wird später in die Datei footer.php umziehen.

Für den Footer-Bereich wurde bereits ein div-Tag mit den Attributen id="footer", class="container" und role="contentinfo" beim Erstellen der Seitenstruktur eingefügt (siehe Zeile 23 in Listing 20.2). In diesen kommt ein HTML5-Element <footer> (Zeile 45 in Bild 20.5). Zwischen den öffnenden und schließenden <footer></footer>-Tags werden die drei Widgets-Bereiche und die Copyright-Zeile definiert. Die drei Widget-Bereiche kommen in DIVs und werden der Einfachheit halber *untenlinks*, *untenmitte* und *untenrechts* benannt. Damit sie leichter einheitlich formatiert werden können, erhalten alle drei DIVs zudem die Klasse class="unten" zugewiesen. Der Code für die drei Bereiche lautet demnach <div id="untenlinks" class="unten"></div>, <div id="untenmitte" class="unten"></div> und <div id="untenrechts" class="unten"></div>. Außerdem wird noch eine Copyright-Zeile <p class="copyright">© Ihr Name 2020 Alle Rechte vorbehalten. | Anmelden</p> am Ende der Seite eingefügt. An der Stelle *Anmelden* wird später ein Anmelde/Abmelde-Link zum Dashboard definiert.

Ergänzen Sie den Footer-Bereich mit dem Code für die drei Widget-Bereiche, mit der Copyright-Zeile und den entsprechenden Kommentaren und speichern Sie die Datei. Bild 20.5 zeigt den vollständigen Quelltext für #footer mit den drei Widgets-Bereichen und der Copyright-Zeile mit Anmelden-Link.

```
45  <!-- Footer und drei Widgets-Bereiche -->
46  <div id="footer" class="container" role="contentinfo">
47      <!-- D: Footer-Bereich -->
48      <footer>
49          <!-- 3: Widgets-Bereich unten links -->
50          <div class="unten" id="untenlinks">
51              Raum für Widgetsbereich untenlinks
52          </div>
53          <!-- 4: Widgets-Bereich unten Mitte -->
54          <div class="unten" id="untenmitte">
55              Raum für Widgetsbereich untenmitte
56          </div>
57          <!-- 5: Widgets-Bereich unten rechts -->
58          <div class="unten" id="untenrechts">
59              Raum für Widgetsbereich untenrechts
60          </div>
61          <!--Copyright-Zeile mit Anmelden-->
62          <p class="copyright">&copy; J.Belik 2020 Alle Rechte vorbehalten. | Anmelden</p>
63      </footer>
64  </div><!-- Ende #footer-->
65  </body>
66  </html>
```

Bild 20.5 Der ergänzte Bereich #footer mit DIVs und HTML5-Element

Die Vorschau der Datei im Browser, im Beispiel in Firefox auf Windows 10, zeigt, dass alle erforderlichen Teile des Basis-Layouts vorhanden sind (siehe Bild 20.6). Nun können die entsprechenden CSS-Stile und CSS-Regeln zur Formatierung der einzelnen Elemente der Seite in der Datei style.css definiert werden.

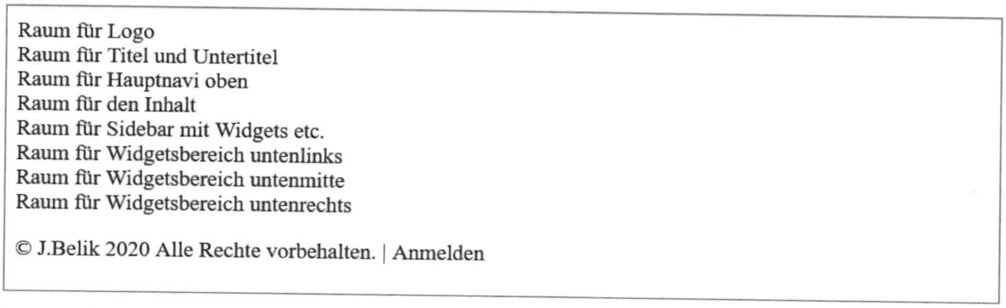

Raum für Logo
Raum für Titel und Untertitel
Raum für Hauptnavi oben
Raum für den Inhalt
Raum für Sidebar mit Widgets etc.
Raum für Widgetsbereich untenlinks
Raum für Widgetsbereich untenmitte
Raum für Widgetsbereich untenrechts

© J.Belik 2020 Alle Rechte vorbehalten. | Anmelden

Bild 20.6 Vorschau des Dokuments in Firefox

Bevor wir weiter am Layout arbeiten, schadet es nicht, mal einen genaueren Blick mit dem *Nu Html Checker* vom *W3C Markup Validation Service* auf unseren bisherigen Quelltext werfen zu lassen. Ein valider Quelltext zumindest beim Basisaufbau des Layouts sollte selbstverständlich sein. Den W3C Validator finden Sie unter *https://validator.w3.org/*. Im Register *Validate bei File Upload* besteht die Möglichkeit, unsere `layout.html` vom lokalen Rechner hochzuladen und mit Klick auf **Check** überprüfen zu lassen. Das Ergebnis zeigt Bild 20.7, der Quelltext ist valide, es wurden keine Fehler gefunden.

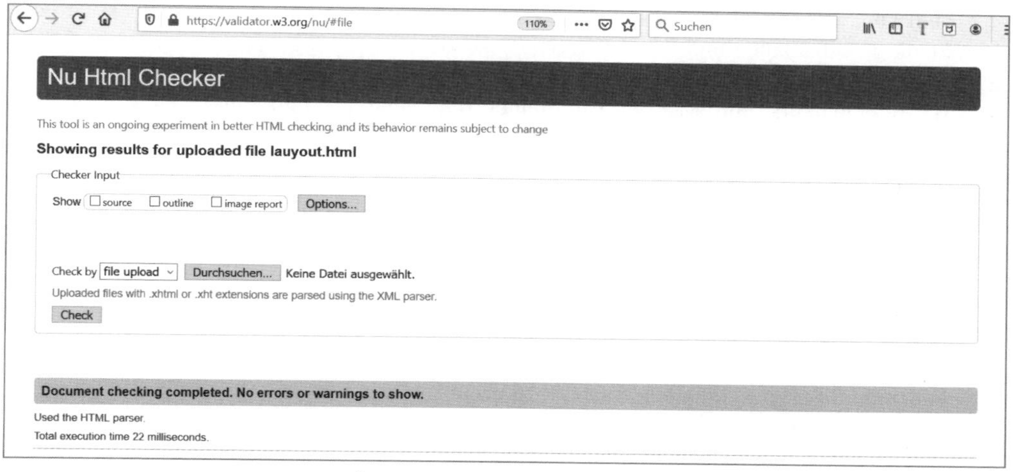

Bild 20.7 Erfreuliches Ergebnis der Überprüfung durch den W3C Validator

20.1.2.2 Beispiel-Layout: style.css

Mobile-first vs. Desktop-first

Bevor Sie in der CSS-Datei CSS-Stile und Regeln definieren, muss entschieden werden, ob das Layout nach dem *Mobile-first*-Ansatz oder nach dem *Desktop-first*-Ansatz aufgebaut wird. Bei *Mobile-first* wird das Layout der Seite für die Anzeige auf einem schmalen Endgerät (z. B. Mobiltelefon) „optimiert". D. h., Sie beginnen mit dem Layout für die schmalste Variante von Ausgabegeräten. In sogenannten *Media Queries* wird mit `min-width`-Angaben festgelegt, ab welcher Mindestbreite im Endgerät ein breiteres Layout angezeigt und die ursprünglichen Werte überschrieben werden. Das Beispiel-Theme wird nach dem *Mobile-first*-Ansatz erstellt.

Beim *Desktop-first*-Ansatz beginnt man mit einem „großen" Layout für einen breiten Bildschirm. In den *Media Querys* wird mit `max-width`-Angaben festgelegt, bis zu welcher Maximalbreite im Endgerät ein bestimmtes Layout angezeigt wird.

Erfahrungsgemäß sind CSS-Dateien, insbesondere die `style.css` eines WordPress-Themes sehr lang. Um den Überblick zu bewahren, ist es ratsam, von Anfang an eine übersichtliche Struktur aufzubauen und Kommentare (`/* Kommentar in CSS */`) zu verwenden. Öffnen Sie die Datei `style.css` und tragen Sie alle bisher in der `layout.html` verwendeten DIVs, HTML5-Elements und Klassen samt einer öffnenden (`{`) und einer schließenden (`}`) geschwungenen Klammer ein. Listing 20.3 zeigt den Aufbau der `style.css` für das Beispiel-Layout.

In Zeile 3 in Listing 20.3 wurde bei den HTML5-Elementen auch `section` hinzugefügt, da dies später im Theme noch benötigt wird. Fügen Sie zur besseren Übersicht CSS-Kommentare als „Überschriften" für die einzelnen Bereiche der CSS-Datei ein. Dies sind vorläufig `/* HTML-Selektoren */` für HTML-Tags, HTML5-Elemente etc. in Zeile 1, `/* Struktur */` in Zeile 5 für alle DIVs aus dem Dokument. Weiters in Zeile 17 `/* Links */`, dies bleibt vorläufig leer und wird später die Formatierung von Hyperlinks im Inhaltsteil, in der Sidebar und im Footer beinhalten. Auch `/* Navigation oben */` in Zeile 19 für die Formatierung der Haupt-Navigationsleiste bleibt vorläufig leer. Unter der Überschrift `/* Klassen */` können schon drei Klassen, nämlich `.container {}` und `.copyright {}` sowie `.unten {}` eingetragen werden. Ergänzen Sie die Klassen um eine weitere Klasse. Ich benenne diese Klasse `.clr {}` (als Abkürzung von `clear`). Sie wird benötigt, um das Schweben von DIVs wieder aufzuheben.

Listing 20.3 Basis-Struktur der CSS-Datei style.css

```
01 /* HTML-Selektoren */
02 body {}
03 header, nav, main, aside, section, footer {}
04
05 /* Struktur */
06 #header {}
07 #banner {}
08 #headertext {}
09 #navioben {}
```

```
10 #main {}
11 #content {}
12 #sidebar {}
13 #footer {}
14 #untenlinks {}
15 #untenmitte {}
16 #untenrechts {}
17
18 /* Links */
19
20 /* Navigation oben */
21
22 /* Klassen */
23 .container {}
24 .unten {}
25 .copyright {}
26 .clr {}
```

Im Folgenden werden die einzelnen CSS-Regeln und Stile definiert. Die CSS-Regeln haben immer den Aufbau, wie sie in Listing 20.4 zu sehen ist.

Listing 20.4 Aufbau einer CSS-Regel

```
01 Selektor {
02     Eigenschaft 1: Wert 1;
03     Eigenschaft 2: Wert 2;
04         ...
05 }
```

Es mag vielleicht etwas verwunderlich wirken, dass im Folgenden die bisher erstellte CSS-Datei nicht der Reihe nach von oben nach unten ergänzt und erweitert wird. Die in der Datei eingetragene Reihenfolge dient lediglich der Struktur der Datei und natürlich auch quasi als „Gedächtnisstütze", damit kein Element und kein Attribut aus der Datei layout. html „vergessen" wird. Die Reihenfolge, in der ich die Stile und Regeln bearbeite und definiere, soll dazu dienen, möglich rasch und effektiv zum gewünschten Ergebnis zu kommen. Die gezeigten Zeilennummern in Listings und Screenshots dienen der Orientierung, sie entsprechen den Zeilen in der style.css (bzw. in der layout.html), in der jeweiligen Bearbeitungsphase. Bei Vorstellung von CSS-Regeln oder PHP-Code etc. beginnt die Zählung der Zeilen mit 1.

> **Anmerkung:** Es gibt so gut wie immer verschiedene Wege, wie Sie zum Ziel gelangen. Wichtig ist dabei nur, dass Sie Ihren persönlichen Weg zum gewünschten Ergebnis finden, ohne dabei ins Trudeln zu kommen.

20.1.2.2.1 Universal-Selektoren, HTML-Tags und HTML5-Elemente

Am Anfang der style.css ist es sinnvoll, allgemeingültige Regeln und Stile zu definieren. Dazu zählen beispielsweise HTML-Tags für den Fließtext und Überschriften etc., denen man eine bestimmte Schriftgröße und Schriftfamilien zuweist, sowie das allgemeine Aussehen von Hyperlinks, Listen und Ähnliches. Später wird an den Beginn der style.css noch ein spezieller Block mit vorgegebenen Informationen eingefügt, die für ein WordPress-Theme erforderlich sind.

20.1.2.2.1.1 Universal-Selektoren ja oder nein?

Ich bin kein Fan von *Universal-Selektoren* wie beispielsweise `*` `{ margin: 0; padding: 0; }`, um sämtliche vordefinierten Abstände im Browser auf null zu setzen. Damit zwingt man den Browser, sämtliche im Browser standardmäßig vordefinierten `margin`- und `padding`-Werte zu überschreiben, noch bevor der Browser eine einzige Regel aus der CSS-Datei abarbeiten kann. Dies führt unweigerlich zu einer erhöhten Ladezeit und längerem Seitenaufbau. Außerdem muss man für jedes Element die Abstände ausdrücklich neu definieren, was gezwungenermaßen zu mehr Code-Zeilen führt. Ergo verzichte ich auf Universal-Selektoren und definiere nur jene Werte um, die ich tatsächlich mit anderen Angaben als den Standardwerten benötige.

20.1.2.2.1.2 Die Qual der Wahl: px, %, em oder doch lieber rem?

Um diese Frage herum ist in den vergangenen zwei Jahrzehnten ein regelrechter Glaubensstreit entbrannt. Meiner Meinung nach haben alle Maßeinheiten ihre Berechtigung, sofern sie passend zum jeweiligen Einsatz verwendet werden.

Für Größenangaben stehen sowohl *absolute Maßeinheiten* wie beispielweise *Pixel* als auch relative Maßeinheiten wie *Prozent* und *ems* etc. zur Verfügung. Mit der *absoluten* Maßeinheit *Pixel* für Breiten- und Höhenangaben sowie für die Schriftgröße lässt sich ein Layout recht einfach erstellen. Allerdings ist das Ergebnis starr und unflexibel; und in zahlreichen, wenn nicht sogar in den meisten Fällen, nur mit derselben Monitorgröße, im selben Browser, mit denselben Browser-Einstellungen etc. wie jene des Entwicklers bzw. der Entwicklerin „optimal".

In Zeiten von Tablets und anderen mobilen Ausgabegeräten mit kleinen Bildschirmen ist es oft sinnvoller, *relative Maßeinheiten* zu verwenden. Damit erreicht man ohne großen Aufwand, dass sich ein Layout an die zur Verfügung stehende Breite des Ausgabemediums anpassen kann. Pixel für Breitenangaben von Containern sind jedoch weiterhin ein häufiger Einsatzbereich, am besten in Verbindung mit der Eigenschaft `max-width`. Ebenso sinnvoll sind Pixel-Angaben bei Rahmen. Unabhängig vom Ausgabemedium ist beispielsweise ein 1px breiter Rahmen immer als schmale Linie sichtbar.

Für Abstände sind *relative* Maßeinheiten wie *Prozent*-Angaben und die Verwendung von *em* sinnvoller. Das sorgt dafür, dass sich die Abstände auf unterschiedlichen Ausgabemedien mit unterschiedlichen Breiten harmonisch anpassen können. *Prozent*-Werte bei Breitenangaben beziehen sich immer auf das Eltern-Element. Handelt es sich um den äußeren Container einer Website, so ist die Breite des Eltern-Elements die *innere Breite* des Browserfensters.

Für Schriftgrößen sind ebenfalls *Prozent*-Angaben und die Verwendung von *em* sinnvoller und benutzerfreundlicher als die absolute Einheit *Pixel*, oder die Verwendung von *rem* d. h. von *root em*. Ein *em* entspricht der Größe des großen „M" der verwendeten Schrift. Die CSS3-Maßeinheit *rem* bezieht sich auf die Default-Schriftgröße des Browsers, das (zumeist) 16 Pixel groß ist. Wenn Sie *rem* verwenden möchten, notieren Sie `font-size: 100%;` in den body-Selektor in der `style.css` (siehe Zeile 3 in Listing 20.5).

Listing 20.5 Die Schriftgröße wird im body-Selektor auf 100 % gesetzt

```
01 /* HTML-Selektoren */
02 body {
03    font-size: 100%;
04 }
```

Umrechnung von Pixel auf em bzw. rem und Prozent

Die Default-Größe der Schrift im Browser sind 16 `Pixel`, das entspricht 1em bzw. 100 %. Zum Umrechnen einer bestimmten Größe px in em nimmt man

gewünschte Pixelzahl × 1 ÷ 16

oder (da 1 ÷ 16 = 0,0625)

gewünschte Pixelzahl × 0,0625

Beispiel: 12px × 0,0625 = 0.75em = 75 % (der Default-Schriftgröße von 16px!).

Achten Sie auf die korrekte Schreibweise von em bzw. von %. Da HTML und CSS in englischer Sprache geschrieben werden, muss ein Punkt statt eines Kommas verwendet werden, d. h. nicht `0,75em`, sondern `0.75em`! Es darf auch keine Leerstelle zwischen dem Wert und der Maßeinheit stehen.

Sie finden im Internet zahlreiche Online-Umrechnungs-Tools. Wenn man die EMs häufig verwendet, hat man bald die wichtigsten Werte im Kopf. Als Unterstützung zeigt Tabelle 20.1 die Umrechnungen für Schriftgrößen in EMs und Prozent für 9 Pixel bis 40 Pixel.

Tabelle 20.1 Ausgewählte CSS-Schriftgrößen in Pixel (px), EMs (em) und Prozent (%) bei Basisgröße 16px

Px	Em	%	Px	Em	%
9px	0.5625em	56.25 %	25px	1.5625em	156.25 %
10px	0.625em	62.5 %	26px	1.625em	162.5 %
11px	0.7em	70 %	27px	1.6875em	168.75 %
12px	0.75em	75 %	28px	1.75em	175 %
13px	0.8em	80 %	29px	1.8125em	181.25 %
14px	0.875em	87.5 %	30px	1.875em	187.5 %
15px	0.95em	95 %	31px	1.9375em	193.75 %
16px	**1em**	**100 %**	32px	2em	200 %
17px	1.0625em	106.25 %	33px	2.0625em	206.25 %
18px	1.125em	112.5 %	34px	2.125em	212.5 %
19px	1.1875em	118.75 %	35px	2.1875em	2.1875 %
20px	1.25em	125 %	36px	2.25em	225 %
21px	1.3125em	131.25 %	37px	2.3125em	231.25 %
22px	1.375em	137.5 %	38px	2.375em	237.5 %
23px	1.4375em	143.75 %	39px	2.4375em	243.75 %
24px	1.5em	150 %	40px	2.5em	250 %

Nicht nur bei Schriftgrößen, auch für die Angabe von Abständen und Breiten von Elementen können EMs statt Pixel angegeben werden.

Tabelle 20.2 Ausgewählte Breitenangaben und Abstände in Pixel und in EMs (bei Basisgröße 16px)

Px	Em	px	Em	px	Em
2px	0.125em	40px	2.5em	360px	22.5em
3px	0.1875em	50px	3.125em	380px	23.75em
4px	0.25em	60px	3.75em	400px	25em
5px	0.3125em	70px	4.375em	420px	26.25em
6px	0.375em	80px	5em	440px	27.5em
7px	0.4375em	90px	5.625em	460px	28.75em
8px	0.5em	100px	6.25em	480px	30em
9px	0.5625em	110px	6.875em	500px	31.25em
10px	0.625em	120px	7.5em	520px	32.5em
11px	0.7em	130px	8.125em	540px	33.75em
12px	0.75em	140px	8.75em	560px	35em
13px	0.8em	150px	9.375em	580px	36.25em
14px	0.875em	160px	10em	600px	37.5em
15px	0.95em	170px	10.625em	620px	38.75em
16px	1em	180px	11.25em	640px	40em
17px	1.0625em	190px	11.875em	660px	41.25em
18px	1.125em	200px	12.5em	680px	42.5em
19px	1.1875em	210px	13.125em	700px	43.75em
20px	1.25em	220px	13.75em	720px	45em
21px	1.3125em	230px	14.375em	740px	46.25em
22px	1.375em	240px	15em	760px	47.5em
23px	1.4375em	250px	15.625em	780px	48.75em
24px	1.5em	260px	16.25em	800px	50em
25px	1.5625em	270px	16.875em	820px	51.25em
26px	1.625em	280px	17.5em	840px	52.5em
27px	1.6875em	290px	18.125em	860px	53.75em
28px	1.75em	300px	18.75em	880px	55em
29px	1.8125em	320px	20em	900px	56.25em
30px	1.875em	340px	21.25em	920px	57.5em

20.1.2.2.1.3 Desktop-Fonts oder Web-Fonts?

Im Selektor body wird auch die gewünschte Schrift bzw. Schriftfamilie definiert, die für den Fließtext verwendet werden soll. Doch welche Fonts sollen für einen Internetauftritt verwendet werden, *Desktop-Fonts* oder *Web-Fonts*?

Desktop-Fonts Diese sind – wie schon der Name sagt – für die Installation und Verwendung auf einem Desktop-Computer bestimmt. Diese Schriften werden zum Teil mit dem Betriebssystem ausgeliefert, zum Teil sind sie Bestandteil von diversen Programmpaketen. Bei der Installation einer Software werden die Schriften mit installiert und verbleiben für immer auf dem Gerät. Sie können jederzeit weitere kostenlose oder kostenpflichtige Schriften installieren. Auch diese verbleiben für immer bzw. bis zur Deinstallation auf dem Gerät.

Möchten Sie einige dieser Desktop-Fonts für Ihren Internetauftritt verwenden, so stoßen Sie auf ein besonderes Problem. Jedes Betriebssystem hat ihre eigenen Standardschriften und ihre eigenen, speziell für dieses Betriebssystem konzipierten Schriftenarten. So findet man beispielsweise *Verdana* und *Segeo*, zwei Fonts, die häufig für Webseiten ausgewählt werden, nur auf einem Microsoft Windows Rechner. Auf einem Apple-Gerät sind stattdessen beispielsweise *Helvetica* und *Futura* vorhanden. *Arial* und *Gill San* gibt es dafür sowohl auf Windows- als auch auf Apple-Geräten. Viele Android-Gerät hingegen begnügen sich überhaupt nur mit der Font-Familie *Roboto*.

Die gewünschten Schriften werden mittels sogenanntem *CSS Font Stack* definiert. Darunter versteht man eine Aufzählung der gewünschten Schriftarten in der Eigenschaft `font-family`, wobei man immer mehrere Fonts auflistet, gefolgt von einer generischen Angabe wie beispielsweise `sans-serif` für serifenlose Schriften (oder `serif` für Serifen-Schriften, doch diese sollten eher für den Print-Bereich herangezogen werden!).

Der Browser von Besuchern sucht nach der ersten angegebenen Schrift auf dem Besucher-Ausgabe-Gerät. Ist die gewünschte Schrift installiert, so wird diese für die Anzeige von Texten verwendet. Ist sie nicht vorhanden, so sucht der Browser nach der nächsten Schrift, die in der CSS-Regel angegeben wurde. Findet der Browser keinen der angeführten Fonts, so wird die Regel `sans-serif` befolgt und eine serifenlose Schrift, die installiert ist, angezeigt. Ein Beispiel für einen „klassischen" CSS-Font-Stack mit serifenlosen Schriften und Roboto wäre `font-family: "Trebuchet MS", Verdana, Helvetica, Arial, Roboto, sans-serif;` im body-Selektor. Besteht ein Name aus mehr als einem Wort, so muss dies in doppelte Anführungszeichen gesetzt werden. Den body-Selektor ergänzt mit der Eigenschaft `font-family` zeigt Listing 20.6.

Listing 20.6 Der body-Selektor mit Schriftgröße und Fonts

```
2 body {
3    font-size: 100%;
4    font-family: "Trebuchet MS", Verdana, Helvetica, Arial, Roboto,
   sans-serif;
5 }
```

Wie sich die Schriftbilder unterscheiden, zeigt als Beispiel Bild 20.8. Hier wurden *Trebuchet MS*, *Verdana* und *Arial* (im Mozilla Firefox) einander gegenübergestellt. Die Überschrift hat eine Größe von 2em, der erste Absatz 1em, der mittlere 0.875em und der untere Absatz 0.75em. In Pixel wären das 32px für die Überschrift, 16px, 14px und 12px für die Absätze.

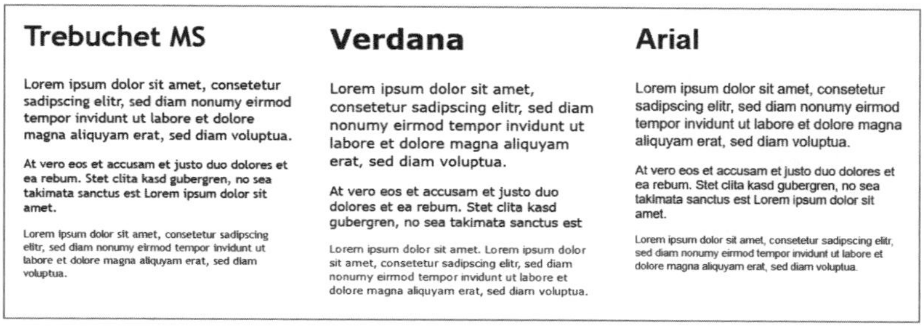

Bild 20.8 Gegenüberstellung der Fonts Trebuchet MS, Verdana und Arial

Web-Fonts Eine Alternative zu den für manche Webdesigner recht langweiligen Desktop-Fonts sind die sogenannten *Web-Fonts*. Sie wurden speziell für den Einsatz auf Internetseiten entwickelt. Diese Fonts werden lediglich bei Bedarf beim Laden einer Seite aus dem Internet von einem Server des Anbieters heruntergeladen und werden nicht auf dem Ausgabegerät installiert (allerdings nur, wenn der Browser des Besuchers CSS3 auch unterstützt, denn dies ist für die Verwendung von Web-Fonts erforderlich). Das Herunterladen geht zwar recht zügig, es kann aber die Ladezeit verlängern. Außerdem führen Web-Fonts zu zusätzlichen HTTP-Requests. Zudem kann es passieren, dass der Server des Anbieters gerade nicht erreichbar ist, wenn eine Seite von Ihrem Internetauftritt geladen wird. Falls Sie keinen extra Fallback mit websicheren Schriften in einem CSS-Font-Stack definiert haben, so wird statt Ihres feschen Layouts die Seite mit der Default-Schrift des Ausgabegeräts – in zahlreichen Fällen mit Times New Roman – angezeigt.

Es gibt kostenlose und kostenpflichtige Web-Fonts, auch Abo-Systeme, bei denen pro Pageview abgerechnet wird. Es existieren auch zahlreiche Anbieter von Web-Fonts, hier eine kleine Auswahl von bekannten Anbietern: *Google Fonts* (*https://fonts.google.com/*) mit kostenlosen Fonts, *Fonts.com* (*https://www.fonts.com/de/web-fonts*) mit Abo-System, *Adobe Edge Web Fonts* (*https://edgewebfonts.adobe.com/*), *Adobe Typekit* (*https://typekit.com/*) mit Abo-System, *Webtype* (*https://www.webtype.com/*) mit Abo-System.

Nur einige wenige Anbieter erlauben es, Web-Fonts in Form von Einzel-Schrift-Schnitten oder als gesamte Schriftfamilie herunterzuladen und auf Ihrem eigenen Server zu installieren. Liegen die Web-Fonts auf den Servern der Anbieter in den USA oder sonst wo außerhalb der EU, so besteht hier ein zusätzliches Problem im Bereich des Datenschutzes. Durch die API-Schnittstelle haben die Anbieter über ihre Tracking-Tools Zugriff auf das Verhalten Ihrer Website-Besucher. Diese Daten werden außerhalb der EU gespeichert und verarbeitet (z. B. für die Abrechnung bei Abos pro Pageview). Auch manche Firewalls können Probleme mit den Tracking-Tools haben. Es kann passieren, dass das Herunterladen der Web-Fonts blockiert wird, bei einer sehr rigide eingestellten Firewall etwa kann sogar der Zugriff auf Ihre Website blockiert werden.

Falls Sie jetzt noch Lust und Interesse haben, Web-Fonts auf Ihrem Internetauftritt zu verwenden, im Folgenden finden Sie als Beispiel das Einbinden von den Google Web-Fonts *Hind* und *Khula*. Dazu muss zuerst die Zeile

```
<link href="https://fonts.googleapis.com/css?family=Hind|Khula" rel="stylesheet">
```

in den <head>-Tag der `layout.html` eingebunden werden. In der `style.css` werden die beiden Fonts an den Beginn des CSS-Font-Stacks gestellt, gefolgt von einem Fall-Back wie etwa:

```
p { font-family: 'Hind', 'Khula', Verdana, Helvetica, sans-serif; }
```

Dies ist eine sehr einfache Möglichkeit, Web-Fonts von Google Fonts einzubinden. Verschiedene Fonts werden durch eine Pipe, d. h. durch einen senkrechten Trennstrich |, getrennt, Leerzeichen werden durch ein + ersetzt. Allerdings ist die Schreibweise `Hind|Khula` laut dem W3 Validator nicht HTML5-valide, da das Trennzeichen | verwendet wird. Möchten Sie mehrere Schriften valide einbinden, so empfiehlt es sich, die Pipe mit `%7C` zu maskieren. Die Zeile im Header lautet nun

```
<link href="https://fonts.googleapis.com/css?family=Hind%7CKhula" rel="stylesheet">
```

Bei anderen Anbietern finden Sie genaue Beschreibungen, wie deren Web-Fonts eingebunden werden können. Zum Teil ist sogar JavaScript-Code erforderlich.

Anmerkung: Beachten Sie bitte, dass im Beispiel-Layout keine Web-Fonts eingebunden werden. Die Zeile im `<head>`-Tag sowie der oben angeführte CSS-Fonts-Stack waren nur ein Beispiel, sie werden nicht im Beispiel-Layout verwendet.

20.1.2.2.1.4 Icon Fonts: Dashicons

Nicht nur auf dem Dashboard, auch im Frontend werden *Icons* immer beliebter. Früher musste man für jedes Icon mühsam eigene Grafiken erstellen. Heutzutage kann man aus einer großen Anzahl von Icons wählen und diese an der gewünschten Stelle in der Website einbinden. Die *Icon Fonts* wie beispielsweise *Google Icons*, *Font Awesome Icons* und *Bootstrap Icons* (Bootstrap „*Glyphicons*") sind Web-Fonts und müssen, wie alle anderen Web-Fonts, erst auf das Besuchergerät heruntergeladen werden.

Anders funktioniert dies mit *Dashicons*, der spezielle Icon-Font, der seit der Version 3.8 der offizielle Icon-Font des Admin-Bereichs und somit Bestandteil von WordPress Core ist. *Dashicons* können nicht nur im Backend, sondern auch im Frontend verwendet werden. Anwendungsmöglichkeit sind beispielsweise das *Navicon* (Drei-Linien-Menü-Symbol, von manchen auch „Hamburger" genannt) mit dem Namen `dashicons-menu` für das Menü bei schmalen Screens, das Symbol für die Markierung von externen Links mit dem Namen `dashicons-external` (siehe Bild 20.9) sowie Icons vor dem jeweiligen Menüeintrag in der Navigation. Eine Auflistung aller aktuell zur Verfügung stehenden *Dashicons* finden Sie unter *https://developer.wordpress.org/resource/dashicons/* (Stand 26.03.2020).

Bild 20.9
Dashicons: Navicon (links) und Markierung externer Link (rechts)

Wenn Sie *Dashicons* im Frontend verwenden möchten, so müssen Sie diese in der Datei `functions.php` mit `wp_enqueue_style` in Ihr Theme laden. Eine Beschreibung, wie dies geschieht, finden Sie in Listing 20.39. Für die Verwendung der beiden ausgewählten *Dashicons* benötigt man einerseits den HTML-Code, wenn Sie das gewählte Symbol in HTML an der gewünschten Stelle einfügen möchten. Dies wäre auch im Backend in WordPress beispielsweise in einem benutzerdefinierten Menüpunkt möglich. Den erforderlichen HTML-Code erhalten Sie, wenn Sie neben dem gewählten Symbol auf **Copy HTML** klicken. Das sind beim Navicon `<span class="dashicons dashicons-menu"></span>` und beim externen Link `<span class="dashicons dashicons-external"></span>`. Mit der Klasse `.dashicons` wird die `font-family` bestimmt. Und mittels der Klasse `.dashicons-menu` bzw. `.dashicons-external` wird das gewählte Symbol erzeugt.

Andererseits ist auch der jeweilige CSS-Wert für `content` verfügbar. Diesen erhalten Sie, wenn Sie auf **Copy CSS** klicken. Im Beispiel ist es für das Navicon `content: „\f333";` und für den externen Link `content: „\f504";`. Dieser Wert ist erforderlich, wenn Sie in CSS besondere Regeln bezüglich des Einsatzes für das gewählte Icon benötigen wie etwa als Markierung von externen Hyperlinks. Hier ist es äußerst hilfreich, dass auch die Pseudoelemente `:before` und `:after` verwendet werden können. Die allereinfachste Variante der

Anzeige des Icons nur dann, wenn beim Hyperlink `target="_blank"` angegeben wurde, zeigt Listing 20.7.

Listing 20.7 Anzeige Dashicons external bei target="_blank"

```
01 a[target="_blank"]:after {
02    font-family: "Dashicons";
03    content: "\f504";
04    margin: 0;
05    padding: 0 0 0 0.5em;
06 }
```

Dies funktioniert aber nur dann einheitlich im gesamten Internetauftritt, wenn tatsächlich bei jedem, und zwar ausnahmslos bei jedem externen Link `target="_blank"` hinzugefügt wird. Erfahrungsgemäß vergisst man hin und wieder das Setzen von `target`, womit die Kontinuität innerhalb der Website verloren geht. Sie finden im Internet auch zahlreiche Anleitungen mit dem Attribut-Selektor `a[href*="//"]` {}. Doch damit werden sämtliche Links markiert, deren `href`-Attribut die Zeichen `//` beinhalten, beispielsweise auch jene, die auf eine Subdomain Ihrer Domain zeigen. Das Icon soll aber nur bei externen Links angezeigt werden, und zwar ausschließlich bei Links zu fremden Websites, aber nicht innerhalb der eigenen Domain, nicht auf Unterdomains der eigenen Domain und auch nicht bei Ankern mit # innerhalb einer Seite wie etwa #top. Daraus ergibt sich als CSS-Regel für den Indikator für externe Links auf der Website zum Buch www.wp5buch.net Folgendes in Listing 20.8. Dabei kommen zur Anwendung:

- die ausschließende *Pseudo-Klasse* `:not`, da Anker mit # und die eigene Domain ausgeschlossen werden sollen, d.h. dass in diesen Fällen, also bei allen internen Links und Anker kein Icon nach dem Link angezeigt wird, sowie

- der *Attribut-Selektor* `a[href*="wp5buch.net"]`, d.h. wenn der Wert für `href` die Kombination `wp5buch.net` beinhaltet, und

- der *Attribut-Selektor* `a[href^="#"]`, d.h. wenn der Wert für `href` mit einer Raute # beginnt,

- der *Attribut-Selektor* `a[href^="javascript"]` beinhaltet z.B. beim Navicon und

- das *Pseudo-Element* `:after`, da das Icon nach dem Link angezeigt werden soll.

Listing 20.8 CSS-Regel für Dashicons als Markierung von externen Links

```
21 /* Links */
22
23 /* Markierung externe Links mit Dashicons */
24 a:not([href*="wp5buch.net"]):not([href^="#"]):not([href^="javascript"
   ]):after {
25    font-family: "Dashicons";
26    content: "\f504";
27    margin: 0;
28    padding: 0 0 0 0.5em;
29 }
```

Fügen Sie diese CSS-Regel in die `style.css` unterhalb der Zeile `/* Links */` ein. Ändern Sie dabei den Namen der Domain `wp5buch.net` in Ihren Domain-Namen um. Speichern Sie anschließend die Datei.

Anmerkung: Während der Entwicklungsphase des neuen Themes ist es ratsam, diesen CSS-Stil auszukommentieren, um beim Testen unerwartete Effekte im lokalen Browser zu vermeiden.

20.1.2.2.1.5 HTML5-Elemente

Browser, die HTML5-Elemente nicht erkennen, stellen die Bereiche meist *inline* dar. Um dies zu vermeiden, wird hier explizit `display: block;` für eine Darstellung als Blockelement definiert. Ergänzen Sie Zeile 3 in Listing 20.3 mit dieser Eigenschaft. Für eine bessere Übersicht verwende ich meistens eine „elegante" Schreibweise und setze jede Eigenschaft und die schließende Klammer jeweils in eine eigene Zeile, die Eigenschaften jeweils eingerückt. So ist auch genügend Platz für eventuelle Kommentare gleich neben der jeweiligen Eigenschaft. Die ergänzte Regel für die HTML5-Elemente samt Kommentar in Zeile 7 sowie die Regeln bezüglich der Schriftgröße und der zu verwendenden Schriften aus Listing 20.6 (Zeilen 2 – 5) zeigt Bild 20.10.

```
1  /* HTML-Selektoren */
2  body {
3      font-size: 100%;
4      font-family: "Trebuchet MS", Verdana, Helvetica, Arial, Roboto, sans-serif;
5  }
6  header, nav, main, aside, section, footer {
7      display: block;
8  }
```

Bild 20.10 Regeln für body- und für HTML5-Elemente

20.1.2.2.1.6 Schriftgröße und Schriftfarbe

Im nächsten Schritt werden die Schriftgrößen und die Farbe für Absätze und Überschriften etc. definiert. Manche stellen sich wohl die Frage, wozu ist dies erforderlich? Nun ja, bezüglich der Farben von Text und Hintergrund sind Browser von den Default-Einstellungen her absolut unkreativ. Wenn nicht explizit eine Textfarbe mit `color` und eine Hintergrundfarbe mit `background-color` definiert werden, wird schwarze Schrift auf weißem Hintergrund angezeigt. Ehrlich gesagt, für die Default-Schrift eines Computers, meist *Times New Roman*, in schwarzer Schrift auf weißem Hintergrund und womöglich auch noch über die gesamte Bildschirmbreite braucht man kein Webdesign. Da sind eine Textverarbeitung und eine Datei als PDF abgespeichert, die sich die Besucherinnen und Besucher herunterladen und ausdrucken können, ausreichend.

Wenn heutzutage eine Website aufgerufen wird, erwartet man ein gewisses positives Besuchererlebnis. Dazu zählen ein übersichtlicher Aufbau, intuitive Navigation sowie harmonische Farben und eine gut lesbare Schrift.

Schriftgröße für Absätze und Überschriften Im body-Selektor wurde die Default-Schriftgröße mit 100 % festgelegt, d. h. mit dem Standardwert 16px (siehe Zeile 3 in Bild 20.10). Dies ermöglicht nun die Verwendung von em als Maßeinheit. In meinem Beispiel-Layout wird für den Fließtext (d. h. die Absätze p), Text in Tabellenzellen und auch Listenpunkte (li) keine Schriftgröße definiert, für die Überschrift 1 (h1) 1.625em, die Überschrift 2 (h2) 1.375em und die Überschrift 3 (h3) 1.125em. Die Überschriftebene 1 hätte ich zudem gerne zentriert angezeigt und alle Überschriftebenen in Fettdruck. Für das Zentrieren wird `text-align: center;` verwendet. Die Strichstärke wird mit `font-weight` definiert, der Default-

Wert ist normal. Wie breit die Schrift tatsächlich angezeigt wird, hängt allerdings vom Browser ab. Statt normal kann auch der Wert 400 angegeben werden; für fett verwendet man bold oder 700.

Fügen Sie die Zeilen aus Listing 20.9 unterhalb der HTML5-Elemente in Zeile 9 in die style.css ein und speichern Sie anschließend die Datei.

Listing 20.9 Schriftgröße, Strichstärke und Abstände für p, li, td, h1, h2 und h3

```
09 p, li, td {
10    font-weight: 400;
11 }
12 h1, h2, h3 {
13    font-weight: 700;
14    margin-bottom: 1em;
15    margin-top: 1.625em;
16 }
17 h1 {
18    font-size: 1.625em;
19    text-align: center;
20 }
21 h2 {
22    font-size: 1.375em;
23 }
24 h3 {
25    font-size: 1.125em;
26 }
```

Schriftfarbe für Absätze und Überschriften Die Textfarbe wird mit der Eigenschaft color definiert. Der Wert kann mit einem vordefinierten *Farbnamen* angegeben werden wie beispielsweise gray für die Farbe Grau. Eine weitere Möglichkeit ist die Angabe von numerischen Farbwerten (Hexadezimalwert und RGB-Wert) im *RGB-Farbraum* sowie mit CSS3 im *HSL-Farbraum*.

RGB-Farbraum Der *RGB-Farbraum* wird bei Farbmonitoren und Tablet- bzw. Smartphone-Displays sowie Projektoren etc. zur Bestimmung der Farben herangezogen. In diesem additiven Farbmodell werden die Farben aus den drei Grundfarben Rot, Grün und Blau gemischt. Rot, Grün und Blau ergeben Weiß im RGB-Farbraum (siehe RGB-Farbkreis in Bild 20.11 links). Die Benennung der einzelnen Farben erfolgt am einfachsten mittels vorgegebenen Farbnamen.

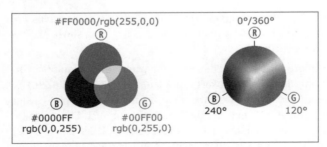

Bild 20.11 Farbkreis im RGB-Farbraum (links) und im HSL-Farbraum (rechts)

Farben können auch mit numerischen RGB-Angaben definiert werden. Eine Möglichkeit ist die Verwendung von *Hexadezimalwerten* in der Form #RRGGBB. Hier steht R für Rot, G für Grün und B für Blau; für Grau wäre der Hexadezimalwert beispielsweise #808080. Eine andere Möglichkeit ist die Angabe der *RGB-Werte*. Für Grau verwendet man hierfür die Angabe rgb(128,128,128). Farbnamen sind nicht case-sensitiv, d. h., es macht keinen Unterschied, ob Sie Kleinbuchstaben oder Großbuchstaben verwenden. Die Textfarbe Grau können Sie mit color: gray; oder mit color: Gray; oder mit color: GRAY; definieren. Dies gilt auch für Hexadezimalwerte, die Textfarbe Weiß beispielsweise können Sie mit color: #FFFFFF; oder mit color: #ffffff; definieren. Es wäre auch die Schreibweise in der Kurzform mit color: #FFF; oder mit color: #fff; möglich.

Bei CSS1 und CSS2 waren 16 sogenannte *Basic color keywords* vorgesehen und zwar aqua, black, blue, fuchsia, gray, green, lime, maroon, navy, olive, purple, red, silver, teal, white und yellow. Die folgende Tabelle zeigt diese *Basic-Farbnamen* in alphabetischer Reihenfolge, die entsprechenden *RGB-Werte* sowie die *Hexadezimalwerte* und die deutsche Übersetzung dieser Farbnamen:

Tabelle 20.3 CSS-Basic-Farbnamen (Basic color keywords) in alphabetischer Reihenfolge, Hexadezimalwerte, RGB-Werte und Übersetzung des Farbnamens ins Deutsche

CSS-Farbname	Hexadezimal #RRGGBB	rgb(R,G,B)	Farbname auf Deutsch
Aqua	#00FFFF	rgb(0,255,255)	Aquamarin
Black	#000000	rgb(0,0,0)	Schwarz
Blue	#0000FF	rgb(0,0,255)	Blau
Fuchsia	#FF00FF	rgb(255,0,255)	Pink
Gray	#808080	rgb(128,128,128)	Grau
Green	#008000	rgb(0,128,0)	Grün
Lime	#00FF00	rgb(0,255,0)	Neongrün
Maroon	#800000	rgb(128,0,0)	Kastanienbraun
Navy	#000080	rgb(0,0,128)	Marineblau
Olive	#808000	rgb(128,128,0)	Olivegrün
Purple	#800080	rgb(128,0,128)	Violett
Red	#FF0000	rgb(255,0,0)	Rot
Silver	#C0C0C0	rgb(192,192,192)	Silbern
Teal	#008080	rgb(0,128,128)	Petrol
White	#FFFFFF	rgb(255,255,255)	Weiß
Yellow	#FFFF00	rgb(255,255,0)	Gelb

Seit CSS3 stehen weitere 131 Farbnamen zur Verfügung, also insgesamt 147 Farbnamen, die auch alle modernen Browser kennen. In Tabelle 20.4 finden Sie alle CSS3-Farbnamen in alphabetischer Reihenfolge samt Hexadezimalcode und den RGB-Werten. Eine Auflistung samt Farbfeldern finden Sie auf der Website zum Buch unter *https://jwp5buch.net/css-farben/*.

Tabelle 20.4 Alle CSS3-Farbnamen in alphabetischer Reihenfolge, Hexadezimalcode und RGB-Werte

CSS-Farbname	Hexadezimalcode	rgb(R,G,B)
Aliceblue	#f0f8ff	rgb(240,248,255)
Antiquewhite	#faebd7	rgb(250,235,215)
Aqua	#00ffff	rgb(0,255,255)
Aquamarine	#7fffd4	rgb(127,255,212)
Azure	#f0ffff	rgb(240,255,255)
Beige	#f5f5dc	rgb(245,245,220)
Bisque	#ffe4c4	rgb(255,228,196)
Black	#000000	rgb(0,0,0)
Blanchedalmond	#ffebcd	rgb(255,235,205)
Blue	#0000ff	rgb(0,0,255)
Blueviolet	#8a2be2	rgb(138,43,226)
Brown	#a52a2a	rgb(165,42,42)
Burlywood	#deb887	rgb(222,184,135)
Cadetblue	#5f9ea0	rgb(95,158,160)
Chartreuse	#7fff00	rgb(127,255,0)
Chocolate	#d2691e	rgb(210,105,30)
Coral	#ff7f50	rgb(255,127,80)
Cornflowerblue	#6495ed	rgb(100,149,237)
Cornsilk	#fff8dc	rgb(255,248,220)
Crimson	#dc143c	rgb(220,20,60)
Cyan	#00ffff	rgb(0,255,255)
Darkblue	#00008b	rgb(0,0,139)
Darkcyan	#008b8b	rgb(0,139,139)
Darkgoldenrod	#b8860b	rgb(184,134,11)
Darkgray	#a9a9a9	rgb(169,169,169)
Darkgreen	#006400	rgb(0,100,0)
Darkgrey	#a9a9a9	rgb(169,169,169)
Darkkhaki	#bdb76b	rgb(189,183,107)
Darkmagenta	#8b008b	rgb(139,0,139)
Darkolivegreen	#556b2f	rgb(85,107,47)
Darkorange	#ff8c00	rgb(255,140,0)
Darkorchid	#9932cc	rgb(153,50,204)
Darkred	#8b0000	rgb(139,0,0)
Darksalmon	#e9967a	rgb(233,150,122)
Darkseagreen	#8fbc8f	rgb(143,188,143)
Darkslateblue	#483d8b	rgb(72,61,139)
Darkslategray	#2f4f4f	rgb(47,79,79)
Darkslategrey	#2f4f4f	rgb(47,79,79)

CSS-Farbname	Hexadezimalcode	rgb(R,G,B)
Darkturquoise	#00ced1	rgb(0,206,209)
Darkviolet	#9400d3	rgb(148,0,211)
Deeppink	#ff1493	rgb(255,20,147)
Deepskyblue	#00bfff	rgb(0,191,255)
Dimgray	#696969	rgb(105,105,105)
Dimgrey	#696969	rgb(105,105,105)
Dodgerblue	#1e90ff	rgb(30,144,255)
Firebrick	#b22222	rgb(178,34,34)
Floralwhite	#fffaf0	rgb(255,250,240)
Forestgreen	#228b22	rgb(34,139,34)
Fuchsia	#ff00ff	rgb(255,0,255)
Gainsboro	#dcdcdc	rgb(220,220,220)
Ghostwhite	#f8f8ff	rgb(248,248,255)
Gold	#ffd700	rgb(255,215,0)
Goldenrod	#daa520	rgb(218,165,32)
Gray	#808080	rgb(128,128,128)
Green	#008000	rgb(0,128,0)
Greenyellow	#adff2f	rgb(173,255,47)
Grey	#808080	rgb(128,128,128)
Honeydew	#f0fff0	rgb(240,255,240)
Hotpink	#ff69b4	rgb(255,105,180)
Indianred	#cd5c5c	rgb(205,92,92)
Indigo	#4b0082	rgb(75,0,130)
Ivory	#fffff0	rgb(255,255,240)
Khaki	#f0e68c	rgb(240,230,140)
Lavender	#e6e6fa	rgb(230,230,250)
Lavenderblush	#fff0f5	rgb(255,240,245)
Lawngreen	#7cfc00	rgb(124,252,0)
Lemonchiffon	#fffacd	rgb(255,250,205)
Lightblue	#add8e6	rgb(173,216,230)
Lightcoral	#f08080	rgb(240,128,128)
Lightcyan	#e0ffff	rgb(224,255,255)
Lightgoldenrodyellow	#fafad2	rgb(250,250,210)
Lightgray	#d3d3d3	rgb(211,211,211)
Lightgreen	#90ee90	rgb(144,238,144)
Lightgrey	#d3d3d3	rgb(211,211,211)
Lightpink	#ffb6c1	rgb(255,182,193)

(Fortsetzung nächste Seite)

Tabelle 20.4 Alle CSS3-Farbnamen in alphabetischer Reihenfolge, Hexadezimalcode und RGB-Werte *(Fortsetzung)*

CSS-Farbname	Hexadezimalcode	rgb(R,G,B)
Lightsalmon	#ffa07a	rgb(255,160,122)
Lightseagreen	#20b2aa	rgb(32,178,170)
Lightskyblue	#87cefa	rgb(135,206,250)
Lightslategray	#778899	rgb(119,136,153)
Lightslategrey	#778899	rgb(119,136,153)
Lightsteelblue	#b0c4de	rgb(176,196,222)
Lightyellow	#ffffe0	rgb(255,255,224)
Lime	#00ff00	rgb(0,255,0)
Limegreen	#32cd32	rgb(50,205,50)
Linen	#faf0e6	rgb(250,240,230)
Magenta	#ff00ff	rgb(255,0,255)
Maroon	#800000	rgb(128,0,0)
Mediumaquamarine	#66cdaa	rgb(102,205,170)
Mediumblue	#0000cd	rgb(0,0,205)
Mediumorchid	#ba55d3	rgb(186,85,211)
Mediumpurple	#9370db	rgb(147,112,219)
Mediumseagreen	#3cb371	rgb(60,179,113)
Mediumslateblue	#7b68ee	rgb(123,104,238)
Mediumspringgreen	#00fa9a	rgb(0,250,154)
Mediumturquoise	#48d1cc	rgb(72,209,204)
Mediumvioletred	#c71585	rgb(199,21,133)
Midnightblue	#191970	rgb(25,25,112)
Mintcream	#f5fffa	rgb(245,255,250)
Mistyrose	#ffe4e1	rgb(255,228,225)
Moccasin	#ffe4b5	rgb(255,228,181)
Navajowhite	#ffdead	rgb(255,222,173)
Navy	#000080	rgb(0,0,128)
Oldlace	#fdf5e6	rgb(253,245,230)
Olive	#808000	rgb(128,128,0)
Olivedrab	#6b8e23	rgb(107,142,35)
Orange	#ffa500	rgb(255,165,0)
Orangered	#ff4500	rgb(255,69,0)
Orchid	#da70d6	rgb(218,112,214)
Palegoldenrod	#eee8aa	rgb(238,232,170)
Palegreen	#98fb98	rgb(152,251,152)
Paleturquoise	#afeeee	rgb(175,238,238)
Palevioletred	#db7093	rgb(219,112,147)
Papayawhip	#ffefd5	rgb(255,239,213)

CSS-Farbname	Hexadezimalcode	rgb(R,G,B)
Peachpuff	#ffdab9	rgb(255,218,185)
Peru	#cd853f	rgb(205,133,63)
Pink	#ffc0cb	rgb(255,192,203)
Plum	#dda0dd	rgb(221,160,221)
Powderblue	#b0e0e6	rgb(176,224,230)
Purple	#800080	rgb(128,0,128)
Red	#ff0000	rgb(255,0,0)
Rosybrown	#bc8f8f	rgb(188,143,143)
Royalblue	#4169e1	rgb(65,105,225)
Saddlebrown	#8b4513	rgb(139,69,19)
Salmon	#fa8072	rgb(250,128,114)
Sandybrown	#f4a460	rgb(244,164,96)
Seagreen	#2e8b57	rgb(46,139,87)
Seashell	#fff5ee	rgb(255,245,238)
Sienna	#a0522d	rgb(160,82,45)
Silver	#c0c0c0	rgb(192,192,192)
Skyblue	#87ceeb	rgb(135,206,235)
Slateblue	#6a5acd	rgb(106,90,205)
Slategray	#708090	rgb(112,128,144)
Slategrey	#708090	rgb(112,128,144)
Snow	#fffafa	rgb(255,250,250)
Springgreen	#00ff7f	rgb(0,255,127)
Steelblue	#4682b4	rgb(70,130,180)
Tan	#d2b48c	rgb(210,180,140)
Teal	#008080	rgb(0,128,128)
Thistle	#d8bfd8	rgb(216,191,216)
Tomato	#ff6347	rgb(255,99,71)
Turquoise	#40e0d0	rgb(64,224,208)
Violet	#ee82ee	rgb(238,130,238)
Wheat	#f5deb3	rgb(245,222,179)
White	#ffffff	rgb(255,255,255)
Whitesmoke	#f5f5f5	rgb(245,245,245)
Yellow	#ffff00	rgb(255,255,0)
Yellowgreen	#9acd32	rgb(154,205,50)

Eine Erweiterungsmöglichkeit der RGB-Werte bietet *RGBA* mit der zusätzlichen Angabe der *Deckkraft* („Alpha"). Dies ermöglicht es, den Farben eine Transparenzstufe zuzuweisen. Der Wert liegt zwischen 0 und 1, wobei 1 einer Deckkraft von 100 % entspricht. Dieser Wert wird durch Beistrich getrennt an die RGB-Werte innerhalb der Klammer angefügt, d. h., die Schreibweise erfolgt mit `rgba(R,G,B,0.8)` bei 80 % Deckkraft beispielsweise. Im Gegensatz zu RGB-Werten gibt es bei RGBA keinen entsprechenden Hexadezimalwert. Falls ein Ausgabegerät RGBA nicht umsetzen kann, so sollen die unerkannten Werte nach den CSS-Vorwärtskompatibilitäts-Parsing-Regeln behandelt werden. Das Gerät darf nicht einfach den Alpha-Wert weglassen und so tun, als ob ein RGB-Wert definiert worden wäre.

HSL-Farbraum Unter den Farbnamen kann man sich meist den jeweiligen Farbton vorstellen. Die RGB-Angaben und die Hexadezimalwerte sind hingegen weder intuitiv noch leicht merkbar oder erkennbar. Hilfreicher und intuitiver zum Finden von Farbtönen und zum Zusammenstellen von Farbpaletten ist der HSL-Farbraum (siehe Farbkreis rechts in Bild 20.11).

Mit CSS3 ist es möglich, statt RGB den *HSL-Farbraum* mit den Angaben für *Hue* (für den Farbton), *Saturation* (für die Sättigung) und *Lightness* (für die Helligkeit) zur Farbdefinition heranzuziehen. Die Definition der Farbe Grau wäre mit HSL beispielsweise `hsl(0, 0%, 50%)`. Beim Farbton, dem ersten Wert, werden die *Grade auf dem Farbkreis* angegeben, jedoch ohne das Grad-Symbol, mögliche Werte liegen zwischen 0 und 359 bzw. 360. Der zweite Wert, die *Sättigung*, wird in Prozent angegeben, der Wert liegt zwischen 0% und 100%. Default-Wert ist 100%, d.h. volle Farbsättigung, 0% bedeutet keine Farbe, also Grau. Der dritte Wert legt die *Helligkeit* fest, diese wird auch in Prozent angegeben, der Wert liegt zwischen 0% und 100%. Normalwert ist 50%, alles darunter ergibt einen helleren Farbton bis hin zu Weiß bei 0%. Alles darüber ergibt einen dunkleren Farbton, 100% bedeutet Schwarz.

Tabelle 20.5 CSS-Farbnamen, HSL- und Hexadezimalwerte, gereiht nach HSL-Werten

CSS-Farbname	HSL-Wert hsl(H,S%,L%)	Hexadezimal #RRGGBB
Aqua	(180,100%,50%)	#00FFFF
Black	(0,0%,0%)	#000000
Blue	**(240,100%,50%)**	**#0000FF**
Fuchsia	(300,100%,50%)	#FF00FF
Gray	(0,0%,50%)	#808080
Green	(120,100%,25%)	#008000
Lime (helles Grün)	**(120,100%,50%)**	**#00FF00**
Maroon	(0,100%,25%)	#800000
Navy	(240,100%,25%)	#000080
Olive	(60,100%,25%)	#808000
Purple	(300,100%,25%)	#800080
Red	**(0,100%,50%)**	**#FF0000**
Silver	(0,0%,75%)	#C0C0C0
Teal	(180,100%,25%)	#008080
White	(0,0%,100%)	#FFFFFF
Yellow	(60,100%,50%)	#FFFF00

Anmerkung: Adobe-Photoshop-Userinnen und -User aufgepasst, Sie finden in der Farbpalette keine HSL-Werte, sondern HSB-Werte! Adobe Photoshop verwendet HSB mit Farbton, Sättigung und absolute Helligkeit (*Brightness*) statt HSL mit Farbton, Sättigung und relative Helligkeit (*Lightness*).

Wie bei RGBA gibt es auch bei HSL die Variante *HSLA* mit zusätzlicher Angabe der Deckkraft. Diese wird in der Form `hsla(H,S%,L%,0.8)` beispielsweise für eine Deckkraft von 80 Prozent definiert. Das Problem dabei ist allerdings, dass HSL- und HSLA-Angaben nur von modernen Browsern verstanden werden. Außerdem sollte man sich immer vor Augen halten, dass alle Ausgabegeräte mit einem Monitor (PC, Laptop, Tablet, Smartphone etc.) mit dem *RGB-Farbraum* arbeiten. Deshalb werden HSL-Angaben intern zurück auf RGB gerechnet. Ergo ist es ratsam, weiterhin bei Farbnamen, Hexadezimalwerten oder RGB-Werten für Schriftfarbe sowie Rahmenfarbe und Hintergrundfarbe zu bleiben.

Für das Zusammenstellen von eigenen Farbpaletten ist HSL allerdings ein äußerst hilfreiches Mittel. Wenn Sie beispielsweise ausgehend von einer Hauptfarbe, die Sie in Ihrem Layout verwenden möchten, den Farbton jeweils um 60 Grad im Farbkreis verändern, erhalten Sie eine harmonische Farbpalette aus dem Farbkreis, die Sie für Texte, Hintergründe, Rahmen und Hyperlinks etc. verwenden können. Einfacher und erheblicher flotter geht es mit einem der zahlreichen Online-Tools. Mein absoluter Favorit ist der *Colour Scheme Calculator* (*http://serennu.com/colour/colourcalculator.php*), mit dem man durch die Eingabe eines gewünschten HEX-Codes zahlreiche Farbpaletten erstellen lassen kann. Vom selben Anbieter überaus hilfreich ist auch der *HSL to RGB / RGB to HSL / Hex Colour Converter* (*http://serennu.com/colour/hsltorgb.php*), mit dem man HSL zu RGB und HEX und umgekehrt umwandeln lassen kann. Möchten Sie nur zu einem Farbton eine kleine Palette mit passenden Abstufungen erhalten, so gibt es auch hierfür zahlreiche Online-Tools. Mein Favorit dafür ist der *Color Palette Creator* (*http://slayeroffice.com/tools/color_palette/*), ein zwar schon in die Jahre gekommenes, aber nach wie vor sehr hilfreiches Tool.

Triadisches Farbschema Ausgehend von einer dunklen Abstufung von Rot mit dem Hexadezimalwert #97000 in der verwendeten Header-Grafik ergeben sich für mein Beispiel-Layout folgende Farbpaletten: #F5E6E6 für den Seitenhintergrund, #E5BFBF für den Hintergrund der Header-Grafik und das dunkle Rot #97000 für Rahmen um die Container-DIVs, für den Hintergrund der Navigationsleiste bzw. für den Hintergrund im DIV `#header` und im DIV `#footer` sowie für die Überschriften h1, h2 und h3. Für Hyperlinks werden die Farbtöne des *Triadischen Farbschemas* (*Triadic Color Schemes*) herangezogen. Das sind drei Farben mit dem gleichen Abstand auf dem Farbkreis. Mein dunkles Rot #97000 bildet gemeinsam mit einem dunklen Grün #009700 und einem dunklen Blau #000097 eine *Farb-Triade*.

Achten Sie unbedingt auf einen ausreichenden Kontrast zwischen Hintergrund und Textfarbe. Auf zahlreichen Internetauftritten ist die Schrift derart hell (auf hellem Hintergrund), dass man den Text kaum entziffern kann. Bei schwarzer Schrift auf weißem Hintergrund ist bei den hell leuchtenden Bildschirmen heutzutage der Kontrast allerdings zu hoch, was bei längeren Texten zu Augen- und Kopfschmerzen führen kann. Deshalb ist es empfehlenswerter, eine graue Schrift, und zwar eine gut lesbare dunkelgraue Schrift, einzusetzen. So wähle ich als Schriftfarbe für den Fließtext ein dunkles Anthrazit (`color: #666;`) auf weißem Hintergrund.

Es ist hilfreich, eine Übersichtstabelle mit den ausgewählten Farben zu erstellen. Als Beispiel beinhaltet Tabelle 20.6 alle Farben und die verwendeten Bereiche. Auf der Website zum Buch finden Sie eine leere Tabelle als PDF zum Ausfüllen und Ausdrucken unter *https://www.wp5buch.net/website-farben/*.

Tabelle 20.6 Übersicht verwendete Farben für das Beispiel-Layout

Beschreibung	Farbe	Anwendung
Basisfarbe dunkles Rot	#970000	Rahmen Container-DIVs Hintergrund Haupt-Navigation Hintergrund Footer-Bereich Überschriften Inhaltsteil Hyperlinks Hover
Basisfarbe heller Farbton	#FFF0F7	Hintergrund Seite Trennlinien Hintergrund Hyperlinks Hover
Dunkles Blau (Farb-Triade)	#000097	Überschriften Sidebar Hyperlinks
Heller Farbton von Blau	#E3E3FF	Hintergrund Hyperlinks
Dunkles Grün (Farb-Triade)	#009700	Besuchte Hyperlinks
Heller Farbton von Grün	#F7FFF0	Hintergrund besuchte Hyperlinks
Dunkles Grau	#666	Fließtext

Schriftfarbe definieren Da nun klar ist, welche Farben im Layout verwendet werden, können wir jetzt die jeweiligen Farben für den Fließtext und die Überschriften definieren. Dazu wird in Listing 20.9 bei `p, li, td` die Regel `color: #666;` für ein dunkles Anthrazit sowie bei den Überschriften `h1, h2, h3` die Regel `color: #97000;` für ein dunkles Rot eingefügt. Die mit den Textfarben erweiterten CSS-Regeln zeigt Listing 20.10 (Zeile 12 und 18). Möchten Sie, dass jede Überschriftebene in einer anderen Farbe angezeigt wird, so muss die jeweilige Eigenschaft `color` für jede einzelne Überschrift extra definiert werden.

Listing 20.10 Mit Textfarbe erweiterte CSS-Regeln für Absätze und Überschriften

```
09 p, li, td {
10     font-weight: 400;
11     color: #666;
12 }
13 h1, h2, h3 {
14     font-weight: 700;
15     margin-bottom: 1em;
16     margin-top: 1.625em;
17     color: #970000;
18 }
```

20.1.2.2.1.7 Formatierung der Hyperlinks

Unbesuchte Links (`a:link`) im Text werden von Browsern defaultmäßig unterstrichen und in blauer Farbe dargestellt, *besuchte* Links (`a:visited`) unterstrichen und in violett, *aktive* Links (`a:active`) ebenfalls unterstrichen und rot. Der Zustand *Hover* (`a:hover`), d.h. wenn man mit dem Cursor über einem Link schwebt, ist standardmäßig nicht vordefiniert. Diese Standardfarben passen nicht immer zu den gewählten Farben eines Layouts. Ob Links unterstrichen werden oder nicht, ist Geschmackssache. Jedenfalls sollten sie deutlich erkennbar sein.

Für das Basis-Layout sollen Links im *Fließtext* im Inhaltsteil (`#main`) unabhängig vom Zustand in Fettdruck dargestellt werden und zwar unter Verwendung der beiden Farben der

Farbtriade passend zum dunklen Rot #970000 aus dem Website-Logo, *unbesuchte Links* in der Farbe dunkles Blau #000097, *besuchte Links* in der Farbe dunkles Grün #009700. Bei *Hover* soll der Link in dunklem Rot (#970000) angezeigt werden. Statt einer Unterstreichung mit einer durchgezogenen Linie hätte ich gerne eine gepunktete Linie. Die normale Strichbreite wird mit font-weight: 400; festgelegt, die Schriftfarbe mit color: FARBE;. Eine Unterstreichung wird mit text-decoration definiert. Bei einer Unterstreichung lautet die Eigenschaft mit dem dazugehörigen Wert text-decoration: underline; – für einen Link ohne Unterstreichung wird text-decoration: none; verwendet.

Die Regeln für Links werden in unserer style.css unterhalb von /* Links */ in Zeile 56 eingetragen (siehe Listing 20.11). Beachten Sie die Reihenfolge a:link, a:visited, a:hover, a:active – wobei der Zustand active meist nicht definiert wird. Es gibt eine einfache Regel zum Merken der Reihenfolge: *LoVe* & *HA*te. Im Hinblick auf Barrierefreiheit und Zugänglichkeit füge ich bei a:hover auch den Zustand a:focus hinzu (siehe Zeile 58 in Listing 20.11). Dies gewährleistet, dass der gewählte Link auch bei Verwendung der Tastatur zum Navigieren hervorgehoben angezeigt wird, wenn der Fokus auf dem jeweiligen Link liegt.

Listing 20.11 Regeln für Links

```
33 /* Links */
34 #main a:link, #main a:visited, #main a:hover {
35    font-weight: 400;
36    text-decoration: none;
37 }
38 #main a:link {
39    color: #000097;
40    border-bottom: none;
41 }
42 #main a:visited {
43    color: #009700;
44    border-bottom: none;
45 }
46 #main a:focus, #main a:hover {
47    color: #970000;
48    border-bottom: 1px dotted #970000;
49 }
```

20.1.2.2.2 Die Klassen .container, .unten, .copyright und .clr

Zwei der bisher in der layout.html verwendeten Klassen sind von großer Bedeutung für unser Layout und zwar die Klasse .container und die Klasse .unten.

20.1.2.2.2.1 Die Klasse .container

Die Klasse .container wurde den drei Container-DIVs #header, #main und #footer zugewiesen. Diese Klasse sorgt dafür, dass das Layout in der gewünschten Breite angezeigt wird. Das Layout auf Mobilgeräten soll über die gesamte Breite gehen (width: 100%;). Da es sich um Container-DIVs handelt, ist es sinnvoll, wenn man die Innenabstände generell auf null setzt, d. h. padding: 0;. Um die einzelnen Bereiche rein optisch zu trennen, werden sie mit margin-bottom: 2px; auf etwas Abstand gehalten – hier wird später die Hintergrundfarbe auch angezeigt werden. Außerdem wird die Hintergrundfarbe Weiß (background-color: #fff;) festgelegt. Alle (vorläufigen) Regeln für die Klasse .container zeigt Listing 20.12. Zudem wird in Zeile 5 die Eigenschaft background-color: #FAFAFA; für die hellgraue Hintergrundfarbe bei body hinzugefügt.

Listing 20.12 Klasse .container (für die Container-DIVs)

```
72 /* Klassen */
73 .container {
74    max-width: 1000px;
75    margin-bottom: 2px;
76    padding: 0;
77    background-color: #fff;
78 }
```

20.1.2.2.2.2 Die Klasse .unten

Die Klasse .unten, die den drei DIVs im Footer zugewiesen wurde, erleichtert das einheitliche Formatieren der drei unteren Widget-Bereiche. Die drei Widget-Bereiche im Footer sollen untereinander angezeigt werden, mit einem seitlichen Abstand von jeweils 2 %. Das ergibt width: 96%; und margin-left; 2 %;. Mit der Pseudoklasse :first-of-type erhält der erste Widgets-Bereich, d. h. das erste DIV mit der Klasse .unten, einen Abstand nach oben von 1.5em.

Listing 20.13 Klasse .unten für die drei Widgets-Bereiche im Footer

```
79 /* Widgets-Bereiche im Footer untereinander */
80 .unten {
81    width: 96%;
82    margin-left: 2%;
83    margin-top: 0.5em;
84    margin-bottom: 1em;
85 }
86 div.unten:first-of-type {
87    margin-top: 1.5em;
88 }
```

20.1.2.2.2.3 Die Klasse .copyright

Mit der Klasse .copyright legen Sie fest, wie der Inhalt der Copyright-Zeile dargestellt wird. Hier könnte man beispielsweise eine andere Schriftgröße als der Fließtext angeben (im Beispiel font-size: 0.875em;) und den Text mit text-align: center; zentrieren (siehe Listing 20.14).

Listing 20.14 Klasse .copyright

```
90 /* Copyright-Zeile */
91 .copyright {
92    text-align: center;
93    font-size: 0.875em;
94 }
```

20.1.2.2.2.4 Die Klasse .clr

Die Klasse .clr hat eine besondere Aufgabe beim Box-Modell mit schwebenden Elementen. Diese Klasse sorgt dafür, dass das Schweben von Elementen wieder aufgehoben wird und so weitere Inhalte unterhalb der schwebenden Elemente korrekt angezeigt werden. Dies erreichen Sie mit der Eigenschaft clear: both; (siehe Listing 20.15).

Listing 20.15 Klasse .clr

```
96 /* hebt Schweben auf */
97 .clr {
98    clear: both;
99 }
```

Ergänzen Sie die Klassen mit den gezeigten Eigenschaften, speichern Sie die Datei und überprüfen Sie in der Vorschau im Browser, ob sich die Regeln auch wunschgemäß auf unser Layout auswirken. Um die Formatierung der Hyperlinks testen zu können, wird ein Pseudolink um das Wort *Anmelden* in der Datei layout.html gelegt (`<a href="#">Anmelden</a>`).

20.1.2.2.3 Header-Bereich und Navigationsleiste

Als Nächstes widmen wir uns dem Header-Bereich mit dem *Site-Logo* im DIV mit der ID `#banner` und dem *Titel* plus *Untertitel* im DIV `#headertext`, danach den DIVs `#content` und `#sidebar` im Inhaltsteil. Die Navigationsleiste wird erst formatiert, wenn Inhaltsteil und Header wunschgemäß dargestellt werden.

20.1.2.2.3.1 Website-Logo im DIV #banner

Für das Site-Logo benötigen wir eine Grafik im JPG-, PNG- oder SVG-Format mit einer Breite von 185 Pixel. Achten Sie darauf, dass sich keine Umlaute, Leerzeichen oder sonstigen Sonderzeichen im Dateinamen befinden. Bindestriche und Unterstriche sind kein Problem. Meine Beispieldatei hat den Namen wp5buch_logo2020.png. Kopieren Sie Ihr Website-Logo in den images-Ordner im Projektordner. Diese Grafik wird nicht als Hintergrundgrafik verwendet; sie wird in das DIV `#banner` eingefügt und mit einem `<a>`-Tag (später verlinkt mit der Startseite) versehen.

Legen Sie zuerst die Größe des DIVs `#banner` in der CSS-Datei fest. `#banner` bekommt eine Breite von 100 Prozent (`width: 100%;`) und eine automatisch berechnete Höhe (`height: auto;`) zugewiesen. Damit die Header-Grafik nicht am Rand pickt, werden der Innenabstand links und rechts mit jeweils 2,9 %, die Innenabstände nach oben und unten mit 1 em gesetzt (`padding: 1em 2.9%;`). Listing 20.16 zeigt die Regeln für das DIV `#banner` und die Grafik in diesem DIV in der style.css. In der „schmalen" Version des Basis-Layouts soll das Website-Logo zentriert angezeigt werden.

Listing 20.16 CSS-Regeln für DIV #banner

```
31 /* Struktur */
32 #header {}
33 #banner {
34    width: 100%;
35    height: auto;
36    margin: 0;
37    float: none;
38    padding: 1em 2.9%;
39    box-sizing: border-box;
40 }
41 #banner img {
42    margin: 0 auto;
43    padding: 0;
44    border: none;
44    display: block;
```

```
45 }
46 #banner a img {
47     border: none;
48 }
```

Mit der Prozentangabe für die Breite wird die Breite automatisch der Breite des Containers (#header) angepasst. Damit auch die Grafik später in der Breite und entsprechend proportional in der Höhe beim Layout für „breitere" Ausgabegeräte angepasst wird, ist eine besondere Regel für Bilder erforderlich. Fügen Sie folgende Zeilen an das aktuelle Ende der style.css ein (siehe Listing 20.17).

Listing 20.17 Damit eingefügte Bilder responsive werden

```
117 /* Responsive Images */
118 img {
119     max-width: 100%;
120     height: auto;
121     vertical-align: middle;
122 }
```

Nun wird das Website-Logo in das DIV #banner eingefügt. Öffnen Sie dazu die Datei layout. html. Ersetzen Sie Raum für Header-Grafik in Zeile 16 durch das Website-Logo. Im Beispiel ist es <img src="images/ logo_wp5buch2020.png" alt="WP5-Buch" width="" height="">. Damit beim Klick auf die Grafik die Startseite geöffnet wird, kommt ein <a>-Tag um den <img>-Tag herum. Da wir noch keine Seiten zum Verlinken haben, wird die Grafik quasi als Platzhalter mit der Datei layout.html verlinkt. Die neue Zeile 16 lautet nun <a href="layout.html"><img src="images/ logo_wp5buch2020.png" alt="WP5-Buch" width="" height=""></a> (siehe Zeile 16 in Bild 20.12).

20.1.2.2.3.2 Titel und Untertitel im DIV #headertext

Im DIV #headertext sollen der Titel der Website und der Untertitel – soweit vorhanden – angezeigt werden. In ein Überschrift-Tag <h1> mit der Klasse .site-title kommt der Website-Titel, in ein Absatz-Tag <p> mit der Klasse .site-description der Untertitel – soweit vorhanden (siehe Zeile 19 und 20 in Bild 20.12).

```
13      <!-- A: Header-Bereich -->
14      <header>
15          <div id="banner" role="banner">
16    ──────> <a href="layout.html"><img src="images/logo_wp5buch2020.png" width="" height
="" alt="WP5-Buch"></a>
17          </div>
18          <div id="headertext">
19              <h1 class="site-title">Website-Titel</h1> ◄──────
20              <p class="site-description">Untertitel</p> ◄──────
21          </div>
22      </header>
23      <div class="clr"></div> ◄──────
24      <!-- B: Hauptnavi-Bereich -->
```

Bild 20.12 Das mit der layout.html verlinkte Website-Logo (Zeile 26) sowie Website-Titel und Untertitel (Zeile 29 und 30)

Das DIV #headertext soll unterhalb des Website-Logos eine Breite von 100 % einnehmen. Die Außenabstände werden auf null gesetzt, die Innenabstände werden oben und unten auf gesetzt, nach rechts und links auf 2 %, der Text zentriert (siehe Listing 20.18).

Anmerkung: In der „breiten" Version werden Website-Logo und Header-Text nebeneinander platziert werden.

Listing 20.18 CSS-Regeln für DIV #headertext

```
50 #headertext {
51    width: 100%;
52    margin: 0;
53    padding: 0 2%;
54    text-align: center;
55    box-sizing: border-box;
56 }
```

Nun müssen die beiden Klassen `.site-title` und `.site-description` definiert werden. Die Klasse `.site-title` soll einerseits einem <h1>-Tag zugewiesen werden, wenn es sich um die Startseite mit dem One-Page-Layout und andere Einzelseiten handelt, bei der Einzel-Ansicht eines Beitrags einem <p>-Tag. Die Klasse für den Untertitel (`.site-description`) wird einem Absatz-Tag zugewiesen, falls ein Untertitel angegeben wird (siehe Listing 20.19). Diese Regeln werden in der CSS-Datei oberhalb von der Klasse `.unten` notiert. Die jeweils erforderlichen If-Bedingungen werden später in den jeweiligen Template-Dateien, im Beispiel-Theme in der Datei `header.php` festgelegt.

Listing 20.19 CSS-Regeln für die Klassen .site-title und .site-description

```
102 /* Website-Titel und Untertitel */
103 p.site-title,
104 h1.site-title {
105    font-size: 2em;
106    margin-top: 0.5em;
107    margin-bottom: 0;
108 }
109 p.site-description {
110    font-size: 1.2em;
111    margin-top: 0;
112 }
```

Nicht nur bei der HTML-Datei, auch bei der CSS-Datei ist es ratsam, zwischendurch zu überprüfen, ob man auch hier validen Code verwendet hat. Der CSS-Validator unter *https://jigsaw.w3.org/css-validator/* ist mit dem Inhalt der CSS-Datei `style.css` zufrieden (siehe Bild 20.13).

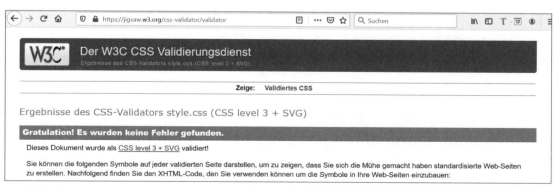

Bild 20.13 Die style.css ist laut CSS-Validator valide

20.1.2.2.3.3 Nagivation im DIV #navioben

Das primäre Menü, die Hauptnavigation, soll direkt unterhalb des Header-Bereichs im DIV #navioben liegen. Die einzelnen Navigationspunkte sind Listenelemente, die untereinander – in der breiten Version nebeneinander in einer Zeile – angezeigt werden sollen. Eine Listennavigation ist heutzutage quasi Standard, lädt schnell und lässt sich einfach formatieren. Bevor wir die CSS-Regeln für unsere Navigation festlegen können, benötigen Sie einige Navigationspunkte innerhalb von <nav> im DIV #navioben in der Datei layout.html.

Öffnen Sie dazu die Datei layout.html. Löschen Sie Raum für Hauptnavigation in Zeile 20 und fügen Sie stattdessen eine ungeordnete Liste mit <ul></ul> und den Listenpunkten (<li></li>) mit Link 1, Link 2 bis Link 5 ein. Diese Liste dient lediglich als Platzhalter während der Entwicklungsphase und erleichtert das Formatieren der Navigationsleiste. Später wird sie durch WordPress-spezifische Tags ersetzt. Um die Navigationsleiste mit Verlinkungen zu einzelnen Seiten entsprechend formatieren zu können, müssen alle Listenpunkte mit einem Hyperlink (<a>-Tag) versehen werden (siehe Listing 20.20). Hier verwendet man in der Entwicklungsphase als Pseudolink eine Raute (#) als Ziel. Das verlinkte Wort wird als Hyperlink behandelt. Wenn man in der Vorschau im Browser auf einen Navigationspunkt klickt, passiert natürlich nichts.

Listing 20.20 Liste für die Hauptnavigation mit Hyperlinks

```
27        <ul>
28            <li><a href="#">Link 1</a></li>
29            <li><a href="#">Link 2</a></li>
30            <li><a href="#">Link 3</a></li>
31            <li><a href="#">Link 4</a></li>
32            <li><a href="#">Link 5</a></li>
33        </ul>
```

Speichern Sie die Datei und schauen Sie sie in der Vorschau im Browser an. Unterhalb des Site-Logos wird eine Liste mit untereinander angeordneten Listenpunkten angezeigt (siehe Bild 20.14, links). Das ist korrekt so, erst mit CSS-Regeln wird aus der Liste die gewünschte Navigation. Die Navigationspunkte sollen unter einer Zeile mit dem Wort *Menü* und einem *Navicon* verborgen werden. Diese Zeile können wir auch gleich in der Liste an erster Stelle einfügen (siehe Bild 20.14, rechts) und später mit einer CSS-Regel verbergen lassen (siehe Listing 20.23).

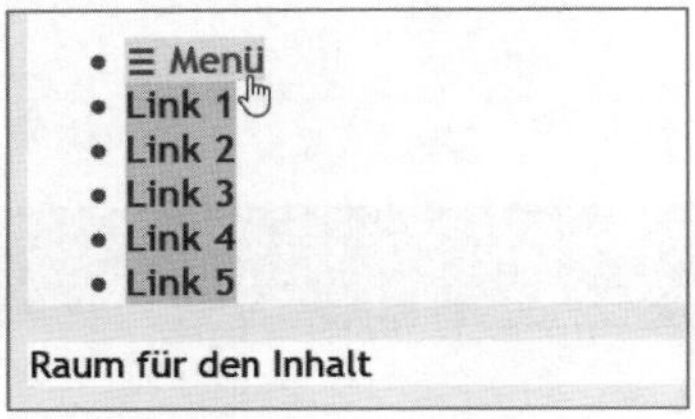

Bild 20.14
Die Listennavigation mit Navicon

Zudem erhält <ul> die ID id="jbwp5buchNaviOben" und die Klasse class="navioben". Für das Navicon wird das *Unicode-Symbol* ≡ verwendet. So lautet der neue Listenpunkt für die Zeile mit dem Navicon oberhalb von *Link 1* <li class="navicon"><a href="javascript:void(0);" onclick="jbwp5buchNavicon()">≡ Menü</a></li> (siehe Bild 20.15).

```
34      <!-- B: Hauptnavi-Bereich -->
35      <nav>
36  ──→ <div id="navioben" role="navigation">
37        ──→ <ul id="jbwp5buchNaviOben" class="navioben">
38                  <li class="navicon"><a href="javascript:void(0);" onclick=
    "jbwp5buchNavicon()">&equiv; Menü</a></li>
39                  <li><a href="#">Link 1</a></li>
40                  <li><a href="#">Link 2</a></li>
41                  <li><a href="#">Link 3</a></li>
42                  <li><a href="#">Link 4</a></li>
43                  <li><a href="#">Link 5</a></li>
44              </ul>
45          </div>
46      </nav>
47      <div class="clr"></div>
48  </div><!-- Ende #header -->
```

Bild 20.15 Mit ID, Klasse und Navicon-Zeile ergänzte Listennavigation

Das Ein- und Ausblenden der Navigationspunkte im Layout für „schmale" Displays erfolgt mittels JavaScript. Hierfür muss folgender JavaScript-Block in den Header der layout.html oberhalb der Zeile mit dem schließenden </head>-Tag eingefügt werden (siehe Zeile 8 – 17 in Listing 20.21):

Listing 20.21 JavaScript-Block fürs Navicon im Header der Datei layout.html

```
08 <script>
09 function jbwp5buchNavicon() {
10     var x = document.getElementById("jwp5buchNaviOben");
11     if (x.className === "navioben") {
12         x.className += " responsive";
13     } else {
14         x.className = "navioben";
15     }
16 }
17 </script>
18 </head>
```

Wechseln Sie nun in die Datei `style.css`. Fügen Sie zuerst dem DIV `#navioben` in Zeile 48 im Bereich Struktur eine Breite von 100% hinzu und setzen Sie die Abstände auf null (siehe Listing 20.22). Speichern Sie die Datei.

Listing 20.22 Breite und Abstände im DIV #navioben

```
57 #navioben {
58     width: 100%;
59     margin: 0;
60     padding: 0;
61 }
```

Scrollen Sie nun zum Bereich `/* Navigation oben */` in Zeile 87. Ab hier werden die Regeln für das Aussehen der Haupt-Navigationsleiste unterhalb der Website-Logos und des Seitentitels definiert. Es gibt zahlreiche Wege und unterschiedliche Schreibweisen, wie die Formatierung der Listennavigation zum gewünschten Ergebnis führen kann.

Die Regeln für die Listennavigation werden in Zeile 87 eingefügt, siehe Listing 20.23. Zuerst werden die Listenpunkte bis auf den ersten Listenpunkt mit dem Navicon ausgeblendet. Danach werden der Reihe nach die Regeln für ul im DIV `#navioben`, die einzelnen Listenpunkte li im DIV #navioben, der Anker im Listenpunkt (li a) im DIV #navioben und dann für die jeweiligen Zustände der Links im DIV #navioben definiert. Alle Navigationspunkte sind ohne Listenpunkt (list-style-type: none;), ohne Unterstreichung (text-decoration: none;) und nicht im Fettdruck (font-weight: normal;). Bei Hover wird ein dunkelroter Hintergrund mit weißer Schrift angezeigt. Dann folgen die Regeln für das Navicon und die Listenpunkte untereinander.

Listing 20.23 So wird der Listenpunkt mit der Klasse .navicon verborgen

```
096 /* Navigation oben */
097 /* Navicon und Hauptnavigation responsive */
098 ul.navioben li:not(:first-child) {
099     display: none;
100 }
101 #navioben ul {
102     padding: 0;
103     margin: 0;
104     list-style-type: none;
105     width: 100%;
106 }
107 #navioben li {
108     float: none;
109 }
110 #navioben li a {
111     display: block;
112     padding: 0.5em 1em;
113     text-decoration: none;
114     font-size: 1em;
115     font-weight: normal;
116     color: #666;
117     background-color: white;
118     border-bottom: 1px dotted #666;
119 }
120 #navioben li a:focus, #navioben li a:hover {
121     background-color: #970000;
122     color: #fff;
123     text-decoration: none;
124     border-bottom: none;
125 }
126 #navioben li.navicon {
127     float: right;
128     display: inline-block;
129     position: relative;
130     margin-top: 0;
131     margin-right: 0;
132     line-height: 120%;
133 }
134 ul.navioben.responsive {
135     position: relative;
136 }
137 ul.navioben li, ul.navioben.responsive li {
138     float: none;
139     display: inline;
140     border-bottom: 1px dotted #970000;
141 }
142 ul.navioben.responsive li a {
143     display: block;
```

```
144     text-align: left;
145     line-height: 120%;
146 }
147 ul.navioben.responsive li:last-child a {
148     border-bottom: none;
149 }
150 #navioben .current-menu-item > a {
151     background-color: white;
152     color: #666;
153     text-decoration: none;
154     border-bottom: 1px dotted #970000;
155 }
156 /* Ende navioben */
```

20.1.2.2.4 Inhalts-DIV #content

Der Inhaltsbereich mit Inhaltsteil liegt im Container-DIV #main. Der Inhalt kommt ins DIV #content, für zweispaltiges Layout die Sidebar ins DIV #sidebar. Da mit dem Block-Editor ein mehrspaltiges Layout beliebig erstellbar ist, wird im Beispiel-Theme nur das DIV #content verwendet. Das DIV #sidebar wurde lediglich als Platzhalter, falls irgendwann doch ein Template mit einer Sidebar erforderlich ist, in die Datei layout.html eingefügt und auskommentiert. So sind die CSS-Stile für das DIV #content kurz und einfach, siehe Listing 20.24. Es werden lediglich die Innen- und Außenabstände definiert. Durch Klassen, die von den einzelnen Blöcken im Block-Editor hinzugefügt werden, sowie durch Klassen in Template-Dateien wird die jeweilige Breite definiert.

Listing 20.24 CSS-Regeln für das DIV #content

```
63 #content {
64     margin: 0 auto;
65     padding: 0;
66 }
```

20.1.2.2.5 Bereich Footer im DIV #footer

Die drei Widgets-Bereiche im Footer im DIV #footer wurden mit Hilfe der Klasse .unten formatiert, die Copyright-Zeile mit der Klasse .copyright. Der gesamte Footer-Bereich soll einen dunkelroten Hintergrund bekommen, die Schrift in Weiß angezeigt werden, ebenso die Hyperlinks. Diese sollen zusätzlich keine Unterstreichung zeigen. Der Hintergrund sowie die Schriftfarbe werden im oberen Teil der CSS-Datei im Bereich Struktur bei #footer {} definiert (siehe Listing 20.25).

Listing 20.25 Hintergrund und Schriftfarbe für den Footer

```
68 #footer {
69     background-color: #970000;
70     color: #fff;
71 }
```

Weitere Regeln bezüglich Absätze und Hyperlinks im Footer kommen in einen eigenen Bereich, und zwar in Zeile 143 oberhalb von /* Klassen */. Hier wird die Schriftfarbe für Absätze und Listenpunkte definiert, sowie das Aussehen von Hyperlinks (siehe Listing 20.26).

Listing 20.26 Weitere CSS-Regeln für den Footer

```
154 /* Bereich Footer */
155 #footer p, #footer li {
156     color: #fff;
157 }
158 #footer a {
159     color: #fff;
160     border: none;
161     text-decoration: none;
162     background-color: #970000;
163 }
```

20.1.3 Responsives Layout

Wird die Seite auf einem Tablet oder Laptop etc. mit einer inneren Browser-Fensterbreite von mindestens 800 Pixel (= 50em) angezeigt, so sollen die drei Widgets-Bereiche im Footer mit der Klasse .unten nebeneinander, mit einem Abstand nach links von 2,9 Prozent angezeigt werden. Das Navicon wird ausgeblendet, die Navigationspunkte sollen statt untereinander nun nebeneinander zu sehen sein. Außerdem soll der Menüeintrag von der aktuellen Seite farblich hervorgehoben werden.

20.1.3.1 Viewport

Mit Hilfe des *Viewport-META-Tags* im Header einer HTML-Datei <meta name="viewport" content="width=device-width, initial-scale=1"> wird die Breite des Displays des Ausgabegeräts ausgelesen (width=device-width). Durch die Angabe initial-scale=1 wird die Website im Größenverhältnis 1:1 angezeigt. Es gäbe auch noch die Möglichkeit, mit user-scalable den Besucherinnen und Besuchern der Website das Zoomen ganz zu erlauben, nur bis zu einem bestimmten Grad zu erlauben oder gar zu verbieten. Davon ist dringendst abzuraten, denn dies würde zu einer Einschränkung der Zugänglichkeit der Seite führen.

20.1.3.2 Media Queries

Mit den sogenannten *Media Queries*, den Medienabfragen, legen Sie das Aussehen der Seite für ein bestimmtes Ausgabemedium fest, z. B. mit @screen für den Monitor oder mit @print für den Ausdruck auf einem Drucker. In Kombination mit ausgewählten Ausgabebreiten wird es möglich, ein bestimmtes Layout für die jeweilige Ausgabebreite auszuliefern. Dabei kann nur eine Kombination verwendet werden wie etwa

```
@media screen and (max-width: 800px) {}
```

für die Ausgabe auf dem Monitor bis maximal 800 Pixel Breite. Oder Sie kombinieren mehrere Breitenangaben wie beispielsweise

```
@media screen and (min-width: 460px) and (max-width: 800px) {}
```

um ein bestimmtes Layout für die Breite zwischen 460 Pixel und 800 Pixel zu definieren. Doch auch hier ist es sinnvoller, statt der starren Pixel auf die flexible Größe em zu wechseln.

Dadurch passt sich das Layout auch dann an, wenn der Benutzer des Ausgabegeräts zoomt bzw. von vornherein eine größere Schrift eingestellt hat. Da 1em in etwa 16 Pixel entspricht, ergeben sich für die oben genannten Beispiel-Media-Queries in em

```
@media screen and (max-width: 50em) {}
```

und

```
@media screen and (min-width: 28.75em) and (max-width: 50em) {}
```

Vom Beispiel-Layout, das nach dem Mobile-first-Prinzip erstellt wird, soll es zwei bzw. für den Header-Bereich drei „Versionen" geben, die „ganz schmale" Version für eine Anzeige auf Displays bis 479 Pixel, d. h. weniger als 30em, eine „schmale" Version bis 799 Pixel innerer Browserfenster-Breite, d. h. weniger als 50em, und eine „breite" Version für eine Ausgabe auf Monitoren ab einer Mindestbreite von 800 Pixel, d. h. ab 50em. Beim Beispiel-Theme werden nicht, wie häufig üblich, sämtliche Media Queries am Ende der CSS-Datei notiert, sondern jeweils direkt beim jeweiligen Element.

> **Anmerkung:** Achten Sie beim Einfügen in die CSS-Datei auf die korrekten öffnenden und schließenden geschwungenen Klammern { und }. Zwischen diesen Klammern werden die CSS-Regeln definiert. Am Ende einer Media Query befinden sich daher zwei schließende geschwungene Klammern, eine schließende geschwungene Klammer } schließt die letzte CSS-Regel, die zweite schließende geschwungene Klammer } schließt die Medienabfrage.

20.1.3.2.5.1 Die Klasse .site-title

Der Abstand des Titels nach oben wurde in der Klasse `.site-title` mit 0.5em festgelegt. Für breitere Ausgabegeräte wird `margin-top` auf 2em erhöht (siehe Listing 20.27). Diese Media Query kommt direkt unterhalb von der Regel für die Klasse `p.site-description`.

Listing 20.27 Abstand Seitentitel ab 50em Breite

```
185 /* Titel weniger Abstand nach oben */
186 @media screen and (min-width: 50em) {
187 h1.site-title,
188 p.site-title {
189     font-size: 2em;
190     margin-top: 1em;
191     margin-bottom: 0;
192 }
193 }
```

20.1.3.2.5.2 Klasse .container

Das Layout auf einem Ausgabegerät ab einer inneren Browser-Fensterbreite von 800px (= 50em) soll mit einer Breite von maximal 1.000 Pixel zentriert dargestellt werden. Mit der Eigenschaft `max-width: 1000px;` wird die Breite von höchstens 1000 Pixel festgelegt. Die Angabe einer Maximalbreite ist empfehlenswert, damit das Layout auch auf einem TV-Gerät oder beispielsweise einem 21 Zoll und größeren Monitor nicht zu einem unansehnlichen Irgendetwas auseinandergezogen wird. Mit dem Wert `auto` bei den Außenabständen nach rechts und nach links, also `margin-left: auto;` und `margin-right: auto;`, erreicht man, dass das jeweilige DIV zentriert dargestellt wird. Die Media Query wird unterhalb der Klasse `.container` eingefügt.

Listing 20.28 Klasse .container ab 50em Breite

```
173 /* Klasse .container max 1000px breit zentriert*/
174 @media screen and (min-width: 50em) {
175 .container {
176    max-width: 1000px;
177    margin-left: auto;
178    margin-right: auto;
179    padding: 0;
180    background-color: #FFF;
181    box-sizing: border-box;
182 }
183 }
```

20.1.3.2.5.3 Hauptnavigation

Die Hauptnavigationsleiste oben im DIV #navioben soll bei breiteren Bildschirmen nebeneinander angezeigt werden, das Navicon ist ausgeblendet. Das Navigationsmenü soll zentriert über dem Inhaltsteil liegen, bei Hover und bei der aktuellen Seite erscheint eine Linie unterhalb des jeweiligen Navigationspunkts. Die CSS-Regeln für die responsive Navigation in der „breiten" Version zeigt Listing 20.29.

Listing 20.29 Regeln für Navigationsleiste ab 50em Breite

```
154 /*Navigationspunkte links schwebend nebeneinander */
155 @media screen and (min-width: 700px) {
156 #jbwp5buchNaviOben {
157    max-width: 100%;
158 }
159 nav {
160    text-align: center;
161 }
162 nav ul {
163    display:inline-block;
164 }
165 #navioben {
166    padding: 0;
167    width: 100%;
168 }
169 #navioben ul {
170    padding: 0;
171    margin: 0;
172    list-style-type: none;
173    position: relative;
174 }
175 #navioben li {
176    float: left;
177    border-bottom: none;
178 }
179 #navioben li a {
180    display: block;
181    padding: 0.5em 0 0.25em 0;
182    margin: 0 1.8em;
183    text-decoration: none;
184    font-size: 1em;
185    font-weight: normal;
186    color: #666;
```

```
187     background-color: white;
188     border-bottom: 3px solid #fff;
189 }
190 #navioben li a:focus, #navioben li a:hover {
191     background-color: white;
192     color: #666;
193     text-decoration: none;
194     border-bottom: 3px solid #666;
195 }
196
197 /* Navigationspunkt aktuelle Seite hervorheben */
198 #navioben .current-menu-item > a {
199     background-color: white;
200     color: #666;
201     text-decoration: none;
202     border-bottom: 3px solid #666;
203 }
204
205 /* Listenpunkt mit Navicon verbergen */
206 #navioben li.navicon {
207     display: none;
208 }
209 }
```

20.1.3.2.5.4 Widgets-Bereiche im Footer nebeneinander

Alle drei Widgets-Bereiche im Footer sollen gleich breit sein und auch nach links den gleichen Abstand halten. Um die Breite responsive zu halten, werden Breite und Abstand nach links jeweils in Prozent definiert, und zwar die Breite eines Widgets-Bereichs mit 29.5% und den Abstand nach links mit 2.9%. Dies ergibt für drei Widgets-Bereiche zusammen

$$3 \times (29.5 + 2.9) = 3 \times 32.4 = 97.2$$

d. h. 97.2% Gesamtbreite. So bleiben bei

$$100\% - 97.2\% = 2.8\%$$

nun für den Abstand nach rechts zum rechten Rand hin neben dem rechten Widgets-Bereich 2.8% übrig. Daraus ergeben sich die Regeln für die Klasse .unten, wie in Listing 20.13 gezeigt. Achten Sie auf die korrekte Schreibweise mit Punkt statt Komma bei den Prozentangaben. Die Abstände nach oben und unten werden mit 1em festgelegt. Da in der „schmalen" Version eine Regel für das erste Element erstellt wurde, muss auch diese Regel explizit umdefiniert werden (siehe Listing 20.30).

Listing 20.30 Die Widgets-Bereiche im Footer ab 50em Breite

```
280 /* Widgets-Bereiche im Footer nebeneinander */
281 @media screen and (min-width: 50em) {
282 .unten {
283     width: 29.5%;
284     float: left;
285     margin-left: 2.9%;
286     margin-top: 1.5em;
287     padding-bottom: 0;
288     margin-bottom: 1em;
289     border-bottom: none;
290     padding-top: 0;
291 }
```

```
292 div.unten:first-of-type {
293    padding-top: 0;
294    padding-bottom: 0;
295 }
296 }
```

Damit wäre das Basis-Layout fertig. Es werden noch zahlreiche eigene und auch Word-Press-spezifische Stile hinzukommen, die sich im Lauf der weiteren Arbeiten am Bei-spiel-Theme ergeben.

20.1.4 WordPress-spezifische CSS-Regeln

WordPress Core fügt bei zahlreichen Elementen automatisch eine oder mehrere Klassen hinzu. Eine Klasse, nämlich die Klasse `.current-menu-item` haben Sie schon kennenge-lernt. Einige von WordPress Core generierte Klassen sind für die Positionierung links (`.alignleft`), zentriert (`.aligncenter`), rechts (`.alignright`) und ohne Positionierung (`.alignnone`) von Bildern und Bildunterschriften (`.wp-caption`) etc. erforderlich, diese Klassen sollten in keiner `style.css` fehlen. Hinzu kommen editorspezifische Klassen, wobei der Block-Editor Gutenberg jeweils eigene Klassen für jeden eingesetzten Block gene-riert. So stehen beispielsweise bei Verwendung des Gutenberg-Block-Editors für die Positio-nierung von Grafiken etc. zusätzlich zu den erwähnten Klassen auch `.alignwide` sowie `.alignfull` zur Verfügung, sofern diese in der `functions.php` mittels *Theme-Support* akti-viert wurden. Letzteres ist bei einem Layout mit Sidebar jedoch nicht empfehlenswert.

Auf der Seite *https://codex.wordpress.org/CSS* finden Sie im Bereich *WordPress Generated Classes* eine Auflistung dieser Klassen mit Muster-Regeln (Stand März 2020). Diese Regeln in Listing 20.31 kommen in die Datei `style.css` nach der Klasse `.clr` in Zeile 193 oberhalb von /* `Responsive Images` */. Beachten Sie, dass die meisten dieser Regeln sich auf den Classic Editor beziehen. Die vom Block-Editor generierten Regeln müssen noch hinzugefügt werden.

Listing 20.31 Positionieren von Bildern und Bildunterschriften (WordPress Core)

```
01 /* Positionieren von Bildern etc. */
02 .alignnone {
03    margin: 5px 20px 20px 0;
04 }
05 .aligncenter,
06 div.aligncenter {
07    display: block;
08    margin: 5px auto 5px auto;
09 }
10 .alignright {
11    float:right;
12    margin: 5px 0 20px 20px;
13 }
14 .alignleft {
15    float: left;
16    margin: 5px 20px 20px 0;
17 }
18 a img.alignright {
19    float: right;
```

```
20     margin: 5px 0 20px 20px;
21 }
22 a img.alignnone {
23     margin: 5px 20px 20px 0;
24 }
25 a img.alignleft {
26     float: left;
27     margin: 5px 20px 20px 0;
28 }
29 a img.aligncenter {
30     display: block;
31     margin-left: auto;
32     margin-right: auto;
33 }
34 .wp-caption {
35     background: #fff;
36     border: 1px solid #f0f0f0;
37     max-width: 96%;
38     padding: 5px 3px 10px;
39     text-align: center;
40 }
41 .wp-caption.alignnone {
42     margin: 5px 20px 20px 0;
43 }
44 .wp-caption.alignleft {
45     margin: 5px 20px 20px 0;
46 }
47 .wp-caption.alignright {
48     margin: 5px 0 20px 20px;
49 }
50 .wp-caption img {
51     border: 0 none;
52     height: auto;
53     margin: 0;
54     max-width: 98.5%;
55     padding: 0;
56     width: auto;
57 }
58 .wp-caption p.wp-caption-text {
59     font-size: 11px;
60     line-height: 17px;
61     margin: 0;
62     padding: 0 4px 5px;
63 }
```

Die CSS-Regeln in Listing 20.32 für die Beschränkung der Breite für diverse Bild-Klassen, die von WordPress automatisch Bildern hinzugefügt werden, sollten auch in keiner `style.css` fehlen. Hier wird die Breite der jeweiligen Klassen auf maximal 100 Prozent der jeweiligen Breite des Ausgabegeräts beschränkt, die Höhe wird automatisch berechnet.

Listing 20.32 CSS-Regeln für maximale Breite für Bild-Klassen (WordPress Core)

```
01 /* Max. Breite diverse Bild-Breiten */
02 .size-auto,
03 .size-full,
04 .size-large,
05 .size-medium,
06 .size-thumbnail {
```

```
07    max-width: 100%;
08    height: auto;
09 }
```

Auch wenn Sie eventuell noch nicht planen, den Internetauftritt auch für Screenreader zu optimieren, so ist es im Sinne der Zugänglichkeit ratsam, die CSS-Regeln aus Listing 20.33 in die style.css einzufügen.

Listing 20.33 Text nur für Screenreader

```
01 /* Text meant only for screen readers. */
02 .screen-reader-text {
03    border: 0;
04    clip: rect(1px, 1px, 1px, 1px);
05    clip-path: inset(50%);
06    height: 1px;
07    margin: -1px;
08    overflow: hidden;
09    padding: 0;
10    position: absolute !important;
11    width: 1px;
12    word-wrap: normal !important;
13 }
14 .screen-reader-text:focus {
15    background-color: #eee;
16    clip: auto !important;
17    clip-path: none;
18    color: #444;
19    display: block;
20    font-size: 1em;
21    height: auto;
22    left: 5px;
23    line-height: normal;
23    padding: 15px 23px 14px;
24    text-decoration: none;
25    top: 5px;
26    width: auto;
27    z-index: 100000;
28 }
```

In der folgenden Auflistung werden ausgewählte Klassen, die häufig von WordPress Core generiert werden, angeführt (siehe Listing 20.34).

> **Anmerkung:** Diese Aufzählung zeigt lediglich einen Auszug von möglichen Klassen und stellt keine vollständige Auflistung dar. Durch Updates und Plugins kommen immer wieder neue Klassen hinzu, insbesondere durch den Block-Editor – eine Auflistung von ausgewählten Gutenberg-Block-Klassen finden Sie in Listing 20.36.

Listing 20.34 Diverse automatisch generierte Klassen in WordPress Core (jeweils in alphabetischer Reihenfolge)

```
/* Default Klassen f. body */
.archive {}
.attachment {}
.attachment-(mime-type) {}
.attachmentid-(id) {}
.author {}
```

```
.author-(user_nicename) {}
.author-paged-(page number) {}
.blog {}
.category {}
.category-(slug) {}
.category-paged-(page number) {}
.date {}
.date-paged-(page number) {}
.error404 {}
.home {}
.logged-in {}
.page-child parent-pageid-(id) {}
.paged {}
.paged-(page number) {}
.page-paged-(page number) {}
.page-parent {}
.page-template page-template-(Template-Dateiname) {}
.rtl {}
.search {}
.search-no-results {}
.search-paged-(page number) {}
.search-results {}
.single postid-(id) {}
.single-paged-(page number) {}
.tag {}
.tag-(slug) {}
.tag-paged-(page number) {}

/* Klassen f. Artikel und Seiten */
.attachment {}
.category-example {}
.category-misc {}
.entry {}
.entry-content {}
.hentry {}
.page {}
.post {}
.post-id {}
.sticky {}
.tag-markup {}
.tag-news {}
.tag-wordpress {}

/* Beitragsformate */
.format-chat {}
.format-gallery {}
.format-image {}
.format-link {}
.format-quote {}
.format-status {}
.format-video {}

/* Klassen f. Navigation */
.current_page_item{}
.current-cat{}
.current-menu-item{}
.menu-item-home{}
.menu-item-type-custom{}
```

```css
.menu-item-type-post_type{}
.menu-item-type-taxonomy{}

/* Klassen und IDs f. Kommentar-Formular*/
#respond { }
#reply-title { }
#cancel-comment-reply-link { }
#commentform { }
#author { }
#email { }
#url { }
#comment
#submit
.comment-notes { }
.required { }
.comment-form-author { }
.comment-form-email { }
.comment-form-url { }
.comment-form-comment { }
.form-allowed-tags { }
.form-submit

/* Klassen und IDs f. Ausgabe Kommentare */
.commentlist .reply {}
.commentlist .reply a {}

.commentlist .alt {}
.commentlist .odd {}
.commentlist .even {}
.commentlist .thread-alt {}
.commentlist .thread-odd {}
.commentlist .thread-even {}
.commentlist li ul.children .alt {}
.commentlist li ul.children .odd {}
.commentlist li ul.children .even {}

.commentlist .vcard {}
.commentlist .vcard cite.fn {}
.commentlist .vcard span.says {}
.commentlist .vcard img.photo {}
.commentlist .vcard img.avatar {}
.commentlist .vcard cite.fn a.url {}

.commentlist .comment-meta {}
.commentlist .comment-meta a {}
.commentlist .commentmetadata {}
.commentlist .commentmetadata a {}

.commentlist .parent {}
.commentlist .comment {}
.commentlist .children {}
.commentlist .pingback {}
.commentlist .bypostauthor {}
.commentlist .comment-author {}
.commentlist .comment-author-admin {}

#cancel-comment-reply {}
#cancel-comment-reply a {}
```

```
/* Klassen f. Widgets allgemein */
.widget {}
.widget-title {}

/* Klassen und IDs f. diverse Widgets */
#searchform {}
.widget_search {}
.screen-reader-text {}
.widget_meta {}
.widget_links {}
.widget_archive {}
.widget_pages {}
.widget_links {}
.widget_tag_cloud {}
.widget_calendar {}
#calendar_wrap {}
#wp-calendar
.widget_categories {}
.recentcomments {}
#recentcomments {}
.widget_recent_comments {}
.widget_recent_entries {}
.textwidget {}
.widget_text {}
```

In WordPress mit dem Classic Editor TinyMCE werden für die Positionierung von Bildern und Block-Elementen folgende Klassen generiert, Listing 20.35 zeigt eine Zusammenfassung.

Listing 20.35 Ausgewählte Klassen bei Verwendung des Classic Editors (TinyMCE)

```
01 .entry-content img {}
02 .alignleft,
03 img.alignleft {
04    float: left;
05    margin-right: 5px;
06 }
07 .alignright,
08 img.alignright {
09    float: right;
10    margin-left: 5px;
11 }
12 .aligncenter,
13 img.aligncenter {
14    display: block;
15    margin-left: auto;
16    margin-right: auto;
17 }
18 .alignnone,
19 img.alignnone {}
20 .wp-caption {}
21 .wp-caption img {}
22 .wp-caption p.wp-caption-text {}
23 .wp-smiley {}
24 blockquote.left {}
25 blockquote.right {}
26 .gallery dl {}
27 .gallery dt {}
```

```
28 .gallery dd {}
29 .gallery dl a {}
30 .gallery dl img {}
31 .gallery-caption {}
32 .size-full {}
33 .size-large {}
34 .size-medium {}
35 .size-thumbnail {}
```

Der neue Block-Editor Gutenberg fügt für jeden Block eigene Klassen hinzu. Listing 20.36 enthält einen Überblick über automatisch generierte Klassen von häufig verwendeten Gutenberg-Blöcken. Beachten Sie, dass beim Umwandeln von bestehenden Seiten und Beiträgen in Blöcke die bestehenden Klassen beibehalten werden, Gutenberg-spezifische Klassen werden hinzugefügt! Dies kann zu unerwünschten Effekten im Layout führen.

Listing 20.36 Ausgewählte Gutenberg-Block-Klassen (WordPress Core)

```
.has-large-font-size {}
.has-small-font-size {}
.wp-block-cover
.wp-block-cover__inner-container
.wp-block-separator
.wp-block-separator .is-style-wide
.wp-block-separator .is-style-dots
.wp-block-preformatted
.wp-block-verse {}
.wp-block-table
.wp-block-quote
.wp-block-quote .is-large
.wp-block-audio .aligncenter
.wp-block-button .aligncenter
.wp-block-button .alignleft
.wp-block-button .alignright
.wp-block-button__link
.wp-block-column
.wp-block-columns .has-2-columns
.wp-block-columns .has-3-columns
.wp-block-columns .has-4-columns
.wp-block-pullquote .aligncenter
.wp-block-pullquote .alignleft
.wp-block-pullquote .alignright
wp-block-image
wp-block-cover alignleft has-background-dim
wp-block-cover alignright has-background-dim
wp-block-cover aligncenter has-background-dim
wp-block-cover__inner-container
.has-large-font-size
.wp-image-ID
.alignleft is-resized
.alignright is-resized
.wp-caption {}
.wp-caption img[class*="wp-image-"] {}
.wp-caption .wp-caption-text {}
.wp-caption-text {}
wp-block-gallery columns-2 is-cropped alignnone
wp-block-gallery columns-3 is-cropped alignnone
wp-block-gallery columns-4 is-cropped alignnone
wp-block-gallery columns-5 is-cropped alignnone
```

```
blocks-gallery-item
.gallery {}
.gallery-item {}
.gallery-columns-2 .gallery-item {}
.gallery-columns-3 .gallery-item {}
.gallery-columns-4 .gallery-item {}
.gallery-columns-5 .gallery-item {}
.gallery-columns-6 .gallery-item {}
.gallery-columns-7 .gallery-item {}
.gallery-columns-8 .gallery-item {}
.gallery-columns-9 .gallery-item {}
.gallery-caption {}
```

■ 20.2 Aufbau von WordPress-Themes

Ein WordPress-*Theme* ist eine Sammlung von Dateien, die sich im Verzeichnis `wp-content/themes/` in einem eigenen Ordner mit dem Namen des Themes befinden. Achten Sie dabei darauf, dass sich keine Leerzeichen im Ordnernamen befinden. Das Beispiel-Theme für dieses Buch heißt *Mein WP5-Buch*, die Dateien kommen somit in den Ordner `wp-content/themes/jwp5buch/`.

Es handelt sich beim Theme um PHP-Dateien, Grafiken und CSS-Stylesheets. Die PHP-Dateien sind die eigentlichen *Template*-Dateien, sie definieren Struktur und Aufbau der einzelnen Seiten. Im Stylesheet legen Sie das Aussehen der Seiten fest. Bei aufwendigeren Themes können zu Template-Dateien, Stylesheets und Grafiken noch JavaSript-Dateien hinzukommen.

Die minimalste Variante eines Themes besteht lediglich aus der Datei `index.php` sowie dem Stylesheet `style.css`. Diese beiden Dateien sind zwingend erforderlich, sie müssen immer im Themes-Verzeichnis vorhanden sein. Wenn Sie Widgets verwenden, Widgets-Bereiche und Positionen von Navigationsmenüs etc. festlegen möchten, muss auch eine `functions.php` erstellt werden.

In weiser Voraussicht wurden die Dateien für den Layoutentwurf schon in einen Ordner mit dem Theme-Namen, im Beispiel in den Ordner `jwp5buch`, gegeben und die CSS-Datei entsprechend den Erfordernissen gleich `style.css` benannt. Die CSS-Datei kann so bleiben, wie sie ist. Sie wird lediglich durch einige spezielle Klassen etc. sowie einen speziellen Header mit erforderlichen Angaben für ein WordPress-Theme ergänzt. Die Datei `layout.html` bleibt zwar bestehen, sie wird jedoch in die Datei `index.php` umbenannt und mit *Template-Tags* bestückt. Teile von der `index.php` werden in mehrere Dateien, in die *Template Partials*, ausgelagert. Rein theoretisch könnten Sie die Datei `index.php` auch im Ganzen lassen. Allerdings wäre das praktisch eine äußerst unflexible Lösung, Änderungen wären aufwendig und arbeitsintensiv und der Quellcode würde früher oder später ziemlich unübersichtlich.

Standardmäßig kommen der Bereich des Logos (Headergrafik etc.) und die Navigation in die Datei `header.php`. Den Inhalt dieses Template Partials holt man mit `<?php get header() ?>` wieder in die `index.php` zurück. Der Code für die Seitenleiste kommt in die Datei `sidebar.php` und wird mit `<?php  get  sidebar()  ?>` eingelesen. Gleiches geschieht mit dem

Footer-Bereich. Hier kommt der Quelltext in die Datei `footer.php`, der Code zum Einlesen lautet `<?php get footer() ?>`. Da auch Widget-Bereiche, Menübereiche etc. definieren werden, benötigen wir auch eine Datei mit dem Namen `functions.php`. Für Inhalte von Seiten erstellt man eine Datei `page.php`, die Ausgabe der Einzelansicht von Beiträgen definiert man in der Datei `single.php`. Eine benutzerfreundliche individuelle 404-Fehlermeldung platzieren Sie am besten in einer Datei `404.php` bzw. in einer `template-part-404`-Datei.

Somit wird unser Theme anfangs aus folgenden Dateien bestehen (hier in alphabetischer Reihenfolge):

- `footer.php`
- `functions.php`
- `header.php`
- `index.php`
- `page.php`
- `single.php`
- `style.css`
- `404.php`

Für eine besonders große Flexibilität kann man die Dateien noch weiter in *Template-Parts* zerlegen. Wenn Sie die einzelnen Beitragsformate mit einem unterschiedlichen Layout ausgeben möchten, so wird für jedes gewünschte Format eine eigene Template-Parts-Datei erstellt. Man könnte auch die Navigation in eine eigene Datei auslagern. Im Beispiel-Layout kommen lediglich folgende Dateien zum Einsatz:

- `content.php`
- `content-none.php`
- `content-page.php`
- `content-single.php`

Template-Hierarchie

Die *Template-Hierarchie* besagt, in welcher Reihenfolge Dateien etc. geladen werden. Beachten Sie dabei eine Basisregel in WordPress: Ist etwas in einer Template-Datei nicht ausdrücklich definiert bzw. nicht vorhanden, so greift WordPress zuerst auf die Angaben in der `index.php` des Themes zurück. Fehlen auch hier und/oder in der `style.css` die entsprechenden Definitionen, so sucht WordPress die entsprechenden Werte im aktuellen Standard-Theme. Ist auch hier nichts Entsprechendes definiert, so werden die Default-Vorgaben des Browsers zur Darstellung herangezogen. Arbeiten Sie mit einem Child-Theme, so wird zuerst im Child-Theme gesucht, danach im Eltern-Theme etc. und zuletzt im aktuellen Standard-Theme.

20.2.1 Template-Dateien erstellen

Zum Erstellen der einzelnen Template-Datei aus unserer Beispiel-Layout-Datei `layout.html` heraus gehen Sie am einfachsten folgendermaßen vor. Damit die Template-Dateien möglichst schon während der Entwicklungsphase getestet werden können, ist es ratsam, den Beispiel-Layout-Ordner gleich zu Beginn in den Themes-Ordner Ihrer WordPress-Installation auf dem USB-Stick zu kopieren. Dieser Ordner befindet sich im Ordner `wordpress/wp-content/themes/` im Ordner `htdocs` von XAMPP auf dem USB-Stick.

Anmerkung: Korrekterweise heißen diese *Template-Partials*, ich verwende lieber den Begriff Template-Datei.

1. Öffnen Sie zuerst die Datei `layout.html` und speichern Sie diese unter dem Namen `index.php` in Ihren Theme-Ordner, im Beispiel in den Theme-Ordner `jwp5buch`.

2. Öffnen Sie nun die Datei `index.php` und speichern Sie diese unter dem Namen `header.php` in den Theme-Ordner `jwp5buch`.

3. Löschen Sie in der Datei `header.php` alles unterhalb der Zeile `</div><!--Ende #header-->` in Zeile 43 und speichern Sie die Datei `header.php`.

4. Öffnen Sie nochmals die Datei `index.php` und speichern Sie diese unter dem Namen `footer.php` in den Theme-Ordner `jwp5buch`.

5. Löschen Sie in der Datei `footer.php` alles von Zeile 1 bis inklusive `</div><!--Ende #main-->` in Zeile 64. Die Datei `footer.php` beginnt nun mit der Zeile `<!-- Footer und drei Widget-Bereiche -->`. Speichern Sie die Datei.

6. Öffnen Sie noch ein Mal die Datei `index.php` und löschen Sie alle Zeilen, die sich nun in der `header.php` befinden. Fügen Sie stattdessen `<?php get_header(); ?>` an den Beginn der Datei ein (siehe Zeile 1 in Bild 20.17). Damit wird der Inhalt der Datei `header.php` wieder in die `index.php` zurückgeholt.

7. Löschen Sie in der Datei auch alles, was sich in der Datei `footer.php` befindet. Fügen Sie stattdessen die Zeile `<?php get_footer(); ?>` ein (siehe Zeile 18 in Bild 20.17). Speichern Sie die Datei `index.php`.

8. Obwohl im Beispiel-Theme (vorläufig) keine Sidebar benötigt wird, wird eine Datei `sidebar.php` schon vorbereitet. Speichern Sie die Datei `index.php` unter dem Namen `sidebar.php`. Löschen Sie anschließend alles bis auf den Bereich der Sidebar, d.h. alle Zeilen bis `<!-- 2: Sidebar -->` und alle Zeilen nach den Zeilen mit `</div><!-- Ende 2: Sidebar -->`. Speichern Sie die Datei `sidebar.php`. Bild 20.16 zeigt den Inhalt der Datei `sidebar.php`.

```
1    <!-- 2: Sidebar -->
2    <div id="sidebar" role="complementary">
3        <aside>
4            Raum für Sidebar mit Widgets etc.
5        </aside>
6    </div>--><!-- Ende #sidebar -->
```

Bild 20.16 Das Grundgerüst der Datei sidebar.php

9. Gehen Sie zurück in die Datei `index.php` und löschen Sie hier den Inhalt der Datei `sidebar.php`. Achten Sie dabei darauf, dass der schließende DIV-Tag des Containers mit der ID `main` stehen bleibt! Speichern Sie die Datei `index.php`. Das Grundgerüst der Datei `index.php` zeigt Bild 20.17.

```
1   <?php get_header(); ?>
2
3   <!-- Inhalt und Sidebar -->
4   <div id="main" class="container">
5   <!-- C: Inhalts-Bereich -->
6       <!-- 1: Inhalt -->
7     <div id="content" role="main">
8         <main>
9               Raum für den Inhalt
10        </main>
11      </div><!-- Ende #content -->
12  </div><!-- Ende #main -->
13
14  <?php get_footer(); ?>
```

Bild 20.17 Das Grundgerüst der Datei index.php

Einige wichtige Dateien fehlen noch und zwar die Dateien functions.php, page.php und single.php sowie Template-Parts-Dateien, wenn Sie diese verwenden möchten. Damit Suchergebnisse nicht nur als Übersichtsliste, sondern beispielsweise samt Teaser und einem kleinen Beitragsbild etc. angezeigt werden, benötigen Sie auch eine Datei mit dem Namen search.php. Möchten Sie das Suchformular anpassen, so ist auch eine Datei namens searchform.php erforderlich. Später kommen eventuell noch weitere Dateien hinzu, insbesondere dann, wenn mit Template-Parts gearbeitet wird und der Wunsch nach weiterer Aufgliederung aufkommt.

> **Anmerkung:** Solange das Beispiel-Theme noch nicht ganz fertig ist, verbleibt die Datei layout.html in diesem Ordner.

20.2.2 Die Template-Dateien bearbeiten

Im Folgenden werden die Template-Dateien bearbeitet und mit erforderlichen Template-Tags ergänzt. Teilweise muss parallel dazu in der Datei functions.php gearbeitet werden. Es ist ratsam, immer, ausnahmslos immer, die in den Template-Dateien eingefügten Positionen von Navigationen, Widgets-Bereichen etc. zuerst in der functions.php zu definieren, bevor man sie irgendwo einfügt. So vermeiden Sie eine nervenaufreibende Fehlersuche, wenn etwas nicht wunschgemäß angezeigt wird. Dasselbe gilt auch für Template-Parts-Dateien. Bevor Sie diese in eine Datei einfügen, sollten Sie die Template-Parts entweder vorher schon fertiggestellt haben oder zumindest sofort danach.

Was ist sinnvoller: single.php & page.php oder singular.php?

Seit WordPress 4.3 besteht die Möglichkeit, eine Standard-Template-Datei mit dem Namen singular.php einzusetzen. Dies ist dann sinnvoll, wenn Sie für Ihr Theme sowohl für die Datei single.php (Einzelansicht von Beiträgen) als auch für die Datei page.php (statische Seiten) dasselbe Layout verwenden. In diesem Fall verhindern Sie mit der Datei singular.php, dass eine Datei quasi ein vollständiges Duplikat einer anderen Datei wird.

20.2.2.1 Die Datei style.css

Die Datei `style.css` des Beispiel-Themes enthält bereits zahlreiche Stile und Regeln, das wichtigste Element für ein WordPress-Theme fehlt jedoch noch. Es wurde noch nicht angegeben, dass es sich bei dieser Datei um die CSS-Datei eines bestimmten WordPress-Themes handelt. Die *Meta-Daten* wie Name des Themes, Informationen zum Theme, Lizenzen etc. werden zu Beginn der CSS-Datei notiert. Sie werden benötigt, damit das Theme in WordPress installiert und aktiviert werden kann.

Zwingend erforderliche Meta-Daten sind:

- *Theme Name:* Name des Themes
- *Author:* Name des Entwicklers bzw. der Entwicklerin
- *Description:* Beschreibung des Themes
- *Version:* Angabe der Version in der Form X.X oder X.X.X
- *License:* Angabe der Lizenz
- *License URL:* Adresse mit näheren Informationen z. B. zur Lizenz
- *Text Domain:* Dieser String ist für die Übersetzung des Themes erforderlich

Optionale Angaben:

- *Theme URL:* Adresse mit weiteren Informationen zum Theme
- *Author URL:* Website des Entwicklers bzw. der Entwicklerin
- *Tags:* Obwohl nicht zwingend erforderlich, so ist die Angabe von Tags äußerst wichtig. Sie beschreiben nicht nur die Eigenschaften des Themes näher, sie erleichtern auch das Finden des Themes im Theme Directory. Zahlreiche Tags wurden standardisiert, um leichter nach Eigenschaften eines Themes suchen zu können. Diese Tags sind im Folgenden mit Beschreibung aufgelistet. Daneben erfolgen zumeist noch Angaben zu den verwendeten Hauptfarben und ob es sich um ein helles oder dunkles Layout handelt.

Layout-spezifische Tags

- `one-column` – einspaltiges Layout, d. h. ohne Sidebar
- `two-columns` – zweispaltiges Layout, d. h. Layout mit einer Sidebar
- `three-columns` – dreispaltiges Layout
- `four-columns` – vierspaltiges Layout
- `left-sidebar` – Layout mit Sidebar links
- `right-sidebar` – Layout mit Sidebar rechts
- `grid-layout` – das Theme ist ein Raster-Layout bzw. Kachel-Layout
- `flexible-header` – Flexible Header-Größe; Voraussetzung `flex-height` und/oder `flex-width` müssen als Parameter im `add_theme_support( 'custom-header' );` definiert sein
- `accessibility-ready` – sollte bzw. darf nur dann verwendet werden, wenn das Theme die strengen Kriterien für die barrierefreie Zugänglichkeit erfüllt (siehe *https://make.wordpress.org/themes/handbook/review/accessibility/*)
- `Buddypress` – nur verwenden, wenn BuddyPress-Elemente korrekt integriert wurden (siehe *http://www.codex.buddypress.org/theme-compatibility/*)

- `custom-background` – benutzerdefinierter Hintergrund, erfordert `add_theme_support( 'custom-background' );`
- `custom-colors` – benutzerdefinierte Farben im Customizer
- `custom-header` – benutzerdefinierter Header, erfordert `add_theme_support ( 'custom-header' );`
- `custom-menu` – Theme unterstützt benutzerdefinierte Menüs, erfordert `register_nav_menu()` bzw. `register_nav_menus()` und `wp_nav_menu()`
- `custom-logo` – benutzerdefiniertes Logo, erfordert `add_theme_support ( 'custom-logo' );`.
- `editor-style` – benutzerdefinierte CSS-Datei für den TinyMCE-Editor, erfordert `add_editor_style();`
- `featured-image-header` – Theme unterstützt die Anzeige eines Featered Images via `add_theme_support( 'post-thumbnails' )` an Stelle einer benutzerdefinierten Header-Grafik via `add_theme_support( 'custom-header' )` in der Single-Ansicht eines Beitrags
- `featured-images` – Theme unterstützt Featured Images, erfordert `add_theme_support( 'post-thumbnails' )`
- `footer-widgets` – Theme enthält Widgets-Bereiche im Footer
- `front-page-post-form` – Formular im Frontend zum Hinzufügen eines neuen Beitrags direkt vom Front-End aus verfügbar
- `full-width-template` – Theme enthält auch ein Seiten-Template mit einem einspaltigen Layout
- `microformats` – nur verwenden, wenn *Microformate* im gesamten Theme korrekt angewendet und validiert wurden
- `post-formats` – nur verwenden, wenn die einzelnen Post-Formate sich visuell deutlich unterscheiden, Verwendung von `add_theme_support( 'post-formats' )` erforderlich
- `rtl-language-support` – nur verwenden, wenn Theme Sprachen von rechts nach links unterstützt, Theme muss mit dem RTL-Tester überprüft werden
- `sticky-post` – unterstützt Sticky Posts, d.h., ein ausgewählter Beitrag wird immer oben gehalten
- `theme-options` – Verwendung des Customizers wird unterstützt
- `threaded-comments` – unterstützt threaded comments
- `translation-ready` – diese Eigenschaft ist für die Internationalisierung des Themes zwingend erforderlich d.h. wenn im Theme alle sichtbaren Textelemente im Frontend und im Backend übersetzt werden sollen. Die Text-Domain wird mit `load_theme_textdomain()` definiert und im `language`-Ordner abgelegt. Der Text-Domain-Tag wird im Header der `style.css` definiert.

Layout-spezifische Tags (max. drei Tags erlaubt)

- `blog` – Theme vorwiegend für die Verwendung als Blog konzipiert
- `e-commerce` – Theme für die Verwendung im E-Commerce-Bereich, z.B. Webshop, konzipiert

- `education` – Theme für Internetauftritte im Bildungsbereich konzipiert
- `entertainment` – Theme für Unterhaltungsbereich, z. B. Filme, Musik, Spiele etc., konzipiert
- `food-and-drink` – Theme für den kulinarischen Bereich, z. B. Restaurants, Bars etc., konzipiert
- `holiday` – Theme für Urlaub- und Reise-Blogs konzipiert
- `news` – Theme für Nachrichten-Websites konzipiert
- `photography` – Theme für Fotoblogger und Fotografen konzipiert
- `portfolio` – Theme mit Templates für Portfolio-Anzeige

Editor-spezifische Tags

- `block-styles` – Theme muss Custom Styles für die Gutenberg-Core-Blöcke sowohl für Frontend als auch für Backend beinhalten
- `wide-blocks` – die Klassen `.alignwide` und `.alignfull` müssen im Theme unterstützt werden

Daraus ergeben sich als Meta-Daten des Beispiel-Themes die Angaben in Listing 20.37. Fügen Sie die Meta-Daten mit Ihren Daten in Zeile 1 der `style.css` ein und speichern Sie die Datei.

Listing 20.37 Meta-Daten im Header der style.css

```
01 /*
02 Theme Name: Mein WP5 Buch
03 Theme URI: https://www.wp5buch.net/beispiel-theme/
04 Author: Jola Belik
05 Author URI: https://www.wp5buch.net/
06 Description: Das ist das Beispiel-Theme aus dem WordPress 5 Buch von JB
07 Version: 1.0.0
08 License: GNU General Public License v3
09 License URI: https://www.gnu.org/licenses/gpl-3.0.html
10 Tags: red, white, flexible-width, custom-logo, custom-menu,
   editor-style, post-formats, sticky-post
11 Text Domain: jwp5buch
12 */
```

20.2.2.2 Die Datei functions.php

Die `functions.php` ist wohl eine der wichtigsten Dateien eines WordPress Themes. In ihr werden u. a. erforderliche Funktionen definiert, die Namen der einzelnen Navigations- und Widgets-Bereiche festgelegt und diverse andere Dateien in das Theme bzw. in WordPress eingebunden. Erstellen Sie im Theme-Ordner eine leere Datei mit dem Namen `functions.php`, der Dateiname muss in Kleinbuchstaben geschrieben sein! Beachten Sie, dass in der `functions.php` mit PHP-Code gearbeitet wird, so beginnt die Datei mit einem öffnenden PHP-Tag `<? php`, davor dürfen kein Leerzeichen und auch keine Leerzeile stehen.

20.2.2.2.1 Stylesheet mit wp_enqueue_scripts einbinden

Die korrekte Vorgangsweise zum Einbinden der CSS-Datei `style.css` erfolgt nicht mit dem `<link>`-Meta-Tag in der `header.php`, sondern mit dem Action Hook `wp_enqueue_scripts` in der `functions.php`. Das Laden von Skripten und Stilen, die im Frontend erscheinen sollen, wird *enqueue* genannt und erfolgt über den Hook `wp_enqueue_scripts` bzw. `wp_enqueue_style`. Letzteres benötigen wir für Stylesheets. Um das Hauptstylesheet mit dem Namen `style.css`, das sich im Theme-Ordner befindet, zu laden, wird

```
wp_enqueue_style( 'style', get_stylesheet_uri() );
```

verwendet. Dabei sucht WordPress nach dem Namen der Datei im ersten Parameter, hier `style.css`. Der zweite Parameter gibt den Ort an, wo sich die Datei befindet. Mit `get_stylesheet_uri()` wird die Adresse des Theme-Ordners hinzugefügt. Diese Zeile wird in eine Funktion gelegt, im Beispiel `jwp5buch_stylesheet()`, und mit dem Action Hook `wp_enqueue_scripts` in WordPress eingebunden, siehe Listing 20.38:

Listing 20.38 CSS-Datei style.css und Dashicons laden

```
01 <?php
02
03 // Stylesheet style.css laden
04 function jwp5buch_stylesheet() {
05    wp_enqueue_style( 'style', get_stylesheet_uri() );
06 }
07
08 add_action( 'wp_enqueue_scripts', 'jwp5buch_stylesheet' );
```

20.2.2.2.2 Dashicons im Frontend anzeigen

In Abschnitt 20.1.2.2.1.4 wurden zwei *Dashicons* gezeigt, die im Beispiel-Theme verwendet werden sollen. Dashicons sind SVG-Grafiken, die in der Datei `dashicons.css` im Ordner `/wp-includes/css/` definiert werden. Zudem sollen auch passende Dashicons neben den einzelnen Navigationspunkten des Hauptmenüs angezeigt werden. Um Dashicons im Frontend verwenden zu können, muss diese Datei über den Hook `wp_enqueue_style` in WordPress geladen werden. Fügen Sie dazu folgende Codezeilen in die `functions.php` ein (siehe Listing 20.39). Der dritte Parameter im Action Hook gibt die Priorität an. Je niedriger der Wert, umso früher wird etwas geladen.

Listing 20.39 Dashicons laden

```
10 // Dashicons laden zur Verwendung im Frontend
11 function jwp5buch_dashicons() {
12    wp_enqueue_style( 'dashicons' );
13 }
14
15 add_action( 'wp_enqueue_scripts', 'jwp5buch_dashicons', 100 );
```

Eine ähnliche Funktion befindet sich bereits in der `functions.php`, um das Stylesheet des Themes zu laden. Es ist Good Practice, das Laden von Styles und Scripts zu kombinieren. Mit anderen Worten, um nicht unnötig eine zusätzliche Funktion zu definieren, kann man die schon bestehende Funktion erweitern. Da sich nun zwei `enqueue`-Anweisungen in der Funktion befinden, wurde im Beispiel-Theme die Funktion umbenannt in `jwp5buch_stylesheets()` und die Zeile für die Dashicons hinzugefügt. Den geänderten und ergänzten Code zeigt Listing 20.40:

Listing 20.40 Stylesheet style.css und Dashicons laden

```
03 // Stylesheet style.css und Dashicons laden
04 function jwp5buch_stylesheets() {
05    wp_enqueue_style( 'style', get_stylesheet_uri() );
06    wp_enqueue_style( 'dashicons' );
07 }
08
09 add_action( 'wp_enqueue_scripts', 'jwp5buch_stylesheets' );
```

20.2.2.2.3 Theme Support aktivieren

Um einige beliebte WordPress-Funktionen nutzen zu können, müssen diese zuerst aktiviert werden. Der *Theme Support* wurde mit Version 2.9 eingeführt und ist möglich für folgende Features (in alphabetischer Reihenfolge, Stand März 2020, WordPress-Version 5.3.2). Beachten Sie, dass hier der Action Hook `after_setup_theme` und nicht `init` verwendet werden muss. Der Hook `init` wird erst nach `after_setup_theme` geladen, was beispielsweise für Post Thumbnails zu spät ist.

- Automatische RSS-Feed-Links
- Beitragsformate (post formats)
- Benutzerdefinierter Hintergrund (custom background)
- Benutzerdefinierter Header (custom header)
- Benutzerdefinierter Title (custom title)
- Benutzerdefiniertes Logo (Website-Logo)
- Customizer: Selektiver Refresh (customize selective refresh widgets)
- Gutenberg-Block-Editor: Anpassungen Layout Block-Editor
- Gutenberg-Block-Editor: Benutzerdefinierte Farben deaktivieren
- Gutenberg-Block-Editor: Benutzerdefinierte Farbpalette
- Gutenberg-Block-Editor: Benutzerdefinierte Schriftgrößen deaktivieren
- Gutenberg-Block-Editor: Core-Block-Stile
- Gutenberg-Block-Editor: Dunkler Editor-Stil
- Gutenberg-Block-Editor: Responsive Einbettungen
- Gutenberg-Block-Editor: Schriftgrößenvorgaben
- HTML5 Markup
- Optionen für `align wide` und `align full`
- Post Thumbnails
- Starter Content
- *Widgets*- und *Menus-Positionen* sowie *Editor Styles* (für den Classic Editor): Diese Features werden nicht mit `add_theme_support()`, sondern mit `register_sidebar()` bzw. `register_nav_menu()` und `add_editor_style()` aktiviert bzw. registriert.

In Listing 20.41 wird die Funktion zum Aktivieren des Theme Supports sowie der Action Hook gezeigt. In den folgenden Kapiteln werden die einzelnen Features detailliert behandelt. Fügen Sie alle Theme-Supports, die Sie verwenden möchten, in die Funktion anstelle von `// Diverser Code ...` ein.

Anmerkung: Die If-Abfrage wird verwendet, um das Theme Child-Theme-ready zu machen. Beim Verwenden eines Child-Themes wird dessen functions.php vor der functions.php des Parent-Themes geladen.

Listing 20.41 Funktion und Action Hook zum Aktivieren von Theme Supports und diverse Theme-Setups

```
01 // Theme Support und diverse Setups
02 if ( ! function_exists( 'jwp5buch_theme_setup' ) ) :
03     function jwp5buch_theme_setup() {
04
05             // Diverser Code …
06
07     }
08 endif;
09
10 add_action( 'after_setup_theme', 'jwp5buch_theme_setup' );
```

20.2.2.2.3.1 Theme Support: Automatische Feed Links

Dieses Theme-Feature fügt automatisch *RSS-Feed-Links* für Beiträge und Kommentare in den Header ein (siehe Listing 20.42). Neben der Aktivierung in der functions.php muss im Header <? wp_head() ?> vorhanden sein.

Listing 20.42 Automatische RSS-Feed-Links

```
01 // Automatic RSS Feed Links
02 add_theme_support( 'automatic-feed-links' );
```

20.2.2.2.3.2 Theme-Support: Beitragsformate

In zahlreichen Themes wird lediglich das Standard-Beitragsformat verwendet. Dabei stehen bereits seit Version 3.1 neun weitere *Beitragsformate*, die *Post Formats*, zur Verfügung. Allerdings müssen diese zuerst aktiviert werden (siehe Listing 20.43).

Listing 20.43 Beitragsformate aktivieren

```
01 // Beitragsformate
02 add_theme_support( 'post-formats', array( 'aside', 'audio', 'chat',
       'gallery', 'image', 'link', 'quote', 'status', 'video' ) );
```

Um die einzelnen aktivierten Post-Formats sinnvoll nutzen zu können, ist es erforderlich, im Theme spezielle CSS-Stile für jedes verwendete Format zu erstellen. Die von WordPress automatisch eingefügten Klassen haben die Form .format-beitragsformat, beispielsweise .format-link oder .format-status.

20.2.2.2.3.3 Theme-Support: Benutzerdefinierter Hintergrund (Custom Background)

Das Feature benutzerdefinierter Hintergrund wird mit add_theme_support('custom-background'); aktiviert. In einem Array können spezielle Vorgaben für den benutzerdefinierten Hintergrund notiert werden, im Beispiel das helle Grau #FAFAFA (siehe Listing 20.44). Bevor die Option Hintergrundfarbe im Cutomizer zur Verfügung steht, muss dieser Theme-Support aktiviert werden. Damit die (gewählte) Hintergrundfarbe im Frontend auch angezeigt wird, müssen die Template-Tags wp_head() und body_class() in der header.php vorhanden sein. Die Hintergrundfarbe kann nun in der CSS-Datei auskommentiert oder gelöscht werden.

Listing 20.44 Custom-Background aktivieren

```
1 // Custom Background
2 add_theme_support( 'custom-background', array(
3    'default-color' => 'FAFAFA'
4    )
5 );
```

20.2.2.2.3.4 Theme-Support: Custom Header mit Default-Grafik und Upload

Die im Beispiel-Layout verwendete Header-Grafik soll auch im Theme als Default-Header angezeigt werden. Zusätzlich soll erlaubt sein, dass weitere Grafiken auf den Server geladen werden. In der Funktion add_theme_support('custom-header', $args) können die entsprechenden Argumente in einem Array angegeben werden (siehe Listing 20.45).

Listing 20.45 Custom Header mit Default-Grafik und Upload-Möglichkeit

```
01 // Custom Header mit Default-Grafik und Upload
02 add_theme_support( 'custom-header', array(
03    'default-image'        => get_template_directory_uri() .
   '/images/name-header-grafik.jpg',
04    'random-default'       => false,
05    'width'                => 1000,
06    'height'               => 280,
07    'flex-height'          => false,
08    'flex-width'           => false,
09    'default-text-color'   => '',
10    'header-text'          => false,
11    'uploads'              => true,
12    'wp-head-callback'     => '',
13    'admin-head-callback'  => '',
14    'admin-preview-callback' => '',
15 ) );
```

20.2.2.2.3.5 Support: Benutzerdefinierter Title (Custom Title)

Damit im Header der title-Tag statt hard-coded automatisch von WordPress ausgegeben werden kann, muss der Theme-Support für title-tag aktiviert sein (siehe Listing 20.46). Zudem ist es erforderlich, dass <?php wp_head ?> im Header vorhanden ist.

Listing 20.46 Custom Title

```
01 // Custom Title
02 add_theme_support( 'title-tag' );
```

20.2.2.2.3.6 Theme-Support: benutzerdefiniertes Logo (Website-Logo)

Seit Version 4.5 wird das Einbinden eines Theme-Logos unterstützt. Dieses Feature muss mit add_theme_support('custom-logo'); aktiviert werden. Dabei ist es möglich, in einem Array die Größe des Logos (height und width), eine eventuell gewünschte flexible Größe (flex-height und flex-width) sowie mittels header-text in einem Array Klassen festzulegen, die Elemente, die durch das Logo ersetzt werden, auszublenden (siehe Listing 20.47).

Website-Logo vs. Website-Icon

Soll man ein *Site-Logo* oder doch lieber nur/auch ein *Site-Icon* verwenden? Dabei handelt es sich um zwei vollkommen unterschiedliche Teile eines Internetauftritts. Ich vertrete die Meinung, dass ein *Site-Icon*, d. h. ein *Favicon* immer vorhanden sein sollte. Dieses Icon wird in Browser-Tabs links vor dem Seitentitel, in Favoriten- bzw. Lesezeichenleisten angezeigt sowie auf mobilen Geräten als Kachel für die Startseite verwendet. Es dient der leichteren Identifizierung und der Wiedererkennbarkeit einer Website. In WordPress können Sie ein *Website-Icon* im *Customizer* im Bereich *Website-Informationen* auf den Server laden. Es sollte quadratisch sein und eine Mindestgröße von 512x512 Pixel haben.

Das *Website-Logo* hingegen ist ein Logo, das meist im Header-Bereich einer Website platziert wird. Sie können das Site-Logo aber individuell auch woanders anzeigen lassen. Die Größe des Logos kann beim Aktivieren des Theme-Supports festgelegt werden. Nach der Aktivierung des Theme-Supports können Sie das Site-Logo über Design/Header bzw. im Customizer im Bereich Header-Bild hochladen.

Listing 20.47 Beispiel für Custom-Logo – Website-Logo 200x200 Pixel

```
01 // Custom Logo
02 add_theme_support( 'custom-logo', array(
04      'height'     => 200,
05      'width'      => 200,
06      'flex-width' => false,
07      'flex-height' => false
08      )
09 );
```

Um ein Website-Logo ins Theme einzubauen, verwenden Sie `the_custom_logo();`. Es ist ratsam, diesen Template-Tag in eine If-Bedingung einzubauen (siehe Listing 20.48).

Listing 20.48 Einfügen des Website-Logos in eine Template-Datei

```
01 if ( function_exists( 'the_custom_logo' ) ) {
02      the_custom_logo();
03 }
```

20.2.2.2.3.7 Theme-Support: Selektiver Refresh im Customizer

Seit Version 4.5.0 besteht im Customizer die Möglichkeit, in der Live-Ansicht mit einem Bearbeiten-Button versehene Bereiche in einer Website direkt zu bearbeiten. Dieses Feature wird mit `customize-selective-refresh-widgets` aktiviert (siehe Listing 20.49).

Listing 20.49 Selektiver Refresh im Customizer

```
01 // Selektiver Refresh im Customizer
02 add_theme_support( 'customize-selective-refresh-widgets' );
```

20.2.2.2.3.8 Theme Support für Gutenberg-Features

Mit WordPress 5.0 wurden mit dem neuen Block-Editor Gutenberg einige neue Theme-Features eingeführt. Im Folgenden wird nur der jeweils erforderliche Theme-Support-Code gezeigt, in Kapitel 8 werden einige davon detailliert behandelt.

Theme Support: Gutenberg – Anpassungen Layout Block-Editor Um das Layout im Gutenberg-Editor zu ändern, benötigen Sie einerseits den Theme-Support für `editor-styles`, andererseits muss die CSS-Datei `style-editor.css` eingebunden werden (siehe Listing 20.50).

Listing 20.50 Theme-Support für Gutenberg Editor Styles und Einbinden der dazugehörigen CSS-Datei

```
01 // Theme-Support f. editor styles
02 add_theme_support( 'editor-styles' );
03
04 // Enqueue CSS-Datei style-editor.css
05 add_editor_style( 'style-editor.css' );
```

Theme Support: Gutenberg – Color Picker deaktivieren Möchten Sie, dass User im Gutenberg-Editor keine individuellen Farben mit dem *Color Picker* auswählen können, um beispielsweise ein einheitliches Aussehen von Seiten und Beiträgen zu gewährleisten, so können Sie dies mit `disable-custom-colors` erreichen (siehe Listing 20.51). Nach der Aktivierung dieses Theme-Features wird der Color-Picker nicht mehr angezeigt.

Listing 20.51 Theme Support: Gutenberg – Color Picker deaktivieren

```
01 // Color Picker/Individuelle Farbe deaktivieren
02 add_theme_support( 'disable-custom-colors' );
```

Theme-Support: Gutenberg – Farbpalette deaktivieren In Gutenberg sind standardmäßig elf Farben und ein Color Picker für die Vordergrundfarbe und für die Hintergrundfarbe im Core-Absatz-Block vorgesehen. Soll überhaupt keine Auswahlmöglichkeit für eine Farbe bzw. Hintergrundfarbe vorhanden sein, so müssen Sie sowohl die *Farbpalette* als auch den Color Picker ausblenden lassen (siehe Listing 20.52). Wie Sie den Color Picker ausblenden lassen können, haben Sie bereits kennengelernt (siehe Listing 20.51). Für das Ausblenden der Farbpalette ist kein spezieller Theme-Support-Code vorgesehen. Deshalb muss hier mit einem Trick gearbeitet werden. Es wird eine leere Farbpalette, d. h. eine Farbpalette ohne jegliche Farbdefinitionen, definiert (siehe Zeile 3 in Listing 20.52).

Listing 20.52 Keine Farbauswahl für Benutzer erlauben

```
01 // Gesamte Farbpalette ausblenden
02 add_theme_support( 'disable-custom-colors' );
03 add_theme_support( 'editor-color-palette' );
```

Theme Support: Gutenberg – Theme-spezifische Farbpalette Sie können in Gutenberg eine eigene Theme-spezifische Farbpalette definieren, beispielsweise mit den im Theme verwendeten Farben. Wenn Benutzer nur aus vorgegebenen Farben wählen können, sorgt auch dies für ein einheitliches Aussehen von Seiten und Beiträgen. Sie aktivieren dieses Feature für Gutenberg mit `editor-color-palette`, in Arrays werden die einzelnen Farben definiert (siehe Listing 20.53). Im Beispiel werden die drei dunklen Farben #970000, #009700 und #000097 sowie die drei hellen Farben #FFF0F7, #E3E3FF und #F7FFF0 festgelegt.

Listing 20.53 Theme-Support für benutzerdefinierte Farbpalette in Gutenberg

```
01 // Theme-Support Theme-spezifische Farben in Gutenberg
02 add_theme_support( 'editor-color-pallete', array(
03     array(
04         'name'  => 'Dunkelrot',
05         'slug'  => 'dunkelrot',
06         'color' => '#970000'
07     ),
08     array(
09         'name'  => 'Dunkelblau',
10         'slug'  => 'dunkelblau',
11         'color' => '#009700'
12     ),
13     array(
14         'name'  => 'Dunkelgrün',
15         'slug'  => 'dunkelgruen',
16         'color' => '#000097'
17     ),
18     array(
19         'name'  => 'Hellrot',
20         'slug'  => 'hellrot',
21         'color' => '#FFF0F7'
22     ),
23     array(
24         'name'  => 'Hellblau',
25         'slug'  => 'hellblau',
26         'color' => '#E3E3FF'
27     ),
28     array(
29         'name'  => 'Hellgrün',
30         'slug'  => 'hellgruen',
31         'color' => '#F7FFF0'
32     )
33 ) );
```

Im Theme müssen nun in der Datei `style.css` passende Klassen für die neue Theme-spezifische Farbpalette in der Form `.has-slug-color` und `.has-slug-background-color` definiert werden.

Listing 20.54 Klassen für die Theme-spezifische Farbpalette in der style.css

```
01 /* Klassen f. Theme-spezifische Farbpalette */
02 .has-dunkelrot-color {
03     color: #970000;
04 }
05 .has-dunkelrot-background-color {
06     background-color: #970000;
07 }
08 .has-dunkelblau-color {
09     color: #970000;
10 }
11 .has-dunkelblau-background-color {
12     background-color: #970000;
13 }
14 .has-dunkelgruen-color {
15     color: #970000;
16 }
17 .has-dunkelgruen-background-color {
```

```
18     background-color: #970000;
19 }
20 .has-hellrot-color {
21     color: #FFF0F7;
22 }
23 .has-hellrot-background-color {
24     background-color: #FFF0F7;
25 }
26 .has-hellblau-color {
27     color: #E3E3FF;
28 }
29 .has-hellblau-background-color {
30     background-color: #E3E3FF;
31 }
32 .has-hellgruen-color {
33     color: #F7FFF0;
34 }
35 .has-hellgruen-background-color {
36     background-color: #F7FFF0;
37 }
```

20.2.2.2.3.9 Theme Support: Gutenberg – Individuelle Schriftgrößen deaktivieren

Im Absatz-Block von Gutenberg kann man defaultmäßig eine individuelle Schriftgröße einstellen. Dieses Feature kann mit `disable-custom-font-sizes` deaktiviert werden (siehe Listing 20.55).

Listing 20.55 Individuelle Schriftgröße deaktivieren

```
01 // Custom font-size deaktivieren
02 add_theme_support( 'disable-custom-font-sizes');
```

20.2.2.2.3.10 Theme-Support: Gutenberg – Core Block Stile

Die Gutenberg Core Blöcke enthalten *Standard-Stile*. Diese sind zwar fürs Bearbeiten geladen, jedoch nicht für die Anzeige. Möchten Sie die Default Styles in Ihrem Theme anwenden, so müssen diese mit `wp-block-styles` aktiviert werden (siehe Listing 20.56 Theme-Support für Gutenberg: Standard-Block-Stile).

Listing 20.56 Theme-Support für Gutenberg: Standard-Block-Stile anwenden

```
01 // Gutenberg – Block-Stile
02 add_theme_support( 'wp-block-styles' );
```

20.2.2.2.3.11 Theme Support: Gutenberg – Dunkle Editor-Stile

Sollte Ihr Theme einen dunklen Hintergrund haben, wie Sie sie auch in Gutenberg verwenden, dann kann mit `dark-editor-styles` die Oberfläche von Gutenberg geändert werden, damit das User Interface bei Verwendung von dunklen Editor Stilen (definiert in der Datei `style-editor.css`) gut lesbar bleibt.

Listing 20.57 Dunklen Editor-Stil für Gutenberg aktivieren

```
01 // Theme-Support f. dunkle Editor-Stile
02 add_theme_support( 'dark-editor-style' );
```

20.2.2.2.3.12 Theme Support: Gutenberg – Responsive Einbettungen

Wenn ein Internetauftritt mit Einbettungen mittels der Einbetten-Blöcke in Gutenberg auf Mobilgeräten angezeigt wird, so sollten sich die Einbettungen responsive verhalten. Dies wird durch die Klasse `.wp-embed-responsive` im body-Tag erreicht. Allerdings wird diese Klasse nicht standardmäßig hinzugefügt, sondern erst nach Aktivierung des Theme-Supports für `responsive-embeds` (siehe Listing 20.58).

Listing 20.58 Theme-Support für Responsive Einbettungen aktivieren

```
01 // Responsive Einbettungen aktivieren
02 add_theme_support( 'responsive-embeds' );
```

20.2.2.2.3.13 Theme Support: Gutenberg – Schriftgrößenvorgaben

Standardmäßig werden in Gutenberg die vorgegebenen Schriftgrößen *Klein* (13px), *Normal* (16px), *Mittel* (20px), *Groß* (36px) und *Riesig* (48px) für den Absatz-Block angezeigt. Diese können Theme-spezifisch (um)definiert werden. Für das Beispiel-Theme werden lediglich drei Schriftgrößen vorgegeben (siehe Listing 20.59). Beachten Sie, dass die Größenangabe in Pixel erfolgt und zwar ohne Maßeinheit.

Listing 20.59 Theme-spezifische Schriftgrößen-Vorgaben mit drei Schriftgrößen

```
01 // Theme-spezifische Font-sizes
02 add_theme_support( 'editor-font-sizes', array(
03    array(
04       'name' => 'Zu Klein',
05       'size' => 10,
06       'slug' => 'zuklein'
07    ),
08    array(
09       'name' => 'Passt',
10       'size' => 14,
11       'slug' => 'passt'
12    ),
13    array(
14       'name' => 'Groß',
15       'size' => 20,
16       'slug' => 'gross'
17    )
18 ));
```

Wird die Schriftgröße im Absatz-Block verändert, so wird dem Absatz die Klasse `.has-slug-font-size` hinzugefügt. So sollten die festgelegten Schriftgrößen auch gleich in der Datei `style.css` definiert werden. Für das Beispiel-Theme ergeben sich aus Listing 20.59 folgende CSS-Regeln. Hier können beliebige Größeneinheiten verwendet werden, im Beispiel em (siehe Listing 20.60).

Listing 20.60 CSS-Stile für die Theme-spezifischen Schriftgrößen

```
01 /* Klassen f. Theme-spezifische Font-Sizes in Gutenberg */
02 .has-zuklein-font-size {
03    font-size: 0.625em;
04 }
05 .has-passt-font-size {
06    font-size: 1em;
07 }
```

```
08 .has-gross-font-size {
09    font-size: 1.25em;
10 }
```

20.2.2.2.3.14 Theme Support: HTML5 Markup

Dieser Theme-Support ermöglicht die Unterstützung von *HTML5 Markup* bei Such-Formular, Kommentar-Formular und Kommentar-Listen (seit Version 3.6.0) sowie bei Galerie und Bildunterschrift (seit Version 3.9.0). Mit WordPress 5.3 wurden zwei neue Funktionen hinzugefügt. Mit `script` und `style` wird das in HTML5 nicht erforderliche Attribut `type` (type="text/stylesheet" bzw. type="text/javascript"), das in Validatoren Warnmeldungen produziert, aus dem <script> bzw. <style>-Tag im Header entfernt.

Listing 20.61 HTML5-Markup

```
01 // HTML5 Markup
02 add_theme_support( 'html5',
03    array(
04       'comment-list',
05       'comment-form',
06       'search- form',
07       'gallery',
08       'caption',
09       'style',
10       'script'
11    )
12 );
```

20.2.2.2.3.15 Theme Support: Optionen für alignwide und alignfull

Mit Gutenberg wurden zwei neue Bildpositionen, `alignwide` und `alignfull`, eingeführt. Damit dieses Feature auch in bestehenden Themes bzw. in neuen Themes zur Verfügung steht, muss es in der `functions.php` aktiviert werden (siehe Listing 20.62).

Anmerkung: Im Beispiel-Theme werden diese Features nicht aktiviert.

Listing 20.62 Theme-Support für align wide und align full

```
01 //Theme-Support für align wide und align full
02 add_theme_support( 'align-wide' );
```

20.2.2.2.3.16 Theme Support: Post Thumbnails

Der Theme Support für *Post Thumbnails* ist erforderlich für das Beitragsbild, genannt Featured Image. Damit wird die Box `Beitragsbild` am Dashboard eingeblendet.

Listing 20.63 Beitragsbild bei Beiträgen und bei Seiten

```
01 // Beitragsbild = Featured Image
02 add_theme_support( 'post-thumbnails' );
```

20.2.2.2.3.17 Theme Support: Starter Content

Dieses besondere Feature, eingeführt mit Version 4.7.0, ermöglicht das Erstellen von Startinhalten in einem neuen Theme in einer Neuinstallation. Eine Beschreibung mit möglichen

Angaben finden Sie unter *https://make.wordpress.org/core/2016/11/30/starter-content-for-themes-in-4-7/* (in englischer Sprache).

20.2.2.2.3.18 Content width definieren

Um die maximal erlaubte Breite von Videos, Bildern und anderen oEmbeds-Inhalten einheitlich festlegen zu können, verwendet man die Variable `$content_width`. Diese globale Variable wird auch für zahlreiche Plugins benötigt und sollte in keinem Theme fehlen. Die Angabe der Breite erfolgt in Pixel inklusive Abstände, jedoch ohne Anführen der Maßeinheit. Die if-Bedingung wird gesetzt, damit ein Child-Theme den Wert überschreiben kann.

Listing 20.64 Content width definieren

```
01 // content width festlegen
02 global $content_width;
03    if ( ! isset( $content_width ) ) {
04        $content_width = 620;
05 }
```

20.2.2.2.4 Navigationsbereiche registrieren

In der `functions.php` werden auch die Position(en) für die Navigation(en) (z. B. `Main menu` und `Social menu` oder etwa ein spezielles Menü für eine besondere Template-Seite) registriert. Dieser Bereich bzw. diese Bereiche können dann in der Menü-Verwaltung ausgewählt werden. Für die Registrierung einer einzelnen Menü-Position wird `register_nav_menu()` verwendet, für zwei und mehrere Menü-Positionen `register_nav_menus()` mit Arrays.

Die Registrierung einer einzelnen, d. h. der einzigen Menü-Position mit dem Namen `Main Menu` beispielsweise, führt man mit der Code-Zeile 2 in Listing 20.65 durch. Als Action Hook muss `after_setup_theme` verwendet werden.

Listing 20.65 Eine einzige Menü-Position im Theme registrieren

```
01 // Eine einzige Menu Position registrieren
02 register_nav_menu('main-menu', 'Main Menu);}
```

Im Beispiel-Theme werden drei Menü-Positionen registriert und zwar die Menü-Position `Hauptnavi` oben und die Menü-Position `Social Links Navi` sowie für das Seiten-Template *Buch* die Menü-Position Buch. Wie diese drei Menü-Positionen korrekt registriert werden, ist in Listing 20.66 zu sehen. Auch hier muss als Action Hook `after_setup_theme` verwendet werden.

> **Anmerkung:** Da in der `functions.php` bereits eine Funktion (mit den Theme-Setups und Theme-Supports) und dem Hook `after_setup_theme` bereits vorhanden ist, wird die Registrierung der Menü-Position innerhalb dieser Funktion notiert.

Listing 20.66 Drei Positionen für Menüs registrieren

```
01 // Drei Navi-Positionen registrieren
02 register_nav_menus(
03    array(
04        'haupt-navi-oben'   => 'Hauptnavigation oben',
05        'social-links-navi' => 'Social Links Navigation',
06        'buch'              => 'Buch'
07 ));
```

Der erste Wert im Array ist der `slug`, der interne Name für die *Theme Location*, der zweite Wert die Beschreibung der jeweiligen Menü-Position. Dieser Text wird in der Menüverwaltung im Bereich *Menü-Einstellungen* bei *Position im Theme* angezeigt (siehe Bild 20.18, Screenshot nach Installation und Aktivierung des Beispiel-Themes erstellt).

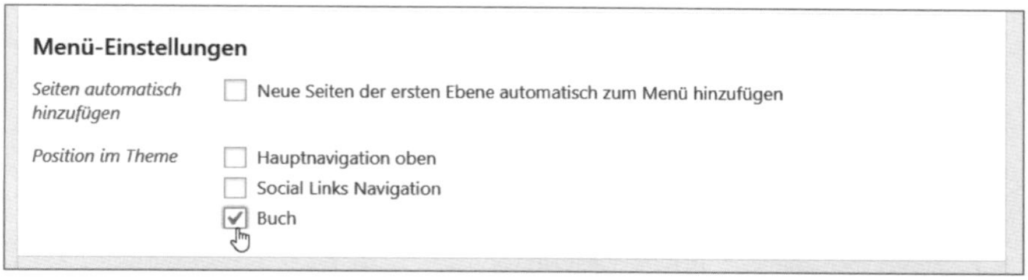

Menü-Einstellungen

Seiten automatisch hinzufügen   ☐ Neue Seiten der ersten Ebene automatisch zum Menü hinzufügen

Position im Theme   ☐ Hauptnavigation oben
☐ Social Links Navigation
☑ Buch

Bild 20.18 Anzeige der drei Menü-Positionen in der Menü-Verwaltung

20.2.2.2.5 Widgets-Bereiche registrieren

Das Registrieren eines Widgets-Bereichs erfolgt mit `register_sidebar()` und einigen Angaben in einem Array. Mit dem Hook `widgets_init` wird die Funktion, in der sich eine oder mehrere `register_sidebar()`-Registrierungen befinden, in WordPress eingebunden. Im Beispiel-Theme sollen die drei Widgets-Bereiche im Footer *Unten links*, *Unten Mitte* und *Unten rechts* heißen. Die Reihenfolge der Registrierung der einzelnen *Dynamic Sidebars* entspricht der Reihenfolge der Anzeige der Widgets-Bereiche in der Widgets-Verwaltung. Die vollständige Funktion mit der Registrierung der drei Widgets-Bereiche im Footer zeigt Listing 20.67. Mit `before_widget` und `after_widget` wird ein Container um das Widget gelegt, defaultmäßig eine ungeordnete Liste mit Listenelementen. Dies wurde im Beispiel-Theme auf ein DIV geändert. Achten Sie jedenfalls darauf, dass die Platzhalter %1 $s für IDs und %2 $s für Klassen vorhanden sind. Diese werden für Plugins benötigt. Standardmäßig wird von WordPress eine Überschrift H2 als Titel eines Widgets verwendet. Ich notiere im Beispiel-Theme aus Semantikgründen eine Überschrift H3.

Listing 20.67 Registrieren der Widgets-Bereiche im Footer und in der Sidebar

```
01 // Widgets-Bereiche rechts und im Footer registrieren
02 function jwp5buch_widgets_bereiche() {
03    // Widgets-Bereich unten links
04    register_sidebar(
05        array(
06            'id'            => 'unten-links',
07            'name'          => 'Unten links',
08            'description'   => 'Widgets unten links im Footer',
09            'class'         => 'widgetsunten',
10            'before_widget' => '<div id="%1$s" class="widget %2$s">',
11            'after_widget'  => '</div>',
12            'before_title'  => '<h3 class="unten-title">',
13            'after_title'   => '</h3>'
14        )
15    ); // Ende Widgets-Bereich unten links
16
17    // Widgets-Bereich unten Mitte
18    register_sidebar(
19        array(
```

```
20            'id'            => 'unten-mitte',
21            'name'          => 'Unten Mitte',
22            'description'   => 'Widgets unten Mitte im Footer',
23            'class'         => 'widgetsunten',
24            'before_widget' => '<div id="%1$s" class="widget %2$s">',
25            'after_widget'  => '</div>',
26            'before_title'  => '<h3 class="unten-title">',
27            'after_title'   => '</h3>'
28        )
29    ); // Ende Widgets-Bereich unten Mitte
30
31    // Widgets-Bereich unten rechts
32    register_sidebar(
33        array(
34            'id'            => 'unten-rechts',
35            'name'          => 'Unten rechts',
36            'description'   => 'Widgets unten rechts im Footer',
37            'class'         => 'widgetsunten',
38            'before_widget' => '<div id="%1$s" class="widget %2$s">',
39            'after_widget'  => '</div>',
40            'before_title'  => '<h3 class="unten-title">',
41            'after_title'   => '</h3>'
42        )
43    ); // Ende Widgets-Bereich unten rechts
44 }
45
46 add_action( 'widgets_init', 'jwp5buch_widgets_bereiche' );
```

> **！** **Sidebar-Template vs. Dynamic Sidebar**
>
> In WordPress wird die Bezeichnung *Sidebar* für zwei unterschiedliche Anwen-
> dungsbereiche herangezogen. Im *Sidebar-Template* werden Aussehen und Inhalte
> für die Sidebar, d.h. für die Seitenleiste in der Datei sidebar.php definiert.
>
> Die Position von Widgets-Bereichen wird mit Hilfe von sogenannten *Dynamic
> Sidebars* definiert. Diese müssen zuerst in der Datei functions.php mit
> register_sidebar() registriert werden. Danach können Sie die Position
> dieser Bereiche in der Sidebar-Template-Datei oder in jeder anderen beliebigen
> Template-Datei mit dynamic_sidebar() an der gewünschten Stelle festlegen.
>
> In diesen Dynamic Sidebars, d.h. in den Widgets-Bereichen, können auch *Menüs*
> im Widget *Individuelle Menüs* angezeigt werden. Die (Haupt-) *Navigation* hin-
> gegen wird mit register_my_menu() registriert und mit wp_nav_menu() in die
> Template-Datei, z.B. in die header.php, eingefügt.

Bild 20.19 zeigt die in Listing 20.67 definierten Widgets-Bereiche mit den jeweiligen Titeln
und Beschreibungen in der Widgets-Verwaltung (Screenshot nach Fertigstellung und Installation des Themes erstellt). Die Reihenfolge in der functions.php entspricht der Reihenfolge der Anzeige in der Widgets-Verwaltung.

Bild 20.19 Die drei Widgets-Bereiche in der Widgets-Verwaltung

20.2.2.2.6 Neue Funktion wp_body_open()

Mit WordPress 5.2 wurde eine neue Funktion `wp_body_open()` eingeführt. Dieser Hook ist vor allem für Plugins gedacht und um beispielsweise unsichtbare Scripte in einem `<script>`-Tag einzufügen.

> **Anmerkung:** Es ist Vorsicht geboten, hier zusätzlichen HTML-Code einfügen zu lassen, da dies in vielen Fällen das Layout höchstwahrscheinlich zerschießen würde.

Platziert wird `wp_body_open()` direkt nach dem öffnenden `<body>` -Tag. Listing 20.68 zeigt die Struktur der HTML-Datei mit den erforderlichen Template-Tags `wp_head()`, `body_class()`, `wp_body_open()` und `wp_footer()` an der jeweils korrekten Stelle.

Listing 20.68 Struktur der HTML-Datei mit erforderlichen Template-Tags

```
01 <html>
02 <head>
03    ...
04 <?php wp_head(); ?>
05 </head>
06
07 <body <?php body_class(); ?>>
08    <?php wp_body_open(); ?>
09    ...
10    <?php wp_footer(); ?>
11 </body>
12 </html>
```

Bei allen Standard-Themes wurde `<?php wp_body_open(); ?>` bereits eingefügt, es wird vom WordPress-Team empfohlen, diesen Hook im eigenen Theme in der Template-Datei zu notieren. Um eine Abwärtskompatibilität zu gewährleisten, sollte folgender Code in die `functions.php` Ihres (eigenen) Themes gegeben werden (siehe Listing 20.69).

Listing 20.69 Abwärtskompatibilität für wp_body_open() in functions.php

```
01 // wp_body_open()
02 if ( function_exists( 'wp_body_open' ) ) {
03    wp_body_open();
04 } else {
05    do_action( 'wp_body_open' );
06 }
```

Ein sinnvolles Anwendungsbeispiel im Sinne der Barrierefreiheit ist das Einfügen eines Links *Skip to Content* gleich nach dem <body>-Tag. Damit können Besucherinnen und Besucher mit der Tastatur direkt zum Inhalt wechseln. Der Code aus Listing 20.70 kommt an das (vorläufige) Ende der Datei functions.php. Denken Sie daran, dass die Klassen .skip-link und .screen-reader-text in der style.css definiert sein sollten.

Listing 20.70 Gehe zum Inhalt Link über wp_body_open einfügen

```
01 // Gehe zu Inhalt LInk
02 function jwp5buch_skip_to_content() {
03    echo '<a class="skip-link screen-reader-text" href="#content">' .
   ( 'Gehe zu Inhalt' ) . '</a>';
04 }
05
06 add_action( 'wp_body_open', 'jwp5buch_skip_to_content', 5 );
```

20.2.2.2.7 Automatische JPEG-Komprimierung deaktivieren

Wenn in WordPress Bilder hochgeladen werden, so werden die JPEGs beim Erstellen der einzelnen vorgegebenen Bildgrößen sowie beim Online-Bearbeiten der Bilder automatisch komprimiert. Die Komprimierungsrate lag in älteren WordPress-Versionen bei 90 Prozent. Mit WordPress 4.5.0 wurde die Rate auf 82 Prozent gesenkt, um die Site-Performance insbesondere für mobile User zu verbessern. Das mag zwar nachvollziehbar sein, jede Verkleinerung von Dateigrößen ist begrüßenswert. Aber für Fotografen beispielsweise ist ein Bild mit 82 Prozent der ursprünglichen Qualität nicht tragbar. Mit folgenden Filtern lässt sich die Komprimierungsrate sowohl beim Hochladen als auch im Editor beim Bearbeiten mit return und dem Wert 100 quasi deaktivieren (siehe Listing 20.71). Sie könnten auch die Bildqualität noch mehr senken und beispielsweise den Wert 70 angeben.

Listing 20.71 Automatische JPEG-Komprimierung ausschalten

```
01 // JPG-Kompression unterbinden
02 add_filter('jpeg_quality', function($arg){return 100;});
03 add_filter( 'wp_editor_set_quality', function($arg){return 100;} );
```

Beachten Sie, dass sich die Änderung lediglich auf zukünftige JPEGs auswirkt. Bestehende, bereits komprimierte JPEGs müssen nachträglich mit einem Plugin (z. B. *Regenerate Thumbnails*) neu berechnet bzw. erzeugt werden.

20.2.2.3 Die Datei header.php

Die Datei header.php beinhaltet den <head>-Bereich der einzelnen Seiten sowie den Bereich mit dem Site-Logo und die Navigation oben. Hier werden zahlreiche WordPress-spezifische PHP-Code-Blöcke eingefügt. Achten Sie dabei immer auf das korrekte Schließen der PHP-Blöcke mit ?>.

20.2.2.3.1 Der <head>-Bereich der Datei header.php

Öffnen Sie die Datei header.php. Ersetzen Sie in Zeile 2 das Attribut lang="de" mit <?php language_attributes(); ?>. Ersetzen Sie in Zeile 4 das Attribut charset="utf-8" mit charset="<?php bloginfo('charset'); ?>", damit der in WordPress eingestellte Zeichensatz angewendet wird. In Zeile 5 lautet der Seitentitel des Beispiel-Layouts Testseite.

Stattdessen soll automatisch der Titel, d. h. der Name des Blogs bzw. der Website, angezeigt werden. Da der Theme-Support *Custom Title* aktiviert wurde (siehe Abschnitt 20.2.2.2.3.5), wird Zeile 5 gelöscht. Die Ausgabe des `title`-Tags erfolgt automatisch.

Der `viewport`-Meta-Tag in Zeile 6 bleibt unverändert, wie er ist. In Zeile 7 wird im Beispiel-Layout das Stylesheet `style.css` eingebunden. In WordPress erfolgt das Laden der CSS-Datei `style.css` über die `functions.php` (siehe Listing 20.73). Somit wird Zeile 7 in der `header.php` gelöscht. Damit die CSS-Datei korrekt geladen wird, muss `<?php wp_head(); ?>` unmittelbar vor dem schließenden `<head>`-Tag eingefügt werden. Dieser Template-Tag ist auch für zahlreiche Plugins erforderlich.

Im Beispiel-Layout wurde kein Meta-Tag `description` eingefügt. Dies wird nun im Header der Datei `header.php` nachgeholt. Und zwar mit einer If-Bedingung. Wenn beim Erstellen der Seite bzw. des Beitrags benutzerdefinierte Inhalte in die Box *Benutzerdefiniertes Feld* (*Custom Fields*) eingetragen wurden, so soll dies als Wert für den Meta-Tag `description` angezeigt werden. Falls die Meta-Box leer bleibt, so soll der *Untertitel* der Website angezeigt werden (siehe Listing 20.72).

Listing 20.72 Meta-Tag description mit If-Bedingung in header.php

```
06 <meta name="description" content="<?php
07 if(get_post_meta($post->ID, "description", true) !='' )
08    echo get_post_meta($post->ID, "description", true);
09 else
10    bloginfo( 'description' );
11 ?>">
```

Wenn Sie WordPress als Basis für einen Internetauftritt nur mit statischen Seiten und ohne Beiträge verwenden oder wenn Sie *Pingbacks* generell deaktivieren, dann können Sie das folgende Listing mit drei weiteren Zeilen für den `<head>`-Bereich überspringen. In allen anderen Fällen wird noch eine If-Bedingung eingefügt. Und zwar die Adresse für den Pingback soll nur für den Fall ausgegeben werden, wenn ein Beitrag in der Single-Ansicht angezeigt wird und Pingbacks für diesen Beitrag erlaubt sind. Fügen Sie auch diese If-Bedingung in den Header ein (siehe Listing 20.73).

Listing 20.73 If-Bedingung für Anzeige von Pingback-Link

```
7 <?php if ( is_singular() && pings_open() ) { ?>
8 <link rel="pingback" href="<?php bloginfo( 'pingback_url' ); ?>">
9 <?php } ?>
```

20.2.2.3.2 Der <body>-Bereich der Datei header.php

Der `<body>`-Bereich der Datei `header.php` ist jener Bereich, der die sichtbaren Teile für Besucher und Besucherinnen Ihres Internetauftritts enthält. Damit WordPress einige wichtige Klassen automatisch dem `<body>`-Tag hinzufügen kann, wird `<body>` in Zeile 23 ergänzt mit einem `class`-Attribut und lautet nun `<body <?php body_class(); ?>>`. Direkt in der Zeile darunter wird der Template-Tag `<?php body_class(); ?>` eingefügt.

20.2.2.3.2.1 Website-Logo

In Zeile 29 liegt ein Anker um das Site-Logo. Hier soll ein Link zur Startseite gesetzt werden. Ändern Sie `<a href="layout.html">` in `<a href="<?php echo esc_url( home_url`

('/')); ?>">. Im Beispiel-Layout wird ein Site-Logo verwendet, das man im Customizer austauschen kann. In der Datei functions.php wurde der *Theme Support* für ein *Custom Logo* bereits definiert. Damit das gewählte benutzerdefinierte bzw. das Default-Site-Logo im Theme auch angezeigt wird, werden die Attribute im img-Tag angepasst (siehe Listing 20.74 und Bild 20.20).

Listing 20.74 <img>-Tag für die Anzeige des Website Logos

```
<img src="<?php site_logo(); ?>" alt="<?php echo esc_attr( _bloginfo(
  'name', 'display' ) ); ?>">
```

20.2.2.3.2.2 Titel und Untertitel

Der Titel sowie der Untertitel der Website sollen ebenfalls automatisch eingefügt werden. Ändern Sie dazu Website-Titel in Zeile 28 um in <?php bloginfo('name'); ?>; Untertitel in Zeile 29 in <?php bloginfo('description'); ?> (siehe Bild 20.20). Beachten Sie, dass im Beispiel-Theme nur das Site-Logo, nicht jedoch Titel und Untertitel mit der Startseite verlinkt werden.

```
19  <body <?php body_class(); ?>>
20  <?php wp_body_open(); ?>
21  <!-- Header-Bereich und Hauptnavi oben -->
22  <div id="header" class="container">
23      <!-- A: Header-Bereich -->
24      <header>
25          <div id="banner" role="banner">
26              <a href="<?php echo esc_url( home_url( '/' ) ); ?>"><img src="<?php
site_logo(); ?>" alt="<?php echo bloginfo( 'name' ); ?>"></a>
27          </div>
28          <div id="headertext">
29              <h1 class="site-title"><?php bloginfo( 'name' ); ?></h1>
30              <p class="site-description"><?php bloginfo( 'decsription' ); ?></p>
31          </div>
32      </header>
```

Bild 20.20 <body>-Tag, Website-Logo, Titel und Untertitel

20.2.2.3.2.3 Hauptnavigation oben

Die Position der Hauptnavigation wurde in der functions.php bereits registriert, nun muss die genaue Position in der header.php festgelegt werden. An dieser Stelle sollen die Menüpunkte des Menüs *Hauptnavi oben,* die in der Menü-Verwaltung ausgewählt wurden, angezeigt werden. Der erste Listenpunkt mit dem Navicon bleibt unverändert. Entfernen Sie in Zeile 36 die Beispiel-Navigationspunkte <li><a href="#">Link 1</a></li> bis <li><a href="#">Link 5</a></li>. Fügen Sie an deren Stelle die Zeile <?php wp_nav_menu(array('theme_location' => 'hauptnavi-oben')); ?> ein. Damit werden jene Navigationspunkte angezeigt, die in der Menü-Verwaltung für die Menü-Position hauptnavi-oben festgelegt wurden. So sieht der Navigationsbereich nun aus (siehe Listing 20.75):

Listing 20.75 Navi-Position unterhalb des Website-Logos

```
31      <!-- B: Hauptnavi-Bereich -->
32      <div id="navioben">
33          <nav>
34              <ul id="jwp5buchNaviOben" class="navioben">
35                  <li class="navicon"><a href="javascript:void(0);"
```

```
     onclick="jbwp5buchNavicon()">&equiv; Menü</a></li>
36             <?php wp_nav_menu( array(
37                 'theme_location' => 'hauptnavi-oben'
38                 ) );
39             ?>
40         </ul>
41       </nav>
42     <div class="clr"></div><!-- Hebt Schweben auf -->
43     </div><!-- Ende B: Hauptnavi-Bereich -->
```

Die gewählte Navigation wird angezeigt, allerdings tritt nun ein spezielles Problem zu Tage. Browser sind recht fehlerresistent und ignorieren großzügig falsch gesetzte HTML-Tags, der W3C-Validator hingegen nicht. Defaultmäßig legt WordPress ein DIV als Container um die Navigation herum (siehe Zeile 3 in Listing 20.76), die Navigation ist eine ungeordnete Liste mit <ul>, die einzelnen Navigationselemente, d. h. die Listenpunkte <li>, werden über %3 $s eingelesen (siehe Zeile 14 in Listing 20.76).

Listing 20.76 Parameter von wp_nav_menu();

```
01 'theme_location'  => '',
02 'menu'            => '',
03 'container'       => 'div',
04 'container_class' => '',
05 'container_id'    => '',
06 'menu_class'      => 'menu',
07 'menu_id'         => '',
08 'echo'            => true,
09 'fallback_cb'     => 'wp_page_menu',
10 'before'          => '',
11 'after'           => '',
12 'link_before'     => '',
13 'link_after'      => '',
14 'items_wrap'      => '<ul id="%1$s" class="%2$s">%3$s</ul>',
15 'depth'           => 0,
16 'walker'          => ''
```

Da das Hauptnavigationsmenü unterhalb des Website-Logos bereits in einem eigenen Container-DIV liegt und auch <ul> für die ungeordnete Liste schon notiert wurde samt einem statischen Listenpunkt mit dem Navicon, benötigen wir hier das Navigationsmenü ohne Container-DIV und ohne <ul>. Mittels Array wird der Slug für die Theme-Location angegeben, hier haupt-navi. Beim Parameter item-wrap werden lediglich die einzelnen Listenpunkte mit %3 $s angefordert und der Container bleibt leer (siehe Listing 20.77).

Listing 20.77 Navigationsmenü ohne Container-DIV und ohne <ul>

```
01 <?php wp_nav_menu( array(
02    'theme_location' => 'haupt-navi',
03    'items_wrap'     => '%3$s',
04    'container'      => ''
05    ) );
06 ?>
```

Daraus ergibt sich nun folgender Code für die Navigation in der Datei header.php. Im Array werden die beiden Parameter items-wrap und container hinzugefügt (siehe Zeile 41 – 46 in Bild 20.21).

```
33      <!-- B: Hauptnavi-Bereich -->
34      <nav>
35          <div id="navioben" role="navigation">
36              <ul id="jbwp5buchNaviOben">
37                  <li class="navicon"><a href="javascript:void(0);" onclick=
   "jbwp5buchNavicon()">&equiv; Menü</a></li>
38                  <?php wp_nav_menu( array(
39                      'theme_location' => 'haupt-navi',
40                      'items_wrap'     => '%3$s',
41                      'container'      => ''
42                      ) );
43                  ?>
44              </ul>
45          </div>
46      </nav>
47      <div class="clr"></div>
48  </div><!-- Ende #header -->
```

Bild 20.21 Navigationsbereich bis Ende DIV #header in der header.php

Das Beispiel-Theme wird als Theme für die Website zum Buch herangezogen. Hier soll eine unterschiedliche Navigationsleiste abhängig vom Inhalt angezeigt werden. Handelt es sich um die Seiten zum Buch mit One-Page-Layout (Startseite, Seite Home) so soll die Menü-Position Buch mit dem passenden Menü erscheinen, bei allen anderen Seiten und Beiträgen die Menü-Position Haupt-Navi oben. Man könnte dies durch unterschiedliche Seiten-Templates und zwei unterschiedliche header.php-Dateien – beispielsweise header.php und header-start.php – erreichen.

Ich habe mich für eine andere Variante, nämliche für eine If-Bedingung entschieden. Dabei wird abgefragt, um welche Seite es sich handelt und dann die passende Menü-Position eingefügt (siehe Listing 20.78). Nachdem die entsprechenden Seiten und Menüs auf dem Dashboard erstellt wurden, kann das Menü *Buch* für die Menü-Position *Buch* und das allgemeine Menü in der Menü-Verwaltung definiert und der jeweiligen Menü-Position zugeordnet werden.

Listing 20.78 If-Bedingungen für Anzeige von unterschiedlichen Menü-Positionen abhängig von der jeweiligen Seite

```
01 <?php if ( is_page( 'home' ) ) {
02    wp_nav_menu( array(
03        'theme_location' => 'buch',
04        'items_wrap'     => '%3$s',
05        'container'      => ''
06    ) );
07 }
22 else {
23    wp_nav_menu( array(
24        'theme_location' => 'haupt-navi',
25        'items_wrap'     => '%3$s',
26        'container'      => ''
27    ) );
28 }
29 ?>
```

20.2.2.4 Die Datei footer.php

Öffnen Sie die Datei footer.php. Diese beinhaltet drei Widgets-Bereiche und ein wichtiges Element, nämlich die Schaltfläche bzw. den Link zum An- und Abmelden zum Dashboard.

20.2.2.4.1 Login-Link und `wp_footer()`

Wir beginnen mit dem Einfügen des *An-/Abmelden-Links*. Dazu fügen Sie statt des Worts Anmelden bzw. statt `<a href="#">Anmelden</a>` in der Copyright-Zeile den Template-Tag `<?php wp_loginout(); ?>` ein. Ändern Sie auch `Ihr Name` auf den gewünschten Namen. Damit immer die aktuelle Jahreszahl angezeigt wird, fügen Sie `<?php echo date('Y'); ?>` statt 2020 ein. Fügen Sie direkt oberhalb des schließenden Body-Tags `</body>` den Template-Tag `<?php wp_footer(); ?>` ein. Dieser wird für zahlreiche Plugins benötigt.

20.2.2.4.2 Die drei Widgets-Bereiche im Footer

Bevor die drei Widgets-Bereiche im Footer mit den Namen unten links, unten Mitte und unten rechts in der `footer.php` an der gewünschten Stelle eingefügt werden können, müssen diese Bereiche zuerst in der `functions.php` definiert werden. Öffnen Sie dazu die Datei `functons.php` und fügen Sie die PHP-Codeblöcke aus Listing 20.67 ein. Speichern Sie die Datei. Nun können diese Bereiche in der `footer.php` definiert werden. Achten Sie dabei genauestens auf die korrekte Schreibweise der Namen. Die Namen sind case-sensitiv und müssen exakt mit der Schreibweise in der `functions.php` übereinstimmen.

Wechseln Sie wieder in die Datei `footer.php`. Fügen Sie statt `Raum für Widgets unten links` folgende Zeilen ein (siehe Listing 20.79). Mit `dynamic_sidebar( 'unten-links' )` wird der gewünschte Widgets-Bereich mit der ID `unten-links` an der gewählten Position eingefügt. Falls sich kein Widget aktiv in diesem Widgets-Bereich befindet, soll der Bereich nicht angezeigt werden. Diese if-Abfrage finden Sie in Zeile 3 in Listing 20.79.

Listing 20.79 Position von Widgets-Bereich unten links

```
01    <!-- Widgets-Bereich unten links -->
02    <div id="untenlinks" class="unten">
03        <?php if ( is_active_sidebar( 'unten-links' ) ) : ?>
04            <?php dynamic_sidebar( 'unten-links' ); ?>
05        <?php endif; ?>
06    </div><!-- Ende Widgets-Bereich unten links -->
```

Wiederholen Sie dies auch für den mittleren (`Raum für Widgets unten Mitte`) und den rechten Widgets-Bereich (`Raum für Widgets unten rechts`) im Footer. Im Quelltext ändert sich dabei lediglich die ID auf `unten-mitte` bzw. `unten-rechts`. Den vollständigen Inhalt der Datei `footer.php` zeigt Listing 20.80:

Listing 20.80 Die Datei footer.php mit drei Widgets-Bereichen

```
01 <!-- Footer und drei Widget-Bereiche -->
02 <div id="footer" class="container" role="contentinfo">
03    <!-- D: Footer-Bereich -->
04    <footer>
05        <!-- Widgets-Bereich unten links -->
06        <div id="untenlinks" class="unten">
07        <?php if ( is_active_sidebar( 'unten-links' ) ) : ?>
08            <?php dynamic_sidebar( 'unten-links' ); ?>
09        <?php endif; ?>
10        </div><!-- Ende Widgets-Bereich unten links -->
11        <!-- Widgets-Bereich unten Mitte -->
12        <div id="untenmitte" class="unten">
13        <?php if ( is_active_sidebar( 'unten-mitte' ) ) : ?>
14            <?php dynamic_sidebar( 'unten-mitte' ); ?>
```

```
15        <?php endif; ?>
16        </div><!-- Ende Widgets-Bereich unten Mitte -->
17        <!-- Widgets-Bereich unten rechts -->
18        <div id="untenrechts" class="unten">
19        <?php if ( is_active_sidebar( 'unten-rechts' ) ) : ?>
20          <?php dynamic_sidebar( 'unten-rechts' ); ?>
21        <?php endif; ?>
22        </div><!-- Ende Widgets-Bereich unten rechts -->
23        <!--Copyright-Zeile mit Anmelden-->
24        <p class="copyright">&copy; J. Belik <?php echo date('Y'); ?>
   Alle Rechte vorbehalten. | <?php wp_loginout(); ?></p>
25      </footer>
26  </div><!--Ende #footer-->
27  </body>
28  <?php wp_footer(); ?>
29  </html>
```

Die CSS-Regeln für den Bereich der Widgets unten im Footer zeigt Listing 20.81. Da der Hintergrund dunkelrot ist, soll der Text in weißer Farbe angezeigt werden. Es befinden sich zumeist Hyperlinks in den Listeneinträgen, diese sollen unabhängig vom Zustand immer in weißer Farbe und immer ohne Unterstreichung und ohne Rahmen unten dargestellt werden. Die Klasse .unten-title wird dem Widget-Titel, d. h. einer Überschrift <h3>, zugewiesen. Auch diese soll in weißer Schrift angezeigt werden. Nach oben sollen 1.5em Abstand gehalten werden, nach unten hin 1em.

Listing 20.81 CSS-Stile für die Widgets im Footer

```
01  /* widgets unten */
02  #footer ul {
03      margin: 0;
04      padding: 0;
05      list-style-type: none;
06  }
07  #footer li {
08      color: #fff;
09      font-weight: normal;
10      margin-bottom: 0.5em;
11  }
12  #footer li a {
13      color: #fff;
14      font-weight: normal;
15      text-decoration: none;
16      border-bottom: none;
17  }
18  h3.unten-title  {
19      color: #fff;
20      margin-top: 0.5em;
21      margin-bottom: 1em;
22      font-style: italic;
23      font-size: 1.125em;
24  }
```

20.2.2.5 Die Datei index.php

Die Datei index.php ist die Basis für alle Seiten. In ihr befindet sich der *Loop*, mit dem die Inhalte von Beiträgen und Seiten aus der Datenbank ausgelesen und entsprechend den Vorgaben angezeigt werden.

20.2.2.5.1 Der Loop

Der *WordPress Loop*, die WordPress-Schleife, genannt *The Loop*, ist quasi das Herzstück von Template-Dateien. Er sorgt dafür, dass Inhalte von Seiten oder Beiträgen etc. aus der Datenbank ausgelesen und angezeigt werden können. Solange Inhalte in der Datenbank vorhanden sind, wird in einer Schleife – daher auch der Name *Loop* – jeder einzelne Inhalt entsprechend den Vorgaben im Loop nacheinander aufgelistet bzw. in der Einzelansicht angezeigt.

Eine sehr einfache Variante des Loops ist in Listing 20.82 zu sehen. Mit der If-Bedingung `<?php if ( have_posts() ) : while ( have_posts() ) : the_post(); ?>` wird abgefragt, ob ein Inhalt verfügbar ist. Falls ja, so wird der Inhalt mit `<?php the_content(); ?>` ausgegeben. Falls nein (`<?php endwhile; else: ?>`), erfolgt beispielsweise eine Fehlermeldung in einem Absatz `<p>Es wurde leider nichts gefunden.</p>`. Danach wird die If-Bedingung mit `<?php endif; ?>` beendet.

Beachten Sie, dass der Loop bei `while ( have_posts() )` beginnt und mit `endwhile` endet. Einige Template-Tags wie beispielsweise `the_content()` und `the_excerpt()` müssen innerhalb des Loops stehen. Ebenso muss die Navigation zwischen den einzelnen Beiträgen in der Einzelansicht (`next_post()` und `previous_post()`) innerhalb des Loops definiert werden.

Listing 20.82 Eine einfache Variante eines WordPress Loops

```
01 <?php if ( have_posts() ) : ?>
02 <? while ( have_posts() ) : the_post(); ?>
03    <!-- Zeige Inhalt von Beitrag oder Seite -->
04    <?php the_content(); ?>
05 <?php endwhile; else: ?>
06    <!-- Zeige Fehlermeldung falls kein Inhalt gefunden -->
07    <p>Es wurde leider nichts gefunden.</p>
08 <?php endif; ?> <!-- Ende Loop -->
```

Dieser Loop wird in die Datei `index.php` in Zeile 9 an Stelle von `Raum für Inhalt` eingefügt, allerdings in verkürzter Version, da der eigentliche „Inhalt" des Loops mit `<?php get_template_part( 'content' ); ?>` in die Template-Parts-Datei `content.php` ausgelagert wird. Möchten Sie Custom Post Types jeweils in einem speziellen Layout ausgeben, so können Sie statt `<?php get_template_part( 'content' ); ?>` die Zeile `<?php get_template_part( 'content', get_post_format() ); ?>` einfügen (siehe Zeile 13, Bild 20.22). Mit dem zweiten Parameter `get_post_format()` wird bei Beiträgen das verwendete Beitragsformat ausgelesen und nach der entsprechenden Template-Parts-Datei gesucht. Ist beispielsweise die Datei `content-audio.php` für das Beitragsformat Audio nicht vorhanden, so greift WordPress als Fallback auf die Datei `content.php` zurück. Da es sich beim Layout hier um einen Inhalt ohne Sidebar handelt, wurde dies in der Kommentarzeile in Zeile 3 in Bild 20.22 angepasst.

```php
1  <?php get_header(); ?>
2
3  <!-- Inhalt ohne Sidebar -->
4  <div id="main" class="container">
5  <!-- C: Inhalts-Bereich -->
6      <!-- 1: Inhalt -->
7      <div id="content" role="main">
8          <main>
9              <?php if ( have_posts() ) : ?>
10              <!-- Loop beginnt hier -->
11              <?php while ( have_posts() ) : the_post(); ?>
12
13                  <?php get_template_part( 'content', get_post_format() ); ?>
14
15              <?php endwhile; else: ?> <!-- Ende Loop -->
16
17                  <?php get_template_part( 'content', 'none' ); ?>
18
19              <?php endif; ?>
20          </main>
21      </div><!-- Ende #content -->
22  </div><!-- Ende #main -->
23
24  <?php get_footer(); ?>
```

Bild 20.22 Die Datei index.php mit dem Loop

Falls keine Inhalte wie etwa in einer bestimmten Kategorie oder keine Suchergebnis etc. angezeigt werden können, so wird in Zeile 7 von Listing 20.82 der Text *Es wurde leider nichts gefunden* angezeigt. Es wäre benutzerfreundlicher, wenn in so einem Fall auch gleich ein Suchfeld für eine neue Suche zur Verfügung stünde. Um die Datei index.php möglichst kurz und übersichtlich zu behalten, wird die Zeile 7 aus Listing 20.82 ausgelagert und zwar in die Datei content-none.php mittels der Zeile `<?php get_template_part( 'content', 'content-none' ); ?>` (siehe Zeile 17 Bild 20.22).

20.2.2.6 Die Template-Parts-Dateien

Sie könnten alles, was für den Inhaltteil benötigt wird, in die Datei index.php schreiben und diesen Code nach Bedarf mit Copy & Paste in andere Dateien einfügen. Dies ist nicht nur äußerst unflexibel, es führt unweigerlich zu unnötigen Duplikaten und einem hohen Arbeitsaufwand, wenn Sie eine Kleinigkeit in allen Dateien mit dem mehrfach verwendeten Code ändern möchten, Für deutlich mehr Flexibilität und Freiheiten in Bezug auf verschiedenste Layout-Möglichkeiten sowie zur Vermeidung von Dateiduplikaten mit mehr oder minder identem Code ist es sinnvoller, *Template-Parts* einzusetzen. Damit wird der Inhaltsteil ausgelagert und kann weiter „zerlegt", bei Bedarf angepasst und immer öfter wiederverwendet werden. Dies erleichtert u. a. das Arbeiten mit Custom Post Types sowie die Verwendung von Child-Themes, da lediglich ausgewählte Layout-Teile des Eltern-Themes bearbeitet werden müssen.

Template-Parts werden mit `get_template_part( $slug )` und `get_template_part ( $slug, $name )` eingebunden, wobei zumindest der Parameter $slug angeführt sein muss. Im Parameter $slug wird der Name der Datei, die eingebunden werden soll, ohne die Dateinamenerweiterung .php angegeben, beispielsweise `get_template_part( 'content' )` für das Einbinden der Datei content.php.

Möchten Sie eine Datei in der Form ($slug)-wieauchimmer.php einbinden, beispielsweise content-page.php, content-single.php oder content-audio.php etc., so wird als erster Parameter der $slug, im Beispiel content, und als zweiter Parameter der Namensbestandteil der Datei nach dem Bindestrich z.B. `page`, `single` oder `audio` notiert. So lautete die Einbindung der Datei `content-single.php` als Template-Part `get_template_part ( 'content', 'single' )`.

Wenn Sie eine große Anzahl von Template-Parts-Dateien verwenden, mag es zwecks Übersicht angebracht sein, diese Dateien in einen Unterordner beispielsweise mit dem Namen `template-parts` zu geben. Dann wird der Ordnername dem `$slug` hinzugefügt, das Einfügen der Dateien `content.php` und `content-page.php` aus dem Ordner `template-parts` erfolgt dann mit `get_template_part( 'template-parts/content' )` bzw. `get_template_part( 'template-parts/content', 'page' )`.

> **Anmerkung:** Für das Beispiel-Layout wird kein Unterordner `template-parts` oder Ähnliches verwendet.

20.2.2.6.1 Die Template-Parts-Datei content.php

In Bild 20.22 wird die Template-Parts-Datei `content.php` in Zeile 11 in die Datei `index.php` hereingeholt. Sie beinhaltet den Code für den Inhaltsteil und wichtige Teile des Loops. Wenn keine eigene Template-Parts-Datei für eine der im Theme-Support aktivierten Beitragsformate existiert, wird immer auf diese Datei zurückgegriffen. Sie ist als Template für das Standard-Beitragsformat quasi die Vorlage für sämtliche Beitragsformate.

Listing 20.83 Die Template-Parts-Datei content.php

```
01 <article id="post-<?php the_ID(); ?>" <?php post_class(); ?>>
02    <!-- Teaser mit Weiter lesen Link, Autor und Datum -->
03    <h2 class="hentry"><a href="<?php the_permalink() ?>">
   <?php the_title() ;?></a></h2>
04    <p class="meta-datum">Von <?php the_author() ;?>, am <?php
   the_date() ;?>, Lesedauer: <?php echo jwp5buch_lesen(); ?></p>
05    <!-- Zeige Teaser mit Weiter lesen Link -->
06    <p class="entry-post"><?php the_content( 'Weiter lesen' ); ?></p>
07    <!-- Metas, Tags, Kategorie -->
08    <p class="meta-entry"><em>Ver&ouml;ffentlicht in der Kategorie</em>
   <?php the_category(', ') ?> | <?php the_tags('<em>Tags</em>: ', ', ',
   ' | ') ?> <?php comments_number( 'Keine Kommentare', '1 Kommentar', '%
   Kommentare' ); ?> <?php edit_post_link('Bearbeiten', '| '); ?></p>
09    <?php edit_post_link('Bearbeiten', '| '); ?></p>
10    </div>
11 </article>
```

Der Inhalt der einzelnen Beiträge wird von einem `<article>`-Tag mit der jeweiligen ID (`id="post-<?php the_ID(); ?>"`) und den Post-Klassen (`<?php post_class(); ?>`) umschlossen. In Zeile 4 wurde ein besonders besucherfreundliches Feature, das seit einiger Zeit auf immer mehr Websites zu sehen ist und von Google & Co. auch gutgeheißen wird. Es handelt sich um die Angabe der *Lesedauer* des Beitrags. Der Wert wird mit einer Funktion, im Beispiel mit dem Namen `jwp5buch_lesen()`, die in der Datei `functions.php` definiert werden muss, mit `<?php echo jwp5buch_lesen(); ?>` eingelesen. Die Funktion `jwp5buch_lesen()` in der `functions.php` zeigt Listing 20.84.

Listing 20.84 Funktion für Anzeige der Lesedauer in der functions.php

```
01 // Lesedauer
02 function jwp5buch_lesen() {
03    $content = get_post_field( 'post_content', $post->ID );
```

```
04    $wort_zahl = str_word_count( strip_tags( $content ) );
05    $lesedauer = ceil($wort_zahl / 150);
06
07    if ($lesedauer == 1) {
08       $zeit = " Minute";
09    } else {
10       $zeit = " Minuten";
11    }
12       $gesamtlesedauer = $lesedauer . $zeit;
13
14    return $gesamtlesedauer;
15 }
```

20.2.2.6.2 Die Template-Parts-Datei content-none.php

Wenn keine Inhalte in der gewählten Kategorie, bei Suchergebnissen etc. vorhanden sind, so soll ein Hinweis wie etwa *Leider nichts gefunden! Bitte versuche es mit einem anderen Suchbegriff.* angezeigt werden. Zudem ist es besucherfreundlich, wenn auch das Suchfeld für eine weitere Suche gleich zur Verfügung steht. Das Suchfeld wird mit dem Template-Tag get_search_form() auf der Seite angezeigt.

Listing 20.85 Die Template-Parts-Datei content-none.php

```
01 <section>
02 <!-- Zeige Fehlermeldung falls kein Inhalt gefunden -->
03 <header class="page-header">
04    <h2 class="page-title">Hoppala ..</h2>
05 </header>
06
07 <?php if ( is_search() ) : ?>
08
09    <p>Es wurde leider nichts gefunden. Versuche es bitte mit einem
   anderen Suchbegriff.</p>
10
11    <?php get_search_form(); ?>
12
13 <?php else : ?>
14
15    <p>Es scheint, dass der gewünschte Beitrag etc. nicht gefunden
   werden konnte. Vielleicht hilft eine Suche:</p>
16
17    <?php get_search_form(); ?>
18
19 <?php endif; ?>
20 </section>
```

20.2.2.6.3 Die Template-Parts-Datei content-page.php

Die Template-Parts-Datei content-page.php enthält den Inhalt von Seiten, d. h., es wird in den meisten Fällen kein Kommentarformular benötigt, ebenso wenig die Meta-Angaben des Posts (Autor, Kategorie, Schlagwörter etc.). Das Veröffentlichungs- und das Aktualisierungsdatum werden hingegen angezeigt. Am Fuß der Seite soll eine Seitennavigation, falls aufgeteilt auf mehrere Seiten, eingefügt werden sowie ein Link *Nach oben*. Darunter befindet sich mit edit_post_link('Bearbeiten') der direkte Link zum Bearbeiten der Seite (wird nur angezeigt, wenn Sie eingeloggt sind). Im Beispiel-Theme wird die Datei content-page. php in die Datei page.php eingebunden.

Listing 20.86 Die Template-Parts-Datei content-page.php

```
01 <article id="post-<?php the_ID(); ?>" <?php post_class(); ?>>
02    <div class="entry-content">
03       <?php the_content(); ?>
04
05       <!-- Seitennavigation, falls aufgeteilt auf mehrere Seiten -->
06       <?php wp_link_pages(array(
07          'before'         => '<p><strong>Seiten:</strong> ',
08          'after'          => '</p>',
09          'next_or_number' => 'number'
10       ));
11       ?>
12
13       <p class="meta-datum">Veröffentlicht: <?php the_date() ?>,
   zuletzt aktualisiert: <?php the_modified_date('j. F Y'); ?> </p>
14
15       <p class="rechts"><span class="dashicons dashicons-arrow-up-alt
   "></span><a href="#top"> Nach oben </a><span class="dashicons dashicons
   -arrow-up-alt"></span></p>
16
17       <p><?php edit_post_link('Bearbeiten'); ?></p>
18    </div>
19 </article>
```

20.2.2.6.4 Die Template-Parts-Datei content-single.php

In der Template-Parts-Datei `content-single.php` werden die Einzelansicht eines Beitrags, eine Navigation zwischen den einzelnen Beiträgen sowie Kommentare und Kommentarformular definiert. Listing 20.87 zeigt den Inhalt der Template-Parts-Datei `content-single.php`. Diese wird für die Datei `single.php` benötigt.

Listing 20.87 Die Datei content-single.php mit Beitragsnavigation

```
01 <article id="post-<?php the_ID(); ?>" <?php post_class(); ?>>
02    <div class="entry-content">
03       <!-- Navigation zwischen Posts -->
04       <div class="post-nav">
05          <div class="nav-previous">
06             <?php previous_post_link( '&laquo; %link' ); ?>
07          </div>
08          <div class="nav-next">
09             <?php next_post_link( '%link &raquo;' ); ?>
10          </div>
11       </div>
12
13       <!-- Beitragstitel und Meta-Angaben-->
14       <h2 class="hentry"><?php the_title() ;?></h2>
15       <p class="meta-datum"><em>Von:</em> <?php the_author() ;?>,
   am <?php the_date() ;?>, <em>Lesedauer</em>: <?php echo jwp5buch_
   lesen(); ?></p>
16
17       <!-- Inhalt -->
18       <p class="entry-post"><?php the_content(); ?></p>
19
20       <!-- Metas, Tags, Kategorie, Kommentare -->
21       <p class="meta-entry"><em>Ver&ouml;ffentlicht in der Kategorie
   </em> <?php the_category(', ') ?> | <?php the_tags('<em>Tags</em>:
```

```
      ', ', ', ' | ') ?> <?php comments_number( 'Keine Kommentare', '1
      Kommentar', '% Kommentare' ); ?> <?php edit_post_link('Bearbeiten',
      '| '); ?></p>
22
23          <!-- Kommentare -->
24          <?php comments_template(); ?>
25
26      </div>
27 </article>
```

Die *Beitragsnavigation* wird im Beispiel-Theme oberhalb des Beitragstitels in einem eigenen DIV angezeigt. Mit `previous_post_link()` und `next_post_link()` kann zum vorherigen bzw. nächsten Beitrag gewechselt werden. Der Einfachheit halber werden die automatisch erstellten Klassen verwendet und in der CSS-Datei definiert (siehe Listing 20.88).

Listing 20.88 Stile für die Beitragsnavigation in der style.css

```
01 /* Navigation zwischen Posts */
02 .post-nav {
03     width: 100%;
04     padding: 2.5em 0;
05 }
06 .nav-previous {
07     width: 49%;
08     text-align: left;
09     float: left;
10 }
11 .nav-next {
12     width: 49%;
13     text-align: right;
14     float: right;
15 }
```

20.2.2.7 Die Datei page.php

Die Datei `page.php` ist das Template für die Anzeige von Inhalten von statischen Seiten. Sollte der Inhalt auf mehrere Seiten aufgeteilt sein, so soll eine Navigation am Ende der Seite angezeigt werden, darunter in einer eigenen Zeile das Erstellungs- und das Aktualisierungsdatum, z. B. *Erstellt am Datum, zuletzt aktualisiert am Datum*. Wichtig ist auch ein *Bearbeiten-Link*, um die Seite direkt aus dem Frontend heraus im Editor öffnen zu können. Im Beispiel-Theme sind keine Kommentarmöglichkeiten bei Seiten vorgesehen. Um für eventuelle zukünftige unterschiedliche Seiten-Templates flexibel bleiben zu können, wird der Loop auch hier in eine Datei ausgelagert, und zwar in die Datei `content-page.php`. Eine eventuelle Fehlermeldung wird nicht über die Datei `content-none.php`, sondern über die Datei `404.php` ausgegeben.

Listing 20.89 Inhalt der Datei page.php

```
01 <?php get_header(); ?>
02
03 <!-- Inhalt ohne Sidebar -->
04 <div id="main" class="container">
05 <!-- C: Inhalts-Bereich -->
06     <!-- 1: Inhalt -->
```

```
07    <div id="content" role="main">
08        <main>
09            <?php if ( have_posts() ) : ?>
10                <!-- Loop beginnt hier -->
11                <?php while ( have_posts() ) : the_post(); ?>
12
13                    <?php get_template_part( 'content', 'page' ); ?>
14
15            <?php endwhile; ?> <!-- Ende Loop -->
16            <?php endif; ?>
17        </main>
18    </div> <!-- Ende 1: Inhalt -->
19    <div class="clr"></div> <!-- Hebt Schweben auf -->
20 </div><!-- Ende #main -->
21
22 <?php get_footer(); ?>
```

20.2.2.8 Die Datei single.php

In der Datei single.php wird die Einzelansicht eines Beitrags angezeigt. Anders als bei Template-Dateien für statische Seiten (page.php) enthält die Einzelansicht von Beiträgen eine eigene spezielle Navigationsleiste entweder oberhalb und/oder unterhalb des Inhalts, um zwischen den einzelnen Beiträgen navigieren zu können.

Listing 20.90 Die Datei single.php

```
01 <?php get_header(); ?>
02
03 <!-- Inhalt ohne Sidebar -->
04 <div id="main" class="container">
05 <!-- C: Inhalts-Bereich -->
06    <!-- 1: Inhalt -->
07    <div id="content" role="main">
08        <main>
09            <?php if ( have_posts() ) : ?>
10            <!-- Loop beginnt hier -->
11            <?php while ( have_posts() ) : the_post(); ?>
12
13                <?php get_template_part( 'content', 'single' ); ?>
14
15            <?php endwhile; else: ?> <!-- Ende Loop -->
16
17                <?php get_template_part( 'content', 'none' ); ?>
18
19            <?php endif; ?>
20        </main>
21    </div> <!-- Ende 1: Inhalt -->
22    <div class="clr"></div> <!-- Hebt Schweben auf -->
23 </div><!-- Ende #main -->
24
25 <?php get_footer(); ?>
```

20.2.2.9 Die Datei 404.php

Falls eine Datei nicht gefunden wird, gibt der Server eine 404-Fehlermeldung aus. In der Datei 404.php kann man diese für Besucher und Besucherinnen einer Website meist ärgerliche Angelegenheit etwas mildern, beispielsweise durch einen netten Spruch oder eine nette Grafik.

Listing 20.91 Inhalt der Datei 404.php

```
01 <?php get_header(); ?>
02
03 <!-- Inhalt ohne Sidebar -->
04 <div id="main" class="container">
05 <!-- C: Inhalts-Bereich -->
06    <!-- 1: Inhalt -->
07    <div id="content" role="main">
08       <main>
09          <section id="404">
10             <div class="entry-content-404">
11                <!-- Zeige 404 Fehlermeldung -->
12                <h2 class="page-title">Ups, 404-Fehler!</h2>
13                <p>Die gesuchte Datei, Seite oder was auch immer
   wurde nicht gefunden! Vielleicht wurde das gesuchte Ding umbenannt oder
   verschoben, existiert nicht mehr oder hat auch nie existiert.</p>
14                <p>Hier geht es zur Startseite: <a href="<?php echo
   home_url(); ?>">Home</a></p>
15                <p>Vielleicht hilft eine Suche:</p>
16
17                <?php get_search_form(); ?>
18             </div>
19          </section>
20       </main>
21    </div> <!-- Ende 1: Inhalt -->
22 </div><!-- Ende #main -->
23
24 <?php get_footer(); ?>
```

20.2.2.10 Die Template-Datei für das One-Page-Layout

Beim Beispiel-Layout sollen auf der Startseite alle buchrelevanten Infos, die sich für ein leichteres Handling auf eigenen Seiten befinden, untereinander angezeigt werden. Der Code für die Startseite kommt in die Datei onepage.php, diese wird als Template namens *Onepage* definiert (siehe Zeile 3 in Listing 20.92). Dieses Seiten-Template wird beim Erstellen der Seite *Home* ausschließlich dieser unter *Seitenattribute* in der Dokumenten-Seitenleiste im Block-Editor oder in der Seitenverwaltung mit Hilfe von Quickedit zugewiesen. Alle anderen Seiten erhalten das Standard-Template. Als Startseite muss unter *Einstellungen/Lesen* die Seite *Home* festgelegt sein. Die Reihenfolge der Anzeige der einzelnen Inhalte wird nicht in dieser Datei definiert, sondern über *Reihenfolge* unter *Seitenattribute*.

Listing 20.92 Inhalt der Datei onepage.php für das One-Page-Layout

```
01 <?php
02 /*
03 Template Name: One-page
04 */
05 ?>
06
07<?php get_header(); ?>
08
```

```
09 <!-- Inhalt ohne Sidebar-->
10 <div id="main" class="container">
11 <!-- C: Inhalts-Bereich -->
12    <!-- 1: Inhalt -->
13    <div id="content">
14    <!--alle Seiten anzeigen-->
15    <?php $args = array(
16        'sort_order' => 'asc',
17        'sort_column' => 'menu_order',
18        'hierarchical' => 1,
19        'include' => 'Seiten-IDs getrennt durch Beistrich',
20        'post_type' => 'page',
21        'post_status' => 'publish'
22    );
23    $pages = get_pages($args);
24    // loop beginnt
25    foreach ($pages as $page_data) {
26    $content = apply_filters('the_content', $page_data->post_content);
27    if ( ! $content ) // nur wenn keine leere Seite
28        continue;
29    $slug = $page_data->post_name;
30    ?>
31        <section id="<?php echo "$slug" ?>" class="bereich <?php echo
   "$slug" ?>">
32            <?php echo $content; ?>
33        </section>
34    <?php wp_reset_postdata(); ?>
35    <?php } ?>
36    </div><!-- Ende 1: Inhalt -->
37 </div><!-- Ende #main -->
38
39 <?php get_footer(); ?>
```

Mit dem Slug der einzelnen Seiten kann im Navigationsmenü der jeweilige Bereich als Ankerlink angesprochen werden, z. B. #buch. Die jeweiligen IDs der einzelnen Seiten finden Sie in der Seitenverwaltung, wenn Sie mit der Maus über den jeweiligen Seitentitel fahren, unten in der Taskleiste des Browsers. Die einzelnen Bereiche der Seite werden mit der Klasse .bereich formatiert. Damit die Bereiche abwechselnd eine unterschiedliche Hintergrundfarbe erhalten, im Beispiel Weiß und Hellgrau, wird der CSS-Selektor :nth-of-type(2n+1) verwendet (siehe Listing 20.93).

Listing 20.93 Die Klasse .bereich für das One-Page-Layout

```
01 .bereich {
02    border-bottom: 1px dotted #970000;
03    padding: 1em 0;
04 }
05 .bereich:nth-of-type(2n+1) {
06    background-color: #F9F9F9;
07 }
```

Es fehlen noch die Regeln für einige weitere Klassen, die in den einzelnen Template- und Template-Parts-Dateien verwendet wurden. Außerdem wird noch das Aussehen von Tabellen festgelegt (siehe Listing 20.94).

Listing 20.94 Weitere Klassen für das Beispiel-Theme

```
01 .entry-content {
02     max-width: 620px;
03     margin-left: auto;
04     margin-right: auto;
05     padding-top: 2em;
06     padding-bottom: 2em;
07 }
08 .entry-content-404 {
09     max-width: 620px;
10     margin-left: auto;
11     margin-right: auto;
12     padding-top: 3em;
13     padding-bottom: 3em;
14     text-align: center;
15 }
16 .entry-post {
17     font-size: 1em;
18 }
19
20 /* Tabellen */
21 table {
22     border-collapse: collapse;
23     width: 100%;
24 }
25 th, td {
26     border-bottom: 1px solid #ddd;
27     padding: 3px;
28     text-align: center;
29 }
30 .inhalt {
31     margin-left: 5%;
32     margin-right: 5%;
33 }
34 h2.hentry, h2.hentry > a {
35     text-decoration: none;
36     background-color: #FFF;
37     border-bottom: 1px dotted #970000;
38     margin-top: 1em;
39 }
40 .meta_entry {
41     font-size: 0.875em;
42     padding-bottom: 1em;
43     font-weight: 400;
44 }
45 .rechts {
46     text-align: right;
47 }
```

20.2.2.11 Beispiel-Theme installieren und aktivieren

Ist Ihr Theme fertiggestellt, so können Sie es wie jedes andere Theme in der Themes-Verwaltung installieren und aktivieren. Erstellen Sie einen Screenshot von der Vorschau der Datei layout.html und speichern Sie diese Datei unter dem Namen screenshot.png in Ihren Theme-Ordner. Auf XAMPP reicht es, wenn sich Ihr Theme-Ordner im Ordner wp-content/

themes/ befindet. Sobald Sie die Themes-Verwaltung unter *Design/Themes* auf dem Dashboard aufrufen, ist Ihr Theme mit der Datei `screenshot.png` als Vorschaubild gelistet. Erstellen Sie die Seite Home mit dem ersten Bereich für das One-Page-Layout und weisen Sie dieser Seite das Template *One-page* zu. Erstellen Sie alle weiteren Seiten, die auf der Startseite angezeigt werden sollen. Ergänzen Sie in der Datei `onepage.php` bei `include` die entsprechenden Seiten-IDs. Erstellen Sie die beiden Menüs und weisen Sie diese den Menü-Positionen zu. Denken Sie auch daran, die Seiten *Datenschutzerklärung* sowie *Impressum* zu erstellen und beispielsweise im Footer in einem Text-Widget zu verlinken. Die Website zum Buch mit dem in diesem Kapitel erstellten Layout finden Sie unter *https://www.wp5buch.net/*.

Index

Symbole

<!–more–>-Tag 368
$wp_admin_bar 155
$wp_customize 153

A

Abmelden 93
Administration 93
Akismet 397
Aktivität 107
Aktualisierungen
– manuell 90
– One-Click-Updates 83
Allgemeine Blöcke 217
An-/Abmelden Link 565
Anhang-Details 139, 232
Anmelden 93
Anpassen 134
Ansicht anpassen 104
Ansichtsmodus 372
Apache Server 25
API Schlüssel
– Akismet 403
Attachments 232
Auf einen Blick 105
Auszug 368
– automatisch 368
– manuell 368
Automattic 1
Autor 366
AutoSave 195
Avatar 114

B

Bearbeiten-Link 313, 572
Beitrag
– löschen 366
– Verwaltung 370
Beitrags-Attribute 370
Beitragsbild 367, 555
Beitragsformat 370
Beitragsnavigation 572
Benutzer
– Abonnent 381
– Autor 385
– hinzufügen 389
– löschen 391
– Rechte 377
– Redakteur 386
– Rolle ändern 391
– Rollen erweitern 394
– verwalten 388
Benutzerdefinierte Felder *siehe* Eigene Felder
Benutzerdefiniertes Feld
– außerhalb Loop 324
– innerhalb Loop 325
Benutzerkonto hinzufügen 30
Benutzername 12
Benutzerprofil 95
Bild
– Alternativtext 234
– Beschreibung 234
– Bildunterschrift 234
– Original-Datei wiederherstellen 238
– skalieren 241
– Titel 234
– Unwiderruflich löschen 233
Bild-Block
– Bild-Einstellungen 227
– Link-Einstellungen 227

Block-Editor
- Absatz linksbündig 213
- Absatz rechtsbündig 213
- Absatz zentriert 213
- Absatz-Block 217
- Anker 215
- Anker-Links 215
- Archive-Block 272
- Audio-Block 218
- Block entfernen 201
- Blocksatz 213
- Block-Stile 291
- Block-Typ ändern 199
- Button-Block 267
- Cover-Block 242
- Crowdsignal-Block 284
- Datei-Block 244
- Editor Styles 289
- Facebook-Block 277
- Farbeinstellungen 212
- Farb-Palette 211
- Hyperlinks 214
- Initialbuchstabe 212
- JSON-Blöcke 205
- Kalender-Block 272
- Kategorien-Block 273
- Layout-Elemente 266
- Liste-Block 249
- Medien-und-Text-Block 267
- Mehr-Block 268
- Neue Beiträge Block 273
- Overlay-Farbe 242
- Pullquote-Block 260
- RSS-Block 274
- Schlagwörter 196
- Schlagwörter-Wolke-Block 275
- Seitenumbruch-Block 269
- Shortcode-Block 275
- Spalten-Block 270
- Suchen-Block 276
- Tabelle-Block 261
- Textauszug 197
- Titel 197
- Trennzeichen-Block 271
- Überschrift-Block 251
- Vers-Block 264
- Video-Block 252
- Vorformatiert-Block 265
- Werkzeugleiste 181
- wiederverwendbare Blöcke 201
- YouTube-Block 279
Blöcke-Verwaltung 204
Block-Manager 183

Block-Navigation 182
Blogroll 177, 358
Brute Force Attacke 75

C

Calendly 412
Child-Theme 479
- aktivieren 482
- CSS-Header 480
- einrichten 479
- footer.php 485
- functions.php 481
Cipher Suites 66
Classic Block 301
Classic Editor 301
Classic Editor Plugin 306
Color Picker 551
Control Panel 25
Copyright-Zeile 484
CSS Font Stack 505
CSS Shape Generator 297
Cues 257
Custom Fields *siehe* Eigene Felder
customize_register 153
Customizer 133, 134
- Section entfernen 153
- Vorschau 136
Customizer entfernen 156
Custom Plugin *siehe* Site-spezifisches Plugin

D

Dashboard 93
Dashicons 507
Daten importieren 46
Datenschutzerklärung 123
Datenschutz-Hinweis 403
Debug-Modus
- aktivieren 450
DeepL 443
Diskussion 369
Dokument-Bedienfelder 315
dunkle Editor Stile 553

E

Editor
- Themes 157
Eigene Felder 315, 321
Einstellungen
- Allgemein 111

– Permalinks 121
– Persönliche Optionen 96
– Sichtbarkeit für Suchmaschinen 117
– Sprache der Website 112
– Standardkategorie 114
– Startseite zeigt 116
EV-TLS-Zertifikat 67
Excerpt 197, 368
Exportieren
– von WordPress.com 44

F

Farbnamen 511
Farb-Palette 551
– deaktivieren 551
– Theme-spezifische 551
Farbschema 96
Farb-Triade 517
Fatal Error Recovery Mode 91
Featured Image *siehe* Beitragsbild

G

Github 436
Google Maps 406
Grafik-Block 304
Gutenberg
– Spotlight-Modus 183
– Vollbild-Modus 183

H

Hellip 368
Hello Dolly 397
HSL-Farbraum 516
HSTS-Header 72
HTML-Block 304
httpd.conf 27
httpd-ssl.conf 27
HTTPS 66
HTTPS Checker 73

I

Icon Fonts 507
iFrame 304
individuelle Farben *siehe* Color-Picker
individuelles Menü *siehe* Navigationsmenü
individuelle Schriftgröße
– deaktivieren 553
Info-Box 395

J

Jetpack
– Diesen Beitrag teilen 424
– Kurzlink 424
– Likes und Teilen 424
– Sichtbarkeit von Widgets 425
Jetpack-Block
– Abonnementformular 412
– Ähnliche Beiträge 422
– Calendly 412
– Diashow 412
– Einfaches-Bezahlen-Button 413
– Eventbrite-Bezahlfunktion 414
– Folgebesuche 414
– Formular 415
– Gekachelte Galerie 417
– Geschäftszeiten 421
– GIF 418
– Google Calendar 418
– Karte 419
– Kontaktinfo 419
– Mailchimp 420
– Markdown 420
– OpenTable 421
– Pinterest 421
– Revue 422
– Sterne-Bewertung 423
– Wiederkehrende Zahlungen 422
Jetpack-Widget
– Autoren 425
– Blog-Abonnements 427
– Blogstatistik 427
– Einfache Bezahlung 427
– EU-Cookies-Banner 425
– Facebook-Seiten-Plugin 428
– Flickr 428
– Goodreads 429
– Google Translate 429, 438
– Gravatar-Profil 429
– Internet Defense League 430
– Kommende Veranstaltungen 430
– Kontakt-Info & Karte 430
– MailChimp Abonnenten-Popup 431
– Meilenstein 431
– Meine Community 431
– RSS-Links 431
– Soziale Icons 432
– Top Beiträge und Seiten 432
– Twitter Timeline 433
– WordPress-Beiträge anzeigen 433
JPEG-Komprimierung deaktivieren 560

K

Kategorie 346
– bearbeiten 348
– Bedienfeld 350
– Beiträge anzeigen 354
– Beitrags-Zähler 352
– erstellen 346
– Hauptkategorie 351
– Quickedit 349
– Unterkategorie 351
– Widget 352
– Wolke 353
Kategorien 367
Kategorie-Schlagwort-Konverter 359
Kategorie-Verwaltung 346
Kollation 29
– utf8_general_ci 29
Kommentar
– Formular 370
Kontaktformular 52, 318

L

Lesedauer 569
Let's Encrypt 67
Libtheora 255
Lingotek 440
Link-Manager 358
Link-Optionen 214
Link-Text 330
Linkziel 329
Listenansicht 372
Location Identifier 334
Login-Formular
– eigenes Logo 453

M

MariaDB 22
Maßeinheiten
– absolute 502
– relative 502
MD5 Hash 41
Media Queries 490, 528
Mediathek
– Datei hochladen 342
– Datei löschen 343
– Kachel-Ansicht 338
– Listen-Ansicht 340
Mehr-Block 374
mehrere WordPress-Installationen 13, 41

Menü
– erstellen 328
– löschen 333
Menü-Position
– registrieren 334
Menüpunkte hinzufügen 329
Meta-Boxen 108
Meta-Box entfernen 109
Meta-Daten 321
Meta-Tag Description 321
Mindesterfordernisse 6
Mixed Content 72
Mobile-first 500
Multi-Site 3, 13
– aktivieren 13
– deaktivieren 17
Multi-User 3
MySQL 25

N

Nag-Boxen 108
Navigationsmenü 173
Netstat 27

O

Öffentlicher Name 97
OpenStreetMap 406

P

Paginierung 319
personenbezogene Daten 124
– exportieren 125
– löschen 129
phpMyAdmin 28
– Datenbank 29
PID 4 27
Pingbacks 369
Pinsel entfernen 155
Plugin
– Akismet 404
– Akismet Datenschutz-Hinweis 404
– bearbeiten 401
– Captcha Code 405
– Disable REST API 405
– Disable XML-RPC Pingback 405
– Google XML Sitemaps 406
– Google XML Sitemaps v3 for qTranslate 435
– GTranslate Free 438
– installieren 56

– Jetpack 406
– miniOrange 2 Factor Authentication 434
– Polylang 439
– qTranslate X 434
– qTranslate-XT 436
– TranslatePress 442
– Translate WordPress with GTranslate 438
– Widget GTranslate 438
– WPGlobus 441
– WP Updates Notifier 434
Plugin-Editor 401
Plugin installieren 448
Plugin Repository *siehe* Plugin-Verzeichnis
Plugin-Verwaltung 397
Plugin-Verzeichnis 402
Port 80 27
Port 443 27
Port-Probleme 27
Post Formats *siehe* Beitragsformate
Priorität 155

Q

QuickEdit 312, 372

R

remove_control() 153
remove_menu() 155
remove_panel() 153
RGB-Farbraum 510
RSS-Icons 488

S

Schlagwörter 356, 367
– Quickedit 357
– verwalten 357
– Widget 358
– Wolke 358
Schnellbearbeitung *siehe* QuickEdit
Schneller Entwurf 106
Schriftgrößen
– Theme-spezifisch 554
screenshot.png 482
Seitenumbruch 318
Seitenumbruch-Block 318
Seiten-Verwaltung 311
Sichtbarkeit 362
Sidebar 159
Site Health Check *siehe* Website-Zustand
Site-Icon 550

Site-Logo 138, 489, 496, 550
Site-spezifisches Plugin 445
Skip to Content Link 560
Slug 346
Sprache festlegen 96
SSL 67
SSL Check 72
Standard-Beitragsformat 370
Standard-Editor
– zum Block-Editor wechseln 309
– Box 309
– zum Classic Editor wechseln 309
– festlegen 307
– individuell festlegen 307
– wechseln 308
Standard-Kategorie 346
Standard-Widget
– Archive 169
– Audio 170
– Bild 170
– Galerie 170
– HTML 171
– Kalender 172
– Kategorien 172
– Links 177
– Meta 172
– Neueste Beiträge 173
– Neueste Kommentare 174
– RSS 174
– Seiten 175
– Standard-Widget Schlagwörter-Wolke 174
– Suche 175
– Text 176
– Video 176
Startseiten-Einstellungen 151
Status und Sichtbarkeit 362
Sticky Post 364, 373
Syntaxfehler 449

T

Tabellen-Block 304
Tags *siehe* Schlagwörter
Tag Cloud *siehe* Schlagwörter-Wolke
Teaser 368, 374
Tellerrand 94
Template-Hierarchie 540
Template-Partials 541
Textauszug-Ansicht 372
the_content() 368
the_excerpt() 368
Theme
– auf Test-Server 54

– installieren 55
– screenshot.png 54
– wechseln 137
Theme-Editor 157
Theme-Support 547
– alignwide und alignfull 555
– automatische RSS-Feed Links 548
– Beitragsformate 548
– benutzerdefinierter Hintergrund 548
– Color-Picker deaktivieren 551
– Custom Title 549
– Default-Header 549
– dunklen Editor Stil anzeigen 553
– editor-styles 551
– Farb-Palette deaktivieren 551
– HTML5 Markup 555
– Individuelle Schriftgrößen deaktivieren 553
– Post Thumbnails 555
– Responsive Einbettungen 554
– Schriftgrößen-Vorgaben 554
– Selektiver Refresh im Customizer 550
– Standard-Stile anzeigen 553
– Starter Content 555
– Theme-Logos 549
– Theme-spezifische Farb-Palette 551
Theora 255
Titel 189, 496
TLS 67
TLS-Handshake 66
Trackbacks 369
Triadisches Farbschema 517
Twenty Nineteen 133

U

Unerwarteter oder ungültiger Inhalt 305
Universal-Selektoren 502
Untertitel 256, 496

V

Veranstaltungen und Neuigkeiten 107

W

Web-Fonts 506
Website-Icon 138, 141
Website-Informationen 138
Website-Zustand 131
Weiterlesen Link 374
Werkzeugleiste 94
White Screen of Death 91
Widget
– Akismet 404
– Meta 93
– Navigationsmenü 333
Widgets-Bereich 159, 498
Widgets-Verwaltung
– Standardmodus 165
– Zugänglichkeitsmodus 167
Wiederherstellungsmodus 91
Wildcard TLS-Zertifikat 67
WordPress Importer 47
wp_loginout() 487
WPML 442
wp_register() 487

X

XAMPP 21
XAMPP Control Panel 60

Z

Zugänglichkeitsmodus 167
Zusätzliches CSS 52, 151